A ÁFRICA NA SALA DE AULA

Dados Internacionais de Catalogação na Publicação (CIP)
(Câmara Brasileira do Livro, SP, Brasil)

Hernandez, Leila Maria Gonçalves Leite
   A África na sala de aula : visita à história contemporânea / Leila Leite Hernandez . — 4. ed. — São Paulo : Selo Negro, 2008.

   Bibliografia
   ISBN 978-85-87478-31-3

   1. África - Civilização 2. África - Colonização 3. África - História 4. África - Política e governo I. Título.

07-9708   CDD-960

Índices para catálogo sistemático:

   1. África: História   960
   2. África: História social   960

A ÁFRICA NA SALA DE AULA
Visita à história contemporânea

Leila Leite Hernandez

SELO NEGRO EDIÇÕES

Capa: **Camila Mesquita**
Mapas: **Magno Nascimento**
Editoração: **All Print**

Nota do editor: as siglas com mais de três letras e pronunciáveis foram grafadas de acordo com o padrão adotado pelos maiores veículos de comunicação do país.

Selo Negro Edições
Departamento editorial:
Rua Itapicuru, 613 – 7º andar
05006-000 – São Paulo – SP
Fone: (11) 3872-3322
Fax: (11) 3872-7476
http://www.selonegro.com.br
e-mail: selonegro@selonegro.com.br

Atendimento ao consumidor:
Summus Editorial
Fone: (11) 3865-9890

Vendas por atacado:
Fone: (11) 3873-8638
Fax: (11) 3873-7085
e-mail: vendas@summus.com.br

Impresso no Brasil

A quem se foi, o amor eterno.

Aos que estão, o convite para lutar por um mundo mais justo e solidário.

Aos que hão de vir, a doce esperança de que construam os projetos sonhados.

Para Ana Carolina, Mariana e Maria Luiza

Agradecimentos

A uma amiga leal e sensível, a professora doutora Iris Kantor, um terno reconhecimento. Foram seus a idéia e o encorajamento para que eu registrasse minhas anotações em livro.

À reconhecida autora de *Histórias da preta*, a doce Heloísa Pires Lima, agradeço a leitura atenta de alguns capítulos e as sugestões oferecidas com entusiasmo e generosidade, reforçando laços e afetos.

Ao professor doutor Milton Santos, grande incentivador em todos os momentos, cuja presença guardo em meu coração.

Ao professor doutor Kabengele Munanga, um luba de alma e corpo, brasileiro de coração, reconhecido intelectual, pelo constante apoio às minhas atividades acadêmicas ligadas ao estudo de temas da África.

À professora doutora Ana Maria Camargo, que generosamente dividiu os seus conhecimentos, enriquecendo este estudo, ao mesmo tempo que com a sua habitual elegância teceu a trama da amizade.

Aos meus alunos da Universidade de São Paulo, que me levaram a buscar maior clareza na apresentação dos conceitos, a exemplificar cada idéia e a resumir minha análise sempre que necessário.

À Stela Leite e à Marly Spacachieri, grandes amigas de todas as horas, pelo dedicado e competente trabalho de digitação. Some-se à Marly o agradecimento pelas "pequenas grandes" ajudas que resultaram sempre em uma versão mais rica desta escritura. Ao Magno Nascimento pela cuidadosa editoração dos mapas. Todos vocês transformaram a feitura deste livro em momentos de otimismo e bom humor. Obrigada, em particular pela lealdade, pela amizade e pelo amor que me dedicaram em fases difíceis da vida – que não pára enquanto escrevemos.

À Eunice Gonçalves Leite, minha mãe, pelo terno aconchego nesta difícil caminhada.

Essa ampla parceria transformou o árduo trabalho da escrita deste livro em um precioso exercício de solidariedade.

SUMÁRIO

PREFÁCIO

Um retrato sem moldura

Aconteceu num debate, num país europeu. Da assistência, alguém me lançou a seguinte pergunta:

– Para si, o que é ser africano?

Falava-se, inevitavelmente, de identidade *versus* globalização. Respondi com uma pergunta:

– E para si, o que é ser europeu?

O homem gaguejou. Não sabia responder. Mas o interessante é que, para ele, a questão da definição de uma identidade se colocava naturalmente para os africanos. Nunca para os europeus. Ele nunca tinha colocado a questão ao espelho.

Recordo o episódio porque me parece que ele toca uma questão central: quando se fala de África, de que África estamos falando? Terá o continente africano uma essência facilmente capturável? Haverá uma substância exótica que os caçadores de identidades possam recolher como sendo a alma africana?

Leila Leite Hernandez conhece a resposta. Ou melhor, a impossibilidade da resposta. Afinal, é a própria pergunta que necessita ser interrogada. São os pressupostos que carecem ser abalados. E onde se enxergam essências devemos aprender a ver processos históricos, dinâmicas sociais e culturas em movimento.

A África vive uma tripla condição restritiva: prisioneira de um passado inventado por outros, amarrada a um presente imposto pelo exterior e, ainda, refém de metas construídas por instituições internacionais que comandam a economia.

A esses mal-entendidos somou-se uma outra armadilha: a assimilação da identidade por razões da raça. Alguns africanos morderam essa isca. A afirmação afrocentrista sofre, afinal, do mesmo erro básico do racismo branco: acreditar que os africanos são uma coisa simples, uma categoria uniforme, capaz de ser reduzida a uma cor de pele.

Ambos os racismos partilham o mesmo equívoco básico. Ambos se entreajudaram numa acção redutora e simplificadora da enorme diversidade e da complexidade do continente. Ambos sugerem que o "ser" africano não deriva da história, mas da genética. E no lugar da cultura tomou posse a biologia.

Outro lugar-comum nesses exercícios de dar rosto ao continente africano é o peso concedido à tradição. Como se outros povos, nos outros continentes, não tivessem tradições, como se o passado, nesses outros lugares, não marcasse o passo do presente. Os africanos tornam-se, assim, facilmente explicáveis. Basta invocar razões antropológicas, étnicas ou etnográficas. Os outros, europeus ou americanos, são entidades complexas, reservatório de relações sociais, históricas, econômicas e familiares.

Leila Leite Hernandez esteve atenta a todo este universo de equívocos. Seu texto percorre esse mar de enganos e constitui-se como um permanente alerta. Como ela escreve a dado passo: "[...] a África ao sul do Saara, até hoje conhecida como África negra, é identificada por um conjunto de imagens que resulta em um todo indiferenciado, exótico, primitivo, dominado, regido pelo caos e geograficamente impenetrável".

É esta a marca primeira e mais profunda dessa procura em Leila Hernandez: o desfazer permanente de estereótipos e o convite para um olhar aberto, disponível e crítico. Leila Leite Hernandez conhece bem os terrenos minados dessa procura de identidades. Todo seu percurso, ao longo deste texto, é um aviso aos falsos navegantes. O destino, aqui, é a própria viagem. São as dinâmicas próprias e os conflitos particulares que definem identidades plurais, complexas e contraditórias. O rosto do continente só existe em movimento, no conflito entre o retrato e a moldura. A sala de aula para a qual Leila está conduzindo a África não é um lugar fechado, mas uma proposta de uma relação nova com algo que se pensava, de antemão, já conhecer.

Mia Couto

INTRODUÇÃO

A África na sala de aula: visita à história contemporânea reúne as aulas de história da África ministradas no Departamento de História da Faculdade de Filosofia, Letras e Ciências Humanas da Universidade de São Paulo, de 1998 a 2003. É constituído por um conjunto de idéias, muitas das quais provêm de autores aqui resenhados, para apresentar alguns temas quase desconhecidos entre nós, que poderiam ser agrupados sob o título de "imperialismo colonial, racismo e lutas por liberdades".

Carrego a esperança de que esta escritura suscite críticas, questões e debates capazes de inspirar pesquisas, multiplicando a quantidade e a qualidade de estudos sobre dilemas da contemporaneidade no continente africano. Busco também uma aproximação com o leitor, sobretudo para dar livre curso à evidência e à crítica das pré-noções, dos preconceitos e das lacunas do conhecimento que alimentam equívocos capazes de quase divinizar ou demonizar as características culturais próprias da África.

Não é sem propósito o fato de que há nestes escritos uma intersecção metodológica que permite estudar a África sob o prisma de uma unidade temática, o que inclui as terras do norte do Saara, tratando do Magrebe e do Sael, assim como da Líbia e do Egito, por considerar que a história dos povos aí encontrados pertence não só ao Mediterrâneo, mas também à África como um todo, pois, não obstante seu pluralismo, apresentam similaridades que podem ser identificadas, como os modos de nascer, pensar, plantar, colher, caçar e comercializar produtos. Mas, em especial, unem-se contra a repressão e a violência física e simbólica próprias do colonialismo, que impuseram aos povos africanos a pobreza, a fome, a ausência de escolaridade formal e a privação de direitos e liberdades. No entanto, essa perspectiva está muito distante de considerar a África um continente homogêneo, um todo imaginariamente indiviso. Apenas foi escolhido um método próprio da sociologia histórica que acolhe a interdisciplinaridade, destacando o papel múltiplo e contraditório da África, inserindo-a na história universal. Seu amplo escopo de abrangência não só permite contemplar as características de uma dinâmica estrutural, regular e fortemente recorrente, como também inspira que se problematize um conjunto de questões próprias das especificidades de um continente que é um verdadeiro caleidoscópio, no qual se apresentam diversos mosaicos de heterogeneidades.

Quanto à narrativa, não segue o ordenamento cronológico, mas a problemática proposta. A periodização, por sua vez, apresenta-se circunscrita a duas dimensões: a primeira diz respeito à tentativa de compreender os fundamentos da África contemporânea, integrando em seu conjunto temas que fazem parte de um amplo arco temporal situado entre fins do século XIX e meados do XX. A segunda dimensão contempla cada tema com seus problemas particulares, sugerindo periodizações específicas.

Os capítulos podem ser divididos em quatro grupos, cada um deles com um eixo central. O primeiro grupo é formado pelos três capítulos iniciais. Nele são explorados os preconceitos e as pré-noções acerca da África, com o objetivo de desmontar a idéia da aistoricidade do continente africano, apontando seu dinamismo interno evidenciado pelos intercâmbios comerciais e culturais. Também há uma forte preocupação em oferecer uma síntese da historiografia sobre o continente, com destaque particular à tradição oral africana, para o conhecimento de inúmeros aspectos históricos, políticos, sociológicos e antropológicos próprios de seus vários povos. É importante salientar que os termos "Estado", "reino" e "império" são heranças ocidentais da antropologia funcionalista, da qual a vertente marxista da antropologia política não escapou, contaminando quase toda a historiografia. Deixa, assim, mal definidas as especificidades das estruturas políticas dos povos africanos. Esse é um ponto no qual a história coloca desafios à teoria, necessitando ser enfrentado por um conjunto de pesquisas, o que está fora dos limites deste livro. Ainda nesse primeiro grupo, apresentamos o processo de "roedura" do continente, desde o século XV, tendo como marcos a Conferência de Berlim, a partilha e a conquista, salientando o protagonismo africano, em particular nas lutas contra a perda da soberania e as resistências contra o poder europeu que violava a cosmogonia africana.

O segundo grupo, por sua vez, é formado pelo quarto e quinto capítulos, que estão unidos pela natureza própria do colonialismo e por mecanismos e instrumentos de dominação dos diferentes sistemas coloniais, com ênfase na burocracia colonial fundada no exercício da violência, no etnocentrismo e, em particular, no racismo, tendo como contraponto os movimentos de resistência que eclodiram em todo o continente africano.

Os capítulos 6, 7 e 8 integram o terceiro grupo. São motivados pela intenção de analisar o papel das elites culturais diante das questões de política e identidade. Neles exploram-se os processos de formação da consciência nacional, do protonacionalismo e dos nacionalismos, tanto continentais, cuja unidade é centrada, sobretudo, na idéia de uma etnia africana, como os específicos de cada território fundados na idéia de nação, ainda que por vezes utilizada como termo intercambiável de etnia. Também se propõe compreender como a África se insere na história política propriamente dita, das complexas interconexões que insinuam aspectos políticos e ideológicos dentro do continente e com os demais, propiciando organização de interesses e articulação de solidariedades, somando esforços para as lutas contra a dependência em suas diversas formas.

Por fim, nos capítulos de 9 a 13 enfrenta-se o imenso desafio de compreender como as "elites africanas" incorporaram ao ideal de independência os projetos de reformulação institucional e de modernização econômica, social e política. Também se ressaltam as diferentes estratégias de luta, da negociação à guerra de guerrilhas, acentuando que, não raras vezes, as duas estratégias coexistiram para que as independências fossem alcançadas.

Uma preocupação central foi resistir à maneira corrente de tratar o tema das independências, matizando a tipologia usual construída com base no dualismo metrópole–colônia, como se cada um dos impérios ultramarinos na África se desenvolvesse de modo predominantemente homogêneo. Pretendo evidenciar a complexidade e as múltiplas especificidades da história das várias Áfricas, sem excluir os elementos que também fazem parte de uma totalidade, ainda que atuando em diferentes graus de intensidade. Proponho projetar nas categorias que apresento modos de pensar os movimentos de independência com base em dois registros. O primeiro refere-se, mais que ao entrelaçamento, às interdependências mútuas da história dos povos africanos com a história das nações européias e também dos EUA. O segundo, por sua vez, diz respeito à compreensão das diversas formas de resistência aos mecanismos específicos de exploração, ocupação e domínio colonial efetivo, reunindo os espaços geopolíticos africanos conforme suas especificidades histórico-culturais centrais e recorrentes, que sobredeterminam as demais. Em outras palavras, parece fundamental oferecer uma explicação que seja endógena a cada espaço geopolítico africano, recordando a variedade das culturas pré-coloniais e apontando para a importância de repensar os projetos nacionais dos movimentos de independência. Com esta proposta, não pretendo esgotar as possibilidades de agregar os diversos movimentos de independência, mas apenas oferecer um possível recorte analítico para discussão.

Dito isso, gostaria de sublinhar que a escolha dos temas apresentados deixou de lado outros, alguns apontados em notas de pé de página. Estes e muitos mais, de inequívoca relevância, merecem ser pesquisados, dando impulso à incipiente historiografia brasileira sobre a África. Outra informação refere-se aos vocábulos islâmicos e africanos. Quanto aos primeiros, foi adotado o sistema de transliteração usado por Dominique e Janine Sourdel em seu *Dictionaire historique de l'Islã* (Paris: PUF, 1996). No segundo caso, o leitor, de quem espero benevolência, pode encontrar palavras com grafias distintas no texto e nos mapas. Não me aventurei sequer a aportuguesá-las. Tentei padronizá-las, mas ainda assim poderão ser encontradas palavras com variantes de grafia, devido à minha hesitação no momento de escrevê-las.

Um último registro. Há diferenças entre as aulas – enriquecidas pelo diálogo com os alunos, o que possibilita retomar e aprofundar a análise de diversos aspectos dos temas apresentados, agregar problemas e refazer argumentos – e os capítulos de um livro, os quais se oferecem para ser pensados, o que inclui retomar o trabalho de reflexão do autor como ponto de partida para novos pensamentos. É quando ao autor cabe, silenciosamente, deixar entrever suas fragilidades.

São Paulo, abril de 2005.

1

O OLHAR IMPERIAL E A INVENÇÃO DA ÁFRICA

A África inventada

É recorrente, nos compêndios que apresentam a idéia de uma história da civilização ocidental, o equívoco no tratamento do referencial que diz respeito ao continente africano e às suas gentes. Estes se apresentam ligados à construção de um conhecimento, cuja gênese remonta ao século XVI, quando surge o racionalismo como método que se desenvolve e se consolida mais tarde, entre a segunda metade do XVIII e a primeira metade do XIX, passando a dominar o pensamento ocidental. Integra a constituição de um "saber moderno" que permeia a formulação de princípios políticos, éticos e morais, fundamentando os colonialismos do final do oitocentos. Seus efeitos prolongam-se até os nossos dias, deixando fortes marcas nas ciências humanas e, em particular, na antropologia e na historiografia sobre a África.

As idéias dessa "produção dos tempos modernos" revestem-se de uma legitimidade científica que deriva do par dicotômico saber-poder que se instala e se conserva fiel à regra de que "[...] não é qualquer um que pode dizer a qualquer outro qualquer coisa em qualquer lugar e em qualquer circunstância"[1]. Em outras palavras, a atividade do conhecer passa a ser reconhecida como um privilégio dos que são considerados mais capazes, sendo-lhes, por isso, conferida a tarefa de formular uma nova visão do mundo, capaz de compreender, explicar e universalizar o processo histórico.

Significa dizer que o saber ocidental constrói uma nova consciência planetária constituída por visões de mundo, auto-imagens e estereótipos que com-

---

1. CHAUI, Marilena. *Cultura e democracia: o discurso competente e outras falas*, São Paulo: Moderna, 1982. p. 7.

põem um "olhar imperial" sobre o universo. Assim, o conjunto de escrituras sobre a África, em particular entre as últimas décadas do século XIX e os meados do XX, contém equívocos, pré-noções e preconceitos decorrentes, em grande parte, das lacunas do conhecimento, quando não do próprio desconhecimento sobre o continente africano. Os estudos sobre esse mundo não ocidental foram, antes de tudo, instrumentos de política nacional, contribuindo, de modo mais ou menos direto, para uma rede de interesses político-econômicos que ligavam as grandes empresas comerciais, as missões, as áreas de relações exteriores e o mundo acadêmico.

Por sua vez, em razão de essa racionalidade ser predominantemente ideológica, as representações norteiam o plano discursivo em detrimento da crítica fundamental para a constituição do pensamento. Os africanos são identificados com designações apresentadas como inerentes às características fisiológicas baseadas em certa noção de etnia negra. Assim sendo, o termo *africano* ganha um significado preciso: negro, ao qual se atribui um amplo espectro de significações negativas como frouxo, fleumático, indolente e incapaz, todas elas convergindo para uma imagem de inferioridade e primitivismo.

Ao lado deste, outro tema que merece ser focalizado diz respeito à questão da história. Pela ocultação da complexidade e da dinâmica cultural próprias da África, torna-se possível o apagamento de suas especificidades em relação ao continente europeu e mesmo ao americano. Quanto às diferenças, são tratadas segundo um modelo de organização social e política, bem como de padrões culturais próprios da civilização européia. Em outros termos: aproximando por analogia o desconhecido ao conhecido considera-se que a África não tem povo, não tem nação nem Estado; não tem passado, logo, não tem história.

O problema posto nessa lógica interpretativa possibilita que o diverso, no caso a África, seja enquadrado no grau inferior de uma escala evolutiva que classifica os povos como primitivos e civilizados. Mas qual África?

Conforme o discurso instituído, teria havido uma cisão, em tempos remotos, entre uma África branca com características mais próximas das ocidentais, mediterrâneas, e uma África negra, que se ignoravam mutuamente porque, separadas pelo deserto do Saara, ficavam privadas de comunicação.

Essas afirmações, de inequívoca eficácia prática nos planos político e ideológico, integram, na segunda metade do século XVIII e na primeira metade do XIX, um discurso que opera com imagens e ganha um revestimento teórico com a emergência dos sistemas classificatórios. A princípio tratam do reino vegetal, mas acabam por se estender ao humano, tendo como marco o livro *Systema naturae*, de Charles Linné. Nele o *Homo sapiens* foi, em 1778,

[...] classificado em cinco variedades, cujas principais delas são sumariadas em seguida:

a) Homem selvagem. Quadrúpede, mudo, peludo.

b) Americano. Cor de cobre, colérico, ereto. Cabelo negro, liso, espesso; narinas largas; semblante rude; barba rala; obstinado, alegre, livre. Pinta-se com finas linhas vermelhas. Guia-se por costumes.

c) Europeu. Claro, sanguíneo, musculoso; cabelo louro, castanho, ondulado; olhos azuis; delicado, perspicaz, inventivo. Coberto por vestes justas. Governado por leis.

d) Asiático. Escuro, melancólico, rígido; cabelos negros; olhos escuros, severo, orgulhoso, cobiçoso. Coberto por vestimentas soltas. Governado por opiniões.

e) Africano. Negro, fleumático, relaxado. Cabelos negros, crespos; pele acetinada; nariz achatado, lábios túmidos; engenhoso, indolente, negligente. Unta-se com gordura. Governado pelo capricho.[2]

Vale salientar que esse sistema classificatório integrou o discurso político-ideológico europeu, justificador tanto do tráfico atlântico de escravos como dos genocídios na África do Sul praticados pelos bôeres, e da violência colonialista contra as revoltas de escravos nas Américas.

Para acentuar a importância desse pensamento representativo de toda uma época, é relevante destacar a contribuição do filósofo Friedrich Hegel (1770-1831) como porta-voz do pensamento hegemônico de fins do século XVIII e de todo o século XIX. Na *Filosofia da história universal*, a aistoricidade da África, tal como é considerada por Hegel, decorre, em particular, de duas razões interdependentes. A primeira, pelo fato de a história ser entendida como própria de um Velho Mundo que excluía a África subsaariana e a segunda por conceber o africano como sem autonomia para construir a sua própria história.

Quanto à primeira razão, cabe explicar que a história se restringia aos espaços geográficos que tinham como elemento de união o mar Mediterrâneo, promotor da civilização. Estavam ligados a esse "coração do mundo antigo" o sul da Europa, o sudoeste da Ásia, a África Setentrional (Marrocos, Fez, Argel, Túnis, Trípoli) e o Egito. Em síntese, o "mar Mediterrâneo é o elemento de união destas três partes do mundo, e isso o converte no centro de toda a história universal. [...]" Assim, pois, o Mediterrâneo é o coração do mundo antigo, o que o

2.   BURKE, John G. "The wild man's pedigree". *In*: DUDLEY, Edward e NOVAK, Maximilian. *The wild man within*. Pettsburgh: Pettsburgh U.P., 1972. p. 266-267. *Apud* PRATT, Mary Louise. *Os olhos do império: relatos de viagem e transculturação*. Bauru/São Paulo: Edusc, 1999. p. 68.

condiciona e o anima, o centro da história universal, porquanto essa se acha em si relacionada".[3]

Por sua vez, a historicidade desse Velho Mundo é claramente definida pelas diferenças do meio geográfico, não só responsáveis pelo desenvolvimento material como pelo caráter espiritual das suas três partes constitutivas. Hegel escreve que

> a Europa é a parte do mundo do espírito, do espírito unido em si mesmo, e que tem se dedicado à realização e conexão infinita da cultura. [...] a Ásia, é o país dos contrastes [...] um dos lados do contraste é a moralidade, o ser racional universal [...] o outro lado é a oposição espiritual, o egoísmo, o ilimitado dos apetites e a desmedida extensão da liberdade [...].[4]

Por fim, no que se refere à África, utilizando-se dos mesmos critérios, Hegel a identifica como formada por três partes essencialmente distintas. A África Setentrional apresenta-se ligada ao Mediterrâneo e "pode dizer-se que esta parte não pertence propriamente à África, senão à Espanha com a qual forma uma concha". Está separada da África Meridional por um grande deserto e pelo Níger e contém o Egito. Quanto à "África propriamente dita", fica ao sul do Saara e é "quase desconhecida".

> A África propriamente dita é a parte característica deste continente. Começamos pela consideração deste continente, porque em seguida podemos deixá-lo de lado, por assim dizer. Não tem interesse histórico próprio, senão o de que os homens vivem ali na barbárie e na selvageria, sem fornecer nenhum elemento à civilização. Por mais que retrocedamos na história, acharemos que a África está sempre fechada no contato com o resto do mundo, é um Eldorado recolhido em si mesmo, é o país criança, envolvido na escuridão da noite, aquém da luz da história consciente. [...] Nesta parte principal da África, não pode haver história.[5]

À luz dessa exposição geral creio ser possível acentuar três pontos. O primeiro é que na perspectiva apresentada é conferido à África um estado de selvageria, no qual predomina a natureza, isto é, não se produzem cultura e história. O segundo ponto é o que distingue os europeus dos africanos e os próprios africanos entre si. Por sua vez, o terceiro ponto é o que se refere ao africano da

---

3. HEGEL, George W. F. *Filosofía de la historia universal*. Madri: Revista de Occidente, 1928. t. 1, p. 187.
4. *Ibidem*, p. 189.
5. *Ibidem*, p. 190 e 192.

África subsaariana como sujeito sem "vontade racional", equivale dizer, sem o elemento tido como pré-requisito para a transformação da realidade de acordo com critérios "racionais". Em resumo: esse sujeito não tem condições de ultrapassar os limites de selvageria e de buscar um novo estado de existência. Essas idéias se completam com considerações específicas acerca desses "seres sem cultura". Escreve Hegel:

> Encontramos, [...], aqui o homem em seu estado bruto. Tal é o homem na África. Porquanto o homem aparece como homem, põe-se em oposição à natureza; assim é como se faz homem. Mas, porquanto se limita a diferenciar-se da natureza, encontra-se no primeiro estágio, dominado pela paixão, pelo orgulho e pela pobreza; é um homem estúpido. No estado de selvageria achamos o africano, enquanto podemos observá-lo e assim tem permanecido. O negro representa o homem natural em toda a sua barbárie e violência; para compreendê-lo devemos esquecer todas as representações européias. Devemos esquecer Deus e a lei moral. Para compreendê-lo exatamente, devemos abstrair de todo respeito e moralidade, de todo o sentimento. Tudo isso está no homem em seu estado bruto, em cujo caráter nada se encontra que pareça humano. [...][6]

Torna-se, portanto, evidente a existência de duas Áfricas com aspectos geográficos diferentes, classificadas em estágios de desenvolvimento diversos, povoadas por etnias distintas, branca e negra e, por fim, uma com e a outra sem história. Nessa perspectiva a África ao sul do Saara, até hoje conhecida como África negra, é identificada por um conjunto de imagens que resulta em um todo indiferenciado, exótico, primitivo, dominado, regido pelo caos e geograficamente impenetrável (veja mapa 1.1).[7]

Desconsiderada a questão da singularidade, é possível converter em um princípio a idéia de que as Áfricas estavam irremediavelmente separadas entre si pelo deserto do Saara, responsável pela total inviabilidade de comunicação entre ambas. Por raciocínio análogo, também foram traçadas fronteiras intransponíveis entre as civilizações do Antigo Egito e da Núbia e as dos povos ao sul do Saara.

Outro modo de abordar a questão da historicidade é considerá-la problema histórico e político, referindo-a à identificação de um ponto fixo no real, a

---

6. HEGEL *op. cit.*, p. 193 e 194.
7. Retomando a tradição de uma geografia voltada para a antropologia, Kant propunha descrever a realidade humana, em um livro publicado em 1802, no qual se referia aos africanos ao sul do Saara como "homens que cheiram mal" e têm a pele negra por "maldição divina". KANT, Emmanuel. *Géographie phisique: géographie*. Paris: Aubier, 1999.

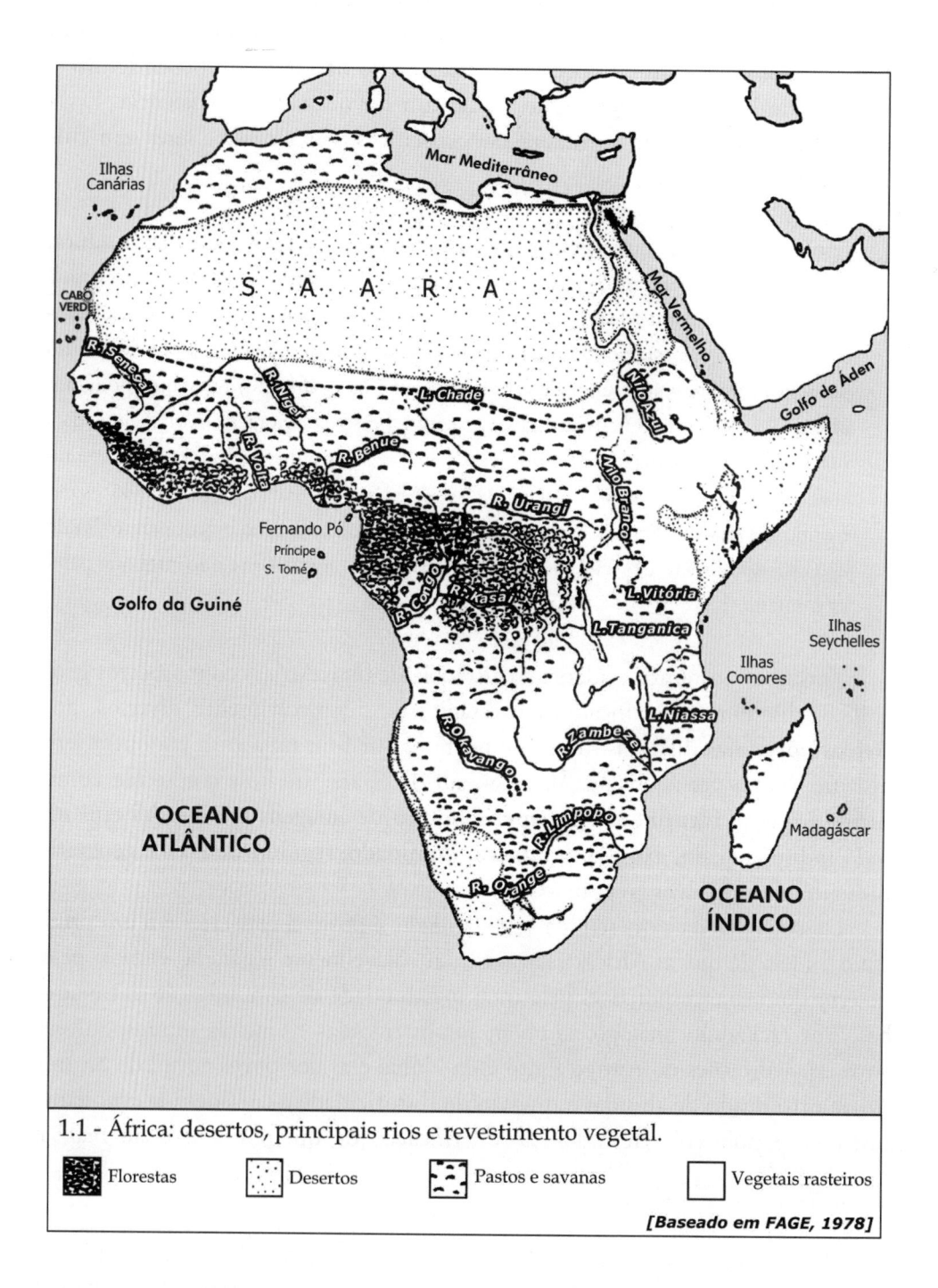

1.1 - África: desertos, principais rios e revestimento vegetal.

▨ Florestas   ⬚ Desertos   ▨ Pastos e savanas   ☐ Vegetais rasteiros

[Baseado em FAGE, 1978]

partir do qual é datado o começo da história da África. A determinação do referido ponto recaiu no tráfico negreiro e na colonização da América, reforçando estereótipos raciais presentes até os nossos dias. A partir do momento em que foram utilizadas as noções de "brancos" e "negros" para nomear, de maneira genérica, os europeus colonizadores e os africanos colonizados, os segundos têm de enfrentar uma "dupla servidão": como ser humano e no mundo do trabalho. O negro, marcado pela pigmentação da pele, transformado em mercadoria e destinado a diversas formas compulsórias de trabalho, também é símbolo de uma essência racial imaginária, ilusoriamente inferior.

Repensando o continente africano

Reconhecido como verdade, esse pensamento de tendência hegemônica apresenta-se isento de indagações, perpetuando as idéias da cisão entre as Áfricas, da não-historicidade da "África negra" e dos estereótipos raciais. No entanto, destoam dessas afirmações as obras que, se valendo de importante documentação obtida em arquivos da África e da Europa, apontam os intercâmbios entre as Áfricas, além de ressaltar a historicidade das sociedades subsaarianas e a complexidade, em graus diferenciados, de suas organizações sociais e políticas. O exemplo mais significativo é o trabalho do administrador colonial e historiador Maurice Delafosse, que, fazendo uma cuidadosa leitura dos manuscritos de al-'Mari, pôde identificar o nome exato da capital do Mali, Nyeni ou Niani, próxima da aldeia do mesmo nome, à margem do rio Sankarani, hoje fronteira do Mali com a Guiné. Também se deve a Delafosse, em 1912, a tentativa de escrever uma história dos mossi, tendo como documentação monografias coloniais de 1909 (veja mapa 1.2).[8]

Mas só em meados do século XX, pouco a pouco, a historiografia e a antropologia sobre a África foram reconhecidas e tratadas de maneira crescentemente crítica, abrindo possibilidades para que os preconceitos pudessem vir a ser questionados. Nesse sentido, é preciso registrar trabalhos precursores de antes da Segunda Guerra Mundial, como o de Y. Urvoy sobre o Sudão Central (*Histoire des populations du Sudan Central*, 1936 e *Histoire du Bournu*, 1949). Por seu turno, a partir de 1947, a Société Africaine de Culture e sua revista *Présence Africaine* dedicaram-se a elaborar uma história da "África descolonizada", utilizando as técnicas européias de investigação histórica para resgatar o passado africano, buscando elementos de identidade cultural solapados pelo colonialismo.

8. Consultar DELAFOSSE, Maurice. *Le haut Sénégal-Niger*. Paris: Maisonneuve et Larose, 1972. 3 v.

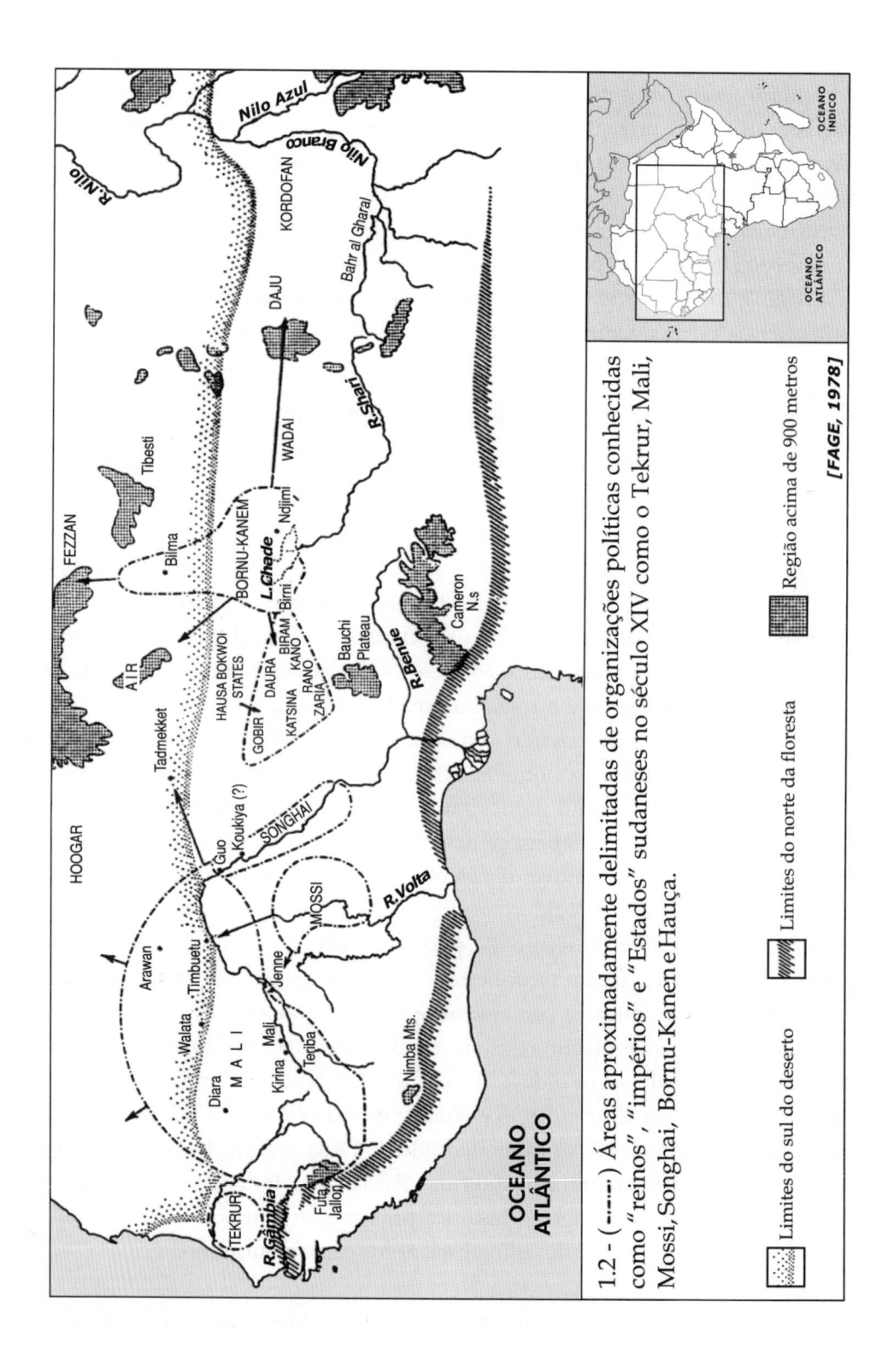

1.2 - (▪▪▪▪) Áreas aproximadamente delimitadas de organizações políticas conhecidas como "reinos", "impérios" e "Estados" sudaneses no século XIV como o Tekrur, Mali, Mossi, Songhai, Bornu-Kanen e Hauça.

Limites do sul do deserto

Limites do norte da floresta

Região acima de 900 metros

[FAGE, 1978]

Por sua vez, também os afroamericanos se empenharam, cada vez mais, em identificar as especificidades histórico-culturais na África, tendo W. E. B. Du Bois como um de seus expoentes. Nesse caso, como no de outros pan-africanistas, o vínculo se deu no âmbito de contornos próprios de uma mensagem da etnia negra.[9]

Ainda assim, apenas a partir de 1960, sob a influência dos nacionalismos independentistas e no âmbito da busca da identidade do continente e de cada um dos Estados-nação recém-formados, foi reconhecida a necessidade de conceber um novo método de abordagem adequado para negar a homogeneidade das "tribos africanas". Dito de outra forma, passou a haver o objetivo de identificar as especificidades históricas de um continente que é um verdadeiro mosaico de heterogeneidades, uma totalidade caracterizada pela complexa diversidade cultural de seus povos. Foi quando se começou a empreender a releitura de livros de autores do Velho Mundo mediterrâneo como Zurara, Cadamosto, Diogo Gomes, André Álvares D'Almada e Leão, o Africano, que descreviam suas viagens pelo Saara e suas incursões marítimas ao longo da costa do Atlântico.

Gomes Eanes de Zurara, um dos principais cronistas-mor do rei de Portugal, D. João II, foi o primeiro historiador a registrar a presença portuguesa na costa ocidental africana no século XV e a tratar das várias formas de captura e escambo, além do tráfico de negros na Costa da Guiné.

Também do século XV são os relatos de viagem dos portugueses Cadamosto e Diogo Gomes, que respectivamente em 1455 e 1456, subiram o rio Gâmbia, importante via de acesso ao interior da África Ocidental. Também foi retomado o relato referente ao último quartel do século XVI, o *Tratado breve dos rios da Guiné*, do português, nascido na ilha de Santiago, em Cabo Verde, André Álvares D'Almada, que comerciava no litoral da Guiné.

Outra fonte utilizada foi a *Description de l'Afrique*, uma narrativa de Leão, o Africano, resultado de suas viagens no início do século XVI pelo Oriente Médio e pelas regiões subsaarianas. Essa obra, redigida e publicada em 1550, em Roma, é uma rica narrativa que, embora carregada de alguns equívocos histórico-geográficos relativos ao interior das Áfricas Ocidental, central e tropical, contém importantes testemunhos árabes sobre o Império do Mali.

Pouco depois também foram retomadas as escrituras de autores da civilização islâmica medieval, em particular dos séculos XIII e XIV. Mais antigas que as européias, destacam-se, por exemplo, as obras de Ibn Battuta e de Ibn Khaldun.

---

9. DU BOIS, W. E. B. (ed.). "Races: the crisis" (agosto de 1911). *In: Writings in periodicals edited by W. E. B. Du Bois: 1 (1911-1925)*. Compilado e organizado por MILWOOD, Herbert A. Nova York: Kraus-Thomson, 1983.

Quanto a Ibn Battuta (1304-1369), foi responsável pela reconstrução da história das regiões ocidental e central da África durante o período compreendido entre os séculos IX e XIV. Já Ibn Khaldun (1332-1406), norte-africano de Túnis, tratou de vários aspectos da África subsaariana, dando especial relevo à descrição do Império do Mali, desde a sua fundação, em 1235, até a sua decadência durante o século XIV. Nesse relato, destacou a importância de Sundjata Keita para a união do povo manden, condição básica para o domínio de quase todos os territórios antes pertencentes ao Império de Gana. Por isso, Khaldun incluiu em seu *Os prolegômenos* o "Elogio a Sundjata", fundador do Império do Mali, imortalizado como um dos heróis mais populares da história africana.

Ganharam igualmente destaque os manuscritos europeus, do século XV até a primeira metade do XX, elaborados por viajantes, traficantes de escravos, comerciantes, militares, exploradores europeus (estes, não poucas vezes, a serviço das sociedades européias de geografia), missionários, pró-cônsules e administradores coloniais. Graças ao contato que tiveram com as realidades africanas, registraram as suas impressões sobre as instituições econômicas, políticas e sociais, e as relações destas com os territórios que ocupavam.

Como reflexo da ênfase no discurso histórico africanista embalado pelo nacionalismo, ganharam destaque, desde a década de 1970, as informações provenientes, em particular, da arqueologia e da tradição oral, uma vez que as fontes lingüísticas e etnográficas ainda careciam ser mais exploradas.

Quanto à arqueologia, utilizada sobretudo onde não há crônica oral ou escrita disponível, toma como indicadores artefatos considerados objetos-testemunhos. Desse modo, cerâmicas, peças de osso, ferro, vidro e metal são submetidos a técnicas analíticas como a arqueometria, as de datação para a prospecção arqueológica e as de conservação. Com isso, busca-se obter valiosas informações que permitem a identificação rigorosa dos objetos, incluindo as suas origens, as técnicas para fabricação utilizadas pelos povos antigos e a sua autenticidade. Permitem, assim, colaborar, por exemplo, para a solução de questões acerca da data de certos sítios históricos, além de identificar a complexidade técnica e artística de objetos de povos como os ibos de Ikwu, que se revelaram mestres em seus ofícios, além de outros da região entre Volta e Camarões, destacando-se os iorubás de Ifé, Oió e Benin (veja mapa 1.3).

No que se refere à tradição oral, vale-se do desenvolvimento da metodologia da coleta, transmissão e interpretação das informações obtidas, constituindo-se uma fonte de reconhecida relevância para a reconstrução histórica de civilizações predo-

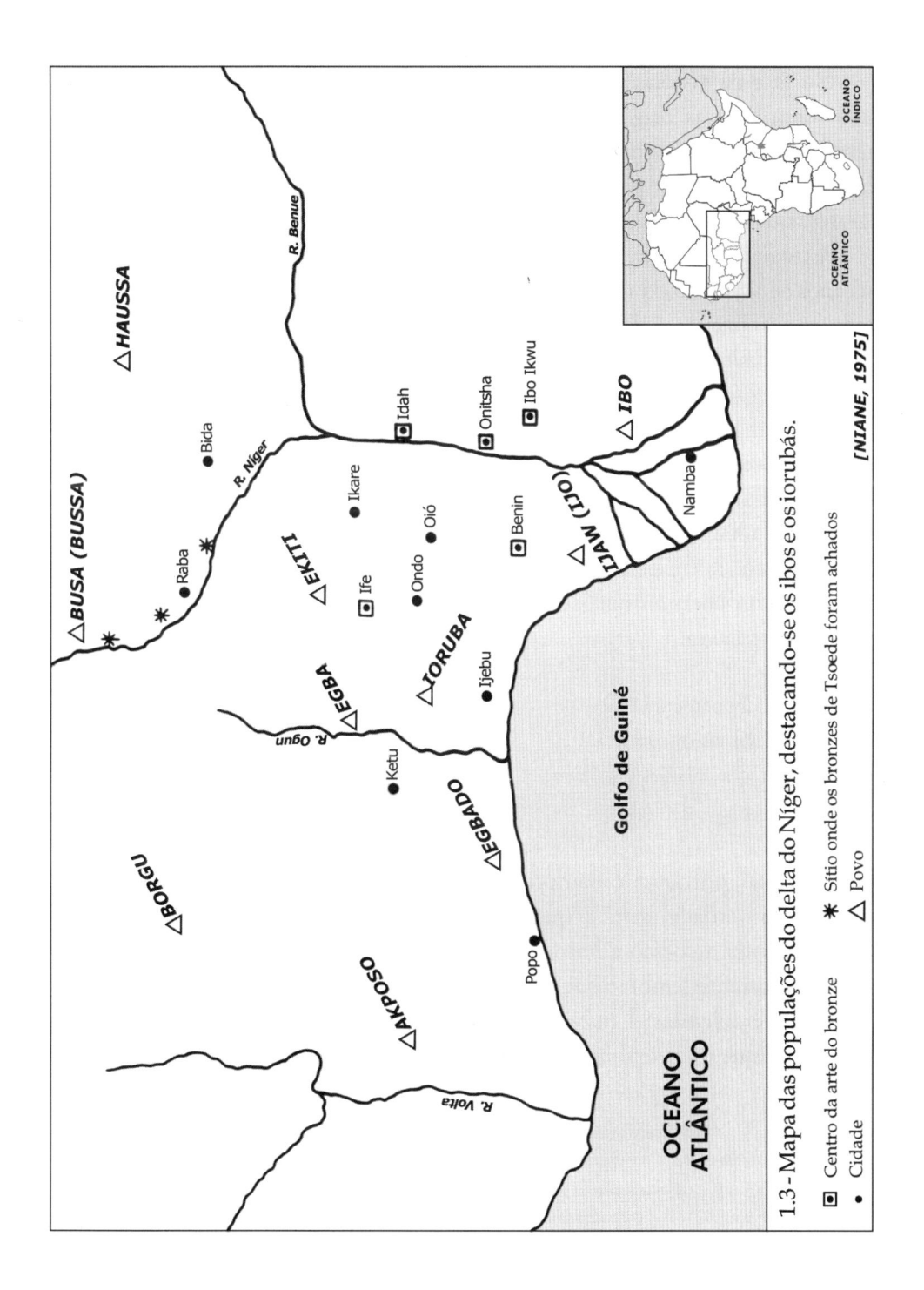

1.3 - Mapa das populações do delta do Níger, destacando-se os ibos e os iorubás.

[NIANE, 1975]

minantemente orais. A exigência é que o historiador se inicie, antes de tudo, nos modos de pensar da sociedade oral para só depois interpretar suas tradições.[10]

No caso da história da África, os conteúdos da narrativa não só contribuem para identificar as origens das diferentes organizações sociais e políticas e a natureza dos movimentos migratórios, como também para compreender as mudanças históricas dos séculos XVIII e XIX dos vários povos, majoritariamente ágrafos, que compunham o continente.[11]

A tradição oral é encontrada sobretudo nos meios rurais, mas também nos urbanos, no âmbito da vida social, isto é, no "mundo mais eletivo da reciprocidade comunitária".[12] Tem como seu principal grupo de expressão os "guardiões da palavra falada", responsáveis por transmiti-la de geração em geração.

Vale registrar que os que detêm o "conhecimento da palavra falada" por revelação divina são denominados "tradicionalistas" e transmitem-no com fidelidade, uma vez que a palavra tem um caráter sagrado derivado de sua origem divina e das forças nela depositadas. Significa dizer que a fala tem uma relação direta com a harmonia do homem consigo mesmo e com o mundo que o cerca. Assim, a mentira é execrada, pois "aquele que corrompe a palavra corrompe a si próprio". Um poema ritual do Mali exprime com precisão o dever para com a verdade da palavra:

A fala é divinamente exata,
convém ser exato com ela.
A língua que falsifica a palavra
Vicia o sangue daquele que mente.[13]

Sobressai, portanto, o compromisso incondicional de discernir, aceitar e saber dizer a verdade, sem a qual o "tradicionalista" perderia o dom de pôr ordem, manter a coesão e harmonizar as gentes.

É importante lembrar que a tradição oral não se limita aos relatos mitológicos, épicos e às lendas. Também não se restringe à memória das grandes migrações, ainda que estas tenham sido divulgadas pelo registro de fatos – por exem-

---

10. VANSINA, J. "A tradição oral e sua metodologia". *In*: KI-ZERBO, J. (coord.). *História geral da África: I. Metodologia e pré-história da África*. São Paulo: Ática; Paris: Unesco, 1982. p. 158.

11. As exceções são Etiópia, a franja sudanesa de influência islâmica e as cidades do Índico.

12. APPIAH, Kwame A. *Na casa de meu pai: a África na filosofia da cultura*. Rio de Janeiro: Contraponto, 1997. p. 223.

13. HAMPÂTÉ BÂ, A. "A tradição viva". *In*: KI-ZERBO, J. (coord.). *História geral da África*: I..., *op. cit.*, p. 187.

plo, a longa caminhada de Koly Tenguela e do seu povo pelo Sudão ocidental até as margens do rio Senegal, culminando com a fundação do reino de Denyanke. Na verdade, ligada ao comportamento do homem e da comunidade, a tradição oral envolve uma visão peculiar de um mundo considerado um todo integrado, em que seus elementos constitutivos se interrelacionam e interagem entre si. Vale dizer que a tradição oral explica a unidade cósmica, apresentando uma concepção do homem, do seu papel e do seu lugar no mundo, seja ele mineral, vegetal, animal, ou mesmo a sociedade humana.

Outro aspecto que não pode ser negligenciado se refere à transmissão do saber e ao exercício da récita. Feitos em escolas de iniciação, cada qual com especificidades próprias das diversas regiões africanas, guardam, como ponto comum, a fé na palavra que emana do ser supremo como instrumento de criação de todo o universo.

Resta sublinhar que os "tradicionalistas", os que são reconhecidos como possuidores do conhecimento total da tradição, isto é, os guardiões dos segredos relativos à gênese do cosmos e das ciências da vida, ao mesmo tempo "conhecedores" e "fazedores de conhecimento", integram um grupo amplo do qual fazem parte os mestres por eles iniciados, que, por sua vez, são iniciadores de indivíduos nos ofícios tradicionais, como ferreiros, tecelões, sapateiros, caçadores e pescadores, entre outros.

Quanto aos referidos ofícios tradicionais, também se encontram ligados a um conhecimento esotérico, transmitido de geração em geração. Sua origem, acreditava-se, seria recebida por uma revelação inicial. A passagem desse saber, acompanhada de cantos rituais, gestual e palavras rítmicas sacramentais, prende-se ao mistério da gênese da criação ligada ao poder da palavra. Em síntese:

O ferreiro forja a palavra,
O tecelão tece,
O sapateiro amacia-a curtindo-a.[14]

Por fim, umas poucas palavras acerca dos *griots*.[15] Eles não são, mas podem vir a se tornar "tradicionalistas conhecedores"; no entanto, estão excluídos da iniciação da tradição maior e mais divina, referente ao mito da criação do universo e do homem.

14. HAMPÂTÉ BÂ, A. "A tradição viva", *op. cit.*, p. 196.
15. *Griot* é o nome dado pelos franceses ao diéli que entre os bambaras significa "contador de histórias". A tempo: diéli é quem tem a força vital. Consultar BARRY, Boubacar. *Senegâmbia: o desafio da história regional.* Rio de Janeiro: Centro de Estudos Afro-Asiáticos, 2000.

Griot, contador de histórias, em imagem datada de 1868, em M. Mage, *Voyage dans les Soudan Occidental*, com o nome de "Samba *Griot* de Niantanso".

Mas, afinal, quem são os *griots*? São trovadores, menestréis, contadores de histórias e animadores públicos para os quais a disciplina da verdade perde rigidez, sendo-lhe facultada uma linguagem mais livre. Ainda assim, sobressai o compromisso com a verdade, sem o qual perderiam a capacidade de atuar para manter a harmonia e a coesão grupais, com base em uma função genealógica de fixar as mitologias familiares no âmbito de sociedades tradicionais. "Sua função é também o desenvolvimento extraordinário de estruturas de mediação que restabelecem a comunicação numa sociedade em que as relações sociais parecem todas marcadas por considerações de hierarquia, autoridade, etiqueta, deferência e reverência."[16]

Muitas vezes respaldados pela música e valendo-se da coreografia, contam coisas antigas cantando as grandes realizações dos "bravos e dos justos", celebrando o heroísmo e a salvaguarda da honra. Em contrapartida, evocam o desprezo pelo medo da morte e denunciam os desonestos e os ladrões, revelando aos nobres os exemplos a serem seguidos ou repudiados.

Por seu turno, emprestando um caráter mítico às áreas narrativas, os *griots* versam sobre as epopéias dos heróis, dos seus nascimentos e das suas mortes, como símbolos da gênese de seus povos e de suas trajetórias. Dois exemplos

16. BARRY, *op. cit.*, p. 7.

clássicos são as recitações sobre Sundjata Keita, fundador do Império do Mali e de Chaka, fundador do reino Zulu, no sul da África. São tecidos, assim, os mundos africanos com palavras e silêncio, garantindo o não-esquecimento das glórias da tradição.

Traçado o quadro das principais fontes, quais sejam, a escrita como estudo da história dos povos africanos, a arqueologia e a tradição oral, resta saber que, apesar do crescente esforço de recolhimento das tradições do passado africano, existe material, sobretudo de caráter arquivístico ou narrativo, ainda não explorado. Há uma diversidade de manuscritos inéditos, relativos à África ao sul do Saara, exumados de bibliotecas do Marrocos e da Argélia. Da mesma maneira, um grande número de documentos encontrados em bibliotecas de eruditos sudaneses, em cidades da curva do Níger, também permanece inexplorado. Para promover a coleta desses dados, a Unesco fundou, em Tombuctu[17], o Centro de Pesquisas Históricas e Estudos Africanos Ahmed Baba.

Construída com tijolos secos ao sol, a mesquita de Tombuctu é considerada a mais antiga da África ocidental e guarda documentos ainda não pesquisados.

Devem ainda ser levadas em conta pequenas observações concernentes ao corpo auxiliar de conhecimentos fornecido pela antropologia contemporânea, como área de conhecimento com história própria. A formação de seu campo

17. KI-ZERBO, *op. cit.*, p. 21-42.

de saber revela um interesse pela diversidade de tipos físicos, línguas e sociedades (estas reduzidas a resultados de contatos entre instituições), respondendo a objetivos práticos de acordo com diretrizes político-ideológicas dos
colonialismos de fins do século XIX. Como conseqüência, a pesquisa de campo procurava recolher objetos considerados cultura material, circunscritos no
espaço e no tempo.

Por seu turno, certa antropologia considerava a mudança social nas chamadas "sociedades tribais", restringindo-se à descrição de intervenções pontuais na
economia (a introdução da moeda, por exemplo) ou na "realidade cultural" (a
ação da evangelização e da difusão da escolaridade formal segundo padrões ocidentais) e à enumeração dos problemas daí decorrentes.

O resultado desses estudos foi determinante para que se consolidasse a
imagem de um continente pulverizado por inúmeras unidades de "tribos" e
grupos etnoculturais. Também reforçou o colonialismo e o racismo, reiterando
o mito da missão civilizadora dos países europeus em relação às regiões do globo caracterizadas pela "barbárie" e "selvageria".

O ponto de inflexão dessa "antropologia, filha do imperialismo ocidental", na feliz expressão da antropóloga Kathleen Gough, foi marcado nos
anos 1950 por Georges Balandier, em "The colonial situation: a theorical
approach". Sua crítica ressalta três pontos básicos absolutamente interligados.
O primeiro, no qual propõe que se apreenda a "situação colonial" como totalidade, reconstituindo o conjunto de suas características de acordo com o lugar investigado, para que se torne possível "interpretar e classificar os fenômenos observados".[18]

O segundo, em que aponta as insuficiências do reducionismo econômico
no trato da situação colonial, exemplificando com considerações acerca de estudos
não apenas sobre a África (mais precisamente a África do Sul), como também
sobre a Ásia (em particular a Indochina).

Por fim, o terceiro ponto refere-se à necessidade de relacionar o estudo da
colonização africana às metrópoles européias, considerando a situação concreta,
particular de cada sociedade. Balandier ressalta a heterogeneidade, a complexidade e o dinamismo sociocultural como características próprias da historicidade
africana. Assim, nega que essas sociedades possam ser qualificadas como estáti-
cas e passivas, destacando as mudanças e o seu "potencial revolucionário".

---

18. BALANDIER, Georges. "The colonial situation: a theorical approach". *In*: VAN DER BERGHE,
Pierre L. (ed.). *Africa: social problems of change and conflict*. San Francisco: Chandler, 1951.

A revisão sobre a produção do conhecimento da qual escritos como os de Balandier se destacam é, por isso, o marco de novas tendências no estudo da África. Caracterizam-se pela ruptura com um eurocentrismo até então hegemônico que, fazendo-se passar por universal, obscurecia as autênticas diferenças locais próprias do continente africano.

Vale dizer que, pouco a pouco, ainda que com avanços e recuos, foram postos em xeque os estudos que buscavam estabelecer uma correspondência da cultura africana com a ocidental. O eurocentrismo tornou-se sinônimo de sectarismo. Quanto às reflexões historiográfica e antropológica, passaram a apresentar novas perspectivas de compreensão da África e dos africanos, numa tendência chamada "saber transformador". Descartam a existência de uma África subsaariana definida como um todo homogêneo, indiviso e estático, marcado pelo primitivismo. Há maior preocupação em identificar mitos fundadores, datas próprias e processos de transformação das sociedades, pela capacidade constante de se criarem e se recriarem internamente. Também questionam a idéia de um ponto fixo no real, considerado idêntico a um fato empírico – a escravidão atlântica e o colonialismo do século XV – a partir do qual a África e os africanos entrariam como objetos para a história da civilização ocidental.

Nessa mesma perspectiva é acentuada a questão do dinamismo histórico, ao mesmo tempo que se reavalia a existência de duas Áfricas incomunicáveis, uma ao norte e outra ao sul do Saara. Enfim, as abordagens lembram que a África foi e continua sendo, ainda que por razões diversas, um continente em movimento.

África: um continente em movimento

Os testemunhos escritos permitem-nos identificar as principais organizações sociais e políticas na África pré-colonial, de 1500 a 1800, genericamente denominadas "reinos", "Estados" e "impérios", significando ora sistemas de governo, ora modos de centralização ou descentralização administrativa (veja mapa 1.4). Por sua vez, os testemunhos escritos também permitem afirmar o papel fundamental das trocas regulares que deram origem ao desenvolvimento de redes comerciais internas na África, desde o século VII, chegando ao apogeu entre os séculos XII e XVI, estendendo-se, em especial, da zona sahelo-sudanesa ao Magrebe. Seguindo os itinerários dos principais produtos africanos, pode-se constatar a complexidade e o dinamismo das relações comerciais e culturais entre cidades de diferentes regiões do continente (veja mapa 1.5).

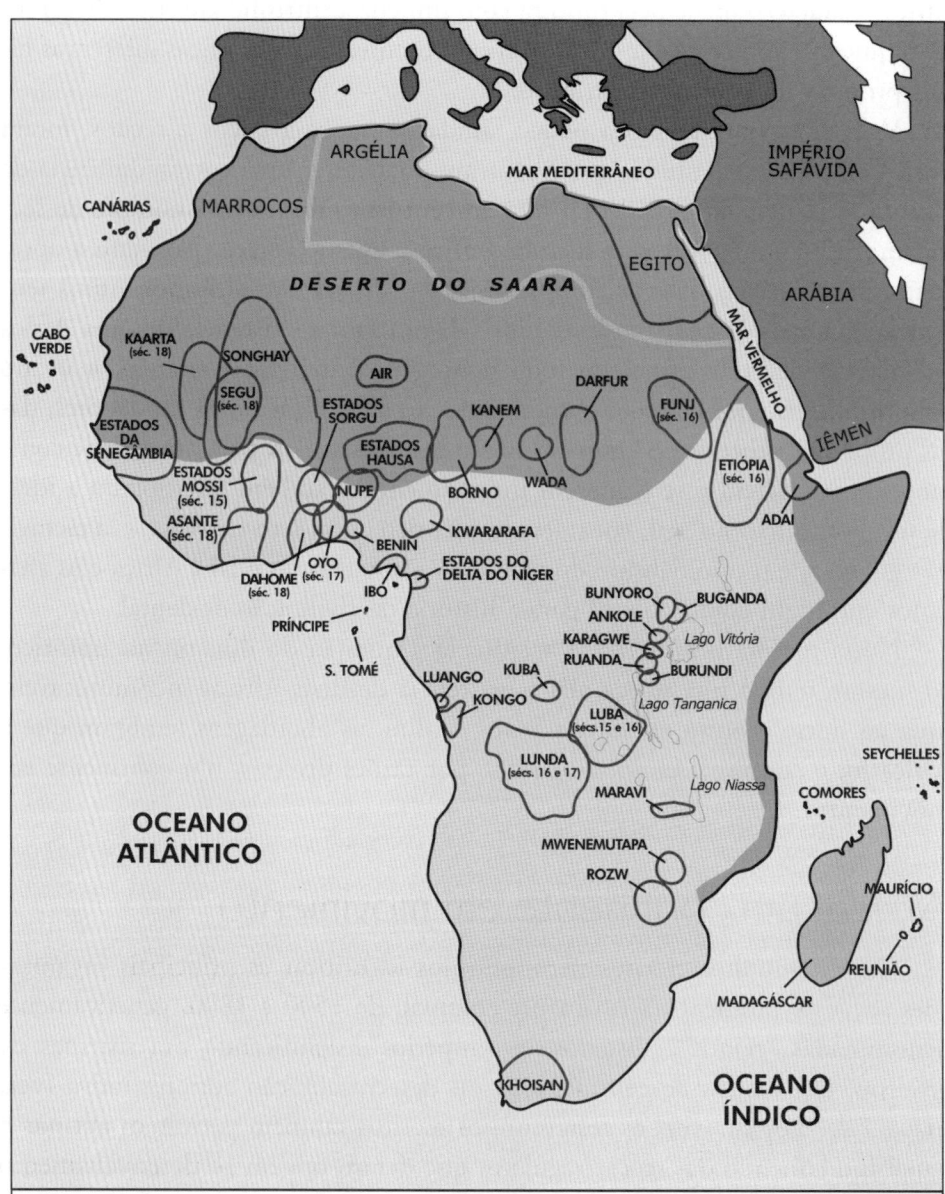

1.4 - Delimitações aproximadas das organizações políticas na África (1500 a 1800), destacando "Estados", "reinos" e "impérios".

[Baseado em VANCHI, 1973]

Uma das mercadorias que integram os intercâmbios comerciais nas principais rotas transaarianas é a população negra feita escrava. Nesse sentido, é importante compreender o papel fundamental do trato de escravos na formação de estruturas sociopolíticas complementares, na região sahelo-sudanesa, compostas por aristocracias guerreiras de formações político-militares, como Tekrur, Gana, Mali e Sylla (às quais cabia apenas a captura e a transformação de homens livres em cativos), e as cidades mercantis como Djenné e Tombuctu, dominadas pelo comércio capitaneado por homens islamizados.[19] Sublinhar puramente os aspectos relativos à escravidão africana seria, no entanto, insuficiente para compreender o surgimento das cidades sahelianas e saarianas. Embora de penetração ainda limitada, também é necessário considerar como parâmetros sócio-históricos o desenvolvimento do Islã, importante no comércio e na difusão de idéias,

> [...] da indumentária e do enriquecimento dos nômades transportadores [que] criaram uma demanda crescente pelos produtos do trabalho agrícola e artesanal sudaneses. [...] Tombuctu, segundo o Tarikh es-Soudan [...] era, desde suas origens, um entreposto de grãos. Djénne era principalmente um grande mercado de subsistência (peixe, milhete, cebola, arroz, folhas de baobá, condimentos) e de produtos de artesanato, algodão, tecidos de algodão e lãs (kasse) destinados aos mercados setentrionais.[20]

O tráfico transaariano de escravos para o Magrebe e depois para a Europa, permanente do século VIII ao XVI, sugere o tema da escravidão no continente africano. Mesmo com base em uma literatura ainda incipiente, vale registrar algumas análises que, recortando temas e aprofundando questões teóricas, lançam luz sobre sua natureza, suas formas, sua dinâmica e as mudanças sociais nas sociedades africanas. As pesquisas feitas por Ralph A. Austen, baseadas em

---

19. Eram povos negros e mestiços islamizados responsáveis pelo comércio de longa distância, seja "por revezamento" (quando cada grupo controlava apenas o seu espaço, ficando com a sua parte do lucro), seja pelo "comércio em rede" (no caso de um grupo de comerciantes especializados acompanhar o trânsito de mercadorias do primeiro ao último ponto da cadeia comercial). Eles chegaram ao centro do continente por duas vias: a ocidental (do Magrebe ao Níger) e a oriental, que ligava o Egito (pelo Alto Nilo ou pela Tripolitânia) ao Iêmen. Por elas, a civilização mediterrânea foi levada até o extremo do Golfo da Guiné. Consultar MEILLASSOUX, C. *Antropologia da escravidão: o ventre de ferro e dinheiro*. Rio de Janeiro: Zahar, 1995. Capítulo 1 da primeira parte (p. 35-54) e capítulo 1 da terceira parte (p. 184-199).
20. MEILLASSOUX, *op. cit.*, p. 43. É indispensável explicar que os vocábulos *império, reino* e *Estado* aparecerão entre aspas, lembrando que as instituições políticas às quais se referem têm particularidades históricas, não sendo equivalentes aos conceitos próprios da filosofia política e da ciência política ocidentais.

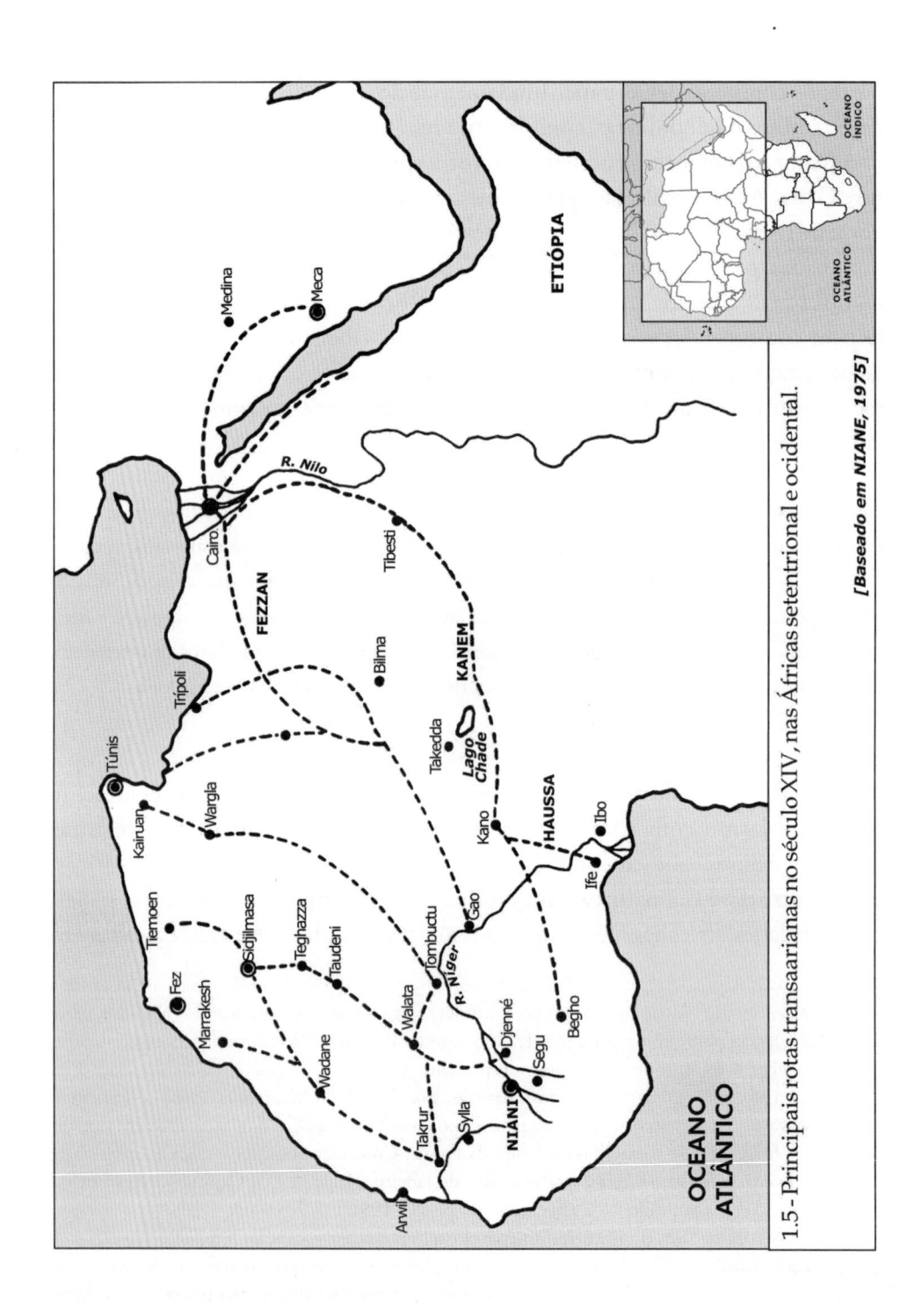

1.5 - Principais rotas transaarianas no século XIV, nas Áfricas setentrional e ocidental.

[Baseado em NIANE, 1975]

uma rica e criteriosa documentação, permitiram-lhe identificar três grandes regiões de comércio de cativos no continente africano: a costa ocidental (do Senegal até Angola), as savanas do norte e o chifre da África (do Senegal até a Somália) e a costa oriental (do Quênia até Moçambique e Madagáscar).[21]

Mas quais mecanismos levaram à escravidão nas sociedades africanas do século VII até o século XV? Em termos gerais é sabido que o fornecimento de cativos provinha basicamente das guerras internas decorrentes das próprias estruturas econômicas de cada região, as quais remontavam à Antiguidade, tendo crescido com a expansão islâmica e com a demanda ao longo do Mediterrâneo.

Esses embates ocorriam por razões variadas, como o rapto de mulheres pertencentes a clãs ou a linhagens, os conflitos entre "Estados" em formação ou os já constituídos ou ainda pelas guerras de expansão, assim chamadas porque os mercadores incorporavam povos tributários, segundo um sistema de pagamento de tributos e prazos fixados pela tradição. Uma vez capturados, vendidos ou mesmo no caso de morrerem em combate, os filhos desses escravos não eram vendidos nem maltratados. Criados na maioria das vezes na corte, acabavam por reconhecer o soberano como seu próprio pai; além disso, desempenhavam funções quase sempre importantes nas esferas administrativa e militar.

O segundo mecanismo que levava à escravidão era a fome que, desestruturando uma sociedade, impelia os destituídos a vender a si mesmos ou aos seus filhos como escravos, como um meio de sobrevivência. Por sua vez, o terceiro mecanismo era "resultado de punição judicial por algum crime ou como uma espécie de garantia para o pagamento de débito. No último caso trata-se da difundida instituição da penhora humana. Nessas situações os escravos eram relativamente bem-tratados: tinham acesso aos meios de produção (basicamente a terra), podiam casar-se com pessoas livres e eram considerados membros da família do senhor".[22]

Genericamente, a escravidão esteve presente na África como um todo, fazendo-se necessário observar as especificidades históricas próprias de complexos sociais e políticos e das formas de poder das diversas sociedades africanas. Mas é fundamental acrescentar que a dinâmica e a intensidade da escravidão no continente africano tem a ver com a maior ou menor demanda do tráfico atlântico gerada pelo expansionismo europeu sobre a América. Isso acarreta mudanças sociais na África, como a expansão e a subseqüente transformação da poligenia,

21. RALPH, A. Austen. *The uncommon market: essays in the economic history of the Atlantic slave trade.* Nova York: Henry A. Gemery & Jan Hogendorn (eds.), 1979.
22. REIS, João J. "Notas sobre a escravidão na África pré-colonial", *In: Estudos Afro-Asiáticos,* Rio de Janeiro, n. 14, 1987. p. 6.

o desenvolvimento de diferentes tipos de escravidão no continente, além do empobrecimento de uma classe de mercadores africanos.[23]

Contudo, parte significativa das fontes permite afirmar que, adensado a partir do século XII, ainda assim o comércio de escravos era inferior ao do ouro, material necessário para a cunhagem de moedas feita ao redor do Mediterrâneo. Nessa ordem de idéias,

> Raymond Mauny arriscou uma estimativa do número de escravos negros exportados para o norte da ordem de 20 mil por ano, ou 2 milhões por século. Os árabo-berberes não tinham tanta necessidade de mão-de-obra para uma demanda tão grande. É importante lembrar o famoso tratado, referido como o *bakt*, assinado pelos dirigentes do Egito e pelos reis da Núbia. Estipulava ele que o rei da Núbia deveria mandar 442 escravos anualmente para o Cairo, assim distribuídos: 365 para o tesouro público, 40 para o governo do Cairo, 20 para o seu delegado em Aswan (Assuã), 5 para os juízes de Aswan e 12 para os 12 notários da cidade. O tributo exigido pelo sultão do Cairo prova que as necessidades da corte não eram enormes.[24] (Veja mapa 1.6.)

De todo modo, não se pode negar que no século XVII, no Segu, a captura de negros ainda era significativa em termos quantitativos, e justificada moralmente como um meio de subjugar os "pagãos". O butim humano era dividido em duas categorias: os homens destinavam-se ao tráfico europeu; as mulheres e os jovens, ao tráfico interno para a utilização agrícola e doméstica. Também é preciso lembrar-se da exportação de escravos, homens e mulheres, do Sudão para as cortes egípcias e magrebinas, assim como da costa oriental, em particular de Mombaça e Mogadíscio, para países árabes como o Iraque, a Arábia e a Índia.

Mas a economia, em especial da região sahelo-sudanesa, também se beneficiou de outros produtos. É o caso do sal, que, extraído das minas de Teghazza, supria os mercados do Sudão Ocidental. Paralelamente, em Arwill, outro tipo de sal, o sal-gema, era obtido no rio Senegal e abastecia até o interior da curva do Níger. Acresce que o sal, ao lado do ouro, da prata e do cobre, serviu de moeda comercial para os sudaneses, sendo que, em Teghazza e Takedda (Tigida), eram utilizados como moeda para aquisição de madeira, carne, sorgo e trigo.

23. MANNING, Patrick. "Escravidão e mudança social na África". *In: Novos Estudos Cebrap*, São Paulo, n. 21, jul. 1988. p. 8-29.
24. NIANE, Djibril T. "Relações e intercâmbios entre as várias regiões". *In*: NIANE, D. T. (coord.). *História geral da África, a África do século XII ao século XV*. v. 4. São Paulo: Ática, 1988. p. 634.

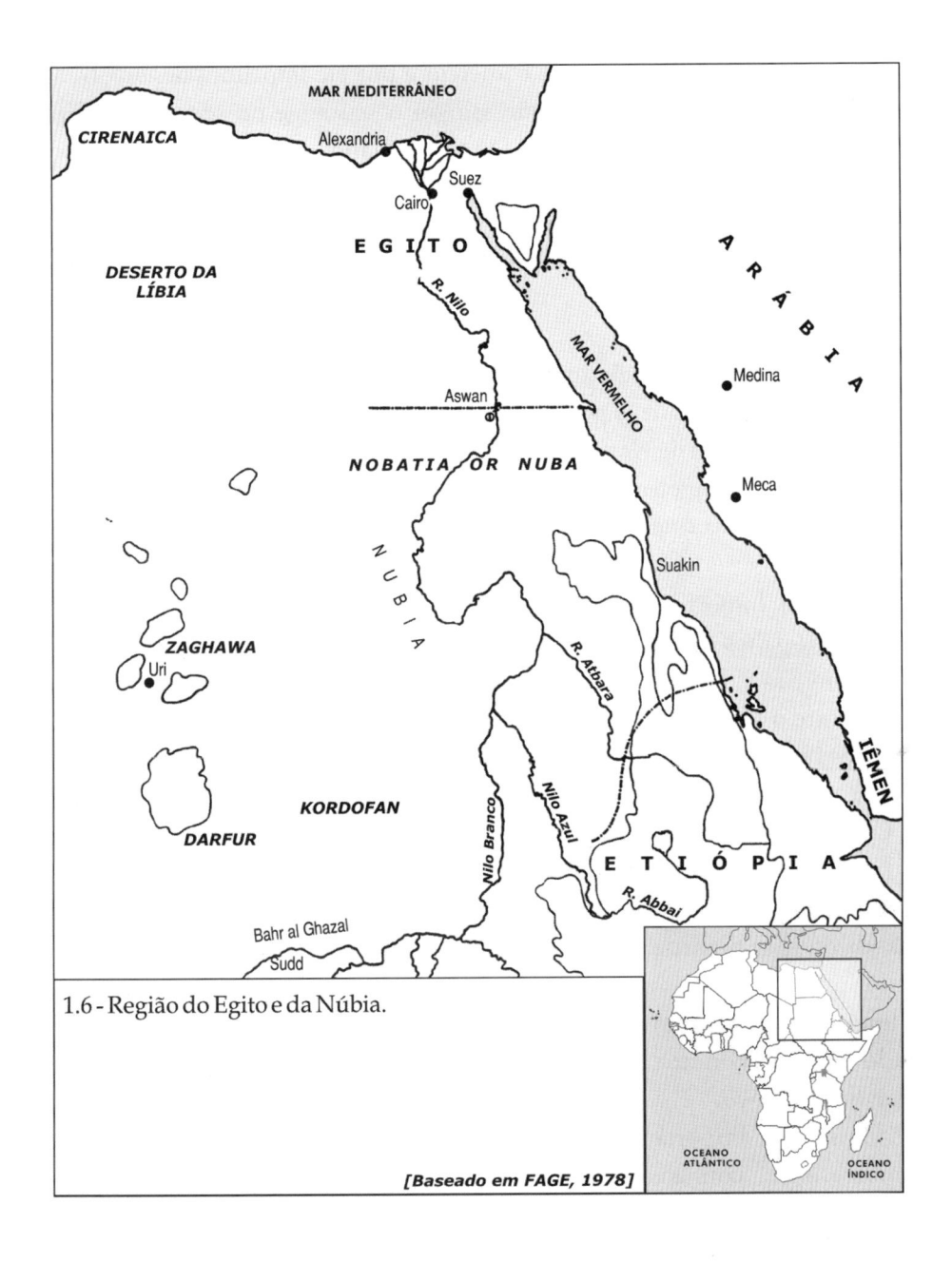

1.6 - Região do Egito e da Núbia.

[Baseado em FAGE, 1978]

A partir do século X registrou-se, ainda, o desenvolvimento do comércio regular de ouro na África Ocidental ao sul do Saara, em Burem (Gana), no Sudão ocidental, em Galam (Costa do Marfim) e em Bamako (Nigéria). Quatro séculos mais tarde o Mali influiu decisivamente na expansão do mercado de ouro, tornando-se indiscutível a importância da rota de Tombuctu a Kayrawan (Kairuan ou Arwan), passando por Wargla (veja mapa 1.7).

Como complementação desse comércio e por ele impelido, desenvolveu-se um intercâmbio de mercadorias que atingiu o seu auge no século XVI. Eram produtos do trabalho agrícola, criando uma demanda local por escravos produtores. Ao mesmo tempo, prosseguia a coleta de noz-de-cola, cada vez mais procurada a partir do século XVI, por sua ação refrescante e estimulante. Era apanhada nas florestas da África ocidental e comercializada pelos mercadores soninquês e mandingas.

> O gosto por esta noz, cuja árvore cresce nas florestas da África Ocidental, rapidamente se difundiu entre as populações da savana e do Sael e se estendeu ao Marrocos e ao resto da África do Norte. Era um artigo de luxo, cujas propriedades medicinais o mundo do Islão apreciava. Sendo um estimulante não condenado pelo maometanismo, sua demanda tendia a aumentar com a expansão da fé.[25]

Também importantes para o comércio intracontinental foram o Sudão central e os países da bacia do Chade, onde estavam situados o reino do Bornu-Kanem e as cidades Hauça à frente da condução de um comércio em crescimento entre o lago Chade e o Níger. Exportavam sal, cobre, presas de elefante, produtos manufaturados e escravos.

Da mesma maneira, é oportuno lembrar que havia três importantes rotas do Chade para o norte: de Kanem para o Egito, passando pelas minas de sal; do lago Chade indo para leste (onde, no Tibesti, eram exploradas pedras preciosas), para alcançar Aswan e, por fim, o Cairo; Kanem para Ghat e Ghadames, de onde se bipartia, com um ramo indo para Túnis e outro para Trípoli. Nessas rotas comerciais destacavam-se os hauças, que, envolvidos no comércio de longa distância, eram os intermediários entre a savana e a floresta, estabelecendo inclusive contato com as cidades do delta do Níger como Oió, Ifé, Benin e Ibo de Ikwu.

Outra rota importante era a que atravessava o interior da Etiópia até o Zambeze. Ficou conhecida pela intensidade do comércio do sal, de vários tipos de produção, aí incluído o proveniente de plantas halófilas, às quais se referem os "guardiões da palavra falada".

Mostrando que a floresta equatorial não foi, como se pensou, uma barreira entre as savanas setentrionais e meridionais, também é digno de registro o comércio de média e longa distância de bovinos, pedras preciosas, vários tipos de

---

25. SILVA, Alberto da Costa e. *A enxada e a lança: a África antes dos portugueses.* Rio de Janeiro: Nova Fronteira; São Paulo: Edusp, 1992. p. 299.

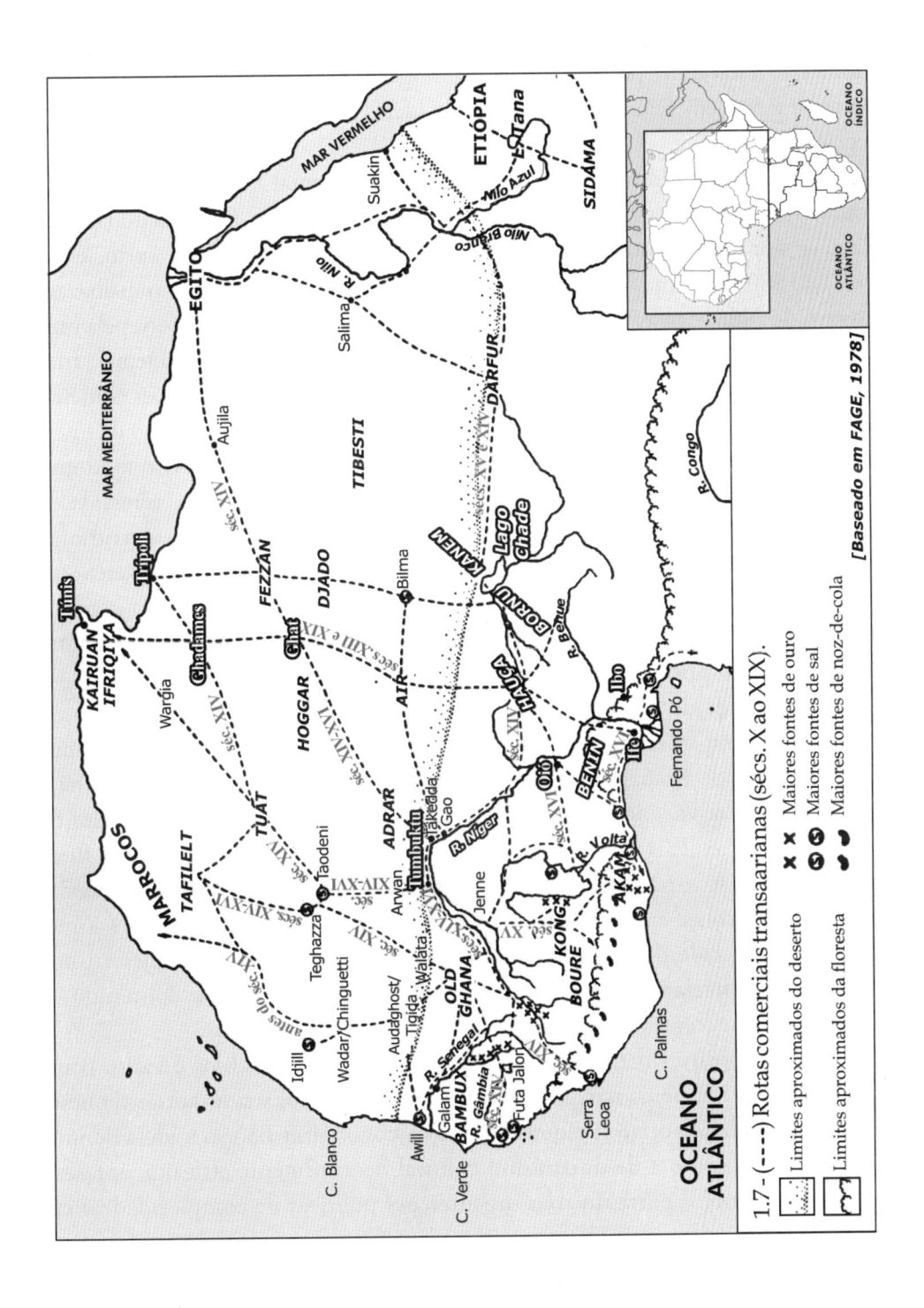

1.7 - (- - -) Rotas comerciais transaarianas (sécs. X ao XIX).

| | Maiores fontes de ouro |
| Maiores fontes de sal |
| Maiores fontes de noz-de-cola |

Limites aproximados do deserto

Limites aproximados da floresta

[Baseado em FAGE, 1978]

moeda, aí incluídos os cauris e as conchas do Congo. Há também registro de trocas de técnicas, objetos (como sinos e punhais do norte para os povos meridionais) e estatuetas policromáticas da Nigéria para Angola. A tradição oral também é rica em referências às trocas de idéias e à migração de povos de uma região à outra.

Por fim, os intercâmbios da metade interior oriental e da costa oriental do continente, ambos com uma crescente influência estrangeira. O primeiro caracterizou-se por ter ocorrido em escala muito grande, em um tempo curto, entre 1820 e 1880. Era um comércio feito pelos "jallaba", vendedores que trabalhavam no eixo do Nilo, e pelos árabes, europeus, sudaneses e levantinos unidos pela busca de lucros. Atingiam as atuais fronteiras do Sudão, da República Democrática do Congo e da República Centro-Africana, mantendo também relações comerciais regulares com o "reino" de Buganda e vizinhanças. Já o segundo tipo de intercâmbio teve um período áureo do século XII ao XV, quando o comércio foi dominado pela população suaíli, formada de africanos de língua banto, acrescida de árabes, persas e indianos provenientes do Oceano Índico e da costa setentrional do Mar da Arábia. Os mercadores suaílis estiveram à frente de um comércio inter-regional extremamente lucrativo que, a partir do século XIII, na sua maioria, passava por Kilwa. Dele faziam parte o minério de ferro, objetos de luxo, marfim, escravos e o seu principal produto, ouro (veja mapa 1.8).

Já na cidade de Manda, pesquisas arqueológicas registraram a presença de cerâmicas islamo-sassânidas, céladons de Hue, cerâmicas do tipo esgrafito e louça de esteatita de Madagáscar, além de objetos de vidro, contas de cornalina e quartzo. Por sua vez, de Melinde e Mombaça, eram exportados ferro, peles de leopardo e peixe. Tais mercadorias eram vendidas tendo como moeda de troca os cauris, que só a partir de fins do século XII foram substituídos por moedas metálicas de bronze e prata. Por fim, cabe registrar a importância de Kilwa que, na segunda metade do século XIV, se tornou o principal centro comercial importador de porcelana Song e vários tipos de céladons da China, sobretudo os azulados, assim como de cerâmicas islamíticas pretas e amarelas.

Como é possível constatar, o assunto sobre os intercâmbios é vasto, complexo e sugere inúmeros temas de pesquisa. Por seu lado, sua importância neste capítulo prende-se ao fato de que ele ajuda a concretizar não só a idéia de unidade histórica como a de dinamismo cultural do continente africano, apresentando intercâmbios entre diversas organizações políticas de complexidade e extensão variáveis. As considerações precedentes, no seu conjunto, afastam a noção de um continente cindido em duas partes incomunicáveis, ao mesmo tempo que superam a idéia da homogeneização da África subsaariana.

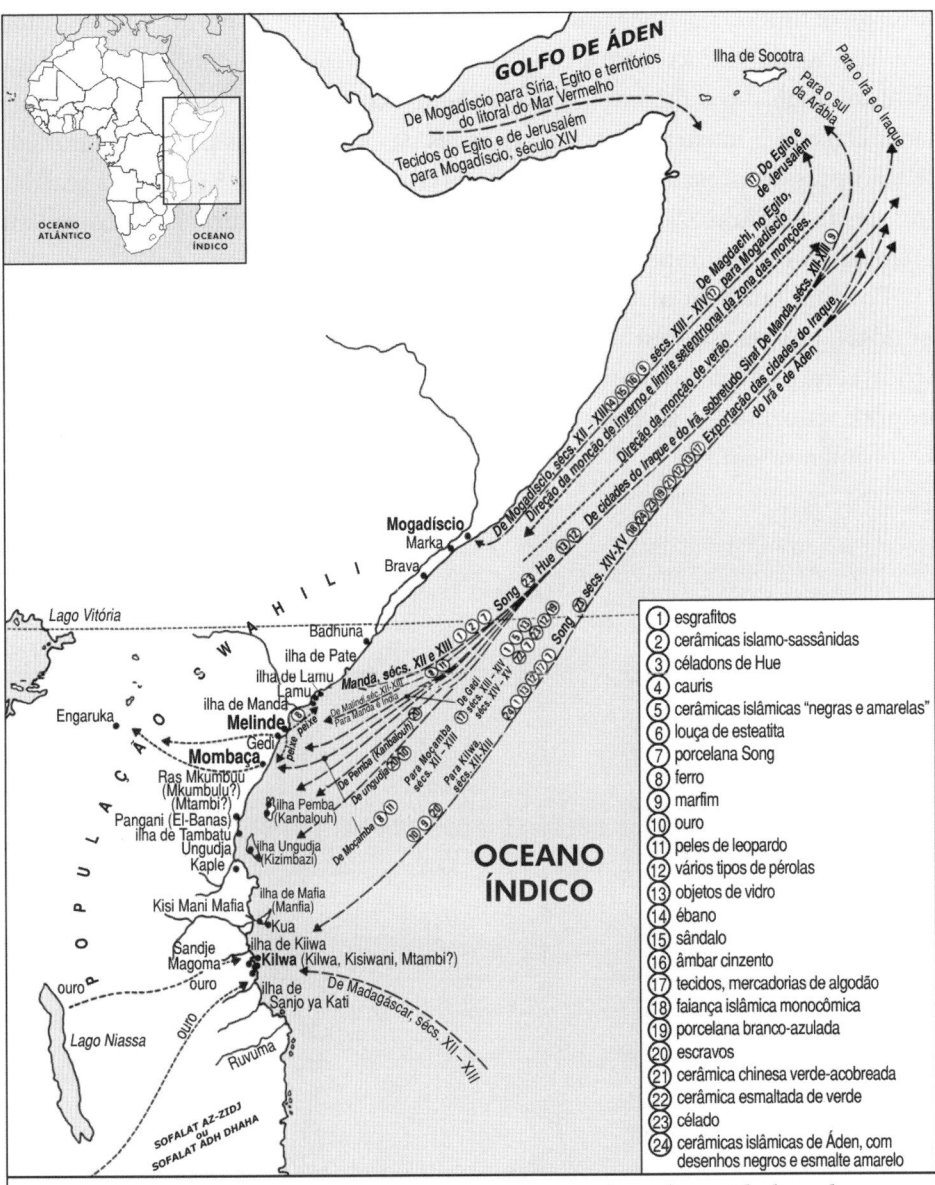

1.8 - Rotas de comércio interno e transoceânico das cidades da costa da África oriental. Deste comércio participavam "jallabas", mas também árabes, europeus, sudaneses e levantinos aos quais se juntaram os suaílis.

[Baseado em MATVEIEV, 1978]

Sugerem também uma crítica à natureza de um imaginário social de desprezo do Ocidente "civilizado" por um continente "sem história", povoado por homens definidos pela negação de sua natureza humana, porquanto marcados pela "selvageria" característica dos "primitivos". Apontam, ainda, a articulação entre colonialismo e racismo, par dicotômico constante na história da humanidade. Deixam à mostra, portanto, as raízes das justificativas para a arbitrariedade e a opressão presentes nas relações estabelecidas entre ocidentais e africanos, desde o século XV, com o início do "processo de roedura"[26] do continente e reforçadas com o imperialismo colonial de fins do XIX.

Por fim, também oferecem pistas para o questionamento de idéias preconceituosas, por vezes revestidas de humanismo assistencialista, que apresentam a África como um continente marcado pela incompetência para conduzir a si próprio, reduzindo-o ao *locus* mundial da miséria humana, condenado à dor e ao sofrimento sem fim.

---

26. A feliz expressão é de J. Ki-Zerbo, natural de Burkina Fasso, especialista em metodologia da história da África que foi professor de História no Centre d'Enseignement Supérieur de Ougadougou.

2

O PROCESSO DE "ROEDURA" DO CONTINENTE E A CONFERÊNCIA DE BERLIM

O impulso de "roedura"

 Tratar da partilha européia e da conquista da África, significa repor o protagonismo europeu no momento em que são traçadas as modernas fronteiras do continente na Conferência de Berlim (1884-1885), desencadeando-se um processo cujas conseqüências se fazem sentir até os dias atuais. Nesse sentido, a conferência é o grande marco na expansão do processo de "roedura" do continente, iniciado por volta de 1430 com a entrada portuguesa na África.[1]

Impelidos, a princípio, pela necessidade de trigo e outros cereais para abastecimento do reino e, a seguir, pelos ganhos com metais preciosos e especiarias, a meta dos "viajantes-exploradores" financiados pelo rei de Portugal era alcançar as Índias por via marítima, uma vez que o acesso por terra, de Tânger à região de Safim, lhes fora impedido pelos turcos otomanos até à batalha de Lepanto, em 1571.[2] Contornando a costa ocidental da África, atingiram o Cabo Bojador (1434), havendo registros – como o de Gomes Eanes Zurara, na sua *Crônica da Guiné* – referentes a uma atividade comercial composta pela aquisição de negros tornados cativos e de ouro dos muçulmanos.[3] (veja mapa 2.1)

Também há que se registrar a chegada de Cadamosto, veneziano ao serviço de Lisboa, e do português Diogo Gomes, respectivamente em 1455 e 1456, no

---

1. É oportuno registrar que a historiografia portuguesa considera a conquista de Ceuta, em 1415, a penetração na costa do Marrocos até a batalha de Alcácer-Quibir, travada em 1578, entre D. Sebastião, rei de Portugal, e o rei do Marrocos como os marcos iniciais do "tempo africano".
2. GODINHO, Vitorino M. *Os descobrimentos e a economia mundial.* Lisboa: Presença, 1963-1971, 4 v.
3. O referido texto foi publicado em 1841, pelo Visconde de Santarém, com base em um manuscrito existente na Biblioteca Nacional de Paris.

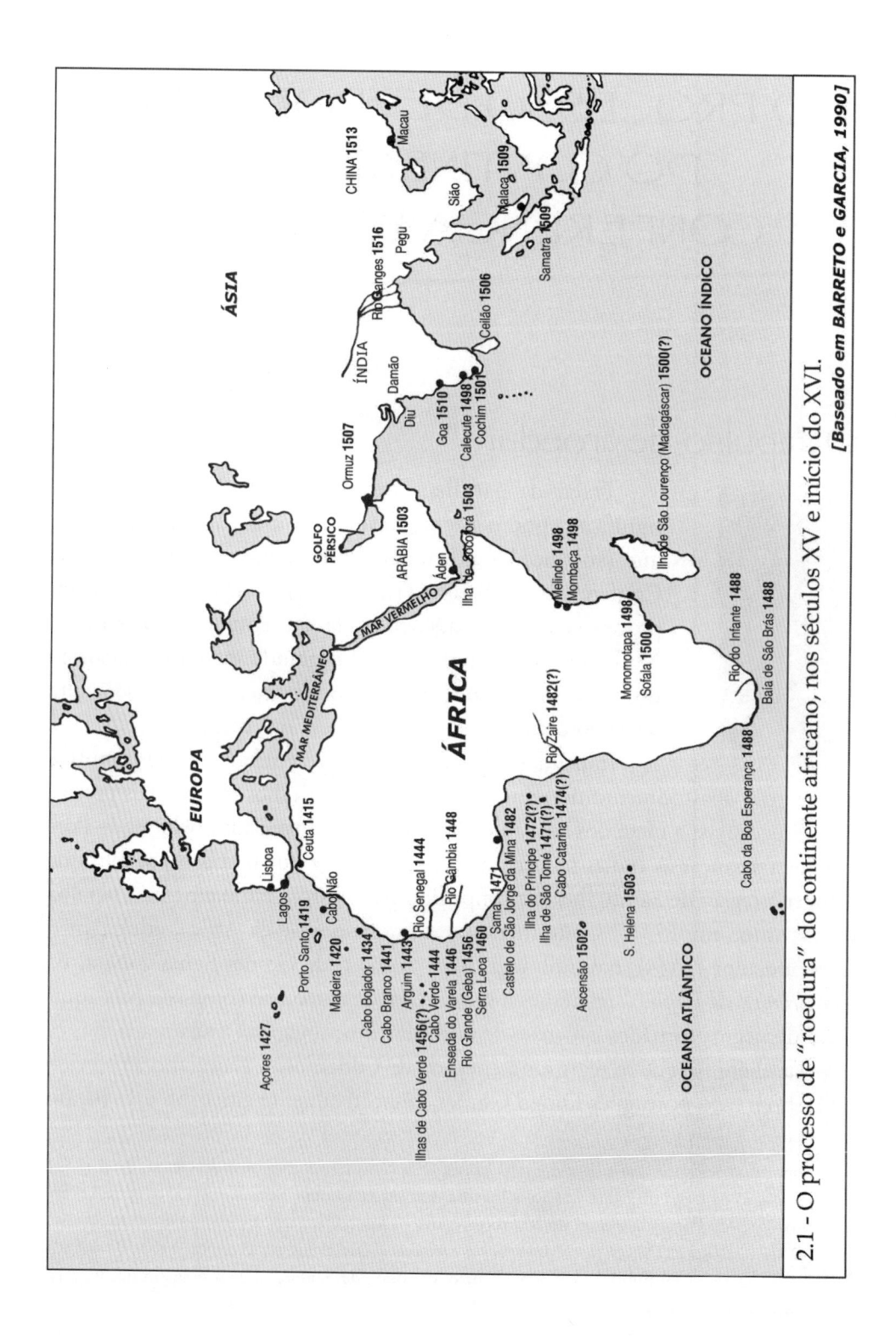

2.1 - O processo de "roedura" do continente africano, nos séculos XV e início do XVI.

[Baseado em BARRETO e GARCIA, 1990]

rio Gâmbia, uma das principais vias de acesso ao interior do continente até ao século XIX, além de importante rota de escoamento de ouro e de grande quantidade de escravos do Bambuk. Por sua vez, em 1456, também chegaram ao rio Grande, entrando em contato com o Império do Mali.

Tendo por alvo o reforço e a proteção do expansionismo português ao rei D. Afonso V, "o Africano", foi elaborada a bula *Romanus Pontifex*, que ameaçava de excomunhão os que burlassem o monopólio ultramarino outorgado pelo papa Nicolau V. Explorando o caráter cosmopolita, aterritorial do capital comercial acumulado nas praças européias, "Portugal lançou precocemente as bases de uma área imperial de mercado".[4]

O relato de Cadamosto dá conta de que no ano de 1456 ele atingiu pequenos pontos da costa ocidental africana. Definidos como "portos de trato"[5] do litoral, foram importantes no fomento do mercado negreiro ao longo de toda a zona subsaariana, registrando o escambo de negros por montarias, valendo cada cavalo de dez a vinte escravos.

Em 1482, na chamada Costa do Ouro, mais precisamente no promontório do Golfo da Guiné, foram construídos o forte e o castelo de São Jorge da Mina, primeiras edificações européias ao sul do Saara. Da região, eram obtidos ouro e, sobretudo, escravos. É sabido que, até meados do século XVI, cerca de 300 mil indivíduos da Costa dos Escravos e do Congo foram vendidos na Mina Velha, tendo o Brasil por destino.[6] Esse escoamento da África Ocidental foi completado mais tarde por Pinda, na África central, importante fornecedora de negros, cobre e marfim (veja mapa 2.2).

No ano seguinte, 1483, Diogo Cão, buscando o caminho das Índias, subiu o rio Congo e acabou encontrando o reino do Congo, atual região ao norte de Angola, parte da República do Congo e da República Democrática do Congo. Interessante destacar que o reino do Congo, cuja duração se estendeu até o último quartel do século XVII (mais precisamente em 1665, quando foi destruído por tropas lusas, africanas e brasileiras), teve um mani (senhor), o Manicongo, que se declarou convertido ao cristianismo, em 1512, como forma de se opor às linhagens rivais "animistas". Recebeu o nome de D. João I e arrastou boa parte da nobreza para a conversão e a mudança de no-

4. ALENCASTRO, Luiz Felipe de. *O trato dos viventes. Formação do Brasil no Atlântico Sul.* São Paulo: Companhia das Letras, 2000. p. 30.
5. A expressão é utilizada por Luiz F. de Alencastro, *op. cit.*, p. 46.
6. *Ibidem*, p. 64.

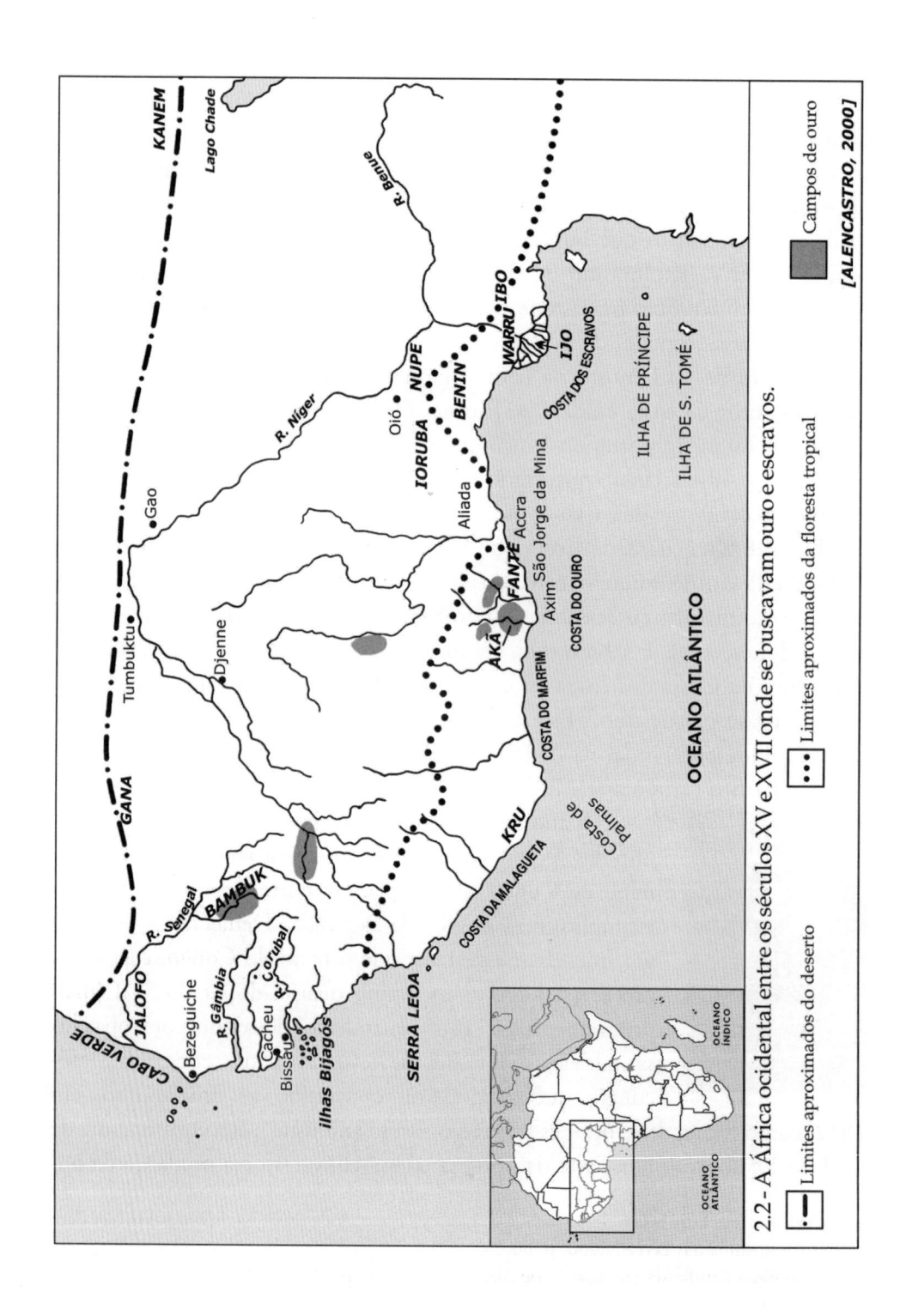

2.2 – A África ocidental entre os séculos XV e XVII onde se buscavam ouro e escravos.

Limites aproximados do deserto

Limites aproximados da floresta tropical

Campos de ouro

[ALENCASTRO, 2000]

mes. Como conseqüência, a Mesa de Consciência de Lisboa reconheceu o bispa-
do do Congo, sob a justificativa de que o reino do Congo era cristão havia muito. No entanto, o saque e o comércio não deixaram de dominar as relações, por
vezes apenas de alianças, entre os chefes africanos e os portugueses.[7]

Também é importante registrar a viagem de Bartolomeu Dias quando do-
brou o Cabo da Boa Esperança (1487), um dos poucos lugares pelos quais, dois
séculos mais tarde, os europeus penetraram no interior do continente, fundando, em 1652, a colônia do Cabo.

Cabe reiterar que, logo no século seguinte, o XVI, a região ocidental concentrada em cerca de apenas 80 quilômetros entre a costa atlântica e o interior,
alvo do interesse comercial português, transformou-se no centro de produção e
circulação dos negros feitos cativos. Basta lembrar que só no ano de 1530 foram retirados de Pinda e de Angola cerca de 4 mil negros (veja mapa 2.3).

Por sua vez, a leste do continente africano, nas margens do Índico, a presença portuguesa desde o século XV até fins do XIX foi bem menor. Praticamente esteve limitada ao "reino" do Monomotapa, em Moçambique. Este, fundado
em uma forte organização social e política, tinha como soberano o "senhor dos
metais", ou seja, de cobre, ferro e ouro, cuja autoridade era reconhecida pelos
colonos, que, como símbolo de vassalagem, lhe ofereciam tributo. Quanto às
trocas, obedeciam aos circuitos regionais de comércio para o norte e para o leste
e permaneciam sob o domínio dos árabes de Omã, responsáveis pelo tráfico de
escravos para o Golfo Pérsico.

No que se refere, em particular a Moçambique, merecem registro as exportações de ouro para Euzerate, Goa e Kannare, e de marfim para a Europa e
a Ásia. Já a participação na exportação de cativos permaneceu pequena, vindo a
crescer de forma nítida após 1811, em decorrência da retração na África Ocidental. Durante cerca de um século, as exportações passaram a ser orientadas
para o "Novo Mundo", para as ilhas do oceano Índico, para as plantações da
costa do Quênia e de Zanzibar e para o Oriente Médio. Situação, portanto,
bastante diversa da de Angola, onde foi registrada uma presença de colonos
que asseguraram a exploração econômica do território, centrada no fornecimento crescente de escravos, numa atividade complementar à colonização
portuguesa no Brasil.

De todo modo, em seu conjunto, a forte importância do tráfico negreiro
pode ser constatada desde 1575, quando as regiões das Américas portuguesa,

---

7. FERRONHA, Antonio L. A. (org.). *As cartas do "rei" do Congo, D. Afonso*. Lisboa: Grupo de Trabalho do Ministério da Educação para as Comemorações dos Descobrimentos Portugueses.
   Elo-Publicidade, Artes Gráficas, s/d.

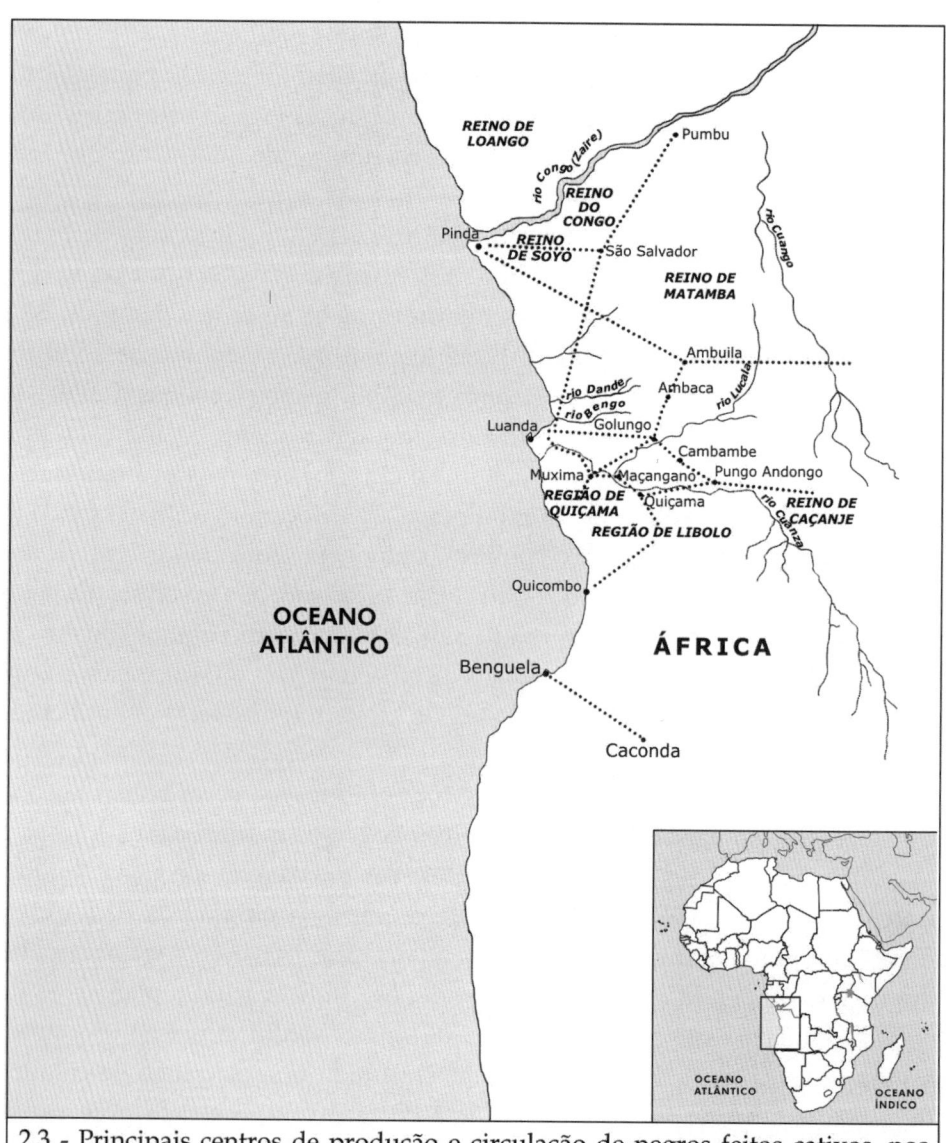

2.3 - Principais centros de produção e circulação de negros feitos cativos, nos séculos XVI e XVII.

[····] Principais rotas

[ALENCASTRO, 2000]

francesa, britânica e espanhola, tornaram-se um mercado em franco crescimento para os negreiros. No quadro da política colonial, no entanto, foi no Brasil, entre 1648 e 1850, que o trabalho escravo se tornou significativamente mais acentuado em comparação com as principais regiões da América. Vale sublinhar que saíram de 10 a 11 milhões de escravos do continente africano, em mais ou menos quatro séculos, ou seja, a mesma quantidade registrada pelo tráfico transaariano em dez séculos.

Quanto à dinâmica desse processo, articuladora das duas costas do Atlântico, vale lembrar que se alimentava da troca de negros feitos cativos por aguardente, tabaco, cavalos para montaria, manufaturados europeus e armas de fogo. Nesse jogo, houve a participação da elite política e comercial africana, como ressaltam autores como Herbert S. Klein, John Thornton, Claude Meillassoux, Manolo Florentino e Luiz Felipe de Alencastro.[8]

Contudo, assim como não é possível duvidar do grande interesse e empenho de metrópoles européias pelo tráfico Atlântico, também é necessário partilhar a idéia de que, à medida que este, no seu conjunto, diminuiu ao longo do século XIX, aumentaram a expansão européia e a "roedura" da África.

Na verdade, até 1880, o controle político direto era muito reduzido, limitando-se a pequenos enclaves, meras plataformas comerciais. Como exemplo cabem os casos do Gabão (pequena base naval e uma comunidade de escravos libertos, Libreville), de Angola e Moçambique (limitadas a cinco ou seis pequenos centros costeiros), de Zanzibar (com forte influência diplomática inglesa), de Comores e Madagáscar (onde os franceses estavam em franco processo de ocupação). Eram exceções: a colônia do Cabo, ao Sul da África, fundada em 1652; Freetown, em Serra Leoa, fundada em 1787 como colônia para escravos libertos, implantada pelos britânicos, e que já em meados do século XIX passou a ser uma cidade comercial, importante escala na região; e Saint Louis, no Senegal, fundada em 1879, com pouco mais de uma vintena de quilômetros para o interior, considerada a primeira cidade euro-africana da costa ocidental, que concentrou comerciantes, administradores, militares e aventureiros (veja mapa 2.4).

8. KLEIN, Herbert S. "Recent trends in the study of Atlantic slave trade". *Historia y sociedad,* Porto Rico, 1988, vol. I, n. 1; THORNTON, John K. "A resurrection for the Jaga". *Cahiers d'etudes africaines,* XVIII (1-2), 69-70, 1978, p. 223-8; MEILLASSOUX, Claude. *Antropologia da escravidão: o ventre de ferro e dinheiro.* Rio de Janeiro: Zahar, 1995; FLORENTINO, Manolo. *Em costas negras: uma história do tráfico de escravos entre a África e o Rio de Janeiro: séculos XVIII e XIX.* São Paulo: Companhia das Letras, 1997. p. 70-103; ALENCASTRO, *op. cit.,* p. 70-76.

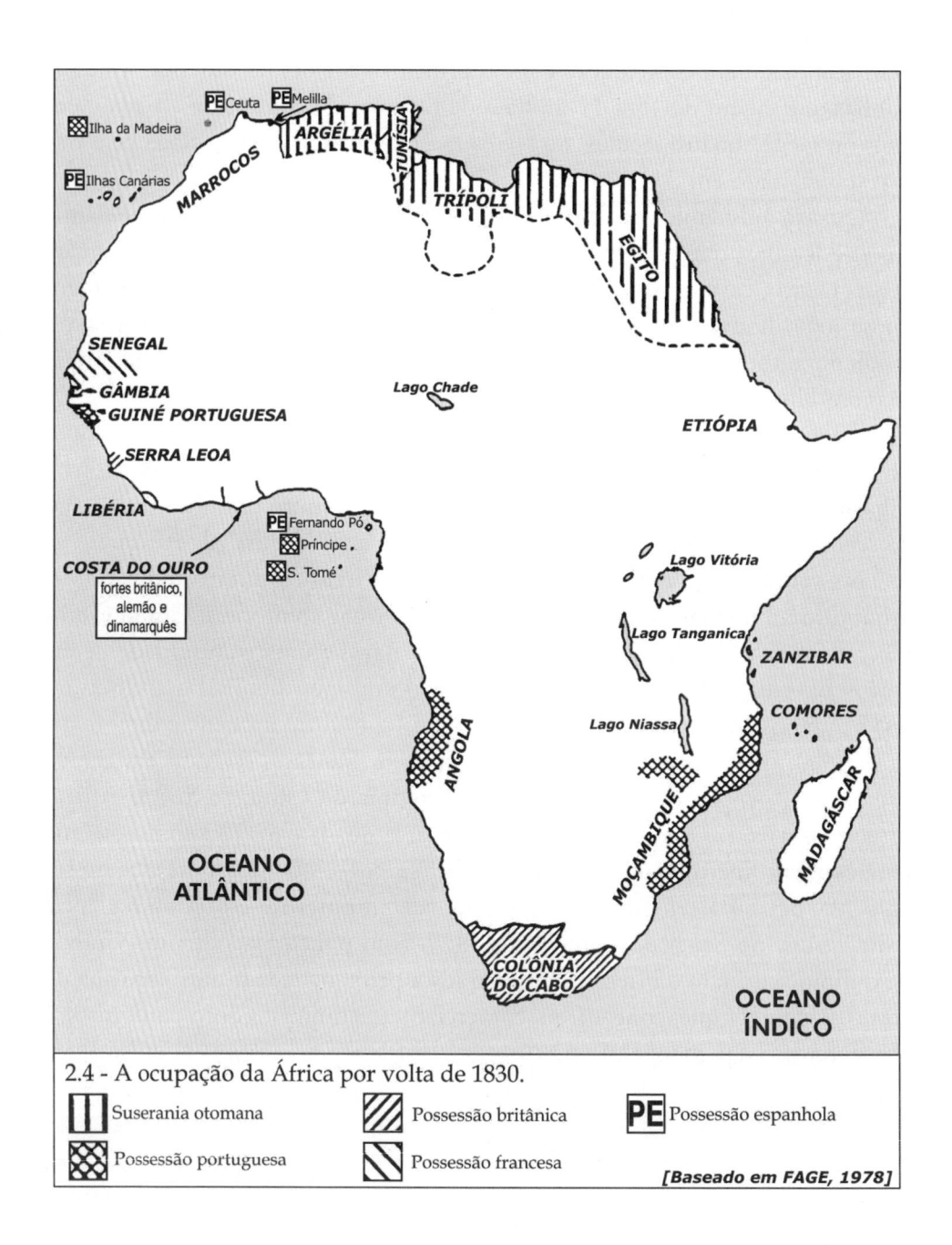

2.4 - A ocupação da África por volta de 1830.

	Suserania otomana		Possessão britânica	**PE**	Possessão espanhola
	Possessão portuguesa		Possessão francesa		

[Baseado em FAGE, 1978]

Os missionários e os exploradores

Foi com o desempenho de missionários e exploradores que o continente começou a ser efetivamente rasgado. Os primeiros, em especial a partir de 1830, eram anglicanos, metodistas, batistas e presbiterianos, a serviço da Grã-Bretanha, desenvolvendo seus trabalhos na Serra Leoa, na Libéria, na Costa do Ouro e na Nigéria.

Por sua vez, foram luteranos alemães e uma variedade de calvinistas evangélicos, a serviço da Sociedade Missionária de Londres, que se dirigiram para as cercanias das fronteiras do Cabo. Lá desenvolveram um trabalho de conversão ao cristianismo entre os khois e o povo tswana ao norte do rio Orange. Mais tarde, quando a colônia do Cabo se expandiu para leste e Natal foi anexada, missionários de diversos credos deslocaram-se da Alemanha, Inglaterra, França, Holanda, Suécia e dos Estados Unidos, para a África Meridional.

Na região entre o Zambeze e a baía de Benin, já nos anos 1880, eram vários os postos missionários, embora os religiosos fossem em número restrito, dadas as condições de vida adversas.

Ainda merecem referência as missões na região dos Lagos, entre 1860 e 1880, com o objetivo de estabelecer unidades-modelo voltadas para instruir a população livre no cultivo dos produtos de exportação, e a atuação dos missionários na África Oriental, francamente contrários ao tráfico de escravos, seguindo a propaganda européia, sobretudo a inglesa, de condenação solene do tráfico definida no Congresso de Viena, em 1815.

Simultaneamente, missionários católicos franceses na bordadura do Senegal, desde 1848, fizeram inúmeros protestos contra o aprisionamento e a escravidão. Sob o argumento de que era preciso "salvar as almas dos selvagens" e "pôr termo ao massacre de negros", escondia-se a idéia da conquista da África pela Europa. Nesse sentido, registre-se também, em 1868, a importante fundação da Congregação do Espírito Santo, na atual Tanzânia, e das missões católicas desde o delta do Níger até o Gabão, por volta de 1880. Há de se mencionar ainda o grupo de missionários católicos liderado pelo pró-vigário Daniel Comboni, fundador da Obra pela Propagação da Fé, mais tarde bispo da África central. O sacerdote propunha a "regeneração da África pela própria África" mediante a criação de institutos de educação e de formação instalados no próprio continente, com a missão de evangelizar os africanos, sem interferências políticas das potências européias.[9]

---

9. SANTOS, Patrícia T. *Dom Comboni: profeta da África e santo no Brasil.* Rio de Janeiro: Mauad, 2000.

É importante destacar que a evangelização cristã, fosse católica ou protestante, tinha três pontos comuns. O primeiro era empreender a conversão dos africanos não apenas ao cristianismo, mas ao conjunto de valores próprios da cultura ocidental européia. O segundo, por sua vez, era ensinar a divisão das esferas espiritual e secular, crença absolutamente oposta à base do variado repertório cultural africano fundado na unidade entre vida e religião. Já a terceira referia-se à pregação contrária a uma série de ritos sagrados locais, o que minava a influência dos chefes tradicionais africanos.

Para compreender o impacto do processo de cristianização é necessário incorporar à análise a reação africana, configurada tanto pela evidente desobediência às condenações dos missionários e à fidelidade aos seus ritos, de maneira aberta ou clandestina, como pelo enlaçamento de elementos de crenças tradicionais à nova fé.

Em síntese, considerando as fases anteriores ou posteriores ao crescimento do trabalho missionário, no século XIX, é inegável a sua contribuição na abertura do continente.

Os exploradores, por sua vez, carregavam um espírito aventureiro despertado pelo imaginário sobre a África, formado pelos relatos sobre monstros como gigantes, pigmeus, mulheres-pássaros e homens-macacos, povos deformados "sem nariz" e "sem língua". Noutra vertente, vigorava a idéia da existência de "reinos riquíssimos e misteriosos" como o Mossi, o Mali, o Gana, o califado de Sokoto (na Nigéria) e as cidades de Djenné, Gaô, Kano e, sobretudo, Tombuctu, caracterizados pela abundância de escravos, ouro e noz-de-cola.

O imaginário europeu sobre a África ao norte do Saara constituiu-se de reinos misteriosos e riquíssimos.

A segunda vertente do imaginário europeu sobre a África, repleto de monstruosos seres disformes e fantásticos, conforme Charles d'Angoulême em *Les secrets de l'histoire naturelle*, c. 1480 – tradução francesa da obra de Solino, *Collectanea Rerum Memorabilium*. Bibliothèque Nationale, Paris.

No entanto, desde fins do século XVIII – e de modo crescente no século XIX –, o que deu impulso decisivo à exploração do continente africano foi a procura por grandes eixos de acesso ao interior, da maior importância para os interesses comerciais, sobretudo dos ingleses e franceses. Foi o que estimulou a procura pela nascente do Nilo e a descoberta dos cursos do Rio Níger (com cerca de 4.200 quilômetros na África Ocidental), do Zaire (com 4.700 quilômetros, do leste angolano ao Atlântico) e do Zambeze (com 2.700 quilômetros, unindo Zaire e Angola ao Índico).[10]

Foram essas as razões pelas quais o escocês Mungo Park, em 1795, fez uma viagem de cerca de um ano e meio pela África Ocidental, explorando a bacia do Níger. O empreendimento foi financiado pela Associação para a Promoção da Descoberta das Áreas Interiores da África, criada em 1778 e conhecida como Associação Africana. Com sede em Londres, reunia aristocratas e homens de negócios com interesses predominantemente comerciais e ao mesmo tempo avessos ao comércio escravo. Com o principal objetivo de explorar o rio Níger, essa associação deu ensejo a várias expedições lançadas de Serra Leoa com o major Hougton e do Cairo com Hornemann (veja mapa 2.5).

Em 1821, Denham e Clapperton, saindo de Trípoli, atingiram o Chade; em 1826, o escocês Gordon Laing, partindo de Trípoli chegou a Tombuctu, seguido, em 1827, por René Caillé, tendo ambos encontrado a cidade mitológica em franco processo de decadência. Caillé, via Teghazza, também atingiu o sul do Marrocos e a cidade de Fez. Por seu turno, o alemão Henri Barth, professor de Geografia Comparada e de Comércio Colonial da Antiguidade, na

---

10. Sobre esse tema, consultar KI-ZERBO, Joseph. Cap. II: "A invasão do continente: a África arrancada aos africanos". *In*: *História da África negra, op. cit.*, v. II, e HUGON, Anne. *L'Afrique des explorateurs vers les sources du Nil*. Paris: Gallimard, 1991.

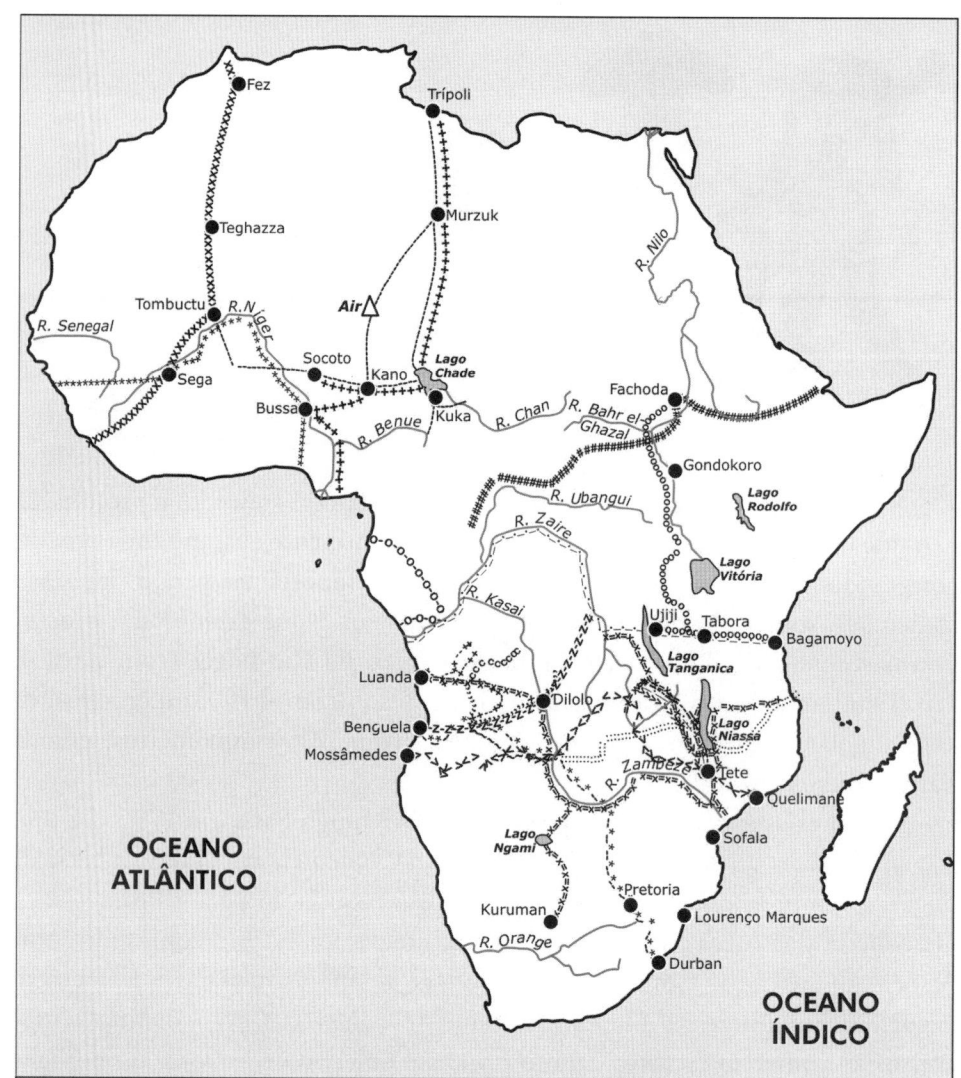

2.5 - As principais explorações dos europeus nos séculos XVIII e XIX, financiadas pelos governos da França, da Grã-Bretanha, da Bélgica e de Portugal.

••••••• Mungo Park (1795-1806)		~~~~~ Silva Porto (1853-1854)	
—·—·— Lacerda e Almeida (1798)		::::::::: Silva Porto (Pombeiros)	
>>>>>> Pombeiros de Honorato (1802-1811)		ooooo Speke (1857-1863)	
+++++ Clapperton e Lander (1825-1830)		z-z-z-z Cameron (1873-1874)	
xxxxxxx René Caille (1827-1828)		—·—·— Stanley (1874-1877)	
==—==— Monteiro e Gamito (1831-1832)		o-o-o-o Brazza (1875-1879)	
##### Marchand (1838)		++-++- Capelo e Ivens (1877-1880)	
,,,,,,,,,,, Graça (1843-1846)		*-*-*- Serpa Pinto (1878-1879)	
=x=x=x Livingstone (1846-1873)		<><><> Capelo e Ivens (1884-1885)	
——— Barth (1850-1856)		ccccc Dias de Carvalho (1884-1886)	

[Baseado em KI-ZERBO, 1999; e BAIÃO, 1940]

Universidade de Berlim, ao serviço dos britânicos, sulcou os países hauçás e o Bornu, chegando a Tombuctu. Após cinco anos no Sudão Central e no Sudão Francês, tornou a atravessar o Saara, chegando, por fim, à Grã-Bretanha, em 1855, via Trípoli.

Mais tarde, em 1849, Livingstone chegou à atual África do Sul. Em seguida atravessou a África do ocidente para o oriente, descendo o Zambeze. Em 1856, chegou à costa do Índico; em 1858, descobriu o lago Niassa e, em 1859, alcançou Luanda. No mesmo ano, Burton e Speke descobriram o lago Tanganica. Speke atingiu ainda um grande lago que denominou Vitória, descobrindo as nascentes do Nilo. Em 1875, Stanley deu a volta no lago Vitória, confirmando o encontro da nascente do Nilo. Verificou que o lago Tanganica não tinha saída para o norte e, lançando-se para o Lualaba, acabou chegando ao Atlântico, concluindo que o rio navegado fora o Congo. A ele foram confiados a exploração, o estabelecimento de postos e a assinatura de tratados com chefes locais na região do Congo, em nome do rei Leopoldo II da Bélgica.

Essas viagens destacaram-se pela importância e pela divulgação que tiveram. Mas, na verdade, houve muitas outras, nas quais, ao lado dos ingleses, franceses e belgas, também os alemães, bôeres e portugueses, desempenharam um papel de relevo. Destas, vale ressaltar as dos oficiais da marinha de guerra portuguesa como Hermenegildo Capelo e Roberto Ivens que, em 1877, saíram de Benguela, passaram por Luanda e, acompanhando o curso do Quanza, viajaram para o norte rumo ao Congo; na volta, rumaram para o sul chegando no Bié. Nessa viagem foram descobertos os cursos dos rios Cubango e Tohicapa. Também merecem destaque as viagens do major Serpa Pinto que, efetuadas entre novembro de 1877 e março de 1879, deram a conhecer vastos territórios de Angola a Moçambique, alimentando o sonho português do mapa "cor-de-rosa" (veja mapa 2.6).[11]

De todo modo, o conceito geral do problema das explorações trazia embutido os objetivos de controlar os principais cursos dos rios e, em conseqüência, o fornecimento dos produtos das suas circunvizinhanças, e de estabelecer tratados diplomáticos com os principais chefes africanos, em particular nas regiões das bacias do Níger e do Congo.

11. MARQUES, A. H. Oliveira, *História de Portugal desde os tempos mais antigos até a presidência do senhor General Eanes*. Lisboa: Palas, 1986. v. 3, capítulo X, p. 147-158; SANTOS, Maria Emília M. "A comissão de cartografia e a delimitação das fronteiras africanas". *In*: HESPANHA, António Manuel (org.). *As fronteiras da África*. Comissário Geral da Comissão Nacional para as Comemorações dos Descobrimentos Portugueses. Lisboa: Cordoaria Nacional, 1997. É também importante citar o trabalho de SANTOS, Maria Emília M. *Viagens de exploração terrestre dos portugueses em África*. Lisboa: Centro de Estudos de Cartografia Antiga do Instituto de Investigação Científica Tropical, 1978.

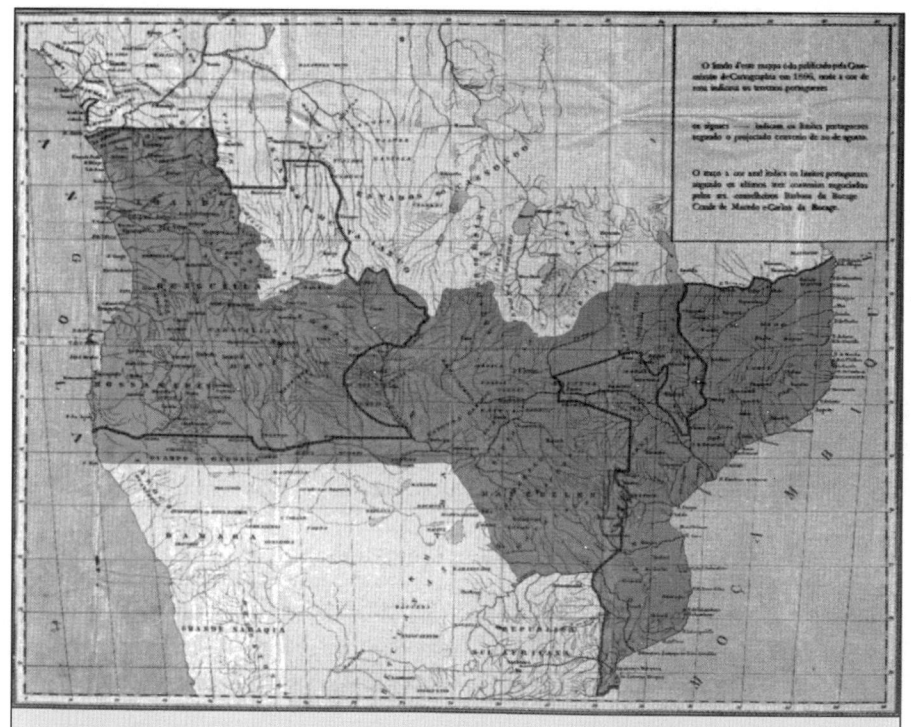

O canto superior direito contém legenda com as seguintes menções: "O fundo deste mappa é o do publicado pela Commissão de Cartographia em 1886, onde a cor de rosa indicava os terrenos portuguezes", encontram-se ainda representados os limites portugueses "...segundo o projectado convenio de 20 de Agosto..." e segundo "...os últimos trez convenios negociados pelos Srs. Conselheiros Barbosa du Bocage, Conde de Macedo e Carlos du Bocage".

Africa meridional: mappa dos limites portuguezes conforme aos ultimos tratados : Portugal Inglaterra e Portugal Estado Livre do Congo. - Escala [ca.1:6 200 000], 1 grau de latitude = [3,6 cm]. - [S.l. : s.n., 1891]. - ([Lisboa] : Cª Nal. Editora). - 1 mapa : color : ; 56 x 65 cm.

2.6 - Mapa cor-de-rosa, ligando o Atlântico ao Índico que incluía Angola, grande parte da Zâmbia, o Zimbábue e Moçambique.

[HESPANHA, 1997]

Ainda assim, para não se correr o risco de obter uma impressão errada sobre a dimensão desse processo de rasgadura do continente e desestabilização das organizações sociais e políticas africanas, não é demais acentuar o olhar imperial. Embora

[...] o progresso da descoberta nas costas e fronteiras daquele rude continente (isto é, África), o mapa de seu interior ainda não é mais que um extenso vazio, onde o geógrafo com base na autoridade de Leão, o Africano, e do xerife de Edrissi, autor núbio, traça com mão hesitante uns poucos nomes de rios inexplorados e de nebulosas nações [...].[12]

Finalmente, tentando compreender a importância dessas viagens exploratórias para os países europeus, é útil recordar que elas não só deram continuidade como aceleraram o processo de "roedura" do continente e tornaram acaloradas as discussões sobre a partilha, precipitadas pela forte crise do Império Otomano e pelo final do trato negreiro. O marco foi a Conferência de Berlim, cujas conseqüências para a África fazem-se presentes até os dias atuais.

A Conferência de Berlim e a partilha

Muito pouco se sabe acerca do ocorrido nos bastidores da diplomacia européia, capaz de informar propósitos e resultados das negociações que culminaram em um dos períodos mais violentos da época contemporânea.[13] O que parece consensual, no entanto, foram os quatro principais motivos que levaram à realização da Conferência. O primeiro deles, verificado na conjuntura de 1865 até a primeira metade dos anos de 1890, refere-se aos interesses do rei Leopoldo II da Bélgica em fundar um império ultramarino. Para viabilizar esse objetivo, a partir de 1865, Leopoldo II teve como uma de suas estratégias o estudo da exploração africana. Por isso promoveu, em 1875, a fundação de uma cadeia de postos comerciais e científicos que se estendiam pela África Central, de Zanzibar ao Atlântico, em nome do combate ao comércio de escravos, promovido pelos muçulmanos, e da proteção das missões cristãs.

Mas o que realmente estava em questão era o objetivo de fundar um império ultramarino subsumido numa imagem de missão filantrópica forjada pelo rei da Bélgica. Sob esse estratagema, Leopoldo patrocinou a realização de uma conferência de geógrafos e exploradores, a Conferência Internacional de Geografia, mais conhecida como Conferência Geográfica de Bruxelas, realizada em setembro de 1876. De acordo com seu projeto, na abertura da Conferência, Leopoldo declarou:

---

12. BOVILL, E. W. "Missions to the Niger". Hakluyt Society, série II, vol. 123, p. 2. *In*: PRATT, Mary Louise. *Os olhos do império..., op. cit.*, p. 128.
13. WESSELING, H. L. *Dividir para dominar: a partilha da África: 1880-1990*. Rio de Janeiro: Revan/Ed. da UFRJ, 1998; HOCHSCHILD, Adam. *O fantasma do rei Leopoldo: uma história de cobiça, terror e heroísmo na África colonial*. São Paulo: Companhia das Letras, 1999.

Abrir para a civilização a única parte do globo ainda infensa a ela, penetrar na escuridão que paira sobre povos inteiros é, eu diria, uma cruzada digna deste século de progresso [...]. Pareceu-me que a Bélgica, um país central e neutro, seria o lugar adequado para um tal encontro [...]. Será que preciso dizer que, ao trazer os senhores a Bruxelas, não fui guiado por nenhum sentimento egoísta? Não, cavalheiros, a Bélgica pode ser um país pequeno, mas está feliz e satisfeita com seus rumos; e eu não tenho outra ambição que não seja a de servi-la bem.[14]

O rei da Bélgica terminou o seu discurso informando que, entre as tarefas que esperava serem cumpridas pela Conferência, destacavam-se a "[...] localização de rotas a serem abertas com sucesso pelo interior do continente e a instalação de postos hospitaleiros, científicos e pacificadores, como forma de abolir o tráfico de escravos, estabelecer a paz entre os chefes tribais e fornecer-lhes arbitragem justa e imparcial".[15]

Ao término da Conferência foi aprovada a fundação da Associação Internacional Africana, com sede em Bruxelas, tendo Leopoldo sido eleito por aclamação primeiro presidente do Comitê Internacional. Em seguida foi fundado o Comitê de Estudos do Alto Congo, tendo como acionistas um pequeno grupo formado por alguns empresários britânicos e holandeses e um banqueiro belga que detinha um grande bloco de ações em nome do rei da Bélgica.

Ao mesmo tempo o explorador Stanley, cumprindo ordens de Leopoldo, difundiu as idéias centrais para estabelecer uma "Confederação de Repúblicas Livres" no Congo, embrião do futuro Estado Livre do Congo. A referida Confederação teria como presidente Leopoldo que, da Europa, governaria as "tribos negras" do coração do continente africano. O rei da Bélgica preparava-se, assim, para obter internacionalmente o reconhecimento de sua soberania sobre a bacia do Congo, vale dizer, do seu domínio privado na África, com a condição de manter o livre comércio da região para todos os países europeus.

O ponto culminante dessas medidas foi, sem dúvida, a instituição do Estado Livre do Congo, reconhecido imediatamente após o término das deliberações da Conferência de Berlim, em 29 de maio de 1885. Reitera-se que esse conjunto de medidas tomadas entre 1876 e 1884, reveladoras dos interesses de Leopoldo II, pode ser considerado o primeiro grande motivo para o desencadeamento da partilha da África. O segundo, por sua vez, foi sem dúvida a frustrada corrida de Portugal por seus interesses em torno do já referido fato da conquista

14. HOCHSCHILD, *op. cit.*, p. 54-5.
15. *Ibidem*, p. 55.

do "mapa cor-de-rosa", anunciado em outubro de 1883 e materializado em 1886. Esse projeto pressupunha a ligação de Angola a Moçambique, do Atlântico até o Índico, abrangendo quase todo o território das atuais Zâmbia e o Zimbábue numa só província "Angolomoçambicana". Acresça-se o fato de ter sido Portugal o último país a ser convidado para a Conferência Geográfica de Bruxelas, o que melindrou e alarmou sobremaneira os portugueses interessados na África.

O terceiro grande motivo foi o expansionismo da política francesa expresso na participação da França com a Grã-Bretanha no controle do Egito, em 1879; no envio de expedições exploradoras ao Congo, como a do marquês de Compiègne, que subiu o rio Ogue, no Gabão; na ratificação de tratados com Makoko (chefe dos betekes) na bacia do Congo, área onde eram intensos a pesca e o comércio de escravos, madeiras para tingimento e tráfico regional de mandioca e peixe seco; e no estabelecimento de sua iniciativa colonial na Tunísia e em Madagáscar.

Por fim, o quarto motivo foram os interesses em torno da livre navegação e do livre comércio nas bacias do Níger e do Congo, manifestado de forma explícita, sobretudo pela Grã-Bretanha, que alimentava também o sonho de um domínio do Cabo ao Cairo, cada vez mais dificultado pelos interesses de outros países europeus na África Central e pelos bôeres, seu grande obstáculo na África austral.

Todos esses fatos indicam uma convergência de interesses econômicos e políticos em torno do continente africano, abrangendo o estabelecimento de pontos de ocupação com a assinatura de inúmeros tratados com os potentados africanos, tornando-os presas fáceis para os colonialismos europeus dos finais do século XIX. Entre os tratados destacam-se os que se referiam ao tráfico de escravos e ao comércio, fontes de conflitos que ensejavam a intervenção política européia nos assuntos africanos. Por sua vez, existiram os tratados predominantemente políticos, por meio dos quais os dirigentes africanos renunciavam à sua soberania em troca de proteção, comprometendo-se a não assinar nenhum tratado com outras nações européias. Só na década de 1880 a 1890, a França fez assinar 226 tratados com os chefes africanos, enquanto na atual Nigéria apenas a Companhia Real do Níger obteve, entre 1884 e 1892, 389 tratados em proveito da Grã-Bretanha. Isso implicava permitir ao capitalismo europeu extrair os produtos necessários à indústria, desequilibrar a economia doméstica e influenciar o sistema político africano.

As principais forças que criaram as relações econômicas e políticas entre representantes dos países europeus e soberanos africanos eram semelhantes.

Denotavam uma coincidência de interesses, tendendo ao conflito entre as potências européias mais atuantes. É concebível, portanto, que no início dos anos 1880 Portugal tenha proposto a convocação de uma conferência internacional para resolver as disputas territoriais na África Central. Pouco tempo depois, Bismarck, demonstrando o interesse da Alemanha pelo continente africano, formulou a declaração de 24 de abril de 1884, segundo a qual todo o sudoeste, do rio Orange ao rio Cunene, foi proclamado protetorado alemão, gerando um litígio que só terminou com o resultado da Primeira Grande Guerra.

Dessa maneira, impunham-se negociações diplomáticas capazes de arbitrar todos esses conflitos de interesses. Para tanto, coube a Bismarck organizar a Conferência de Berlim, ocorrida entre 15 de novembro de 1884 e 26 de fevereiro de 1885, reunindo como países signatários da Ata Geral: França, Grã-Bretanha, Portugal, Alemanha, Bélgica, Itália, Espanha, Áustria-Hungria, Países Baixos, Dinamarca, Rússia, Suécia e Noruega, Turquia e Estados Unidos da América.

A Ata Geral da Conferência de Berlim, assinada em 23 de fevereiro de 1885, era composta por seis pontos fundamentais formalizados em capítulos. Os principais objetivos eram assegurar as vantagens de livre navegação e livre comércio sobre os dois principais rios africanos que deságuam no Atlântico, o Níger e o Congo. Visavam também regulamentar as novas ocupações de territórios africanos, em particular da costa ocidental do continente.[16]

O Capítulo I prescreve a execução do livre comércio da bacia do Congo, suas embocaduras e os países circunvizinhos, incluindo o lago Tanganica e os seus afluentes orientais. Significa dizer que regulamentava a livre navegação e o livre comércio da zona marítima atlântica até o oceano Índico, incluindo a isenção de direitos de entrada ou trânsito por um período de vinte anos. Previa também excluir do livre trânsito e da liberdade comercial os territórios que, na altura da Conferência, já pertenciam a algum Estado independente e soberano, a não ser com o consentimento deste, como no caso específico dos governos estabelecidos na costa oriental.

No Capítulo II, destacavam-se as "Disposições relativas à proteção dos indígenas, dos missionários e dos viajantes, assim como da liberdade religiosa". Nele se sobressaia o artigo VI, pelo qual os países signatários do Ato Geral da Conferência, uma vez exercendo os direitos de soberania ou mesmo tendo influência nos territórios que estavam sendo regulamentados, comprometiam-se a

---

16. DE CLERQ, Recueil. "Des traitérs de la France". *In*: BRUNSCHWIG, Henri. *A partilha da África negra*. São Paulo: Perspectiva, 1974. t. 14. p. 78-91.

conservar as "populações indígenas", melhorar as suas condições morais e materiais de existência e colaborar para suprimir o comércio de escravos.

Também teriam de envidar esforços para proteger e favorecer todas as instituições e os empreendimentos religiosos, científicos ou de caridade, voltados para "instruir os indígenas" e fazê-los "compreender e apreciar as vantagens da civilização".

Já o Capítulo III referia-se à "Declaração relativa à neutralidade dos territórios compreendidos na bacia convencional do Congo", incluindo o caso de haver guerra, quando, tanto a potência que exercia direitos de soberania como os protetorados dessas regiões colocadas sob o regime de liberdade comercial, se comprometiam a respeitar a livre circulação, inclusive dos comerciantes de nações "inimigas", desde que não transportassem munições ou "contrabando de guerra", conforme o artigo 25 do Capítulo IV.

Vale registrar que é no Capítulo IV, a "Ata de Navegação do Congo", que se faz referência à livre navegação de todas as nações, sem "[...] nenhum privilégio exclusivo de navegação a quaisquer sociedades ou corporações ou a particulares".

Já no Capítulo V, a "Ata de Navegação do Níger" assegurava os princípios da livre navegação e do livre comércio nas águas do Níger, seus afluentes, ramificações e saídas, que já estavam ou viriam a estar sob a soberania ou o protetorado da França e da Grã-Bretanha ou de qualquer outra das potências signatárias da Ata Geral da Conferência de Berlim. Essas disposições deveriam valer também em tempo de guerra.

Por sua vez, o Capítulo VI dizia respeito à "Declaração referente às condições essenciais a serem preenchidas para que as novas ocupações nas costas do continente africano fossem consideradas efetivas". Composto por apenas dois artigos que pressupunham a partilha, referia-se à ocupação de territórios como condição básica para sua efetividade, contando para isso com a existência de uma autoridade capaz de respeitar não só os direitos adquiridos como a liberdade de trânsito e de comércio.

Finalmente, o Capítulo VII, "Disposições Gerais", por meio do qual, "de comum acordo", eram previstas "modificações ou melhoramentos cuja utilidade seja demonstrada pela experiência". Essa mesma idéia, explicitada no artigo 36, abria espaço para que a ocupação efetiva dos territórios africanos fosse completada por um conjunto de tratados de delimitação das grandes zonas do continente, em um processo que se estendeu até depois da Primeira Guerra Mundial, mesmo que, no interior de cada uma delas, as fronteiras sofressem deslocamentos em decorrência de forças centrífugas e centrípetas.

A carta geopolítica da África estava basicamente pronta, sendo boa parte das fronteiras conservada, no seu conjunto, até os dias atuais. Com isso foram desconsiderados os direitos dos povos africanos e as suas especificidades históricas, religiosas e lingüísticas. Em outras palavras, as fronteiras da nova carta geopolítica da África, aprovada na Conferência de Berlim, raramente coincidiram com as da África antes dos portugueses. Mas cerca de trinta anos depois, por volta de 1920, quase todo o continente estava sob administração, proteção colonial ou ainda era reivindicado por outra potência européia.

A partir da conferência, a corrida ao continente africano foi acelerada, num gesto inequívoco de violência geográfica por meio da qual quase todo o espaço recortado ganhou um mapa para ser explorado e submetido a controle. A demarcação das fronteiras prosseguiu, estendendo-se até depois da Primeira Grande Guerra. À Conferência de Berlim seguiram-se os tratados bilaterais europeus para efetivar alguns acertos complementares à grande partilha. Foi o caso do tratado anglo-alemão de 1885, que definia determinadas regiões da África como "zonas de intervenção" da Inglaterra e da Alemanha (veja mapa 2.7).[17]

Ainda entre os mais importantes cabe registrar o tratado anglo-alemão de 1º de outubro de 1886, cujo objetivo foi estabelecer que Zanzibar e a maior parte de suas dependências pertencessem à esfera de influência britânica. Ao mesmo tempo, oficialmente se punha fim ao monopólio da Grã-Bretanha na África Oriental, que passou a ter também um território reconhecidamente de influência política alemã. Vale registrar que, por carecer de precisão, tanto esse acordo como o de 1887 acabaram dando ensejo ao Tratado de Heligolândia, de 1890, que definiu a divisão da África Oriental, reservou Uganda para a Grã-Bretanha e restituiu Heligolândia à Alemanha, além de pôr fim à independência de Zanzibar. Assim, esse acordo acabou com o grande projeto britânico de estabelecer uma rota Cidade do Cabo-Cairo.

Foram ainda de grande importância os tratados anglo-alemães de 1890, 1891 e 1893, que acabaram colocando de modo oficial o Alto Nilo sob a esfera de influência britânica (veja mapa 2.8).

Por sua vez, o tratado anglo-português, de 1891, reconheceu a influência portuguesa em Angola e Moçambique, ao mesmo tempo que delimitou a esfera de influência britânica na África Central. Também da maior relevância foi o tratado de 1894 entre o Estado Livre do Congo e a Grã-Bretanha, tornando este território africano limitado, definindo os territórios franceses e o vale do Nilo.

17. UZOIGWE, G. N. "Partilha européia e conquista da África: apanhado geral". *In*: BOAHEN, Adu A. (coord.) *História geral da África*. v. 7. *A África sob dominação colonial: 1880-1935*. São Paulo: Ática; Paris: Unesco, 1985, p. 56-59.

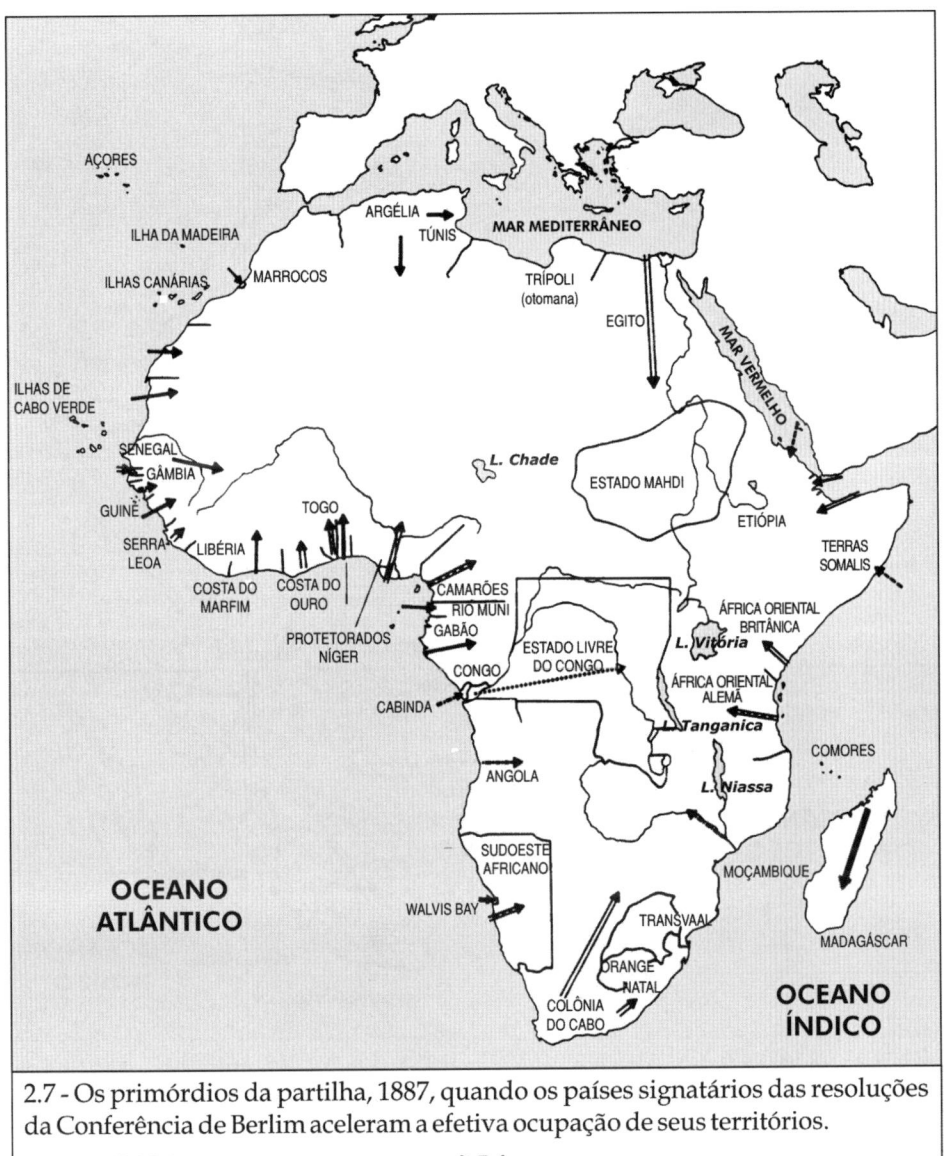

2.7 - Os primórdios da partilha, 1887, quando os países signatários das resoluções da Conferência de Berlim aceleram a efetiva ocupação de seus territórios.

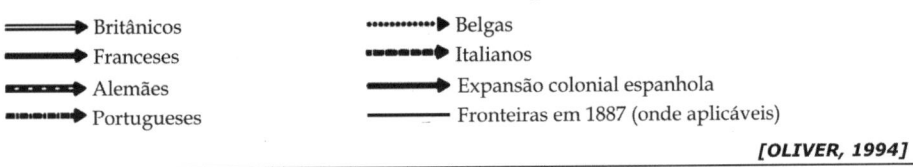

Britânicos
Franceses
Alemães
Portugueses
Belgas
Italianos
Expansão colonial espanhola
Fronteiras em 1887 (onde aplicáveis)

[OLIVER, 1994]

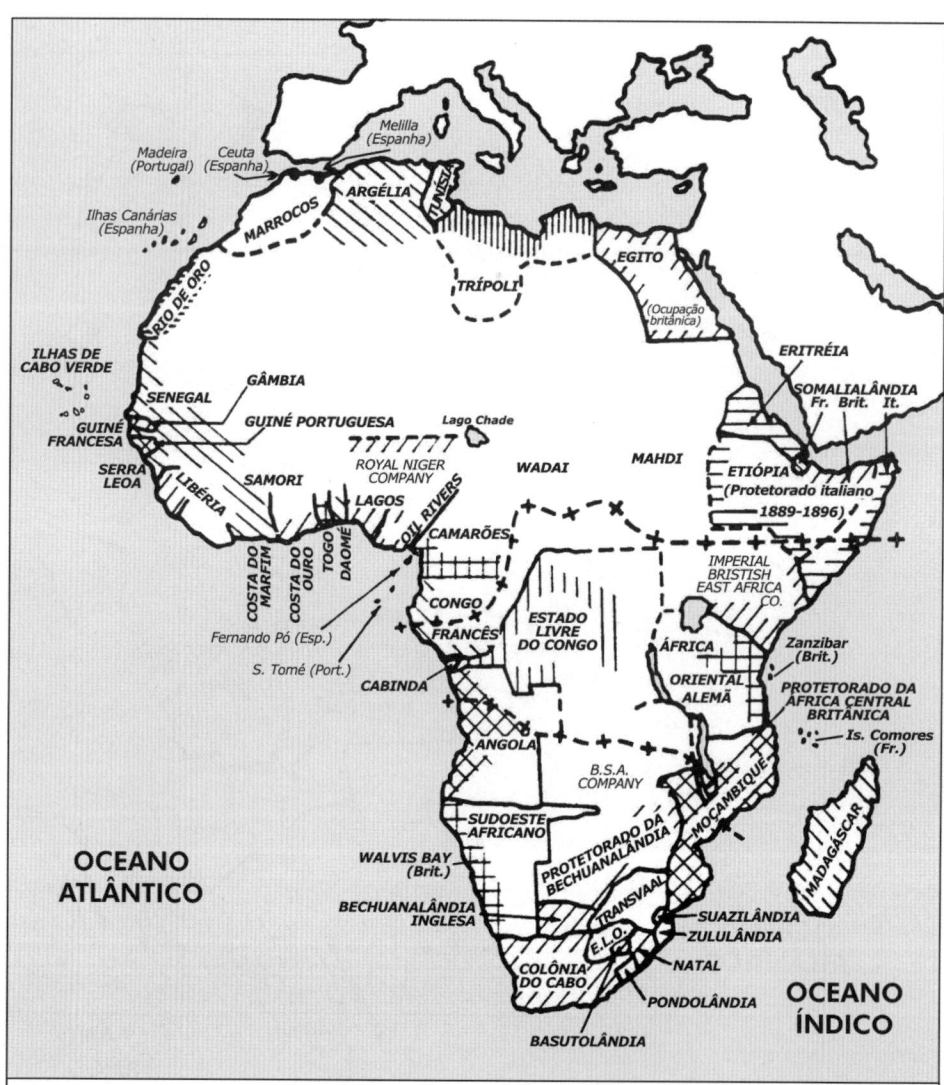

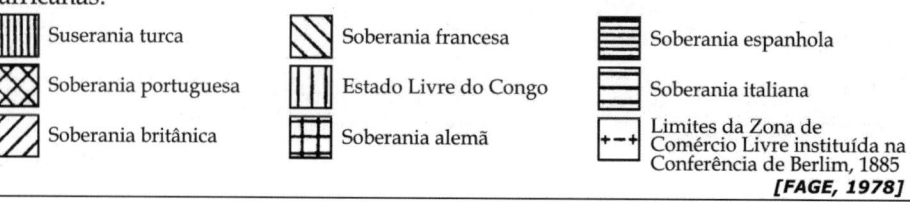

2.8 - A ocupação da África em 1891, fruto dos vários tratados, acordos e convenções entre os países europeus e destes com soberanos ou chefias locais africanas.

Suserania turca	Soberania francesa	Soberania espanhola
Soberania portuguesa	Estado Livre do Congo	Soberania italiana
Soberania britânica	Soberania alemã	Limites da Zona de Comércio Livre instituída na Conferência de Berlim, 1885

[FAGE, 1978]

Pelo menos nas suas linhas principais, cabe ainda registrar os acordos na África Ocidental, de 1890, de aceitação da linha Say–Barrwa e o da Convenção do Níger, em 1898, encerrando a partilha entre França e Grã-Bretanha nessa região. Por fim, a Convenção Anglo-Francesa de março de 1889 regulamentou a questão egípcia, e a paz de Vereeniging, de 1902, pôs fim à guerra dos ingleses com os bôeres, confirmando a supremacia britânica na União Sul Africana.

Dessa forma, quase todo o continente ficou sob o domínio europeu, com exceção da Libéria e da Etiópia. A Libéria teve sua independência proclamada em 1847 com um estatuto particular de "semicolônia" ou de "neocolônia" dos Estados Unidos da América, que controlavam o país. Já na Etiópia o exército de Menelik II derrotou as tropas italianas em 1896. Só bem mais tarde, em 1935-1936, os italianos sob Mussolini conseguiram se introduzir no país e proclamar o rei Victor Emanuel III imperador da Etiópia (veja mapa 2.9).[18]

Apesar desse conjunto de tratados, algumas faixas limítrofes permaneceram mal conhecidas durante todo o período colonial, uma vez que as potências européias não tinham interesse em fomentar ou mesmo alimentar conflitos fronteiriços. Ainda hoje, há fronteiras que não foram demarcadas, em especial as marítimas, onde quase tudo está para ser resolvido.[19] Mas essa observação não impede reconhecer que uma das conseqüências políticas do processo de partilha, estabelecido na Conferência de Berlim, e da formulação de tratados que a complementaram foi criar as condições necessárias para que a conquista do continente africano tivesse uma base legal para se efetivar. Como bem se sabe, em nome da lei e da ordem, utilizando-se de mecanismos e instrumentos administrativo-jurídicos, as potências européias mantiveram fronteiras impostas.

Quase um século depois, as elites políticas à frente dos movimentos de independência africanos, por sua própria natureza, suas condições de formação e desenvolvimento, poucas vezes colocaram em discussão o desmantelamento das fronteiras coloniais, mesmo cientes de que estas não correspondiam à racionalidade das culturas africanas, abrindo espaços para vagas migratórias decorrentes de catástrofes naturais, conflitos armados ou mesmo como conseqüência de perseguições políticas e religiosas. Assim, confirmados pelos Estados nacionais, os traçados das fronteiras coloniais permanecem, no seu conjunto, até os dias de hoje, por vezes potencializando uma série de conflitos de intensidade variável que, rompendo os limites territoriais de cada país, encontram condições

18. A Etiópia foi o mais antigo dos reinos askum. Remonta aos primeiros anos da era cristã e, de acordo com *A glória dos reis*, livro que parece ter sido escrito no século XIV, sua gênese estaria no nascimento de Mandik (o primeiro *negus* da Etiópia), filho do rei Salomão e da rainha de Sabá.

19. AMARAL, Ilídio do. "Fronteiras internacionais africanas". *In*: HESPANHA, *op. cit.*

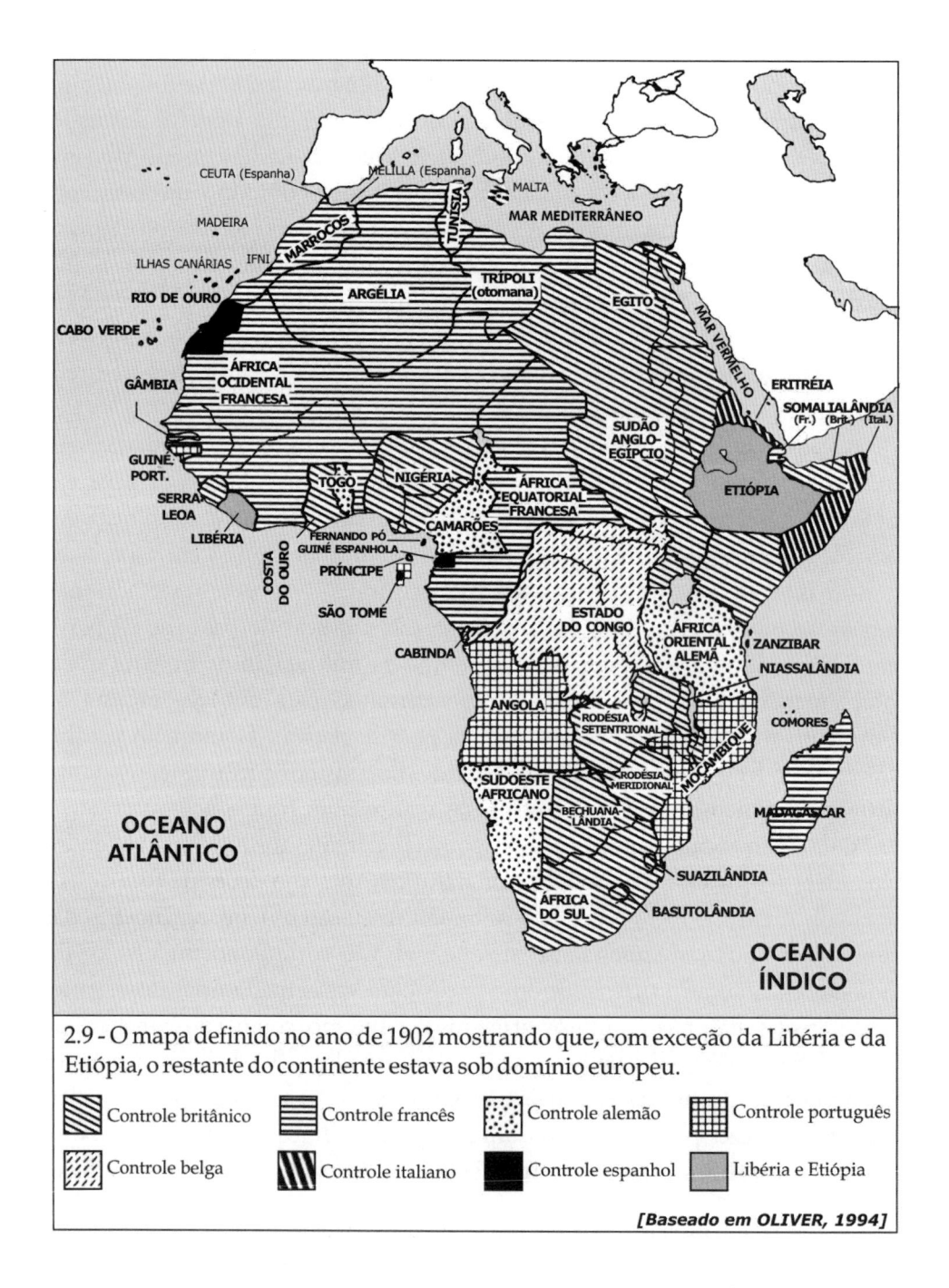

2.9 - O mapa definido no ano de 1902 mostrando que, com exceção da Libéria e da Etiópia, o restante do continente estava sob domínio europeu.

Controle britânico   Controle francês   Controle alemão   Controle português

Controle belga   Controle italiano   Controle espanhol   Libéria e Etiópia

[Baseado em OLIVER, 1994]

propícias para se regionalizar. É preciso sublinhar que a "questão étnica", apontada como causa de praticamente todas as "guerras internas" na África, é fruto da manipulação política, em grande parte das vezes segundo interesses econômicos e políticos de alguns setores das elites africanas, associados às empresas européias e norte-americanas. São clássicos os casos dos sérios conflitos na Serra Leoa, na Libéria, em Angola, em Ruanda, na República Democrática do Congo e no Sudão, para mencionar apenas alguns.

Em resumo, é muito difícil discordar que a Europa tem uma enorme dívida para com a África pela escravidão atlântica, pela partilha do continente e pelo colonialismo e suas heranças, que constituem obstáculos para a construção de uma longa estrada de combate à miséria e às extremas desigualdades, assim como de enfrentamento dos vários conflitos presentes no continente.

3

O "NOVO IMPERIALISMO" E A PERSPECTIVA AFRICANA DA PARTILHA

Os significados de imperialismo

Historicamente, cabe lembrar que entre o estabelecimento do protetorado francês na Tunísia (1881), a ocupação britânica do Egito (1882) e a sujeição do Marrocos à França (1912) o continente africano foi quase completamente dividido, ficando de fora da partilha apenas a Libéria, a Etiópia, parte do Egito e do Condomínio Anglo-Egípcio (veja mapa 3.1).

Tanto a partilha como a ocupação efetiva foram impulsionadas pela concorrência entre várias economias industriais, buscando obter e preservar mercados, e pela pressão econômica de 1880 que desencadeou o expansionismo europeu. Como conseqüência da articulação desses processos, assistiu-se ao imperialismo que agressivamente conquistou áreas de influência, protetorados e colônias, em particular no continente africano.

Não é difícil compreender que esse imperialismo de fins do século XIX esteve ligado ao desenvolvimento do sistema capitalista, em uma fase cuja inovação é a forma como se articulam política e economia, na qual o Estado assumiu, decisivamente, o papel de parceiro e interventor econômico.

O termo *imperialismo* foi utilizado pela primeira vez na década de 1870, na Grã-Bretanha, dando nome a uma política orientada para criar uma federação imperial baseada no fortalecimento da unidade dos Estados autônomos do império. Vinte anos depois, em 1890, no decorrer das discussões sobre a conquista colonial, integrando a dimensão econômica que permanece até os dias atuais, passou a fazer parte do vocabulário político e jornalístico.

Se acompanharmos as exposições sobre o tema, poderemos verificar que tanto a palavra como a idéia são carregadas de um conjunto de questões, além de conter uma série de premissas ideológicas que animam inúmeras polêmicas.

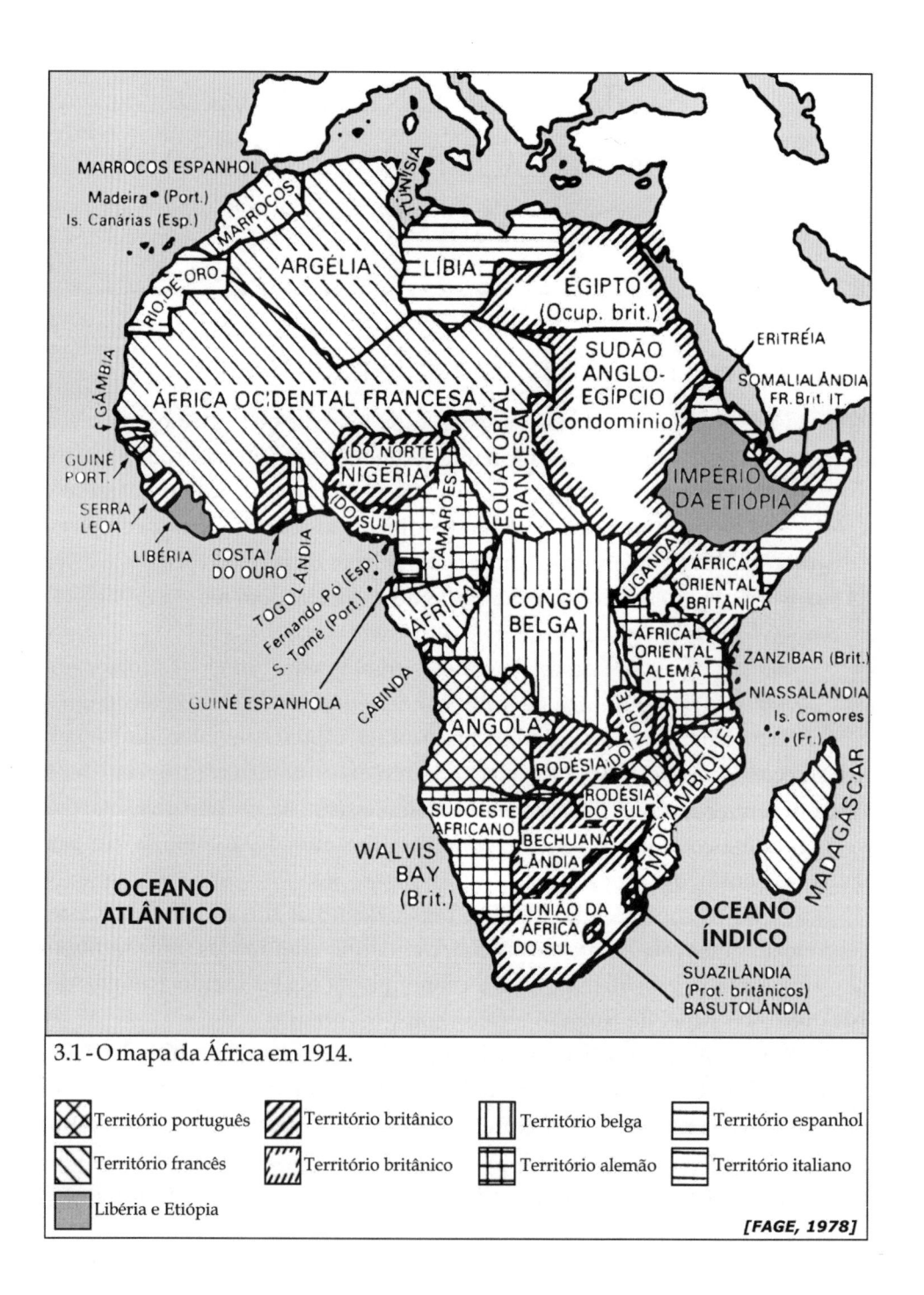

3.1 - O mapa da África em 1914.

⊠ Território português	▨ Território britânico	▥ Território belga	▤ Território espanhol
⧅ Território francês	▨ Território britânico	▦ Território alemão	▤ Território italiano
▓ Libéria e Etiópia			

[FAGE, 1978]

Mas é necessário destacar que os fenômenos ligados ao termo *imperialismo* têm em comum o fato de se referirem a uma expansão, por parte dos Estados, caracterizada por forte assimetria e violenta dominação, que se manifesta de formas diversas, como: nas relações de preponderância das metrópoles sobre as áreas de influência, protetorados e colônias; no pós-1945, entre os Estados Unidos da América, a União Soviética e os Estados integrantes dos dois blocos hegemônicos liderados por essas potências; ou, ainda, nas diversas facetas da política de dominação e exploração praticada em diferentes proporções pelos Estados ricos em relação aos pobres.

Para explicar esses fenômenos procurou-se identificar o feixe de condições econômicas, políticas e ideológicas, segundo o qual surgiu o expansionismo territorial como elemento básico do imperialismo de fins do século XIX. Daí a origem de teorias sobre esse fenômeno que trazem consigo uma série de questões acerca de sua natureza, causas e extensão, bem como propostas para a sua superação.

Do primeiro grupo fazem parte as teorias de inspiração marxista, predominantemente econômicas, que se dividem em clássicas, tendo como representantes Lênin e Rosa Luxemburgo, e as formuladas no pós-Segunda Guerra Mundial, desenvolvidas por Baran, Sweezy, Gunder Frank e Samir Amin.

Elaborada durante a Primeira Guerra Mundial, a teoria de Lênin baseia-se na tese central do primado do econômico, tendo como fundamental o pressuposto de que o imperialismo decorre da tendência para a queda das taxas de lucro, explicada, grosso modo, como conseqüência do constante aumento da concorrência entre os capitalistas. Para superar esse desafio haveria um crescente, concentrado e contínuo investimento em maquinaria, cada vez mais aperfeiçoada, e que, em curto espaço de tempo se torna obsoleta.

Os monopólios financeiros, resultados da fusão entre capital industrial e capital bancário, excedem os limites de um Estado. Para o referido autor, na tentativa de garantir o lucro, os Estados nos quais o sistema capitalista é considerado mais desenvolvido voltam-se para assegurar o controle de matérias-primas, partindo para a conquista de novos mercados do "mundo subdesenvolvido", dividindo entre si áreas de influência, o que inclui a obtenção de colônias.

Com pequenas modificações, a análise de Lênin foi aplicada no pós-Segunda Guerra Mundial pelas lideranças intelectuais e políticas africanas, tanto para explicar o colonialismo como o neocolonialismo, isto é, as relações entre os países formalmente independentes e os Estados que continuaram a explorá-los, em grande parte das vezes as próprias ex-metrópoles européias.

Já Rosa Luxemburgo explica, basicamente, que o imperialismo se insere num pensamento mais amplo, a teoria do subconsumo. Em resumo, ela considera que, devido ao baixo poder aquisitivo da classe trabalhadora e à miserabilidade do seu nível de vida, a produção corrente do mundo capitalista não pode ser absorvida. Assim, como conseqüência das "leis objetivas da acumulação capitalista", faz-se necessário um mundo que absorva grande parte do que foi produzido, para que o crescimento econômico não seja interrompido. Esses mercados externos seriam obtidos com a conquista de colônias.

Por sua vez, os economistas americanos Baran e Sweezy, diante dos fatos históricos surgidos no pós-Segunda Guerra, buscam superar as teorias de Lênin e de Rosa Luxemburgo, construindo um modelo teórico capaz de identificar os elementos próprios de uma economia claramente configurada como monopólica, considerada o principal fator de estímulo para o imperialismo, em particular o norte-americano. O mais inovador nessa teoria é a hipótese relativa à existência de um *surplus* (conceito que substituiria o clássico da mais-valia) referente a despesas em pesquisa e desenvolvimento tecnológico no setor militar, característica considerada fundamental no âmbito de um mundo bipolarizado, como o do pós-1945, entre Estados Unidos e União Soviética e com a presença político-militar destes no "Terceiro Mundo".

No que se refere à questão do imperialismo, essa teoria sustenta que os países atrasados, mesmo conquistando a independência, continuam a ser explorados, como conseqüência do expansionismo impulsionado pela busca de lucro crescente por parte dos países desenvolvidos e pelas grandes empresas multicontinentais. Além disso, organicamente, o sistema capitalista gera grandes desequilíbrios territoriais e sociais, acarretando um processo de pobreza crescente nos países periféricos. Para o "capitalismo monopólico" de Baran e Sweezy, essa situação só poderia ser alterada por uma guerra revolucionária que implementasse uma economia socialista.

Vale observar que as análises marxistas estabelecem uma conexão específica entre o imperialismo de fins do século XIX e início do XX e o capitalismo em geral ou uma sua etapa particular. Consideram que o imperialismo tem raízes econômicas fundamentais e estabelece relações assimétricas de dominação entre os países, que implicam a exploração das zonas "atrasadas" em benefício dos países capitalistas "desenvolvidos".

Do segundo grupo, composto pelos representantes da "interpretação social democrata do imperialismo", destaca-se o texto básico de Hobson, que não é marxista, a despeito de ser predominantemente econômico e ter como central a idéia de que o subconsumo das classes populares impulsiona a busca por mercados externos. Além disso, associa os elementos econômicos a um importante papel da "política de poder",[1] negando a existência de um nexo orgânico entre capitalismo e imperialismo e, portanto, a necessidade de um processo revolucionário para eliná-los. De outro lado, afirma que as tendências imperialistas, existentes no âmbito do sistema capitalista, podem ser suprimidas mediante reformas econômico-sociais e democráticas eficazes para o aumento de consumo dos trabalhadores e, por conseqüência, favorecer o crescimento e regular a absorção da produção, rompendo com a necessidade do expansionismo imperialista.

Incluem-se nessa tendência outros escritos teóricos como os de Kautsky e Hilferding que, embora de variada orientação política, desenvolvem a idéia de que o imperialismo não é uma fase necessária do capitalismo, constituindo-se apenas uma de suas políticas, podendo ser substituída por outra que institua uma colaboração pacífica entre as potências capitalistas, no sentido de administrar o subconsumo no âmbito de um mercado mundial organizado. Isso significa admitir países até então dele excluídos, o que, no entanto, não eliminaria a exploração estrutural nem mesmo a assimetria entre as potências capitalistas e os países atrasados, sobretudo os produtores de matérias-primas.

Superar essa situação implicaria um conjunto de reformas socialistas, com a introdução de um controle político do desenvolvimento econômico, orientando o crescimento para o interesse geral, tanto dos países "capitalistas" como dos "atrasados". Esse "ultra-imperialismo", portanto, ordenaria e administraria as profundas diferenças que garantem a dominação e a exploração entre os países e a repartição dos territórios transformados em colônias, eliminando os conflitos das potências capitalistas entre si, a corrida armamentista e a guerra.

No que se refere ao terceiro grupo, seus integrantes elaboraram uma "interpretação liberal do imperialismo". Significa dizer que J. A. Schumpeter, seu principal representante, apresenta um ensaio, datado de 1919, que propõe ser uma análise sociológica do imperialismo, cujas idéias são totalmente opostas à tradição marxista. Analisando com erudição os imperialismos desde a Antiguidade, conclui que o imperialismo moderno não decorre do modo capitalista de produção; é o resultado de condições econômicas, sociais, políticas, culturais e psicológicas próprias do pré-capitalismo, portanto, fora do domínio do desenvolvimento capitalista. Assim, o que leva à expansão imperialista são atitudes psicológicas e culturais "agressivo-irracionais" que se manifestam na prática política pré-capitalista em variadas formas de violência.

---

1. BOBBIO, Norberto; MATTEUCCI, Nicola e PASQUINO, Gianfranco (orgs.). *Dicionário de política*. 2. ed. Brasília: Editora da UNB, 1986. Vale destacar que esse é um texto de leitura obrigatória sobre o tema do imperialismo.

Nessa perspectiva, o desenvolvimento do capitalismo, segundo ele, de natureza pacífica, porquanto baseado na racionalização imanente que permeia todos os aspectos da vida social, seria o meio de levar o mundo à competição pacífica de mercado e fomentar a instituição de procedimentos democráticos pelas próprias estruturas políticas internas dos Estados capitalistas centrais.

Por fim, o quarto grupo é composto por estudiosos como Otto Hintzer e Max Weber, que apresentam uma interpretação do imperialismo baseada na "Teoria da Razão de Estado". Sua tese fundamental é que o imperialismo deriva, em última análise, de uma estrutura anárquica das relações internacionais, fundada no exercício da força, estabelecendo uma relação desigual de poder entre os Estados, que possibilita o domínio dos mais fortes sobre os mais fracos, criando as condições necessárias para a exploração econômica de uns sobre os outros. Assim sendo, a eliminação do imperialismo dependeria da superação do estado de anarquia internacional por meio de uma "Constituição Federal Mundial", capaz de institucionalizar os limites da soberania externa e defender juridicamente a independência das nações.

Se na perspectiva marxista a ênfase recai sobre a economia, nas perspectivas social-democrata e liberal os elementos condicionantes são de ordem política, salientando-se o papel das forças democráticas e progressistas capazes de encampar reformas, nas quais o intervencionismo estatal surge como dado imprescindível.

Seja como for, um ponto une todas as explicações teóricas, qual seja, o desafio de compreender e sugerir modos de superar a perversa desigualdade constitutiva do imperialismo.

O "novo" imperialismo

As relações entre o expansionismo territorial e o imperialismo, nas concepções apresentadas, não incorporam a dimensão das relações históricas específicas, que cria questões para as teorias de caráter geral, impondo ao pesquisador estabelecer um diálogo dos textos com a realidade social em que se inserem, pressuposto básico para verificar sua adequação.

Hobsbawm, enfrentando o desafio, efetua uma pesquisa na qual analisa a conjuntura dos anos 1890 a 1914, considerando um conjunto de fatores históricos. Significa dizer que reconhece que a divisão do globo tem uma dimensão econômica, mas destaca a importância do poder político e dos aglutinantes ideológicos próprios do "novo" imperialismo.

Feita essa observação, é necessário ter clareza sobre a conexão intrínseca entre o expansionismo e a conquista do mundo não-ocidental, reconhecendo a dimensão econômica desse processo. Nesse sentido, é importante registrar os elementos próprios de um nítido quadro de crescimento econômico como atestam alguns indicadores. Como é sabido, entre 1870 e 1914, as exportações européias duplicaram; a navegação mercante mundial passou de 16 para 32 milhões de toneladas e a rede ferroviária mundial aumentou de 200 mil para 1 milhão de quilômetros às vésperas da Primeira Guerra Mundial.[2]

Também é importante observar o crescimento de uma rede cada vez mais densa de transações econômicas e comunicações, além do movimento de bens, dinheiro e pessoas, ligando não só os países desenvolvidos entre si e estes ao mundo não desenvolvido como, por exemplo, à bacia do rio Congo e à região do Cabo, na África austral.

Esse nítido quadro de crescimento econômico cria possibilidades, ao mesmo tempo que gera novas necessidades que levam ao expansionismo territorial. A economia internacional caracteriza-se pela concorrência entre várias economias industriais, todas apoiadas em um desenvolvimento tecnológico que necessita de matérias-primas como o petróleo e a borracha, encontrados fora do continente europeu. Basta lembrar que o petróleo, que vinha predominantemente dos Estados Unidos e da Rússia, passa a ser buscado nos campos petrolíferos do Oriente Médio, região que se torna, cada vez mais, objeto de intenso confronto e conchavo diplomático. Quanto à borracha, produto exclusivamente tropical, era extraída com uma exploração atroz de nativos nas florestas equatoriais do Congo e da Amazônia e, mais tarde, extensamente cultivada na Malásia.

Também é preciso ter em conta que as novas indústrias elétrica e de motores precisavam de cobre, sendo seus maiores produtores países aos quais se convencionou chamar no final de 1950 "Terceiro Mundo", como o Congo belga, a Rodésia do Norte, o Chile e o Peru. Por sua vez, os metais preciosos como o ouro e os diamantes passam a ser explorados na República da África do Sul.

Em contrapartida, algumas teorias sobre o imperialismo apóiam-se no pressuposto do subconsumo. No entanto, o que se verifica empiricamente é que o próprio desenvolvimento desigual do sistema capitalista propiciou um consumo de massas nas metrópoles, criando um mercado em rápida expansão para os "bens coloniais", isto é, para o chá, o café, o açúcar, o cacau e derivados e os óleos vegetais, que se tornaram disponíveis graças às técnicas de conservação e à

---

2. HOBSBAWM, Eric, J. "A era dos impérios". *In: A era dos impérios: 1875-1914.* Rio de Janeiro: Paz e Terra, 1988. p. 87-124. A leitura cuidadosa desse capítulo é essencial para o necessário aprofundamento das idéias aqui apresentadas.

maior rapidez nos transportes. Como conseqüência, as *plantations* e os comerciantes e financistas tornaram-se importantes pilares das economias imperiais.

Por sua vez, também o pressuposto genérico da pressão do capital por investimentos mais rentáveis fora do território europeu merece reparos, quando consideradas algumas particularidades históricas. Em outras palavras, é verdadeiro que houve um fluxo de capital aplicado nas colônias. Mas não é menos verdadeiro que ele se concentrou apenas em alguns territórios ultramarinos. Consideremos, por exemplo, o que ocorreu com a Grã-Bretanha, que destinou a maior parte do seu montante de capital às colônias de povoamento branco e com rápido desenvolvimento como Canadá, Austrália, Nova Zelândia e, no caso do continente africano, a África do Sul.

Cumpre observar, no entanto, que se fizer uma avaliação relativa ao conjunto de elementos econômicos considerados, será possível reconhecer que o ponto crucial da situação econômica global foi que certo número de economias desenvolvidas se deu conta, simultaneamente, da necessidade de novos mercados, obtendo algumas "portas abertas" no mundo subdesenvolvido, ou procurando conquistar e dominar territórios que garantissem às economias nacionais e européias uma posição monopolista ou, ao menos, vantagens bastante substanciais. É evidente que estas foram fortes razões para que se promovesse a repartição das regiões não ocupadas do "Terceiro Mundo", processo, sobretudo após 1879, francamente reforçado por um conjunto de políticas protecionistas.

As colônias, nesse contexto, representavam pontos estratégicos em espaços geopolíticos, como a África Ocidental e Central, necessários para a penetração européia. De fato, os interesses econômicos passaram a operar articulados a ações políticas concretamente voltadas para o recorte do mapa da África. Ambos integravam um projeto de forte significado simbólico que, justificando e legitimando a exploração e a dominação européias, pôs em curso o glorioso e heróico empreendimento de conquistar terras exóticas habitadas por gentes selvagens, de pele negra, carentes de civilização.[3]

As experiências históricas efetivas demonstraram que o "novo" imperialismo dispunha de mecanismos ideológicos como as exposições universais, verdadeiras "vitrines do progresso", que levavam as massas a se identificar com o Estado e a nação imperiais, conferindo justificação e reconhecendo legitimidade à missão civilizatória européia na África.

---

3. HOBSBAWM, *op. cit.*, p. 105-106.

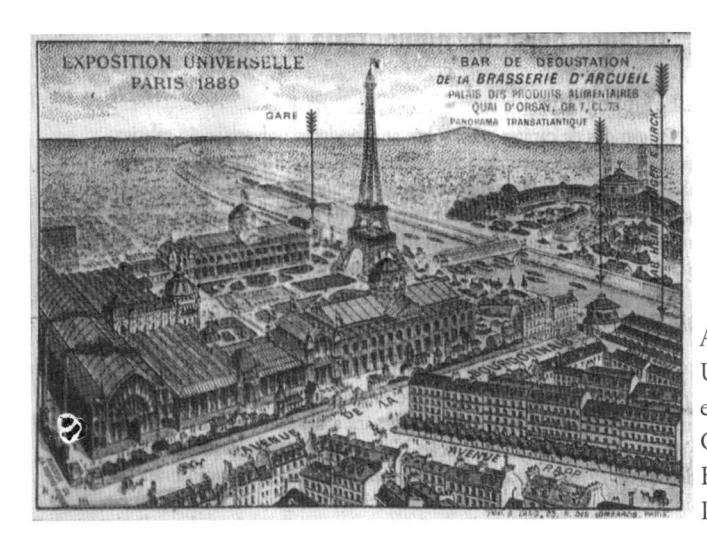

A Exposição
Universal de 1889
em Paris.
Cartão-postal da
Brasserie d'Arcueil,
Paris.

Contudo, essas considerações referem-se ao protagonismo europeu no imperialismo do final do século XIX, colocando em relevo os temas da partilha e da conquista. Mas ignoram o protagonismo africano do início de um dos períodos mais violentos da história recente. Impõe-se portanto registrar a perspectiva africana, uma perspectiva que entreolha a européia, mas dela está certamente separada pelas acentuadas diferenças de suas posições político-ideológicas.

A partilha e a conquista
na perspectiva africana

 O pensamento africano sobre a partilha e a conquista apresenta uma composição de idéias fiel à prática política de negar a dominação da civilização branca, ocidental, sobre o mundo negro, o "inferno tenebroso", isto é, a África. Ciosas de seu protagonismo na história, se por um lado as elites culturais africanas aceitam o conjunto de elementos econômicos como eixo impulsionador do expansionismo territorial europeu, acrescentam a esse discurso dois elementos fundamentais, a crítica ao etnocentrismo europeu e ao racismo e, por outro lado, o tema da resistência africana.

Assumindo um "racismo anti-racista",[4] estudiosos africanos como o nigeriano Godfrey N. Uzoigwe são responsáveis pela historiografia mais recente

---

4. A expressão "racismo anti-racista" foi cunhada por Jean-Paul Sartre em *Reflexões sobre o racismo*. São Paulo: Difusão Européia do Livro, 1960. p. 111.

sobre a partilha e a conquista, comprometidos com a preocupação em não se deixarem levar pelas representações construídas pelos ocidentais.[5] Nesse quadro de discussão é fundamental ressaltar a importância histórica da postura de crítica contundente com que os pesquisadores africanos se debruçam ao examinar a historiografia ocidental sobre o tema. Não é outra a razão de destacarem as principais teorias psicológicas, quais sejam, o darwinismo social, o cristianismo evangélico e o atavismo social, evidenciando sua conivência com uma disposição para o domínio e a exploração, articuladas a um imaginário coletivo aprisionado pela crença em uma superioridade racial e cultural.

Em relação ao "darwinismo social", os africanistas ressaltam que a luta pela existência nada mais é do que a dominação da "raça sujeita" ou "não evoluída" pela "raça superior", segundo o processo de "seleção natural", no qual o "mais fraco" é submetido pelo "mais forte". O simplismo da explicação deriva de uma leitura que se pretendia social da obra de Darwin, *A origem das espécies por meio da seleção natural ou a conservação das raças favorecidas na luta pela vida*, publicada em língua inglesa em 1859.

Assim, a classificação das raças em "superiores" e "inferiores", recorrente desde o século XVII, ganha uma falsa legitimidade baseada no mito iluminista do saber científico, coincidindo com a necessária justificativa de que a dominação e a exploração da África, mais do que "naturais" e inevitáveis, eram "necessárias" para desenvolver os "selvagens" africanos, de acordo com as normas e os valores da civilização ocidental. Portanto, essa "teoria" articula a questão política ao etnocentrismo, apresentando-os como simultâneos dada a correspondência construída entre ambos.

No caso do "cristianismo evangélico", a partilha da África era explicada como conseqüência de um impulso "missionário" e "humanitário", orientado para "regenerar" os povos africanos. O movimento missionário, sobretudo dos luteranos alemães e da diversidade de calvinistas evangélicos a serviço da Sociedade Missionária de Londres, atuantes na Serra Leoa, na Costa do Ouro, na Nigéria e na Libéria, e das missões católicas na bordadura do Senegal, clamava a conquista da África pela Europa como um meio de pôr fim à escravatura e ao massacre dos negros, ao mesmo tempo que pretendia instaurar as condições necessárias para "regenerá-los", isto é, torná-los cristãos e civilizados.

Por fim, a teoria do "atavismo social". É uma leitura específica de uma das conclusões apresentadas por Joseph Schumpeter de que "o imperialismo é um

---

5. Godfrey N. Uzoigwe é especialista em história da África Oriental, tendo como seu principal objeto de estudo o reino bunyoro de Uganda. Ver: "Partilha européia e conquista da África: apanhado geral". *In*: BOAHEN, *op. cit.*, p. 25-42.

atavismo", centrado em uma prática política na qual o indivíduo tem o desejo natural de dominar o próximo pelo simples prazer da dominação. Estendida à escala de um povo, essa idéia se transforma no argumento básico para explicar o imperialismo como resultado de um egoísmo nacional coletivo próprio, comandado por um Estado pré-capitalista, que se expande ilimitadamente pela força. Schumpeter ressalta que o capitalismo, por sua vez, seria "antiimperialista", um sistema de natureza benevolente "dirigido por empresários inovadores".

O darwinismo social e o cristianismo evangélico, cada qual a seu modo, explicam o expansionismo territorial utilizando-se do racismo e do etnocentrismo, baseados no espírito de catequese e de missão e na crença numa tarefa civilizatória, capazes de converter os africanos ao cristianismo e à civilização ocidental. Já Schumpeter, numa abordagem aistórica, deixa transparecer grandes dificuldades. A primeira é identificar em quais circunstâncias seriam alterados "as vontades" e os "vínculos psicológico-culturais" responsáveis pelo imperialismo. A segunda, por sua vez, é distinguir o "ponto de ruptura", isto é, o momento no qual o pré-capitalismo se transforma em capitalismo, superando sua faceta imperialista.

Portanto, as idéias contidas nas teorias apresentadas mostram-se suficientemente preconceituosas e equivocadas, sendo, por isso, deixadas de lado no processo de construção de uma "teoria da dimensão africana".

No que se refere às teorias diplomáticas sustentadas pelo primado da política, a "teoria do prestígio nacional", a "teoria do equilíbrio de força" e a "teoria da estratégia global" apresentam interpretações tão discutíveis como as das "teorias psicológicas", embora se apóiem em alguns fatos que não podem ser desconsiderados.

A "teoria do prestígio nacional" explicava os diferentes expansionismos da França, da Grã-Bretanha, da Rússia, da Alemanha, da Itália, de Portugal e da Holanda como compensação de perdas dentro do próprio continente europeu ou ainda como forma de manter ou restaurar o prestígio nacional com ganhos no ultramar. Seu principal mentor, Carlton Hayes, argumenta:

A França procurava uma compensação para as perdas na Europa em ganhos no ultramar. O Reino Unido aspirava compensar seu isolamento na Europa engrandecendo e exaltando o Império Britânico. A Rússia, bloqueada nos Bálcãs, voltava-se de novo para a Ásia. Quanto à Alemanha e à Itália, queriam mostrar ao mundo que tinham o direito de realçar seu prestígio, obtido à força na Europa por façanhas imperiais em outros continentes. As potências de menor importância, que não tinham prestígio a defender, lá conseguiram viver sem se lançarem na aventura imperialista, a não ser

Portugal e Holanda, que demonstraram renovado interesse pelos impérios que já possuíam, esta última principalmente, administrando o seu com redobrado vigor. [6]

Se esses exemplos pecam por equívocos advindos de não serem levadas em conta as particularidades do expansionismo de cada um desses países, anunciam, no entanto, um argumento pragmaticamente válido para alguns casos como a Espanha e a Alemanha, cujas conquistas não tiveram importância econômica, muito menos estratégica, podendo ser explicadas como uma busca por prestígio nacional.

Há de se registrar também a "teoria do equilíbrio de forças" que tem como principal representante F. H. Hinsley e é calcada no "primado da política externa". O pressuposto é de que, no âmbito internacional, a relação entre os países é caracterizada pelo domínio dos mais fortes sobre os mais fracos, com a predominância absoluta da força. Assim, não haveria um real espaço para uma política de limitação da soberania, podendo as atribuições e as rivalidades levar a conflitos generalizados.

Buscando uma convivência calcada na gestão pacífica das fricções e dos conflitos de diversos graus de intensidade para garantir uma "verdadeira e autêntica" ordem internacional estável, a saída apontada seria o reforço do poderio de cada país mediante a conquista territorial. Esse argumento autojustificador explicaria o imperialismo próprio de fins do século XIX.

Ora, essas duas "teorias diplomáticas" tornam algumas observações necessárias. A primeira é que restringem o imperialismo a um protagonismo exclusivamente europeu, ignorando a totalidade que envolve o expansionismo territorial, sobretudo com a conquista de colônias. Por sua vez, desconsidera o processo histórico de "roedura" e a desestabilização progressiva do continente africano provocada pelos países europeus desde o século XV, limitando temporalmente o expansionismo ao seu apogeu, isto é, à conjuntura entre os anos de 1875 a 1914, que configura o "novo" imperialismo. Quanto à terceira observação, diz respeito ao fato de as referidas "teorias" reduzirem o imperialismo à partilha européia, ignorando o lugar que as lutas de resistência têm na história do imperialismo de fins do século XIX, na África.

Por fim, é necessário tornar explícita a "teoria da estratégia global", cujos principais elaboradores, Ronald Robinson e John Gallagher, têm como hipótese central o fato de que a partilha e a conquista são respostas aos "protonaciona-

---

6.   HAYES, C. J. H. "A generation of materialism, 1871-1900". *In*: UZOIGWE, *op. cit.*, p. 48.

lismos" africanos, apresentados como "lutas românticas e reacionárias" que colocavam em risco os interesses estratégicos globais dos países europeus.

Ora, essa idéia é historicamente equivocada, em primeiro lugar porque as explorações do continente africano foram contínuas desde o século XV, atingindo um significativo crescimento a partir do final do século XVIII, com a ação de exploradores que buscavam rasgar o desconhecido interior do continente à procura do curso dos rios das principais bacias hidrográficas como as do Níger, Nilo, Congo e Zambeze. Em segundo lugar, a partilha que se segue à Conferência de Berlim atende às disputas de Estados europeus e não surge como resposta de protonacionalismos africanos. Em terceiro lugar, as resistências ocorreram a começar pela partilha e pela conquista, precipitando a conquista militar efetiva.

É importante ressaltar que, de uma ou outra forma, as "teorias diplomáticas" atribuem à África um papel de mero apêndice da história da civilização ocidental. É bem verdade que algumas pesquisas constituíram-se importantes exceções a essas tendências, como as obras de J. S. Keltie, em 1893, e a de George Hardy, em 1930, por considerarem a partilha parte de um lento processo de conquista de cerca de quatrocentos anos, acentuado pela crescente concorrência econômica entre os países europeus. Também reconhecem a importância das lutas de resistência para o processo de conquista o que implica a efetividade da burocracia colonial como instituição política.

Nessa esteira de pensamento, em 1956 foi publicado o livro *Trade and politics in the Niger Delta*, de K. Onwuka Dike, que passou a ser uma obra clássica sobre a partilha e a conquista, por considerá-las decorrência do contato entre civilizações e culturas diferentes. Coube entretanto a A. G. Hopkins apresentar uma "interpretação africana" mais histórica do tema, na medida em que propôs suma articulação entre as componentes externas e internas do continente africano. Com efeito, em uma de suas passagens mais explícitas, Hopkins afirma que:

> Por um lado, é possível conceber regiões onde o abandono do comércio de escravos se deu sem choques nem perda de rendimentos e onde as tensões internas foram controladas. Em casos tais, a explicação do retalhamento colonial deverá salientar os fatores externos, como as considerações mercantis e as rivalidades anglo-francesas. No outro extremo, é possível imaginar casos em que os chefes indígenas adotaram atitudes de reação, não hesitando em recorrer a métodos predatórios, na tentativa de manter os rendimentos, e em que os conflitos internos eram pronunciados. Nesses casos peso maior deve ser dado, na análise do imperialismo, às forças de de-

sintegração ativas no seio das sociedades africanas, sem negligenciar, todavia, os fatores externos.[7]

Em sua versão mais explícita da perspectiva africana, o nigeriano Godfrey Uzoigwe pretende conferir dinamismo sociopolítico ao continente africano. Reafirma como fundamental a ênfase dada à esfera econômica; nega que a partilha e a conquista tenham sido inevitáveis para a África; enfatiza que a partilha é o marco no *processo* de "roedura" do continente; e ressalta as especificidades do processo histórico registrando o papel desestabilizador dos entrepostos comerciais, dos estabelecimentos missionários, da instalação de colônias e protetorados e da ocupação de zonas estratégicas.

Além disso, confere importância fundamental às formas de resistência, identificando-as como de "confronto, aliança, e aceitação e submissão". Sobretudo quanto às duas últimas, Uzoigwe explica que se constituem respostas a tratados comerciais e políticos, os quais exerceram uma influência decisiva para a desestabilização de vários espaços geopolíticos do continente. Por isso, realça tanto o papel dos Estados europeus acerca da partilha da África como a importância para a conquista dos tratados entre os dirigentes europeus e os soberanos africanos, aí incluídos os tratados comerciais com as sociedades árabes, a obtenção de garantias diplomáticas e a política de melhoramento das comunicações marítima, fluvial ou terrestre.

É importante observar que esse conjunto de instrumentos permite ao capitalismo europeu extrair produtos necessários à indústria, desequilibrar as economias domésticas e influenciar os sistemas políticos africanos. Em particular, os dois últimos aspectos são estratégicos para a transformação dos espaços africanos em áreas de influência, protetorados e colônias européias.

Tendo em vista os tratados firmados por dirigentes europeus e africanos na fase imediatamente posterior à Conferência de Berlim, é possível distinguir entre os que se referiam à regulação de atividades econômicas e aqueles que tinham um caráter predominantemente político. Exemplo significativo de tratado econômico foi o realizado por Cecil Rhodes que, pela carta da British South Africa Co., de 1888, passou a ter plenos poderes do Transvaal ao Congo e de Angola a Moçambique. Sua estratégia teve início com a obtenção do reconhecimento pelo chefe ndebele, Lobengula, do privilégio de explorar as minas de ouro do seu pequeno território. Em troca, Rhodes empenhou sua palavra em dar proteção ao povo ndebele diante dos bôeres do Transvaal. Mas, enquanto

---

7. HOPKINS, A. G. "An economic history of West Afric". *In:* UZOIGWE, *op. cit.*, p. 51.

durou o controle dos ingleses, ou seja, até 1923, foram inúmeros e sangrentos os confrontos entre europeus e povos africanos dessa extensa região.

Havia, simultaneamente, os tratados políticos celebrados por representantes de governos europeus ou por organizações privadas, pouco depois repassados aos seus respectivos governos. Quanto aos mandatários africanos, estes se submetiam à exclusividade do tratado assinado, por meio do qual renunciavam à soberania do território sob seu governo, em troca de proteção de determinada nação européia da qual passavam a ser protetorados.

Resguardadas as diferenças de tempo e lugar, é possível considerar basicamente três razões que levavam os africanos a firmar tratados políticos, traduzidos em alianças, dando ensejo para que fossem registrados exemplos de estratégias de "aliança e aceitação" perante a conquista. A primeira é instituir relações com os europeus buscando obter vantagens políticas em relação aos seus vizinhos. Na África Oriental Alemã (atual Tanzânia), os mareales e os kibangas, grupos que habitavam a região próxima dos montes Usambra e Kilimanjaro, firmaram tratados com os alemães na expectativa de, com a aliança destes, derrotar povos vizinhos, seus inimigos. Já a segunda razão revela que o aspecto doméstico é significativo, e os tratados e as alianças com os europeus tornam-se um recurso usual para o soberano manter a obediência de seus súditos. Um exemplo esclarecedor foi o de Ahmadou Seku, que estabeleceu uma aliança com os franceses, mantendo o controle dos bambaras, mandingas e fulanis, em troca do fornecimento de armas. Tendo reconhecida sua soberania, os franceses obtiveram regalias comerciais. No entanto, firmado o acordo, os franceses não só apoiaram uma insurreição bambara como, em 1889, atacaram o soberano, obrigando-o a recorrer à força das armas. Dois anos depois, dominado, Seku passou a fazer parte do império francês. Por fim, a terceira razão é a obtenção da salvaguarda da soberania, ameaçada por outras nações européias. Um exemplo é o de Lobengula, rei dos ndebeles, que estabeleceu relações amistosas com os ingleses em detrimento de uma aliança com os africânderes, os portugueses e os alemães, visando salvaguardar a soberania e a independência de seu "reino", que hoje corresponde a grande parte do Zimbábue.

Pode-se argumentar muito bem que o resultado dos tratados, obtidos ou não fraudulentamente, convergiu para a perda da soberania dos espaços geopolíticos africanos.

É importante registrar também os tratados bilaterais europeus, na medida em que as circunstâncias nas quais são feitos constituem-se em uma das razões centrais para a eclosão das lutas de resistência africanas. Conforme se referiu no capítulo anterior, o século XIX encerrou-se com a partilha da África, praticamente concluída graças a um conjunto de tratados, acordos e convenções bilaterais, realizados nas capitais européias, regulamentando as esferas de influência no continente africano. No seu conjunto, os tratados delimitavam as grandes zonas de influência, embora no interior de cada uma delas as fronteiras tivessem sofrido deslocamentos em razão de tendências centrífugas e centrípetas. Evidentemente,

> os estadistas europeus estavam perfeitamente cônscios de que a definição de uma esfera de influência em um tratado subscrito por duas nações européias não podia legitimamente atingir os direitos dos soberanos africanos da região afetada. Na medida em que a influência constituía mais um conceito político do que jurídico, determinada potência amiga podia optar por respeitar esse conceito, enquanto outra, inimiga, não o levaria a sério.[8]

No que se refere ao entendimento contraditório que africanos e europeus tinham dos tratados, acrescido da precária efetividade da resolução da Conferência de Berlim sobre a ocupação territorial, era clara a tendência entre 1885 e 1902 de potencializar as situações de conflito. Significa dizer que houve reação de confronto à conquista, ou seja, que os africanos não se resignaram pacificamente a ela, defendendo seus costumes e interesses vitais como a soberania, a liberdade e a independência. Essa observação, básica para a interpretação africana da partilha e da conquista, vale tanto para as estruturas políticas centralizadas ("Estados" centralizados), como na maior parte da África Ocidental, por exemplo, quanto para as sociedades cujas estruturas políticas são descentralizadas, como foi o caso dos khoi-khois, que nem por isso deixaram de reagir contra os bôeres na África do Sul, durante os séculos XVII e XVIII. Some-se o fato de algumas sociedades não "estatizadas" (cujas estruturas políticas eram organizadas, mas não complexas) como a dos agnis, dos haules e dos ibos, terem marcado a sua presença nesse capítulo da história africana pela guerra de guerrilha.[9] A resistência africana, por sua vez, precipitou a conquista militar que esteve, em graus variados, marcada pelo despropósito e pela irracionalidade do exercício da violência. Para a efetividade da conquista concorreu a supremacia européia, decorrente do conhecimento geofísico, econômico e militar dos diferentes territórios do continente africano, graças às atividades dos missionários e exploradores; o desenvolvimento da tecnologia médica, oferecendo drogas de uso profilático

---

8. UZOIGWE, *op. cit.*, p. 58.
9. THORNTON, J. "The state in African historiography: a reassessment". *Ufahamu*, vol. IV, 1973, p. 20.

contra várias doenças, como a malária; e os seus recursos materiais, sobretudo bélicos e financeiros.

Vale a pena apresentar um sumário com alguns exemplos que conferem conteúdo histórico a essas afirmações, destacando a alternância dos tipos de resistência, com os africanos utilizando-se da diplomacia, respondendo com luta armada à invasão militar reagindo com a combinação de ambas as estratégias, o que, aliás, caracterizou a grande maioria das resistências no continente.

Sob a força das circunstâncias, a diplomacia foi um tipo de resistência pouco encontrado na sua forma pura. Um dos raros exemplos ocorreu no oeste do Quênia, onde Munia, o "rei" dos wangas, para se fortalecer no conflito com os povos vizinhos, itesos e luos, fez um acordo diplomático com os ingleses. Como resultado, os povos africanos foram divididos, possibilitando que os europeus alargassem a sua influência em toda a região, criando as condições necessárias para o estabelecimento de seu poder colonial em Uganda.

De um ponto de vista comparativo, parece haver poucos motivos para duvidar da hipótese de que foram em muito maior número as conquistas que deram ensejo a uma "luta militar efetiva", em particular no nordeste do continente, onde sudaneses, egípcios e somalis, morreram em grande número em sangrentas lutas contra tropas coloniais britânicas. Islamizados, os povos dessa região lutavam ao mesmo tempo pela soberania de seus territórios e pela sua fé, já que acreditavam ser inaceitável que muçulmanos se submetessem politicamente a uma potência cristã.

Também a ocupação dos espaços geopolíticos da África Ocidental, entre os anos 1880 e 1900, foi marcada por lutas sangrentas, destacando-se tanto as campanhas francesas no Sudão Ocidental (hoje, Mali), na Costa do Marfim e no Daomé (atual Benin), como as campanhas britânicas no Ashanti (atual Gana), na região do delta do Níger (atual Nigéria) e no norte da Nigéria, entre 1895 e 1903.

É possível afirmar que, no geral, houve uma tendência de a reação africana contra a França ser mais violenta, uma vez que esse país europeu optou por conquistar territórios predominantemente pela força. A esta faceta militar associava-se o fato de as regiões ocidental e equatorial africanas terem sofrido um processo de islamização, rejeitando fortemente o domínio branco dos "infiéis", considerando-o como uma imposição intolerável. O exemplo mais clássico de resistência armada à França foi o da Senegâmbia. Os africanos do império unificado mandinga, sob a liderança de Samori Touré, em 1882, contavam com um poderoso exército, cuja homogeneidade e coesão permitiram que ganhasse um caráter praticamente nacional. Era também um exército bem-equipado, de acordo com os moldes europeus, com armas modernas, adquiridas com a venda de marfim e ouro do sul da Costa do Marfim, e com cavalos, obtidos pela troca de escravos na região do Sael. Mas o poderio francês extingüiu a luta quando capturou, em 1892, Samori Touré, deportando-o para o Gabão. Dessa forma, pôs fim à resistência armada, conhecida como a mais duradoura das campanhas contra um mesmo adversário em toda a história da conquista do Sudão francês.

Em contraste com os franceses, é consensual que a ação britânica não foi, no seu conjunto, basicamente militarizada. Os seus processos de conquista, em número considerável, foram advindos de negociação pacífica, da "diplomacia", sendo concluídos com tratados de proteção, como foram os casos do norte de Serra Leoa e do norte da Costa do Ouro, além de diversos pontos do país Iorubá.

Apesar disso, não faltaram campanhas britânicas com o emprego da força, como no país Ashanti, onde os conflitos surgiram em torno de 1760, culminando, em 1824, com um violento choque militar. Ainda assim, os ashantis só foram decisivamente derrotados cinqüenta anos mais tarde, o que, aliás, levou o seu "império" à desintegração.

Um segundo exemplo é o do "reino" do Benin que, embora tenha como marco de sua conquista a assinatura de um tratado de protetorado, em 1892, ainda assim procurava resguardar parte de sua soberania. A forçada submissão do "reino" se deu em 1897, quando os britânicos, sob o pretexto da morte do seu cônsul interino e de mais cinco compatriotas, enviaram contra o "reino" do Benin uma expedição de cerca de 1.500 homens, que pilharam os preciosos bronzes dos iorubás e incendiaram a capital.

Processo semelhante ocorreu no delta do Níger, onde foram efetuados tratados de protetorado com a maioria dos chefes. Houve, no entanto, os que manifestaram um descontentamento radical, desafiando as autoridades britânicas. Foi o caso de Jaja de Opóbo, cuja luta implicou um confronto em torno do pagamento de impostos cobrados por uma empresa britânica. À medida que o processo de polarização avançava, a represália tornou-se violenta e o seu alvo mais definido. Atraído para uma emboscada, Jaja de Opóbo foi preso, julgado e deportado para as Antilhas. A dimensão simbólica desse ato teve a particularidade de ser usada pelos ingleses para persuadir os outros "Estados" do delta do Níger a se submeterem pacificamente às condições administrativas impostas.

Também na África oriental, no Quênia, os nandis ofereceram uma oposição militar à construção de uma estrada de ferro em seu território. Foi a mais prolongada das resistências ao Império Britânico nessa região, estendendo-se de 1890 a 1905, quando seu chefe, atraído para negociações, foi traiçoeiramente assassinado. Enfraquecida, a resistência dos nandis acabou vencida após quinze anos de encarniçada luta, que reuniu diversos clãs divididos em unidades territoriais, aproximando-os da organização de um exército regular europeu.

Por sua vez, na África Oriental Alemã, a reação contra a conquista contou com o emprego da força de alianças diplomáticas com vários povos, tanto no interior quanto no litoral. Já no Congo, na região fronteiriça com Angola, entre outros povos, os combativos chokwes, até sucumbirem ao domínio belga, resistiram com tenacidade por cerca de vinte anos, isto é, de 1890 a 1910, infligindo pesadas perdas à Force Publique. Quanto ao sul de Angola, os luandas e os diversos grupos da região de Gambo aperfeiçoaram suas técnicas de guerrilha, utilizando-as com freqüência e vigor contra o colonizador português.

De certo modo, esses embates assemelham-se ao que havia sucedido, na África do Sul, mais de dois séculos antes da Conferência de Berlim. Desde 1652 já havia sido fundada a Colônia do Cabo pela Companhia Holandesa das Índias Orientais, visando estabelecer na região uma estação de reabastecimento para os seus navios. No século XVIII, os bôeres (sobretudo migrantes holandeses) adentraram o interior, caçando e comerciando gado com os khoi-khois e, por vezes, tornando-se eles próprios criadores de gado. Seus descendentes vieram a chamar-se africânderes. Nos seus deslocamentos para leste em direção à zona de maior pluviosidade, onde fundaram Natal, entraram em confronto com povos africanos locais, expulsando os boschimanes, dominando ou dispersando os khoi-khois (hotentotes para o colonizador) e, em 1779, guerreando com os bantos nas conhecidas "guerras cafres", assim chamadas porque pela jurisprudência islâmica os bantos eram considerados pagãos, não tendo direitos em um "Estado" islâmico.

Entre 1793 e 1815, durante as guerras anglo-francesas, a Cidade do Cabo, apreciada por sua posição estratégica de entrada para o oceano Índico, passou do domínio holandês para o inglês (1795). Esse acontecimento marcou o início de uma série de embates violentos entre bôeres e ingleses e bôeres e povos africanos, como os khoi-khois, os sans, os xhosas, os upondos, os tembus e os mfengus e, mais tarde, os zulus.

Em 1852 e 1854 a Grã-Bretanha reconheceu duas colônias de povoamento branco de língua holandesa, a República do Transvaal e o Estado Livre de Orange, como independentes. Mas, pouco mais tarde, com a descoberta do ouro e dos diamantes, os britânicos impuseram o seu domínio com uma política de confronto, tanto aos africânderes como aos zulus, ndebeles, bembas e yaos, até 1947, quando ocorreu a independência da União Sul Africana, que passou a se chamar República da África do Sul.

Concluindo, é possível afirmar que todos esses exemplos, embora em pequeno número, são suficientes para indicar que tanto a violência como as formas de resistência diante da perda de soberania, independência e liberdade desvendam o protagonismo africano perante a partilha e a conquista. Mas os exemplos evidenciam também a impotência bélica dos africanos ante a supremacia européia. Como bem resumiu o poeta inglês Hilaire Belloc: "Aconteça o que acontecer, nós temos a metralhadora, e eles não".[10]

A dominação fundada no exercício da violência física. Arte afro-portuguesa encontrada no Benin, no século XVI.

10. *Apud* BOAHEN, *op. cit.*, p. 30.

4

"CIVILIZADOS" E "PRIMITIVOS" NA CONSTITUIÇÃO DO SISTEMA COLONIAL AFRICANO

Notas sobre o "imperialismo colonial"

 A partilha deu início à conquista, processo por meio do qual se acelerou a violência geográfica, com a exploração generalizada dos diversos espaços geopolíticos do continente africano. A essa fase inicial de perda da soberania dos africanos seguiu-se o período da estruturação do sistema colonial.

Embora seja hoje consenso que o colonialismo foi resultante da concorrência econômica e do expansionismo dos países europeus, vale a pena incorporar como dimensão própria desses processos algumas considerações apresentadas por Hannah Arendt. Em "Imperialismo" a autora identifica três aspectos fundamentais do "imperialismo colonial" europeu, na sua fase de 1884 a 1914, apresentando-os como prefigurações dos fenômenos totalitários do século XX, quais sejam: o nazismo e o stalinismo.[1]

A novidade da argumentação de Arendt reside em afirmar que o "imperialismo colonial" apresenta como traços fundamentais o expansionismo, a burocracia colonial e o racismo. Segundo a autora, uma das mais importantes filósofas do século XX, a compreensão do expansionismo transcende a esfera econômica por ser um "objetivo permanente e supremo da política"; portanto, a idéia central do imperialismo "contém uma esfera política traduzida por uma base ilimitada de poder cujo suporte é a força política presente na vocação para a dominação global".[2] Daí que o modelo arendtiano, apresentando uma discordância explícita da famosa idéia de Lênin de que o imperialismo é o último está-

---

1. ARENDT, Hannah. "Imperialismo". *In*: *Origens do totalitarismo: anti-semitismo, imperialismo, totalitarismo*. São Paulo: Companhia das Letras, 1989. p. 146-338.
2. *Ibidem*, p. 146-187.

gio do capitalismo, afirma que o "imperialismo colonial" é a expressão política do acúmulo de capital e, por isso, o primeiro estágio político da burguesia.

Esses argumentos de alcance mais geral completam-se com a importante observação de que, pela distância e pela dispersão geográfica dos impérios, faz-se necessário exportar o poder político, obedecendo a um processo no qual os instrumentos da violência do Estado – a polícia e o exército – são separados das demais instituições e promovidos à posição de representantes nacionais nas colônias, tendo por função controlá-las. Ora, sob essas condições, o imperialismo colonial instrumentalizou o poder político da burguesia, "inventando" a burocracia colonial como seu corpo político, ao mesmo tempo que atribuía a ela o exercício da violência e da força como essências da ação política.

A conclusão é óbvia: o emprego da força física sem coibição gera mais força, e a violência administrativa em benefício da força e não da lei (que regula as relações cotidianas entre pessoas e grupos) torna-se um princípio destrutivo que só é detido quando mais nada resta a violar, isto é, quando o terror se torna indiscriminado.

Essas reflexões pedem um ancoradouro teórico que Arendt encontra na filosofia de Thomas Hobbes (1588-1679), em especial na noção de obediência por coerção, que tem a propriedade de marcar a existência de um poder político fortemente centralizado, "dotado de espada", ou seja, armado para forçar os homens ao respeito e obrigá-los à obediência absoluta.

À diferença dos totalitarismos, no "imperialismo colonial" havia, segundo Arendt, um pequeno controle exercido por parte dos representantes do "fator imperial", composto pelo Parlamento e pela livre imprensa. Ele era "expresso politicamente no conceito de que os nativos não eram apenas protegidos mas, de certa forma, representados [...]".[3]

É rigorosamente verdadeiro que a história dos imperialismos (por exemplo, britânico, francês, belga, alemão e português) tem inúmeras referências de conflitos, nas quais os representantes do "fator imperial" criticam enfaticamente o despropósito da dominação dos administradores coloniais e das suas desastrosas conseqüências para as populações africanas. Mas poucas vezes as contendas tiveram como resultado diminuir o espaço político dos administradores coloniais, ou mesmo, comprovadas as atrocidades cometidas contra os nativos, remover o administrador colonial, como ocorreu em 1897, com Carl Peters, no Sudeste Africano Alemão.

Portanto, historicamente, não se sustenta uma relação causal entre a existência do "fator imperial" e um suposto controle rígido e pontual das adminis-

3. ARENDT, *op. cit.*, p. 162-163.

trações coloniais. O que se procura enfatizar aqui, tomando como instrumental teórico as análises de Hannah Arendt, é o fato de que as práticas políticas criaram e mantiveram relações sociais fundadas na assimetria, na hierarquia e na extrema desigualdade entre europeus e nativos.

Conforme a autora, um elemento fundamental de enraizamento e sustentação desse domínio foi o racismo. Essa é uma de suas contribuições mais esclarecedoras, na medida em que permite explicar que os homens europeus concordam quanto aos meios e aos fins da dominação colonialista, plenamente justificados pelo racismo, o qual, provocando a perda do senso de realidade do europeu em contato com outros povos, fornece um conjunto de elementos para que as sociedades coloniais se ordenem internamente como um organismo regido por uma arbitrariedade justificada pela "superioridade da raça branca".

Nessa elaboração, o racismo advém da quebra do valor atribuído ao ser humano – no caso, o negro –, que, subtraído de suas qualidades substanciais, perde a possibilidade de ser tratado como "semelhante" em um "mundo compartilhado".

> [...] Sua base e sua justificativa ainda eram a própria experiência, uma terrível experiência de algo tão estranho que ficava além da compreensão e da imaginação: para os brancos foi mais fácil negar que os pretos fossem seres humanos. No entanto, a despeito de todas as explicações ideológicas, o homem negro teimosamente insistia em conservar suas características humanas, só restando ao homem branco reexaminar a sua própria humanidade e concluir que, nesse caso, ele era mais do que humano, isto é, escolhido por Deus para ser o deus do homem negro. Era uma conclusão lógica e inevitável no caminho da radical negação de qualquer laço comum com os selvagens. [...][4]

As três prefigurações do totalitarismo presentes no "imperialismo colonial" do final do século XIX (expansionismo, burocracia colonial e racismo), como elementos constituintes de uma totalidade, carregam consigo a experiência de fundir a prática política às representações. Em outras palavras, o "imperialismo colonial" está comprometido com a construção de um aglutinante ideológico capaz de fundir a prática das condições de exploração e de dominação com as formas de justificá-las.

As experiências históricas efetivas demonstraram que o "imperialismo colonial" dispunha de mecanismos ideológicos que levavam as massas a se identificar com o Estado e a nação imperiais, conferindo justificação e reconhecendo legitimidade ao sistema político e social de seu país. Valia-se de mostras etno-

4. ARENDT, *op. cit.*, p. 225.

gráficas, exposições universais e feiras mundiais, imensos rituais de massa em que o Ocidente se auto-representava glorificando uma missão civilizatória auto-atribuída. Nessas ocasiões eram exibidas nações e mundos vegetal, animal e humano, segundo um sistema classificatório que obedecia à escala evolutiva glorificada pela antropologia vitoriana.

As exposições universais eram, sobretudo, as manifestações culturais mais evidentes de afirmação dos grandes impérios, em que representavam a si próprios (o mundo "civilizado") e aos outros povos ("exóticos", "selvagens" e "bárbaros") com os quais tinham contato. Tornando evidentes homens e culturas, as diferenças eram apresentadas como critérios para glorificar a missão civilizatória dos europeus na África.

Pavilhão reproduzindo uma cidadela senegalesa na Exposição Universal de 1889, em Paris. Cartão-postal da loja de departamentos *Au Bon Marché.*

Pavilhão reproduzindo uma rua do Cairo na Exposição Universal de 1889, em Paris.

Apesar das diferenças culturais e históricas entre os Estados europeus por um lado e entre os próprios espaços geopolíticos africanos por outro, esse conjunto de elementos pertence ao "imperialismo colonial", refletindo-se nos vários momentos de constituição e de desenvolvimento do sistema colonial. Faz-se necessário destacar que, assim como a conquista, a dominação apresenta-se diferenciada historicamente.

Acerca dos sistemas coloniais

Convém expor com clareza que o tema da África sob dominação colonial será tratado de uma perspectiva genérica ou universal que encerra um conjunto de questões de base que ressurge na forma de especificidade histórico-cultural, de acordo com o entrelaçamento das características particulares dos colonialismos europeus e da diversidade das sociedades africanas. Nessa elaboração, dois escopos explicativos são articulados: por um lado, consideram-se as relações, os processos e as estruturas de apropriação econômica, destacando a propriedade da terra e as relações de trabalho; por outro, levam-se em conta os padrões de exercício do poder político e a teia de crenças e valores que justificam uns e outros.

Vale enfatizar que o processo de colonização segue a fase final de perda de soberania e se concentra entre 1870 e 1914. Tudo indica que o sistema colonial segue dois princípios fundamentais da doutrina colonial, sistematizados e codificados pelo ministro das Colônias da França, Albert Sarraut, em 1923, que se alteraram nas décadas subseqüentes, em especial em fins dos anos 1940. O primeiro é que as colônias eram consideradas um recurso decisivo para as crises econômicas dos países metropolitanos. O segundo princípio é que as colônias deveriam ser financeiramente autônomas.

Para viabilizá-los, colocando em funcionamento o sistema colonial, eram utilizados quatro mecanismos básicos: 1) as subvenções e os meios de financiamento; 2) o confisco de terras; 3) as formas compulsórias de trabalho; 4) a cobrança de impostos. Caracterize-se cada um deles. O primeiro diz respeito a um conjunto de subvenções e meios de financiamento, traduzido por garantias de empréstimos para o setor privado metropolitano, mediante incentivos para que este tomasse em suas mãos o essencial da atividade econômica centrada no comércio de produtos africanos e europeus. Por sua vez, parte substancial do comércio ficava em mãos de companhias devidamente subsidiadas pelos empréstimos de uma rede bancária quase monopolista.

Esse mecanismo também incluía os meios de financiamento para os grandes proprietários, como subvenções para instalações, crédito agrícola para compra de equipamentos e subsídios para desmatamento, mecanização e plantio. Havia ainda grandes facilidades de pagamento e isenção de taxas aduaneiras para a importação de implementos agrícolas.

Deliberadamente essas medidas incentivavam a exploração das diferentes regiões africanas, enquanto o Estado metropolitano reservava para si os direitos alfandegários, sua maior fonte de receita. Os investimentos e, como conseqüência, o crescimento econômico das colônias concentravam-se no litoral, ao longo dos eixos de escoamento de produtos no interior e em torno de alguns pequenos centros.

Essa mudança na economia africana trouxe problemas aos comerciantes locais, que foram inteiramente dominados no mercado pelas companhias, tornando-se seus intermediários ou ficando restritos a agir nas zonas tradicionais, chamadas "excêntricas" da rede comercial, isto é, as que continuavam a efetuar a troca de noz-de-cola por gado e peixe seco, por exemplo. Mais ainda, o sal passa a não vir mais do deserto e sim dos portos do litoral, e o destino do ouro não é mais o deserto e sim o mar. Significa dizer que o intercâmbio comercial interregional africano sofreu profundas alterações no curso de sua atividade econômica diária, o que contribuiu de modo decisivo para que a agricultura de subsistência fosse, cada vez mais, deixada em última posição.

Quanto ao segundo mecanismo básico para o funcionamento do sistema colonial, este se refere ao confisco de terras, sobretudo das mais férteis, tornando-se legal, por decreto, em torno de 1930. Essa situação catastrófica para os africanos ocorria de duas formas. A primeira, por meio de guerras continuadas: por exemplo, ao sul do continente, entre os bôeres e os xhosas de 1811 a 1864. Nesse processo, em grande número dos casos, além de as terras serem confiscadas, eram capturadas milhares de cabeças de gado.

A segunda forma de confisco, "legalista", era desvinculada das tradições e dos valores africanos de várias regiões. Nesta, as autoridades coloniais exigiam dos africanos registros de propriedade, ignorando não só o significado da terra para a maior parte das comunidades culturais, como o papel dos chefes de terra. O problema é que, em relação à quantidade numérica, os chefes de terra eram as chefias tradicionais mais comuns exercidas nos "territórios linhageiros", espaços geográficos constituídos por aglomerados populacionais formados por muitos grupos de familiares com afinidades culturais comuns (tradições, costumes, hábitos, língua e, por vezes, religião). Simbolicamente, o território linhageiro significava o espaço de ligação entre os seres vivos, os mortos e os ainda por nascer. Envolvendo a metáfora de tudo o que já fora realizado e o que viria a ser, encerra um sentido de continuidade que sustenta e reforça o coletivo. Por sua vez, deve-se considerar também que o africano estava potencialmente habilitado a ocupar a terra segundo normas ancestrais que organizavam e sacralizavam essa relação, destacando-se o princípio de impropriedade do solo.

De todo modo, essa explicação não deve ser tomada em sentido absoluto, levando à visão equivocada de que os mundos tradicionais africanos eram fechados e estáticos até a partilha e a conquista pelos europeus. Vale registrar aqui a análise da historiadora francesa Catherine Coquery-Vidrovitch:

> Na verdade, essas sociedades supostamente estáveis raras vezes desfrutaram do encantador equilíbrio que se presume ter sido rompido pelo impacto do colonialismo. A África Ocidental, por exemplo, fervilhou de atividade desde as ondas de conquista dos fulas no século XVIII, e muito antes da criação das unidades de resistência à influência européia [...]. A bacia congolesa foi palco de convulsões sociais ainda mais profundas, ligadas à penetração comercial. Nesses casos, a revolução na produção abalou os próprios alicerces da estrutura política. Quanto ao sul da África, a revolta dos zulus e sua expansão tiveram repercussões que chegaram à África Central. Até onde teremos de recuar para encontrar a estabilidade tida como "característica" do período pré-colonial: até antes da conquista portuguesa, antes da invasão islâmica, antes da expansão dos bantos? Cada um desses grandes momentos de decisão marcou uma reviravolta em tendências de longo prazo, dentro das quais, por sua vez, seria possível identificar toda uma série de ciclos mais curtos como os períodos de recessão (1724-1740, 1767-1782, 1795-1811 etc.) e a ascensão da economia de comércio escravagista de Daomé. Em suma, o conceito estático de sociedade "tradicional" não consegue resistir à análise do historiador.[5]

Por fim, outra forma substancial de confisco foi a alienação de terras "estatais" e de terras coletivas africanas por parte das metrópoles européias, que efetivavam a distribuição de concessões a empresas, gratuitamente ou a preços baixos, favorecendo a criação de grandes propriedades. Em contrapartida, os colonos tinham como obrigações residir nessas terras e desenvolvê-las.

Cabe lembrar que a distribuição de concessões era complementada pelo monopólio ou pela política protecionista de preços que impunha aos produtores a obrigatoriedade de negociar com o concessionário o produto de suas reservas, como ocorria, por exemplo, na compra de borracha na África Equatorial Francesa, e de algodão em Ubangui-Chari (hoje República Centro-Africana).

5. COQUERY-VIDROVITCH, Catherine. "The political economy of the African peasantry and modes of production", p. 91. *In*: APPIAH, Kwame A. *Na casa de meu pai: a África na filosofia da cultura*. Rio de Janeiro: Contraponto, 1997. p. 179.

Já o terceiro mecanismo de funcionamento do sistema colonial diz respeito às formas compulsórias de trabalho. O discurso colonialista costumava afirmar que o trabalho era sempre considerado obrigatório, uma vez que era "obrigação legal e moral" do africano, por meio dele, não só satisfazer o seu sustento como, gradativamente, "melhorar a sua condição social". Ao africano era reservada a escolha do modo de cumpri-lo, desde que obedecido o prazo fixado, que nas colônias portuguesas chegava a seis meses ao ano nas culturas especulativas.[6]

Mas não há dúvida de que, se os agentes da administração colonial considerassem que o trabalho obrigatório não estava sendo cumprido, o africano era intimado e compelido a fazê-lo. Não é pois acidental que a partir daí o trabalho passasse a ser forçado, sendo, não raro, utilizado como sinônimo de correcional, uma forma de punição dos "indígenas" considerados vadios.

Em princípio, o trabalho forçado só podia ser empregado em serviços de interesse público, quando avaliado como indispensável. No entanto, ainda que no plano do discurso fosse limitado ao caráter correcional, historicamente era utilizado sempre que o Estado ou o distrito considerasse sua necessidade para "serviços de interesse público de urgência inadiável". Mas também era freqüente alegarem que seus orçamentos não permitiam arcar com a alimentação e o alojamento dos trabalhadores encaminhados para serviços particulares.

Assim, como confirmaram os fatos, era muito difícil distinguir o trabalho obrigatório do forçado, pois ambas as formas resultavam da manipulação das elites dominantes, em prol de seus interesses, reforçando uma estrutura social irremediavelmente injusta.

Quanto às metrópoles européias, negavam que o trabalho fosse forçado, ao mesmo tempo que justificavam as suas formas compulsórias alegando serem imprescindíveis, dada a escassez da mão-de-obra (exceção referente à África do Sul, ao Quênia, ao Congo e ao oeste africano) ou naturalizando a existência das diferentes formas de escravidão doméstica em certas sociedades do continente, como no Tanganica, onde só foi legalmente suprimida em 1922.

Parece interessante reiterar que na maioria das vezes o trabalho forçado era justificado pela "lei divina do trabalho". Segundo o jesuíta A. Castelain:

---

6. Essas idéias fazem parte da legislação ultramarina, por exemplo, dos impérios português e francês.

O povo bárbaro que se furte a estas leis nunca se civilizará. Podemos, portanto, obrigá-lo e, como ele só pode fornecer trabalho em compensação dos serviços que se lhes prestam para melhorar a sua sorte, temos motivo redobrado para impor e exigir esse trabalho.[7]

Esse quadro geral era, no entanto, muitas vezes negado no plano do discurso em que os europeus se declaravam contrários, em particular ao trabalho forçado, segundo eles porque incompatível com a liberdade, a moral e os sentimentos humanitários próprios de uma colonização civilizatória. A Grã-Bretanha foi, virtualmente, a única metrópole na qual, já em 1908, o trabalho forçado havia sido abolido, embora sejam muitas as suspeitas de que por trás de seu humanitarismo tenha havido uma clara preocupação com a monetarização da economia. Embora possa soar paradoxal, foram justamente em dois domínios britânicos, a União Sul-Africana e o Tanganica, após a Primeira Guerra Mundial, que se implementaram formas de regulamentação do trabalho das mais opressivas, incluindo mecanismos para "disciplinar" o trânsito dos africanos mediante salvos-condutos e cédulas de identidade, além de fazer vigorar leis sobre "vadiagem", que davam condições para que a administração colonial sujeitasse os africanos a penas de trabalho forçado.

Ainda que tenham existido semelhanças entre as práticas coloniais no que se refere à questão do trabalho, pragmaticamente elas apresentam especificidades. Foi bastante diversa a posição de Portugal, que tentou estabelecer uma sutil diferença entre o trabalho em culturas obrigatórias de produtos específicos para exportação, por conta própria ou alheia, durante seis meses por ano, a todo africano adulto, e o trabalho forçado reservado ao direito penal. Outra forma de manutenção do trabalho forçado foi a migração forçada, cujo solicitante era o administrador colonial, eixo principal de um sistema de abastecimento de mão-de-obra para plantadores e empresários florestais. Um exemplo clássico são as migrações forçadas de Angola e Cabo Verde para São Tomé e Príncipe.

Quanto aos "recrutas voluntários", estes migravam por razões diversas, como meio de ganho para pagar impostos; para obter um pequeno excedente para a compra de alguns bens de consumo corrente; para escapar das secas, epidemias, fome e mortes; para buscar alternativas ao esgotamento dos solos; por crescentes exigências da administração colonial.

Além de sublinhar esses aspectos, é preciso apontar que, no conjunto, os colonialismos legalizaram as formas compulsórias de trabalho em "Códigos de Trabalho Indígena", que encerravam um regime de regulamentação do traba-

---

7. *Apud* KI-ZERBO, *op. cit.*, p. 142.

lho, sobretudo do forçado, e que acabou por se constituir em instrumento para o controle dos alistamentos feito por recrutadores nomeados. Por exemplo, na África Equatorial Francesa, a partir de 1921, o alistamento não podia exceder cerca de 33% da população masculina apta que tivesse atingido a idade adulta. Já no Congo Belga, o limite de recrutamento, a partir da década de 1920, foi legalmente reduzido de 25% para 10%, embora essa determinação tenha sido desrespeitada com freqüência sob a justificativa de que os trabalhos nos cultivos obrigatórios eram educativos.

Não surpreende que esses códigos de natureza jurídico-política não tenham precipitado mudanças por parte dos administradores governamentais. Elaborados quando se tornaram indispensáveis, em virtude do crescimento da mão-de-obra assalariada, de modo geral, suas prerrogativas deixaram margem a inúmeras manobras para o seu descumprimento. Sem dúvida os Códigos de Trabalho Indígena foram elementos de economias injustas, partes integrantes de uma ordem social extremamente desigual. Semelhantes em todos os territórios, eles fixavam:

- a *duração legal do contrato*, que era, por exemplo, de no máximo três anos no Congo Belga e de dois nas províncias francesas e portuguesas, não sendo obrigatório que o registro fosse feito na carteira do trabalhador;
- *o salário*, magro, pago na sua maior parte em mercadorias e o restante em moeda. Por vezes, boa parte do salário, em moeda, era arrecadada pelo administrador colonial ou mesmo pelo patrão, que o retinha em nome de uma economia forçada em proveito do trabalhador, mas que, verdadeiramente, servia como fundo de maneio ou até como meio de pressão por parte das autoridades;
- *a alimentação*, que quase nunca correspondia à prevista na origem do contrato, ocasionando, muitas vezes, fome e mortes. Daí a preocupação, entre outros, de Albert Sarraut que, nos anos 1920, recomendava que fosse considerada com especial atenção a necessidade de conservar e aumentar a oferta de mão-de-obra. Afinal, advertia: "temos de fazer negros";
- *as multas* pesadas, que eram aplicadas à menor infração.

Além disso, em nome de uma proclamada liberdade do trabalho, aumentou o emprego de trabalho diarista, por "tarefa" ou por "peça", persistindo por muito tempo sem nenhum tipo de controle, o que era um modo de escapar de regulamentações.

Por fim, mas não menos importante, foi a cobrança de impostos, quarto mecanismo de funcionamento do sistema colonial. Articulada às formas compulsórias de trabalho, a cobrança de impostos incidiu mais diretamente quando o montante relativo aos direitos alfandegários deixou de ser considerado satisfatório. Eram eles: a) *imposto pessoal*, incidente sobre todos os colonos europeus do sexo masculino; b) *imposto indígena de capitação*, cobrado de todos os africanos do sexo masculino; c) *imposto de "palhota"*, isto é, uma taxa cobrada sobre as habitações conforme o número de cômodos ("peças").

É importante assinalar que os impostos de capitação pagos em dinheiro eram fixados de maneira arbitrária, exagerando-se os números de recenseamento. Aplicando os critérios próprios da administração colonial, impostos que não fossem pagos eram revertidos em trabalho nos campos de cultivos obrigatórios ou governamentais ou mesmo em trabalho forçado em obras de infra-estrutura como estradas, portos e linhas férreas.

Há aqui algo além da reversibilidade dos impostos em formas compulsórias de trabalho. Cumpre observar que a cobrança de impostos era um mecanismo que influiu de modo decisivo na criação de mercados; no crescimento da economia de troca, uma vez que compelia os africanos a buscar trabalhos assalariados; na prorrogação de certas atividades predatórias; no prolongamento da monocultura, mesmo que por vezes, como foi o caso do algodão, em um momento em que a superprodução ocasionava uma contínua depreciação do produto; e no continuado abandono das atividades agropastoris de subsistência.[8]

As estruturas de poder

O que permanece freqüentemente pouco considerado em boa parte dos estudos sobre o continente africano sob a dominação européia é a identificação das estruturas administrativo-jurídicas voltadas para atender aos objetivos e às imposições próprios dos sistemas coloniais, em particular manter a ordem, evitar despesas e constituir uma reserva de mão-de-obra para transporte de cargas, construção de estradas e ferrovias.

Gostaríamos de sugerir que a estrutura de poder variava segundo a extensão e a dispersão do domínio, a heterogeneidade, a riqueza do ponto de vista econômico, além das razões propriamente históricas dos países colonizadores, em particular de suas estruturas e seus sistemas políticos. O que talvez possa ajudar

8. A respeito desse tema, vale consultar os capítulos XIII e XIV de BOAHEN, *op. cit.*, p. 323-360.

a compreender o vínculo entre a nação colonizadora e o território colonizado africano seja a identificação de dois modelos distintos de estrutura de poder. O primeiro, fortemente centralizado, verticalizado e hierarquizado, em nome da unidade do império, desenvolvido em particular por Portugal, pela França e pela Bélgica, que procuravam compensar certa inferioridade demográfica e militar perante Grã-Bretanha e Alemanha.

O segundo modelo tem como exemplo a estrutura administrativo-jurídica imperial da Grã-Bretanha, voltada para o controle de territórios de maior densidade populacional, maiores instalações produtivas e preponderância do comércio. Era, no seu conjunto, uma estrutura de domínio menos autoritária e hierarquizada, deixando inclusive pequenos espaços de representação política passíveis de ser ocupados pelos africanos.

Uma das diferenças básicas entre os dois modelos residia no fato de que do mais centralizador faziam parte o ministro das Colônias, o governador ou residente-geral, o conselho do governador-geral (órgão consultivo), o governador, o conselho do governador, os administradores distritais e as chefias locais. Pragmaticamente, ao ministro das Colônias cabia decidir as linhas gerais do comando, a começar pela deliberação do que era justo ou injusto, permitido ou proibido, com as demais instâncias de poder apenas reiterando suas decisões.

Já no segundo modelo, abaixo do secretário de Estado para as Colônias e do governador e acima do administrador de distrito e das chefias locais, existiam dois conselhos, um executivo e o outro legislativo, ambos marcados pela heterogeneidade de sua composição. O executivo, depois de 1940, passou a ser constituído também por africanos designados, que iniciaram um pequeno controle sobre os assuntos relativos à governança, em particular sobre os impostos. Por sua vez, o legislativo passou a ser integrado, desde 1948, por membros nomeados. Embora dependesse da aprovação do governador e do secretário de Estado para as Colônias, tinha funções legislativas.

É importante chamar a atenção para o fato de que os conselhos significaram verdadeiros nichos de poder. Se por um lado não ameaçavam o monopólio do poder de coação do Estado, por outro significavam um espaço, ainda que restrito e controlado, de ação política dos africanos, influindo mais tarde na cena política relativa ao processo de conquista das independências.[9]

---

9. Cabe ressaltar que esse processo diferiu radicalmente do ocorrido na África do Sul, onde a lei de 1936, que regulamentava a representação africana, foi suprimida dos registros eleitorais da Colônia do Cabo, tornando a participação política dos povos "autóctones" restrita à eleição de um número limitado de brancos como representantes dos "interesses indígenas".

Colocada a diferença, parece ser necessário registrar a existência, em ambos os tipos de estrutura de poder do "administrador de distrito" e do chefe local. O "distrito" era considerado a instância administrativo-jurídica mais próxima da população, mesmo quando a circunscrição era subdividida em unidades menores. O administrador de distrito, também conhecido como "chefe de residência" ou "comandante de círculo", era um verdadeiro "deus do mato". Exercia a autoridade e o comando e executava decisões com elevado grau de concentração de poder, assumindo as funções de um administrador caracterizado pela polivalência, sendo ao mesmo tempo recrutador, engenheiro civil, fiscal de saúde, fiscal de ensino, juiz, chefe militar, chefe de polícia e responsável pelo controle financeiro.

Por fim, mas não menos importante, existia o chefe local, tradicional ou designado, que se constituía no elemento nuclear da estrutura administrativa, exercendo funções de instrumento auxiliar do administrador distrital para operações de recenseamento, recrutamento de mão-de-obra e recolhimento de impostos. Significa dizer que, quando o chefe tradicional era transformado em chefe designado, as novas funções para as quais era cooptado pela burocracia colonial, sobretudo nos governos diretos próprios das políticas coloniais assimilacionistas, acarretavam uma diminuição ou mesmo violação de suas atribuições e de seus poderes tradicionais, fundados, no plano religioso, em um caráter sagrado e, no plano da realeza africana, nos seus aspectos culturais.

Pelo exposto, é bastante compreensível a avaliação das chefias locais feita pelo administrador colonial francês Robert Delavignette, segundo o qual

> [...] não há colonização sem política indígena; não há política indígena sem comando territorial; e não há comando territorial sem chefes indígenas que atuem como correias de transmissão entre a autoridade colonial e a população.[10]

A instituição das chefias locais como parte da burocracia colonial visava instaurar um espaço marcado pela efetividade da dominação, capaz de manter uma ordem relativamente estável e equilibrada. Contudo, é importante anunciar desde logo que as chefias, sobretudo as tradicionais, eram por si mesmas consideradas incômodas e arriscadas aos olhos da administração colonial. Daí o fato de as depurações terem sido contínuas, de modo que as chefias mais recalcitrantes eram eliminadas e substituídas pelas designadas que deveriam conviver no espaço e no tempo dos "civilizados". Nesse sentido, o papel atri-

10. *Apud* BOAHEN, *op. cit.*, p. 328.

buído à chefia local reforçava e, em grande parte das vezes, ampliava a indiscriminada rejeição sociocultural por parte dos africanos.

Esse aspecto, como é fácil perceber, criava condições para que, em particular no modelo de dominação mais centralizado, a utilização de chefias locais tivesse incomodado a ponto de imperar a idéia de que deveriam ser suprimidas, como ocorreu no império colonial francês, em 1910.

As políticas de assimilação e de diferenciação

É importante registrar que, a despeito das contradições e variações de sentido, as políticas coloniais foram definidas, *grosso modo*, como de assimilação (por exemplo, nos impérios português, francês e belga) ou de diferenciação (como no britânico e no alemão). A política cultural de assimilação, defendendo os princípios tradicionais das histórias das nações colonizadoras, tinha como objetivo converter gradualmente o africano em europeu, o que significava que a organização, o direito consuetudinário e as culturas locais deveriam ser transformadas.[11]

Utilizavam-se para isso do ensino na língua da metrópole, aliás a única oficial; da religião e da moral que seriam cristãs; dos costumes, das tradições e dos modos de vida ligados à pátria européia e não ao passado africano; e da divisão da sociedade em "civilizados, assimilados e indígenas".

Quanto aos "civilizados", gozavam de igualdade de direitos políticos com os da metrópole européia. Por sua vez, os "assimilados", na maioria das vezes, contavam com representações no conselho-geral, também chamado conselho do governador; tinham um representante parlamentar na Assembléia Nacional; e, em geral, conservavam usos e costumes próprios do "estatuto pessoal", como o direito à poligamia.

Em contrapartida, os "indígenas", a grande maioria da população, eram regidos pelo Estatuto do Indigenato que, em geral, sobreviveu até após a Segunda Guerra Mundial, tendo por eixo o regulamento geral do trabalho que institucionalizava formas compulsórias, como os trabalhos forçado e obrigatório, além de incluir a fiscalização das condições de vida do africano e a aplicação de castigos corporais.

Teoricamente, todos os "indígenas" poderiam ascender à categoria de "assimilados", o que era regulamentado por decreto que enumerava os requisitos

---

11. Acerca desse tema, consultar "A idade de ouro dos estrangeiros". *In*: KI-ZERBO, *op. cit.*, p. 103-156.

necessários. Tomando como exemplo o império português, era preciso que fossem atendidas as seguintes condições:

1º – saber ler e escrever a língua portuguesa; 2º – possuir os meios necessários à sua subsistência e à das suas famílias; 3º – ter bom comportamento atestado pela autoridade administrativa da área em que reside; 4º – diferenciar-se pelos seus usos e costumes do usual da sua raça.[12]

Significa dizer que o próprio processo de assimilação, privilegiando o caráter autoritário e coercitivo do sistema colonial, utilizava mecanismos para incorporar um número muito pequeno de africanos que, ascendendo à categoria de assimilados, poderiam se tornar mais coniventes com o colonizador e sua ideologia. Em poucas palavras, a assimilação reforçava a segregação.[13]

Já com referência à política colonial de diferenciação adotada em particular pela Grã-Bretanha, embora fiel ao projeto civilizatório ocidental da África como periferia, tinha como ponto básico de sustentação um conjunto de mecanismos e instrumentos voltados para viabilizar o "governo indireto", idealizado e implementado desde 1850 e codificado em fins do século XIX e início do XX por Frederick Lugard, administrador colonial responsável pela Nigéria do Norte (território dos hauçás e dos peuls). Essa política baseava-se em generalizar os bens da civilização britânica, ao mesmo tempo "mantendo e protegendo as sociedades indígenas".

A ambivalência que definia a própria natureza da política de diferenciação (ou associação) era resolvida, na prática, em primeiro lugar incorporando-se representantes das sociedades africanas (as chefias tradicionais ou designadas) na administração indireta das colônias. Em segundo lugar, introduzindo a educação inglesa, com o objetivo de tornar os africanos aptos a "entrar na economia moderna", para a qual seriam necessariamente cooptados pela força da mudança inerente à sua própria dinâmica, com o intuito de "melhorarem" as suas próprias sociedades. Dito de outro modo, nessa política articulavam-se e movimentavam-se como feixes contraditórios: estimular igual oportunidade para todos e respeitar a "pureza e o orgulho raciais".

12. MARQUES, A. H. Oliveira (coord.). *História de Portugal desde os tempos mais antigos até a presidência do senhor General Eanes*. Lisboa: Palas, 1986. v.3, p. 525.
13. MEMMI, Albert. *Retrato do colonizado precedido pelo retrato do colonizador*. Rio de Janeiro: Paz e terra, 1967. p. 30.

Por sua vez, essa perspectiva era sustentada pela convicção de que a mudan-ça econômica, social e política deveria ser atrelada às próprias instituições afri-canas, pois seria mais eficiente construir partindo das próprias noções tradicio-nais de justiça e ordem do que arriscar impor padrões europeus compreensíveis apenas por uma minoria. Sintetizando essas idéias, afirmava o cientista inglês Julian Huxley que como os brancos se consideravam superiores aos negros pensavam sa-ber o que era melhor para eles, o que, no caso do império britânico, significava levá-los a se desenvolver apreendendo ao máximo as formas de pensar e os méto-dos de gestão europeus, mantendo os modos de vida próprios dos africanos.

Numa aplicação concreta, a política colonial de diferenciação atrelada à questão cultural traduzia-se nas escolas, em que, com a importante ação dos missionários, as crianças africanas eram obrigadas a seguir o mesmo currículo das européias, porém sendo também alfabetizadas nas suas línguas maternas. Assim, conforme o historiador Ki-Zerbo:

> Em particular, os rudimentos de leitura e escrita eram adquiridos para a língua ma-terna. Este sistema, se por vezes limitava as perspectivas dos alunos, tinha a incompa-rável vantagem de não os desenraizar do seu meio. Em geral, de resto o sistema in-glês, que resultava de um postulado menos "generoso" e "humanista" do que o sistema francês, só aparentemente assim era. Apresentava a vantagem de não dividir a sociedade africana, pois não se encontravam cidadãos e indígenas.[14]

Além disso, devem-se recordar os principais traços dos sistemas coloniais ale-mão e belga no continente africano. Eles apresentam uma combinação dos meca-nismos próprios do colonialismo, como as subvenções e concessões a grandes companhias, o confisco de terras, as formas compulsórias de trabalho e a cobran-ça de impostos. Mas essas semelhanças completam-se com características particu-lares, levando-se em conta duas dimensões, a primeira relativa às particularidades de cada um dos impérios e a segunda que considera a efetiva política adotada por toda metrópole européia em relação a cada um de seus territórios africanos.

Os territórios sob dominação alemã até fins da Primeira Guerra Mundial, quando foram redistribuídos para França e Grã-Bretanha, pelo mando da Socie-dade das Nações, apresentavam administrativa e juridicamente um misto de ad-ministração direta e indireta, por vezes em um mesmo espaço geopolítico, como nos Camarões e no Sudoeste Africano. Já em Togo, Ruanda e Burundi, a admi-

14. KI-ZERBO, *op. cit.*, p. 124.

nistração foi sobretudo indireta, enquanto na África Oriental Alemã foi predominantemente direta, assimiladora, com quadros compostos por suaílis.

A especificidade ocorreu em razão de duas características implementadas nos Camarões, precursoras do moderno totalitarismo alemão. A primeira foi a iniciação dos filhos dos chefes locais na inflexível tradição do exército alemão. A segunda ficou por conta das grandes companhias exploradoras dos territórios, que incluíam a criação de couldelarias para a "apuração das raças locais".

Cabe registrar que no caso do Congo Belga foram combinadas as políticas de assimilação e de diferenciação. Por exemplo, a Carta Colonial, de 1908, que estabelecia o estatuto político-administrativo da colônia, aproximava-a do sistema francês, com a diferença de considerar o direito consuetudinário no julgamento dos tribunais. No entanto, a semelhança torna-se mais forte se considerada a política cultural assimilacionista que, como a portuguesa e a francesa, com fortes características paternalistas, julgava que era missão dos belgas a evolução dos africanos aos padrões europeus, processo muito lento, à escala de séculos.[15]

Por sua vez, quanto à escolaridade formal, a administração belga aproximava-se da britânica, utilizando-se das línguas mais faladas na região, como o kisuaíli, o kiluba e o kikongo, entre outras.

Havia inúmeras variações locais nesse padrão, cujos detalhes não alteram a natureza do sistema. Nesse sentido, lembre-se que também no Congo vale a tese de que o imperialismo europeu sufocou a cosmogonia africana e os impulsos nativos para a modernização. O mecanismo mais recorrente foi a violência física em alto grau, impondo aos africanos uma degradação pessoal sinistra como poucas vezes a história registrou. Foram muitos os requintes de crueldade utilizados para que se obtivesse um fornecimento sempre crescente de toneladas de borracha.

Há uma estreita relação entre o sentido histórico do sistema colonial e a possibilidade de certo grau de generalização, a partir de um quadro comparativo das várias experiências colonizadoras no continente africano. Em relação à fase de consolidação do sistema colonial, entre 1900 e 1914, salta aos olhos a semelhança dos processos, em maior ou menor grau, alicerçados no exercício das violências institucional e simbólica, marcados na maioria das vezes pelo despropósito e pela irracionalidade da dominação.

Porém, é preciso reiterar a importância fundamental de desenvolver pesquisas voltadas para apreender como ocorreram as aplicações das políticas colo-

15. KI-ZERBO, *op. cit.*, p. 140-147.

niais assimilacionista ou de diferenciação, consideradas as variações administrativo-jurídicas próprias da dominação de cada metrópole européia. Da mesma maneira, é preciso compreender as particularidades histórico-estruturais de cada domínio, recuperando-se, com isso, características decisivas da história do continente africano antes dos portugueses, isto é, de 1415. Dito de outro modo: muita pesquisa histórica se faz necessária para se ampliar o conhecimento acerca da natureza e do significado das colonizações, assim como dos diferentes impactos que acarretaram nas diversas sociedades africanas. Por fim, a essência desse argumento chama a atenção para as possibilidades de identificar as relações entre os colonialismos e os processos e as estratégias de luta para a consecução das independências.

5

OS MOVIMENTOS DE RESISTÊNCIA NA ÁFRICA[1]

O desafio à autoridade: a concretização das resistências

É preciso um cuidado especial para entender que, mesmo compartilhando um conjunto de pressupostos, os sistemas coloniais apresentavam-se diversos quanto à forma e à intensidade com que utilizavam seus mecanismos e instrumentos de dominação diante da rica variedade de culturas pré-coloniais africanas. Também não resta dúvida de que a dominação não foi efetiva em todos os espaços geopolíticos, ficando, na prática, circunscrita aos pequenos centros e seus arredores, nos espaços econômicos produtivos e ao longo dos caminhos de escoamento dos produtos de exportação.

De todo modo, o processo de colonização foi sempre marcado pela violência, pelo despropósito e, não raro, pela irracionalidade da dominação. O confisco de terras, as formas compulsórias de trabalho, a cobrança abusiva de impostos e a violência simbólica constitutiva do racismo, feriram o dinamismo histórico dos africanos. Não surpreende, portanto, que os movimentos de resistência tenham pipocado em todo o continente, criando o enorme e quase inviável desafio de pesquisá-los criteriosamente.

Por sua vez, os estudos efetuados sobre algumas dessas experiências históricas caracterizam-se, no seu conjunto, por um eurocentrismo manifesto por três equívocos básicos. O primeiro deles diz respeito ao fato da pouca importância

1. Cabe salientar que este capítulo é uma versão revisada e ampliada do artigo de HERNANDEZ, Leila M. G. Leite. "Movimentos de resistência na África". *Revista de História*, Departamento de História. FFLCH/USP. São Paulo, n. 141, 2º semestre, 1999, p. 141-150.

atribuída ao próprio tema da resistência, justificada pela crença de que os africanos teriam se resignado à "pacificação" européia.

O segundo equívoco refere-se aos estudos que identificam os movimentos de resistência como de pequena envergadura, desorganizados e impulsionados por ideologias qualificadas como irracionais, uma vez que compostos por crenças "fetichistas" e, em decorrência, "conservadoras". Daí o fato de serem considerados "insignificantes", não apresentando conseqüências importantes em seu tempo.

Já o terceiro equívoco é o despropósito de classificar as sociedades africanas entre aquelas que possuem organização social hierarquizada e poder político fortemente centralizado e, por isso, são consideradas "naturalmente belicosas", e as que se apresentam hierarquizadas de forma débil e difusa e têm um poder político descentralizado, sendo por conseqüência caracterizadas como "naturalmente pacíficas".[2] Ora, essas análises não se sustentam historicamente, uma vez que a grande maioria das organizações sociopolíticas africanas buscaram, em algum momento, uma base de colaboração com os europeus e, em outros, entraram em confronto com eles em defesa de interesses ou valores que consideravam fundamentais.

Ao lado desse conjunto de equívocos, o historiador Terence Ranger, um dos grandes especialistas dos movimentos de resistência na África, em particular na ocidental, ressalta que convém reconhecer com clareza a necessidade de uma soma de esforços para que, mediante um maior número de cuidadosas pesquisas, torne-se possível identificar e classificar os movimentos de resistência com maior rigor.[3]

Uma observação tem de ser feita, nesse ponto, sobre a dificuldade de pensar os movimentos de resistência. Há diferenças, mas também razões comuns, que fazem esses movimentos praticamente impossíveis de ser tratados por qualquer discurso linear. Também esse é um problema que dificulta a seleção dos movimentos e a sua rigorosa classificação. No momento em que se constituíram, assim como naqueles em que eclodiram, os movimentos permitiram identificar um entrelaçamento de diferentes planos, como o político e o econômico, ou o político e o cultural (no sentido amplo do termo), desafiando o pesquisador a identificar qual motivo predominou sobre os demais. Nesse sentido, é possível reconhecer como razões relativamente diretas das revoltas que eclodiram, em particular, (mas não só) entre 1880 e 1914: a perda da sobera-

---

2.   THORNTON, *op. cit.*, v. IV.

3.   Este capítulo foi inspirado no artigo de RANGER, Terence "Iniciativas e resistência africanas em face da partilha e da conquista". *In*: BOAHEN, *op. cit.*, p. 69-86.

nia, a quebra da legitimidade, as idéias religiosas, o despropósito de mecanismos econômicos e a corrosão e a repressão às manifestações culturais, salientando que grande parte das vezes alguns desses elementos apresentaram-se de maneira articulada.[4]

Quando se fala em perda de soberania é preciso deixar claro que ela apresentava-se historicamente combinada com a própria conjuntura de constituição do sistema colonial, dando ensejo para que um movimento de resistência refletisse múltiplas razões de descontentamento. Exemplo significativo foi o da Argélia, em 1830, quando o governo francês, invocando os ataques piratas nos postos do Mediterrâneo, ocupou o território argelino.

A resposta foi uma resistência constante e organizada por parte da população árabe que, além de ser zelosa de sua soberania, não aceitava as políticas e os métodos executados pela burocracia colonial européia, os quais eram incompatíveis com uma administração com raízes islâmicas, fundada em um sistema moral santificado. Cem anos depois, em 1930, Ferhat Abbas observou com justeza:

> A colonização constitui apenas uma empreitada militar e econômica, posteriormente defendida por um regime administrativo apropriado; para os argelinos, contudo, é uma verdadeira revolução que vem transtornar todo um antigo mundo de crenças e idéias, um modo secular de existência. Coloca todo um povo diante de súbita mudança. Uma nação inteira, sem estar preparada para isso, vê-se obrigada a se adaptar ou, senão, sucumbir. Tal situação conduz necessariamente a um desequilíbrio moral e material, cuja esterilidade não está longe da desintegração completa.[5]

Essas considerações dão conta de como a alienação da soberania trouxe a perda da independência e da liberdade, dando ensejo à resistência constante por parte das populações locais ao governo colonial francês, destacando-se a guerra liderada por Abd-al-Qadir que durou de 1834 a 1847, quando foi sufocada por um exército de cerca de cem mil soldados franceses. O exemplo deste e de outros movimentos de resistência pela perda da soberania permitem observar que o significado de "soberania", para a maior parte das sociedades africanas, teve limites que excediam o poder político considerado de forma restrita. Em outras palavras, em grande parte das sociedades africanas o poder de mando era

4. Sobre o tema das lutas de resistência na costa atlântica consultar: MACGAFFEY, Wyatt. *Dialogue of the deaf Europeans on the Atlantic Coast of Africa.* Cambridge: University of Cambridge Press, 1994.

5. *Apud* BERQUE, J. *Les Maghreb entre deux guerres.* 2. ed. Paris: Du Seuil, 1970.

supremo mas não exclusivo, ou seja, era partilhado entre a organização política e a social fundada na religiosidade.

Ainda nessa direção pode-se acrescentar que os países setentrionais, no seu conjunto, provavelmente foram os que apresentaram mais resistência diante da perda de sua soberania. Milhares de sudaneses (em particular nas revoluções de 1881 a 1884 e nos levantes entre os anos de 1900 e 1904), egípcios (quando da revolução urabista entre 1860 e 1882) e somalis (entre 1884 e 1894) perderam suas vidas em confronto com as tropas coloniais britânicas. Eram movidos por um sentimento patriótico fundido a um sentimento religioso fortemente arraigado. Significa dizer que essas populações lutaram pela defesa do seu território e de sua fé, uma vez que lhes era inaceitável, como islamizados, ser submissos no plano político a uma potência cristã, no caso, a Grã-Bretanha.[6]

Por sua vez, também em outras regiões da África, o papel das idéias religiosas nos movimentos de resistência foi de tal relevância que colocou aos pesquisadores a necessidade de ressaltá-lo, reconhecendo que as doutrinas e os símbolos religiosos apoiavam-se, por vezes diretamente, nas questões da soberania e da legitimidade. Essa idéia merece ser sublinhada, ao mesmo tempo que é preciso realçar a expressão propriamente política contida no papel das idéias religiosas, uma vez que o sagrado apresenta-se historicamente articulado à própria organização social.

Nesse sentido, importa ressaltar que a reação religiosa foi um forte componente nos movimentos de resistência na África, em particular entre 1880 e 1914. Melhor explicando: nos momentos em que a colonização se fez perturbadora, a religião, em graus diferenciados, cristalizou a tomada de consciência, organizou o protesto e se converteu em instrumento de oposição. A violência so-

---

6. É importante registrar que, desde o século VII, os árabes da Península Arábica invadiram a África por meio do Egito e de alguns pontos da região setentrional com o objetivo de obter escravos e não a conversão de "infiéis". A esse movimento expansionista seguiram-se os dos séculos VIII (com as dinastias dos Omíadas e Abácidas, quando se desenvolveu o islamismo como religião); IX (partindo do Iraque meridional para a bordadura setentrional do Saara e de Trípoli para oeste até o Atlântico); X (quando se identificou a unidade entre Oriente Próximo e Magrebe em torno do Islã); XI (com os Almorávidas que assumiram o poder no Marrocos, invadiram e desintegraram o "reinado" negro de Gana); e XIX, (quando a vaga de difusão do Islã na África ocidental incluiu o estabelecimento do sultanato de Sokoto; as expansões diferenciadas de "Estados" islâmicos como dos malinkes e dos soninkes; e o fortalecimento dos "reinos" como os de Ashanti, de Daomé e Benin, em decorrência do processo de expansão em toda a Costa dos Escravos). Consultar NIANE, D. T. (coord.). *História geral da África. A África do século XII ao século XVI, v. IV.* São Paulo: Ática; Paris: Unesco, 1985. Vale lembrar que para as palavras árabes utilizadas neste livro foi adotado o sistema de transliteração usado pos SOURDEL, Dominique et Janine. *Dictionaire historique de l'Islam.* Paris: PUF, 1996.

frida, por um lado, e a impotência material pelo outro, favoreceram o recurso ao sagrado como afirmação cultural.

Foi o caso da rebelião de Mamadou Lamine, envolvendo os soninkes do Alto Senegal, entre 1898 e 1901. A organização do movimento deu-se em torno da crença de que por revelação divina os muçulmanos, segundo a memória do que o profeta tinha feito e dito, condensada na Sunna, estavam proibidos de viver sob uma autoridade não-islâmica e, portanto, deveriam se rebelar contra o trabalho forçado nas obras de construção da linha telegráfica e da estrada de ferro ligando Kayes ao Níger, cujo objetivo era dar escoamento às matérias-primas para exportação de acordo com os interesses europeus. Ao trabalho extenuante somava-se a precariedade das condições de vida, acarretando elevada taxa de mortalidade (veja mapa 5.1).

Derrotado na cidade de Bakel, símbolo da presença francesa, mas persistindo na luta, Mamadou Lamine adotou a tática de guerrilha e o banditismo, organizando um bloqueio e, depois, o assalto a uma cidade próxima, Touba-Kouta. Mas seu quartel-general foi destruído por uma granada e o catalisador do movimento, feito prisioneiro e executado. Assim, nem o grande número de adeptos, "fanáticos" religiosos conseguiu impedir que o movimento fosse debelado, em nome da ordem e do indiscutível princípio da autoridade. Conforme Angoulvant:

> Da parte dos indígenas, a aceitação de tal princípio deve se traduzir pela deferência na acolhida, pelo respeito absoluto aos nossos representantes, sejam eles quais forem, pelo pagamento integral do imposto [...] pela boa cooperação dada à construção de caminhos e de estrada, [...] pela observação de nossos conselhos relativos à necessidade do trabalho, pelo recurso à nossa justiça [...]. As manifestações de impaciência ou de falta de respeito para com a nossa autoridade, as faltas deliberadas de boa vontade, têm de ser reprimidas sem demora.[7]

Também extremamente significativa foi a Rebelião Ashanti, na então Costa do Ouro (atual Gana), que durou dez anos, de 1890 a 1900, em uma encarniçada luta contra o domínio britânico representado pelo governador Arnold Hodgson. Essa rebelião é um exemplo modelar da violação de mando com reconhecida legitimidade advinda do fato de ser consagrada por investidura ritual. Ela decorreu da deposição de grande número de chefes tradicio-

---

7. Esse é um trecho significativo da declaração, em 1908, do governador francês da Costa do Marfim. SERET-CANALE. *In*: *French colonialism in tropical Africa: 1900-1945*. Londres: C. Hurst, 1971. p. 97-98.

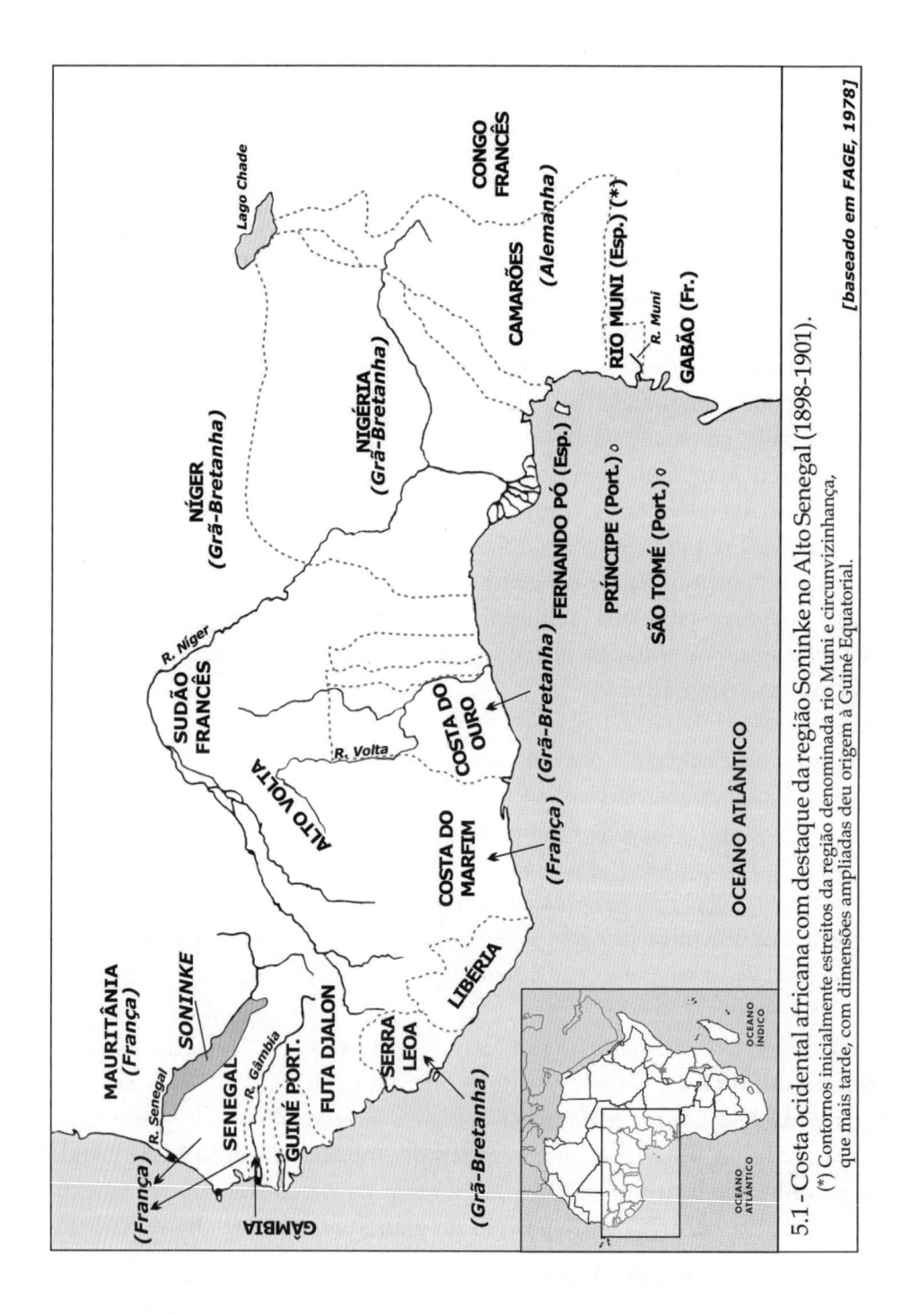

5.1 - Costa ocidental africana com destaque da região Soninke no Alto Senegal (1898-1901).

(*) Contornos inicialmente estreitos da região denominada rio Muni e circunvizinhança, que mais tarde, com dimensões ampliadas deu origem à Guiné Equatorial.

[baseado em FAGE, 1978]

nais por parte da burocracia colonial britânica, envolvendo, portanto, a violação do caráter sagrado da realeza nos planos religioso e de uma importante manifestação cultural (veja mapa 5.2).

Seguiu-se a nomeação de outros chefes locais designados, que careciam de legitimidade perante a população, e foram encarregados, inclusive, da cobrança de 4 xelins por cabeça como indenização por uma rebelião em 1887. Por fim, o governo britânico exigiu que o seu representante se sentasse no Tamborete de Ouro, símbolo da alma ashanti e da sua sobrevivência como nação e, por isso, instrumento de consagração da legitimidade dos seus chefes. A indignação dos ashantis levou praticamente todos os "Estados" importantes a enfrentar os ingleses em inúmeras batalhas sangrentas, debeladas só depois da prisão e da deportação da líder, a "rainha" de Edweso, Nana Yaa Asantewaa, e de vários generais ashantis, em 1900.[8]

Outra revolta que tem de ser lembrada é a dos maji-majis, na então África Oriental Alemã (depois Tanganica e hoje Tanzânia), de julho de 1905 a agosto de 1907, liderada por Kinjikitile Ngwale. Esse conflito se constituiu no mais grave desafio ao colonialismo na África oriental até 1914. Nele, a religião e a magia foram utilizadas como meios de revolta contra os primeiros vinte anos de história da colonização alemã, marcados pela crueldade, pela injustiça e pela exploração, quando os "autóctones" foram desapossados de suas terras, de seus lares e de sua liberdade, ao mesmo tempo que lhes foram impostos trabalhos forçados sob más condições, cobranças de impostos excessivos e maus-tratos.[9]

A causa imediata do levante foi a introdução da cultura comunitária do algodão, na qual a população era obrigada a trabalhar por um salário tão irrisório que alguns se recusavam a receber. É interessante chamar a atenção para a particularidade dessa luta. Os maji-majis não eram contra a cultura do algodão em si, mas contra todo tipo de cultura imposta que explorasse o seu trabalho e constituísse séria ameaça à economia doméstica africana, uma vez que eram obrigados a deixar as suas próprias áreas de cultivo em favor daquelas sob domínio das empresas agrícolas públicas.

Para unir cerca de vinte grupos etnoculturais diferentes e combater a ferrenha dominação alemã, Kinjikitile recorreu às suas crenças religiosas, atrelando-as aos princípios tradicionais de unidade e liberdade próprios dos povos afri-

8. O simbolismo referente ao ouro permanece presente na cultura ashanti até os dias atuais. A esse respeito, é especialmente sedutora a análise de APPIAH, Kwame Anthony em "Velhos deuses, novos mundos". *In*: *Na casa de meu pai:...*, *cit.*, p. 155-192.
9. GWASSA, Gilbert C. K. "African methods of warfare during the Magi Magi War 1905-1907". *In*: OGOT, Betwell A. *War at society in Africa*. Londres: Frank Cass, 1974.

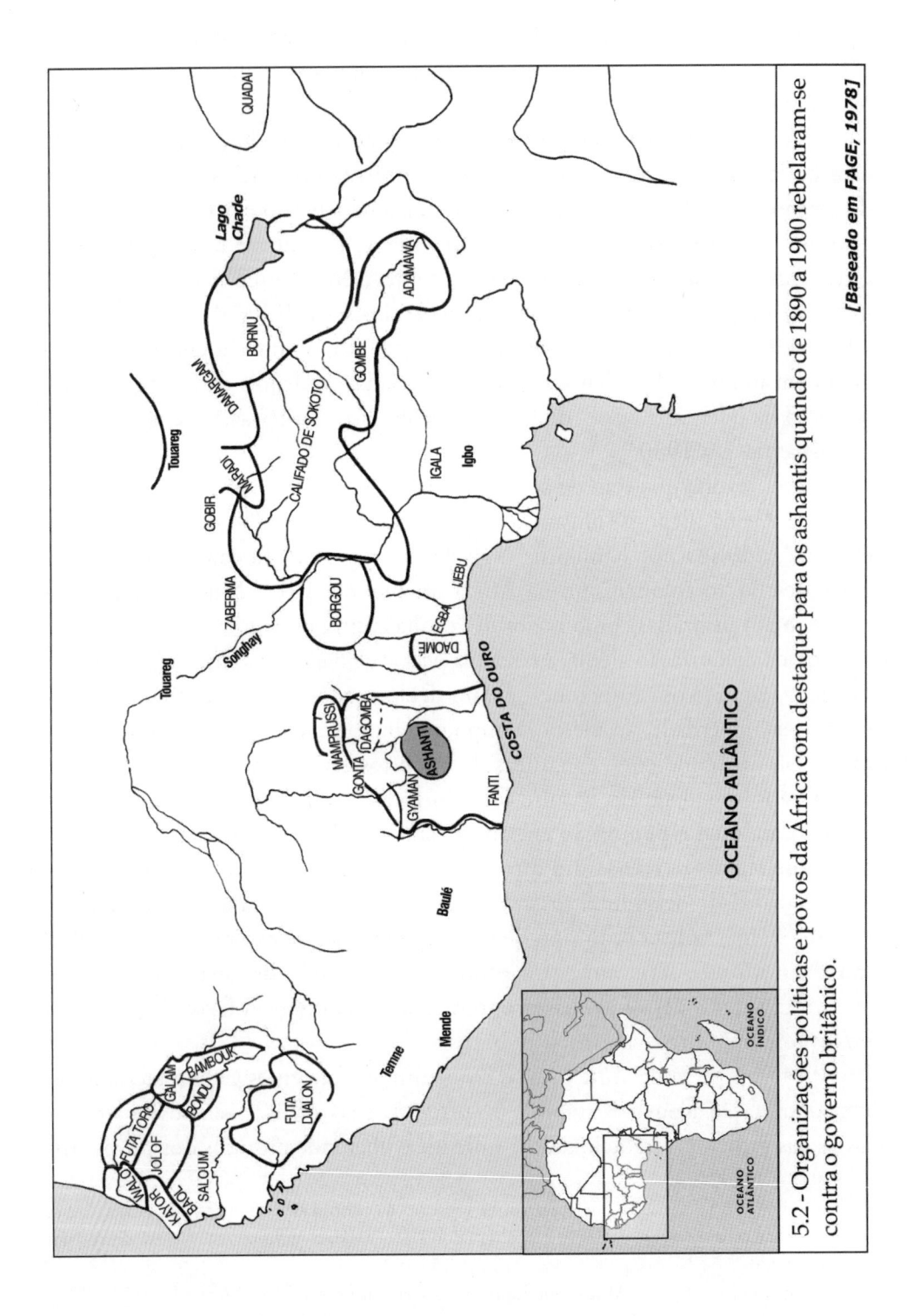

5.2 - Organizações políticas e povos da África com destaque para os ashantis quando de 1890 a 1900 rebelaram-se contra o governo britânico.

[Baseado em FAGE, 1978]

canos da região. Com essa bandeira de luta os grupos se uniram, acreditando que a guerra era um desígnio divino e que seus ancestrais regressariam à vida terrena para ajudá-los nessa empreitada.

Para ressaltar e dar concretude à unidade das várias etnias, Kinjikitile promoveu a construção de um enorme altar, ao qual chamou "a casa de Deus", e nele passou a preparar o Maji, isto é, uma água tida como medicinal e sagrada, com poder de tornar todos os africanos que a bebessem invulneráveis à artilharia européia.

A guerra estalou na última semana de julho de 1905 e as primeiras vítimas foram o fundador do movimento e seu auxiliar mais próximo, enforcados no dia 4 de agosto do mesmo ano. O pai de Kinjikitile reergueu a bandeira do movimento, assumindo o título de Nyanguni, uma das três grandes divindades da região, e continuou a ministrar o Maji. Mas o movimento acabou sendo brutalmente reprimido pelas autoridades coloniais alemãs.

Debelado o movimento, as sociedades tradicionais foram quase totalmente extintas. No entanto, a atividade dos profetas nessa região prosseguiu ao longo das duas décadas seguintes, para se ampliar após a Segunda Guerra Mundial, culminando com a independência nos anos 1960.[10]

A importância desse movimento foi notória, em primeiro lugar, por sua extensão, uma vez que se alastrou por uma área de aproximadamente 26 mil quilômetros quadrados, englobando parte da região meridional e a região sul da África Oriental Alemã. Em segundo lugar, esse movimento foi bem mais complexo do que os anteriores nas várias Áfricas, porquanto, transcendendo as fronteiras étnicas, superou a língua e outros particularismos culturais, promovendo transformações fundamentais que atingiram a própria organização tradicional dos "autóctones". Em terceiro lugar, destacou-se por ter abalado a burocracia colonial alemã, levando-a ao abandono da política comunitária da cultura do algodão. Também a forçou a promover algumas reformas no âmbito da própria estrutura colonial, sobretudo no recrutamento e na utilização da mão-de-obra em formas compulsórias de trabalho, sem, contudo, alterar a natureza do colonialismo fundado na violência, na irracionalidade e no despropósito da dominação. De todo modo, por sua amplitude e por seus desdo-

---

10. A historiografia aponta a importância dos movimentos messiânicos, proféticos e milenaristas e sua variedade em diversas regiões do continente africano. Vale registrar dois artigos clássicos: o primeiro, de GWASSA, Gilbert C. "Kinjikitile and the ideology of Maji-Maji". *In*: RANGER, Terence; KIMAMBO, Isoria (eds.). *The historical studies of African religion: with special references to East and Central Africa*. Londres: Hanemann, 1972. O segundo é de autoria de COQUERY-VIDROVITCH, C. e MONIOT, H. "Movimentos religiosos". *In*: *África negra de 1800 a nuestros días*. Barcelona: Labor, 1985. p. 252-263.

bramentos, essa rebelião é consensualmente reconhecida como a primeira manifestação de "protonacionalismo" na África Oriental Alemã (veja mapa 5.3).

Também significativo é o exemplo da revolta de Maluma, em 1909, na Niassalândia. Sacerdote dos Tonga e com reconhecida legitimidade por seu papel ancestral de guardião espiritual, Maluma liderou um movimento político-racial com o objetivo de os homens negros colonizados expulsarem os colonizadores, homens brancos. Foi uma luta marcada por extrema violência e debelada com requintes de crueldade.

Outro exemplo de registro foi o movimento organizado em 1913, Protetorado Britânico da África Oriental (atual Quênia). Liderado por seu fundador, Onyango Dandê, partiu do país Luo, expandiu-se para o Abagusii e, articulando religião e política, pregava a expulsão dos europeus e, com eles, da "podre religião cristã".

Não menos importantes foram os movimentos cujo motivo mais próximo de eclosão era de ordem econômica. Em geral, estiveram presentes nas várias regiões da África e decorreram, entre outras razões, da perda de terras e da cobrança de impostos abusivos. Nesse contexto, o exemplo da rebelião provocada pelo imposto da palhota em Serra Leoa, em 1898, é paradigmático (veja mapa 5.4).

Essa rebelião foi uma reação dos temnes e dos mendes diante de um conjunto de medidas administrativo-jurídicas por parte do domínio britânico, tais como as que impunham aos povos: a perda de suas terras; as formas compulsórias de trabalho; a abolição do tráfico de escravos na região; o desenvolvimento de uma força armada de "nativos" a serviço do sistema colonial; e a nomeação de administradores de distrito. Mas foi sobretudo a imposição de uma taxa anual de 5 xelins sobre as palhotas (habitações) de duas peças (cômodos) e de 10 xelins sobre as de maiores dimensões, a causa mais imediata da rebelião, que ficou por isso conhecida como "a rebelião do imposto da palhota".

Os temnes decidiram pelo não-pagamento dos impostos. Além disso, contaram com o apoio dos mendes, estendendo o movimento por cerca de três quartos do território. Organizados, colheram de surpresa a burocracia colonial, matando funcionários e soldados britânicos, além de todos os africanos suspeitos de colaborar com a administração colonial.

Com os esforços de duas companhias de soldados provenientes de Lagos, a rebelião foi sufocada deixando, no entanto, um forte descontentamento dos povos africanos em relação ao aparato administrativo-jurídico do sistema colonial, relatado no depoimento do então governador britânico de Serra Leoa:

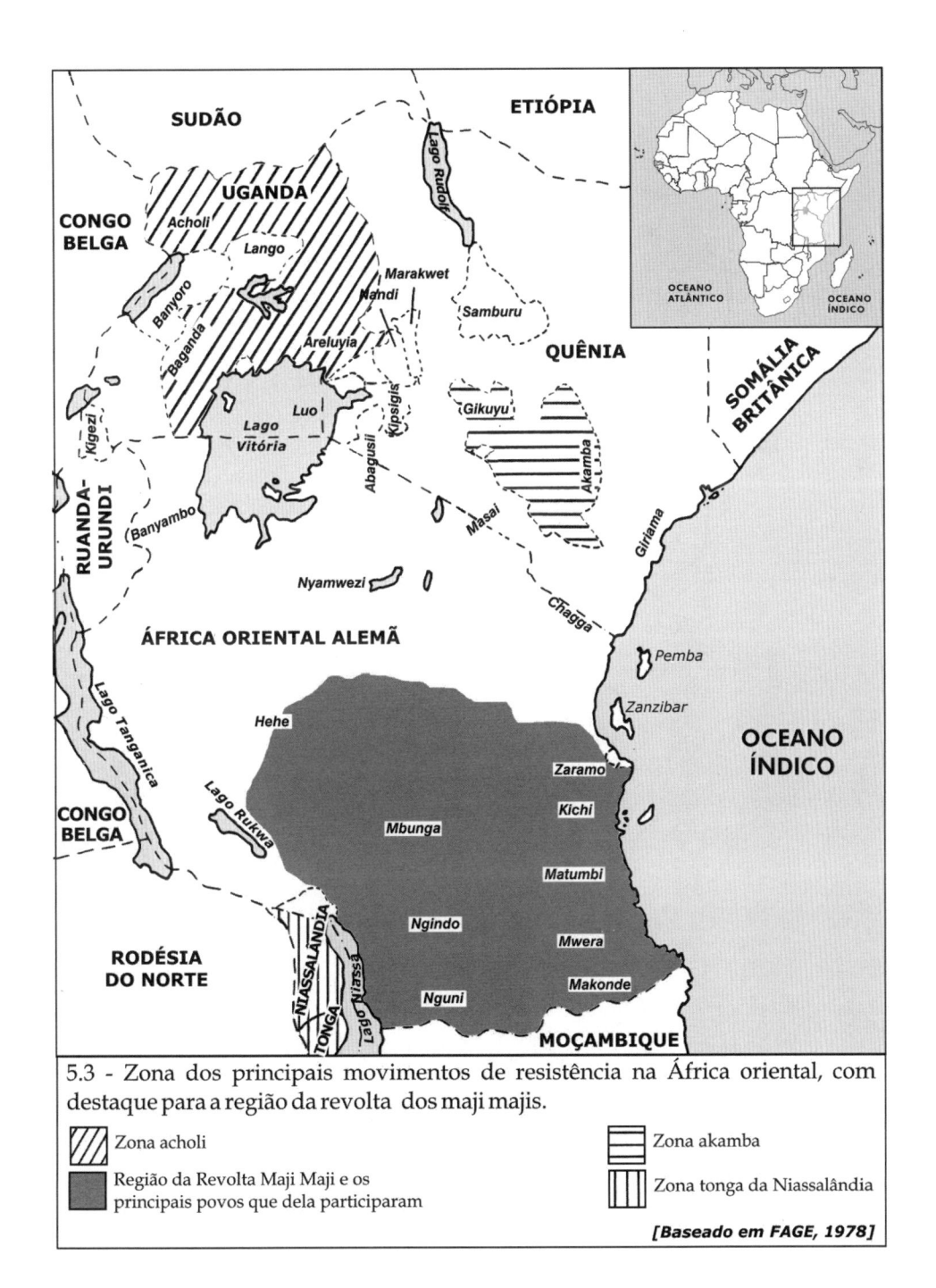

5.3 - Zona dos principais movimentos de resistência na África oriental, com destaque para a região da revolta dos maji majis.

⧄ Zona acholi	▤ Zona akamba
⬛ Região da Revolta Maji Maji e os principais povos que dela participaram	▥ Zona tonga da Niassalândia

[Baseado em FAGE, 1978]

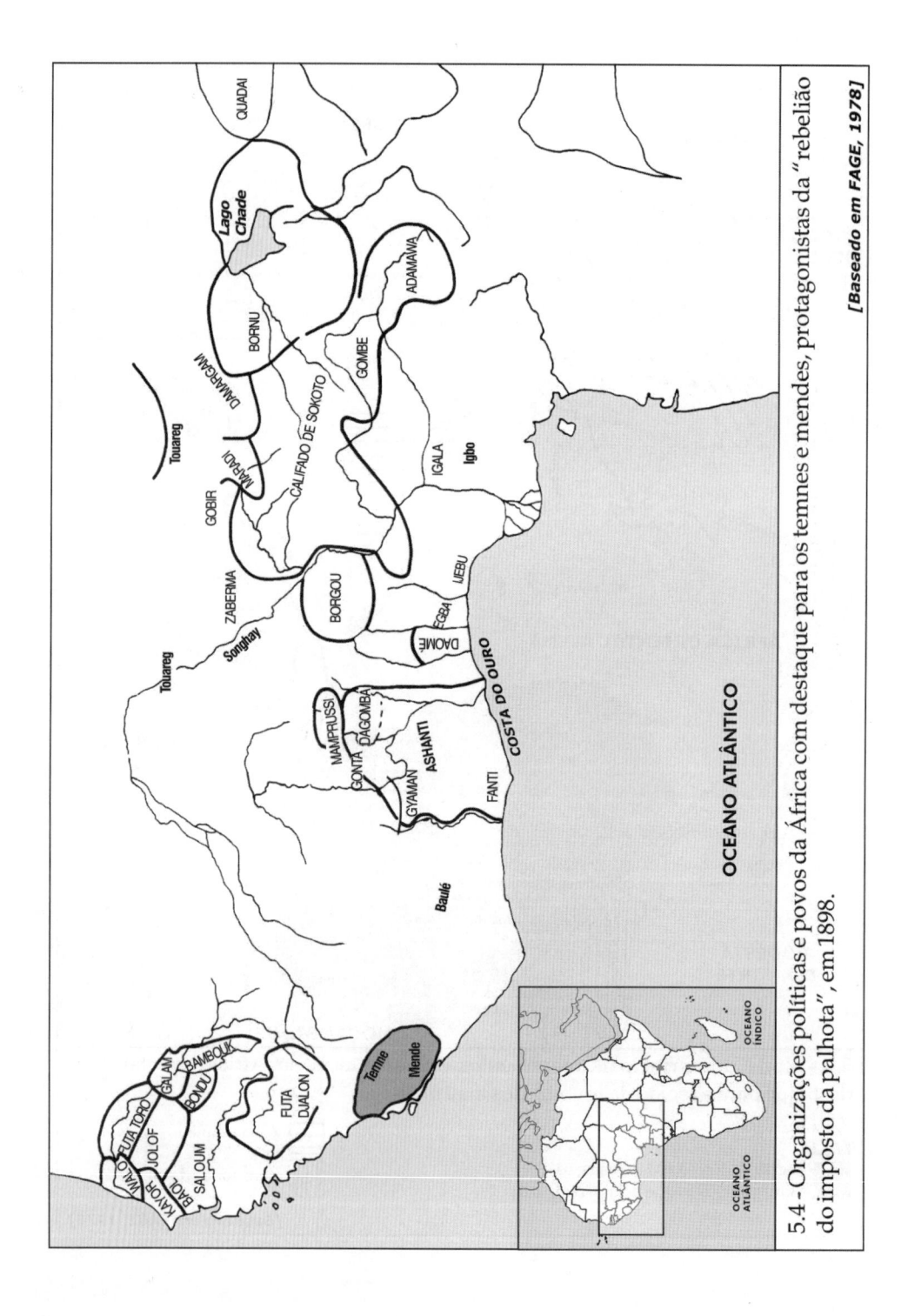

5.4 - Organizações políticas e povos da África com destaque para os temnes e mendes, protagonistas da "rebelião do imposto da palhota", em 1898.

[Baseado em FAGE, 1978]

O indígena começa a compreender a força que representa, ao ver a importância que o branco dá aos produtos do seu país e ao seu trabalho, de modo que o branco não poderá mais, no futuro, aproveitar-se tanto como antes da sua simplicidade e da sua ignorância no mundo.[11]

Outros exemplos merecem registro. Entre os acholis, povo da parte setentrional de Uganda, no ano de 1911 ocorreu uma forte reação, sobretudo contra o recrutamento de mão-de-obra, embora a esse motivo se somasse o da tentativa dos colonizadores ingleses de desarmá-los, obrigando-os a entregar seus fuzis.[12]

Por sua vez, contra o trabalho forçado e o exagero da tributação foram registrados movimentos, especialmente em Moçambique, de onde os africanos eram exportados para as grandes plantações de cacau de São Tomé e para a exploração de minérios na Rodésia do Sul (hoje Zimbábue) e na União Sul Africana (hoje África do Sul). Também, contra o trabalho forçado, em particular na coleta de borracha, foram vários os movimentos que eclodiram no Congo em princípios do século XX, chegando a mais de uma dezena por ano. A estes somaram-se numerosas outras insurgências contra o trabalho forçado nas minas e ferrovias.

Por razões semelhantes, eclodiu a Revolta dos Akambas, no Protetorado Britânico da África Oriental (hoje Quênia), em 1911, impulsionada pela líder Sistume, que se auto-identificava como "possuída pelo Espírito", contra a perda de terras, a tributação exagerada e o trabalho forçado. Mas foi de fato um jovem, Kamba, quem conduziu e liderou o movimento, transformando-o em protesto contra o colonialismo. Esse movimento apresentou uma particularidade, qual seja, a de também serem razões de luta a falta de liberdade e a corrosão cultural, promovidas pela imposição dos padrões da civilização ocidental.[13]

No que se refere particularmente à esfera cultural, cabe registrar que a corrosão e a repressão culturais deram ensejo a formas de resistência centradas em movimentos de reafirmação cultural em diversas regiões da África. Os exemplos são vários e, embora careçam ser mais estudados como fenômenos sociais, já é sabido que não podem ser considerados sem importância ou mesmo marginais ao tema da resistência. Um desses fenômenos é de grande interesse. Refere-se a uma manifestação presente em todo o século XIX, qual seja, a atividade do teatro profissional no velho Império Oió da Nigéria. Derivava das representações

---

11. *Apud* GUÉYE, M. Baye e BOAHEN, A. A. "Iniciativas e resistência africanas na África ocidental, 1880-1919". *In*: BOAHEN, *op. cit.*, p. 160.
12. Consultar o mapa 5.3, p. 119.
13. Consultar o mapa 5.3, p. 119.

feitas com máscaras para os funerais dos "reis", as quais, segundo a crença, protegiam toda a população.

Todavia com a desintegração do "império", decorrente de razões tanto endógenas (as guerras civis em Oió) como exógenas (o ataque dos peuls, povos islamizados do Norte), os grupos teatrais se dispersaram em direção ao sul, ultrapassando as fronteiras de Daomé e extinguindo-se, portanto, no local de origem. Os vencedores muçulmanos proibiram a maioria das formas teatrais, sobretudo aquelas associadas às festas dos antepassados que continham representação de figuras humanas. Esse trabalho do Islã foi completado pelos missionários cristãos que, avançando da costa em direção ao norte, proibiram os fiéis de participar das representações teatrais. É que estas eram fundadas, desde a sua gênese, em temas especificamente tradicionais, e qualificadas pelos missionários como "cultos diabólicos", motivando a sua proibição (veja mapa 5.5).

Esse teatro tornou-se, a partir daí, uma força de resistência às culturas islâmica e cristã e algumas de suas raízes perduraram, ressurgindo no pós-independência na região meridional da Nigéria. É um exemplo clássico de repressão cultural que atesta como as formas de dominação incidiram nas expressões e nos valores culturais, fossem eles revestidos pelo aspecto religioso, fossem de características propriamente sociais, forçando a sua reorganização e, por vezes, a sua própria recriação.[14]

Recordem-se ainda mais três movimentos, exemplos sugestivos da combinação entre motivos econômicos e culturais, que eclodiram na primeira década do século XX, no Sudoeste Africano (hoje Namíbia), em Angola e na União Sul Africana (hoje África do Sul). O primeiro deles foi um movimento do povo herero, ocorrido, em 1904, Sudoeste Africano, de colonização alemã. Sob a liderança de Samuel Maherero, os hereros se insurgiram como conseqüência imediata dos confiscos de terra e gado. Destruíram fazendas, capturaram o gado e mataram cerca de uma centena de colonizadores alemães (veja mapa 5.6).

Os massacres contra o povo herero não tardaram, sendo cerca de 80 mil africanos (aproximadamente 80% da população) dizimados, enquanto por volta de 14 mil foram confinados em campos de concentração. Vale a pena observar que nesse movimento salta aos olhos a estreita relação entre a violência inerente às próprias relações econômicas e o rico espectro sociocultural garantidor da cooptação e da organização combativa dos hereros. Não causa, por isso, estranheza que a administração alemã tenha proibido a reconstituição de institui-

---

14. Essa importante questão é tratada por SOYINKA, Wole no seu artigo "As artes na África durante a dominação colonial". *In*: BOAHEN, *op. cit.*, p. 549-573.

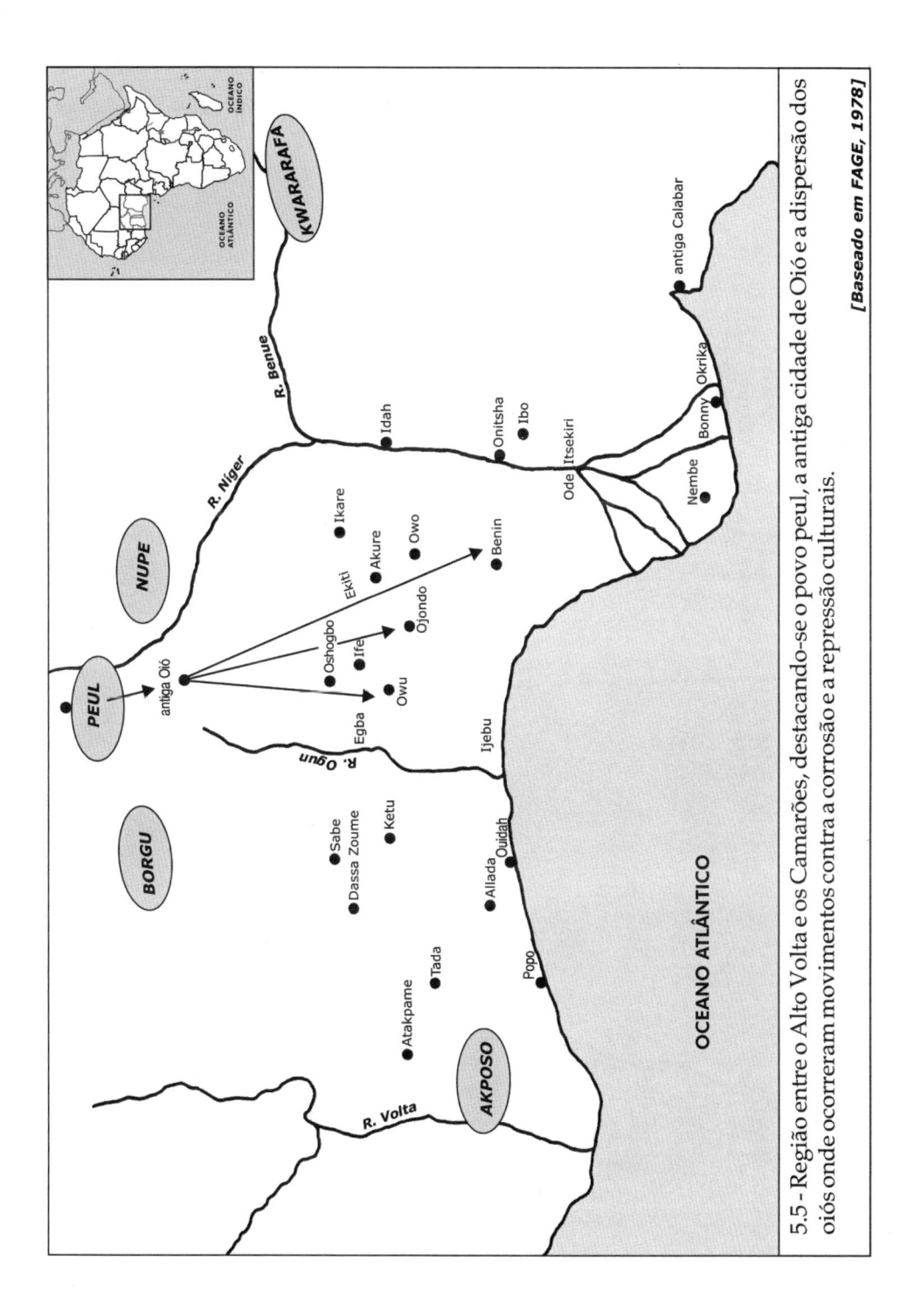

5.5 - Região entre o Alto Volta e os Camarões, destacando-se o povo peul, a antiga cidade de Oió e a dispersão dos oiós onde ocorreram movimentos contra a corrosão e a repressão culturais. [Baseado em FAGE, 1978]

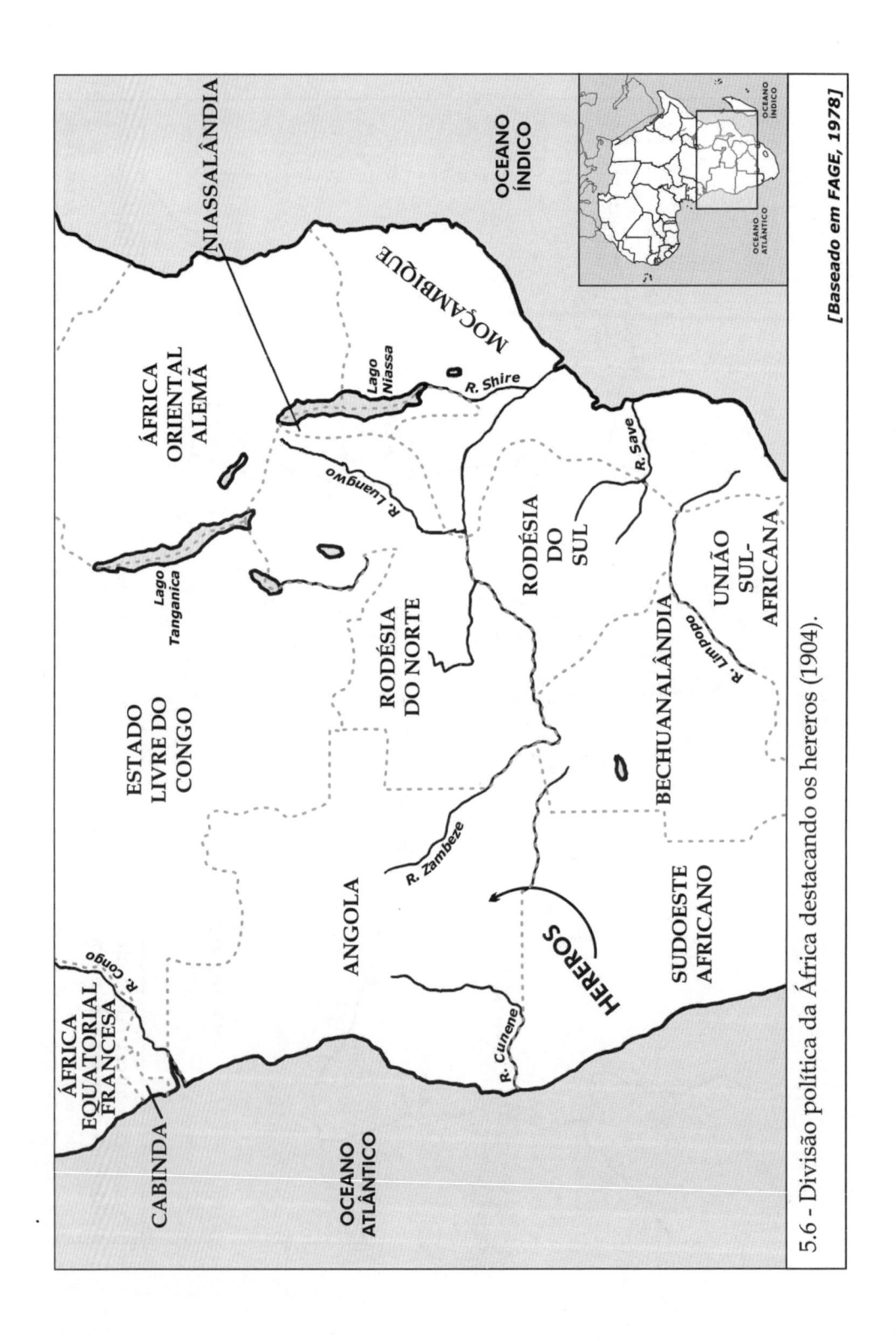

5.6 - Divisão política da África destacando os hereros (1904).

[Baseado em FAGE, 1978]

ções etnoculturais e a prática de cerimônias tradicionais. Além disso, os hereros tiveram de se converter em massa ao cristianismo.[15]

Quanto a Angola, é importante registrar a Revolta dos Bailundos, entre os anos de 1902 e 1904, que, tendo como chefe Muta-Ya-Kavela, contou não só com o apoio de vários "reinos" umbundos aparentados, como também com a adesão de alguns pequenos "reinos" ovambos. Invocando laços ancestrais comuns, esse importante movimento, que contou com ampla base de apoio, atraiu vários grupos etnoculturais contra a imposição de padrões e valores culturais ocidentais que agrediam suas cosmogonias. Obtiveram alguns êxitos importantes, ainda que por curto tempo, como a expulsão de comerciantes e de colonos portugueses das montanhas ovimbundo: os primeiros, porque promoveram a desarticulação de intercâmbios locais; os segundos, por terem confiscado suas terras.[16]

Por fim, ainda que no âmbito de um levantamento sumário de exemplos dos movimentos de resistência, encontra-se como referência obrigatória a Revolta Bambata. Ela, de início, insere-se em um conjunto de lutas sucessivas entre os zulus (que viviam ao sul do rio Limpopo) e os africânderes (do Transvaal) e, a partir de 1879, dos zulus contra a virulência britânica (veja mapa 5.7).

Bambata constituiu um conflito armado que durou de 1906 a 1908, contra o colonialismo e a ocidentalização imposta pelos administradores coloniais e reforçada pelos missionários britânicos (presbiterianos e metodistas) que, convencidos da justeza da imposição do "poderio, da riqueza e da técnica" da civilização branca, assimilando o colonialismo à cristianização, combateram violentamente a "barbárie e o fetichismo" dos povos da África meridional e dos zulus em particular. Mas, ainda que tenham sido submetidos à força, à colonização britânica, os zulus, extremamente apegados às suas tradições, não sucumbiram à ocidentalização, mantendo muito de suas crenças e tradições até os dias de hoje.

A resistência cotidiana e o banditismo social

Há alguns fios por atar. Este capítulo foi iniciado apresentando os pressupostos sugeridos por Terence Ranger e, para demonstrá-los, descreveu-se e caracterizou-se um conjunto de ações coletivas configurando confrontos contra a

15. Com referência aos hereros é importante consultar CARVALHO, Ruy Duarte de. *Vou lá visitar pastores: exploração epistolar de um percurso angolano em território Kuvale (1992-1997)*. Rio de Janeiro: Gryphus, 2000.
16. Consultar PELISSIER, René. *História das campanhas de Angola: resistências e revoltas (1845-1941)*. 2ª ed. vol. I. Lisboa: Estampa, 1997.

5.7 - Divisão política e povos do sul da África, destacando-se os que resistiram a aspectos do colonialismo.

● Cidades

–·–·–·– Fronteira internacional após a partilha.

〰〰〰 O curso dos rios Orange, Molopo e Limpopo formam uma fronteira natural utilizada na partilha.

[Baseado em FAGE, 1978]

imposição do sistema colonial. Apresentou-se movimentos organizados, muitos dos quais com evidentes repercussões em seu tempo. Os exemplos históricos permitiram reconhecer o dinamismo das várias dimensões da vida social dos africanos e identificar ideologias dos movimentos de resistência.

É possível chamar uma vez mais à atenção para o fato de que os estudos acerca da resistência podem ser divididos em dois grandes grupos: os que se apresentam permeados de preconceitos, pré-noções e lacunas de conhecimento, e os que propõem uma análise crítica da historiografia como precondição para as pesquisas sobre o tema, os quais nortearam a escolha dos exemplos apresentados. Evidentemente isso não é pouco, mas impõe recortes no objeto de pesquisa; no conjunto, a "nova historiografia" acerca dos movimentos de resistência, a partir de 1980, concentrou-se sobretudo nos movimentos organizados de maior envergadura, alguns apresentando desdobramentos em seu tempo.

O que se pode acrescentar é que nas condições opressivas dos anos de colonialismo, em particular de 1880 a 1914, também são sugestivos para exame outros fenômenos sociais de protesto, pouco tratados por serem episódicos, de pequena extensão e amplitude.

Mas é possível sustentar que, de modo geral, a historiografia tem considerado esses fenômenos sociais como marginais, também pelo fato de suas reivindicações terem se apresentado, na maior parte das vezes, um tanto difusas. Ainda assim, insistimos que recuperá-los significa romper com as formas tradicionais de pensar as sociedades africanas sob os colonialismos, ampliando a compreensão dos elementos que garantiram e instrumentalizaram a subordinação dos africanos, como suas incertezas e seus descontentamentos diante da pobreza e da injustiça social.

Não obstante as dificuldades de análise, é possível reconhecer não só a importância de formas de protesto social cotidiano, como a ação do banditismo social, ocorridas nas áreas predominantemente rurais nas quais as estruturas coloniais foram limitadamente invasivas. Quanto à resistência cotidiana, algumas formas mais usadas foram as doenças simuladas, o ritmo lento de trabalho, as fugas, a sabotagem de equipamentos, as queimadas (por exemplo, de entrepostos), as pilhagens de armazéns das companhias concessionárias e de negociantes locais, a destruição de meios de transporte e de linhas de comunicação e as fugas para zonas desabitadas, criando enclaves autônomos.

Há fortes indícios de que algumas dessas manifestações guardavam uma relação de protesto com o desenvolvimento de forças policiais, formadas por africanos recrutados entre mercenários e seus aliados, como instrumentos administrativos coibidores de quaisquer formas consideradas de perturbação da ordem.

Aliás, os referidos policiais tinham a função de intimidar os africanos e de controlar os chefes locais, sendo essa razão, em si mesma, causadora de incontáveis embates, sobretudo na África Central, como as agitações contra a Força Pública no Congo, os Guerras Pretas em Angola, e os sipaios e a Polícia Nativa na Rodésia do Norte (hoje Zâmbia).

Por fim, deve-se ressaltar a importância da atuação de bandidos sociais, forma arcaica de protesto social organizado, cujo exemplo significativo foi o de Mapondera. Esse bandido social, herói das massas rurais da região meridional de Moçambique, obteve alguns sucessos contra as tropas coloniais portuguesas e da Rodésia do Sul (hoje Zimbábue), de 1892 a 1903. Protegia os trabalhadores do campo contra os recrutadores de mão-de-obra, os coletores de impostos, a exploração pelos agentes das companhias e o desmando por parte dos administradores coloniais.

Mapondera e seus partidários atacavam repetidamente entrepostos da Companhia da Zambézia e as lojas dos mercadores rurais, símbolos de exploração econômica. Defendiam, assim, a população dos excessos próprios da dominação exercida pelos governantes locais europeus, identificados como responsáveis por sua sujeição, submissão e, sobretudo, por sua extrema pobreza. Deve-se reconhecer que esse é um fenômeno difícil de analisar, em especial porque a ação de Mapondera passou a integrar o imaginário popular da região, dificultando a identificação de como, pragmaticamente, sua trajetória se modificou e de como ela teve fim.

Apesar das limitações apresentadas por ambas as formas de rebeldia às quais se referiu, isto é, a resistência cotidiana e a atuação do bandido social, não resta dúvida sobre o seu interesse para os estudiosos de história da África, em particular do período colonial. Essas reações de enfrentamento são importantes como expressões de descontentamentos e inquietações traduzidas em não-resignação, contrapondo-se à idéia corrente de passividade e até mesmo de certa apatia perante as imposições do sistema colonial.

Em segundo lugar, e essa observação vale em particular para o bandido social, a rebeldia abre possibilidades para identificar e compreender as características próprias da organização de grupos sociais definidos por seu tradicionalismo e por vezes por seu conservadorismo, verificando-se em que medida essas características foram responsáveis pela ineficiência e a debilidade políticas impeditivas de transformar as insatisfações em revoltas políticas mais eficazes.

Alguns desafios para a historiografia

Dito isso, é inevitável apresentar algumas considerações que parecem pertinentes para armar um campo de discussão mais aprofundado sobre o tema, retomando os pressupostos elaborados por Terence Ranger e apresentados no início deste capítulo, que inspiraram suas hipóteses de trabalho acerca dos movimentos de resistência. A primeira refere-se à discussão sobre a natureza da resistência, para apontar a necessidade de explicitar e detalhar com mais profundidade a relação entre os movimentos sociais e as ideologias, compreendendo os fenômenos contestatórios como produto de experiências e circunstâncias concretas. Essa perspectiva permite afirmar que nem todos os movimentos registrados nesse período foram contra o branco colonizador. Significa dizer que existiram, por exemplo, agitações sociais que não surgiram dos sentimentos populares despertados diretamente por ameaças externas, mas de ações radicais e inovadoras voltadas para remover descontentamentos provocados por transformações internas, ou mesmo pelo anseio de acelerar o ritmo das mudanças em curso.

É necessário compreender que as sociedades africanas que traziam experiências pré-coloniais eram extremamente dinâmicas, apresentando uma história pontilhada por convulsões sociais. Como destacou Coquery-Vidrovitch: "na verdade, essas sociedades supostamente estáveis raras vezes desfrutaram do encantador equilíbrio que se presume ter sido rompido pelo impacto do colonialismo".[17]

Apesar dos obstáculos, investigações cuidadosas nas quais o campo pesquisado seja circunscrito com limites mais estreitos, poderiam dar conta dessa questão, partindo da possível identificação de uma série de particularidades, dando ensejo para que se produzisse um material bastante esclarecedor.

A segunda consideração, por sua vez, diz respeito à extensão dos movimentos. É possível sustentar que ela depende de experiências e circunstâncias concretas e, mais especificamente, do grau de particularismo histórico das populações envolvidas. No pequeno leque dos movimentos aqui examinados há fortes indícios de que, quando um grupo etnocultural combateu sozinho, pelo vulto do seu exército e por seu potencial de resistência, a extensão do movimento acabou sendo geralmente limitada.

---

17. COQUERY-VIDROVITCH, Catherine. "The political economy of the African peasantry and modes of production". *In*: GUTKIND, Peter C. *The political economy of contemporary Africa*. Beverly Hills: Sage Publications, 1976. p. 94.

Já a última observação é sobre os desdobramentos suscitados pelos movimentos de resistência. Convém, porém, começar por algumas distinções sobre o próprio termo *desdobramento*, pois é preciso ter em mente dois tipos distintos de compreensão. O primeiro refere-se às respostas aos movimentos de resistência, isto é, se estes indicam ou não mudanças nos mecanismos administrativo-jurídicos próprios da estrutura de dominação colonial. O segundo, por sua vez, diz respeito à possibilidade de pensar o tema dos desdobramentos, considerando-o no sentido da continuidade e, nesse caso, reconhecendo a necessidade de uma investigação orientada para identificar se o movimento focalizado foi retomado, absorvido ou transformado, em outros politicamente mais organizados, guardando (ou não) relações com os movimentos de independência.

Dessa maneira, enfrentando alguns problemas particularmente difíceis para o historiador, será possível conhecer um pouco mais acerca de uma África que nos desafia, a começar por ser um vasto e complexo mosaico de heterogeneidades.

6

O PAN-AFRICANISMO

A noção de raça: dominação e resistência

O século XX já foi adjetivado de vários modos. Talvez o mais conhecido seja o de Eric Hobsbawm, "breve século XX". Essa brevidade foi densa quanto à arbitrariedade e ao exercício da violência responsável por horrores inaceitáveis, em especial os derivados das discriminações, como os que caracterizaram os totalitarismos (o stalinismo e sobretudo o nazismo) e o *apartheid* da África do Sul.

Todavia, além desses horrores em graus exacerbados, lembre-se também das crueldades derivadas da violência institucional e simbólica como as referentes às questões dos negros, por exemplo nos Estados Unidos e no Brasil, e seus desdobramentos, que levam à hipótese de que os negros, na sua grande maioria, são considerados apenas indivíduos, por vezes cidadãos, mas sempre de segunda classe.

Essa situação, iniciada na modernidade, tem raízes histórico-estruturais no tráfico atlântico de escravos, elemento fundamental do sistema colonial do século XVI, e foi reforçada pelo imperialismo colonial de fins do século XIX na África. Mas, enquanto este tem sido por vezes qualificado como contingente, o racismo integra um corpo ideológico que antecede e transcende o imperialismo colonial.

Para esse corpo ideológico foi fundamental o papel da etnografia européia da segunda metade do século XIX, cujo ponto de partida era o pressuposto de que apenas os ocidentais – porque "mais aptos" e "mais capazes" – podiam, de acordo com uma nova consciência planetária, conceber e apresentar idéias sobre os povos coloniais. Constituiu-se, assim, uma identidade imaginada, a partir da idéia de que nada era mais natural do que a submissão das etnias dos mundos dominados da Ásia e da África, uma vez reduzidas a subprodutos do racismo europeu.

Tem-se aqui o ponto central em torno do qual se organizaram as exposições universais, verdadeiros rituais de massa em que os grandes impérios se afirmavam segundo sistemas classificatórios, tanto para os produtos em exibição como para os povos e as nações participantes. Assim, povos e culturas, expostos obedecendo a uma organização temporal, eram classificados em selvagens, bárbaros e civilizados; em uma palavra, o planeta foi dividido entre uma raça superior, glorificada por uma missão civilizatória auto-atribuída, e raças inferiores.

Estão postas, de forma materializada, uma vez reinterpretadas no tempo e no espaço, as questões da disjunção entre igualdade e diversidade que pragmaticamente colocaram desafios às ciências humanas. Mas o que implica a noção de raça gerada no bojo da modernidade? Implica uma ruptura com a lógica do *razoável*, isto é, ultrapassa os limites do aceitável e do desdobramento de seus valores.[1]

A noção de raça, nessa perspectiva, é fruto da ruptura com a tradição fundamental da condição humana, tão cara ao Direito Natural, qual seja, "o direito a ter direitos a começar pelos inatos". Significa dizer que são quebradas as condições de razoabilidade de um mundo comum, compartilhado, caracterizado pela *pluralidade*, tendo como fundamento a igualdade da condição humana. Há uma inversão de valores que passa a dominar o pressuposto da desigualdade como inerente à condição humana, cujo limite, como se sabe, foi consumado pelos totalitarismos. Significa dizer que se passa a admitir que nem todos pertencem igualmente à espécie humana.

A articulação dessas falácias propicia que a política acolha a noção de raça como princípio do corpo político, o que é fundamental para apresentar como legítimas a desigualdade, a opressão e a violência não só entre indivíduos como entre nações.

Por sua vez, a categoria genérica "raça" ganhou corpo no pensamento ocidental europeu desde fins do século XVIII, tendo reforçado os seus pressupostos no XIX com o desenvolvimento da ciência, em especial da biologia e de uma forma "social" de entender o evolucionismo de Darwin e Spencer.

Talvez seja possível destacar, tendo como ponto de partida na modernidade a importância da escala das quatro variedades raciais elaborada pelos naturalistas, na qual são articulados o patrimônio genético, as aptidões intelectuais e as inclinações morais. Nela o negro ocupa o grau inferior, sendo qualificado de "manhoso, preguiçoso e negligente, além de governado pela verdade arbitrária de seus mestres". Em oposição, o branco é adjetivado como "inventivo, determinado e governado por leis".

O significado desse "binômio" composto pelas raças branca e negra não se encerra, é óbvio, nos limites de uma simples antítese. Antes, tem o efeito de

---

1. Essa análise, trabalhada por Celso Lafer, apóia-se nas idéias centrais de Hannah Arendt. Consultar: *A reconstrução dos direitos humanos: um diálogo com o pensar de Hannah Arendt*. São Paulo: Companhia das Letras, 1998, p. 74-79.

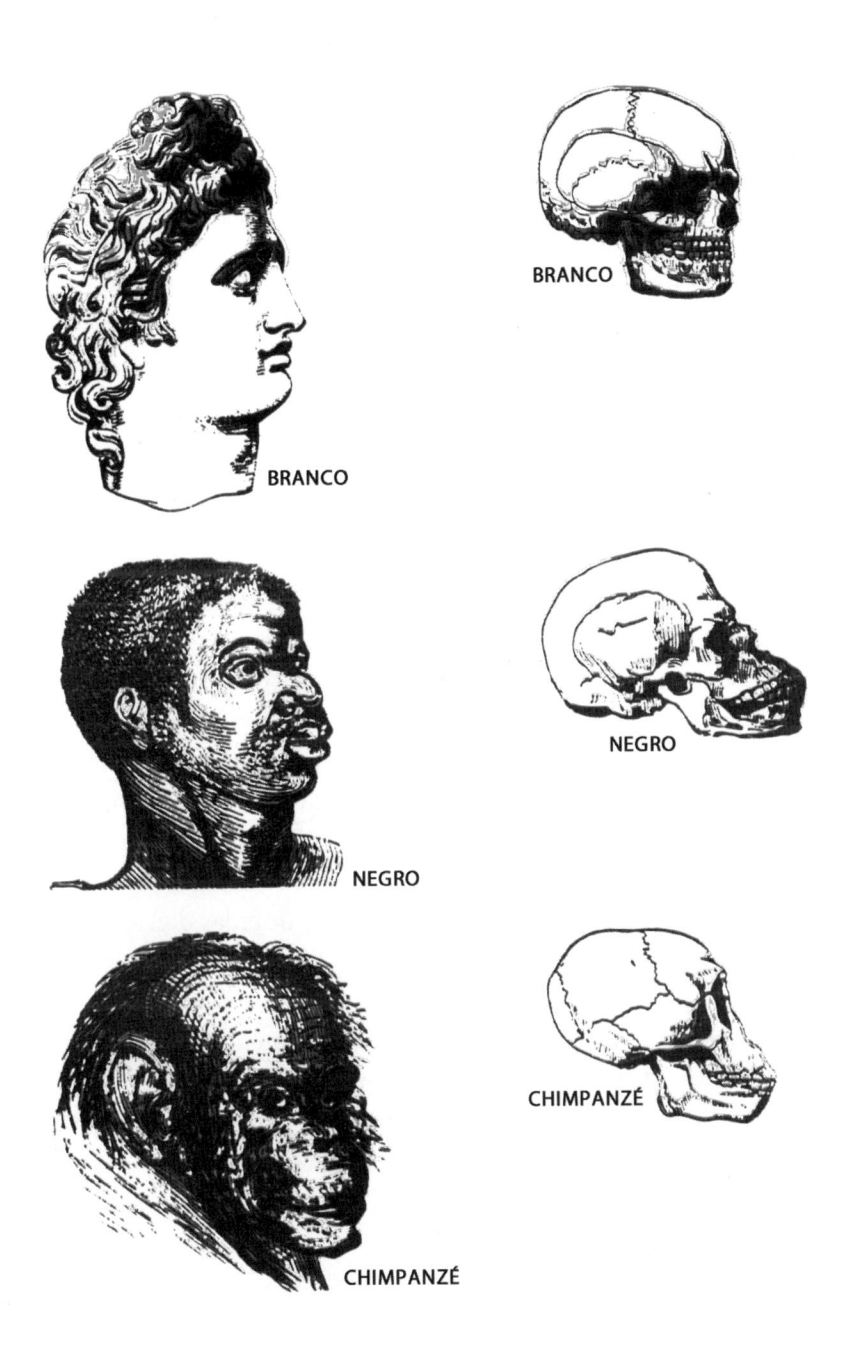

Representação que, com base em características físicas apresentadas como "científicas", ressalta as semelhanças entre o negro e o chimpanzé e entre o branco e Apolo. Adaptação da escala das raças brancas e negras elaborada pelo monogenista. NOTT e GLIDON. In: GOULD, Stephen Jay. *A falsa medida do homem*. São Paulo: Martins Fontes, 1868, p. 19.

inspirar a seguinte dúvida: teriam o branco e o negro a mesma origem? É bom lembrar que essa questão integra o narcisismo europeu e sua busca de fronteiras entre ele e o outro, colocando, portanto, o tema da alteridade.

Embora não sejam a única resposta, foram da maior relevância as análises do naturalista francês George de Bouffon (1707-1788), contidas em seu *História geral do homem*,[2] por esboçarem os contornos de uma "ciência geral do homem" fundada na idéia de que, as diferenças essenciais entre os homens derivam do sangue, fator explicativo da degeneração dos negros (portanto, de sua inferioridade), observando que a sua reintegração na natureza humana se estenderia por um longo período, "secular, senão eterno".

Esses termos, no entanto, encontraram opositores em alguns enciclopedistas como Montesquieu (1699-1755) e Condorcet (1743-1794), este defensor do progresso moral da humanidade por meio de um poder capaz de assegurar a felicidade e a igualdade dos homens. Integrante do *Clube des Amis des Noirs*, defendia a supressão do tráfico negreiro e a abolição da escravidão. Norteavam essa sua prática política as idéias contidas na "Epístola aos negros escravos", em que Condorcet reafirmava o paradigma da igualdade dos homens: "[...] embora não sejam da mesma cor sempre vos observei como meus irmãos. A natureza formou-vos para ter o mesmo espírito, a mesma razão, as mesmas virtudes que os brancos".[3]

Porém, esse pensamento contrário à corrente eurocentrista foi exceção. Predominou o "culto da raça", cuja paternidade é atribuída a Arthur de Gobineau (1816-1882) por suas considerações sobre a divisão da espécie humana em raças distintas e desiguais (negra, amarela e branca), dotadas de caracteres permanentes, transmitidos hereditariamente.

Aqui se tem um dos pontos centrais em que se apóia a argumentação do seu livro *Essai sur l'inegalité des races humaines*, do qual decorre a sua assertiva acerca da inaptidão da "variedade negra", das "tribos humanas a civilizar-se".[4] Esse pensamento foi politicamente incorporado pelas nações européias, que dele se valeram para justificar e conferir legitimidade ao colonialismo na África. Quanto à fundamentação histórica, esta foi buscada no exemplo da independência do Haiti que, segundo Gobineau, estabeleceu relações entre as instituições e as raças caracterizadas por "completa liberdade", obedecendo "exclusivamente aos instintos".

2. BOUFFON, George de. *História geral do homem*. Paris: 1749. Reed. por M. Duchet, Paris: 1971.
3. CONDORCET, Marquês de. "Epître aux nègres esclaves". *Apud* ANDRADE, Mario Pinto de. *Origens do nacionalismo africano*. Lisboa: Dom Quixote, 1997. p. 58.
4. GOBINEAU, Arthur de. *Essai sur l'inegalité des races humaines*. Paris: 1853-1858. Reed. por Pierre Belfond, Paris: 1985.

No entanto, observa-se que como o *locus* matricial dessas idéias é europeu, parece pouco estimulante discuti-las de maneira mais acurada. Mais importante é, sem dúvida, tratar do processo de incorporação das idéias e dos valores relativos ao tema da raça, uma vez reinterpretados e readaptados no âmbito do movimento político-ideológico pan-africano.

Nesse sentido, vale chamar a atenção para o fato de que, operando com a repetição de um fato histórico – a independência do Haiti – foi estabelecido um embate entre colonizador e colonizado. Para os intelectuais negros, o Haiti simbolizava a raça negra como "porta-bandeira da causa da igualdade". Avaliando positivamente o impacto da independência do Haiti, em uma resposta direta a Gobineau e seus seguidores, o advogado haitiano Firmin escreveu no seu *De l'égalité des races humaines*:

> [...] essa independência mudou o regime económico e moral de todas as potências europeias detentoras de colónias e a sua realização pesou também sobre a economia interior de todas as nações americanas que mantêm o sistema de escravatura.[5]

O que a independência do Haiti representa para o imaginário libertário dos intelectuais negros transcende a realidade do fato histórico em si mesmo. Ainda assim sua importância é evidente: rompe a naturalização das diferenças transformadas em desigualdades e afirma a igualdade de aptidões intelectuais e características morais entre negros e brancos.

O brado de independência do Haiti por Toussant Louverture, fato incorporado de modo contraposto pelos imaginários europeu e pan-africano.

5. FIRMIN, Antenor N. *De l'égalité des races humaines (Anthropologie positive)*, Paris: F. Pichon, Successeur, 1885. *In*: ANDRADE, *op. cit.*, p. 60-61.

Outras razões, como a situação de precariedade e não poucas vezes de humilhação sofrida pelos negros, sobretudo nas Américas e na África, ajudavam a compor um panorama de manifestações diversificadas que incluíam escrituras de intelectuais negros, promoção de conferências e congressos, ao lado da fundação de associações de diferentes âmbitos de atuação, configurando o movimento pan-africano.

A África para os africanos! (Kuame Nkrumah)

Esse foi um movimento que, na sua gênese, esteve voltado para a reabilitação do ser negro na segunda metade do século XIX, na diáspora, fazendo parte dele negros das Áfricas Ocidental e Oriental Inglesa (em menor número), Ocidental e Equatorial Francesa e das colônias da África Portuguesa.[6] Mas foi, sem dúvida, um movimento predominantemente dos africanos da África Ocidental de colonização britânica. Esse dinamismo decorria da especificidade histórico-estrutural dessa região, sobretudo de Serra Leoa, Gâmbia, Costa do Ouro e de Lagos (na Nigéria Meridional), onde o processo de escolarização era antigo.

Vale também registrar que na Costa do Ouro e na região dos iorubás havia uma larga camada da população africana com uma massa de dinheiro, advinda da cultura do cacau, que participava ativamente não só dando impulso ao ensino secundário, mas também financiando o estudo de alguns jovens em universidades norte-americanas. Some-se o fato de que era considerável o número de escolas missionárias também empenhadas em subsidiar jovens africanos para completar sua escolaridade formal nos Estados Unidos e em Londres.

Além desse conjunto de condições há que se registrar a importância de uma série de contatos estabelecidos, desde a segunda metade do século XIX, por parte dos diplomados do Fourah Bay College de Serra Leoa, fundado em 1827 e reconhecido como "laboratório de modernização", fundamental para a preparação de quadros para a administração colonial inglesa. Não menos significativos foram os contatos efetuados por personalidades como o liberiano Edward Blyden (1832-1912), um dos expoentes do movimento pan-africanista, considerado por alguns o "pai do nacionalismo da África Ocidental", que viveu em

---

6. A exceção foi a África mediterrânea, que, liderada pelo Egito, independente em 1937 (ainda que sob tutela britânica), uniu-se em torno do pan-arabismo, movimento geopolítico centrado na religião e na língua árabes como elementos de resistência perante o colonizador. A esse respeito vale consultar CORNEVIN, M. *História da África contemporânea: da Segunda Guerra Mundial aos nossos dias*. v. 1 Lisboa: Edições Sociais, 1979, p. 31-47.

Monróvia e Freetown, pontos de partida para inúmeras viagens a Lagos, influenciando profundamente o pensamento de grandes escritores protonacionalistas da região.

Por fim, mas não menos importante para a compreensão do processo de troca de idéias sobre a situação dos negros, foi o papel desempenhado pela imprensa na África ocidental de colonização inglesa (em particular em Freetown, Acra e Lagos), tendo os jornais, de longe, maior relevância do que os livros (estes em número bastante reduzido). Com influências das escolas norte-americanas e de organizações inglesas, os proprietários e administradores dos jornais tornaram públicas suas indignações sobre a precariedade da vida dos negros e a condição de aviltamento a que eram submetidos, destacando o racismo próprio dos sistemas coloniais.

É bom lembrar que, para alguns estudiosos de história da África, o prolongado e efervescente intercâmbio entre os negros da África e os negros dos Estados Unidos e da Grã-Bretanha seria um elemento diferenciador dos protonacionalismos dos espaços geopolíticos colonizados pelos britânicos. Esse fluxo crescente, em particular para os Estados Unidos, acabou ultrapassando o movimento inverso de missionários norte-americanos para a África, tornando crescentemente dinâmico o intercâmbio na área da educação formal e, desse modo, influenciando futuros líderes africanos pelo contato estabelecido com alguns pensadores clássicos do pan-africanismo como Crummell, Du Bois, Blyden, Aggrey e Garvey.

Por sua vez, no que se refere aos contatos estabelecidos na Grã-Bretanha por parte dos africanos da Serra Leoa, da Libéria, da Nigéria, da Costa do Ouro e, em menor número, da Etiópia, da Somália, de Cabo Verde e da África do Sul, com negros de origem antilhana, resultaram na fundação, em 1897, da Associação Africana que, em 1900, apresentou um documento formulado por um pequeno grupo de intelectuais, destacando a importância da solidariedade para com seus "irmãos africanos menos favorecidos", submetidos a uma crescente violência no processo de colonização efetiva das colônias.

A Associação Africana contava com cerca de 20 mil negros. Alguns já tinham concluído sua escolaridade formal universitária, outros eram trabalhadores (marinheiros e trabalhadores das docas) e o terceiro grupo era formado por estudantes em sua maior parte universitários, sendo este o grupo mais transitório dos três. Fundada por Henry Silvester Williams e pelo reverendo Joseph Mason, ambos caribenhos, a associação declarava-se apta a promover e proteger os interesses de todos os africanos e seus descendentes, tanto no Império Britânico como em outras partes do mundo.

Sem questionar a natureza do imperialismo britânico por considerá-lo de algum proveito para os africanos, a Associação Africana dirigiu sua censura em particular contra os *excessos* da política de ocupação formal da África posta em prática desde os primeiros tempos. Ao lado desta, duas outras resoluções caracterizaram a natureza da Associação Africana: a de advogar a cooperação entre negros e brancos e a de defender a criação de organizações exclusivas de negros. Embora incipiente e de vida curta, contribuiu de maneira decisiva para que ganhassem força e significação pequenas estruturas organizativas, além de ser responsável pelo preparo da Conferência Pan-africana, em 1900, na cidade de Londres, cronologicamente a primeira assembléia voltada para a reunião de todos os africanos, reveladora de um grande interesse pelos problemas dos negros dentro e fora dos impérios europeus.

Porém, foi nos Estados Unidos que, em paralelo ao projeto abolicionista americano, o pan-africanismo surgiu com mais força e radicalismo, expressando, de forma variada, em maior ou menor grau, o descontentamento em relação à situação degradante do negro em todo o mundo, ainda que por vezes com uma clara dificuldade em ultrapassar o nível do discurso, tanto pelo pequeno consenso ideológico como pela falta de uma existência organizativa mínima.

Mas o que é pan-africanismo? É um movimento político-ideológico centrado na noção de *raça*, noção que se torna primordial para unir aqueles que, a despeito de suas especificidades históricas, são assemelhados por sua origem humana e negra. O movimento pan-africano surgiu como um mal-estar generalizado que ensaiava o tema da resistência à opressão, pensando a libertação do homem negro.

De imediato, deve-se reconhecer que a ênfase na raça tem a ver com a elaboração ocidental européia da primeira justificação tanto teórica como pragmática do racismo biológico. Em outras palavras, a justificação do racismo biológico integrou a violência institucional e simbólica naturalizada pelo colonialismo do final do século XIX.

Por outro lado, a categoria genérica "raça" responde à busca de um *ethos* comum, incorporador de todos os africanos e seus descendentes e, portanto, capaz de reuni-los numa comunidade ligada por uma união de sentimento e de destino, fundada na consciência comum de sua condição de africanos oprimidos em oposição aos seus opressores, dirigentes coloniais e brancos.

Pode-se dizer ainda que a categoria genérica "raça" não é mera importação européia, respondendo a condições impostas por circunstâncias históricas reais. É, portanto, uma categoria histórica, social e localmente enraizada; e, ao mesmo tempo que é reproduzida, também é reinterpretada e readaptada, apresentando-se de formas diversas, quer no âmbito do discurso quer em outras facetas, mantido o princípio de que ela é o elemento ordenador capaz de conferir uma identidade a um continente caracterizado pelas heterogeneidades.

Em apoio a essas características, faz sentido destacar que os discursos pan-africanos gerados em torno da raça como elemento ordenador das idéias, dos fatos e dos acontecimentos abrangem suposições, sentimentos, esperanças, necessidades, aspirações e interesses dos negros como reação ao preconceito e à discriminação, encaminhando novas formas de autodefinição.

Como esses, outros elementos podem ser identificados como próprios do movimento pan-africano. O primeiro deles é que este foi um movimento que reduzido às elites com escolaridade formal até o terceiro grau, adquirida em particular nas metrópoles européias e nos Estados Unidos, destacando-se as instituições de ensino da Carolina do Norte, Virgínia e Chicago.

Por sua vez, o pan-africanismo limitava-se *espacialmente*, pois seu eixo de concepção e difusão de idéias era europeu e norte-americano, restringindo-se às grandes capitais, enquanto na África ficou praticamente circunscrito a alguns pequenos centros urbanos da região ocidental de colonização inglesa, onde havia escolas e jornais. Sua expansão na África ocorreu bem mais tarde, por volta da Segunda Guerra Mundial.

O terceiro elemento próprio do movimento é o fato de que se apresentava em diferentes facetas como discursos, congressos, jornais, livros, associações e conferências. Também sua ênfase quanto ao conteúdo ideológico mostrou-se diversificada, ora com a predominância do discurso rácico/racista, ora político-cultural, ou com fortes implicações políticas, como conseqüência da agudização da consciência política traduzida pela negação do colonialismo.

Em resumo e reiterando alguns pontos, vale registrar que o pan-africanismo torna-se compreensível na medida em que forem mais bem esclarecidas sua gênese histórica, a natureza de suas diversas manifestações e sua eficácia. No entanto, certo enigma permanece, isto é, fica a pergunta de como se entrelaçam o instrumental teórico eurocêntrico e um movimento político-ideológico constituído por um conjunto de idéias que apresentam um projeto de transformar a situação dos negros da África.

Ressalta-se que essa questão pode levar a um impulso para desqualificar o discurso pan-africanista ao considerá-lo mero produto de um instrumental teórico impregnado de valores eurocêntricos, tão a gosto do pensamento ocidental. Daí a necessidade de compreender o movimento pan-africano historicamente, o que leva a registrar duas considerações. A primeira delas, como já foi assinalado, é que a importação da noção de raça não era indiscriminada: se por um lado refletia a influência de idéias etnocêntricas e racialistas da época, por outro conferia voz aos negros cuja singularidade era verem-se como um povo que era alvo de injustiças, violências e opressão.

Também marcava a importância do continente africano com um discurso montado sobre imagens míticas. Assim a África era resgatada, quer conferindo-se sentido ao passado do Egito antigo, da Núbia e da Etiópia, quer propondo um projeto para o futuro baseado em movimentos de retorno à África, afirmando a existência de uma pátria livre, de africanos para africanos, tendo como centro Serra Leoa e, sobretudo, a Libéria.

A segunda consideração é que, no plano do discurso, 1860 é uma data significativa, pois marca a gênese ideológica do movimento pan-africano, com um discurso de Alexander Crummell sobre a África. A partir daí, algo que não pode ser ignorado é pensar a questão dos negros no mundo, articulando-a à questão da identidade mítica e racial do continente africano, cerca de três décadas antes da partilha da África, marcando o longo e intrincado combate entre colonizadores e colonizados do qual faz parte a soberania do continente africano.

Para apresentar os temas fundamentais do pan-africanismo nucleados em torno da categoria genérica "raça", destacarem-se seus pensadores clássicos, isto é, aqueles cujas idéias permanecem sobrevivendo além do seu próprio tempo, agregando-se à própria atualidade. A reflexão sobre a gênese do pan-africanismo é, nesses clássicos, o caminho de uma ampla reflexão sobre as origens de muitos discursos acerca da África na contemporaneidade. Mais do que uma imagem restrita, os clássicos oferecem, cada qual a seu modo, uma concepção sobre os negros, a desigualdade, a moral, a religião e a dominação colonial, entre outras.

A tarefa seguinte não é simples: apresentar, em linhas essenciais, as especificidades das obras dos principais clássicos do pan-africanismo. Para isso, serão deixados de lado os paradoxos e as ambigüidades dos discursos que, constituídos por influências eurocêntricas, pensaram uma África que precisava evoluir e, para isso, abandonar as culturas tradicionais e adotar os valores da civilização européia e do cristianismo. Por sua vez, serão salientadas as idéias afirmativas centrais para o pan-africanismo, como o resgate da dignidade do negro.

Dito isso, é inevitável lembrar de Alexander Crummell (1819-1898), afro-americano de nascimento e liberiano por adoção. A 26 de julho de 1860, Crummell apresentou o discurso "A língua inglesa na Libéria", tornado acessível na coletânea *O futuro da África*, publicada pela primeira vez em 1862. Esse discurso deixou clara uma característica fundamental do seu pensamento, que se refere à singularidade própria da sua "teoria racial", qual seja, a presença da categoria "raça" como eixo central de suas idéias, definindo-a como uma população compacta e homogênea de uma única ascendência e linguagem sangüíneas.

Além disso, pensava a África como um continente formado por um único povo, o negro, o que lhe conferia uma "unidade natural". Esse pressuposto básico do pan-africanismo era estendido aos afro-americanos e afro-caribenhos que, por integrarem uma raça comum, compartilhavam, mesmo que de forma parcial, a ancestralidade africana.

Essa idéia desdobra-se em duas outras. Em *O futuro da África*, Crummell se atribuía a tarefa central de representante do continente africano porque, como negro que era, se considerava, por direito, porta-voz da "pátria da raça negra", devendo "agir dentro dela e arquitetar o seu futuro". O segundo desdobramento era a idéia de que a unidade do povo negro derivava do seu destino comum e não por partilhar das mesmas condições ecológicas, experiências históricas ou ameaças da Europa imperial.

Por sua vez, ao colocar na ordem do dia o tema da situação do negro no mundo e as possibilidades de superá-la, Crummell, que era padre episcopal com formação na Universidade de Cambridge, apontava a necessidade de convocar a união de todos os negros para "um grande e nobre trabalho planejado pela Providência Divina".[7] Conforme sua visão, as raças tinham a mesma capacidade moral ou cognitiva, sendo diferentes apenas nas tarefas espirituais que lhes eram atribuídas por Deus.

Também é importante ressaltar que o pensamento de Crummell deu início a um debate com africanos; afro-descendentes, como Martin Robinson Delany; e europeus como Africanus Norton.

Apesar das diferenças, outro clérigo, o antilhano Edward Wilmot Blyden (1832-1912), também tinha como eixo de seu pensamento a idéia de uma raça africana com influências do pensamento racializado da Europa e dos Estados Unidos. Contudo, sua particularidade está na utilização de valores da civilização negro-africana. Significa dizer que suas principais teses são desenvolvidas com base na historicidade da raça negra e nos atributos que lhe seriam inerentes, ambos elementos constitutivos da construção de uma "personalidade africana". Também divergia de tantos outros por refutar o preconceito racista de inferioridade congênita do negro, além de afirmar que os fatos ambientais e conjunturais condicionavam a história de um povo, uma vez que os homens são, em larga medida, os sujeitos das circunstâncias em que vivem. Assim sendo, suas realizações dependem menos das aptidões intrínsecas do

---

7. *Apud* APPIAH, *op. cit.*, p. 36.

que das influências do meio e são estas que explicam as diferenças entre os africanos e os ocidentais.

Daí decorre a sua explicação da estagnação social e política dos africanos do continente. Para Blyden, ela derivava tanto do isolamento da África da porção "progressiva" da humanidade como da "influência nefasta" do tráfico de escravos introduzido pelos europeus. Portanto, a África não estava necessária e definitivamente condenada à estagnação por causa de uma fatalidade divina ou biológica. Observe-se que a África poderia retomar o caminho do progresso com a abolição do tráfico e o estabelecimento de "laços pacíficos" com a Europa, o que excluía as relações de conquista e de dominação.

Essas idéias, essenciais, valem para todo o continente africano, exceção feita ao Egito antigo, à Etiópia e à Núbia, reconhecidos como pólos avançados da civilização na origem da humanidade, além de exemplos da capacidade criativa do homem negro, da sua organização e combatividade. É um discurso que articula a noção de raça ao apego à "mãe África", impregnado de todo o seu passado comum, um passado mitológico, em que a referência à história do continente se faz com um sentido mais simbólico do que real.

Convém esclarecer que o discurso de Blyden apresenta um ponto de inflexão depois que, ao longo do ano de 1866, ele entra em contato direto com o Egito e com vários países do Oriente Médio, além de fazer visitas ao interior da Libéria e da Serra Leoa. Essas terras, de fortes influências islâmicas, foram consideradas muito diversas das submetidas à cultura ocidental, sugerindo a Blyden uma comparação entre os dois grandes agentes externos responsáveis pela remodelagem do espaço africano, o islamismo e o cristianismo. A partir daí sugeriu uma pequena "tipologia" sociocultural, sistematizada em sua principal obra, *Christianity, Islam and the negro race.*[8]

Para Blyden, o cristianismo era imposto pelos missionários, alienador dos costumes tradicionais dos africanos, opressor e obstruidor do desenvolvimento do homem negro. Portanto, acarretava fissuras nessas sociedades. Já o islamismo, proveniente do "coração" do Sudão, convertia pela persuasão e era levado a cabo por modestos comerciantes, ajudava a desenvolver a personalidade africana e polia os elementos mais grosseiros dos costumes africanos, mantendo os demais intactos. Agia, portanto, como um fator de unificação entre várias etnias, além de apressar e fortalecer tendências para a independência e a au-

---

8. BLYDEN, Edward W. *Christianity, Islam and the negro race*, 1887. Reedição. Edimburgo: Edinburgh University Press, 1967.

todeterminação da África Ocidental, entre os descendentes dos construtores da grande civilização egípcia.

Tendo como principal objetivo formular um projeto africano de desenvolvimento autônomo para ser posto em prática na Libéria e na Serra Leoa, utiliza dois argumentos. O primeiro deles é o da necessidade de estabelecer um diálogo com "intelectuais" que articulam a raça ao meio geográfico. Sob esse aspecto, Blyden reafirma que "a África deve ser civilizada e desenvolvida pelos africanos" em razão da "adaptação física ao meio" e, sobretudo, pelas características psicológicas e susceptibilidades dos negros, próprias de sua idiossincrasia mental.

Quanto ao segundo argumento, é no sentido de considerar que a raça negra estava adequadamente preparada para alimentar os esquemas de repatriação dos negros para Serra Leoa e para Libéria, territórios cujos povos, de acordo com sua avaliação, já tinham condições de dirigir o seu próprio destino. Tomando uma posição anticolonialista, em 1884 em Freetown, declarou que "só em África a raça negra pode realizar o seu destino". Nessa perspectiva, preconizou a recolonização da Libéria como primeiro Estado independente construído por negros que, por seu *instinto e gênio*, promoveriam uma grande nação negra.

Embora esse projeto tivesse historicamente se revelado utópico, encerrava uma contribuição fundamental de Blyden para o discurso africanista, qual seja, a idéia de uma *pátria* dos africanos em solo africano. Ora, a definição de pátria integra uma idéia projetiva que exprime um sentimento coletivo, o de serem negros, filhos da terra, portadores de valores comuns, o que promove a identificação entre eles e a constituição de aspirações comuns voltadas para uma futura autonomia. Em suma, as reflexões de Blyden lhe conferiram um lugar de destaque no movimento pan-africanista.

Essa constelação de idéias apresenta uma semelhança com outras maneiras de abordar a busca pela identidade africana, como a apresentada pelo sociólogo e escritor norte-americano William Edward Du Bois (1868-1963), militante do movimento pela igualdade entre negros e brancos nos Estados Unidos, talvez quem realmente tenha lançado as bases intelectuais e práticas do pan-africanismo.

Para Du Bois, raça é um conceito que resulta da articulação entre as noções biológica e sócio-histórica, com predominância da última:

[...] é uma vasta família de seres humanos, em geral de sangue e língua comuns, sempre com uma história, tradições e impulsos comuns que lutam juntos, voluntária ou involuntariamente, pela realização de alguns ideais de vida, mais ou menos vividamente concebidos.[9]

Significa dizer que essa definição lhe permite, em primeiro lugar, relativizar a importância da concepção biológica cientificista da noção de raça. Em segundo, possibilita negar que as aptidões culturais dos homens negros fossem inferiores às dos brancos e amarelos, uma vez que a matéria-prima da história é constituída pelos esforços feitos com base em tradições e impulsos comuns de uma raça.

Desse modo, cabe ao negro "descobrir e expressar a mensagem de sua raça", mesmo porque "[...] a raça negra tem uma contribuição a dar à civilização e à humanidade que nenhuma outra raça pode dar".[10]

Em poucas palavras, é possível considerar que Du Bois aceita a diferença ao lado da afirmação de que cada grupo tem um papel próprio a desempenhar e de que as raças branca e negra estão relacionadas, não como superior e inferior, mas como complementares. Ressalta que a raça negra tem uma mensagem positiva que não é apenas diferente, mas valiosa para a humanidade. Por fim, Du Bois declarou várias vezes o seu pan-africanismo, comprometendo-se com um projeto político que buscava a união da raça negra.

Outro clássico do pan-africanismo foi o jamaicano Marcus Garvey (1887-1940). Sua trajetória, coerente com seu discurso e sua eficácia prática, apresentava, como características principais, facetas de utopia e uma dimensão claramente messiânica. Considerado um dos chefes carismáticos mais representativos dos projetos libertadores do seu tempo, foi, entre os anos de 1916 e 1935, a figura central de parte significativa do movimento africanista nos Estados Unidos, nas Antilhas e nas Áfricas ocidental, oriental e, sobretudo, austral. Mais tarde, líderes como Kwame Nkrumah, Malcom X e Martin Luther King, reconheceram, em várias ocasiões, Garvey como inspirador de diversos trabalhos seus.

Tendo viajado às Antilhas, Américas Central e do Sul, além de permanecer dois anos na Grã-Bretanha, convenceu-se da má sorte reservada aos negros em todos os lugares do mundo, atentando que eles careciam de uma militância efetiva. Considerando-se predestinado a se tornar um dirigente para os seus irmãos de raça, criou, em 1914, na Jamaica, um organismo para promover a emigração dos negros para a Libéria, como nação central para a raça negra.

A Associação Universal para o Aprimoramento do Negro (Unia) incluía desde criar escolas especiais para ensino técnico até construir uma frota de navios

9. *Apud* APPIAH, *op. cit.,* p. 54.
10. *Ibidem*, p. 55.

mercantes para o comércio entre os negros da África e das Américas. Além disso, tendo como porta-voz o periódico *The Negro World*, divulgou o pan-africanismo na África, dando publicidade ao "programa de redenção dos negros". Buscava, assim, organizar os negros para recuperarem "a África para os africanos". Acentuava:

> Somos descendentes de um povo sofrido. Somos os descendentes de um povo decidido a não mais sofrer. [...]. Não queremos o que pertenceu aos outros, embora os outros sempre tenham procurado privar-nos daquilo que nos pertencia [...]. As outras raças têm seus próprios países e é tempo de que os quatrocentos milhões de negros [do mundo] reivindiquem a África para si próprios.[11]

A Unia propunha um programa voltado para unir "os povos negros dispersos pelo mundo em um único organismo", segundo os ideais de uma cultura própria dos negros, somando esforços para que a Libéria fosse o centro irradiador da construção do continente, de acordo com o modelo de sociedade forjada nos Estados Unidos, conforme o paradigma civilizacional do Ocidente.[12] Em outras palavras: era o principal objetivo da Unia realizar, na prática, "uma cultura civilizada de alto nível". Para tanto, propunha-se promover o espírito de orgulho e amor pela raça; reivindicar os heróis negros; assistir os necessitados; e ajudar "as tribos atrasadas da África a caminho da civilização".

O seu conceito de unidade racial repousava numa perspectiva de federação imperial geopoliticamente determinada, possível de ser alcançada por meio de uma unidade imperial entre a Grã-Bretanha e suas colônias. Só mais tarde a Unia se transformou em um veículo político com uma visão que implicava uma idéia de independência do Império Britânico, o que provocou uma reação da administração colonial britânica, em especial na Niassalândia, onde o *The Negro World* foi interditado.

Essa radicalização catalizou poderosos opositores que conseguiram expulsá-lo dos Estados Unidos e, somada à má administração da Unia, acabou acarretando o malogro dessa associação, comprometendo o "projeto de libertação dos negros". No entanto, isso não abalou a extrema eficácia da prática garveysta. Iniciada em 1918, no coração do Harlem, e feita em nome da figura de Garvey, talvez essa tenha sido a mais emblemática das lutas de libertação do homem negro, espalhando-se por todo o mundo negro por meio de emis-

11. *Apud* RALSTON, Richard David. "A África e o Novo Mundo". *In*: BOAHEN, *op. cit.*, p. 775.
12. Mais tarde, no final dos anos 1920, com o malogro do projeto de retornados à Libéria, Garvey passou a incentivar a emigração de negros, em particular norte-americanos, para a Etiópia.

sários clandestinos da Unia, responsáveis inclusive pela divulgação do *The Negro World* pelos vários continentes, promovendo uma cultura toda ela articulada à formação e ao desenvolvimento da consciência negra, visando unir "os povos negros dispersos pelo mundo, [...] no quadro de um único organismo".[13] Foi notório o seu papel que, somado ao de Du Bois, permitiu que a cultura negra fosse particularmente reconhecida com dinamismo na África, nas Antilhas e também na Europa.

Tal como esses clássicos e suas escrituras, cujos resultados foram amplamente confirmados anos mais tarde, é necessário assinalar, no contexto específico da história do pan-africanismo, o poder dos missionários e a influência de suas idéias como conseqüência do intercâmbio entre negros da África e dos Estados Unidos, na época colonial. A reconstrução desse período torna possível dizer que houve um importante processo de evangelização cristã, obra de missionários negros norte-americanos e de igrejas negras que, no século XIX, têm um importante projeto de "redenção" das sociedades africanas, criando as condições necessárias para negar a situação degradante dos negros no contexto do imperialismo colonial de fins do século XIX.

Entre outras, a African Methodist Episcopal Zion (AmeZion) enviou missionários negros para a África durante todo o período colonial, tendo sido implantada como igreja na Libéria em 1878 e na Costa do Ouro em 1896. Também construiu e ajudou a construir escolas, financiou missões em diversas partes da África e foi responsável pela formação de professores e missionários.

Nesse ponto, o papel dos líderes da igreja americana negra, sobretudo como mentores, prolongou o tempo de contato entre grande número de negros de um lado e do outro do Atlântico, diretamente influenciados pelo missionário pan-africanista J. E. K. Aggrey (1875-1927). Este deixou a Costa do Ouro em 1898, seguindo para os Estados Unidos sob a influência direta de um bispo da AmeZion. Lá seu trabalho mais relevante foi pastoral, proporcionando-lhe um contato direto com a realidade de vida do negro norte-americano.

Seu estímulo foi decisivo para que jovens africanos fossem estudar de preferência nos Estados Unidos (onde escapavam do meio colonial, além de constatar a expansão do preconceito e da discriminação na vida cotidiana) e não na Grã-Bretanha (país em que a questão das relações raciais era menos generalizada, tendo sido apreendida mais tardiamente).

Foi nos Estados Unidos que os negros africanos tiveram acesso a uma pedagogia literária que abrangia desde as idéias de jornalistas negros até os discursos

13. *Apud* RALSTON, Richard David. "A África e o Novo Mundo". *In*: BOAHEN, *op. cit.*, p. 776.

de Crummell, Du Bois e Blyden. Também desenvolveram estudos sobre a história dos negros e das relações raciais em um país onde a escravidão era um dado central da vida cotidiana.

Isso influiu de modo direto na formação de um grupo de nacionalistas africanos, muitos dos quais vieram a liderar os movimentos de independência na África, clamando por uma "África para os africanos", uma África livre e independente, sem interferências externas de nenhuma ordem. Buscavam apresentar ao Ocidente uma "presença africana" e uma "personalidade africana", frutos de "emancipação mental".

O pan-africanismo como questão política

São as questões de identidade e de política que forneceram as pistas fundamentais para compreender o papel do pan-africanismo na África de colonização francesa. As preocupações referem-se a dois desafios. O primeiro, o de constituir uma identidade de destino de um conjunto de povos sobre os quais se abateram as violências institucional e simbólica em diferentes graus de intensidade, exercidas pela burocracia colonial.

Assim, na maior parte das vezes, essas idéias integram um exercício intelectual e político necessário para futuras ações eficazes na busca da emancipação política (o segundo grande desafio dos africanos), ainda que pensada mais como sonho sem prazo determinado do que realidade possível de ser construída.

A essas características somam-se três particularidades: a primeira refere-se ao fato de que, no caso das Áfricas de colonização francesa, as idéias pan-africanas foram gestadas e desenvolvidas mais tarde, isto é, entre as duas guerras mundiais.

A segunda particularidade, por sua vez, diz respeito ao fato de que essas idéias são expressas de forma muito mais incisiva em Paris do que nas Áfricas Ocidental e Equatorial Francesas.

Quanto à terceira particularidade, é que esse pan-africanismo restringiu-se a um pequeno número de africanos das colônias francesas radicados em Paris, que encontraram compreensão e acolhida nos meios intelectuais, artísticos e políticos, ao contrário dos africanos das colônias inglesas, em Londres.

Ora, esse conjunto de elementos permite enfatizar que, à semelhança da "vertente anglófona", o pan-africanismo na "vertente francófona" foi um movimento desenvolvido na diáspora e limitado espacial e numericamente.

Por sua vez, quanto à questão das idéias, não há melhor ponto de entrada do que o ano de 1921, quando foi atribuído o *Gouncourt*, o maior prêmio literário da França, ao guianês René Maran (1887-1960) pelo seu romance *Batouala*, de importante papel na história do protonacionalismo na África subsaariana sob dominação francesa, embora até hoje pouco estudado.

Maran foi administrador colonial no Ubangui-Chari (hoje República Centro-Africana), um país rico em látex, produto que era recolhido e transportado por grandes sociedades concessionárias, que por seu modo de atuar produziram significativas devastações demográficas. Essa terrível realidade era denunciada desde o prefácio de *Batouala*. Escrevia o autor:

> Nessa pequena aldeia de Ouahn, não se contavam, em 1918, mais do que 1080 indivíduos sobre 10.000 que tinham sido recenseados 7 anos atrás [...] civilização, orgulho dos europeus, tu constróis o teu reino sobre cadáveres [...] tu és a força que oprime o direito [...].[14]

Maran prosseguia criticando os funcionários da administração colonial, ressaltando que o "rigor" foi amiúde a forma de justificar o "covarde" exercício da violência física. A importância desse romance acarreta, de imediato, dois desdobramentos. O primeiro é que o prêmio recebido por René Maran deu publicidade às condições miseráveis de vida dos africanos sob a colonização francesa, sensibilizando André Gide, então no auge de sua glória literária, a empreender uma viagem à África Equatorial Francesa, mais precisamente para Camarões. O resultado foi a publicação, em 1925, de *Retour du Tchad* e, em 1927, do famoso *Voyage au Congo*, dois livros de grande impacto na opinião pública da época, colocando na ordem do dia a exploração e a violência sofridas pelos africanos.

Quanto ao segundo desdobramento, refere-se ao fato de que, após a publicação de *Batouala* e a polêmica que o acompanhou, René Maran abandonou a administração colonial em favor da literatura, além de manifestar à opinião pública seu interesse pela "causa negra" em geral e já não apenas pela sorte dos negros do Ubangui-Chari. Não é outra a importância do seu papel na qualidade de colaborador, desde 1922, do jornal *Le Paria*, órgão da União Intercolonial

14. *Apud* CORNEVIN, *op. cit.*, p. 27.

fundada por Ngwyen Aiquoc (o futuro Ho Chi Minh), muito difundido no Daomé (atual Benin).

Além disso, Maran passou a fazer parte, desde 1924, do recém-fundado comitê de direção da Ligue Universelle pour la Défense de la Race Noir, encarregada de lutar sem tréguas contra o colonialismo, e do seu mensário, *Les Continents*, ao lado do príncipe do Daomé, Tovaloir Honenou (1877-1936). Este, indignado com o aviltamento dos negros africanos, passou a pregar a revolução como forma de desorganizar o sistema colonial e, por isso, principal possibilidade para uma ruptura capaz de tornar viável a "evolução". A tradução de suas idéias na prática se fez no preparo da "libertação do Daomé", resultando na sua prisão e deportação para Dacar.

Mas a semente da luta de Honenou foi continuada por Lamine Senghor, senegalês que participou na Primeira Guerra Mundial, entre 1915 e 1918. Estudante da Sorbonne, em 1922 aderiu ao Partido Comunista e, em 1924, à Ligue Universelle pour la Défense de la Race Noir e ao mensário *Les Continents,* lutando sem tréguas contra o colonialismo.

Em 1926, Lamine Senghor expôs em uma assembléia a idéia de criar uma organização que reunisse *todos os negros das colônias francesas*, independentemente de filiação político-partidária. Nasceram assim o Comité de Défense de la Race Négre e o seu órgão de expressão, *La Voix des Négres*. A palavra de ordem, aglutinadora, destacava a honra de os negros da África e das Antilhas serem negros com letra maiúscula. Seu principal alvo era o imperialismo, que para Senghor estava na origem de todos os males que atingiam os negros. Afirmava:

> Não há distinção entre os negros, submetidos ao jugo de um outro imperialismo... Nós somos todos irmãos unidos pela mesma raça. Sofremos o mesmo destino (sob formas diferentes, bem entendido) escravagista, dominado pelo imperialismo internacional.[15]

Em resumo, Senghor salientava que o negro vivia uma tripla opressão: como negro, como colonizado e como trabalhador. Quanto ao Comitê, é significativo que comportasse, no âmbito da luta contra o imperialismo, as tendências independentista e assimilacionista. A primeira pregava a libertação e a emancipação da raça negra por meio de uma independência por etapas definida

15. "Ce qu'est note Comité de Défense de la Race Négre". *La Voix des Négres*, n. 1, jan. 1927. *Apud* ANDRADE, *op. cit.*, p. 148.

pela consecução gradativa das liberdades democráticas nas colônias. Além disso, sublinhava a necessidade do surgimento de uma consciência negra. Já os assimilacionistas almejavam alcançar uma situação igualitária com os metropolitanos (no caso, franceses), adquirida pelo esforço e pela extensão dos benefícios da escolaridade formal. Vale reiterar que colonialismo, independência e consciência negra eram entendidos como um conjunto de temas convergentes negadores do imperialismo. Segundo eles, romper com o imperialismo era condição necessária para os africanos conquistarem a sua liberdade. Por isso é que, no I Congresso Anticolonialista, em fevereiro de 1927, Senghor, revelando a influência do ideário marxista-leninista da revolução de 1917, abordou como temas a civilização, o trabalho forçado e o recrutamento militar. Adotando as teses leninistas e destacando que o imperialismo e o capitalismo eram termos intercambiáveis, declarou:

> A opressão imperialista que nós chamamos de colonização e que chamais aqui de imperialismo é a mesma coisa: tudo isso não é senão capitalismo, é ele quem produz imperialismo nos povos metropolitanos.
>
> Em conseqüência, os que nos nossos países sofrem da opressão colonial devem dar-se as mãos, ajudar-se mutuamente e juntar-se aos que sofrem dos malefícios do imperialismo metropolitano, usar as mesmas armas e destruir o mal universal que é o imperialismo mundial. É preciso destruí-lo e substituí-lo pela união dos povos livres. Basta de escravos![16]

Esse conteúdo universalista e antiimperialista, considerado acima do terreno racial, foi reforçado pelo comitê executivo eleito pelo I Congresso Anticolonialista. Com sua morte prematura ainda em 1927, Senghor foi sucedido pelo sudanês do Mali, Timeko Kouyaté, que havia participado do II Congresso Pan-Africano, em 1921, em Bruxelas. Também membro do Partido Comunista, Kouyaté preconizava, em março de 1929, em *La Voix des Négres*, a necessária "[...] coordenação dos esforços dos annamitas, dos norte-africanos e dos Negros... com o fim de erguer instituições nacionais sobre as ruínas das que o conquistador havia imposto".[17]

A questão é que, nesse e noutros discursos, Kouyaté limitou-se a indicar a necessidade de uma prática real voltada para a independência, sem incluir a im-

---

16. *La Voix des Negres*, n. 1, mar. 1927. *Apud* ANDRADE, *op. cit.*, p. 152.
17. *Ibidem*, p. 28.

portância de uma definição norteadora de procedimentos e métodos de ação. Cabe reconhecer que, ainda assim, suas reflexões são básicas para a formulação de questionamentos sobre o pós-independência dos países recém-saídos do colonialismo. Baseando-se na experiência histórica do Haiti, de princípios do século XIX, ressaltou que menos de um século depois, em 1915, esse pequeno país foi ocupado por fuzileiros navais norte-americanos. Em maio de 1916, um tratado assinado, de início por dois anos, acabou sendo prolongado até 1936, sujeitando o Haiti a tornar-se um protetorado americano, excluindo, na prática, os haitianos do governo.[18]

É possível considerar que os embates políticos das idéias do pan-africanismo francófono, incorporando experiências de privação e de exclusão, caminharam de modo que se atrelasse de forma indissolúvel a questão da independência ao imperialismo. Mas pode-se dizer ainda que as esperanças e reivindicações dos negros foram caracterizadas também por outra busca de identidade, traduzida pela idéia de "negritude", definidora do principal movimento literário francófono africano e afro-caribenho do século XX.

Surgido em 1939, no poema lírico "Diário de retorno ao país natal", do antilhano da Martinica, Aimé Césaire, o termo *negritude* foi cunhado para apreender a *totalidade* do mundo negro fundada na idéia de solidariedade racial, dela subtraída a sua conotação pejorativa. O termo foi retomado por Léopold Senghor, que foi quem levou Césaire a descobrir a África e a sua cultura, com preferência pela combinação entre os valores do mundo negro resgatados e combinados com os valores franceses. Nessa perspectiva, a escolha recaiu sobre o senegalês Lat-Joor como herói nacional que representava a dignidade e os sacrifícios como valores próprios das tradições aristocráticas.

Esta, no entanto, não foi a única abordagem da *negritude*. Em 1955 foi publicado o livro *Nações negras e culturas* de Cheikh Anta Diop em que o autor atribuiu clara preferência pela "África pré-colonial". Ressaltou a importância de remontar às origens da civilização, no caso o Egito, para restaurar a auto-estima dos africanos. Outra diferença em relação a Senghor foi a importância das línguas africanas como base para a construção da modernidade. As discordâncias entre Senghor e Cheikh Anta Diop, no entanto, transpuseram as questões registradas, articulando-se com posições políticas irreconciliáveis entre os dois. Diop, assumindo atitudes mais radicais, rejeitava qualquer possibilidade de

18. Só em 1947, quando liquidou os empréstimos contraídos em 1922, o Haiti recuperou sua independência financeira.

continuar alimentando ligações com a França, segundo ele assimétricas e por isso incompatíveis com uma verdadeira independência do Senegal.[19]

De todo modo, prevaleceu a definição de *negritude* mais próxima da elaborada por Senghor e foi assim que esteve presente na revista *Présence Africaine*. Além disso, o tema foi alvo de inúmeros debates nos Congressos de Escritores e Artistas Negros, entre 1956 e 1959, dando expressão à idéia de unidade africana sob uma forma cultural.[20] Prevaleceu, portanto, a concepção central de que *todos* os africanos e *todos* os povos de ascendência africana tinham um *patrimônio cultural comum*. Daí o esforço dos escritores desse movimento literário para estabelecer laços entre os diversos mundos negros da Europa, América e África.

Quanto a Césaire, conforme atestam os nove números da revista *Tropiques*, editados entre 1941 e 1945, tratava especificamente de três temas: a emancipação cultural e política da Martinica; a fundação do patriotismo martiniquenho; e a pedagogia da poesia e da arte moderna. O que significam esses três temas?

Antes de mais nada, é preciso ter claro que eles se inserem em registros simultâneos: o da América (no caso, a Martinica), o da Europa (no caso, a França) e o da África. Quanto ao primeiro tema, a emancipação cultural e política compreendia, além de elementos específicos da Martinica, uma incursão na cultura africana, ressaltando os aspectos objetivamente encontrados nas civilizações africanas e um mergulho no passado da escravidão atlântica.

Por sua vez, o segundo dizia respeito à fundação do patriotismo martiniquenho, salientando a importância da identificação de aspirações e valores comuns, remetendo ao resgate da pátria da qual os negros foram desterrados, ou seja, a África, *locus* de reencontro com a negritude.

Já o terceiro tema se referia à dimensão educadora da arte popular, dando especial destaque aos contos crioulos, uma vez que "a experiência poética" era considerada revolucionária, porquanto seria o meio pelo qual o negro tomaria consciência de si mesmo, afirmando suas particularidades étnicas, sociais, culturais e históricas.

Esses temas costumam ser associados ao nome de Aimé Césaire como "poeta fundador da Martinica", mas também significam a possibilidade de resgatar

19. Há uma interessante hipótese de que a *negritude* tenha surgido do movimento New Negro, nos Estados Unidos, no começo do século XX, exercendo forte influência sobre poetas francófonos da região das Antilhas e do Caribe. A esse respeito pode-se consultar OLIVEIRA, Waldir F. "Léopold Sédar Senghor e a negritude". *Revista Afro-Ásia* – revista da FICH da Universidade Federal da Bahia, n. 25-26, 2001. p. 409-419.

20. É preciso lembrar que Léopold Sédar Senghor foi um dos criadores do movimento da negritude e presidente do Senegal de 1960 a 1981, período no qual foi reeleito por três vezes.

o passado histórico-cultural africano como patrimônio dos negros no âmbito do pan-africanismo.

Os congressos pan-africanos

O termo *negritude* conduz a alguns dos temas mais caros ao pan-africanismo, como os da identidade e do destino de um conjunto de povos sobre os quais se abateu a dominação colonial e racista.[21]

Para discutir as relações entre diferença e igualdade, no sentido amplo do termo, e lutar pelas liberdades, da individual à relativa à construção da soberania nacional, realizaram-se na primeira metade do século XX os cinco primeiros congressos pan-africanos. É útil lembrar que eles foram precedidos pela Associação Africana, a primeira assembléia pan-africana, na qual Du Bois apresentou uma comunicação às nações do mundo, acentuando o "problema da linha de cor" como a questão básica do século XX. A ela se seguiram os congressos pan-africanos.

O primeiro, organizado por Du Bois (que foi também fundador da Associação para o Progresso das Pessoas de Cor – NAACP), realizou-se em Paris, em 1919, contando com a participação de 57 delegados negros dos territórios africanos sob colonização francesa e britânica, das Antilhas e dos Estados Unidos da América. Nele, foram reivindicados a adoção de um "código de proteção internacional dos indígenas da África"; o direito à terra, à educação e ao trabalho livre; e a abolição dos castigos corporais nas colônias.

O segundo foi realizado em 1921, em três sessões, nas cidades de Paris, Londres e Bruxelas, e dele participaram 130 delegados africanos, antilhanos e afro-americanos. Teve uma reivindicação de ordem geral: o "desenvolvimento da África em benefício dos africanos", ao lado de reivindicações específicas, destacando-se, entre outras: a representação na Comissão de Mandatos da Sociedade das Nações; a criação de um Instituto de Estudos do Problema Negro; e o reconhecimento dos direitos dos negros "no conjunto do mundo".

Já o terceiro ocorreu em 1922, em duas sessões, uma em Londres, outra em Lisboa; e o quarto, em 1927, em Nova York. Ambos variaram quanto à composição dos participantes. Variaram também quanto ao temário, que oscilou de reivindicações mais pontuais – como o direito à terra e à segurança individual nos

---

21. SARTRE, Jean-Paul. *Reflexões sobre o racismo*. op. cit., p. 105-149.

marcos do esquema político vigente e o direito ao reconhecimento da igualdade entre brancos e negros – até a "libertação dos povos", que continha a proclamação de que o continente africano era um "direito dos negros".

Mas foi no V Congresso, em 1945, realizado em Manchester, com a participação de políticos, sindicalistas e estudantes, basicamente representantes das colônias inglesas, que a independência imediata e incondicional foi enfatizada como a maior de todas as reivindicações e, assim, o ponto central de um apelo antes às massas do que aos intelectuais. Nesse Congresso, George Padmore, nascido em Trinidad, propôs a adoção de um manifesto em que se opunha à discriminação racial e condenava o *apartheid* na África do Sul, além de afirmar que os africanos estavam resolvidos a serem livres, conclamando-os a unir-se contra o colonialismo. Além disso, em sua Resolução Final, o V Congresso assumiu a condenação global do capitalismo europeu nos territórios africanos. Significa dizer que a exploração e a dominação passaram a ocupar o centro dos debates, refletindo a influência do ideário marxista entre alguns dos mais destacados intelectuais e líderes políticos africanos como Jomo Kenyatta (Quênia), Peter Abrahams (África do Sul), Hailé Selassié (Etiópia), Namdi Azikiwe (Nigéria), Julius Nyerere (Tanzânia), Kenneth Kaunda (Zâmbia), Kwame Nkrumah (Gana), Amilcar Cabral (Cabo Verde e Guiné-Bissau), Agostinho Neto, Mário Pinto de Andrade e Viriato Cruz (Angola), Eduardo Mondlane e Samora Machel (Moçambique).

A esses cinco congressos seguiram-se muitos outros, como os realizados, respectivamente, em Kumasi (1953) e em Acra (1958), comprometidos com a "descolonização" no âmbito da bipolaridade político-ideológica liderada, de um lado, pela então URSS e, pelo outro, pelos Estados Unidos, influenciando a constituição de duas formas de pan-africanismo: a "minimalista" e a "maximalista". A primeira aceitava as fronteiras traçadas pela Conferência de Berlim e incentivava a constituição de Estados nacionais com soberanias interna e externa, tendo alguns interesses comuns defendidos pela Organização da Unidade Africana (OUA) ativa entre 1963-2002.

Por sua vez, a forma maximalista propunha uma estratégia de recomposição da geopolítica instaurada pela Conferência de Berlim, responsável pela "balcanização" do continente, tornando a África um mosaico de zonas de influência européia. Propunha a fundação dos Estados Unidos da África, com unidade econômica, política e militar e, nesse sentido, antecipou em quase meio século a natureza principal da União Africana (fundada em 9/7/2002), com os objetivos de lutar pela paz, pelo crescimento econômico, pelo desenvolvimento social e pela constituição de governos democráticos e sociedades participativas em âmbito continental. Significa empunhar a bandeira de luta por uma África que deixe de ser um amontoado de países atrasados, estagnados e marginalizados em relação à quase totalidade dos países do mundo. Uma África sem guerras, fome e epidemias. Uma África livre e soberana.

7
ENTRE A CONCEPÇÃO E A AÇÃO

Os pensares sobre o direito ao autogoverno

O pan-africanismo foi um movimento de contribuição fundamental para o processo de tomada de consciência das elites culturais africanas em relação às questões econômicas, sociais, políticas e culturais do continente. As idéias centrais contidas no conjunto das escrituras pan-africanas sistematizaram questionamentos, formularam projetos e informaram uma práxis que combateu a opressão e a injustiça, propondo a conquista das independências em âmbito continental.[1]

É preciso que se diga que a idéia de nação continental surgiu como sinônimo de solidariedade da raça negra, sendo, portanto, uma maneira de conferir identidade à África, apresentando aos europeus e norte-americanos idéias sobre o que significa ser africano. Essa idéia trouxe consigo dois legados. O primeiro contemplava um projeto futuro de resgate da África pelos africanos, tendo como marco irradiador, na maioria das vezes, a Libéria, concebida como nação no sentido restrito do termo.

O segundo legado trouxe para o tema do pan-africanismo a idéia de pátria, cuja versão mais clara foi apresentada por Edward Blyden, buscando, com base no sentimento de raça, elevar a África à pátria comum de todos os negros em solo africano. Essa idéia encerrava outra, a de que os filhos da terra tinham valores comuns que, possibilitando a identificação entre eles e contribuindo para a formação de aspirações comuns, geravam um sentimento coletivo, essencial para pensar estruturas políticas autônomas.

---

1. É importante ressaltar que essa afirmação não vale para alguns países setentrionais do continente, como Líbia e Egito, ligados ao pan-arabismo.

Também convém dizer que o pan-africanismo como movimento supranacional se entrelaçou com o processo de construção da consciência nacional em cada um dos espaços geopolíticos africanos sob dominação colonialista. Esse foi um processo que se estendeu de modo particular entre as duas grandes guerras mundiais, apresentando caráter literário elitista, distante das grandes massas ágrafas do continente africano.

Como um todo, a formação da consciência nacional foi um processo lento, para o qual colaborou o surgimento de maneiras concretas de violência contra a conquista ou aspectos específicos do sistema colonial, como o confisco de terras, as formas de trabalho compulsório e a cobrança de impostos. Essas lutas de resistência nem sempre guardaram continuidade com os movimentos nacionalistas pós-1945. Seja como for, ao mobilizarem os africanos em torno de reivindicações comuns, criaram significações religiosas, culturais e similares, dando origem à coesão grupal. Também apontaram para um sentimento de vínculo coletivo, mesmo sem guardar uma relação necessária com a unidade da organização política e territorial, que é o critério básico daquilo que se entende hoje por nação.[2]

É evidente, por um lado, a enorme dificuldade de resgatar a perspectiva das massas rurais e urbanas, cuja consciência social se desenvolve de modo desigual, entre os vários grupos e as regiões de cada território sob dominação colonial. Mesmo assim, as tradições orais, ainda que sofrendo rupturas com a conquista colonial, permaneceram importantes fontes de expressão histórica (sobretudo na África Ocidental), compostas por relatos de africanos que viveram as diferentes formas de opressão, sentindo-as na própria carne.[3]

O importante a notar, no entanto, é que na prática prevaleceram as literaturas escritas pelas elites culturais africanas, as quais apresentavam uma forte tendência para que as idéias centrais gravitassem em torno do que se entendia por nação e Estado-nação, entre os séculos XVIII e XX.

Tudo isso sugere a hipótese de que os pensamentos europeu e norte-americano, e este em particular, nas *Notas sobre o Estado de Virgínia*, de Thomas Jefferson, de 1787, tenham sido incorporados aos termos da análise contida nos discursos dos africanos. O ponto de partida foi a idéia de nação que, no último quartel do século XVIII, acompanhava o seu significado etimológico, isto é, queria dizer origem e descendência comum, ligando-se à idéia de co-

2. HOBSBAWM, Eric J. *Nações e nacionalismo desde 1780: programa, mito e realidade*. Rio de Janeiro: Paz e Terra, 1990. p. 64.
3. BARRY, Boubacar. *Senegâmbia: o desafio da história regional*. Rio de Janeiro: Sephis – Centro de Estudos Afro-Asiáticos, 2000. p. 15.

munidade cultural de sangue e, desse modo, confundindo-se com a noção de raça.

Também de significativa influência foram as idéias que apresentaram a raça como elemento potencializado pelo fator clima, ambos considerados determinantes para a constituição do caráter dos homens e para a cultura dos povos. Com muita propriedade sintetiza B. Anderson:

> A partir daí, era extremamente fácil fazer a dedução vulgar e conveniente de que os crioulos, nascidos em um hemisfério selvagem, eram, pela própria natureza, diferentes dos metropolitanos e inferiores a eles e, portanto, inadequados para cargos de maior importância.[4]

Por sua vez, no decorrer do século XIX, o conceito de raça tornou-se central nas ciências sociais. Ao argumento de que a ascendência era determinada pela raça, articularam-se juízos morais que convergiam para a crença de que existia uma essência racial herdada, feita de justificativas, para que a igualdade não fosse estendida nem a todos os indivíduos nem a todas as nações. Nessas circunstâncias, a concepção pan-africana de raça conduzia a um "racismo invertido", que acentuava afirmativamente a importância da cor. Historiadores como Hobsbawm afirmam que

> [...] os habitantes da África subsaariana têm em comum contra seus conquistadores de pele branca [...] uma cor relativamente escura. A negritude é um sentimento que realmente existe, não apenas entre elites e intelectuais negros, mas sempre que um grupo de pessoas de pele mais escura se confronta com pessoas de pele mais clara [...].[5]

Seria porém uma visão acanhada reduzir a idéia de nação à de raça, ainda que elas tenham sido utilizadas de modo intercambiável, passando, em fins do século XIX e início do XX, a constituir o eixo identitário do nacionalismo étnico próprio das comunidades culturais africanas. Em correspondência com as idéias do debate europeu travado acerca do "sentimento nacional", conforme a definição de Ernest Renan em seu ensaio clássico "O que é a nação?", e dele apreendendo os elementos compatíveis com as realidades da África, as elites culturais africanas articularam ao nacionalismo étnico elementos considerados identitários, como o território, a língua e o legado histórico-cultural.

---

4. ANDERSON, Benedict. *Nação e consciência nacional*. São Paulo: Ática, 1989. p. 71.
5. HOBSBAWM, Eric J. *Nações e nacionalismo...*, *cit.*, p. 82.

O primeiro elemento de vinculação "imaginada" foi o território. Nesse sentido, é importante lembrar que as décadas de administração colonial tiveram importante papel para o surgimento de uma organização política territorial. Não foi menor daquele que tiveram para a formação de um sentimento agregacionista, tendo por base as expectativas e as práticas que os grupos possuíam em comum, exatamente como resultado da interdependência e da unidade administrativo-jurídica colonial.

Por sua vez, o segundo elemento de vinculação foi a "língua de Estado". Em espaços geopolíticos africanos que se caracterizavam por multinacionalidade, multietnicidade e multilingualidade, as elites culturais africanas utilizaram-se do "vernáculo administrativo e literário escrito", isto é, da língua do colonizador.[6]

Certamente a esse respeito não é preciso um longo comentário. Os projetos ocidentais de domínio cultural atuaram de modo decisivo nos pensares coloniais, por meio de mecanismos administrativos e do papel da escola colonial, formando um grupo de letrados que se manifestava na língua do colonizador. Utilizando-se de valores próprios da cultura européia e norte-americana, mas cada vez mais distantes do modo de pensar imperialista, formularam os primeiros discursos de resistência. Mas não podemos esquecer também que a escolha da língua do colonizador foi claramente pragmática, voltada para minimizar rivalidades, oposições e mesmo enfrentamentos em territórios caracterizados pela heterogeneidade cultural.

Por fim, o terceiro elemento de vinculação foi o legado histórico-cultural da África, que como os anteriores só bem mais tarde constituiu questão acadêmica ou teórica. Antes, deu ensejo a importantes conseqüências políticas e sociais. O referido legado abriu lugar para o relato da ancestralidade, o que incluiu a recuperação de valores e a criação de mitos próprios do passado comum dos povos do continente. Foi a representação mítica do Egito antigo, da Núbia e da Etiópia, transformada em herança nacional pela "invenção das tradições", que ganhou feição literária.[7] Dessa maneira, fizeram parte da resistência cultural, básica para a afirmação das identidades nacionalistas.

---

6. Há exceções, como Somália, Lesoto e Suazilândia, que, com as independências, fundaram Estados nacionais monolingüísticos.

7. RANGER, Terence: "A invenção da tradição na África colonial". *In*: HOBSBAWM, Eric J. e RANGER, Terence (orgs.). *A invenção das tradições*. Rio de Janeiro: Paz e Terra, 1984. p. 219-270.

Por sua vez, os primeiros anos do século XX criaram uma complexa relação entre colônias e metrópoles, particularmente sugestiva no debate sobre o sentido da idéia de nação. Significa dizer que 1914 foi um marco no Ocidente, com o triunfo das idéias de nação e Estado-nação sobre todas as outras lealdades sociais e políticas. Nessa atmosfera foram retomados o Preâmbulo da Constituição Norte-Americana e a Declaração Francesa dos Direitos do Homem que, por conterem em si um patriotismo potencial, colaboraram para a articulação de sentimentos e símbolos de uma "comunidade política imaginada – e imaginada como implicitamente limitada e soberana".[8] Esse patriotismo essencial vinculava nação e território, equalizando nação a Estado, entendido como expressão política do povo, isto é, do corpo de cidadãos com soberania coletiva.

Com esses significados, no bojo da Primeira Guerra Mundial, as minoridades européias (como poloneses, irlandeses, húngaros, sérvios e croatas) exigiram o direito ao autogoverno. Foi quando surgiu o nacionalismo definido como "fundamentalmente um princípio que sustenta que a unidade política e social deve ser congruente".[9]

Parece natural que tenha havido repercussões, no plano das idéias, sobre as elites culturais africanas em pelo menos dois pontos. O primeiro é que esse princípio definidor do nacionalismo encerra uma reconstrução ideológica da nação, segundo sentimentos nacionais comuns capazes de se sobrepor aos particularismos (no caso africano, centrados sobretudo no ressentimento contra o colonizador) e às práticas políticas condicionadas pela idéia do dever político para com a organização política que abrange e representa a nação, isto é, o Estado, superando todas as outras organizações políticas. Essa perspectiva colocava no centro das reflexões a questão da soberania.

Contudo, é necessário fazer uma observação mais extensa sobre como alguns líderes políticos africanos resolveram o difícil desafio de pensar o Estado-nação. Em busca de uma concepção orgânica capaz de integrar pátria, nação e Estado, sintetizou L. Sédar Senghor:

> Aqui, convém distinguir a Nação do Estado. Distinguiremos, antes, a Nação da Pátria. A idéia de Nação, no sentido moderno do termo, elaborou-se na França, especialmente no curso dos séculos XVII e XVIII. Encontrou sua expressão mais perfeita na Revolução de 1789. Como assinala com pertinência Denis de Rougemont em artigo intitulado "Federalismo e Nacionalismo", ao lançarem sua carga em Valmy, os

8. ANDERSON, *op. cit.*, p. 14.
9. HOBSBAWM, Eric J. *Nações e nacionalismo..., cit.*, p. 16.

infantes franceses não gritaram "Viva a França!", nem "Viva a Pátria!", mas "Viva a Nação!". Que quer dizer isso?

A Pátria é a herança que nos transmitiram nossos antepassados: uma terra, um sangue, uma língua, ao menos um dialeto, costumes, hábitos, um folclore, uma arte, em síntese uma cultura que estabeleceu suas raízes em um território e se exprime por uma raça. A Pátria, na antiga França, identificava-se com a Província. Era ela que os Girondinos, federalistas, desejavam manter. Na África ocidental, a Pátria é o país sérère, o país malinké, o país sonhrai, o mossi, o baoulé, o fon.

A Nação, se reúne as pátrias, é para transcendê-las. Não tem, como a Pátria, determinações naturais, donde expressão de um meio, mas vontade de construção, ou melhor, de reconstrução. [...] Longe de renegar as realidades de Pátria, a Nação nelas se apoiará ou, mais precisamente, se baseará em suas virtudes, seu caráter de realidades, portanto em sua força emocional. Unirá as virtudes da Pátria ou, mais freqüentemente, escolherá entre aquelas que, em razão do clima e da História da raça, têm um denominador comum, ou aquelas que têm valor de universalidade. Ao termo de sua realização, a Nação faz, de províncias diferentes, um conjunto harmonioso: um só país para um só povo, animado de fé idêntica e dirigido para o mesmo objetivo. [...]

Se a Nação é vontade consciente de reconstrução, o Estado é seu meio maior. O Estado está para a Nação, assim como o construtor está para o arquiteto. Ele se encarna nas instituições: governo, parlamento, serviços públicos. Os funcionários são os operários. É o Estado que realiza a vontade da Nação e assegura sua permanência. No interior, agita e funde as Pátrias, e funde os indivíduos no molde do arquétipo. No exterior, defende a integridade da Nação, que protege contra as empresas do Estrangeiro.[10]

Essa longa citação se faz necessária porque auxilia a compreender algumas características do nacionalismo militante que permeou as ideologias, os projetos e os programas políticos, reveladores da esperança dos africanos de construírem Estados-nação independentes.

O segundo ponto é que, como havia uma vinculação praticamente oficial dos vencedores da Primeira Guerra Mundial ao nacionalismo wilsoniano, o princípio nacional, sobretudo em relação ao direito ao autogoverno, passou a ser a palavra de ordem dos povos oprimidos ou sem reconhecimento, embora contivesse também proposição relativa à necessária coincidência entre as fronteiras dos Estados e as da nacionalidade e da língua.

10. SENGHOR, L. Sédar. "Relatório sobre a doutrina e o programa do Partido da Federação Africana", p. 15-6. *Apud* FERREIRA, Oliveiros S. "Ordem pública e liberdades políticas na África Negra". *Estudos Sociais e Políticos*. Belo Horizonte: Editora da Revista Brasileira de Estudos Políticos, 1961. p. 34-36.

É preciso salientar que o princípio da nacionalidade contido no nacionalismo wilsoniano não era incondicional. Ele inspirava uma política fundamentada no direito dos povos de disporem de si mesmos de maneira gradativa, isto é, por meio de um processo de administração sob a responsabilidade de um organismo internacional até a independência. Na África, essa política foi considerada impraticável, sendo substituída por um mandato internacional que delegava a administração de um território a uma potência mandatária sob controle da Sociedade das Nações. Dessa forma foi aplicado aos territórios que no pós-Primeira Guerra Mundial passaram do domínio alemão (Togo, Camarões, Sudoeste Africano e África Oriental Alemã) para os domínios francês, inglês e belga, pondo término à partilha do continente africano.

É importante destacar que essas considerações acerca dos conceitos de nação e nacionalismo tiveram apenas a finalidade de ressaltar que as idéias aí contidas foram utilizadas como fundamentos de legitimação dos movimentos que, quer culturais, quer predominantemente político-ideológicos, voltaram-se para dar conta das especificidades histórico-culturais das sociedades africanas; questionaram as políticas de dominação colonial, apontando para a necessidade de construir as nações; e lutaram pela formação de Estados soberanos, cujo poder contivesse a possibilidade de eliminar o exercício da força por meio das idéias de justiça e de direito, permitindo afirmar que, embora os homens e os povos fossem diferentes, se equivaliam politicamente.

Outra reflexão soma-se à anterior. Refere-se ao nacionalismo e à sua relação com os movimentos de independência nos territórios sob dominação de países europeus. Não é demais lembrar que o nacionalismo varia segundo as circunstâncias, mas é, sem dúvida, necessário para pensar a coexistência de diferentes elementos raciais, sociais, culturais e regionais, no âmbito de um mesmo território. Além desse ponto, não é menos importante o que se refere à constituição da consciência nacional que, como se sabe, desenvolve-se de modo desigual entre os diferentes grupos sociais e as regiões de cada país.

Importa ainda lembrar que o discurso elaborado pelas elites culturais africanas se apresentava com a conhecida abrangência e a ambigüidade próprias do nacionalismo, desdobrando-se em duas vertentes político-ideológicas, uma mais conservadora e outra mais revolucionária. Para ambas contribuíram a reivindicação da Declaração Universal dos Direitos do Homem, a Revolução Russa e as resoluções da II Internacional, as duas últimas por tornarem universais os temas históricos do comunismo e do anticomunismo, abrangendo a luta contra o nazi-fascismo e o tema da revolução ou gradualismo, salientando a sua relação com os novos movimentos. O encaminhamento desses temas teve como referências obrigatórias: *Cadernos sobre o imperialismo*, de Lênin, as Resoluções da II Internacional que confluíam com as aspirações africanas de que todos os povos colonizados e oprimidos tinham o direito à independência, e *O marxismo e a questão nacional*, de Stalin.[11]

Do ideário marxista-leninista destaca-se o princípio da libertação dos povos oprimidos como um dos objetivos da estratégia revolucionária contra o imperialismo, o que permite reivindicar o direito das nações à autodeterminação como um dos objetivos da estratégia revolucionária de luta que sintetiza os anseios dos africanos, sobretudo a partir de 1945, quando a independência passa a ser a palavra de ordem com diferentes graus de xenofobia popular antiocidental.

Em que pesem as diferenças, os argumentos para pensar a autodeterminação incluíram, estrategicamente, os direitos que integram o ideário liberal. Abriu-se, assim, uma nova fase caracterizada por certas circunstâncias históricas de luta por liberdades contra os poderes coloniais. A concepção das relações entre as liberdades e a ordem pública formou-se por meio das diversas declarações universais de direitos, como o Preâmbulo da Constituição Norte-Americana, as Declarações dos Direitos do Homem, a de 1789 e a de 1948, esta última votada pela ONU. A estas foram incorporadas as quatro liberdades fundamentais contidas na mensagem do presidente Franklin Roosevelt, em 1941: liberdade de pensamento e de expressão, liberdade de crença, liberdade para se livrar da miséria e liberdade sem medo.

Em agosto do mesmo ano, às quatro liberdades fundamentais foram somados os três Princípios da Carta do Atlântico que ajudaram a definir a soberania de um Estado: renúncia a qualquer aquisição territorial sem o prévio consentimento de suas respectivas populações; acesso de todos os Estados ao comércio internacional; e acesso de todos os Estados à liberdade dos mares (veja figura da p. 165).

Mas "[...] os direitos não nascem todos de uma vez [...] Os direitos são históricos e surgem quando os indivíduos ou as nações sofrem novas ameaças às suas liberdades e poderes".[12] Por isso, às quatro liberdades fundamentais e aos três Princípios da Carta do Atlântico somou-se a Declaração sobre a Concessão da Independência dos Países e Povos Coloniais, aprovada em sessão da Organização das Nações Unidas, em dezembro de 1960. Essa declaração, referindo-se

---

11. A esse respeito, pode-se consultar SANTIAGO, Theo (org.). *Descolonização*. Rio de Janeiro: Francisco Alves, 1977; e HERNANDEZ, Leila M. G. Leite, O*s filhos da Terra do Sol: a formação do Estado-nação em Cabo Verde*. São Paulo: Selo Negro, 2002. p. 139-157.

12. BOBBIO, Norberto. *A era dos direitos*. Rio de Janeiro: Campus, 1992. p. 6.

a todo um povo, além de reiterar genericamente os direitos dos homens, adverte que "[...] a sujeição dos povos ao domínio estrangeiro é uma negação aos direitos fundamentais do homem".[13] Portanto, a não-discriminação individual articula-se à autonomia coletiva.

A Carta Africana proclama que "todas as pessoas têm o direito à liberdade de consciência".

Por fim, igualmente importante, somam-se, em 14 de dezembro de 1966, com a aprovação pelas Nações Unidas, o Pacto sobre os Direitos Econômicos, Sociais e Culturais e o Pacto sobre os Direitos Civis e Políticos, que proclamam: "Todos os povos têm direito à autodeterminação[...]" e definem: "Em virtude desse direito, eles decidem livremente sobre seu estatuto político e perseguem livremente seu desenvolvimento econômico, social e cultural". Em síntese proclamam que "os Estados [...] devem promover a realização do direito à autodeterminação dos povos".[14]

Como é possível observar, a luta pelo conjunto de todos esses princípios pressupõe não só a existência de um povo ou de um conjunto de povos unificados por um pacto nacional, mas também de elementos fundacionais da soberania para a formação do Estado. Quanto ao pacto nacional, esteve fortemente marcado, desde as suas origens, pela atuação dos intelectuais, da imprensa e dos estudantes, isto é, dos "letrados", responsáveis pela elaboração de um *corpus* doutrinário como resposta à ideologia colonial, resposta que sistematizava os descontentamentos e as reivindicações, expondo o ressentimento para com o colonizador que, aliás, foi o principal motivo de mobilização das massas e da unificação nacional.

13. BOBBIO, *op. cit.*, p. 36.
14. *Ibidem,* p. 36-37.

Articulação de interesses e organização de solidariedades

A luta pela soberania implicou a escolha de estratégias eficazes definidas pelas elites culturais e políticas africanas, em fóruns internacionais, com o objetivo de superar uma série de impasses para que se constituíssem os Estados nacionais. Tratava-se, portanto, de estabelecer ações comuns em torno dos mesmos interesses, como modo de impedir que a consecução do objetivo maior, a independência, se dissolvesse em protestos isolados. Assim, estava posta a questão dos caminhos, decisiva para os países africanos no pós-Segunda Guerra Mundial, quando ganhou prevalência o tema da autodeterminação, mas também os da cooperação e da integração dos países do "Terceiro Mundo".

Da resposta fizeram parte os processos de articulação de interesses e de organização de solidariedades no plano das relações internacionais, resultando na criação de organizações intercontinentais e dentro da própria África. As primeiras estavam voltadas para orientar ações conjugadas entre países africanos e asiáticos, quer no âmbito da Organização das Nações Unidas, quer com as nações européias, em particular as integrantes do bloco soviético, incluindo URSS, República Democrática Alemã, Hungria, Iugoslávia, Bulgária, Checoslováquia e, mais tarde, na década de 1960, Cuba.

Quanto às organizações dentro do continente africano, formaram-se nos anos 1950, orientando-se para constituir uma estratégia de luta baseada no estabelecimento de "apoios" aos movimentos e partidos do continente africano, daí resultando a formação de centros coordenadores de lutas nacionais.

Essa nova situação histórica levou a um questionamento dos termos tradicionais de funcionamento do equilíbrio de poder, o que se tornou evidente com a Conferência Governamental Afro-Asiática realizada em Bandung, na Indonésia, cujas origens remontam ao ano de 1952. Foi quando um grupo de países afro-asiáticos se constituiu em entidade, ao estabelecer nas Nações Unidas a cooperação entre países africanos e asiáticos, segundo as Disposições da Carta das Nações Unidas sobre os Acordos Regionais. Durante a guerra pela independência da Indochina (atuais Vietnã, Camboja e Laos) contra os franceses, quando da fase de negociação constituiu-se o Grupo dos Cinco, composto por ministros da Birmânia, do Ceilão, da Índia, da Indonésia e do Paquistão.

Em 1954, foi lançada a proposta da realização de um encontro, cabendo a Sukarno, presidente da Indonésia, preparar o evento que resultou na Conferência Governamental Afro-Asiática ou, como é mais conhecida, Conferência de Bandung.

Pode-se identificar que em Bandung foi escolhida, fundamentalmente, uma estratégia retórica que denunciava a existência de relações assimétricas entre os espaços geopolíticos afro-asiáticos e os blocos dos países aliados dos dois superpoderes que emergiram da Segunda Guerra Mundial: os Estados Unidos e a URSS. Propunha como necessária a constituição de um espaço de manobra, buscando romper o âmbito das relações verticalizadas que implicavam dominação e exploração, por meio da idéia de pacificação fundada por Ghandi. Nesse sentido, formou-se um movimento, pela intervenção das Nações Unidas, para regulamentar os "[...] conflitos por meios pacíficos, tais como as negociações, a conciliação, a arbitragem ou a regulamentação jurídica ou outras medidas decididas pelas partes em causa no quadro da Carta das Nações Unidas".[15]

A referida estratégia estava diretamente vinculada ao significado dessa conferência, na qual se celebrou o compromisso tácito entre grupos de diferentes tendências político-ideológicas acerca da definição dos limites do exercício da força no âmbito das relações internacionais, com regras qualitativamente distintas das vigentes. Fazendo a luta política em torno do significado da construção de relações mais justas e igualitárias entre os paíscs, foram propostos dez princípios: 1º) respeito aos Direitos do Homem (destacando a não-distinção entre raças e crenças) e à Carta das Nações Unidas (constitucionalizando as relações internacionais na busca de estabilidade para o sistema internacional, com a delimitação jurídica do exercício do poder); 2º) respeito à soberania e à integridade de todas as nações; 3º) não-ingerência nos assuntos internos de outros países; 4º) direito de cada nação de se defender só ou coletivamente; 5º) abstenção de recorrer a acordos de defesa coletiva que tenham em vista servir aos interesses particulares de uma grande potência; 6º) abstenção de qualquer país de exercer pressão sobre outros países; 7º) não-recurso à força contra outro país; 8º) resolução negociada dos problemas em litígio e cooperação; 9º) respeito pela justiça; 10º) respeito pelos compromissos internacionais.

Portanto, essas dez resoluções reafirmavam a liberdade e a igualdade entre os homens e as nações como condições fundamentais na "luta pela paz". Abrangiam duas ordens de direitos que, embora de conteúdos diferentes, tinham vários pontos de convergência e de complementaridade, como a não-discriminação individual e a autonomia coletiva que articulavam os direitos de cada

---

15. *Apud* Centro de Estudos da Dependência. *A descolonização e neocolonização*. Lisboa: Iniciativas Editoriais, 1976. p. 15-16.

homem aos direitos fundamentais dos povos. Nos seus próprios termos, afirma o artigo 55 das Resoluções da Conferência de Bandung:

> [...] o raciocínio que está por detrás desta determinação é que a promoção do bem-estar social e econômico e a observância dos direitos humanos e liberdades fundamentais são essenciais para o estabelecimento da paz e segurança internacionais. [...][16]

Além disso, salientou-se o sentido comum da luta política de países definidos pela dependência em suas mais diversas formas, afirmando-se que cabia a eles próprios fazer escolhas e estabelecer os critérios pelos quais iriam construir os seus projetos de independência.

Estavam criadas, portanto, as circunstâncias para que Bandung se transformasse em um marco na luta pela independência dos países africanos e asiáticos, no âmbito de uma política de não-alinhamento que se propunha ser uma "terceira força de equilíbrio" em um mundo bipolarizado entre dois blocos antagônicos. A ela se seguiram sete outras reuniões de cúpula do movimento dos não-alinhados: Belgrado (1961), Cairo (1964), Lusaka (1970), Argel (1973), Sri Lanka (1976), Havana (1979) e Nova Delhi (1983).

Deve-se sublinhar que uma das razões da aproximação entre as elites estava no fato de que esses encontros constituíram verdadeiros *locus* de identificação de problemas comuns derivados do colonialismo, tais como o agravamento da crise econômica, o crescente endividamento externo e as sérias conseqüências da repressão. A união se impunha, a despeito da diversidade de matizes ideológicos e políticos dos movimentos nacionalistas dos diferentes países, promovendo a própria intensificação dos grandes encontros para o debate de problemas comuns. Mas, sobretudo, foram importantes por permitirem definir espaços institucionais de luta em que foram votadas políticas para obter apoio público para os "projetos de libertação", como o da Argélia, e discutidos o gradualismo e a revolução como caminhos para a conquista das independências.

Mas foi, sem dúvida, em Belgrado (1961), na I Conferência dos Países Não-Alinhados, que se registraram claras influências de Bandung, formando-se em torno da bandeira de luta da autodeterminação a mais poderosa coalizão dos Estados do então chamado "Terceiro Mundo", unindo países dependentes, capitalistas ou socialistas da África, Ásia, América Latina e Europa, promovendo-se a cooperação nos fóruns mundiais, em especial nas Nações Unidas. Sobre as resoluções: decide-se fazer oposição sistemática ao imperialismo e ao colonia-

---

16. *Apud* Centro de Estudos da Dependência. *A descolonização cit.*, p. 141.

lismo; participar em conjunto dos assuntos econômicos e da política internacional; buscar construir um mundo com justiça e paz; reforçar o não-alinhamento como sinônimo do princípio de coexistência e cooperação entre Estados
com sistemas sociopolíticos diferentes, o que implicava flexibilidade na interpretação e liberdade quanto à prática política, admitindo-se diferenças político-ideológicas nas considerações de casos particulares, embora todos assumissem o compromisso de ter uma "atitude unânime" em relação aos princípios e
objetivos do movimento. Além disso, também foram definidos como princípios
fundamentais da conferência: a paz e o desarmamento com o objetivo de diminuir as tensões entre as grandes potências,

> [...] a independência, ressaltando o direito de autodeterminação dos povos; o direito à
> igualdade racial e econômica, destacando-se a necessidade de reestruturar a economia
> internacional, especialmente no que se refere ao crescimento e à desigualdade entre as
> nações pobres e ricas; a igualdade cultural, enfatizando que é essencial reorganizar a
> ordem informativa mundial com o fim do monopólio ocidental dos sistemas de infor-
> mação, universalismo e o multilateralismo, mediante forte apoio ao sistema das Nações
> Unidas, considerando o foco próprio para discussão dos assuntos mundiais.
> Respeitadas as diversas perspectivas político-ideológicas, com suas variações de ênfase
> e de estilo, pode-se considerar que todas essas disposições convergem para as questões
> concernentes à democracia e à modernização. Sob esse aspecto, reforçam a idéia de
> que a I Conferência dos Países Não Alinhados antecipa algumas reivindicações das
> próprias nações do bloco comunista, as quais aparecem de forma tímida a partir de
> 1975, vindo a culminar com a perestroika e a glasnost.[17]

Na discussão do não-alinhamento, o tema da flexibilidade político-ideológica de interpretação dos caminhos para a independência estava ligado ao da liberdade de ação, o que não só incluía a escolha entre gradualismo e revolução,
mas também insinuava o tema do papel das "lutas de libertação" (com a idéia
de guerra de guerrilhas), que passou a ser central nos anos 1960 em várias conferências realizadas na África entre representantes africanos.

Cinco anos depois, em 1966, essas idéias foram retomadas e desenvolvidas
no âmbito da Fundação da Organização de Solidariedade dos Países da Ásia,
África e América Latina, em Havana, mais conhecida como a Tricontinental de
Havana, liderada por Fidel Castro, representando a busca de "aliados revolucionários" entre os países do "Terceiro Mundo". Seu empenho em unificar laços

---

17. HERNANDEZ, Leila Leite. *Os filhos cit.*, p. 166.

de solidariedade ajuda a entender um aspecto decisivo da nova fase política de alianças, qual seja, a ajuda militar como apoio aos países em processo de "luta de libertação", isto é, de guerra de guerrilhas.

Essa conferência enfatizou a importância do debate sobre o papel das "lutas de libertação", definindo-o como o de empreender uma luta continuada contra toda e qualquer manifestação colonialista na África. Esse foi um bom ponto de partida para que fosse proposta a constituição de uma "vanguarda revolucionária", incumbida de compreender as questões fundamentais que envolviam as manifestações colonialistas na África e de atuar perante as massas populares, explicando as diferenças entre uma independência política "artificial" e uma "genuína". Também foi intenso o debate em torno da indagação acerca de qual independência se almejava alcançar. As respostas, basicamente de duas ordens, ou se limitavam a emprestar à independência um conteúdo anticapitalista ou pensavam a natureza global e os objetivos dos movimentos de independência, articulando-os a uma visão da sociedade e da sua transformação.

Charge de 1920 ressaltando o avanço do comunismo, representado pela bandeira vermelha circundando o globo terrestre.

Outro ponto que não pode deixar de ser considerado é o relativo à escolha da luta armada. Na Tricontinental, a tendência geral foi a de afirmar que a opção pela guerra de guerrilhas ficava na dependência das condições historico-culturais de cada país, o que incluía dois pontos umbilicalmente ligados: o questionamento da luta de classes como força motriz da revolução na África e a avaliação de que as lideranças dos movimentos de independência, no geral, careciam de formação político-ideológica.

Contudo, esse conjunto de encontros estava longe de ser a principal ofensi-va revolucionária capaz, por si só, de garantir o caminho para as independên-cias. Daí o esforço no sentido de estabelecer outras alternativas, entre as quais a fundação de organizações intracontinentais que constituíram verdadeiros cen-tros coordenadores de lutas nacionais. Como nem sempre eram publicamente evidentes as insatisfações, os ressentimentos e as demandas dos povos africanos, coube aos centros criar o maior grau possível de repúdio ao colonialismo na opinião pública internacional. Essa tarefa encontrou um forte e significativo elemento de apoio na própria conjuntura de fins dos anos 1950 e, em particu-lar, em 1960, "ano da libertação da África", quando cerca de um terço dos paí-ses do continente se tornou independente.

É necessário reconhecer que esses "centros coordenadores" promoveram vá-rios encontros de repúdio ao colonialismo, contribuindo para sensibilizar a opi-nião pública internacional a favor da luta pela independência. Ainda assim, esse processo não foi marcado pela linearidade, devido às naturezas contraditórias não só dos movimentos de independência como dos próprios modelos de desenvolvimento escolhidos, em particular nos países que optaram por uma transição socialista.

Examinando a história da África desses anos é importante lembrar várias conferências, como a Conferência dos Povos Africanos, em 1961, e as duas conferências, também em 1961, em Casablanca, que deram origem, respecti-vamente, a dois centros coordenadores de luta, a Frente Revolucionária Afri-cana para a Independência Nacional (Frain), fundada em janeiro de 1960, em Túnis, e a Conferência das Organizações Nacionais de Libertação das Colôni-as Portuguesas (CONCP), com sede em Rabat, com o objetivo de organizar permanentemente as lutas nacionais contra toda manifestação colonialista em Angola, Cabo Verde, Guiné, Moçambique e São Tomé e Príncipe. Não me-nos importante foi a Organização da Unidade Africana (OUA), criada em Adis Abeba em 1963, para fornecer apoio tanto aos movimentos de independência como aos "processos de descolonização" no pós-independência (veja figura da p. 172).

Não é difícil entender por que essas organizações intracontinentais foram tão significativas. Em primeiro lugar, atuaram como facilitadoras da aproxima-ção entre países independentes e não-independentes, possibilitando o surgi-mento de instituições, no continente africano, fornecedoras dos suportes mate-riais e logísticos para os movimentos de independência. Além disso, criaram condições para que se estabelecesse e desenvolvesse uma articulação política, fa-vorecendo a criação de um vínculo mais estreito entre os próprios partidos dirigentes das lutas pela independência. Por fim, reforçaram sua presença perante as organizações internacionais do mundo ocidental, em particular as européias, conquistando apoio político à causa independentista.

A proclamação na África, dos direitos humanos e dos povos.

Do ponto de vista comparativo, é importante registrar que a maior parte do apoio logístico e material provinha da então União Soviética, embora não tenha sido constante, em razão dos embates político-militares como a invasão da Hungria (1956), os confrontos com a Polônia (1968-1981) e a Primavera de Praga (1968). Ainda assim, foi de grande importância a atuação do bloco soviético, sobretudo da URSS, por meio do Comitê Soviético de Solidariedade com os Países da Ásia e da África que, além de cursos de formação política, fornecia meios materiais, humanos e logísticos. Não menos significativa foi a presença soviética nas várias sessões da ONU, manifestando-se contra a política colonial.

Por fim, é oportuno relembrar que esses países integraram organizações internacionais com objetivos programáticos, muitas vezes transformados em programas de ação vinculados a duas questões que os movimentos revolucionários acabavam enfrentando. O primeiro era o de oferecer subsídios para que os africanos construíssem um novo Estado. O segundo, o de construir um Estado-nação, abrindo caminho para o socialismo por meio da "democracia nacional revolucionária".

Por sua vez, a organização e os resultados obtidos pelos movimentos, conquistaram o interesse de outros países, como os escandinavos, que passaram a oferecer artigos de primeira necessidade como remédios e alimentos.

Embora se conheça bem a importância do conjunto desses nichos de poder no plano político internacional, o seu significado para o desenvolvimento dos movimentos de independência foi limitado. As linhas de clivagem e cooperação nem sempre seguiram num mesmo sentido. Na prática, foram poucas as independências alcançadas em curto período de luta.

Os processos em curso, por vezes, levaram muito tempo, dependendo dos apoios recebidos, mas, sobretudo, da própria natureza dos movimentos de independência. Quanto a esta, é preciso ter em conta que os movimentos revolucionários levaram mais tempo do que os reformistas, isto é, do que aqueles que negociaram com suas antigas metrópoles a fundação do Estado nacional. Já quando se afirmaram como revolucionários, seu andamento foi mais longo. Para combater os desmandos e a violência crescentes por parte das metrópoles que não abriam mão da dominação (foram os casos, por exemplo, da França em relação à Argélia e de Portugal em relação a Angola, Cabo Verde, Guiné Portuguesa e Moçambique), o caminho escolhido foi a guerra de guerrilhas, no âmbito de processos que pretendiam construir novas relações entre os homens e destes com as organizações recém-fundadas, de acordo com o modelo de desenvolvimento escolhido.

Torna-se absolutamente claro que, nas suas linhas principais, coube, em especial aos movimentos de independência, o impulso revolucionário de um conjunto de práticas políticas capazes não só de remover as injustiças da velha ordem social, como também de organizar politicamente a sociedade, o que implicava atingir os seus fundamentos sociais e econômicos. Assim, as lideranças desses movimentos privilegiaram a revolução nacional com o objetivo de unificar a população, somando os esforços necessários para promover a ruptura com o colonialismo e, em um segundo momento, tomar para si o difícil desafio de criar uma nova sociedade, mais livre, igualitária e justa.

8

A NOVA ORDEM POLÍTICA
E A QUESTÃO COLONIAL

O período entre guerras: algumas questões econômico-sociais

Não bastam condições degradantes de vida para que se constitua um movimento social contestatório do colonialismo. É preciso identificá-las, o que pode ocorrer, basicamente, em duas dimensões. A primeira é predominantemente cultural, voltada para a afirmação de identidades nacionalistas como o pan-africanismo, por exemplo. A segunda, por sua vez, é sobretudo política, contando com a criação de associações e partidos que articulam interesses e organizam solidariedades no plano das relações internacionais, convergindo para a consecução da independência e da autodeterminação, em torno de um ideário que acentua a igualdade e a solidariedade entre os indivíduos e as nações.

Os movimentos, na África, resultaram de uma grande experiência histórica compartilhada por colonizadores e colonizados, o que deu origem a temas complementares, não obstante contrapostos, como o imperialismo ocidental e o nacionalismo "terceiro-mundista". O que se pode dizer é que, nas condições do período entre guerras, as experiências comuns de opressão ganharam um alcance simbólico que pouco a pouco mobilizaram e articularam as massas populares. É possível dizer que as duas guerras mundiais, sobretudo a segunda, acentuaram demandas opostas por parte dos europeus e dos africanos. Nesse processo, criou-se o paradoxo de equalizar colonos e africanos, ao mesmo tempo que para estes se adensou o sentimento das desigualdades, da violência e da exclusão vividas cotidianamente, reconhecíveis em sociedades que continuaram sendo exploradas, embora com as vagas promessas de que os "esforços de guerra" seriam recompensados com a criação de espaços de liberdade.

Um bom ponto de partida acerca das repercussões da Primeira Guerra Mundial na África é não tergiversar sobre o ponto em que se cruzam economia e política. Examinando a história da África desde 1914 é difícil dizer o que chama mais a atenção, se as questões econômico-sociais e a comprovada incapacidade dos países metropolitanos europeus de solucionar tais problemas ou as questões políticas. Na verdade, precisamos dirigir a atenção para ambos.

Um brevíssimo percurso assinalando alguns fatos históricos ajuda a explicitar o exposto. Em parte, a Primeira Guerra Mundial ocorreu na África, motivada também pela redistribuição de territórios africanos. As operações militares desenrolaram-se em várias partes do solo africano. Os aliados invadiram o Togo, a Costa do Ouro, Camarões, a África Equatorial Francesa e o norte do Egito, próximo a Suez. Contaram ainda com forças da África do Sul para invadir o Sudoeste Africano (atual Namíbia) e depois a África Oriental Alemã (atual Tanzânia), o que enfraqueceu a capacidade ofensiva das tropas alemãs, impondo a sua retirada.[1]

Nesse sentido, é preciso lembrar que a guerra acarretou um êxodo de europeus com funções administrativas e comerciais, obrigados a somar esforços na frente ocidental ou a incorporar-se às unidades que estavam na África. Nas colônias francesas, em grande número militarizadas, todos os europeus foram convocados; na África Oriental Inglesa foram todos recenseados, ficando à disposição dos esforços de guerra. O resultado foi a precariedade ou mesmo a paralisação de serviços essenciais, o que levou, por imposição dos europeus, à participação de africanos nos quadros das organizações administrativo-jurídicas.

A vida econômica da África foi bastante afetada pela guerra. Houve uma forte queda dos preços dos produtos básicos e um aumento de cerca de 50% nos produtos importados, criando a necessidade de que a produção se organizasse de acordo com o que foi discutido na Conferência Econômica Colonial, em 1917. O resultado foi, no início dos anos 1920, a organização de empresas especulativas em grande escala que passaram a exercer maior controle no cultivo dos produtos de exportação considerados estratégicos, como a madeira na Costa do Marfim e no Gabão, o algodão em Ubangui-Chari, a borracha e o marfim no Congo Belga.

Essas empresas concessionárias trabalhavam com o mínimo de investimento, aumentando o recrutamento de mão-de-obra, o trabalho forçado e a requisição de colheitas. Também foi posta em prática uma política voltada para o aumento de produção baseado em baixos salários e no aumento de impostos. Uma das

---

1. Vale lembrar que os africanos foram envolvidos no conflito também no continente europeu.

conseqüências foi o agravamento da situação de pobreza para a massa de pequenos trabalhadores do campo, que acabaram hipotecando suas terras e tornando-se rendeiros. Outra conseqüência foi o surgimento de pequenos proprietários de terras e empresários comerciais que aumentaram o ganho graças à miséria e ao endividamento da maioria. Assim, por mecanismos econômicos perversos em relação aos trabalhadores, registrou-se o crescimento de um setor assalariado da produção agrícola.

Sob as ordens de soberanos europeus, as formas compulsórias de trabalho contribuíram para aumentar o índice de mortalidade dos povos africanos. Esta charge representa o exercício do mando fundado em um poder discricionário sustentado pelo terror.

Não é demais ressaltar que, para que essas transformações pudessem ser executadas, os países europeus intervieram na vida econômica dos territórios africanos de múltiplas formas, utilizando-se do exercício da autoridade, presente em mecanismos extremamente rígidos de subordinação. Não é, pois, de surpreender que as massas rurais se revoltassem, sobretudo onde o pan-islamismo e as igrejas separatistas e independentes africanas proporcionaram fortes pontos de apoio à insubordinação.

De modo semelhante, mas sob controle dos colonos brancos, a economia de *plantations* desenvolveu-se contando com dois terços dos investimentos europeus em áreas dominadas pela mineração, como na Tanganica, no Quênia, na Rodésia e na totalidade da África ao sul do Congo Belga. O sucesso da exploração mineira trouxe o aparecimento de uma "comunidade industrial e urbana" na União Sul-Africana. A grande parte da mão-de-obra era africana e, embora tivesse uma remuneração inferior à dos chefes e operários europeus, ainda assim era maior do que a dos africanos das demais regiões da África ao sul do Saara.

À medida que a situação se desenrolava, os seus efeitos fundiam-se parcialmente e tornavam-se um tanto contraditórios, como na conjuntura própria da depressão dos anos 1929-1933 que atingiu não só a África como todo o mundo dependente. O que se constata é que mesmo aqueles que antes tiravam proveito do colonialismo e da dependência tiveram de enfrentar os baixos preços dos produtos do "Terceiro Mundo" em relação aos preços dos produtos manufaturados. Como conseqüência, colonialismo e dependência acabaram sendo refutados mesmo por aqueles que se beneficiavam com eles.

> [...] Mais que isso: pela primeira vez (exceto durante as guerras) a vida da gente simples era abalada por terremotos que não eram de origem natural, e que exigiam mais protestos do que preces. Passou a existir uma base de massa para a mobilização política, sobretudo onde os camponeses tinham se envolvido maciçamente na economia de dinheiro-safra do mercado mundial, como na costa ocidental africana e no sudeste asiático. Os anos 1930 foram portanto uma década crucial para o Terceiro Mundo, não tanto porque a Depressão levou à radicalização, mas antes porque estabeleceu contato entre as minorias politizadas e a gente comum de seus países. [...][2]

O descontentamento fez-se presente de maneira acentuada para o grosso da população, dando ensejo ao surgimento de uma base de massa para a mobilização política anticolonial. Esse fato facilitou a aproximação entre as elites políticas africanas e as massas rurais e urbanas dos vários espaços geopolíticos africanos. O que sucedeu essencialmente foi que a crise de 1929 aumentou a falta de alimentos, acarretando fomes e epidemias, em particular nas zonas assoladas pela seca.[3] De outro lado, gerou forte pressão financeira, abalando as administrações coloniais. Com a queda dos preços dos produtos agrícolas, o governo colonial aumentou os impostos sobre todos os bens manufaturados, inclusive os metropolitanos. Essa medida acabou sendo um incentivo para que as empresas ocidentais começassem a estabelecer algumas instalações para a produção no próprio continente africano, o que, de algum modo, integrou o mundo colonial na "economia mundo", ainda que sem alterar significativamente o seu lugar periférico.

Por fim, mesmo reconhecendo que os governos assumiriam plenos poderes para emprestar ou mesmo conceder às colônias subsídios para o seu

---

2. HOBSBAWM, Eric. *A era dos extremos;* o breve século XX: 1914-1991. São Paulo: Companhia das Letras, 2000. p. 212.
3. Só a partir de 1935, com a importação européia de medicamentos de combate às epidemias e a criação de uma rede de transportes, tornou-se possível a distribuição de alimentos nas zonas de maior escassez.

desenvolvimento, foi muito pequena a eficácia das administrações coloniais para enfrentar problemas econômicos e sociais extremamente graves. Ainda assim, elas atuaram como fatores de modernização. Mesmo com a escassez de dinheiro e resultados medíocres, as obras públicas cresceram com a construção de estradas de ferro e de rodagem, vias fluviais e edifícios governamentais.

Com todas as dificuldades, a estrutura da economia nas possessões européias do continente africano apresentava significativas mudanças, criando as condições necessárias para complexificar a estrutura social. Integradas a programas coloniais modernizadores, foram feitas as primeiras reformas que iriam dar ensejo à constituição dos primeiros sindicatos e partidos políticos que, em particular nas Áfricas central e setentrional, provocaram as primeiras greves trabalhistas de massa após 1935, começando no cinturão do cobre centro-africano. Aliás, de 1935 a 1940, foram inúmeras as greves em todo o continente africano, ainda que poucas vezes de sentido anticolonial.

De outro lado, os setores vinculados à saúde eram extremamente deficientes e os serviços agrícolas e veterinários ocasionais, resumindo-se a algumas novas técnicas e à introdução de novas plantas. Não obstante, pode-se dizer que nas condições de crise do pós-Primeira Guerra, em geral, o auxílio metropolitano foi dirigido à educação. Foi o caso do governo britânico, em 1925, quando ficou acordado com os governadores das colônias africanas uma política de educação, cuja escolha recaiu em melhorar as escolas criadas pelas missões cristãs, em vez de ter gastos com educação estatal. Nos dez ou quinze anos seguintes, na África Ocidental Britânica, criou-se um sistema educacional que oferecia de dois a quatro anos de escolaridade a um quarto de jovens de oito a doze anos, compondo um pequeno grupo de selecionados sobretudo na Tanganica, na Costa do Ouro e na Nigéria. De modo semelhante, no Congo Belga a ênfase foi dada ao ensino primário, e nos territórios colonizados pela França, como no Senegal e na Costa do Marfim, foram estabelecidas escolas estatais, onde um pequeno número de africanos seguia os currículos franceses e teve acesso às escolas secundárias.

Todavia, se esse crescimento quantitativo de escolas não alterou a situação dos africanos quanto ao acesso aos principais escalões da administração colonial, não é menos verdadeiro que aumentou o número de alfabetizados aptos à leitura de jornais, muitas vezes com matérias que reforçavam a contestação da autoridade e da hierarquia, encorajando a mobilização política.

O impulso revolucionário

Vale destacar que no continente como um todo os velhos problemas se misturaram aos novos, alguns considerados ainda mais graves do que os antigos. Não é difícil entender que a participação dos africanos no "esforço de guerra" tenha criado a expectativa de uma reforma política e social. Por sua vez, mesmo sem um significativo grau de consenso a respeito das questões decisivas para o desenvolvimento de cada território, havia uma forte negação das "novas regras de moralidade" européia e norte-americana, que, embora apresentadas como "novas", reiteravam a idéia de reger a administração nos territórios africanos, sob a justificativa do exercício do "encargo sagrado de civilizar" povos pretensamente "pouco evoluídos".

Falar da Primeira Guerra Mundial é também reconhecer que esse fato histórico encerrou um primeiro conjunto de acontecimentos que estremeceu a estrutura do colonialismo mundial. Além disso, pelo artigo 119 do Tratado de Versalhes, de junho de 1919, foram legalmente reconhecidos os desmoronamentos dos impérios alemão e otomano, cujas possessões passaram a ser divididas entre britânicos e franceses. Ainda a propósito, é importante reiterar que a Conferência de Paz de Versalhes celebrou as idéias de autogoverno e de democracia representativa, a qual, ao menos no plano do discurso, é uma democracia de indivíduos iguais, independentes e capazes de se fazer representar.

Paradoxalmente, nos territórios ultramarinos, o exercício administrativo-jurídico, articulado a uma teia de crenças e valores, reforçava a existência de indivíduos e nações dependentes e incapazes de formular e conduzir projetos político-sociais próprios do mundo moderno. Esse foi o argumento da Sociedade das Nações quando redesenhou o mapa africano, instituindo um regime de mandato (o qual cedeu lugar ao regime de protetorado só depois da Segunda Guerra Mundial), substituindo a Alemanha: pela França e a Grã-Bretanha, no Togo e em Camarões; pela União Sul-Africana, no Sudoeste Africano, onde a campanha teve longa duração, contando em grande parte com tropas africanas de atuação decisiva em ambos os lados; pela Grã-Bretanha, na África Oriental Alemã; e pela Bélgica, nas populosas províncias de Ruanda e Urundi (atual Burundi).

Esse mandato de tempo indeterminado, incorporou à vida política dos territórios em questão a idéia de uma completa independência, precedida por um longo período composto por etapas: aquela em que as "tribos" aprenderiam a se governar localmente; a que passariam a integrar as federações regionais; e, por fim, a que se reuniriam em nações.

Os territórios de Togo e de Camarões foram partilhados entre a França e a Grã-Bretanha, sendo os seus limites fixados pela Declaração de Londres, de 10 de julho de 1919, implicando a reorganização do espaço com importantes desdobramentos, como um novo traçado de fronteiras e uma reconstrução administrativa, econômica e social. São claros os fatos que indicam a condição de marginalidade desses territórios. Togo e Camarões tiveram fronteiras que os dividiram sem nenhum critério de ordem histórica e etnocultural, acentuando descontentamentos preexistentes, em particular entre os adja-ewés do Togo, hoje espalhados entre esse território e Gana. Além disso, tanto no Togo como em Camarões sob o colonialismo francês houve um abrandamento de alguns mecanismos de mando e submissão, sendo diminuída a duração legal de serviços de doze para quatro anos. Ainda assim, em relação à administração alemã, nesses territórios passou a haver um maior grau de controle administrativo e jurídico.

De maneira semelhante, é possível considerar que, nos territórios sob mandato britânico, o crescimento econômico passou a declinar em detrimento da Costa do Ouro, assim também como a Tanganica se desenvolveu menos que o Quênia ou Uganda. Só no Sudoeste Africano é que se registrou um sensível desenvolvimento, porém em benefício de um número crescente de colonos brancos, que implantaram de modo ostensivo, um regime assumidamente racista em relação aos povos africanos.

A partir da reconstrução desse período, é possível dizer que o final da guerra trouxe os antigos combatentes e com eles algumas manifestações contestatórias como greves, com reivindicações de ordem econômica e social que abrangiam de privações e exclusões próprias das práticas cotidianas ao decreto de autodeterminação dos povos, como foi apresentado nos Quatorze Pontos do presidente Woodrow Wilson, reiterando a idéia básica aprovada já no Congresso da II Internacional Socialista realizado em Londres, em 1896.

Sob a força das circunstâncias, Grã-Bretanha e França, em novembro de 1918, apresentaram uma declaração conjunta por meio da qual os Aliados reconheciam a importância da emancipação dos "povos oprimidos pelos turcos". Em outros termos, destruiu-se o Império Otomano com o reconhecimento da independência a um grupo de árabes da África setentrional, em particular da Tunísia, enquanto nos demais territórios governados pelas mesmas potências européias a independência era recusada. Além disso, no caso do império francês, reiterava-se o projeto de assimilação para todos os territórios ultramarinos. A medida incluía a Argélia, que na prática contava com um aparelho jurídico em mãos de uma minoria branca (em 1905, de aproximadamente 600 mil pessoas) exercido sobre cerca de 4 milhões de muçulmanos. Estes só poderiam ter direitos de cidadania pela assimilação, o que implicava renunciar à lei islâmica.

Ao mesmo tempo que o descontentamento se expandia, surgiram com nitidez questões sobre as possibilidades e limitações reais de uma participação mais direta nos assuntos relativos aos territórios e povos da África ocidental. Desde 1905 houve um inequívoco crescimento dos movimentos nacionalistas na Índia, coração do Império Britânico, onde a palavra de ordem passou a ser o "autogoverno". Também o Egito, após a luta de independência entre 1919 e 1922, obteve, entre 1936 e 1937, uma semi-independência sob a tutela militar britânica. Ambos os processos foram marcados por uma inequívoca participação de apoio das massas. O Egito, em particular, assumiu posição de liderança no mundo muçulmano, incluindo África, Ásia e Europa, articulando vários territórios em torno da língua, reconhecida como a gênese do "poder libertador", de vez que foi o grande elemento catalisador. Em outras palavras, a língua como elemento de coesão e resistência ao colonialismo predominava sobre a raça e a nação. Essa observação vale para todos os países magrebinos, mesmo consideradas as especificidades históricas que lhes eram próprias.

Também no Sudão, somando-se as revoltas árabes, em particular a de 1916, passou a haver uma pressão mais organizada em relação à independência alcançada logo depois que os britânicos perderam o controle do Egito. Processos semelhantes ocorreram ainda na Líbia e no Marrocos. Aliás, quanto às três possessões francesas no Magrebe, o nacionalismo árabe oscilou, enfraquecendo em algumas conjunturas para em outras se reagrupar fortalecido, visando pouco a pouco substituir as colônias por Estados-nação.

Além disso, a Revolução de Outubro de 1917, a queda dos velhos regimes e a independência *de fato* da Irlanda, também atestaram a vulnerabilidade dos impérios. De modos diferentes e em diversas medidas, o pós-Primeira Guerra Mundial frustrou a expectativa de reconhecimento do "esforço de guerra", que incluía o cumprimento de promessas da burocracia colonial, de resolver necessidades materiais básicas dos africanos, com reformas social e política. Mesmo quando elas ocorreram, como no caso argelino, foram avaliadas como insuficientes, gerando uma forte oposição à administração francesa.

O impacto da guerra variou conforme a região e a potência colonizadora, com as colônias islâmicas francesas dando ensejo a um movimento anticolonial modernizante, estimulador do nacionalismo africano. Também contribuiu para o "nacionalismo branco", em especial na União Sul-Africana, onde se manifestou na rebelião dos africânderes, em 1914. Sufocada, a luta continuou na arena política, em que ficou nítida a pouca adaptação à política conciliatória de Botha e de Jan Smuts.

Por sua vez, em 1923, a Rodésia do Sul também contava com significativo grau de autonomia em mãos de uma pequena minoria branca. Quanto ao Quênia, os colonos brancos reivindicaram vantagens políticas no âmbito da administração colonial, obtendo ganhos como o direito, a partir de 1918, de eleger a maioria dos representantes no Conselho Legislativo. Ou seja, foi criado um conjunto de regras institucionais que legalizou a discriminação racial, o confisco de terras e o confinamento dos povos africanos às regiões inóspitas. A "definição mínima" do *apartheid* se constituiu com base em regulamentos como, entre outros, o Master and Servants (1906), Roads in Native Reserv Ordinance (1910), Native Authority Ordinance (1912), Native Registrations Ordinance (1915), Crownlands Ordinance (1915) e o Resident Native Ordinance (1916).

Esses regulamentos permitiram a segregação racial e o confisco de terras da reserva Nandi, entregues aos soldados brancos. Em particular, ainda no que se refere ao confisco de terras, foi uma prerrogativa legitimada pelo Master and Servants, o qual estabelecia um arrendamento de 999 anos para as terras agrícolas concedidas aos europeus. Com sucesso considerável, esse conjunto de leis fortaleceu a posição das minorias brancas no Quênia até a década de 1950. Evidentemente, a reação foi quase imediata, dando ensejo a uma onda de fortes incentivos ao nacionalismo no Quênia. O exemplo mais significativo foi o da Kikuyu Association, fundada em 1920, que estava em defesa da terra desse povo e acabou se transformando numa expressiva insurreição popular e guerra de guerrilhas que durou de 1952 a 1956.

Embora com fraturas nos sistemas coloniais, durante os anos 1920-1930, as potências colonizadoras estavam distantes de pôr em dúvida a sua liderança política mundial. Nem sequer perceberam que seus domínios na Ásia mostravam um claro desgaste desde 1917, quando o conjunto começou a ruir. Um retrato razoavelmente completo dos acontecimentos remete à Conferência de Paz, em Versalhes, que ao mesmo tempo afastou a dominação alemã dos territórios africanos e questionou publicamente o colonialismo, contribuindo para que este fosse pouco a pouco condenado pela opinião pública de todo o mundo. A visão negativa dos sistemas coloniais não se modificou nem com o estabelecimento do princípio da responsabilidade internacional das Nações Unidas, pelo qual se firmava o compromisso de "através de todos os meios ao seu alcance aumentar o bem-estar material e moral e favorecer o progresso social dos habitantes".[4] Até porque, pragmaticamente, essa medida se restringiu

---

4. *Apud* KI-ZERBO, *op. cit.*, p. 319. Consultar também Centro de Estudos da Dependência. *A descolonização e a neocolonização*, *cit.*, p. 15-16.

a mera recomendação, enquanto nos territórios sob tutela, os africanos continuaram a levar uma vida marcada por toda a sorte de carecimentos.

Assim, a "moralidade do colonialismo" foi posta em questão e acabou sendo um motivo a mais num conjunto de críticas que colocou o colonialismo em xeque, tanto ideologicamente como no âmbito da prática política, denunciando sobretudo a injustiça social e o racismo. Ao mesmo tempo, destacava-se a importância da modernização, embora se cometesse o grande equívoco de supor uma uniformidade das massas populares e urbanas na África. É possível objetar que a história própria de cada espaço sociopolítico impõe a necessidade de considerar as particularidades das práticas políticas. De todo modo, não há como negar que as massas que viviam as diferentes formas de violência, presentes nas relações cotidianas, não tinham como objetivo o progresso do Ocidente.

Consideradas as elites e as massas, vale salientar que as condições sociais haviam mudado, permitindo que novas necessidades surgissem e fossem reconhecidas como ameaças à sobrevivência. Mais do que levar à contestação, ganhou legitimidade o direito de resistência à opressão.

Contestação e resistência

Não há dúvida, de que o período entre guerras repôs na África o velho problema da resistência à opressão. Também aprofundou uma crise que, além de dimensões econômicas e sociais, continha fortes razões para um crescente desencanto político. Num mundo marcado pela queda dos impérios, pela Revolução Russa de 1917 e pela conquista de liberdades com a proclamação dos autogovernos, reiterava-se, de outro lado, o domínio europeu no continente africano, acentuado pela conquista da Etiópia, antigo sonho da Itália, na esteira de um nacionalismo fascista que se alimentava de velhos e reatualizados objetivos de conquista, exacerbando o orgulho da nação italiana e alimentando o seu prestígio nacional.

O domínio italiano se encerrou seis anos depois, em 1941, quando a Etiópia reconquistou sua independência com o apoio anglo-americano, que operou a partir do Sudão e do Quênia (com a participação de grande número de quenianos), promovendo a retomada do trono pelo imperador e a recaptura de Adis-Abeba. A Etiópia tornou-se assim, em 1941, o primeiro Estado-nação independente na África, ainda durante a Segunda Guerra Mundial.

A independência da Etiópia representou uma quebra em um dos primeiros grilhões da "África acorrentada", conforme expressão de Jomo Kenyatta. Teve um papel decisivo na constituição do imaginário africano. Em primeiro lugar, porque a Etiópia manteve um reino, em Adowa, que remontava ao século X a.C. Um reino com um efetivo militar organizado e competente, capaz de lutar e defender com êxito sua liberdade. Este *élan* só fez aumentar com o impacto da "guerra da Abissínia", como os italianos chamavam a Etiópia, fato registrado no *Gana Autobiography*, publicado em 1957. Em tom emocionado, desabafou Nkrumah: "Nesse dia, pareceu-me que Londres declarava pessoalmente guerra... O meu nacionalismo explodiu, estava pronto a ir até ao inferno se necessário fosse para realizar o meu objectivo, o fim do colonialismo".[5] Os historiadores estão de acordo em considerar que esse conjunto de idéias representou um dos momentos decisivos que, ao menos simbolicamente, assinalou uma virada na história da África.

De natureza diversa, outro conjunto de fatores teve um peso decisivo para o processo que deu impulso às lutas de independência. O primeiro deles foi que a participação de africanos na Primeira Guerra Mundial se repetiu na Segunda Guerra, quando perto de 190 mil homens estiveram em frentes de batalha na Alemanha, Itália, Líbia, Normandia, no Oriente Médio, na Indochina e na Birmânia. Ora, a guerra colocou os povos negros em contato com o caráter instrumental da técnica, multiplicada pela violência exercida pelos povos brancos entre si. Talvez o mais importante legado dessa experiência tenha sido desnudar a desumanidade dos "civilizados". Ora, não havia pois razão para aceitar que o sistema colonial fosse necessário ou mesmo inevitável para que os "indígenas" evoluíssem segundo os padrões ocidentais. O clima de "arrebatamento imperial" estava seriamente abalado entre os africanos. De algum modo tornava-se possível vislumbrar o direito de os povos negros serem tratados como semelhantes em um mundo compartilhado. Esse era um princípio fundamental para a luta pela igualdade, fosse individual ou social, e pela liberdade, incluindo a de tentar e impedir o exercício arbitrário do poder.[6]

Um segundo fator foram as perdas material e humana sofridas por uma Europa que, para se reerguer, precisou aceitar a desconfortável situação de depender do Plano Marshall. Some-se que em razão das guerras, em particular da segunda, a Europa perdeu a sua hegemonia para os Estados Unidos e a URSS, dando início a um mundo caracterizado pela bipolaridade. Ambas as nações, embora com posições político-ideológicas contrapostas, concordavam que a in-

5. CORNEVIN, M. *História da África contemporânea...*, *cit.*, vol. 1, p. 13.
6. LAFER, Celso. *A reconstrução dos direitos humanos...*, *cit.*, p. 22.

dependência deveria ser garantida a todos os povos que a tivessem como objetivo. Mas, ainda que pareça incongruente, acabou prevalecendo a idéia do presidente Wilson, que reconhecia como legítimo o controle dos governos estrangeiros sobre os povos submetidos que ainda não estivessem "preparados para a autonomia ou a independência".

Essa idéia sofreu alteração no texto da Conferência de San Francisco, realizada em maio de 1945, quando foi elaborado o regime de tutela universal, isto é, uma administração que, levando em conta as especificidades de cada território, deveria favorecer o desenvolvimento da capacidade de os africanos governarem a si mesmos. No entanto, a política pragmática norte-americana acabou oscilando entre um ideário político-liberal e medidas claramente orientadas por interesses econômicos, o que, de certo modo, ajudou a impulsionar o processo de emancipação africana a partir de 1957.

Por outro lado, é preciso uma vez mais reiterar um acontecimento histórico de significado universal, a Revolução Soviética de outubro de 1917, como exemplo seminal adotado posteriormente por vários países africanos. A experiência de uma revolução em um país de muito baixo desenvolvimento econômico que implementava o monopólio estatal nas relações de produção socialista, criando a base de uma forte burocratização da sociedade, tornou-se um modelo para os países do "Terceiro Mundo", em particular no continente africano.

Além disso, muitas questões-chave próprias do desenvolvimento socialista foram discutidas na II e na III Internacionais, como a autodeterminação dos povos; o comunismo e o anticomunismo; a revolução e o gradualismo; a política de não-alinhamento voltada para o fim do imperialismo; e o reordenamento de uma comunidade mundial cujas relações seriam regidas por uma nova ordem política e econômica. Na África, a influência dessas idéias foi exercida de início pelos partidos comunistas, pelos sindicatos e pelas associações marxistas dos países colonizadores.

Um quarto fator que precisa ser reiterado é relativo à importância do ideário liberal, composto por direitos conquistados ao longo da história. Abrange as liberdades fundamentais contidas nas Declarações dos Direitos dos Estados Norte-Americanos e da Revolução Francesa; as quatro liberdades fundamentais definidas pelo presidente Roosevelt, em 1941; e os três princípios da Carta do Atlântico.

Por fim é importante lembrar que no período entre guerras, ao mesmo tempo que se intensificaram as lutas nacionalistas no "Terceiro Mundo", no âmbito de cada território colonizado, formaram-se organizações que uniram lideranças de vários continentes e dentro do próprio continente africano, articulando interesses e solidariedades na luta contra o colonialismo e contra todas as outras formas de dependência.

Esse conjunto de elementos configura a grande reviravolta que ocorreu na África no período entre guerras e cujo caráter explosivo, como não é difícil de imaginar, convergiu para os movimentos de independência.

Os novos atores políticos

Um bom ponto de partida para entender o tema das lutas por liberdades é considerar que após a implantação dos sistemas coloniais, por volta de 1914, teve lugar nos territórios geopolíticos africanos o início de um lento, contínuo e crescente processo de migração de milhares de africanos do campo para as cidades. Essa foi uma das principais características da transição de uma sociedade tradicional para outra de tipo urbano, variável segundo o modo como eram compostas; as formas como se enlaçaram as culturas do campo e da cidade e as posições político-ideológicas assumidas pelos diferentes setores sociais que compunham cada uma delas. Esse processo foi marcado pelo surgimento de novos atores no âmbito de sociedades politicamente desorganizadas e divididas entre os integrados e a maioria de marginalizados que, em decorrência do contínuo desmoronamento das bases econômicas e sociais de suas sociedades tradicionais, buscavam se adaptar às sociedades urbanas em formação com novos fundamentos de solidariedade.

Os referidos atores surgiram em fins da década de 1920 e início da subseqüente, compartilhavam mais ou menos valores comuns e revelavam-se sujeitos em conflito, capazes de se organizar e agir, denunciando e protestando contra as desigualdades cumulativas, de várias ordens, próprias dos sistemas coloniais. A luta se fez somando a identificação das raízes da opressão aos obstáculos culturais e legais que surgiam na forma de preconceitos e de um conjunto de regras de aviltamento dos africanos. O primeiro grupo de oposição era formado por elites culturais, responsáveis sobretudo pelo movimento pan-africano nas suas diversas tendências e facetas. O segundo grupo era formado pela imprensa, uma vez que "[...] as línguas impressas lançaram as bases para a consciência nacional [...] 'criando' [...] campos unificados de intercâmbio e comunicação [...]", ao mesmo tempo que "[...] criou línguas-de-poder de uma espécie diversa da das antigas línguas vulgares administrativas [...]".[7] É um grupo formado por atores sociais, africanos urbanos, educados e insatisfeitos. Desde meados da dé-

---

7. ANDERSON, Benedict. *Consciência nacional..., cit.*, p. 54.

cada de 1930 eram numericamente significativos, dando origem a uma florescente imprensa política composta por importantes jornais como o *African Morning Post*, na então Costa do Ouro, e o *West African Pilot*, na Nigéria, além do *Éclaireus de la Côte d'Ivoire*, na Costa do Marfim, o *Brado Africano*, em Moçambique, e a *Revista Claridade*, em Cabo Verde.

O terceiro grupo era formado pelos estudantes organizados nas seções universitárias de partidos políticos europeus "socialistas" ou "comunistas". Exemplos paradigmáticos foram a Casa dos Estudantes do Império Português, organização de africanos das províncias sob domínio português; a Fédération des Étudiants d'Afrique Noir na França, que reunia africanos do império francês; e a West African Students Union, constituída pelos africanos dos territórios colonizados pela Grã-Bretanha, influenciados tanto pelas idéias do movimento negro dos Estados Unidos como pelo movimento comunista. Faziam parte ativa dessa organização o queniano Jomo Kenyatta e o dr. Nandi Azikiwe, mais tarde presidente da Nigéria. Algum tempo depois, os estudantes passaram a reunir-se em torno dos próprios partidos nacionalistas recém-fundados.

No que se refere ao quarto grupo, era formado pelos trabalhadores reunidos em sindicatos, dando origem a um movimento sindical. Embora ainda incipiente, contava nas suas fileiras com líderes que freqüentemente eram os melhores quadros dos partidos políticos. Tanto protestavam contra a precariedade das condições de trabalho e os baixos salários como reivindicavam direitos para os trabalhadores africanos. Além disso, punham em causa o próprio regime colonial.

É preciso, porém, considerar os obstáculos para um rápido crescimento da organização e da participação política dos sindicatos, tais como a fraqueza numérica, a fragilidade financeira derivada dos baixos salários e a precária formação político-ideológica de quadros e militantes. Acresça-se o contínuo afluxo de trabalhadores do campo à cidade, constituindo uma reserva de mão-de-obra sempre disponível, o que tornava a greve um difícil desafio para os trabalhadores, temerosos de ser demitidos. Isso levava ao absenteísmo, que sem sombra de dúvida minava a coesão e a força do movimento sindical. Ainda assim, entre 1935 e 1940, uma onda de greves varreu toda a África, mesmo que não pudesse ser configurada como uma política no sentido anticolonial. Além disso, o patronato e as entidades oficiais criaram "sindicatos amarelos", manipulando trabalhadores e dividindo o movimento sindical (veja figura na p. 189).

Esse conjunto de fatores retardou uma ação unificada, o que só ocorreu por volta de 1950, quando foram fundadas as primeiras centrais sindicais, que, no começo, eram prolongamentos de organizações metropolitanas.

Já o quinto grupo era constituído pelos partidos políticos, legais ou não, cujo número cresceu acentuadamente a partir de 1945, por vezes com apoio material e intelectual de partidos metropolitanos europeus. Defendiam as liberdades fundamentais de expressão, reunião, de ir e vir e, não raro, reformas constitucionais como meio de atingir a independência. Os referidos partidos, em muitos casos, valeram-se das autoridades tradicionais para sua propaganda, cooptação de adeptos ou mesmo para constituição de suas bases sociais de apoio. *Grosso modo*, eram centralizados e baseavam-se na disciplina e no militarismo de seus aderentes, características reforçadas pela repressão.

Os povos africanos unem-se e, militarizados, revoltam-se em sucessivos movimentos de contestação.

No que diz respeito ao estilo da direção, era personalizada, em diferentes graus, destacando-se que, na falta de referências escritas, o dirigente detinha ao mesmo tempo a doutrina, o programa, os estatutos e as regras do partido. Esse estilo, embora apresentado como próprio de uma "centralização democrática", inspirado no modelo soviético, revelava-se autoritário tanto na forma de pensar como na prática política.

Por fim, mas não menos importante, o sexto grupo, constituído pelo Islã e por algumas Igrejas cristãs que atuaram de forma significativa na contestação dos sistemas coloniais. Parte desse processo, o islamismo, mesmo por vezes combinado com as religiões tradicionais africanas, acarretou mudanças fundamentais na visão tradicional, contribuindo para estabelecer um conjunto de idéias e valores que transcendiam a aldeia ou a família, criando uma lealdade muito mais ampla, que colaborou para a integração cultural.

É evidente que os colonizadores, ainda que de modos diversos, atuaram contra os "Estados" muçulmanos e as organizações religiosas islâmicas constituídas na época pré-colonial. Nesse caso, acarretaram a sua abolição, como no califado de Sokoto, no norte da Nigéria, por parte da administração colonial britânica, ou a sua desintegração, como o império Tukulor pela administração colonial francesa. Porém, não é menos verdade que pouco mais tarde, por volta de 1910, as potências coloniais mudaram as suas orientações quanto ao Islã, por considerarem os africanos islamizados mais bem disciplinados e tecnicamente preparados para atuar no interesse das administrações coloniais.

De toda maneira, as manifestações dos muçulmanos contra a dominação colonial por motivos religiosos e políticos foram freqüentes. Grande parte dos muçulmanos, em nome da pureza dos princípios islâmicos, não aceitava submeter-se aos "infiéis", cristãos que dominavam a administração colonial. Esse foi o principal motivo do surgimento e da permanência do mahadismo, isto é, da crença que o Mahdi (o salvador) viria à Terra para libertar as sociedades do domínio dos brancos colonizadores, estabelecendo a justiça e a paz, por exemplo, nas regiões sudanesas da África ocidental, em particular na Mauritânia, no Senegal e na Alta Guiné, entre 1906 e 1914.[8]

Por sua vez, as Igrejas cristãs, sobretudo as protestantes, ao contrário das católicas, atuaram criando condições para o surgimento de uma consciência política questionadora do colonialismo, pela transmissão de valores ideológicos articulados à escolaridade formal e à educação evangélica, formando evangelistas africanos que levavam seus princípios e rituais religiosos a diversos povos. Uma das principais forças foram as missões protestantes americanas, de importante atuação em toda a África subsaariana (em particular desde o fim do século XIX), que de pequenas críticas ao colonialismo acabaram por negá-lo, proclamando o direito de autonomia de todos os povos colonizados.[9]

Além disso, a ação dos missionários contribuiu para a "africanização" das Igrejas, dando ensejo ao surgimento das chamadas Igrejas separatistas e das independentes. As primeiras surgiram da cisão com outras Igrejas, como foi o caso das etíopes da África do Sul, em 1884, por conseqüência de uma ruptura, dois anos antes, com a Igreja metodista. As Igrejas separatistas eram claramente contrárias à administração colonial, atacando a cobrança de impostos, o recrutamento militar e os trabalhos forçados. Por vezes, chegaram a travar luta armada contra a administração colonial, como foi o caso da Province Industrial Mission na Niassalândia, liderada por John Chilembwe, que acabou preso e executado, em 1915.

8. CLASTRES, P. *et al. Guerra, religião e poder.* Lisboa: Edições 70, 1980. (Coleção Perspectivas do Homem.)

9. GONÇALVES, José Júlio. *Protestantismo em África.* Junta de Investigações do Ultramar – Centro de Estudos Políticos e Sociais. Estudos de Ciências Políticas e Sociais. v. I e II, n. 38 e 39. Lisboa: 1960.

Processos semelhantes ocorreram em outros territórios africanos, como no então Congo Belga, em 1921. Simon Kimbangu fundou a Église de Jesus Cristo Sur la Terre par le Prophète. Kimbangu com seus seguidores organizaram-se em um movimento profético que pregava o não-pagamento dos impostos e o não-cumprimento do trabalho forçado na cultura do milho. Kimbangu acabou morrendo na prisão, em 1951, mas deu origem ao kimbanguismo, que se alastrou até o curso inferior do Congo e daí se espalhou para o Congo Francês (hoje República do Congo) e para o Ubangui-Chari (atual República Centro-Africana).[10]

Já as Igrejas independentes se formaram sem vínculo com as existentes, como, entre outras, a Sociedade Apostólica, na Costa do Ouro, e a Negro Church of Christ, na Nigéria. Vale ressaltar que essas igrejas, no conjunto, africanizaram o cristianismo, utilizando-se do Evangelho adaptado à visão de mundo tradicional, dando ênfase à cura, à adivinhação e à profecia. Destacamos, entre outras, a African Orthodox Church, fundada pelo pan-africanista Marcus Garvey, que pregava que os anjos eram negros e os demônios brancos; a Metodista, encabeçada por William Harris, na Costa do Marfim, ainda hoje com grande número de fiéis, que enfatizava a importância da alegria dos cantos e das danças tradicionais africanas opondo-se ao sofrimento que permeava sobretudo a doutrina católica; e as Igrejas nacionais da Nigéria e de Camarões, que oravam ao "Deus da África" implorando pelo fim do colonialismo.

Em síntese, é possível considerar que essas manifestações continham, além de uma dimensão religiosa propriamente dita, uma dimensão política centrada na idéia de que o Estado colonial era responsável por mecanismos e instrumentos criadores de injustiças e disparidades socioeconômicas, além de ter sido o grande promotor do afastamento e da ruptura dos valores da cultura tradicional africana. Dessa maneira, as Igrejas atuavam na criação ou no reforço de uma consciência da precariedade das condições materiais de vida e da agressão à cosmogonia dos povos africanos sob dominação colonialista.

Concluindo, ressaltamos que os atores políticos considerados (intelectuais, estudantes, imprensa, sindicatos, partidos políticos e Igrejas) contribuíram de maneira decisiva para a formação de um imaginário político antiimperialista e nacionalista, fundamental para sustentar lutas reivindicatórias por liberdades, direitos individuais e sociais que contribuíram para a formação dos movimentos de independência.

10. OLIVEIRA, Ana Maria de. *Elementos simbólicos do kimbanguismo*. Portugal, Missão de Cooperação Francesa Cultural, nov. 1994.

9

AS VÁRIAS NEGOCIAÇÕES DO IDEAL DE INDEPENDÊNCIA: DO PRAGMATISMO À INTOLERÂNCIA E AOS RACISMOS

A predominância da transformação pacífica: Gana, Nigéria, Gâmbia e Serra Leoa

De modo geral, os territórios da África Ocidental sob dominação inglesa como Costa do Ouro, Nigéria, Gâmbia e Serra Leoa apresentaram processos de luta caracterizados pela ausência de surtos revolucionários. Significa dizer que as independências foram alcançadas pela escolha de um caminho constituído por um conjunto de reformas políticas. Esses processos estiveram, a princípio, voltados para estabelecer o poder da legislatura, no âmbito de um projeto etapista que garantia aos governos europeus ao menos uma parte da condução do processo. Mas, ainda que com a ausência de uma situação revolucionária, os caminhos para as independências contaram com mobilizações sociais que combinaram reivindicações econômicas, sociais e políticas com a resistência à opressão estrangeira. Não foi outro o sentido da prática política das Ligas da Juventude, dos sindicatos, dos partidos políticos, do ascenso dos movimentos das massas rurais, dos movimentos interterritoriais e dos movimentos nacionais (veja mapa 9.1).

É inegável que encontramos problemas comuns aos movimentos de independência que culminaram com a construção dos Estados-nação, mas não é de menor relevância sublinhar que o desenvolvimento das lutas variou conforme as particularidades históricas de cada território, por vezes diferindo fortemente entre si. No caso dos territórios da África Ocidental sob colonização britânica, no seu conjunto, revelou-se inegável a importância da Constituição outorgada de 1946, conhecida como Constituição Richards, viabilizando, no conselho legislativo, a representação de uma maioria de africanos (cerca de 21) ao lado de europeus nomeados pelo governo (em número de dez).

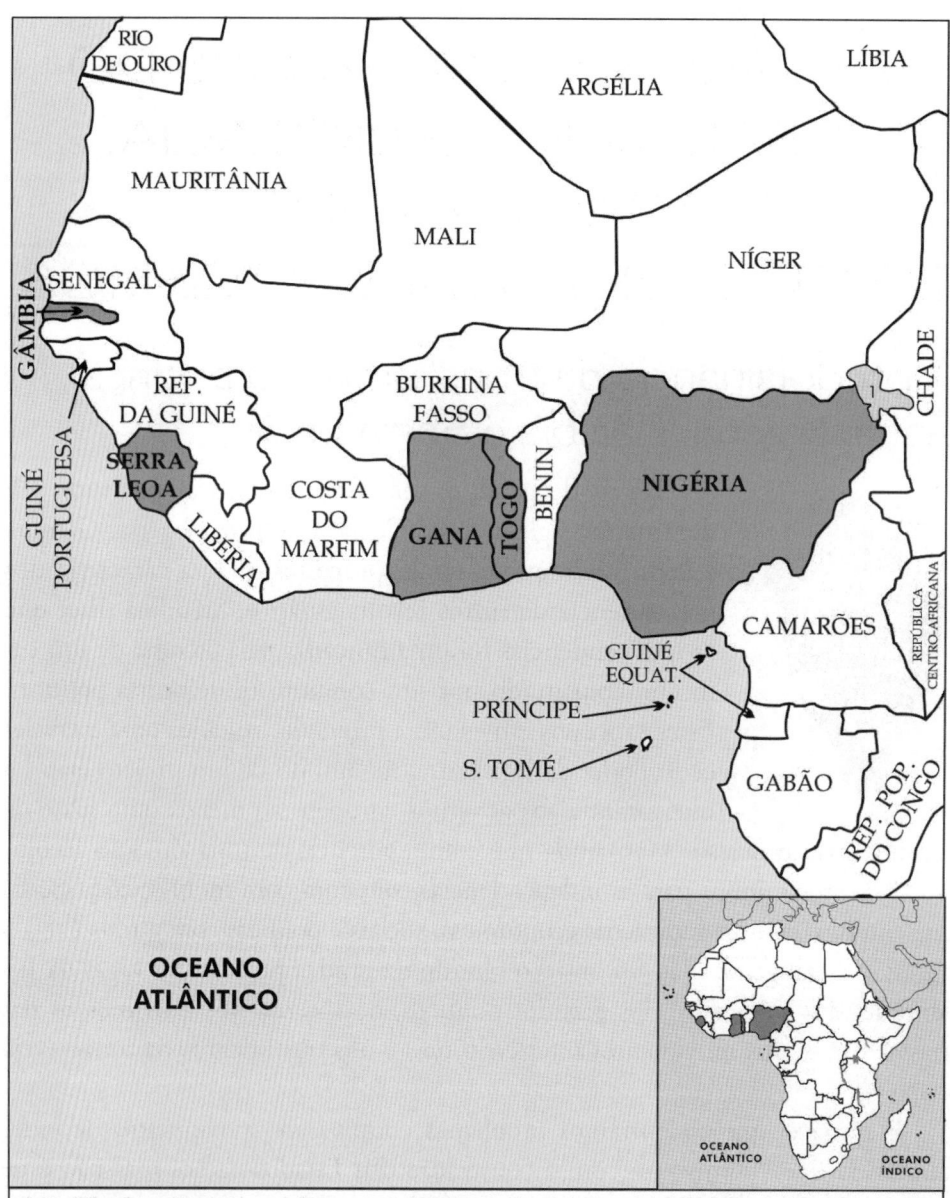

9.1 - Gâmbia, Serra Leoa, Gana (ex-Costa do Ouro), Togo e Nigéria, independentes desde o final de 1950 até meados de 1960.

1 Lago Chade

[Elaborado pela autora para a devida adequação ao texto. Vale observar que os espaços geopolíticos hachurados e suas datas de independência condicionam os nomes dos demais países - L. L. HERNANDEZ]

Ao lado dessa, outras medidas foram tomadas, mantendo o poder Executivo nas mãos do governo e da administração britânica, manifestando a capacidade de as velhas estruturas persistirem, mesmo com uma oposição consentida formada por intelectuais, estudantes e parte significativa de homens de imprensa.

Essas medidas tiveram diferentes repercussões, de acordo com as peculiaridades de cada território. Cumpre reconhecer que, no caso da Costa do Ouro, futura Gana, houve um conjunto significativo de características que resultou em um alargamento das oposições, que passaram a contar com os fazendeiros e os homens de negócios do Sul, responsáveis pelo cacau, descontentes com a decisão da administração colonial de extinguir todos os cacaueiros, contando como certo o alastramento das pragas que contaminavam parte das plantações.

Este cartaz diz respeito a uma das representações do Império Britânico em uma conjuntura na qual, pragmaticamente, este começa a desintegrar-se.

As conseqüências econômicas e políticas desse quadro foram completamente diferentes. Mas, nesse caso, os diversos setores descontentes com a administração britânica compartilharam uma hostilidade. Era geral a forte desconfiança de que o governo britânico visava acabar com o produto básico da economia da Costa do Ouro para debilitar o país, retardando a marcha para a independência. À medida que a situação evoluiu, ganhou reforços políticos significativos com o regresso de antigos combatentes de guerra (cerca de 65 mil), que levaram para os territórios africanos as experiências das independências asiáticas conhecidas, em especial durante a Segunda Guerra Mundial. Além disso, tiveram de enfrentar uma situação econômico-social muito distante das aspirações alimentadas como contrapartida por sua participação na guerra.

O alinhamento dos principais grupos dessa sociedade foi reforçado de maneira significativa por uma pressão político-partidária. Estabeleceu-se de forma lenta, mas sempre fiel ao objetivo de alargar os direitos individuais e sociais em relação aos precedentes. Nesse sentido, o United Gold Coast Convention (UGCC), fundado em 1947, tinha o caráter de uma frente que acolhia os diversos setores da sociedade, incluindo elementos das classes populares cada vez mais sensíveis às circunstâncias daquele momento. Esse processo resultou, em 1948, na organização de marchas pacíficas para o palácio do governador, reforçando o boicote aos produtos europeus para obrigar a baixa de preços. A enérgica repressão provocou tumultos populares em Acra e em cidades do litoral, com assalto de lojas européias e sírias, libertação de presos e incêndios de grandes armazéns. No fim de três dias havia 29 mortos e centenas de presos, incluindo os dois principais líderes do movimento de independência, J. B. Danquah e Francis Kwame Nkrumah.

Além dessa violenta reação imediata, tudo indica que o regime imperial pretendia implementar algumas medidas políticas próprias do *self-government*, tanto que em vista disso criou uma Comissão de Reforma Constitucional presidida por J. H. Coursey, contando com 38 membros de diferentes setores, todos de opinião moderada. Houve, nesse momento, uma ideologia que orientou uma estratégia para conciliar as aspirações autonomistas dos africanos com a vontade política da Grã-Bretanha de controlar o ritmo do processo independentista. Nesse sentido, a recusa de que o Executivo fosse uma instância com forte poder de decisão, enfraquecendo o papel do Legislativo, apareceu com suficiente clareza no jogo político.

Por outra parte, havia certa artificialidade no elo que unia os diferentes setores sociais em uma mesma frente nacionalista, tanto que as dissensões não tardaram. Existia efetivamente uma divisão entre os que defendiam a "autonomia o mais breve possível" e aqueles que propunham "autonomia imediata". Nkrumah propôs uma ação não-violenta, e no ano seguinte, 1949, foi porta-voz de reformas radicais com apoio dos sindicatos. Com efeito, era indispensável criar condições para uma pressão popular eficaz, desencadeando um processo de desobediência civil. Nessas condições, como parte do processo de luta, os sindicatos, mostrando sua capacidade de mobilização, lideraram uma greve geral, em janeiro de 1950, em torno de um programa de reivindicações. O governo central considerou necessário usar a força militar local, abrindo fogo e matando quatro oficiais africanos, além de prender vários líderes políticos e sindicalistas. Essa situação, somada ao crescimento da miséria, jogou a favor dos rebeldes, que alargaram a sua base social de apoio. Como conseqüência, as forças imperiais condicionadas por essa grave crise adotaram por algum tempo uma política menos repressiva, que incluiu a elaboração de um calendário de eleições parciais a serem realizadas em Acra e em Cape Coast.

Convém chamar a atenção para um dado que parece fundamental, não só no processo de luta como também para a estruturação do regime que surgiu no pós-independência. Refere-se à crise dos setores de oposição ao governo britânico que se acentuou, rompendo a situação de compromisso. Some-se ainda o fato de Nkrumah ter-se afastado oficialmente do UGCC por identificá-lo como representante apenas dos diferentes setores da opinião moderada. Com o apoio das massas populares, da juventude e dos "comunistas", ele fundou o Convention People's Party (CPP), cujo lema era "autonomia já". Colocava-se, portanto, contrário às modificações constitucionais propostas, como a assembléia eleita por sufrágio universal e a formação de alguns poucos gabinetes integrados por ministros africanos. O acesso para uma autonomia limitada que excluiria os africanos dos gabinetes das finanças, da administração, da justiça, do exército e da polícia foi, sem dúvida, a resposta inglesa para todo tipo de pressão, sem se subordinar aos interesses dos setores que clamavam por uma independência imediata. Essa manobra política gerou um acentuado aumento dos descontentamentos, uma vez que o CPP venceu as eleições gerais de fevereiro de 1951 com expressivo número de votos. Nelas conquistou 34 dos 38 lugares, com Nkrumah, mesmo na prisão, reunindo 98,5% dos votos. Essa ampla vitória explica, por si só, a libertação de Nkrumah e a legitimidade que lhe foi conferida como líder parlamentar.

Pouco tempo depois, abrandou-se o enfrentamento das forças sociais, começando a surgir características próprias de uma política de tendência colaboracionista. Anunciando essa nova fase, formou-se a campanha da Action Positive, cujo lema era "cooperação estratégica", que constituía em seguir um caminho feito de eleições, a formação de nova assembléia e uma reforma constitucional sob a firme liderança de Nkrumah. Este buscou um imaginário no qual predominava a unificação, com o objetivo de não distinguir as diferenças e as desigualdades dos vários grupos que competiam pela conquista do poder do Estado nascente.

Nkrumah obteve apoio das elites políticas, com o compromisso de promulgar uma Constituição Federalista reconhecendo cinco regiões: Territórios do Norte, Ashanti, Togo, Província Oriental e Província Ocidental. Cada uma delas contava com uma assembléia eleita, com poderes efetivos de administração local, além de uma assembléia consultiva formada por chefes tradicionais, para as questões relativas aos costumes locais e à tradição. Mesmo com essas concessões ao regionalismo, a oposição permaneceu ostensivamente controladora até as vésperas da independência da Costa do Ouro, em 6 de março de 1957, buscando garantir certo grau de autonomia, suficiente para preservar a coexistência de regiões formadas por diversas "nações" com diferentes características culturais, além de necessidades e interesses econômicos, sociais e políticos próprios.

Por isso, com a independência, uma das manifestações mais significativas dos líderes políticos foi a que apontava para a variedade de culturas anteriores ao colonialismo, fazendo-se sentir, logo de início, com a mudança do nome do país de Costa do Ouro para Gana, por razões históricas evidentes no livro *Autobiography of Kwame Nkrumah*. Nele, as explicações do líder contêm uma forte exaltação das tradições locais: "Eu recorri ao nome de Gana porque está profundamente enraizado na história antiga da África Ocidental, porque fala à imaginação da juventude. É preciso celebrar a grandeza e os altos feitos de uma civilização que os nossos antepassados fizeram expandir muitos séculos antes da penetração européia e do seu domínio ulterior sobre a África".[1]

No balanço geral, pode-se considerar que o processo de independência em Gana foi caracterizado por um gradativo alargamento de liberdades políticas e pela construção de uma nova ordem pública por meio de uma negociação conciliatória, em busca de lutas por liberdades da parte dos diversos setores sociais.

Há razões objetivas para considerar o movimento de independência de Gana um "caso de referência", estendendo-o para os demais territórios da África Ocidental de colonização britânica.[2] Nesse sentido, uma consideração faz-se necessária: ressaltar que a afirmação de que esses territórios passaram por profundas mudanças anticolonialistas é histórica e sociologicamente incorreta. Na verdade, esses movimentos de independência não canalizaram seus esforços para viabilizar um projeto de sociedade que elegesse como objetivo central combater as desigualdades e hierarquias criadas ou reforçadas pelo sistema colonial.

Um segundo exemplo de caminho para a independência é o da Nigéria, que apresentou como principal foco de interesse suas especificidades históricas. É importante saber que a Nigéria foi e é ainda um mosaico de diversidades

1. *Apud* CORNEVIN, *História da África contemporânea...*, *cit.*, p. 143. É importante advertir que é imprescindível conhecer a variedade das culturas anteriores ao colonialismo para compreender de maneira adequada a diversidade cultural da África contemporânea.
2. Dar conta de todas as diferenças no quadro das numerosas semelhanças existentes requer um exame histórico particular de cada um dos territórios, o que ultrapassa o objetivo deste trabalho.

etnoistóricas e culturais (na acepção alargada do termo) que configura um território multinacional. Aliás, desse ponto de vista, Appiah é bastante enfático quando trata da África subsaariana. Afirma que "[...] em quase todos os lugares [...], os novos Estados reuniram povos que falavam línguas diferentes, tinham tradições religiosas e noções de propriedade diferentes e, em termos políticos (sobretudo hierárquicos), tinham graus diferentes de integração – muitas vezes, radicalmente diversos. [...]".[3]

Enquanto em Gana havia certo grau de convivência com a diversidade cultural e uma forma peculiar de ajuste ou acomodação entre os diferentes povos, a Nigéria apresentava graves problemas de natureza etnoistórica, constituídos por elementos culturais e regionais, que facilmente se transformaram em conflitos, como o que culminou na guerra separatista de Biafra, em 1967.

Tendo em vista essas considerações, podemos observar que certos tipos de sociedades agrárias na África dividem-se, como no caso da Nigéria, em regiões semi-autônomas. Ao norte ficava o sultanato da Nigéria, estrutura de domínio dos hauçás, na sua maioria muçulmanos, integrantes de grande parte da elite militar. A sudeste ficavam os ibos, predominantemente cristianizados, o que não implicava o abandono da religião tradicional baseada no culto dos ancestrais; e a sudoeste era a região dos iorubás, povo com influências islâmicas que contava com uma coesão secular e inumeráveis realizações históricas. Nessa perspectiva, é comum afirmar que a Nigéria não era realmente uma nação. Certamente, as identidades de seus povos eram variadas, compostas por escalas de valores e visões de mundo diferentes. O colonizador atuou para abafar as diversidades que, aparentemente adormecidas, ressurgiram com grande força no fim do sistema colonial e foram reforçadas no pós-independência (veja mapa 9.2).

Sublinhar esse quadro não significa ignorar descontentamentos e reivindicações que constituíram um conjunto relacionado de semelhanças, para se compreender as campanhas de um nacionalismo unificador desencadeado pelos sindicatos que integraram, em 1943, a federação sindical Trade Union Congress, além de sindicatos autônomos como o Nigerian Union of Teachers; pelos partidos políticos, como o National Council of Nigeria and Cameroons; e pela imprensa. Esta foi em grande parte constituída por uma cadeia de jornais lançada desde 1934 por Nnamdi Azikiwe, líder de uma luta incansável contra injustiças, em particular a discriminação e o racismo. Desses jornais destacou-se o Nigerian Youth Movement (NYM), de grande influência entre os jovens "destribalizados" nos grandes centros urbanos como Lagos, defendendo um ponto de

3. APPIAH, Kwame Anthony. *Na casa de meu pai...*, cit., p. 226.

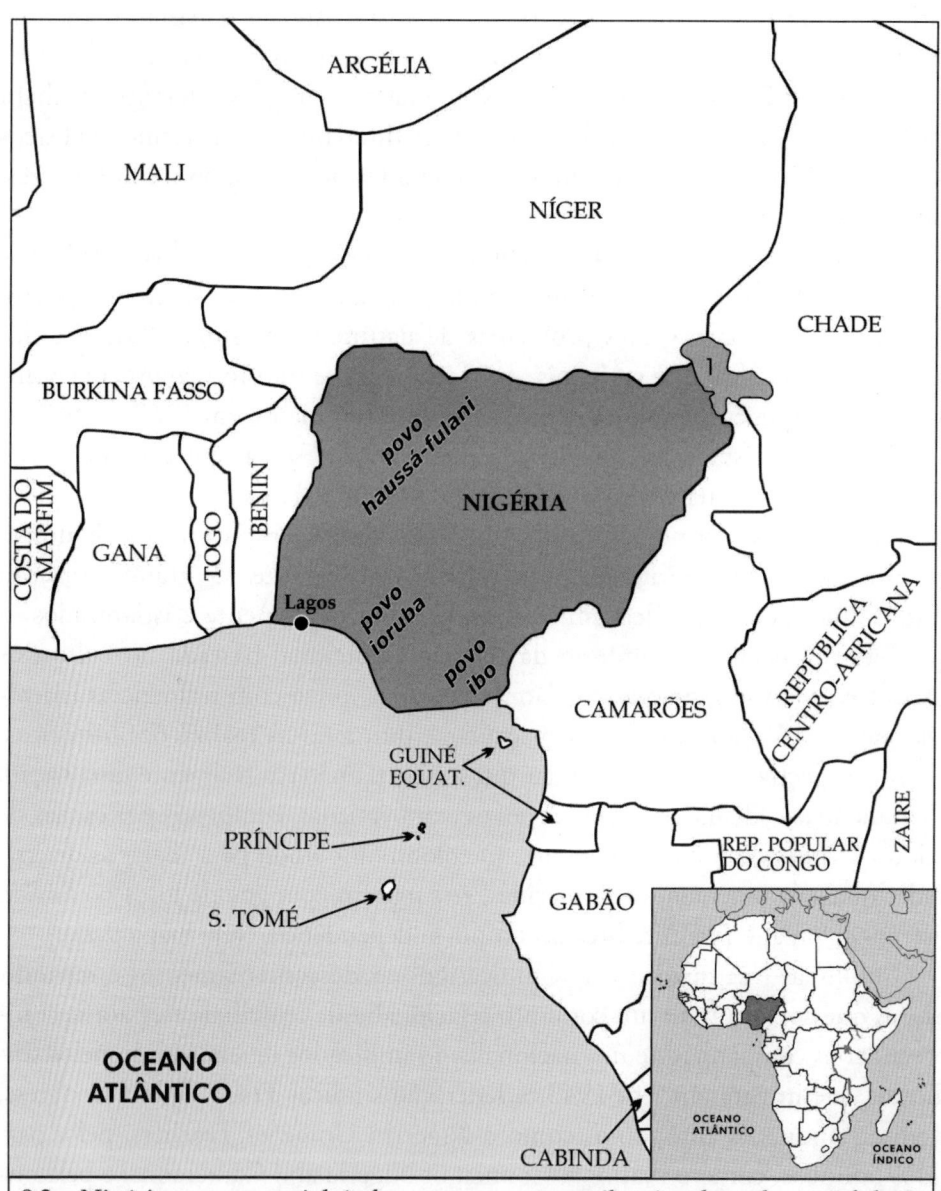

9.2 - Nigéria, com especial ênfase para os povos ibo, ioruba e haussá-fulani. Também chamamos a atenção para Lagos, uma típica cidade de "retornados" brasileiros.

1 Lago Chade

[Elaborado pela autora para a devida adequação ao texto - L. L. HERNANDEZ]

vista "pan-africano e supratribal", propondo um "caminho comunista" para a modernização.

Porém, mesmo nos tempos de paz, persistia um conjunto de entraves à unificação do território nigeriano, entre eles uma evidente falta de coesão relativamente maior do que em outras sociedades subsaarianas. O significado político da fraqueza dos elos regionais, derivada das diferenças, faz parte das páginas do livro *The path to Nigerian freedom*, de Egbe Omo Oduduwa, publicado em Londres. Afirmava o líder iorubá: "A Nigéria não é uma nação. É apenas uma expressão geográfica. Não há 'nigerianos' no mesmo sentido em que existem ingleses, alemães ou franceses. A palavra 'nigeriano' é apenas uma designação que distingue os que vivem no interior das fronteiras da Nigéria dos que vivem no exterior".[4]

Toda essa combinação de características permite compreender as razões pelas quais no imediato pós-1945 o movimento dos iorubás ganhou força considerável em torno do avanço da idéia do estabelecimento de um Estado iorubá no interior do Estado Federal da Nigéria. A resposta dos ibos não tardou e se traduziu na eleição de um presidente do Estado ibo. Assim, manejando alavancas dentro de um contexto de forte oposição, fez-se a separação do ponto de vista administrativo e político entre as regiões norte e sul. Ainda que em 1947, representantes das duas regiões tivessem aceitado participar do Conselho Legislativo, predominou um clima de relutância e mesmo de obstrução à livre discussão dos assuntos políticos.

Em um Estado multinacional, multiétnico e multilingüístico, a fraqueza dos elos entre os povos estava razoavelmente bem estabelecida, dificultando a aproximação entre os hauçás-fulanis, do norte, e os ibos, do sul. Contudo, o significativo crescimento econômico do norte tornou necessária a presença de agentes de comércio e de administração que conhecessem a língua inglesa. Os ibos preenchiam essas funções, mas foram afastados como invasores. Portanto, nem essa situação conjuntural ajudou a formar alguma cooperação entre os povos do norte e os do sul.

Por sua vez, à medida que o sistema colonial se desfazia, a região norte intensificava a sua luta política, reivindicando representação proporcional sob o argumento de que ocupava 75% da superfície da Nigéria e continha 60% da sua população.

Havia simultaneamente outros interesses que se tornavam cada vez mais importantes. Em dezembro de 1949, os iorubás, os ibos e os hauçás-fulanis apega-

<hr />

4. *Apud* CORNEVIN, *op. cit.*, p. 145.

dos às barreiras culturais e legais buscavam todos se afirmar por sua participação no Northern Peoples, pressionando a Constituição Macpherson, de 1951, que por seu turno levou às reivindicações dos três povos em consideração, mantendo as três regiões, cada uma com uma House of Assembley, com largos poderes no plano administrativo local. Ao mesmo tempo, o governo central ficou em Lagos, contando com um Conselho Legislativo de maioria africana, cabendo ao norte a metade dos lugares. Também foi instituído um Conselho Executivo de maioria africana, presidido pelo governador.

No entanto, essas medidas não se transformaram em alternativas de paz, capazes de conter o ódio, agora um tanto reprimido, entre o norte e o sul. Além dessas ilhas de clivagem, também é importante lançar luz sobre os pontos das diferentes exigências de mudança reveladas pelas regiões leste e oeste que reclamavam o *self-government* para 1956, enquanto os povos do norte aceitaram uma data indefinida, "logo que fosse possível", sendo por isso considerados "joguetes do imperialismo".

A conseqüência política dessas diferentes posições criou um clima de forte tensão que só fez aumentar, com episódios de grande violência da parte dos muçulmanos sobre a população essencialmente ibo, do sul. Em quatro dias de revoltas somaram-se 36 mortos, sendo 21 ibos e 15 nortistas; quanto aos feridos, foram registrados cerca de 2.770. Diante do estado de desordem, os ingleses passaram efetivamente a considerar a alternativa do desmembramento político entre norte e sul como a saída "menos má" para restaurar a ordem. Porém, a falta de agilidade política de decisão do governo britânico, contribuiu para que se estendessem as idéias favoráveis à Constituição Lyttleton, de outubro de 1954, que propunha o estabelecimento de uma federação de três Estados, dotados, cada um, de um Conselho de Ministros com expressivos poderes, ainda que submetidos à direção do governo-geral.

Porém, a violência continuada deu um forte impulso para que o governo britânico aceitasse que as constituições unitárias de 1945-1951 fossem preteridas, consentindo, em 1954, na separação da Nigéria em três Estados. Quanto à independência, ficou agendada para 1º de outubro de 1960, em uma cerimônia considerada uma verdadeira caricatura das relações entre Grã-Bretanha e Nigéria naquele momento. Nela, o dr. Margai, representando o governo da Nigéria, deu o braço à Sua Majestade, a rainha Isabel. Assim, a política pragmática britânica deu ensejo para que se formasse uma imagem resumida na idéia de "partir para melhor ficar".

Parece relevante reiterar que a unificação da Nigéria, estabelecida politicamente, teve importantes fatores adversos. Nasceram – de acordo com as particulariadades culturais de cada povo, da sua memória histórica e da sua situação entre outros povos – partidos políticos de diferentes matizes ideológicos, compostos em grande parte por membros de uma mesma etnia ou de etnias que compartilhavam elementos históricos comuns. Os confrontos alimentados por um nacionalismo "xenófobo" ressurgiram com grande força e acabaram resultando na guerra de Biafra, em 1967, provocada por um movimento separatista composto por membros das etnias ibo e ibibio, que se consideravam periféricas e subjugadas. Esta guerra ia ao encontro das expectativas de alguns países de dentro e de fora do continente africano que tinham em comum um nítido interesse de promover o desmembramento da Nigéria. Assim, Biafra não só contou com o apoio da Costa do Marfim, do Gabão, da Tanzânia da Zâmbia e da África do Sul, como também de Portugal e da França. A Nigéria só conseguiu unificar o seu antigo território, reincorporando a região separatista, graças ao apoio da Grã-Bretanha e da URSS, países diretamente interessados na recuperação do mais importante centro industrial petrolífero africano (veja mapa 9.3).

Em contraste com a história sobre o processo de independência da Nigéria, os problemas na Gâmbia decorreram de outras linhas de condicionamento histórico-estrutural. Subsistia uma tensão contida entre a colônia e o protetorado. A primeira ocupava uma pequena faixa litorânea onde se concentrava uma coligação entre as elites proprietárias e comerciais, ao lado de funcionários públicos e de uma pequena massa popular urbana. Era uma cidadela cuja vida se desenvolvia em torno de Bathurst. Por sua vez, o protetorado ficava mais no interior do continente, sendo a maior parte da população formada pelas massas de trabalhadores rurais.

No entanto, desde o fim da Segunda Guerra Mundial, o protetorado, pouco a pouco, contando com a participação especial dos chefes tradicionais, assegurou nos Conselhos Legislativos, uma representação superior à da colônia.

Um rápido olhar na conjuntura política dos anos 1950 leva-nos ao fato de que a força do protetorado provinha do apoio substancial dos chefes tradicionais, em particular a David Jawara, permitindo-lhe fundar o Partido dos Povos do Protetorado e ser nomeado "Ministro Principal", em 1960. À frente das principais forças políticas para negociar a independência com a Grã-Bretanha, Jawara teve uma participação decisiva e, em julho de 1961, foi fixada a data da independência para fevereiro de 1965. Depois da proclamação da República, em abril de 1970, tornou-se chefe de Estado da Gâmbia, abrindo um caminho ligado aos interesses das elites, mas com medidas por meio das quais obtinha aprovação das massas urbanas e rurais. Dessa maneira, na Gâmbia, o processo de independência foi obtido por meio de uma solução pacífica. Nele, as políticas foram revestidas de caracte-

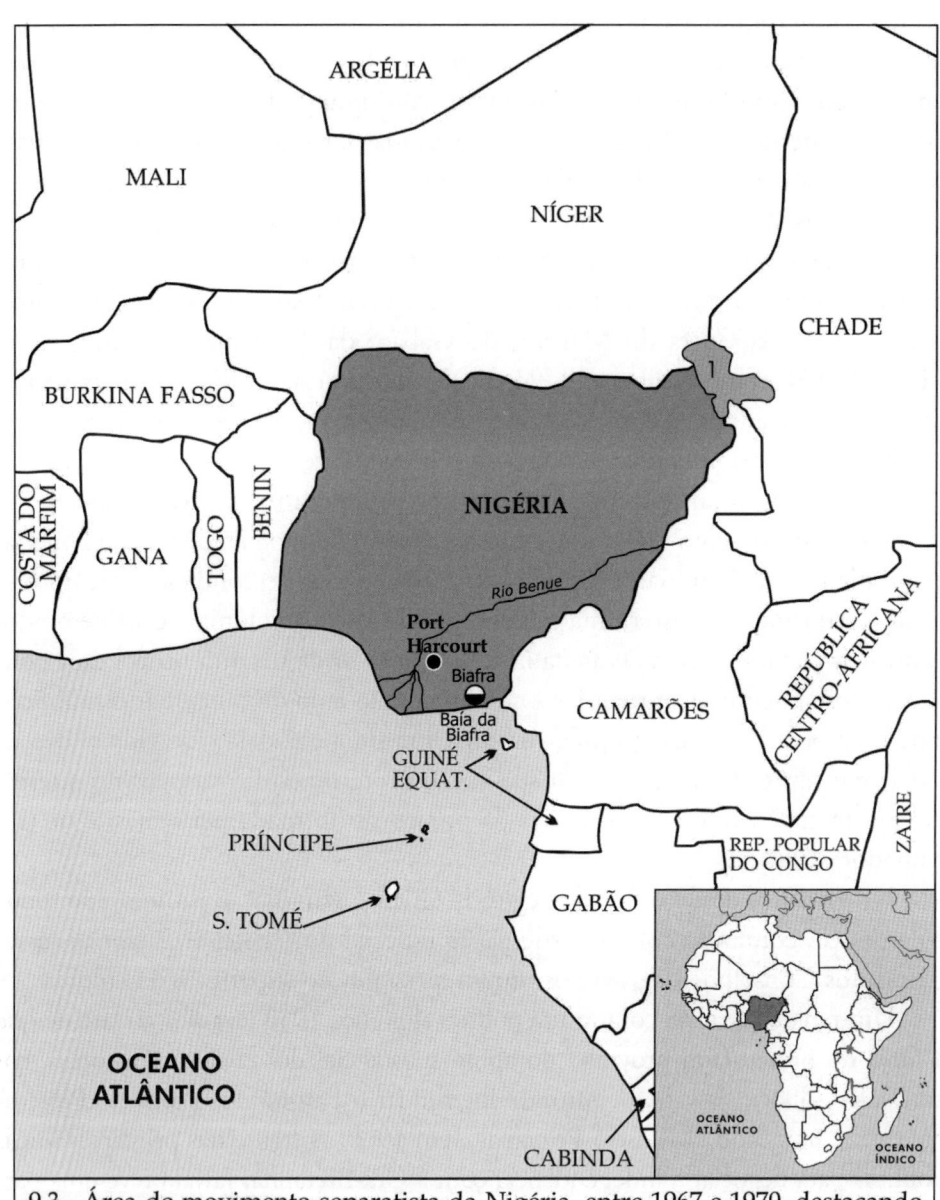

9.3 - Área do movimento separatista da Nigéria, entre 1967 e 1970, destacando Biafra, o principal local dos conflitos (◕).

1 Lago Chade

[Elaborado pela autora para a devida adequação ao texto - L. L. HERNANDEZ]

rísticas modernizantes sem, no entanto, desconsiderar o respeito às práticas tradicionais, próprias da elite constituída pelos régulos.

Prosseguindo essa difícil tarefa de tecer considerações sobre as independências de alguns territórios pela "via pragmática", há de se examinar o processo de luta em Serra Leoa. Esse território, em particular por razões econômicas e geográficas, também esteve dividido em colônia (na faixa litorânea) e protetorado (no interior), o que condicionou o desenvolvimento de uma estrutura social marcada por desigualdades e hierarquias.

Serra Leoa fica na região do delta do rio Níger e foi um rico fornecedor de azeite de dendê. Ao chegarem, em 1787, atendendo aos interesses da Sierra Leona Company, os britânicos trataram de obter dos chefes locais algumas milhas ao longo da península de Serra Leoa. A partir daí formou-se uma população, na sua maioria, de pequenos comerciantes e de escravos "recapturados", libertos por esquadrões contrários ao comércio de escravos durante a primeira metade do XIX. Eles ficavam em assentamentos especiais instalados pelos britânicos ao longo de uma pequena faixa litorânea. Em geral, esses retornados tornaram-se quase todos comerciantes que contribuíram para a formação de uma "burguesia" de características ocidentais, colocando-se como intermediários na venda de produtos da região. Controlavam o comércio sob a égide de casas britânicas ou libanesas.

Formou-se, assim, uma população que dependia de hortelãos, carregadores, comerciantes intermediários e banqueiros, que criou laços de fidelidade com os estrangeiros, em detrimento de sua ligação com as autoridades tradicionais. Além disso, para compreender a sociedade de Serra Leoa, na faixa litorânea, também é importante salientar o papel de missionários cristãos no processo de socialização das crianças, fazendo da educação ocidentalizada um importante fator de coesão.

Passado algum tempo, grupos de recapturados foram se deslocando para o interior, à margem da economia colonial, em busca de suas comunidades culturais de origem. O exemplo mais conhecido é o dos iorubás, que acabaram por se fixar em Lagos.

Além desse grupo, também havia o dos hauçás, fugidos dos emirados fulanis, dos quais eram prisioneiros de guerra de expansão. Acabaram formando um grupo de reserva de recrutamento, tanto para a polícia como para as tropas das guarnições das colônias britânicas ao longo da costa entre Serra Leoa e Camarões.

Em 1807, a Sierra Leona Co. acabou dando origem à colônia britânica de Freetown, na bordadura do Atlântico, com cerca de 120 mil crioulos, que por serem instruídos segundo os parâmetros escolares ocidentais, formavam os "quadros" de Serra Leoa. Já o interior do território era ocupado pelos temnes e pelos mendes, povos naturais dessa região que somavam quinze vezes a população da colônia. Era um protetorado britânico que se moldou conservando as estruturas tradicionais, como a Assembléia dos Chefes, com reconhecida legitimidade como conselho político.

Juntos, colônia e protetorado tinham uma característica comum, qual seja, a prevalência da pobreza da grande maioria do conjunto da população de Serra Leoa. Essa situação praticamente não se alterou, mesmo a partir de 1930, quando se iniciou a exploração de ferro e diamantes por grandes companhias, uma vez que os africanos participaram apenas como mão-de-obra barata.

Nesse complexo de características relacionadas há dois aspectos politicamente fundamentais: o caráter da ligação entre a colônia e o protetorado definido por antagonismos que geraram problemas de integração nacional, e um processo de instabilidade política decorrente de rivalidades internas, em particular entre as elites da colônia e as massas rurais do protetorado. Ainda assim, manteve-se certo grau de estabilidade social, por não haver competição pela terra ou por outros recursos. Além disso, os trabalhadores rurais ofereceram uma resistência relativamente limitada às experiências e práticas sociais marcadas pela submissão.

Mas a ausência de qualquer mecanismo efetivo que evitasse uma radicalização dos antagonismos acabou se constituindo em uma das inadequações estruturais do sistema. Tanto é que, na Segunda Guerra Mundial, o aumento do número de recrutados do protetorado representou uma ameaça real de que as rebeliões sucessivas fossem cada vez mais difíceis de conter.

Consideradas essas circunstâncias, o governo britânico procurou atender aos chamados políticos à unificação de forma pacífica. Foi nessa situação que, em 1943, o governo britânico decidiu associar as populações da colônia e do protetorado, o que implicava corrigir alguns abusos e injustiças internas que se haviam tornado estruturais. Foi quando pôs em curso a "africanização" dos postos de direção, aumentando o número dos naturais de Serra Leoa no Conselho Executivo. No entanto, as ações dos crioulos garantiram que não só aumentasse a sua participação numérica, mas também que ocupassem os principais postos de direção.

Dando prioridade à unificação nacional, o governo britânico acentuou os mecanismos políticos necessários e, em 1947, o governador Sir Stevenson preparou uma Constituição liberal na qual reconhecia o Conselho Africano, composto por maioria de africanos, com representação proporcional, ou seja, com cartoze representantes do protetorado e sete da colônia. A conseqüência política foi um aumento das divisões entre os representantes das duas regiões, uma vez que os crioulos da colônia discordaram desse critério de proporcionalidade. Argumentavam que eram mais bem preparados para herdar o poder colonial britânico e, representados pelo Partido Conselho Nacional de Serra Leoa, dirigido por Bancolé Bright, promoveram um boicote à Constituição. Evidentemente os obstáculos apresentados encobriam uma série de preconceitos em relação ao corpo rural, o que em várias conjunturas deu origem a gravíssimos conflitos.

Sob a força das circunstâncias, o protetorado organizou uma contra-ofensiva. Liderados por Milton Margai, alguns crioulos nacionalistas fundaram, em 1950, o Partido do Povo de Serra Leoa (SLPP), que centralizou os esforços políticos em torno da exigência de aplicação imediata da Constituição. Vencedores das eleições seguintes, em 1951, confirmaram a vitória dos homens do protetorado, integrando todos os postos do Conselho Executivo. Em 1953, esses quadros tornaram-se ministros titulares de departamentos e, em 1954, Margai tornou-se "Ministro Principal".

Outra conseqüência importante desse processo foi a abolição do protetorado, uma vez que o governo tornou-se unitário. Seguiram-se eleições por sufrágio direto e com elas a ascensão de Milton Margai a primeiro-ministro, em 1958. No ano seguinte, foi condecorado "Cavaleiro" pela rainha Isabel, e por fim, em 1960, recebeu os poderes que o governo britânico ainda detinha.

Fica evidente que esse conjunto de fatores foi primordial para que houvesse uma mudança pacífica fortalecida, em 1960, quando os partidos de oposição juntaram-se ao SLPP, formando uma frente nacional cujos representantes, por meio de "negociações amigáveis", acordaram o calendário da independência. Em 27 de abril de 1961, a independência de Serra Leoa foi confirmada segundo o "melhor processo para ficar", tão a gosto da Grã-Bretanha. Porém, as assimetrias, desigualdades e hierarquias entre as duas regiões permaneceram como um difícil desafio para os governantes do novo Estado-nação.

Nacionalismo expansionista e religiosidade nacionalista libertária: Sudão Central e Egito

Pensar o significado das práticas e dos discursos dos movimentos de independência do Egito e do Condomínio Anglo-Egípcio exige elucidar como cada um deles se ancorou no tempo político no qual surgiu e se desenvolveu. Assim, a ênfase na autonomia e na independência tem a ver com a qualificação das diferenças do passado histórico de cada um desses espaços geopolíticos. No caso do Egito, desde 1914 foi unilateralmente constituído como protetorado da Grã-Bretanha. O debate que se seguiu armou um campo de discussão que não

demorou para considerar essa medida ilegal. A indignação tomou corpo, fornecendo o ponto de partida para que os nacionalistas egípcios se organizassem em torno de idéias de mudança, formando a *Wafd* (delegação egípcia), cujos objetivos básicos eram tanto conquistar a independência do Egito como garantir a soberania egípcia sobre o Sudão, feito Condomínio Anglo-Egípcio. Também fazia parte da história o ideal de liberdade que gradativamente levou o Egito e o Sudão a reconhecerem a dominação e a opressão.

No caso do Egito, pouco a pouco foi rompida a "cultura do silêncio", unindo operários, trabalhadores e proprietários rurais, intelectuais e estudantes, culminando, em 1919, com uma enérgica resposta política das massas em forma de revolução contra o colonialismo britânico. O movimento apareceu nessa conjuntura como uma explosão.

O nacionalismo teve força necessária para sobredeterminar os demais elementos, inclusive o religioso, mobilizando e organizando os diversos grupos sociais, fossem eles coptas ou muçulmanos. A Grã-Bretanha, coerente com as diretrizes políticas adotadas nessas situações e preocupada com a ordem econômica e a estabilidade social, colocou em prática sua política de conciliação com os nacionalistas, que tinha como marco inicial definir a Constituição mais adequada para o Egito, sob o regime de protetorado.

A *Wafd*, com legitimidade nacional, assumiu, com êxito, a proposta para que o protetorado fosse substituído por um tratado de aliança. Mas, sem dúvida, o resultado fundamental da revolução de 1919 foi ter sido negociada a Declaração de Independência para 28 de fevereiro de 1922. Esse fato trouxe ganhos ao Egito, pois o Ministério das Relações Exteriores foi reconhecido como legítimo representante do país. Além disso, a Declaração previa um regime constitucional.

Esses ganhos, porém, não foram suficientes para mudar o ponto central da política britânica de se reservar o direito de prosseguir sua ocupação militar no Egito. A política britânica foi definida por meio de suas relações com as forças políticas egípcias, deixando à mostra os seus verdadeiros interesses. Em outros termos: não descuidou de interferir na *Wafd*, levando a uma cisão de seus quadros.

Porém, nem por isso a luta nacionalista deixou de superar as dificuldades surgidas. Reorganizada, reuniu condições para que entre 1924 e 1934 recrudescesse, orientada para a abolição dos "pontos reservados" próprios de um acordo com a Grã-Bretanha, o qual tinha como objetivo enfraquecer o regime de ocupação no Egito e modificar o *status quo* no Sudão. Foram anos de repressão e perdas de liberdades políticas para o Egito que culminaram no acordo de 1935 com a Grã-Bretanha, desdobrado, em 1936, em outro tratado que reconhecia a legalidade da ocupação britânica não só no Egito como no Sudão.

Nas circunstâncias criadas por um conjunto de medidas políticas que configuraram uma situação de crise, as repercussões internas deram ensejo a um significativo aumento da oposição. Como conseqüência, nas eleições realizadas ainda em 1936, a *Wafd* ganhou por maioria esmagadora. Além disso, a efervescência política dessa conjuntura deu ensejo ao surgimento de movimentos com claras influências fascistas, como o Jovem Egito, além de tornar possível que fossem revigorados pequenos grupos religiosos ligados à Association des Frères Musulmane, fundada em 1928 e agora organizada em formações paramilitares.

Configurava-se, assim, um quadro de forte conturbação interna, no qual as dificuldades foram transpostas por uma ação política, voltada para romper os laços de sujeição econômica, capaz de garantir a assinatura de um tratado de independência seguido, em 1937, pela admissão do Egito na Sociedade das Nações.[5] De outro lado, é possível considerar que o nacionalismo egípcio apresentava um caráter inequivocamente expansionista. Significa dizer que o Egito lutou ao mesmo tempo por sua própria soberania, mas não vacilou em aliar-se à Grã-Bretanha para manter o domínio do Sudão. Em outras palavras, a história do Egito se entrelaçou com a do Condomínio Anglo-Egípcio (Sudão Central), alimentando o mito da "Unidade do Vale do Nilo", que acreditavam ser milenar. Esse ponto de partida é essencial para compreendermos o sutil processo de formação do nacionalismo egípcio com tendência laica, fortemente expansionista para o sul, empurrando as fronteiras do Sudão (veja mapa 9.4).

Registre-se também a questão dos caminhos, decisiva para quem pretende a hegemonia política. Nesse sentido, durante quase meio século, entre 1899 e 1945, as colonizações britânica e egípcia fixaram unilateralmente as fronteiras no Sudão. Para a Grã-Bretanha, tratava-se de garantir que suas propostas fossem seguidas por meio de um governo-geral, nomeado pelo Egito.

É altamente provável que o Egito e a Grã-Bretanha não tivessem as mesmas propostas políticas, mas não resta dúvida de que eram simultâneas e complementares. Vale uma breve retrospectiva histórica. Desde 1901 o Condomínio Anglo-Egípcio foi dividido em sete províncias, tendo à frente oficiais egípcios sob as ordens de oficiais britânicos.

---

5.   Lembramos que em 1914 o Egito passou a ser protetorado da Grã-Bretanha. Em 1937, foi declarada a sua "independência", que em nada alterou a sua dependência.

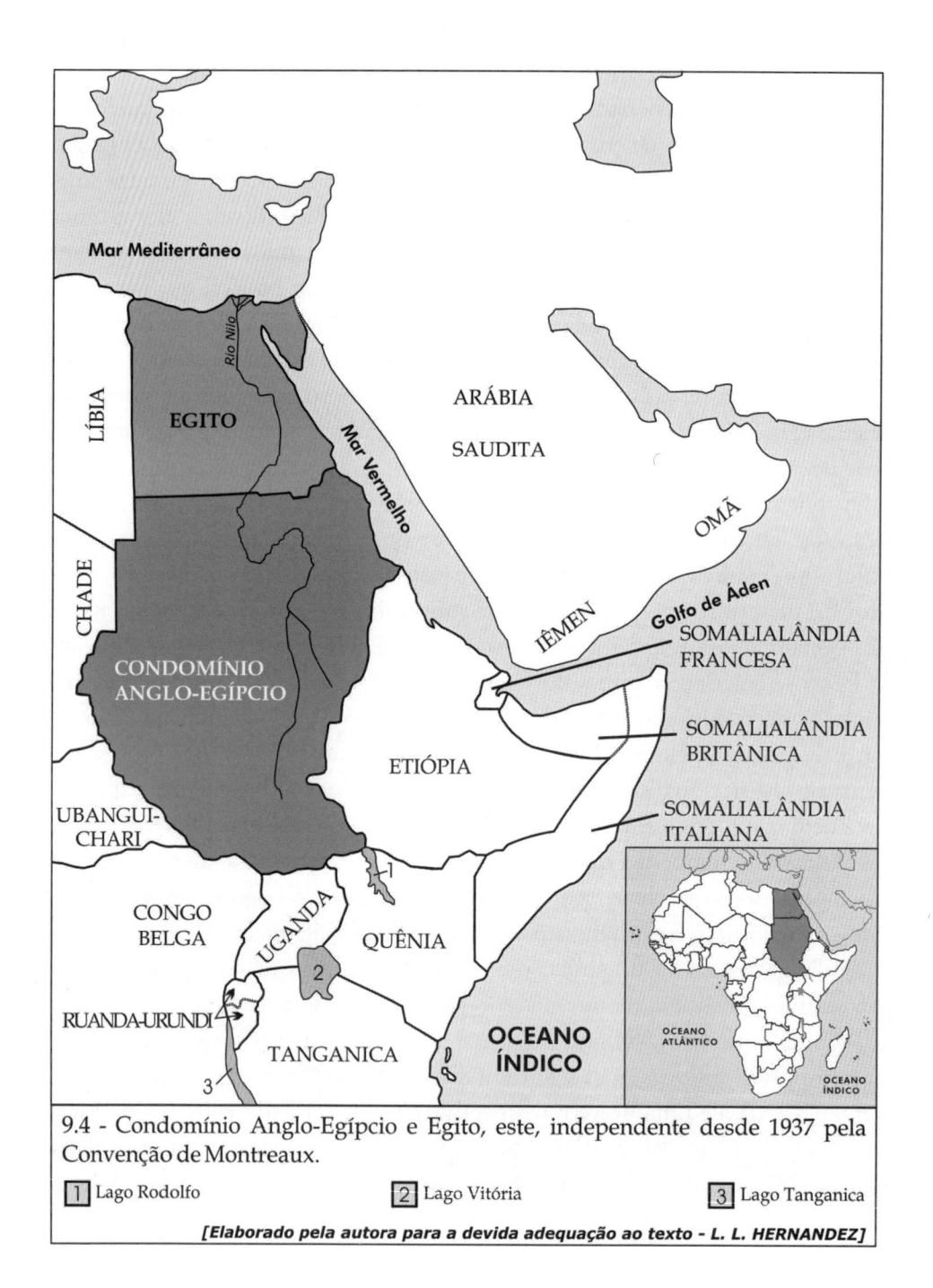

9.4 - Condomínio Anglo-Egípcio e Egito, este, independente desde 1937 pela Convenção de Montreaux.

1 Lago Rodolfo   2 Lago Vitória   3 Lago Tanganica

[Elaborado pela autora para a devida adequação ao texto - L. L. HERNANDEZ]

Entretanto, não tardou para que fossem organizadas lutas mahdistas contra o colonialismo britânico, em particular nos centros provinciais das redondezas de Khartum. Essas ondas de militância anticolonialista, com tendências nacionalista e religiosa, foram fortemente reprimidas. Por outro lado, como medida política complementar, o governo britânico tomou a iniciativa, em 1922, de dar andamento a um processo de transição no qual a administração dos comissários de distrito seria feita por um governo indireto. Para isso, pôs em prática mecanismos de cooptação dos chefes tradicionais mahdistas, ao mesmo tempo que nomeou chefes designados.

Hostis a tais chefes, os povos dominados responderam com a luta armada. Oficiais sudaneses, muitos da região sul, de origem dinka, ao lado dos nuers, pegaram em armas contra o colonialismo britânico. Em 1927 acentuou-se a tendência para um governo indireto, o que, no entanto, não extinguiu os levantes mahdistas contra o regime britânico, dos "infiéis". O exemplo mais conhecido foi o movimento dos nuers, sob a direção do profeta Garluark. Mas esse movimento fracassou por não ter se aliado às forças locais e religiosas, únicas a ter, de fato, apoio popular. De todo modo, o principal lema da revolta foi retomado mais tarde, em 1940, pelo Ashika e por outros partidos unionistas em torno do lema "Unidade do Vale do Nilo".

Cidadela sudanesa de Gezira, em maio de 1900.

É preciso deixar claro que nesse processo foram reafirmados os sentimentos pró-egípcios, na mesma proporção que os britânicos eram combatidos. Quanto ao governo britânico, não tardou em tomar a iniciativa da transição, reabsorvendo algumas bandeiras de luta das elites políticas egípcias que contavam com a solidariedade de nacionalistas sudaneses. Não foi outro o sentido do decreto de 1937, regulamentando os municípios e as unidades rurais administrativas de poder autônomo.

Convém esclarecer que essa reforma já estava na origem dos tumultos dos anos 1920, vinculados à coexistência de dois movimentos. O primeiro, daqueles que se restringiam a algumas sublevações de caráter religioso, sendo a mais notável a de Gezira liderada por Wad Habula, adepto fanático do Mahdi, que acabou capturado e enforcado. Ao lado deste, o movimento das elites culturais, tendo como ponto de união o sentimento nacional traduzido na luta por independência ou união com o Egito, o que implicava o fim do Condomínio e, portanto, a retirada dos britânicos. A principal associação foi a Sociedade da Bandeira Branca, fundada em 1924 e liderada por Ali Abdel Lattif, que se pronunciou pela liberdade do Sudão e pela "Unidade do Vale do Nilo".

A característica mais notável que ligava esses movimentos era a forte ênfase na "independência com união", com o Egito, partilhada no seu conjunto por todos os povos do Sudão.

No decorrer dos anos 1930, no entanto, esses movimentos distanciaram-se, estabelecendo-se entre eles uma nítida disjunção entre as elites e as massas. Em 1936, coube às elites culturais a condução de uma luta que rejeitava o acordo celebrado no mesmo ano entre Grã-Bretanha e Egito. Por ele, o Egito seria restituído dos direitos sobre o Sudão, perdidos à época das perturbações sociais em ambos os territórios. Porém, as elites culturais sudanesas, quando consultadas sobre esse acordo, consideraram-no um verdadeiro ultraje. A estratégia política escolhida foi a formação de uma organização apresentada como corporativa e filantrópica, com o objetivo de obter reconhecimento oficial. Na verdade, constituído em 1938, o Congresso Geral dos Diplomados voltava-se para atuar politicamente.

Nesse processo, que incluía a formação de uma identidade coletiva, as elites políticas do Sudão voltaram-se, em um segundo momento (1942), para construir relações de força política capazes de submeter, com sucesso, o governo britânico a um conjunto de reivindicações sociais e políticas. Criaram, assim, associações orientadas por motivações basicamente político-ideológicas que representavam um espaço fundamental de atuação dos movimentos de pressão. Quanto às reivindicações, é inegável que estiveram associadas a uma agudização de interesses políticos. Dessa maneira, o Congresso submeteu ao governo um conjunto de doze reivindicações, incluindo, entre outras: o reconhecimento do direito à autodeterminação para os sudaneses quando acabasse a guerra; a definição de uma nacionalidade sudanesa; a criação de uma instituição sudanesa para aprovar o orçamento e a legislação do país. Todavia, com reduzida capacidade de influência, o Congresso Geral dos Diplomados não conseguiu impedir que o documento fosse rejeitado.

Para melhor compreender os desdobramentos desse processo, é importante identificar a presença de setores com diferentes interesses no âmbito do próprio Congresso. Nele se definiram duas tendências claras. A primeira, dos *duros*, buscava uma resposta por escrito da administração britânica em relação às suas demandas. Embora o assunto apresentasse uma série de complexidades, naquele momento acabou reduzido a uma solução demasiado simples, voltada para uma aproximação com o Egito. A segunda tendência era dos *moderados*, que preferiram garantir uma marcha pacífica e negociada para a independência, em nome de "O Sudão para os sudaneses".

Entretanto, a falta de radicalidade das demandas das elites culturais, como também o relativo afastamento das massas populares desse processo, facilitou que o "grupo dos *duros*" vencesse. Contrapondo-se a este, formou-se o UnnA (Partido do Povo) que, por sua vez, era composto por correligionários de duas tendências. A primeira buscava a independência do Sudão, mantendo laços de amizade com a Grã-Bretanha e com o Egito. A segunda, por sua vez, era formada por uma elite hegemônica em relação a grande parte do movimento popular. Além disso, contava com os apoios do UnnA, amparado por Said Abrahman Al Mahdi, e da Confraria dos Ansars, herdeiros do Mahdi, mostrando-se intransigentes acerca da independência total.

Em razão de suas diferenças, em 1944, o Congresso Geral dos Diplomados opôs-se de modo contundente ao UnnA, aprofundando as duas questões centrais que estavam em jogo. A primeira, a exclusão do sul, que poderia levar ao separatismo ou a uma integração com Uganda. A segunda, referente à faceta legislativa do processo político, em particular a pouca representatividade do Conselho Consultivo, que incorporava todos os chefes, tradicionais ou designados, dependentes da administração britânica.

Dois anos depois, em 1946, em torno das negociações anglo-egípcias para a revisão do acordo de 1936, facções dos dois partidos tenderam a passar de uma relação desarticulada a uma ação unificada, permanente e mais estruturada. Formou-se uma delegação que foi se encontrar com os representantes do governo egípcio e expor-lhes um programa para constituir um governo democrático sudanês unido ao Egito e aliado à Grã-Bretanha.

Todavia, se o governo egípcio não concordou, menos ainda a maioria mais radical do UnnA que passou a colaborar ativamente com o governo sudanês. A unidade e o projeto comum em torno da independência tornaram-se fortalecidos. Ambos passaram, em 1945, a controlar a Assembléia Legislativa, ao lado de pequenos partidos favoráveis à independência. Também se tornaram preponderantes no Conselho Executivo. Não obstante o UnnA e o governo sudanês ganhassem força política e ampliassem suas bases de apoio na sociedade, o Governo-Geral mantinha a continuidade institucional, podendo utilizar-se do poder de veto.

O governo egípcio reagiu, revogando o Tratado Anglo-Egípcio, de 1936, e proclamou Faruk, rei do Egito e do Sudão. Porém, isso não impediu os britânicos de conceder, em 1952, um regime de autonomia ao Sudão. Este seria constituído por um Parlamento inteiramente africano composto de duas Câmaras. Quanto ao Governo-Geral, conservaria a competência exclusiva na função pública, nos negócios estrangeiros, no estado de emergência e nas províncias do sul.

Dias depois, em julho de 1952, um golpe militar de Estado derrubou o regime monárquico egípcio, embora mantendo os projetos de unidade com o Sudão. No entanto, a crise política egípcia possibilitou a independência do Sudão, em 1º de janeiro de 1956. Como herança, os povos sudaneses ficaram com as tarefas da construção nacional ainda pendentes, nas quais os diferentes povos do norte e do sul percebiam de modo diverso o que significava ser sudanês (veja mapa 9.5).

Identidade e nacionalidade: Somália e Djibuti

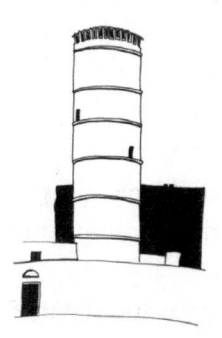

A Somália foi uma das poucas exceções do continente africano, o que significa dizer que contou com um claro sentimento de "nacionalidade" acentuado por uma cultura nacional quase uniforme, com o reforço de uma fortíssima adesão ao Islã. No período entre as duas grandes guerras esse sentimento de identidade nacional foi básico na luta contra os imperialismos britânico, italiano e francês. Os colonialismos na Somália significaram a introdução de mecanismos e instrumentos administrativo-jurídicos que não tinham a menor semelhança com as instituições locais, tradicionalmente autônomas, nem com o nomadismo próprio da grande maioria dos somalis.

Assim, não é nada difícil avaliar o impacto do sistema colonial, por exemplo, a imposição de chefes designados, os *akils*, no protetorado britânico. Estes, integrados em uma burocracia colonial, passaram a exercer funções diretamente ligadas aos interesses dos administradores europeus, como cobrança de imposto sobre o gado e o recrutamento de mão-de-obra para formas de trabalho com-

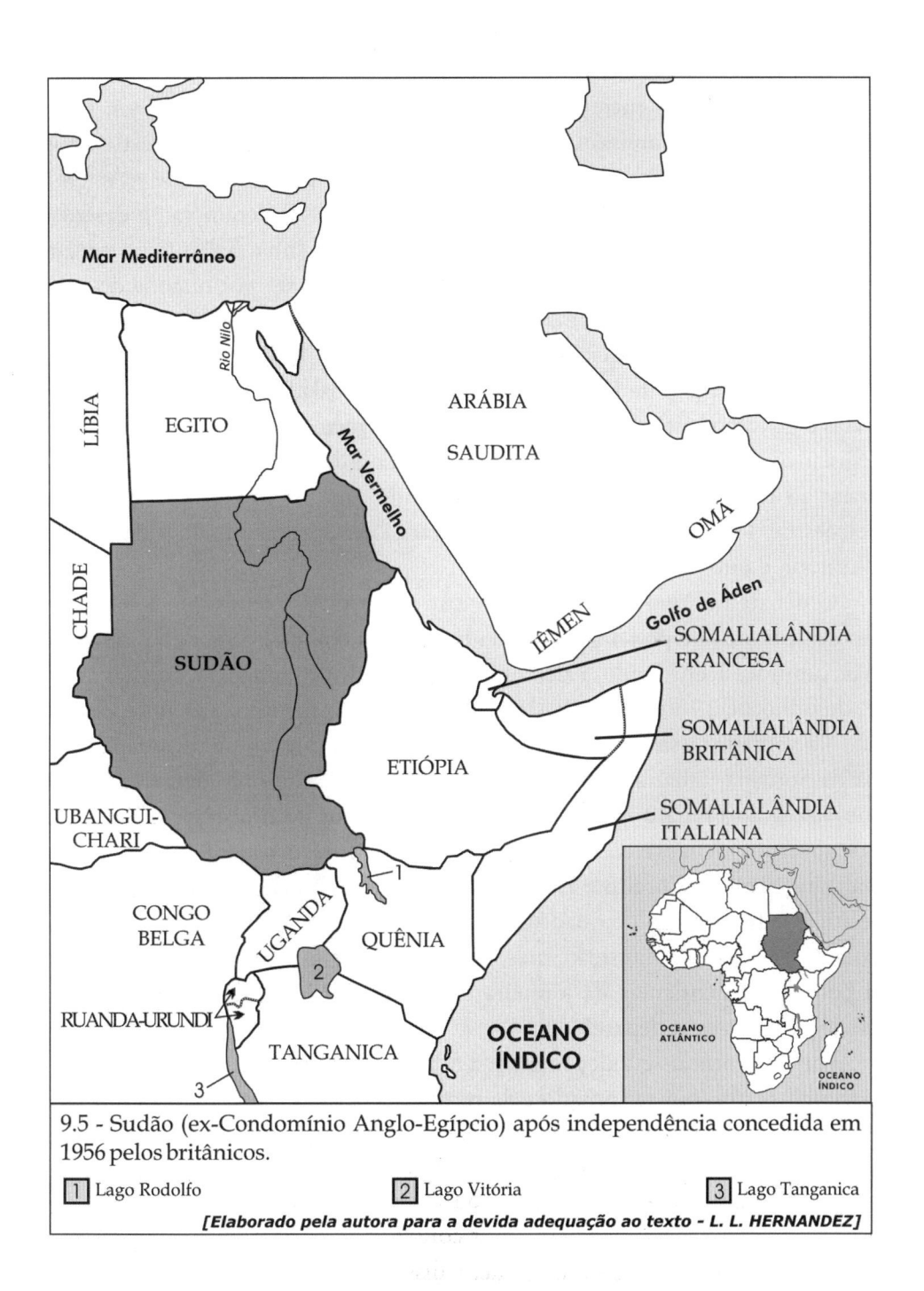

9.5 - Sudão (ex-Condomínio Anglo-Egípcio) após independência concedida em 1956 pelos britânicos.

1 Lago Rodolfo   2 Lago Vitória   3 Lago Tanganica

[Elaborado pela autora para a devida adequação ao texto - L. L. HERNANDEZ]

pulsório. Ora, esses elementos, mais o fato de os estrangeiros serem cristãos, de "raça branca", levaram os somalis a buscar romper com o poder instituído.

Os protestos das elites culturais e os movimentos populares não tardaram a eclodir, em particular entre 1919 e 1935. Porém, só bem mais tarde, em 1958, foi organizada uma comissão que discutiu a falta de efetividade dos textos constitucionais relativos aos Conselhos Legislativo e Executivo, no que se refere à participação dos somalis. A Liga Nacional Somali (LNS) denunciou a desigualdade que impregnava a proposta política da Grã-Bretanha. Salientou a contradição, com o exemplo do Conselho Legislativo, composto por maioria de europeus, considerando esse fato mais uma forma de exclusão a que os somalis eram submetidos. Em decorrência, boicotou as eleições de 1959.

É possível que para bloquear uma provável escalada de manifestações violentas o governo britânico tenha proposto outro texto, que previa um Conselho Legislativo de 33 eleitos e 3 designados. Esse fato deu ensejo para que a LNS se aliasse ao Partido Somali Unificado, formando uma frente que participou das eleições de 1960, conquistando vinte lugares, sendo doze do Partido Somali Unificado e oito da LNS.

O debate político começou a avançar. As críticas à repressão, à intimidação e às práticas de poder próprias da burocracia colonial passaram a ser feitas mais amiúde, acentuando a demanda por uma independência imediata. Em 1º de julho de 1960 a Somália britânica alcançou, por fim, sua independência. Na verdade, essa independência ocorreu cinco dias antes da independência da Somália italiana, conduzida a partir de um "plano de descolonização" que visava ao preparo de elites políticas e quadros administrativos para um autogoverno, inclusive com a complementação da escolaridade formal dos somalis nas áreas de Direito e Economia, em Roma. É evidente que por trás da política de preparação de quadros para um Estado independente havia o controle do processo de transição, mas, como este já estava em curso, ganhou força com a independência da Somália britânica. Em julho de 1960 a Somália italiana tornou-se independente.

Por fim, tornou-se independente a Somália francesa, ou Djibuti, cujo líder Mahmud Harbi, por ter optado pela recusa de integrar a comunidade no referendo de 1958, foi significativamente derrotado, tendo de se refugiar no Cairo. As divergências não se revelaram fortes o bastante para impedir que as eleições que se seguiram a esse acontecimento fossem favoráveis à administração francesa, que se pronunciou, em 1967, por conservar a Somália Francesa com o estatuto de território do ultramar. Além disso, não havia como ignorar que ao longo dos séculos, este território tinha se tornado um território árido, calcinado pelo sol. Assim, os subsídios franceses, como investimentos, empregos, melhores salários e maiores oportunidades de consumo eram considerados imprescindíveis para a sobrevivência do território. Mas também não é possível desconhecer os interesses da França pela Somália, como base estratégica militar e econômica, muito mais valorizada depois da reabertura do Canal de Suez (veja mapa 9.6).

A partir da reconstrução desse período, é possível dizer também que o nacionalismo somali tinha suas raízes em uma história multissecular ligada ao islamismo, em particular ao rito shafiita. Por isso, a revolução de 21 de outubro de 1969, dirigida por Siad Barre, deu outro rumo à sociedade e ao Estado do novo país. Agora, reunindo as três partes da Somália, implementou um "socialismo científico" apresentado como idêntico ao ideal islâmico. Dele decorria organicamente o projeto societário, ou seja, uma nova ordem social baseada nas nacionalizações; na constituição de comunidades de trabalho em base autogestionária; na luta contra o "tribalismo" e as estruturas "feudais"; e em novos Códigos de Trabalho e Civil. Em 1975, foi proclamada a igualdade de direitos para as mulheres e posto em prática um amplo projeto de alfabetização de massas. Entretanto, a Somalialândia francesa continuou a lutar pela independência, o que só ocorreu em 27 de junho de 1977. O país passou a se chamar Djibuti.

A "siasa" e a busca da independência: Tanzânia e Uganda

Para compreender as lutas que se integraram ao movimento de independência da Tanganica é preciso considerar um conjunto de características de relevância particular. A primeira diz respeito a um espaço geopolítico caracterizado pela plurietnicidade, contando com cerca de 120 grupos lingüísticos, ao lado de minorias indianas e européias que possuíam por volta de 90% da propriedade urbana. A segunda resulta do fato de a Tanganica ter sido, desde a Conferência de Berlim até 1914, colônia alemã, e só no pós I Guerra, passou para a tutela britânica. Essa mudança encerrava também um projeto britânico de formação de um espaço organizado composto por três unidades: Tanganica, Quênia e Uganda. Por sua vez, a terceira característica abrangia alterações administrativo-jurídicas internas ao território, incidindo mais nas áreas rurais do que nas cidades, onde predominavam indianos e europeus. Nos campos, onde as populações africanas eram mais sensíveis às mu-

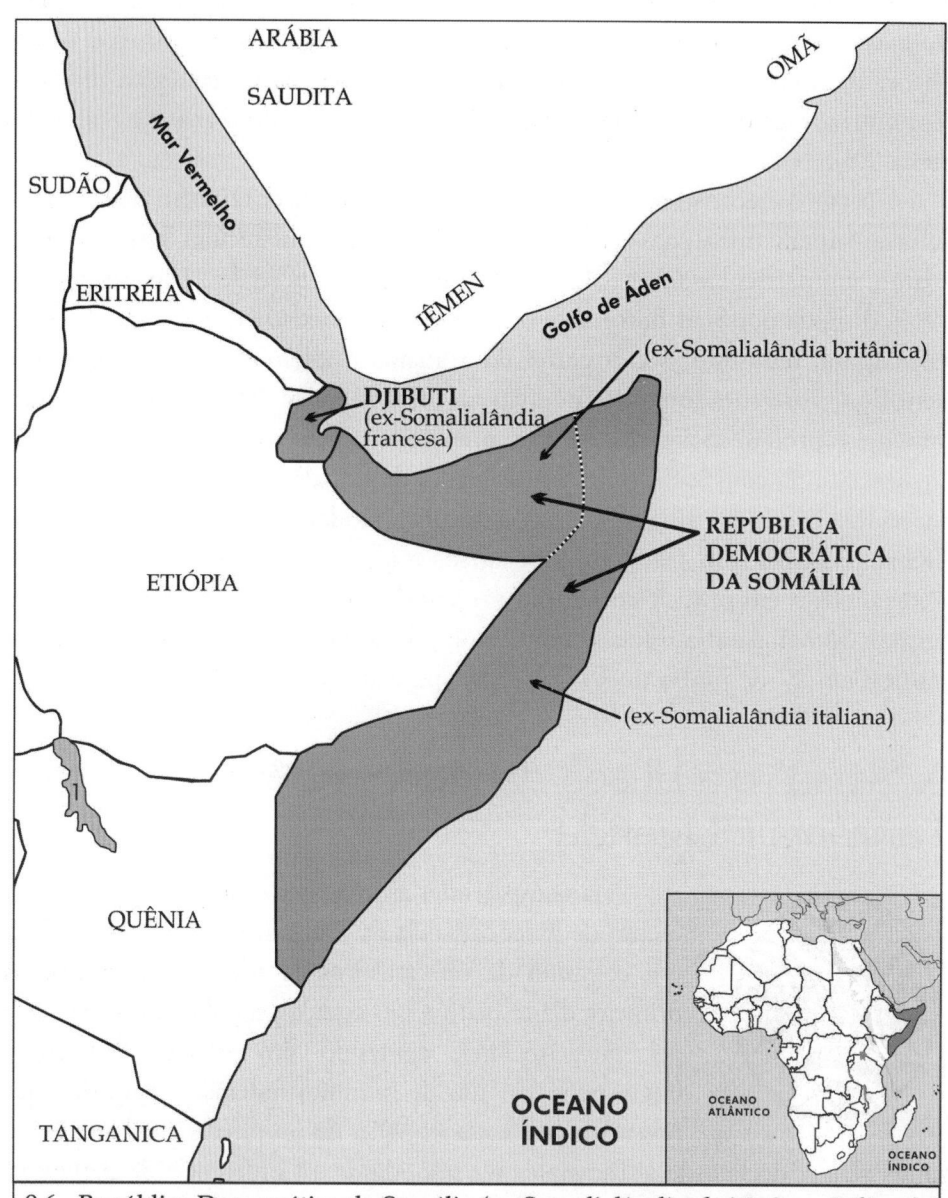

9.6 - República Democrática da Somália (ex-Somalialândias britânica e italiana). Em 1977 a Somalialândia francesa tornou-se independente, passando a chamar-se Djibuti.

▢ Lago Rodolfo

[Elaborado pela autora para a devida adequação ao texto - L. L. HERNANDEZ]

danças, suas indignações transformaram-se em "siasa", isto é, em oposição, em reivindicação e em protestos sociais de forte cariz religioso. Tratava-se de formas de organização de "rebeldes", ou seja, de elites políticas que em geral lideraram manifestações contestatórias e, em particular, desde a Segunda Guerra Mundial, foram elementos imprescindíveis para mobilizar e organizar as massas, tornando-as a base social de apoio do movimento de independência (veja mapa 9.7).

Para melhor compreender as características apontadas, faz-se necessário retomar cada uma delas. Logo de início é oportuno lembrar que, quando passou à tutela britânica, a Tanganica foi submetida a uma política menos liberal do que a Grã-Bretanha colocava em prática no conjunto dos territórios da África ocidental sob seu domínio. A diferença ocorria, em particular, por duas razões: o número sempre crescente da população branca e a importância cada vez maior dos interesses econômicos anglo-saxônicos na região.

Os descontentamentos manifestavam-se nas identificações religiosas entre os africanos, o que propiciava a formação de movimentos de acentuada religiosidade que pontuaram a história das lutas por liberdades na Tanganica desde a época de dominação alemã. O exemplo clássico foi a Revolta Maji-Maji, que embora ocorrida em 1905, foi capaz de unir grupos étnicos historicamente diversos, além de acarretar vários desdobramentos, sendo por isso considerada a primeira manifestação protonacionalista da Tanganica.[6]

É da maior importância destacar que os movimentos proféticos, messiânicos e de Igrejas africanas independentes participaram, na Tanganica, de um duplo processo de construção de identidades. Por um lado, referido aos valores e às tradições religiosas e, por outro, ligado às motivações para mudanças sociais. Nesse sentido, os movimentos proféticos foram manifestações de protesto, ampliadas após a Segunda Guerra Mundial, como atestam os movimentos dos akambas e abagussis contra a utilização da força física no confisco de terras; na cobrança de impostos, sobretudo o da "palhota", que pesava mais fortemente sobre os polígamos; no recrutamento de mão-de-obra para formas de trabalho compulsório; e na indignação acarretada pela troca dos chefes tradicionais por outros, designados.

Assim, os movimentos sucederam-se uns aos outros. Tinham diferentes durações e ofereciam diversos graus de dificuldade para serem eliminados, como foi o caso do mumboísmo, que alcançou o apogeu no século XIX e foi se transformando em movimento político de resistência ao homem branco na segunda metade do século XX, articulando com nitidez religião tradicional e contestação política.

6. Esse movimento é tratado no Capítulo 5, "Os movimentos de resistência na África". Vale reiterar que manifestações religiosas (proféticas, messiânicas ou milenaristas) articuladas às reivindicações políticas ocorreram por quase todo o continente, assumindo feições próprias em cada espaço geopolítico.

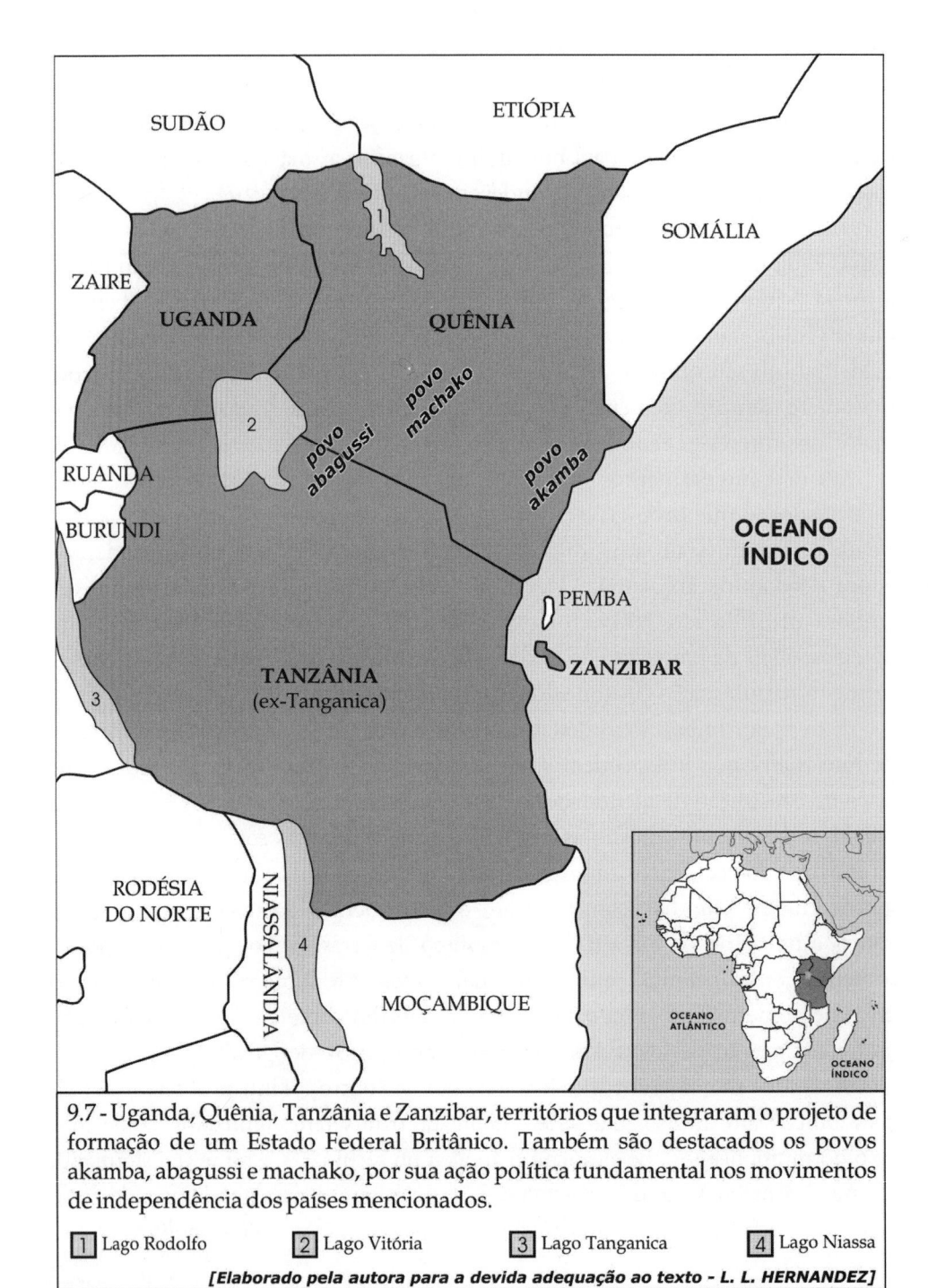

9.7 - Uganda, Quênia, Tanzânia e Zanzibar, territórios que integraram o projeto de formação de um Estado Federal Britânico. Também são destacados os povos akamba, abagussi e machako, por sua ação política fundamental nos movimentos de independência dos países mencionados.

1 Lago Rodolfo   2 Lago Vitória   3 Lago Tanganica   4 Lago Niassa

[Elaborado pela autora para a devida adequação ao texto - L. L. HERNANDEZ]

Também foram registrados movimentos milenaristas que se formaram entre 1910 e 1922, como o culto kathambi, desenvolvido entre os machakos. Eles desconsideravam o tempo presente e depositavam grande esperança em uma transformação radical e completa do mundo, no caso, limitado à Tanganica sob o jugo britânico.

As autoridades britânicas reagiram com pequenas reformas no sistema político e, em parte por isso, os movimentos milenaristas desorganizaram-se, entrando em descenso. O que não significa que as massas tenham deixado de ser hostis à dominação colonial, vindo a integrar-se mais tarde, com êxito, ao movimento de independência, com propostas reformistas e modernizantes.

Além dessas forças sociais, outras atuaram no âmbito de uma competição política intensa. Foi o caso das conhecidas "associações de jovens" (*asomi* ou *josomo*), isto é, associações formadas por ex-alunos das escolas missionárias, que quando se tornaram catequistas, lideraram movimentos de massa, desenvolvendo campanhas políticas nas quais as críticas ao sistema colonial eram bastante contundentes. Por sua vez, opondo-se aos chefes locais nomeados pelos colonizadores, também as associações reformadoras constituídas por agricultores e empresários africanos atuaram contra o sistema colonial por considerarem seus interesses prejudicados pelos dos colonos europeus. Já os trabalhadores se rebelavam contra as formas compulsórias de trabalho, por exemplo, na construção de ferrovias e obras públicas. A essas manifestações a burocracia colonial não tardou em responder, adotando regras escritas que se constituíram "contratos de serviços", cuja desobediência poderia implicar multas e prisão. Ainda assim, as greves foram recorrentes.

Dito isso, é necessário uma vez mais tocar no tema do projeto britânico de uma federação constituída por Tanganica, Quênia e Uganda, com algum tipo de prioridade ou equivalência entre os territórios envolvidos. A insistência sobre esse projeto foi contínua e, em 1948, o Colonial Office pressionou a sua concretização. Chegou-se mesmo a formar a Alta Comissão da África Oriental, composta de três governadores que atuariam junto com uma assembléia central, formada por representantes dos três países, para discutir os assuntos relativos a infra-estrutura e finanças. A Grã-Bretanha visava inclusive dar forma constitucional à federação e organizar o *self-government*.

No entanto, esse projeto desagradou a muitos. Em Uganda era preponderante a força política de Buganda, temerosa de que, fazendo parte de um conjunto mais heterogêneo, a sua estrutura monárquica fosse ameaçada. A este somava-se outro motivo, o medo dos fazendeiros brancos das terras altas de Uganda e do Quênia, receosos de que o desenvolvimento de suas atividades econômicas fosse comprometido pela integração da Tanganica, um território pobre, o que ficava evidente no próprio nome, que etimologicamente significa "terra ou cidade árida" (veja mapa 9.8).

Os britânicos, no entanto, fiéis ao ideal de desenvolvimento, tentaram implementar na Tanganica um plano de crescimento econômico voltado para a agricultura. Assim, desde 1946, a Associação Britânica para a Alimentação no Ultramar pôs em prática um projeto de cultura do amendoim no sudeste da Tanganica, envolvendo a aquisição de 400 mil km^2 de terras. A expectativa de que a produção atingisse cerca de 600 mil toneladas por ano incentivou a aplicação de 35 milhões de libras para construir o porto artificial de Utwara e uma linha férrea de 240 quilômetros, para poder transportar o material pesado para construção, arroteamento e trabalhos de sementeira. Mas a experiência malogrou. Os terrenos eram inapropriados, o índice pluviométrico era insuficiente e a falta de mão-de-obra, um problema de difícil solução. Entretanto, os britânicos não desistiram. Em uma terceira tentativa, a experiência, além de bem menos ambiciosa, foi bastante mais rentável. As terras foram repartidas em fazendas menores que desenvolveram culturas do algodão, do café e do sisal. Para viabilizar esse novo projeto, o porto de Dar-es-Salam foi modernizado e ampliado, em 1956, além de terem sido construídas barragens e criados institutos de pesquisa e fazendas experimentais.

Essas bases para um progresso econômico e social foram avaliadas criticamente e acrescidas de idéias políticas que levantavam sérias questões sobre as possibilidades e limitações reais do desenvolvimento no âmbito do sistema colonial. No que se refere às práticas políticas, já em 1956, os canais de participação para os povos africanos ainda se restringiam às relações tradicionais de poder. Dito de outra maneira, o Conselho Legislativo da Tanganica não contava com nenhum membro eleito e no Conselho Executivo inexistiam africanos. Ao mesmo tempo que a crise se expandia, apareciam com nitidez os efeitos da pressão política dos africanos, dando mostras do esforço de vários setores da sociedade, orientados para conquistar uma nova forma de vida. Como resposta, em 1957, foi instituído o sufrágio universal, acompanhado por uma lei que previa uma representação igualitária entre os europeus, os africanos e os indianos. No ano seguinte, no âmbito da formação de um espaço organizado de interesses nacionais, realizaram-se eleições, dando ensejo para que Julius Nyerere ganhasse um significativo relevo político.

Esse destacado professor de História foi um dos fundadores, ainda quando estudante, de uma seção da Associação Africana da Tanganica, fundada em 1929, e que desde 1945 foi o elo efetivo entre os movimentos de resistência ru-

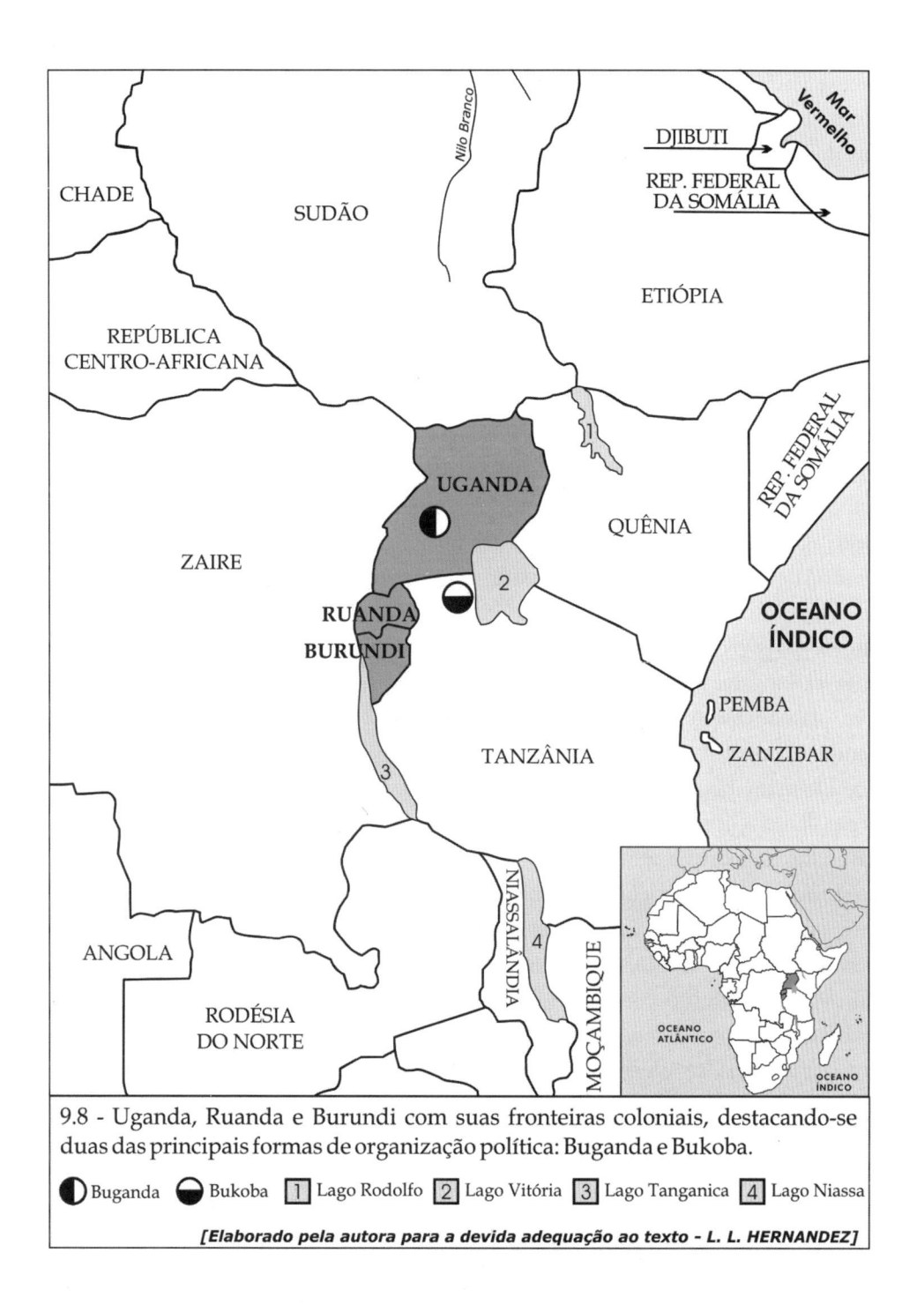

9.8 - Uganda, Ruanda e Burundi com suas fronteiras coloniais, destacando-se duas das principais formas de organização política: Buganda e Bukoba.

⬤ Buganda ⬤ Bukoba 1 Lago Rodolfo 2 Lago Vitória 3 Lago Tanganica 4 Lago Niassa

[Elaborado pela autora para a devida adequação ao texto - L. L. HERNANDEZ]

rais espalhados por todo o território. Em 1954, a organização que de início tinha caráter elitista transformou-se em popular, elaborando um programa claramente nacionalista. Surgia assim o Tanganyka African National Union (Tanu). Com seu carisma, Nyerere promoveu um reencontro das reivindicações contidas nas crenças e nos rituais religiosos com forte conteúdo patriótico. Esse é um dos temas complexos que merece estudos mais avançados.

No que se refere especificamente ao Tanu, era um partido que defendia liberdades políticas e apontava a violência do sistema plurirracial, nas suas dimensões política e econômica, ressaltando seu significado sociocultural. Em sua prática política ocupou-se em apontar o caráter fragmentário e desigual da representação política na Tanganica. Referia-se ao fato de que era concedida a mesma porcentagem de representação para 20 mil europeus, 100 mil asiáticos e 9 milhões de africanos. Ainda assim, adepto da não-violência, Nyerere aceitou participar do processo eleitoral de 1958 a 1959. Esse líder carismático sensibilizou a população, acentuando que todos tinham experiências comuns de privação e exclusão, levando o Tanu a conquistar uma expressiva vitória, tornando-se interlocutor da Grã-Bretanha para discutir questões de ordem político-institucional.

Além disso, contando com a cooperação do governador Turnbull, tornou-se possível propor um calendário de transição para a independência, da qual faziam parte significativas alterações do poder administrativo-jurídico, além da concessão do Alto Governo programada para março de 1961 e a independência para 9 de dezembro desse mesmo ano.

De maneira gradual, no decorrer de 1960, foi tomando forma o governo independente, contando com a ocupação de africanos na maioria dos lugares do Conselho Legislativo eleito. Os africanos ocuparam 71 lugares, dos quais 70 eram do Tanu, 11 dos asiáticos e 10 dos europeus. Foi, sem dúvida, uma vitória constitucional, incluindo a ampliação dos direitos políticos sobretudo dos africanos, mas também dos asiáticos. Quanto a Nyerere, passou a ocupar o cargo de ministro-chefe do governo com maioria africana. Mostrava-se francamente favorável a retardar a independência da Tanganica caso fosse essa a condição necessária para uni-la a Uganda, ao Quênia e a Zanzibar, formando um Estado federal cujo maior objetivo era a conquista da "Independência e Unidade". No entanto, a idéia que implicava a federação, tornou-se irrealizável por um bloqueio de perspectivas próprias a cada um dos territórios envolvidos. Poucos anos depois, em 1964, a ilha de Zanzibar, pondo fim a uma longa dominação árabe, uniu-se à Tanganica, que passou a chamar-se Tanzânia, tendo Julius Nyerere como presidente.

Prosseguindo, algumas observações, agora sobre a "siasa" no protetorado de Uganda. Vale destacar alguns fatores decisivos, começando por sua posição geográfica privilegiada, próxima das nascentes do Nilo e do lago Vitória. Uma segunda particularidade residia no fato de Uganda ser um território constituído por quatro regiões, apresentando uma polarização entre duas delas, uma ocupada pelo reino de Uganda, que gozava de autonomia política e era o centro econômico; e outra, ao sul, mais submissa à administração colonial britânica, exercida segundo o modelo do governo indireto.

Além disso, Uganda teve de enfrentar obstáculos étnico-políticos. Os gandas somavam um sexto da população total de Uganda, que incluía o reino de Buganda, composto de forte minoria não-ganda. Além desses povos, havia os bantonus (não-ganda), da região oeste e da região leste, além dos povos nilóticos ou nilo-hampíticos das províncias do norte e parte da província do leste. De modo geral, pode-se entender que os britânicos tinham evidente preferência pelos gandas de Uganda, em geral cooptáveis pela burocracia colonial.

No entanto, vale salientar que Uganda não teve obstáculos decorrentes da diversidade etnoistórica, como na Tanganica, ou problemas próprios da presença violenta e discriminatória de uma minoria de colonos brancos, como no Quênia. Por sua vez, Uganda também não enfrentou o grau de pobreza da Tanzânia. Aliás, como sabemos, essa foi uma das razões pelas quais as elites políticas ugandenses opuseram-se com radicalidade a participar da Federação da África Oriental como integrantes da Comunidade Britânica de Nações (*Commonwealth*), que os conduziria até o final do processo de independência.

Depois de reconhecidas todas essas diferenças, resta salientar aspectos da propriedade da terra e do trabalho nas zonas rurais, assim como do desenvolvimento das atividades comerciais, o que explica duas importantes características políticas próprias do processo de independência em Uganda. A primeira refere-se à pequena contribuição dos trabalhadores rurais, na maioria das vezes passivos em relação ao nacionalismo. A segunda diz respeito aos pontos de fricção entre os povos de Uganda e os comerciantes indianos. Expliquemos um pouco mais os dois pontos mencionados. O primeiro deles refere-se ao papel de uma elite proprietária que se ligava à agricultura comercial, ocupando terras bastante férteis onde eram desenvolvidas as culturas de café e algodão. Também há de se considerar que em vez da distribuição da propriedade dos trabalhadores rurais verifica-se a sua gradual consolidação, formando um sistema-satélite que comportava pequenas e grandes propriedades. Essa característica explica, ao menos em parte, o pequeno êxodo que trouxe como conseqüência um número bastante reduzido do operariado urbano. Além disso, tendo como base a pequena propriedade, criou-se uma população de agricultores, predominantemente simpática a um patriotismo tradicionalista, pouco permeável às idéias revolucionárias.

Para compreender a história de Uganda é preciso considerar como uma das suas principais características a introdução das relações comerciais na organização das sociedades rurais, o que gerou uma franca competitividade em relação aos mercadores indianos, que não só comercializavam parte dos produtos agrícolas como também monopolizavam os setores do pequeno e do médio comércio.

Uma vez mais, contudo, é necessário ter em conta a relação de Buganda (a noroeste) com as organizações políticas das demais regiões do território. Em Buganda havia sido fundado o Makerre College, com os próprios bugandenses ali diplomados assumindo postos de responsabilidade no funcionalismo e nos setores técnicos, assegurando uma administração detalhada e cuidadosa, composta de mecanismos que tinham função modernizadora, decisivos para compreendermos a independência de Uganda. O reino de Buganda tinha uma corte constituída pelo rei, pelo primeiro-ministro tradicional, por um conselho e por um considerável quadro administrativo moderno, formando um verdadeiro "Estado dentro do Estado". Por suas características, Buganda, utilizando-se de um encorajamento imperial, acentuava a sua própria particularidade tentando, até 1962, obstruir de maneira sistemática o processo de independência, por recear que as implicações propostas segundo o ideário liberal democrático lhe restringissem a liberdade e os poderes.

A falta de um caráter unificado apontava para uma tendência a um desequilíbrio de forças. Uma vez examinado todo o território de Uganda, a política de Bukoba, ao sul, é considerada mais "revolucionária" do que a de Buganda, tida como mais "conservadora". É bem verdade que em algumas conjunturas políticas essas características foram mais aparentes do que reais. De todo modo, não chegaram a ser impedimento para que o processo de independência deixasse de ser negociado. Entre 1950 e 1955, a Grã-Bretanha propôs emendas constitucionais no intuito de aumentar a representação africana em relação à dos asiáticos e à dos brancos. Em 1955, foram ampliados os números de representantes africanos nos Conselhos Legislativo e Executivo. Ainda assim, de modo geral, as organizações e autoridades políticas do sul manifestaram certa tensão e, quando apoiaram as novas emendas, fizeram-no de maneira discreta e moderada.

Não é difícil compreender que a dinâmica do sistema de Buganda foi fortemente contrária às "aberturas constitucionais". Quando o secretário de Estado para as Colônias acenou com a possibilidade de uma eventual Federação da África Oriental, o rei de Buganda, Frederic Mutesa II, contando com forte apoio de seus súditos, passou a incluir como possibilidades a secessão e a independência de Uganda. Mas os temores continuaram. Afinal, quando foi discutida a formação de um "Alto Comissariado da África Oriental", Buganda foi formalmente excluída. Significa dizer que o Parlamento de Buganda foi ignorado, sendo ele o único corpo político formado por africanos no processo de votação liderado pela maioria européia. Esta era presidida pelo governo do Quênia, com uma representação que acentuava a desigualdade dos representados, já que africanos e asiáticos constituíam a minoria. É claro que as críticas e reivindicações fizeram-se sentir de maneira contundente.

A resposta do governo britânico resultou no exílio do Kabaca de Buganda para Londres. O impacto dessa medida levantou as massas e paralisou o processo de negociação política, uma vez que o Kabaca possuía investiduras sagradas, levando a que fosse reconhecido, em especial pelas mulheres bugandenses, como protetor por dom divino. Vale registrar que essa forte crença mostrava uma tendência a assemelhar-se ao conhecido fenômeno do nativismo.

De todo modo, fiéis à condução das independências como instrumento de política nacional, os britânicos retomaram, ainda em Londres, as negociações com o Kabaca, que menos seguro de sua força política, acabou aceitando uma proposta de monarquia constitucional, ainda que de natureza vaga e contornos pouco definidos. Os acontecimentos demonstraram a legitimidade do Kabaca, que regressou, em 1955, triunfante, poderoso e mais decidido do que nunca a não ceder. Talvez seja possível considerar este o exemplo mais significativo de como os britânicos "dobraram-se" perante a opinião pública africana.

Porém, as divergências sobre a definição político-partidária postergaram a proclamação da independência, obtida só depois que se fundiram o Uganda People's Union (UPU), partido dos nacionalistas não-gandas, com o Uganda National Congress (UNC), representante de parte dos gandas e parte de alguns povos do Norte. Essa união deu origem ao nascimento do Uganda People's Congress (UPC), presidido por Milton Obote, que carregava uma forte influência de Jomo Kenyatta.

Em março de 1961, foram programadas eleições por sufrágio universal para a formação de uma Assembléia Nacional. Mas o Kabaca de Buganda recusou-se a participar e proclamou unilateralmente a independência, a partir de 1º de janeiro de 1961. Foi uma medida contestada na prática, uma vez que o Uganda People's Congress e o Democraty Party participaram das eleições, obtendo, juntos, 21 dos 82 lugares. A partir daí a independência de Uganda ficou prevista só para 9 de outubro de 1962.

O governo de Buganda percebeu que não tinha outra escolha senão entrar no jogo eleitoral, como parte de Uganda. Assim sendo, o Kabaca aceitou uma aliança com o presidente do UPC e, a 9 de outubro, Milton Obote tornou-se primeiro-ministro de um país independente, Uganda. No entanto, permanece-

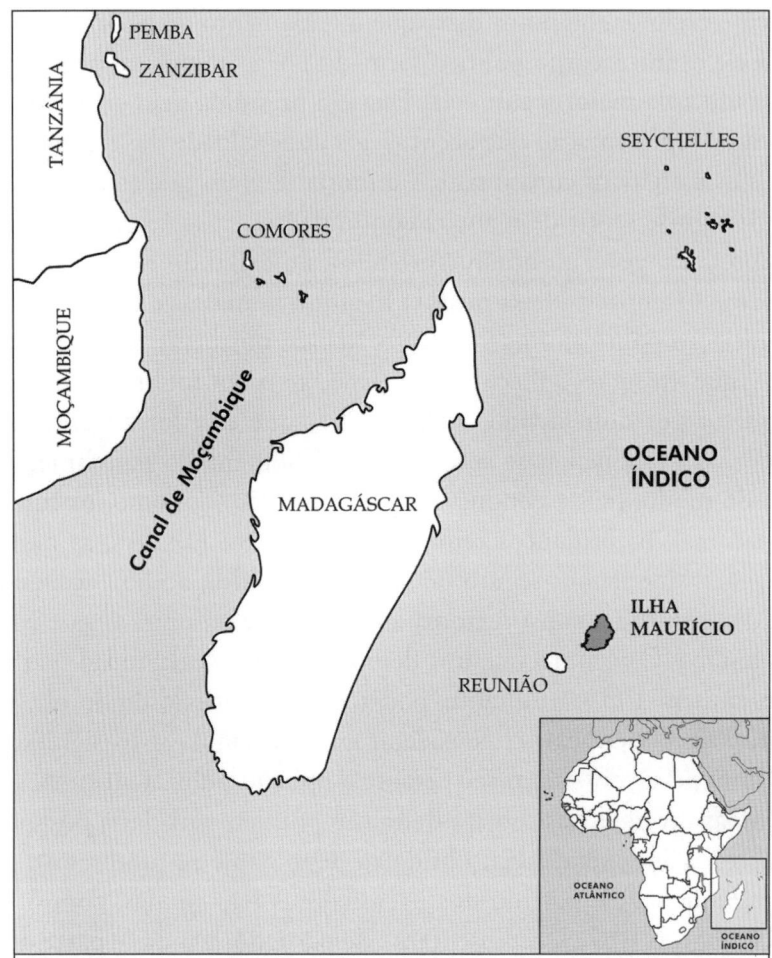

9.9 - Maurício, ilha do Índico caracterizada pela diversidade cultural, obteve sua independência em 1968 como resultado da luta de hindus, muçulmanos e crioulos contra a dominação francesa.

[Elaborado pela autora para a devida adequação ao texto - L. L. HERNANDEZ]

ram os inúmeros problemas políticos advindos da manutenção do estatuto privilegiado de Buganda. Dessa maneira, condicionando a atuação política do novo Estado, dificultava-se seu processo de rearticulação com a sociedade.

Um último exemplo da "siasa", embora historicamente de menor intensidade, foi o processo de independência da ilha Maurício, que em 1968 contava com o Partido da Independência, de Sir Rangoolam, que reunia os votos dos hindus, muçulmanos e crioulos, preponderando sobre o Partido Mauriciano de G. Duval. Mas quem realmente conquistou a hegemonia política foi o Movimento Militante Mauriciano (MMM), de P. Bérenger, com um discurso político-ideológico de fortes influências do ideário marxista, cooptando a juventude e os trabalhadores de praticamente todas as comunidades. Seu jornal, *Le Militant*, criticava com veemência o regime colonial, tornando públicas muitas de suas mazelas (veja mapa 9.9).

Bérenger venceu o candidato do governo numa eleição parcial, conquistando o princípio das eleições gerais, para 1976. Entretanto, esse ganho não foi suficiente para sustar o ascenso dos movimentos populares, que atingiu o auge em 1971, com a greve dos estivadores, acarretando a declaração do estado de emergência até 1976. A repressão, porém, não diminuiu a hegemonia do MMM, que obteve a vitória nas eleições de 1976, forçando Sir Rangoolam a constituir um governo minoritário.

A intolerância e os racismos: Zanzibar e Namíbia

O Sultanato de Zanzibar, composto pelas ilhas de Zanzibar e Pemba, segundo o Tratado de Heligolândia, em 1890, tornou-se protetorado britânico. A justificativa para o afastamento do sultão baseou-se no fato de ele ter sido acusado de dar respaldo aos traficantes de escravos. O sultão reagiu liderando, sem sucesso, a rebelião de 1895. Afastado, em 1897, assumiu o poder outro sultão, designado pelos britânicos, que pôs fim ao comércio negreiro.

Um dos portais das casas árabes de Zanzibar, ricamente esculpido com motivos que demonstram influência indiana.

Seguindo o modelo político que a Grã-Bretanha impôs aos territórios sob sua dominação, constituíram-se em 1924 os Conselhos Executivo e Legislativo, cujos membros eram nomeados, reforçando a estrutura administrativo-jurídica colonialista, embora abrisse um pequeno nicho de participação para os povos de Zanzibar.

É importante lembrar que a sociedade dessas ilhas era composta por 26% de árabes da Península Arábica, que, além de grandes proprietários rurais, detinham poder político, e por 11% de indianos e paquistaneses, senhores do comércio do cravo-da-índia, que mantinham a prosperidade das finanças públicas. A maioria da população, por sua vez, compunha-se de cerca de 75% de africanos bantos e shirazes que eram rendeiros ou trabalhadores rurais. Assim, fronteiras socioeconômicas combinaram-se com as diferenças culturais, sobretudo lingüísticas, interferindo de maneira direta na luta pelo poder.

Por sua organização, os árabes, já em 1954, fundaram o Zanzibar Nationalist Party (ZNP), pluricultural no âmbito do discurso, mas que, na prática, apresentava uma essência indiscutivelmente árabe. Era um partido político-ideológico radical, que mantinha relações políticas e mesmo comerciais com a China Popular e o Egito.

Quase ao mesmo tempo, os africanos fundaram o Afro-Shirazi Party (ASP), de tendência moderada e, segundo os árabes, "francamente simpático" aos britânicos. Entretanto, foi no Tanu liderado por Nyerere que o ASP buscou apoio, obtendo 60% dos votos para o Conselho Legislativo. Essa disputa eleitoral pode ser considerada o início de um período de grande tensão racial cuja origem histórica parecia estar na estratificação etnocultural e social.

Por sua vez, em 1959, uma fração dissidente do ASP formou o Zanzibar and Pemba People's Party (ZPPP), que contava com os naturais da ilha de Pemba. É curioso que essa pequena formação, aliada do ZNP, tenha tido uma importância decisiva no quadro político partidário (veja mapa 9.10).

A verdade é que a luta política em Zanzibar revestiu-se de violência em forma de pilhagens, incêndios e confrontos, acarretando um grande número de mortos e feridos. Quando das eleições de janeiro de 1961, foi travada uma intensa disputa entre dois partidos igualmente fortes, o ZNP e o ASP, repleta de jornadas sangrentas que resultaram em 68 mortos, 65 dos quais eram árabes.

Sem solução para o Conselho Legislativo, novas eleições foram realizadas em junho de 1961, vencendo o ZNP, partido dominado pelos árabes, por pequena margem de votos. Cabe registrar que a campanha foi revestida de muita violência, com um número elevado de tumultos e chacinas. Quanto ao resultado da eleição, foi contestado, sob acusação de ter havido fraude por conta de uma pretensa aliança do ZNP com as autoridades britânicas.

Nesse terreno, o ASP tornou-se reconhecido como um partido com princípios que remontavam ao ideário marxista, o que não passou de mera estratégia política. Pragmaticamente, sua liderança aprendeu a conviver com as disputas políticas e deixou transparecer sua preferência por ganhar as eleições sob o regime britânico. Na tentativa de reforçar e consolidar o ASP, na Conferência Constitucional de 1962, sobre os possíveis caminhos para a independência, esse

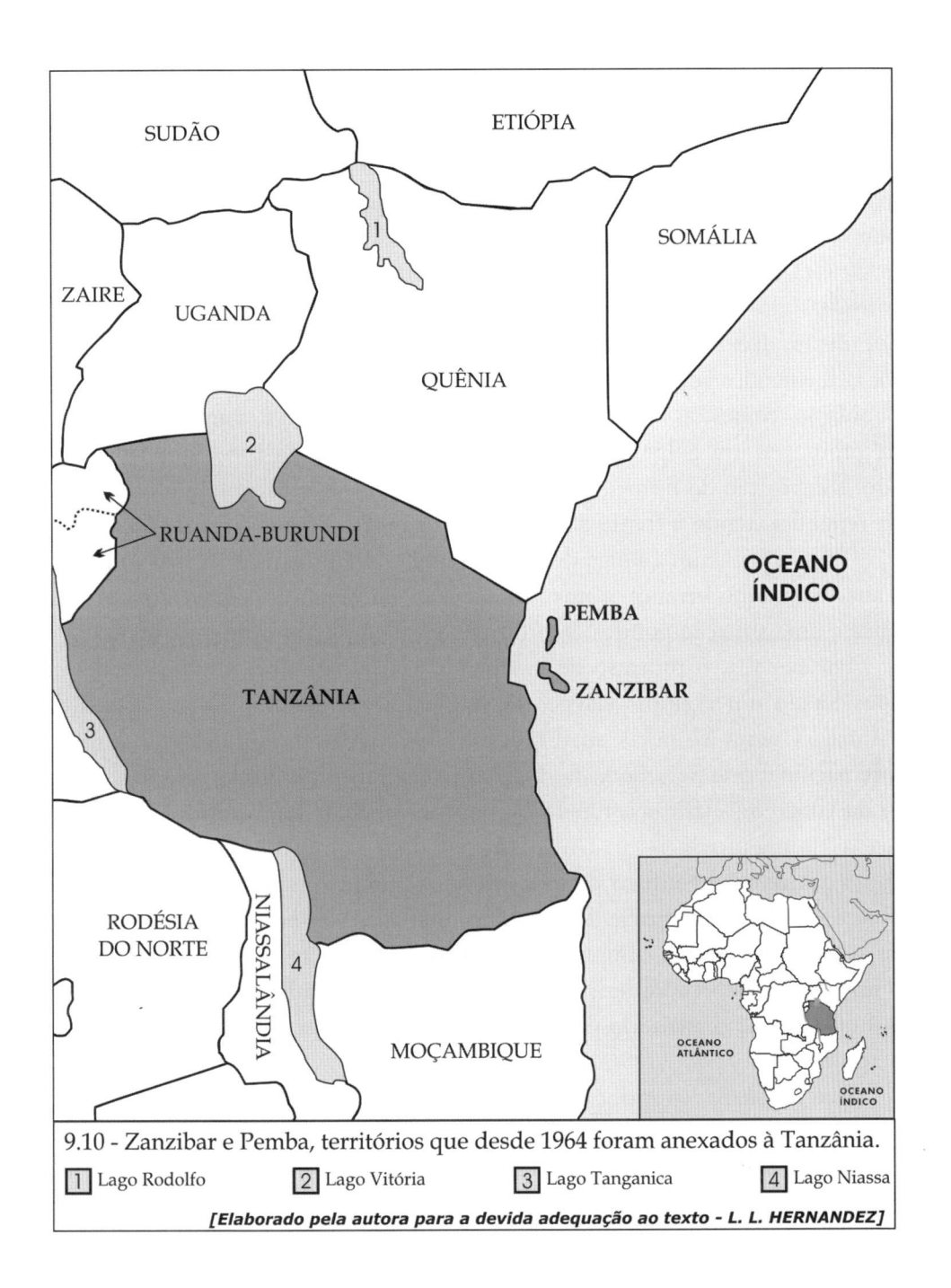

9.10 - Zanzibar e Pemba, territórios que desde 1964 foram anexados à Tanzânia.

1 Lago Rodolfo   2 Lago Vitória   3 Lago Tanganica   4 Lago Niassa

[Elaborado pela autora para a devida adequação ao texto - L. L. HERNANDEZ]

partido pleiteou que as eleições para os conselhos fossem realizadas imediatamente. O ZNP discordou, mas Londres fez "vista grossa" e, em 24 de junho de 1963, Zanzibar tornou-se autônomo e o então Ministro Principal, Mohammed Shanté, do ZPPP, foi promovido a primeiro-ministro.

Em julho, como parte do processo dos avanços em direção à independência política, realizaram-se eleições para o Conselho Legislativo, conquistando a maioria dos votos, o partido árabe ZNP. Em 9 de dezembro de 1963, Zanzibar obteve a independência, mas uma independência regulatória, em que, com apoio da Grã-Bretanha, foi mantida a monarquia árabe. Nesse contexto, mesmo considerando-se sub-representado, o ASP, com apoio de significativa parcela da população, decidiu levar à frente o processo de liberalização política. É, portanto, fácil entender por que o ASP, expressando o descontentamento de boa parte da população, contestou o poder em um regime monárquico e, tomando a dianteira, promoveu um golpe militar, no primeiro semestre de 1964, que culminou com a deposição do primeiro-ministro árabe e, em seguida, com a proclamação da república, tendo à frente do poder um ugandês, o general John Okello.

Terminava assim a longa dominação árabe. Além disso, Zanzibar uniu-se à Tanzânia. Como herança, o novo país teve de enfrentar uma grave crise econômica e uma situação política com difíceis problemas etnoistóricos e sociais.

Por sua vez, o processo de independência da Namíbia também pode ser considerado um exemplo clássico de intolerância e racismo. Pouco depois da Primeira Guerra Mundial, em 1920, o Sudoeste Africano foi delegado à tutela internacional pela Sociedade das Nações para a jurisdição nacional, sob mandato da União Sul-Africana. Em 1925, passou a chamar-se Namíbia e foi proclamada "quinta província" da União, integrando o regime do *apartheid*. Essa mudança acarretou o confisco de terras do chefe tradicional superior dos hereros, Hosca Kutako, para entregá-las a colonos brancos. Mas Kutako reagiu, recusando-se energicamente a cumprir a intimação. Levando às últimas conseqüências o importante esforço de resistir, anos depois, quando a República da África do Sul quis anexar o território dos hereros, Kutako lançou um apelo à ONU (veja mapa 9.11).

Esse problema, em princípio jurídico, mas, em sentido mais amplo, político, sensibilizou um pastor anglicano, o reverendo Michaell Scott, que considerou o modo mais seguro de garantir os direitos dos hereros procurar sustentação nos Estados africanos independentes. De resto, apelou à comunidade internacional, mais especificamente à Comissão Especial das Nações, buscando garantias para os direitos dos povos do ex-Sudoeste Africano. Apresentou ainda à Comissão Especial das Nações uma dupla proposta: o reconhecimento da República da

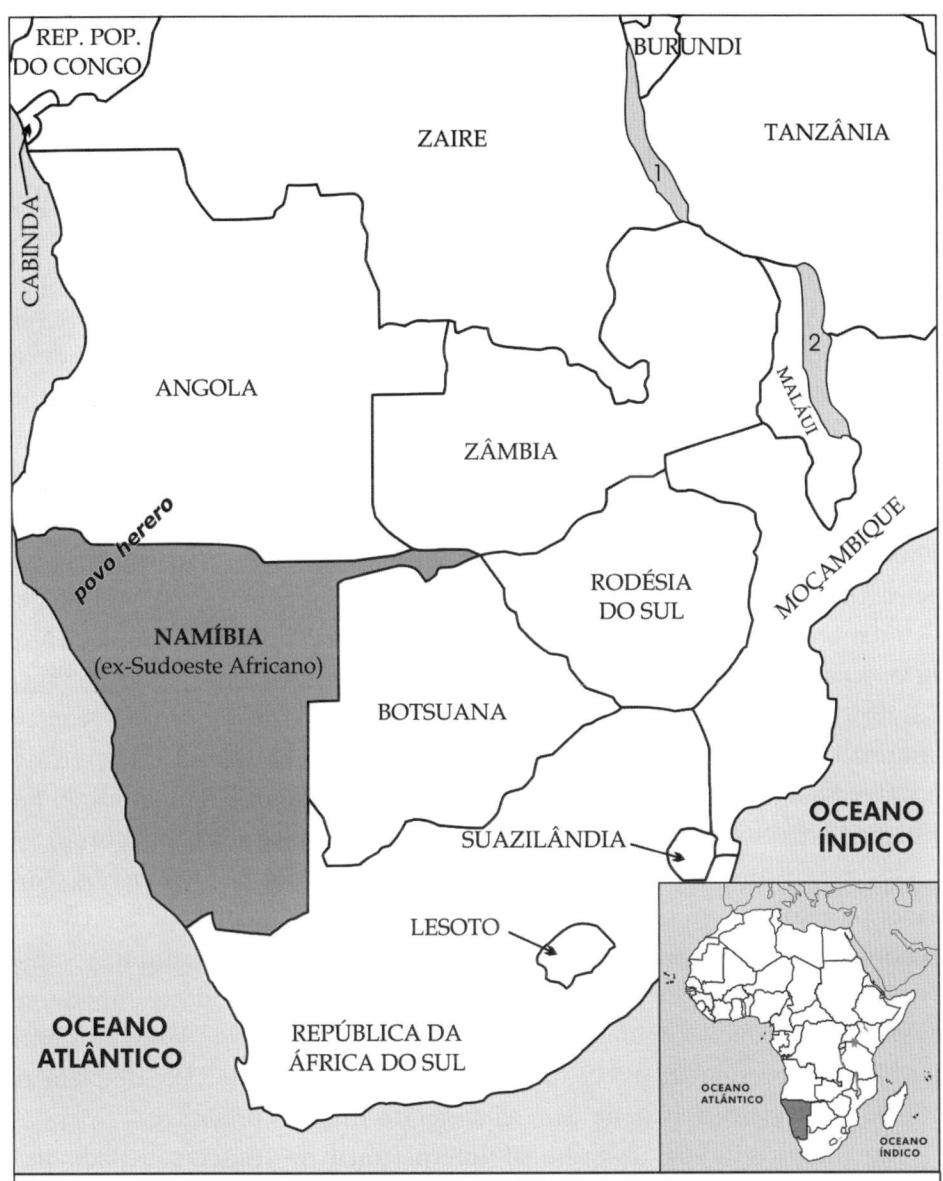

9.11 - Namíbia, ex-Sudoeste Africano, que desde 1925 passou para o mandato da União Sul-Africana (atual República da África do Sul) sofrendo uma expressiva resistência do povo herero.

[1] Lago Tanganica   [2] Lago Niassa

[Elaborado pela autora para a devida adequação ao texto - L. L. HERNANDEZ]

África do Sul como incompetente para administrar o território herero, além da exigência de que retirasse suas tropas.

Não foi nada surpreendente a indiferença com a qual a República da África do Sul tratou a resolução da ONU, proclamando que a anexação era fato consumado. As razões para o modo como a questão foi encaminhada tiveram uma forte relação com um problema regional, próprio da África do Sul, cercada como era pelos territórios africanos sob dominação portuguesa em franco progresso de seus movimentos de independência. Acrescente-se que a Namíbia tinha uma notável posição estratégica, fazendo fronteiras com Angola, Botsuana e Zâmbia. Além disso, o escasso respeito à autoridade internacional da ONU no plano externo, isto é, o desprezo por parte de Pretória pelas resoluções da ONU, caminhou junto. Entre 1947 e 1966, Pretória recusou sistematicamente as 73 resoluções exigidas pela ONU, que giraram em torno de duas demandas: a aceitação do controle internacional da ONU na futura Namíbia e a abolição do *apartheid*.

Falhando as garantias internacionais fundadas exclusivamente na influência política, não raro atreladas a interesses de grandes conglomerados empresariais, apenas em 1969 a África do Sul declarou respeitar os direitos do homem no plano interno. Porém, a sua prática política contradizia o discurso. Implementou um programa de reagrupamento de cerca de 750 mil africanos que habitavam a Namíbia em dez *homelands*, enquanto o *ovamboland*, mais povoado, contava com perto de 400 mil habitantes e o menos povoado, o *kaokaland*, tinha cerca de 65 mil habitantes. Portanto, os africanos eram oito vezes mais numerosos do que os brancos, mas dispunham de menos de 5% do rendimento nacional bruto.

Deve-se recordar que esse território, rico em produção de minérios (contando, sobretudo, com diamante, cobre, zinco, urânio e estanho), era totalmente controlado por sociedades estrangeiras: 35 sul-africanas, 25 britânicas, 15 americanas, 8 alemãs, 3 francesas e 2 canadenses.[7] Além desta, outras importantes atividades econômicas como a pesca, a criação de carneiros e a de bovinos enriqueciam, em particular, os 99 mil brancos divididos entre 25% de alemães, 65% de africânderes e 10% de representantes do Império Britânico.

Em junho de 1961, o Tribunal Internacional de Justiça solicitado pelo Conselho de Segurança lembrava aos Estados membros da ONU acerca da Declaração sobre a Concessão da Independência aos Países e Povos Coloniais, aprovada em 14 de dezembro de 1960, na qual, além da referência genérica aos Direitos do Homem, também afirmava, desde o primeiro artigo, que a "sujeição dos povos ao domínio estrangeiro era uma negação dos direitos fundamen-

---

7.   Consultar o mapa de riquezas minerais que integra o Epílogo deste livro.

tais do homem".[8] Portanto, tornava-se irrefutável a ilegalidade da presença da África do Sul na Namíbia.

Mas a África do Sul não era um Estado de Direito e, portanto, pouco inclinada a aceitar as imposições da comunidade internacional, voltadas para uma ampla e efetiva proteção jurídica dos direitos do homem. Assim sendo, em dezembro de 1973 o Conselho de Segurança decidiu interromper as tentativas de negociação com a África do Sul. Esta reagiu, tendo como objetivo pôr a Namíbia em dificuldade, empenhando-se em dividir os movimentos de independência.

Contudo, tanto a Organização da Unidade Africana como a Assembléia Geral da ONU reconheceram a South West Africa People's Organization (Swapo), liderada com ampla legitimidade por Sam Nuyoma, que contava com o apoio maciço da grande maioria da população africana. Foi a própria Swapo que buscou sensibilizar a opinião pública internacional acerca do desrespeito dos princípios próprios da Declaração Universal dos Direitos do Homem, constituída de valores consensualmente reconhecidos. Desse momento em diante, a ONU passou a pressionar de forma continuada a Namíbia, para que conquistasse a independência. Criou também um Conselho para a Namíbia e designou um comissário, Sean Mac Bride, Prêmio Nobel da Paz, para mediar as negociações do processo de independência.

Ainda assim, a África do Sul recorreu da decisão, fazendo representações contra a Swapo. Mas os nacionalistas em franco e destemido combate à discriminação social, racial e etnocultural garantiram a irreversibilidade do processo de independência da Namíbia.

Concluindo essas notas acerca das independências dos países aqui expostos, é importante tornar claro que elas foram alcançadas sem que fossem removidas as heranças da burocracia colonial e do racismo, às quais se somaram equívocos próprios dos projetos de Estado-nação implementados.

Independência às avessas – discriminação racial e dependência econômica: Maláui, Zâmbia e Zimbabué

Há de ser esclarecedora uma indagação histórica sobre os termos que definiram não só a originalidade cultural como os elementos de caráter político da

---

8. BOBBIO, Norberto. *A era dos direitos, cit.*, p. 36.

Niassalândia (Maláui), das Rodésias do Norte (Zâmbia) e do Sul (Zimbábue) como partes constituintes da África Central Britânica. O sonho da Grã-Bretanha para essa região de colonização branca, semelhante ao de outras, era a unidade, a incorporação e a inclusão que, quando qualificadas, apontavam para os desdobramentos de diferentes interesses econômicos e alinhamentos políticos (veja mapa 9.12).

É conhecido o exemplo da Niassalândia, onde os obstáculos criados pelos brancos em relação ao multirracialismo, constituíram as características próprias, de uma crise específica da história iniciada por volta de 1945. Marco do princípio de um processo de construção nacional, foi criado, em 1944, na Niassalândia, o Congresso Nacional dos Africanos, que escolheu um lema democrático, qual seja, "um homem, um voto". Exigia o autogoverno e o sufrágio universal. Além disso, conquistou uma grande base social de apoio e passou a editar um jornal que veiculava idéias independentistas. Para enfrentar esse Congresso, a burocracia colonial britânica pressionou os conselhos africanos, por ela criados, valendo-se de conselhos locais, provinciais e de um conselho-geral, de acordo com as autoridades tradicionais, devidamente cooptadas.

Vale destacar que mesmo a despeito da pressão britânica, em particular no que se refere ao projeto de uma federação, o Congresso Nacional dos Africanos passou, em 1948, a ser apoiado pelo Congresso da Rodésia do Norte. Unidos, exerceram uma decisiva influência nos "conselhos indígenas". O esforço levou a resultados positivos para os africanos, que em 1956 conquistaram cinco lugares, obtendo o controle do Conselho Legislativo.

Talvez seja mais adequado dizer que, na ordem política que se iniciou por volta de 1945 e culminou nos anos 1960 com as independências, as elites culturais e políticas, nacionalistas, com avanços e alguns poucos recuos, acabaram organizando-se e passando a radicalizar a luta política traduzida pela escolha por uma "via extremista". Essa concepção incluía combater não só os brancos, mas também os negros que, por terem se deixado cooptar, foram considerados traidores, sendo condenados a prestar serviços nas instituições coloniais britânicas.

Como garantia de que o caminho escolhido poderia conduzir, de modo mais efetivo, para alguma forma de democracia social, o que incluía maior presença dos nacionalistas no interior da Niassalândia e no âmbito da política internacional, essas elites pediram a colaboração do dr. Hastings Kamuzu Banda. Este se encontrava em Acra, onde foi fortemente influenciado pela inquestionável liderança de Nkrumah. Além disso, em dezembro de 1958, Banda havia participado da Conferência dos Povos Africanos, em Acra, junto com Patrice Lumumba, Kenneth Kaunda, Holden Roberto, Abdel Nasser e outros, com

9.12 - Maláui (ex-Niassalândia), Zâmbia (ex-Rodésia do Norte) e Zimbábue (ex-Rodésia do Sul), territórios que desfeita a Federação da África Central Britânica tornaram-se independentes.

1 Lago Tanganica   2 Lago Niassa

[Elaborado pela autora para a devida adequação ao texto - L. L. HERNANDEZ]

eles firmando um compromisso tácito em torno do projeto de independência irrestrita e incondicional.

No que se refere a Banda, vale registrar que obtivera sua escolaridade formal nos colégios missionários na Niassalândia e na África do Sul, concluindo o curso universitário nos Estados Unidos da América, diplomando-se em Medicina. Banda exerceu sua profissão por longo tempo, em Londres, tornando-se um dos membros ativos das associações de forte cariz pan-africano. Nesse período aproximou-se de Nkrumah, com quem partilhou idéias contrárias ao objetivo britânico de constituir uma federação.

O apelo dos jovens da Niassalândia sensibilizou-o, sobretudo pela forma como foi apresentado à população. Banda era chamado de "messias" e "salvador providencial", e também por isso lhe foi oferecida a presidência do Congresso. Não é difícil entender por que esse caráter messiânico atribuído a Banda era um trunfo para os nacionalistas. O líder, por sua vez, mesmo dirigindo-se em inglês às multidões, levou-as a um alto grau de indignação, o que acabou dando origem a vários distúrbios. A burocracia colonial britânica reagiu com violência, fazendo cerca de sessenta mortos, além de prender Banda e seus principais correligionários.

Mas a modernização cada vez mais acelerada a que estava submetido o mundo, acrescida do visível avanço dos movimentos de independência na África – que teve seu auge em 1960 – influiu decisivamente para o processo de luta na Niassalândia. Harold MacMillan, em fevereiro de 1960, após a vitória dos conservadores, seguindo uma regra que se tornava praticamente geral, foi a Lagos, a Salisbúria e ao Cabo, acenando com o sinal da "mudança", de maneira mais acentuada nas zonas de supremacia branca. Nelas, a mudança era considerada conseqüência do despertar da consciência nacional dos povos africanos. Em todo caso, por mais importante que tenham sido os pronunciamentos de Mac Millan, não bastava anunciar os anseios de autonomia política. Em outras palavras, não era possível acreditar nessas afirmações e ao mesmo tempo viver um cotidiano de violenta repressão.

No início dos anos 1960, o avanço dos movimentos de independência tornou-se irreversível. Assim, a proibição do Congresso Nacional Africano acabou contribuindo para que fosse fundado outro organismo político, o Partido do Congresso do Maláui, liderado por O. Chirwa, que se aliou ao dr. Banda, recém-libertado.

Nessa conjuntura assistia-se, como é sabido, a um cenário no qual predominava a negociação, exemplificando como continuidade e ruptura nem sempre são historicamente excludentes. Desse modo, o sucesso de alguns partidos africanos, como os do Quênia, na Conferência de Lancaster House, influenciou de forma decisiva os líderes da Niassalândia. Para propósitos comparativos é importante ressaltar que estes se declararam contra o sistema, mas não contra os brancos, constituindo com êxito o início de uma "guerra de baixa intensidade".

No processo de transição para a independência da Niassalândia essa política contribuiu para que, ainda no mês de agosto de 1960, quando a independência do Congo desestabilizava a África ao sul do Equador, o dr. Banda fosse convidado para ir a Londres discutir uma nova Constituição que regulamentava a participação política dos povos da Niassalândia. Ficou acordado que o Conselho Legislativo deveria contar com cinco membros administrativos nomeados, mais 33 deputados eleitos de acordo com duas listas de eleitores, tendo como base um escrutínio censitário. Também propunha uma lista superior com oito deputados e uma lista inferior com vinte.

A nova onda de emergência de um número crescente de africanos na política garantiu a vitória do Partido do Maláui, que passou a controlar o Conselho Legislativo. Além disso, aumentou para quatro os seus correligionários, entre os cinco lugares do Conselho Executivo. Em que pesem as diferenças, é relevante registrar que os africanos conquistaram 23 dos 28 lugares não-administrativos no Colégio Eleitoral Superior, graças ao apoio dos asiáticos.

Os efeitos desses acontecimentos reforçaram as possibilidades de uma negociação, em 1962, entre Banda e representantes do governo britânico, que reconheciam a sua legitimidade para reivindicar um governo autônomo. Em 1963, o Conselho Executivo foi substituído por um gabinete presidido pelo dr. Banda. Quanto à Niassalândia, tornou-se "um país de negros em um continente negro".

Dado esse conjunto de fatos históricos, ficou menos possível uma perspectiva voltada para viabilizar a Federação da África Central Britânica, instituída em 14 de junho de 1953, como meio mais adequado de conduzir a transição para as independências. Mesmo cientes dos problemas econômicos da Niassalândia, quais sejam, ser um pequeno país sem saída para o mar, apenas com atividade agrícola e com uma mão-de-obra insuficiente, ainda assim suas lideranças políticas rejeitaram a proposta de integrar uma federação em troca de vantagens econômicas. Essa foi uma escolha política que tinha por objetivo não aceitar as diferentes formas de continuísmo.

A essa altura, com maior controle das estruturas partidárias, Banda deveria assumir o cargo de primeiro-ministro em uma Niassalândia que teria sua independência em 6 de julho de 1964, quando passou a chamar-se Maláui, nome de um grupo etnocultural do qual fazia parte historicamente a constituição de um "reino" na região do lago Niassa. No entanto, os escalões mais jovens das forças armadas passaram a considerar a política de Banda e de seus ministros pró-ocidental e cooperativa com o regime do *apartheid*. Na verdade, Pretória o apoiava, em troca da possibilidade de a Niassalândia se tornar sua zona de influência.

Apesar dessas circunstâncias, em 1966 o dr. Banda foi eleito presidente do Maláui, passando a vitalício em 1971. Contudo, não é demais registrar que sua política de Estado estava claramente vinculada a interesses econômicos. Portanto, a experiência histórica de seu governo acabou tendo como característica principal a sua ligação com grupos empresariais portugueses e sul-africanos. Essa observação está longe de significar que consideramos que o Estado prescinde do mercado. Porém, não implica uma perspectiva econômica determinista. Fique claro, portanto, que é preciso destacar que o Estado do Maláui nesse processo, tentando romper sua condição de marginalidade econômica, afastou-se do seu papel político básico. Desempenhou uma política frágil, em particular no que se refere à África do Sul, com a qual estabeleceu um perverso vínculo de subordinação que se constituiu, inclusive, em um dos fortes condicionantes do seu atraso econômico.

Em poucas palavras, retomando Lord Acton, é possível considerar que o governo do Maláui passou a afastar-se das principais necessidades e dos interesses do país. Comprometendo a soberania externa do Maláui, o seu mandatário supremo, Banda, perdeu boa parte do seu poder político, o que abalou a soberania interna, restringindo suas condições de governabilidade.

Por outro lado, quem estuda a África Central, onde se encontram alguns dos territórios com maior número de colonos brancos, fica tentado a considerar que, mais que difíceis, suas relações com a Grã-Bretanha foram emblemáticas de um complexo processo no qual se acentuava, sobremaneira, a questão racial. Esta afirmação, que pode parecer muito geral, é apenas uma maneira de pensar que a Rodésia do Norte (atual Zâmbia) e a Rodésia do Sul (atual Zimbábue) talvez tenham sido os territórios considerados os mais estratégicos para o futuro da Federação da África Central que a Grã-Bretanha considerava básica para o desenvolvimento da região. De todo modo, esse é apenas um aspecto, até certo ponto de menor importância, para entendermos a história da transição da Rodésia do Norte para a independência.

Assim, foram as tendências entrópicas desse território que o definiram, em primeiro lugar, como uma colônia com grande número de colonos e técnicos brancos que, embora propagasse um discurso que exaltava o "multirracialismo", na prática, fazia prevalecer uma forte discriminação racial, que assumiu um caráter decisivo na política da futura Zâmbia. Nessa perspectiva, o que qualificou a luta política foi o exercício da força física. As posições assumidas, de um lado, pelos africanos Kenneth Kaunda e Nkumbula (cuja atividade levou o African Congress a fincar raízes nas zonas rurais), e, de outro, pelo governo britânico, levaram a uma inevitável disputa política de difícil superação.

Observa-se que quando a Grã-Bretanha abriu possibilidades de ampliar a participação das sociedades, por meio de propostas para a nova Constituição de 1958, a crise se definiu. Tanto europeus como africanos rejeitaram-na, tentando impedir uns aos outros de controlar o poder. Em 1960, na conferência para a revisão do texto constitucional, Nkumbula queimou publicamente a Constituição, como um dos passos de acumulação de forças, na tentativa de impedir que o Partido Federal, liderado por Roy Welensky se tornasse o interlocutor do governo britânico. Com o mesmo objetivo, aprofundou a sua posição radical, declarando, por ocasião das eleições, aproximar-se dos "partidos do poder" para fortalecer o embate contra o Partido Federal.

A insistência nesse pacto gerou uma cisão entre os nacionalistas africanos. O grupo mais radical aliou-se a Kenneth Kaunda, criando o Congresso Nacional Africano da Zâmbia (CNAZ), que tinha como palavra de ordem "boicotar a todo o custo as eleições e impedir qualquer outro partido africano de nelas participar".[9] As conseqüências imediatas foram a prisão de Kaunda e a proscrição do CNAZ.

Por sua vez, fortemente influenciado pelas rebeliões de janeiro de 1959 na Niassalândia, o Congresso Nacional Africano, de Nkumbula, redobrou seu empenho, conseguindo que o Partido Federal, de Roy Welensky, não conquistasse a maioria dos lugares, permitindo-lhe dominar o governo e impor suas posições político-ideológicas na Conferência Constitucional de 1961. No entanto, a conferência foi adiada indefinidamente graças à oposição dos nacionalistas africanos, apoiados pelo recém-instalado governo de Lumumba, empenhado em impedir que o poder branco avançasse pelo Congo por meio da extensa fronteira com a Rodésia do Norte. Lá permaneceu um quadro político de forte pressão para que Welensky proclamasse unilateralmente a independência.

O governo britânico, porém, tinha uma nítida vontade política de fortalecer o Partido Liberal, de F. J. Moffat, com o objetivo de construir um processo para a reconciliação entre os nacionalistas africanos e os ultrabrancos, o que, pragmaticamente, significava manter a dominação econômica, social, política e militar.

---

9. KI-ZERBO, Joseph. *História da África negra, op. cit.*, v. II, p. 465.

Nesse quadro de disputas, o ano de 1961 foi decisivo, pois Welensky, graças a seu prestígio perante os meios políticos e financeiros de Londres, conseguiu captar o apoio político necessário para modificar o projeto da Constituição publicado em 26 de junho. Assim, não só ficava garantida a maioria européia, como afastada qualquer possibilidade de uma eventual troca de posição no cenário político para uma maioria africana.

Essa rigidez política provocou uma forte reação africana, com o encaminhamento de posições radicais, expressas no desenvolvimento de uma insurreição em todo o norte do país, tendendo a generalizar-se. Incêndios, barricadas em estradas e sabotagens provocaram uma violenta repressão com cerca de 2.600 detentos e várias centenas de mortos.

Reagindo contra os efeitos desorganizadores provocados por sua política e impressionado com o sucesso do Congress Party, da Niassalândia, o governo de Londres, a 13 de setembro de 1961, anunciou a reabertura das discussões sobre a Constituição da Rodésia do Norte. Mais uma vez na história da África Central de colonização britânica, pragmaticamente, o multirracialismo estava excluído. O governo britânico orientou, por uma "via prussiana", reformas de cima para baixo, propondo a revisão da Constituição outorgada, o que daria ao Partido Liberal, de Moffat, possibilidades de conduzir uma reconciliação entre os nacionalistas africanos e os ultrabrancos.

A 15 de dezembro de 1962 foi formado o primeiro ministério africano da Rodésia do Norte, com quatro africanos e seis europeus. Não é demais lembrar que no dia anterior os colonos da Rodésia do Sul votaram maciçamente no Rhodesian Front, manifestando sua recusa a um governo africano.

Como a Niassalândia, a Rodésia do Norte foi um protetorado, mas, enquanto na primeira havia cerca de um europeu para 400 africanos, na segunda a proporção era de um europeu para cada quarenta africanos. Em março de 1963, Londres resolveu tratar os dois protetorados de modo semelhante, concedendo a ambos a independência progressiva. Assim, a 20 de janeiro de 1964, foram realizadas eleições por sufrágio universal, com o United National Independente Party (Unip) obtendo 55 lugares, o Congresso Nacional Africano (ANC), 110 e o United Federal Party (partido apoiado pelos europeus), 10 lugares. Três dias depois Kaunda formou um gabinete politicamente homogêneo, enquanto a data da independência foi fixada para 24 de outubro de 1964.

Quais são, portanto, as perspectivas que se abriam nos anos 1960? Uma hipótese provável é que a independência tenha feito parte de uma transição conservadora. A estrutura social não se alterou, tampouco o alto grau de discriminação racial em relação aos negros. Além disso, a nova política econômica da Zâmbia trouxe consigo uma pesada herança, já que a independência não afetou a negociação pelos "direitos relativos aos minérios". Em 23 de outubro foi assinado um acordo, pelo qual a British South Africa Cy recebeu do governo britânico 2 milhões de libras esterlinas, abrindo mão das minas de cobre. A propriedade plena das minas passou para a Rhodesian Selection Trust e para a Afro-American Corporation, formando a Roan Selection Trust e a Zambian Anglo-American. Reafirmava-se, assim, a interdependência que manteve a subordinação da Zâmbia ao sistema econômico internacional.

Vale, portanto, reiterar que a supremacia branca da região central até o sul do continente atuou como barreira para a criação de um espaço institucional que tivesse lugar para brancos e negros. Ora, excluindo os negros, isto é, a maioria da população, tornou-se praticamente inviável criar uma nação.

Um aspecto que permite compreender as perspectivas políticas da Rodésia do Sul foi a atuação de seu primeiro-ministro, Garfild Todd, um pastor liberal, que, por absoluto pragmatismo, propôs a implementação de reformas sociais como meio de sobrevivência do poder hegemônico dos brancos. Nas circunstâncias políticas da época tratava-se, antes de tudo, de reforçar a supremacia branca, mantendo a máxima limitação possível dos direitos e das liberdades pretendidos pelos africanos, como a restituição das terras confiscadas e o direito ao voto. Foram esses os objetivos centrais do Congresso Nacional Africano da Rodésia, o primeiro congresso nacionalista partidário de supremacia branca.

É, pois, perfeitamente compreensível que Todd tenha sido destituído do seu cargo, em nome da prudência política. Seu sucessor, Edgard Whitehead, tinha como lema "construir uma nação", o que significava que os brancos deveriam comandar um processo caracterizado por uma "benévola tolerância" que admitisse a presença dos negros. Essa política foi complementada por um Conselho Legislativo composto por brancos que propôs medidas de significados diversos. Ao mesmo tempo que formularam leis para alterar o regime de propriedade, facilitando o acesso dos africanos à terra e à casa própria, pavimentaram o caminho para uma política autoritária dos brancos, capaz de impedir lutas reivindicatórias por parte dos africanos. Além disso, a elite política dominante cercava-se de mecanismos políticos que não só permitiam manter a assimetria em relação aos africanos, como tornavam legítima a dominação branca baseada no exercício de diferentes formas de violência. Daí a repressão feroz contra qualquer tentativa dos nacionalistas africanos de apresentarem um projeto político de desenvolvimento autônomo.

No âmbito desses acontecimentos houve um significativo crescimento do preconceito e da discriminação contra os negros, o que, por sua vez, acarretou uma escalada da violência que chegou ao auge em 1959. As previsões de catástrofes aumentaram, pressionando o governo a tomar medidas de contenção, como o estado de emergência, além de prender todos os dirigentes africanos. Joshua Nkomo só escapou porque não se encontrava na Rodésia do Sul.

Além disso, o governo britânico utilizou, como recurso de inequívoca eficácia, o contraste entre as versões oficiais e a realidade. Desse modo, controlou a criação de um segundo colégio eleitoral, pelo qual os africanos poderiam designar diretamente os seus representantes, mantendo a existência de certas condições políticas mínimas, visando refrear as manifestações de resistência. Porém, rejeitando essa participação, reconhecida como mera forma de continuísmo da dominação britânica, Nkomo optou pelo boicote, afastando a luta pela via parlamentar.

Quando examinamos o significado desse novo partido nacionalista e radicalmente hostil ao sistema, torna-se fácil compreender por que ele levantou suspeitas, tendo sido proscrito, ao mesmo tempo que foram detidos muitos dos seus militantes. Mais do que isso, fiel ao "realismo político", o governo Whitehead, como já havia ocorrido em 1960, na Salisbúria, mais uma vez pôs em prática uma ação concentrada no chicote, na prisão e na metralhadora contra todos os manifestantes africanos.

Não há grande mistério no fato de Whitehead ter sido execrado pelos africanos e, ao mesmo tempo, avaliado como ineficiente pelos brancos, isto é, incapaz de conter a ameaça africana de desestabilização do governo. Por isso, Whitehead perdeu as eleições para o Partido da Frente Rodesiana, avaliado pelos brancos como seguro, porquanto considerado capaz de ampliar o seu espaço de manobra, a ponto de conter possíveis levantes populares dos africanos.

Afinal, a via parlamentar tinha dado bons resultados nas possessões britânicas do Oeste e, em parte, do Leste e do Centro. Poderia acontecer o mesmo no Sul? O resultado das eleições confirmou a preponderância dos "ultrabrancos". Mas os conflitos internos não tardaram a levar o Partido da Frente Rodesiana à dissolução. Por outro lado, Nkomo continuou a manter um domínio seguro sobre as massas populares urbanas até 1963, quando a resistência africana, unida no Partido Democrático Nacional por ele liderado, cindiu-se em duas direções. Os nacionalistas com maior grau de escolaridade formal voltaram-se sobretudo para o reverendo N. Sithole. Autor reputado de uma brochura sobre o nacionalismo africano, Sithole acabou por fundar a União Nacional Africana do Zimbabué (Zanu). Quanto a J. Nkomo, líder da União dos Povos Africanos do Zimbabué (Zapu), pouco depois, muda o nome do partido para Conselho para a Proteção do Povo.

Em fevereiro de 1964, os dois maiores líderes do Zanu e do Zapu foram condenados à prisão domiciliar. O fato desestabilizou os militantes dos dois partidos nacionalistas africanos, que, meio à deriva, começaram a bater-se nos bairros suburbanos. Como o programa da União Nacional Africana do Zimbabué era mais radical, o Conselho para a Proteção do Povo também teve o seu programa reforçado; mas essa mudança não foi suficiente para conciliar os dois partidos.

Por sua vez, os brancos da Frente Rodesiana, explorando o conjunto desses fenômenos, e mesmo estimulando toda medida que contribuísse para a divisão dos nacionalistas negros, ainda temiam uma direção negra para a Rodésia do Sul. Além disso, desencorajados pela recusa da independência por parte do governo britânico, voltaram-se para a África do Sul como um aliado natural.

Em 1964, Ian Smith tomou as rédeas do país. Suas opiniões extremistas sobre a independência trouxeram preocupações para grande parte da população negra, que não conseguiu controlá-lo, uma vez que foi derrotada pelo eleitorado branco. Desde logo, porém, importa reter que o referendo branco a favor da independência contou com apoio de alguns chefes africanos que aderiram à política de Ian Smith, com medo de ser destituídos, pelos nacionalistas brancos, dos lugares que ocupavam na estrutura administrativa.

Assim, mantidos os desequilíbrios e extremos de desigualdade social e discriminação racial do país, em 11 de novembro de 1965, ao sul do Zambeze, foi proclamada a independência unilateral da Rodésia do Sul, que passou a se chamar Zimbábue, com 25 mil brancos arrogando-se o direito de dirigir, por tempo indefinido, 6 milhões de negros. Além disso, conservaram a bandeira britânica e reconheceram a autoridade da rainha como chefe do Commonwealth, contando com a cumplicidade da República da África do Sul.

Não se pode esquecer, porém, que foi sobretudo por influência dos movimentos de independência de Angola e Moçambique que a África do Sul concedeu a independência a três pequenos países encravados no seu território: Botsuana, em 30 de setembro de 1966, Lesoto, em 4 de outubro de 1966, e Suazilândia, em 6 de setembro de 1968. Quanto à Rodésia do Sul, só obteve sua independência irrestrita bem mais tarde, em 18 de abril de 1980.

A teia de segregações: África do Sul, Suazilândia, Lesoto e Botsuana

Um ponto que convém reiterar é que não se propõe neste ensaio discutir em detalhe os movimentos de independência. De um lado, trata-se de enfatizar as especificidades próprias a cada um deles e, de outro, recuperar a idéia de que as formas de existência são objetivamente dadas. No caso da África do Sul, uma análise adequada da correlação de forças requer, antes de tudo, entender o processo contestatório em suas particularidades históricas, o que implica contextualizá-lo estrutural e conjunturalmente.

A história da União Sul-Africana teve início na segunda metade do século XVII, em 1652, com o desembarque dos bôeres, no Cabo da Boa Esperança, liderados por Van Riebecck. Esse posto marítimo foi um importante fornecedor de carne e legumes para os navios que seguiam às Índias. Eram colonos sobretudo holandeses, protestantes calvinistas que não tardaram em encontrar os khoi-khois (hotentotes para os europeus) com os quais se bateram violentamente em combates ou com eles se miscigenaram. O resultado foi o aparecimento, na Província do Cabo, de mestiços ao lado de brancos e negros.

Por sua vez, em 1815, os ingleses, para garantir o caminho para as Índias, tomaram o Cabo, acarretando, em 1836, um grande êxodo dos bôeres, no episódio conhecido como Grand Trek, o que significa "caminho sagrado". Aí teve início e se enraizou a história dos agricultores migrantes holandeses e de seu enfrentamento com os xhosas, os suazis e os zulus, súditos do rei Tchaka. Estes foram enfrentados com muita violência por Andries Pretorius, na batalha de Blood River, em 1838. Eram cerca de 13 mil zulus e por volta de 500 descendentes dos bôeres, os africânderes, fortemente armados com fuzis e canhões.

É importante registrar que a principal razão que levou ao Grand Trek foi o fato de os africânderes não aceitarem submeter-se às leis britânicas. Pretendiam conservar sua língua, seus valores e costumes, sua vida familiar, suas práticas religiosas e outras dimensões plurais de seu cotidiano. Entre o resguardo dessas esferas de importância destacava-se a que se referia em particular às suas relações com os povos africanos. Os africânderes, segundo a Igreja Reformada Holandesa, se auto-reconheciam como um povo, com a missão de preservar as diferenças "naturais" de raça, apoiados na fé, que lhes fazia acreditar que igualar negros e brancos contrariava a lei de Deus. Em síntese, essa igualdade, tanto na Igreja quanto no Estado, significava uma intolerável humilhação para qualquer cristão. Além disso, segundo eles, o "cruzamento de raças" contrariava a vontade divina, que os tinha como seus "únicos e verdadeiros" intérpretes.

Essa crença foi institucionalizada pela primeira Constituição do Transvaal, em 1858, e sem dúvida foi a gênese do *apartheid*. Além disso, o que se pode dizer é que, nas condições opressivas daqueles anos, esse conjunto de crenças abriu novos horizontes à discriminação e à violência. Dessa maneira, os africânderes, apoiados na religião, bateram-se contra os xhosas.

Mas quem quer que tenha feito uma reconstrução do sul da África, na segunda metade do século XIX, constata que os ingleses instalaram-se no Cabo por volta de 1850, com a comunidade britânica, na sua maioria (40% da população branca), imigrando entre 1875 e 1913. Desde que chegaram, tiveram vários enfrentamentos com os zulus, que foram vencidos, em definitivo, em 1879. Além disso, em fins do século XIX, três povos africanos, os suazis, os sothos e os tswanas puseram-se sob a proteção dos ingleses, que deram um pequeno território a cada um deles (Suazilândia, Lesoto e Botsuana), provocando a sua sedentarização (veja mapa 9.13).

Por outro lado, ao norte da Cidade do Cabo, nas duas últimas décadas do século XIX foram descobertas as primeiras jazidas de diamantes, atraindo banqueiros judeus e ingleses. Cerca de 15 anos depois, em 1899, com a descoberta do ouro, tropas britânicas invadiram os territórios dominados pelos africânderes, dando origem à guerra que se estendeu até 1901. É importante lembrar que o fato estrutural que reforçou os diferentes objetivos e projetos de africânderes e de ingleses foi a disputa pelo controle das terras de povos autônomos. Essa guerra teve seu ponto crucial quando os adversários acordaram excluir a participação de tropas de povos negros nos enfrentamentos.

É curioso notar que a disputa pelo controle das terras dos povos negros foi a primeira guerra filmada no mundo, nos seus dois anos de duração. Ficaram assim documentadas várias facetas de violência, em particular dos britânicos, como a queimada de fazendas e plantações e a matança de gado. Também se utilizaram do arame farpado e de campos de concentração, onde aprisionaram em particular crianças, das quais foram mortas cerca de 22 mil.[10] Mas outras novidades parecem estar nas conseqüências que esses combates acabaram promovendo no seu término, ou seja, a assinatura da paz e a reunião, em um mesmo Estado das colônias do Cabo da Boa Esperança, de Natal, do Transvaal e do Estado Livre de Orange. Logo em seguida, ainda em 1901, os africânderes sofreram forte pressão dos ingleses para mudar suas práticas em relação aos po-

10. ARENDT, Hannah. *Origens do totalitarismo, cit.*, p. 147-338.

9.13 - No final do século XIX os suazis, os sothos e os tswanas, sob a proteção dos ingleses, formaram a Suazilândia, Lesoto e Botsuana.

1 Lago Niassa

[Elaborado pela autora para a devida adequação ao texto - L. L. HERNANDEZ]

vos negros. Quanto à conseqüência imediata da guerra, foi ter levado à miséria fazendeiros africânderes, para os quais restou ir trabalhar nas minas ou nas fábricas. Vale dizer que tiveram de passar anos de miséria, o que só fez aumentar o seu ódio em relação aos ingleses. Porém, mesmo pobres, eles eram brancos, o que era suficiente para que vivessem separados dos negros e reivindicassem melhores empregos e salários para si.

Os desentendimentos foram superados por interesses políticos. Poucos anos depois, em 1910, os africânderes reconciliaram-se com os britânicos. Como resultado criou-se um Estado unificado, a União Sul-Africana, que se vinculou à Commonwealth. Nele, a exclusão dos negros era reiterada pelos Native Land Act e Color Bar Act, atos que os tornavam marginais ao processo político, o que significa dizer que seus direitos individuais, sociais e políticos eram reduzidíssimos.

Na verdade, o que dava o tom da diferença não era a natureza do racismo mas o grau em que era praticado. Tanto os territórios dominados pelos ingleses como pelos bôeres eram racistas. Mas as práticas diferiam. Enquanto na Província do Cabo havia menos intolerância, nas províncias dos bôeres (cujos descendentes eram cada vez mais conhecidos como africânderes), tendo à frente o general Smuts, eram cada vez mais fiéis à radicalização da violência para impor e manter medidas discriminatórias e segregacionistas. Seja como for, o Land Act, de 1913, fixou parte das reservas para as comunidades de mestiços, indianos e negros, cabendo a estes últimos cerca de 8% do território (veja mapa 9.14).

Considerados na relação com as práticas de poder que atravessam a vida social, é possível pensar que desde o Native Land Act e o Color Bar Act abriram-se espaços nos quais o conflito ganhou visibilidade. Nos territórios sob jugo europeu houve uma contínua criação de significações que reiterou a discriminação dos não-europeus. Se é verdade que a maioria negra foi a grande atingida, os mestiços e os indianos também fizeram parte do universo dos excluídos. Também não podiam morar nas antigas repúblicas bôeres, isto é, no Transvaal e no Estado Livre de Orange. Daí não causar a mínima estranheza que os indianos da cidade de Natal tenham feito a mais bem-sucedida das campanhas contra o Color Bar Act. Vale lembrar que esses fatos inspiraram Gandhi em sua reflexão sobre os diversos aspectos do racismo, como sua origem, seus possíveis desenvolvimentos e suas implicações.

É imprescindível ter clareza que o racismo era contra o não-europeu e, dessa forma, a heterogeneidade racial era tratada como um forte critério de discriminação. Não é menos verdadeiro que a questão racial articulava-se às desigualdades relativas à distribuição do trabalho, da riqueza e do poder, assim como as demográficas e culturais. Essas relações assimétricas ficavam ainda mais

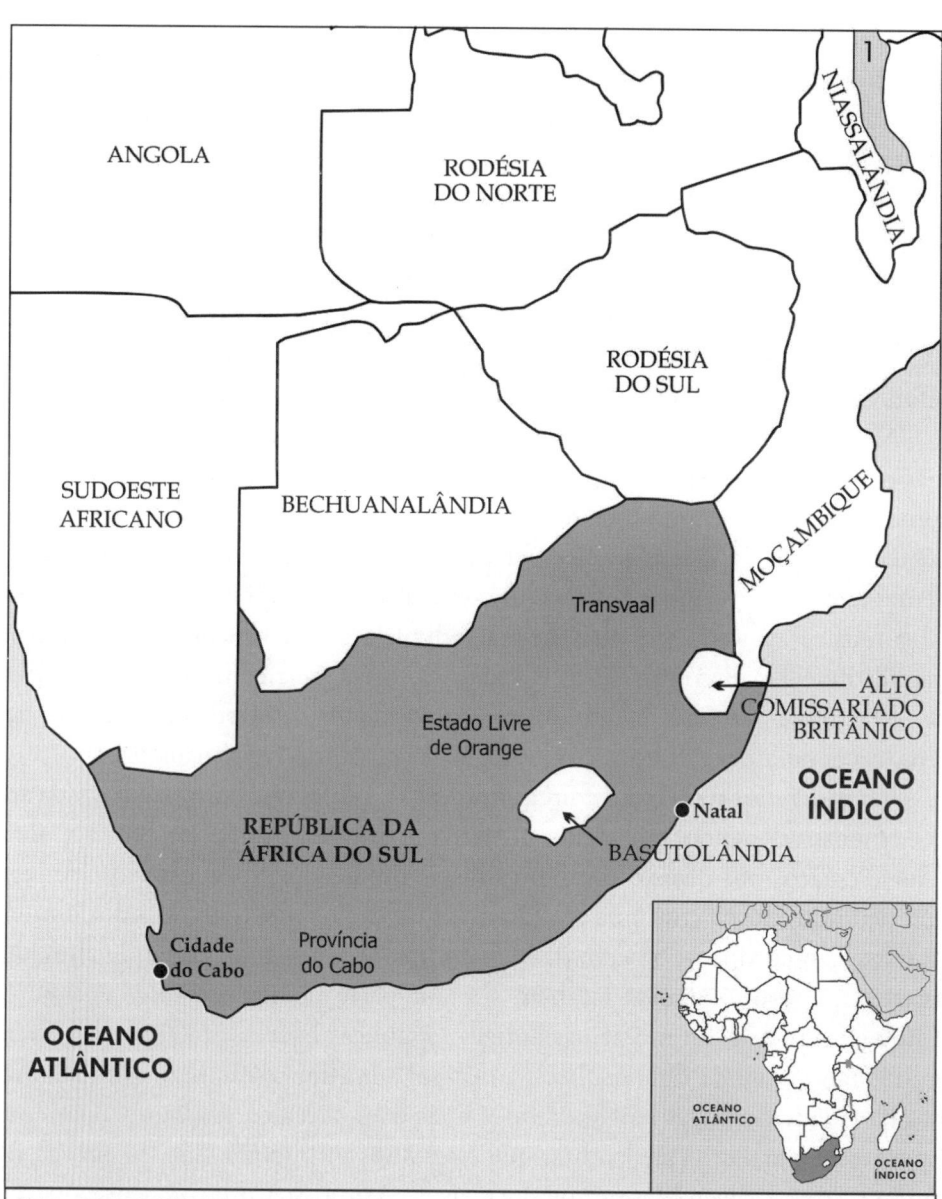

9.14 - Territórios dominados pelos ingleses e pelos africânderes na então União Sul-Africana (desde 1947, República da África do Sul).

1 Lago Niassa

[Elaborado pela autora para a devida adequação ao texto - L. L. HERNANDEZ]

acentuadas cada vez que era decretada uma medida restritiva, como a proibição, sobretudo dos povos negros, ao acesso a alguns empregos, limitando ainda mais os seus direitos.

Não se pode perder de vista, no entanto, que, a despeito da diferença de posições e da variedade de perspectivas, um grupo de negros, das poucas famílias ricas da região, formado em escolas cristãs, passou a interessar-se por um conjunto comum de questões. Nessa fase, da maior relevância para a história da União Sul-Africana, desencadeou-se um processo de luta contra a segregação, que tinha como projeto a construção de uma sociedade unida, portanto não-racista. Esses objetivos levaram as elites políticas a dirigirem-se a Londres para reivindicar o direito de voto para os negros e a revogação das primeiras leis segregacionistas.

Contudo, não obtiveram êxito. Ao contrário, acentuou-se a tensão entre europeus e não-europeus, sendo as diferenças consideradas sinônimo de desigualdades cada vez maiores. Tanto que em 1913, em Londres, foi aprovada uma lei que tornava legítima a posse de 95% das terras à minoria branca. À maioria negra restaram apenas 5% das terras menos férteis e sem jazidas minerais.[11] Além disso, os povos negros tornaram-se proibidos de expandir-se para outro lugar.

Acentuando o poder britânico, após a Primeira Guerra Mundial, a União Sul-Africana obteve mandato da Liga das Nações para ocupar o Sudoeste Africano, até então colônia alemã, rica em diamantes. Ainda assim, o ano de 1922 caracterizou tempos difíceis para a mão-de-obra branca, ameaçada pela negra, mais numerosa e barata. Não tardaram rumores de demissão dos negros, o que motivou sua mobilização e organização, sendo deflagrada a "greve dos 22 mil", a criação de sindicados e a fundação do Partido Comunista.

Em uma reação em cadeia, ocorreu a "revolta vermelha" dos brancos que se sentiam ameaçados pelos povos negros. Tinham como lema: "Trabalhadores do mundo inteiro, unam-se para uma África do Sul branca". Assim, a promulgação da Lei Marcial, barricadas, batalhas e enforcamentos garantiram "a lei e a ordem", aliás, uma justificativa que favoreceu claramente os donos do poder.

O contraponto a essa política coube ao South African Native National Congress, que, no período entre as duas guerras, amadureceu politicamente e, em 1925, assumiu o nome de Congresso Nacional Africano, adotando um hino, "Que Deus abençoe a África", e uma bandeira que continha as cores preta (povo), verde (campos) e ouro (riquezas minerais).

---

11. Consultar o mapa de riquezas minerais que integra o Epílogo deste livro.

Do outro lado, mas também em busca da estabilidade, ainda que fundada no medo e no exercício físico da violência, em 1923, 1924 e 1927 foi promulgada uma série de leis que limitava os direitos dos povos negros em relação ao trabalho, à residência e até às relações sexuais.

Para completar, os africânderes, em 1930, passaram a concluir os seus estudos na Alemanha. Lá, reforçaram a relação estreita entre ação e discurso, primordial para justificar e mesmo legitimar as idéias ancoradas em um entendimento específico da Bíblia referentes às diferenças raciais. Assim, acompanhada pelo discurso, a ação ganhou relevância. Ao voltarem para a África do Sul, eles fizeram anunciar a idéia de implementar um sistema que protegesse a integridade da raça e da cultura africânder. Dessa maneira foi identificado e anunciado o "nacional-cristianismo", gênese do futuro Partido Nacionalista, criado em 1938, que acabou por ganhar as eleições e assumir o governo. Significa dizer que esse partido tinha como objetivo principal proteger o futuro da sociedade africânder por meio do sistema de boa vizinhança idealizado pelo "pai do *apartheid*", o primeiro-ministro dr. Verwoerd.

Evidentemente, uma sucessão de leis foi imposta, enfrentando uma teia preexistente de ações dos não-europeus, regidas por vontades e intenções contestatórias. Começando em 1926, os povos reunidos pelo Congresso Nacional Africano lançaram uma campanha de massa contra uma nova série de leis racistas que estava para ser implantada.[12] Ainda no início desse mesmo ano foi convocada uma assembléia nacional em que os participantes condenaram radicalmente toda discriminação racial. Exigiam a igualdade de todos, garantida pela Constituição, independentemente de sua cor. Por fim, decidiram boicotar as "conferências indígenas" organizadas pelo governo, sem poder algum. Para completar, no final de 1926, o ANC convocou o I Congresso Não-Europeu, em Kimberley, somando esforços com várias outras organizações africanas, como o African Political Organization, principal movimento político dos mestiços, e o South African Indian Congress, criado logo após a Primeira Guerra Mundial, agregando pequenas organizações preexistentes de Natal e do Transvaal. Esse conjunto de atividades marcou o início do processo de formação de uma frente anti-racista unificada na África Meridional. Vale destacar que essa frente condenou as práticas racistas em uso no país, ao mesmo tempo que organizou uma forte oposição à nova legislação Hertzog que, pretendendo controlar o ascenso

---

12. O Congresso Nacional Africano também desenvolveu atividades no exterior, contribuindo, por exemplo, para o movimento pan-africano, fazendo-se presente no Congresso de 1919, em Paris. Sobre o pan-africanismo, consultar o Capítulo 6 deste livro.

dos movimentos reivindicatórios, propôs uma cooperação mais estreita entre os elementos não-europeus da África do Sul.

Sem força política para deter a escalada de restrições cada vez mais numerosas, justificadas com base em valores como a desigualdade "natural", o Congresso Nacional Africano, desde o final da década de 1920 e dos primeiros anos da década de 1930, viveu anos de descenso. Seu declínio deveu-se também à passagem da direção para o controle dos moderados. Essa situação só se alterou em meados de 1930, quando foi posta em vigor a legislação fundiária eleitoral de Hertzog. Como resposta, foram retomadas as atividades mais reivindicativas, destacando-se a preparação de um expressivo protesto feito na All African Convention. É preciso não negligenciar o clima tenso que se estabeleceu quando uma delegação apresentou a Hertzog um arrazoado de como estavam sendo feridos os interesses das comunidades dos negros, mestiços e indianos, interferindo, portanto, diretamente na liberdade política da maioria da população. De todo modo, a convenção não chegou a um acordo sobre um programa e um plano de ação consensualmente aprovados.

Esses fatos acarretaram uma desarmonia crescente, que acabou dando origem a greves organizadas por sindicatos, sendo estas as primeiras manifestações de massa de maior envergadura nesse período. O governo de Hertzog, com sua legitimidade ainda mais enfraquecida, teve de fazer frente também a uma série de greves nas minas do Transvaal, seguidas de outras em Johannesburgo, desestabilizando toda a base do sistema político. Como resultado dessa situação de crise, os europeus reuniram-se rapidamente e, em 1938, criaram o Partido Nacionalista, que preparou o terreno para ganhar as eleições e concentrar a ação governamental na capacidade de coordenar e gerenciar a crise. Assim, protegia o futuro da sociedade africânder, montando o sistema proposto pelo dr. Verwoerd, primeiro-ministro e grande idealizador do *apartheid*, definindo a política do governo como "política da boa vizinhança". Ele dizia aceitar as diferenças entre os povos e recomendava que, se todos se comportassem como bons vizinhos, seria possível não só levar uma vida em comum, mas também desenvolver uma ajuda mútua entre os diversos povos.

É importante assinalar que o caso da África do Sul põe em relevo, ao mesmo tempo, o dinamismo da economia e o crescimento dos pontos de rigidez da institucionalidade política. Não é pois por acaso que, na passagem da década de 1940 para a de 1950 (em especial desde 1947, quando, livre da Grã-Bretanha, tornou-se República da África do Sul), tenha acontecido um esforço em torno de medidas que acentuaram as tendências à exclusão e à fragmentação. Nesse sentido, lembramos a lei de 1949, que proibia as relações sexuais e o casamento entre brancos e não-brancos; a lei de 1950, que impunha a classificação da população por categoria racial entre brancos e não-brancos (indianos, mestiços e negros); e a terceira lei, que proibia o Partido Comunista.

Para que se possa compreender o verdadeiro significado desse quadro de múltiplas dificuldades, é preciso registrar que, na conjuntura dos primeiros anos de 1950, as terras já não eram suficientes para o trabalho e para a alimentação dos negros, que passaram a migrar para a periferia das cidades e das áreas industriais. Para pôr "ordem no processo", em 1950, uma lei demarcou áreas residenciais por categorias raciais: os brancos e os não-brancos viveriam em locais separados.

Além disso, todos os negros deveriam depender administrativamente de uma reserva, de acordo com a sua origem étnica. Para isso, foram criadas nove reservas de terras que, uma vez avaliadas como inúteis para os brancos, tornaram-se disponíveis para acomodar oito grupos etnoculturais.

Seguiram-se outras leis que podem ser sintetizadas na expressão "a polícia determina a política". Consideradas nesse enfoque, as políticas de reforma propunham regras para alterar de maneira irreversível a posição da população não-branca, sobretudo a negra, que era a maioria. Esse processo deu-se em uma dinâmica política que usou uma forma autocrática de decidir e executar políticas discriminatórias. Nessas condições, em 1952, foi decretada uma nova lei de controle que impunha aos negros o uso constante e obrigatório de um passaporte interno, com um conjunto de informações: a reserva de origem, as situações familiar e profissional e os locais de trabalho e de permanência autorizados. O não-cumprimento dessa lei era considerado infração, passível de penas como a condenação e a prisão.

Em 1953 foi aprovada outra lei, que demarcava os diferentes lugares permitidos para os brancos e "os outros" em locais públicos. Nesse mesmo ano foi aprovada a banto Education Act, que destinava aos negros uma educação de padrões bastante inferiores (aliás, de custo vinte vezes menor) do que a programada para os brancos. Como justificativa, o primeiro-ministro dizia apenas obedecer aos ensinamentos contidos na Bíblia, segundo os quais era inútil certo tipo de conhecimento para os negros, já que eles eram apenas "cortadores de madeira e carregadores de água".

Por fim, é preciso salientar um fenômeno que parece fundamental para entender melhor o sistema de dominação social próprio da África do Sul. Refere-se aos mineiros, de cor negra, cerca de 500 mil homens, alojados em abrigos de propriedade das empresas. Viviam longe de suas famílias, que permaneciam nas reservas. Tinham contratos de trabalho temporário que podiam ser renovados anualmente. Recebiam uma remuneração cerca de 15 vezes menor do que a dos mineiros de cor branca.

Para os operários e trabalhadores domésticos empregados em "áreas brancas" eram reservados grandes vilarejos fechados, na periferia das cidades, os *townships*.

No entanto, essa política de controle e estabilização não impediu que se formasse o Sophiatown, um bairro também pobre, com a diferença que nele os negros podiam comprar e construir casas muito próximas de uma vizinhança de brancos. É evidente que o governo sul-africano, desinteressado em criar mecanismos institucionais de mudança, tratou a população desse bairro como "caso de polícia". Assim, não tardou a enviar 2 mil policiais e soldados armados para arrombar casas na calada da noite e expulsar os habitantes, sob a acusação de que aquelas terras não lhes pertenciam. Participaram a todos que as casas seriam derrubadas. Como é sabido, em poucas horas, Sophiatown transformou-se numa cidade vazia e seus 60 mil habitantes foram expulsos para bem longe dali, onde, pouco a pouco, construíram um novo bairro: Soweto. No lugar de Sophiatown foi erguido Triumphe, um bairro para brancos.

Expulsos, os povos negros de Sophiatown não tardaram a reagir, construindo Soweto.

Torna-se evidente o êxito político do governo nacionalista dos brancos no que se refere ao seu eficiente, embora perverso, desempenho na construção do racismo legalizado, o *apartheid*. Utilizando todos os possíveis constrangimentos exercidos pelo poder, o governo, com clareza política e esforço organizado, separou de um lado 3 milhões de brancos. De outro ficou "o resto", os diversos e desiguais, no caso, os inferiores: 11 milhões de negros e 2 milhões de mestiços e indianos.

Nesse quadro, não se podem subestimar as dificuldades que os excluídos tiveram pela frente para criar o Congresso Nacional Africano e o Congresso Pan-Africano, espaços em que os negros, mestiços e indianos podiam resistir e protestar, lutando por igualdade, liberdade e justiça. Mas, a essa altura, as elites políticas à frente desses congressos, convencidas dos ensinamentos de Gandhi, de que as experiências vividas mostravam que a violência talvez fosse mais eficaz para conservar do que para mudar, optaram por uma resistência pacífica.

Ainda que sem a pretensão de renovar as análises políticas sobre o *apartheid*, faz-se, no entanto, necessário apontar que todas as questões são mais complexas do que se supõe. Um regime branco racista não exclui, necessariamente, a movimentação de brancos, ainda que em pequeno número – como liberais, comunistas e heróis de guerra na Europa –, que denunciavam e lutavam contra a segregação. Na primeira fileira de luta estiveram mulheres como Helen Joseph, professora e assistente social que combateu ao lado da líder negra Lilian Ngoyi.

Quanto ao Estado, continuava a ser apenas um gerenciador de atrocidades, seguindo uma rotina de repressão e prisões em grande número. Em 1957, 156 militantes negros foram julgados por "alta traição". O processo que durou quatro anos foi filmado. Entre os acusados estavam Jo Slovo, líder do PC, e o jovem advogado Nelson Mandela, membro de uma família real xhosa e líder dos jovens do CNA. Ambos foram condenados, privados de direitos civis e tiveram decretadas suas prisões domiciliares.

A repressão integrava o cotidiano de guerra com a mesma força e indignação com que os discriminados pelo *apartheid* clamavam por liberdade.

Três anos mais tarde, em 1960, a luta dos excluídos recrudesceu. Em Sharpeville, cidade próxima a Johannesburgo, foi organizada uma mobilização nacional contra a obrigatoriedade do uso do passaporte interno. Pacificamente, cerca de 15 mil manifestantes cercaram a delegacia, que tinha na sua frente 75 policiais, e declararam não estar usando passaporte, pedindo para serem presos, gritando em uma só voz: "Liberdade para nossa vida". Seguiu-se um massacre, fazendo 250 feridos e 70 mortos. Esse ato ficou para sempre guardado na memória da sociedade sul-africana como um dos mais representativos do *apartheid* racial.

Por outro lado, as relações consagradas no cenário internacional entre democracia, desenvolvimento nacional e justiça social animaram vários protestos em Nova York, Londres e na própria ONU, onde os discursos eram de revolta e de indignação. Por seu lado, na África do Sul, a ira se espalhou, alcançando o país inteiro. Houve um enorme movimento de queima de passaportes, que deu ensejo a mais 20 mil prisões. A crise político-social ganhou proporções inesperadas e o governo preservou o jogo de violência do poder nacionalista dos brancos, decretando o estado de emergência e a lei de exceção. Nessa conjuntura, o CNA e o Congresso Pan-Africano foram proscritos.

Em contrapartida, a indignação dos negros, mestiços e indianos aumentou substancialmente. Esse sentimento, de certo modo, foi ainda mais agravado com os exemplos exitosos dos movimentos de independência do norte da África e com a chegada ao poder de governos negros nas ex-colônias francesas, belgas e britânicas. É certo que essas conquistas evidenciavam o inelutável compromisso com uma nova forma política, com conteúdos de igualdade racial e social. Hoje é sabido, que essas perspectivas de construção de um novo Estado e de uma sociedade menos injusta, foram apenas uma possibilidade histórica proposta pelas elites políticas e culturais africanas.

De todo modo, é evidente que as condições dos anos 1960, quando foram conquistadas as independências, em grande número, no continente africano, só fizeram aumentar a pressão, inclusive por parte da tutela britânica, sobre o governo africânder. Mas, se do ponto de vista dos poderosos da África do Sul a violência era "coextensiva à existência e à consolidação do Estado",[13] cada vez mais a opinião pública internacional considerava o *apartheid* retrógrado e em inteiro descompasso com um continente em mudança.

Ainda assim, como estratégia política, o governo africânder resolveu consultar a população branca sobre a possibilidade de a África do Sul continuar a

13. A expressão é de Edelberto Torres-Riva em uma conhecida análise sobre a América Central. Consultar: "Centro America: guerra, transición y democracia". *Revista Leviatan*, n. 26, 1986.

fazer parte da Commonwealth. Contudo, uma grande parcela da população branca preferiu deixar a Comunidade, tornando-se uma república soberana, mantendo os mecanismos e os instrumentos segregacionistas, reprimindo com violência greves e protestos por parte da população negra.

Nelson Mandela, perseguido por ter organizado as manifestações, foi obrigado a continuar a viver na clandestinidade, de onde declarou aos jornalistas ingleses que os africanos exigiam o direito ao voto na base de "um homem, um voto", além da independência política. Na mesma ocasião, Mandela ressaltou que a África do Sul era um país multirracial, portanto um local para *todas* as raças, incluindo os brancos. Quanto às experiências de lutas pacíficas, segundo o líder, não tinha levado o governo a renovar suas concepções políticas. Em contrapartida, levou os excluídos a uma perspectiva mais claramente revolucionária, que incluiu a criação do "braço armado" do CNA.

Uma declaração como essa, em uma sociedade conservadora e reacionária estava destinada ao desprezo, a não ser por algumas exceções individuais. Mais uma vez foi à polícia quem coube a primazia da ação e, em 1962, após ser procurado por 15 meses, Mandela foi preso e dois anos mais tarde julgado em um tribunal fechado, em Pretória. Mandela e mais sete companheiros foram condenados à pena de morte, transformada em prisão perpétua na ilha Robben, onde cumpriram 27 anos de detenção. Além deles, Govan Mbeck e Walter Sisulu, ambos do CNA, também foram condenados à prisão perpétua; Albie Sachs, advogado, comunista, militante do CNA, foi preso sem julgamento, em local secreto por 17 meses; Helen Joseph, líder do movimento das mulheres, teve prisão domiciliar. Por fim, John Harns, presidente do Comitê Não-Racista, foi enforcado acusado de terrorismo praticado em Johannesburgo.

Em poucas palavras, é possível resumir a década de 1960, na África do Sul, como de pleno êxito do *apartheid* africânder, ou seja, de um poder que criou e manteve uma sociedade segmentada, extremamente desigual e hierarquizada. Para os africânderes enriquecidos, o poder também estava nas organizações privadas, fossem elas de caráter econômico, social ou político. Em contrapartida, para os outros, os desiguais, negros, mestiços e indianos, restava como perspectiva traçar uma estratégia voltada para acumular forças visando a uma transformação futura.

Assim, nas circunstâncias da década de 1970 permaneceram, basicamente, os mesmos problemas próprios da conservação dos fundamentos daquela ordem política. Em outras palavras, o principal objetivo da política era instrumental, na medida em que voltado para policiar todas as dimensões do domínio público. Nas reservas, os mineiros, operários e trabalhadores domésticos (negros, mestiços e indianos) eram submetidos a 15 horas de trabalho semanal a mais do que os empregados brancos, recebendo salários 16 vezes menores. Destes, os "privilegiados" podiam viver nos *townships*, grandes cidades construídas próximas às áreas de emprego. Porém, a outra face da moeda é a da exclusão total, daqueles que se amontoavam ilegalmente em favelas superpovoadas. A resposta a essa situação, dada pelo governo africânder, foi pôr-se à caça incessante dos "ocupantes ilegais". Tratores destruíram tudo que era considerado "dos fora-da-lei", o que criou um cenário de populações de sem-teto, ao lado daquelas que eram compulsoriamente mandadas para as reservas. Para ter uma idéia mais aproximada da realidade dos excluídos, vale registrar que, em vinte anos, por volta de 2 milhões de pessoas foram removidas; 4 milhões detidas pela infração de não portarem o passaporte; 7 mil foram feitas prisioneiras políticas, a grande maioria sem processo de julgamento. É evidente que essas medidas eram anunciadas, naturalizando a sua lógica cruel.

Para revelar a manipulação de informações, Oliver Tambo, com dez anos de exílio, fez um pronunciamento na ONU, salientando que as tentativas de atuação política pacífica não haviam obtido o apoio necessário. Impunha-se, assim, mudar a tática de luta, utilizando o uso da força física. Para explicar essa decisão, Tambo chamou a atenção para o fato de que não havia nada pior do que viver como "escravo", odiado, desprezado e sujeito a toda sorte de humilhações. Mas o Conselho da ONU não se abalou com a depravação do sistema sul-africano e dividiu-se acerca do *apartheid*. Estados Unidos, Grã-Bretanha e França optaram por não intervir, o que não surpreende, já que o dilema moral, ligado aos temas dos direitos humanos e dos povos, contava muito menos do que os interesses comerciais mantidos com o governo sul-africano.

O lado complementar dessa situação foi que o primeiro-ministro John Vorster, ex-membro do Movimento Pró-Nazista na Segunda Guerra Mundial, também tentou obter apoios internacionais, chegando a ser recebido por alguns chefes de Estado na Europa. Mas também foi acusado pela opinião pública por sua crueldade política. Afinal, Vorster alardeava o seu orgulho por ter participado de ações terroristas a mando de Hitler. Já na Assembléia Geral da ONU, lhe foi negada a palavra por representar apenas 15% da população da África do Sul. Vorster, indignado, declarou defensivamente que na África do Sul era mantida a identidade branca, sob quaisquer circunstâncias, mas também era reconhecida a dos negros, mestiços e indianos.

Por tudo isso, nos anos 1970, a política internacional da África do Sul foi afetada. No final de 1974, o país foi excluído da Assembléia Geral da ONU. Além desse fato, o 25 de abril em Portugal, ou seja, a Revolução dos Cravos, significou a linha demarcatória do fim do salazarismo e o início do processo democrático que favoreceu os movimentos de independência das províncias ultramarinas africanas. Significa dizer que o princípio bastante simples de direitos iguais sem nenhuma discriminação e nenhuma segregação estava claramente proclamado. Por sua vez, a situação regional da África do Sul era extremamente desfavorável para o governo de minoria branca. Sua fronteira norte era dominada pelos povos negros e pelos comunistas cubanos, além dos movimentos de contestação haverem chegado à Rodésia e à Namíbia. Por certo, esses fatos abalaram a arrogante confiança do governo sul-africano.

Vorter passou a atuar com o objetivo de aumentar a sua credibilidade diante da população. Isso no entanto não significou, na prática, nenhuma melhora nas condições de governabilidade, tanto que os protestos de massa continuaram. A luta dos povos negros se radicalizou, atingindo seu ápice em 16 de junho de 1976, em Soweto, quando jovens reuniram-se e protestaram contra o ensino em língua africânder. A minoria branca que continuava a endossar as políticas racistas apoiou o "restabelecimento da ordem", o que significou um resultado de 23 mortos e 220 feridos, incluindo o horror do massacre de crianças. Mesmo assim, os negros não recuaram. Ao contrário, a escalada da violência continuou, inflamando os *townships*.

De outro lado, as punições coletivas aumentaram e, em 28 de agosto, a violência atingiu os lares dos trabalhadores zulus, dando início a oito meses de graves conflitos, que acabaram chegando às grandes cidades. Em 1977, revelaram-se novos líderes, como Steve Biko, que desde o começo conquistaram grande popularidade, influenciados pelas idéias de Frantz Fanon e pelo significativo exemplo da ação dos Panteras Negras nos guetos americanos. Um dos resultados mais importantes foi o fortalecimento da idéia de que a luta deveria orientar as forças políticas para ações violentas. A própria Consciência Negra, até então adepta de explorar ao máximo os meios de ação não-violentos, passou a questionar a sua eficácia. Significa que houve um ponto de inflexão quanto à estratégia de luta, uma vez que, até então, o regime sul-africano não havia deixado de manter a maioria de negros, mestiços e indianos em desvantagem, discriminada e segregada. A escolha recaiu em uma ação violenta, com o propósito de depor o governo nacionalista do *apartheid*.

Para criar condições para essa nova fase da luta, considerou-se que as mudanças demandavam a elaboração de um programa cujo pré-requisito era a derrota do sentimento de inferioridade, que era um grande obstáculo para ações políticas mais efetivas, visto que gerava falta de confiança dos negros, mestiços e índios na conquista e na garantia dos direitos humanos. Equivale dizer que o ponto central das idéias da Consciência Negra era a busca pela igualdade entre todos os homens da África do Sul, o que implicava uma luta pelo reconhecimento de uma humanidade comum, na qual todos teriam os mesmos direitos e deveres políticos. Em síntese, uma sociedade livre e igualitária.

A banalização e a naturalização da guerra na África do Sul durante a luta contra o *apartheid* afetaram as crianças.

Essas propostas concretas de mudança foram reprimidas, sendo Biko morto logo nos primeiros dias de prisão. Dessa maneira, dois meses depois, inúmeros fatos configuravam uma situação cada vez mais dramática, levando a ONU a decretar o embargo ao fornecimento de armas para a África do Sul. Mas a alienação moral do governo de minoria branca persistia e, portanto, os problemas permaneceram sem solução. Em decorrência, a escalada da violência aumentou, tornando ainda maior a imensa crise aberta, incluindo agora, de modo crescente, gravíssimos problemas de ordem social. Como exemplo, está o fato de que sete entre dez famílias viviam abaixo do limite de pobreza. Além disso, eram altos os índices de subnutrição das crianças até os 5 anos, bem como de mortalidade infantil – a maior parte não completava 10 anos de idade. Reforçava-se, de maneira inequívoca, também o *apartheid* social.

O clamor por independência nas reservas acentuava-se, e quatro das nove reservas aderiram à luta por uma independência incondicional. O lado contraditório da questão era que as outras cinco reservas, em especial a maior delas, a Kwazulu, dirigida por Buthelezi, achava mais estratégico aceitar o despotismo ilegal dos africânderes e cooperar com a sua permanência no poder, em troca de "algumas migalhas" para seu povo. Assim, essa conivência do chefe dos zulus com o regime do *apartheid*, somada à sua ganância, levou-o a tentar obter a liderança dos povos negros. Com esses objetivos criou o Movimento Inkata, hostil ao CPA, ao PC e ao CNA e alinhado aos interesses do poder branco. Esses fatos anteciparam a guerra violenta de dez anos depois, que opôs o Inkata ao CNA, Buthelezi a Mandela, levando um imenso desalento político para muitos setores negros, mestiços e indianos.

Essas circunstâncias foram avaliadas por John Vorster como propícias para propor a Mandela, a essa altura preso havia 16 anos, a condição de viver na reserva independente do Transkei. Mandela negou, respondendo que tornar-se livre do cárcere, de nada alterava a falta de liberdade própria do *apartheid*.

Nessa época, a África do Sul sofreu nova pressão internacional. A ONU, além de reforçar o embargo ao envio de armas, recomendou aos países-membros o boicote ao fornecimento de petróleo e aos intercâmbios em geral. Some-se a tudo isso um escândalo relativo às instituições políticas do governo nacionalista, envolvendo o desvio de verbas públicas utilizadas para corromper a imprensa, influindo para que os noticiários fossem sempre favoráveis ao governo. Era hora de substituir Vorster. Ocupou o lugar de primeiro-ministro Pieter Botha, cujo apelido era "Pieter, o gatilho", com o compromisso de que ele desenvolvesse uma estratégia global contra a "ameaça comunista", para ser posta em ação nos *townships* próximos a Angola, Moçambique e Namíbia.

Botha teve em mãos todos os meios que havia desenvolvido em 12 anos como ministro da Defesa. Multiplicou quatro vezes o contingente militar e aumentou vinte vezes a verba para os armamentos. Como complemento, não descuidou da guerra na fronteira norte. Por outro lado, promoveu quatro reformas que acenavam para o início de um processo de transição: o afrouxamento dos controles de remoção das populações; a liberação dos empregos; a autorização para o funcionamento de organizações e sindicatos; e a melhoria da formação de mão-de-obra qualificada.

Porém, não foram feitas concessões a atributos mínimos e essenciais, capazes de atenuar a imagem e a própria ação do poder autocrático. Desse modo, observando-se os efeitos que as medidas introduziram, verifica-se que, em vez de controlar o ascenso dos movimentos contestatórios, acabaram tornando-se razão para que as reivindicações aumentassem. Assim, em 1979, mais um episódio de rebeldia popular acarretou 165 mortos e 800 feridos, na maioria crianças.

Em 1980, cerca de 100 mil alunos negros, mestiços e indianos passaram a boicotar as aulas, por quererem tornar pública a sua posição contrária à segregação racial nas escolas e à má qualidade de ensino.

Numa escalada irreversível dos movimentos contestatórios, nos meses seguintes surgiram centenas de associações de apoio à resistência em regiões nas quais foi muito significativo o incentivo das Igrejas. Nesse âmbito, destacou-se Desmond Tutu, grande contestador, que infundia confiança aos que lutavam contra o *apartheid*. Pregava que, como a causa da luta era justa e correta, a opressão, a injustiça e a exploração seriam vencidas. E completava, semeando esperança: "Vocês vencerão e a liberdade virá!"

Pressionado tanto pelas crescentes reivindicações por reformas, como para reprimi-las com vigor, Botha, em 1983, propôs uma nova Constituição que se ajustasse a uma sociedade composta por "minorias" brancas, negras, mulatas e indianas. Advertia que ou o governo se propunha a lidar com essas "minorias", reconhecendo-as, ou não teria como evitar uma grave e crescente crise de governabilidade. Diminuindo a distância entre as ditas intenções e as ações, Botha concedeu, logo a seguir, o direito de voto a 4 milhões de mestiços e indianos.

No entanto, o sistema político foi mantido. O Parlamento compunha-se de três Câmaras separadas: de brancos, de indianos e de mestiços. Para os negros, a Constituição criou governos locais, como nas reservas, para administrar os *townships* e as favelas. Portanto, 28 milhões de negros continuavam excluídos da "comunidade nacional".

Essa situação, que mantinha a desigualdade para a maioria da população, deu ensejo a uma nova onda de organização de protestos, cujo lema era "Não ao Parlamento racial" e em favor de "Direitos aqui e agora". Em 20 de agosto de 1983, mais de 600 organizações locais de ação social e resistência aclamaram os antigos líderes de 1950, em particular Nelson Mandela. Nesse mesmo dia, foi criada a Frente Democrática Unificada, movimento não-violento de oposição à nova Constituição e de denúncia do grande engodo que eram as reformas propostas, na medida em que não rompiam com o regime autoritário, dando forma democrática ao Estado.

Para a maioria da população, somavam-se a esse conjunto de problemas que apontavam para uma grande crise de poder, sérios impasses econômicos, com alto índice de inflação e alta taxa de desemprego, que beirava 37%. Tudo isso sugeria que a África do Sul atravessava uma grave crise política, mas também uma grande e profunda crise econômica e social. Em poucas palavras, articulava-se rigidamente o *apartheid* racial ao social.

Porém, embora os aspectos relativos à exclusão sejam os mais evidentes, é preciso assinalar a tendência da maioria da sociedade à participação. Houve, desde os anos 1980, um extraordinário crescimento da capacidade de organização política, resultando em jornadas revolucionárias, protestos e barricadas, cujo lema central era "Não ao Parlamento racial". Multiplicou-se, de outro lado, uma repressão brutal que alcançou 32 distritos.

O aumento da capacidade de organização e de participação política da maior parte da sociedade intensificou a fuga de bancos e capitais. Também acarretou um aumento significativo da pressão internacional, configurando uma marginalização da África do Sul, com embargos parciais, que aumentaram em 1985. Impunha-se, assim, uma necessidade imediata, por parte do governo, de pôr em curso um processo de negociação com o CNA. Nas circunstâncias criadas pela crise, um grupo de empresas, incluindo a mineradora, foi encontrar Oliver Tambo no exílio para acenar com possibilidades de diálogo.

O abrandamento do controle político-policial, por sua vez, permitiu que o governo fosse pressionado a aceitar os sindicatos. Seguiu-se um forte ascenso dos movimentos operários e a multiplicação de greves nos mais diferentes setores.

O quadro de crise política, econômica e social foi acentuado por rivalidades entre diferentes nações negras, sendo o episódio mais grave e acirrado aquele que opôs zulus e xhosas, bases sociais de apoio, respectivamente, do partido Inkata e do CNA. A violência acabou acarretando grande número de mortos, feridos e desabrigados, uma vez que ambos os lados tiveram suas precárias moradias semidestruídas.

Nos espaços políticos institucionalizados, articulando política e cultura, os povos negros valeram-se de suas representações culturais, incorporando problemáticas sociais e políticas, com forte apelo à liberdade. Predominaram cantorias, como o "Hino à África" entoado por mulheres, cânticos religiosos, como "Senhor abençoa-nos assim como a nossos filhos", e poemas que denunciavam a miséria dos trabalhadores agrícolas nas reservas, a ignorância, a falta de terras, e o trabalho exagerado nas minas. Nessa esfera, a da representação, é possível apreender por meio do estudo da dimensão simbólica um conjunto de valores, costumes e comportamentos herdados que asseguraram a continuidade do grupo social, em constante processo de reatualização. Nos anos 1980, na África do Sul, essas manifestações culturais, no seu conjunto, acentuaram o teor político de tradições populares, como formas de resistência ao domínio administrativo-jurídico e às imposições culturais dos nacionalistas brancos.

Apresentando reivindicações por meio de suas manifestações culturais, sobretudo os negros (mas também mestiços e indianos) afirmavam suas identidades no âmbito de uma luta longa, contínua e, na maioria das vezes, desumana. As circunstâncias da luta deram ensejo a que as tradições se manifestassem, orientando e dando significado às lutas dos povos negros. Foi assim, como expressão da cultura de resistência, que o tôyi-tôyi, uma dança típica, ocupou alguns espaços políticos, que, como se sabe, é um campo de práticas. A coreografia retratava a luta contra o *apartheid* e a repressão com gestos dos guerrilheiros; a música reproduzia os sons das pedras, das granadas e o barulho dos fuzis. Em poucas palavras: essa é mais uma especificidade própria do processo de luta na África do Sul, em que os dominados apresentavam a sua parcela de autonomia e afirmavam identidades, realimentando os seus protestos, as suas reivindicações e as suas conquistas.

Esses processos de luta favoreceram o fortalecimento dos sindicatos, que, em fins de 1985, fundaram uma grande central sindical, que reunia e organizava todas as lutas operárias, tendo como principal reivindicação uma "África do Sul unificada". Todavia, à medida que a luta avançava, cresciam as fissuras e oposições entre os militantes da facção armada do CNA e os do Inkata. Os combates foram precedidos de "práticas mágicas", isto é, práticas esotéricas tradicionais, nas quais se utilizavam os amuletos *muti*, palavra que significa árvore, remédio e cura. Também faziam rituais de proteção para tornar-se invulneráveis, além de promover "rituais de bruxaria" que incluíam a morte de desafetos, ocasião em que eram escolhidas crianças, por acreditarem que eram portadoras de mais "essência vital", garantindo a continuidade de seus povos.

Essas manifestações culturais desafiaram e continuam desafiando a antropologia, no sentido de compreender os significados de enfrentamentos que se valem do sagrado entrelaçando-os aos enfrentamentos políticos, numa relação de luta contínua.

O conjunto de características específicas da luta anti-*apartheid* suscitou controvérsias e oposições. O bispo Tutu colocou-se radicalmente contrário a essas manifestações. Observava que elas dificultavam o processo de negociação para tornar possível constituir uma nova ordem. Também advertia que elas poderiam ser consideradas "prova de imaturidade" desses povos para a liberdade, dificultando a luta por uma "causa justa", qual seja, pôr fim à política de segregação racial.

Em 11 de junho de 1986, à frente do Parlamento, Pieter Botha acusou os negros, mestiços e indianos de usarem a intimidação, declarando estado de emergência e decretando leis de exceção, entre as quais a censura prévia das imagens e a proibição de comentários acerca das práticas políticas. Mas a insurreição não parou de se alastrar, tornando-se generalizada. O número de mortos cresceu na Província do Cabo, em Soweto, no Kwann Debele e em Crossroads. No final dos funerais, os manifestantes eram dispersos, sendo vários deles mortos. Para interromper esse ciclo infindável, a cerimônia que acompanhava os enterros foi proibida.

Os acontecimentos dos anos 1980 na África do Sul tiveram também outra importante característica. As críticas e, não poucas vezes, a própria prática política contra o *apartheid* contaram com a atuação de religiosos, em particular das Igrejas independentes dos tipos "sionista" e "etíope". Por isso, a acusação condenatória da atuação de religiosos, responsabilizados pela situação sociopolítica cada vez mais caótica.

Em meio à instabilidade política, à crise econômica e ao esgarçamento do tecido social, em 1987, o Partido de Extrema Direita (AWB) marcou sua posição contrária às reformas para a liberdade dos negros, mestiços e indianos. Reafirmou que os africânderes construíram a África do Sul, o que lhes dava o direito de dominar os demais povos da maneira que considerassem mais adequada. No entanto, ao lado da extrema direita, crescia um grupo de brancos que considerava estar na hora de ceder às reivindicações dos negros, mestiços e indianos.

Mas nada detinha a violência que se alastrava cada vez mais. Inclusive os mineiros, até então predominantemente passivos, criaram seu sindicato e aderiram à luta, fazendo greves por melhores condições de trabalho.

Enquanto isso, no Senegal, cinqüenta africânderes progressistas, influentes no governo sul-africano, dispuseram-se a fazer uma reunião com os líderes do CNA. Assim, Slabbert, o escritor Breytenbach e o irmão de Frederik De Klerk encontraram-se com os líderes africanos. Pouco tempo depois, em 1989, já no âmbito de uma nova ordem mundial, com a queda da hegemonia bipolar dos Estados Unidos e da União Soviética, Frederik De Klerk, chefe do PN por seis meses, reconheceu que, para combater a crise econômica e a fuga de capitais, era preciso negociar com o CNA e com Nelson Mandela. Aproximava-se o momento da libertação de Mandela.

Quanto a Tutu, pregava a "intolerância positiva", ou seja, a desobediência às leis injustas, somando esforços para derrubar o conservadorismo segregacionista.[14] Deixava claro que a maioria da população não queria as câmaras tripartites nem as suas eleições, mas a liberdade. Desse modo, a derrubada do regime estava sendo anunciada por um lento processo de corrosão interna da sua ideologia, somado a um sem-número de fracassos políticos.

De Klerk percebeu os indisfarçáveis sinais de esfacelamento do governo africânder e acenou para o entendimento, afirmando a necessidade de construir uma África do Sul justa e igualitária. Tutu, por sua vez, reforçava a necessidade

---

14. Sobre o tema da tolerância, é importante consultar BOBBIO, *A era..., op. cit.*

premente de que a marcha para a abertura não fosse interrompida. Atento à difícil conjuntura, De Klerk declarou no Parlamento que o CNA, o PC e o Partido Pan-Africano já não seriam mais clandestinos. Além disso, proclamou a liberdade incondicional de Nelson Mandela.

Embora com descontentamentos de alguns pequenos grupos de nacionalistas ultra-radicais, houve uma convergência de estratégias por parte do CNA e do PN que se iniciaram em 1987 e passaram a ser oficiais em 5 de maio de 1990. Em 1991, o governo pôs fim ao *apartheid* nos locais públicos.

De outro lado, havia indícios de que o PN manipulava e armava o Inkata, numa grande aliança contra o CNA e o PC. De toda maneira, a degenerescência do regime segregacionista era grande demais e De Klerk marcou, para 1992, um referendo: sim ou não ao *apartheid*. Por esmagadora maioria de votos a África do Sul pôs fim ao *apartheid*. Também foi constituído um Comitê Executivo de Transição, em 9 de setembro, o qual, com base em concessões recíprocas, constituiu um governo de "co-direção". As eleições foram marcadas de 26 a 29 de abril de 1994.

Essas medidas acirraram os extremistas, tanto os brancos, reunidos na Associação de Resistência Africana, como os negros do Inkata. Estes só aceitaram as eleições em 18 de março de 1994, depois que obtiveram vantagens referentes ao poder regional e ao reconhecimento do estatuto da realeza zulu. Quanto à extrema direita, bastante fragmentada, não conseguiu adotar uma posição única acerca da eleição antes de 28 de março. De todo modo, a possibilidade efetiva de contar com esses setores de oposição não diminuiu as incertezas em relação à negociação e à participação nas eleições, e a violência urbana continuou a crescer.

Em conjuntura tão turbulenta, nas eleições de 26 a 29 de abril de 1994, Mandela foi eleito presidente da África do Sul, com o apoio de 62,65% dos votos dados ao CNA. O resultado conferiu legitimidade para que Mandela prosseguisse a política de negociação, formando um novo governo que, dominado pelo CNA, incorporava também o PN e o Inkata. Mesmo assim, continuava a instabilidade política na província de Natal, domínio do Inkata, e na província de Western Cape, reduto dos extremistas brancos do PN.

Entretanto, mesmo com incertezas de toda sorte e a contínua violência urbana, a supressão legal do *apartheid* tornava-se realidade. Embora com muitas dificuldades, parecia viável reconstruir o país em torno dos valores de liberdade e igualdade. Essa foi a direção seguida para que se pudesse criar uma íntima relação entre democracia política, social e racial.

Multidão assiste a pronunciamento feito por Mandela, o grande líder do início do processo de democratização na África do Sul.

Com o fim do *apartheid*, encerrou-se legalmente um dos grandes processos de luta por liberdades em defesa da igualdade racial em todo o continente africano. Ficaram as incertezas e os desafios para promover instituições democráticas, segundo redefinições próprias, que acolhessem a diversidade dos povos africanos.

10

AS ESPECIFICIDADES DOS CAMINHOS PARA A INDEPENDÊNCIA EM DIFERENTES ESFERAS IMPERIAIS

O impulso revolucionário na África setentrional: Marrocos, Tunísia e Líbia

Escrever sobre as possessões ultramarinas na África Setentrional reitera a sugestiva hipótese de que o imperialismo encerra um conjunto de "territórios sobrepostos e histórias entrelaçadas".[1] Significa dizer que o imperialismo envolve uma experiência construída com base na história de cada nação européia com suas especificidades em territórios africanos, profundamente marcados por seus elementos próprios articulados, em graus diferentes, com a força do domínio do Islã.

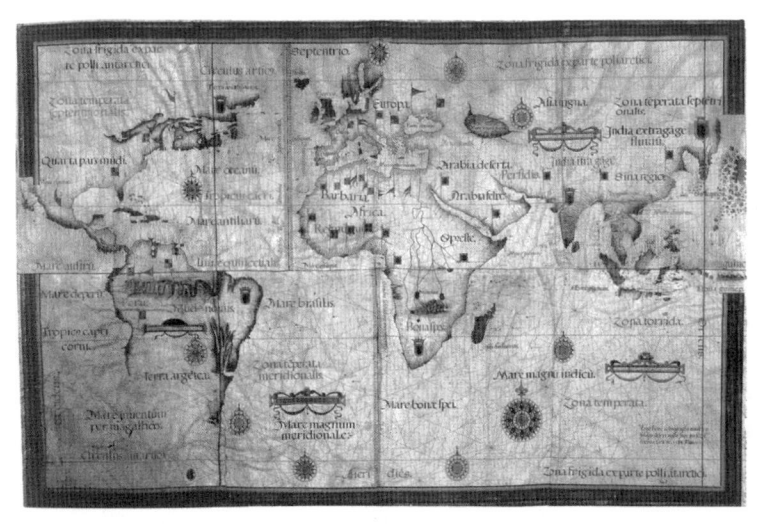

Planisfério de 1554 desenhado por Lopo Homem (1555). Florença, Istituto e Museo di Storia della Scienza.

1. SAID, Edward W. *Cultura e imperialismo*. São Paulo: Companhia das Letras, 1995.

Retome-se, portanto, a idéia da África como totalidade complexa que não pode ser "redutoramente unificada".[2] Constituída por diversas identidades e longe de ser um todo homogêneo e unitário, essa perspectiva agrega a África Setentrional às demais Áfricas. Essa observação sugere uma crítica à parte do pensamento europeu que exclui o Magrebe e a Líbia da história da África, considerando a sua localização geográfica coincidente com os contornos políticos do Império Otomano. Porém, levando em conta o processo de formação histórica dos espaços geopolíticos ao norte do Saara, é possível compreender que as várias ondas expansionistas do Islã, desde o século VII, remodelaram o espaço africano, estabelecendo entre as regiões saarianas um intercâmbio dinâmico, isto é, recíproco, constituído por influências multilaterais, que resultou em uma densidade cultural própria e na gênese do desenvolvimento da memória coletiva. Nela é possível reconhecer, remodelados na trama dos processos de interação social, elementos culturais do Islã, sobrepostos a outros, próprios das culturas africanas que os antecederam e os transcenderam.

O Magrebe ("terra do ocidente" ou "do sol poente") era uma região de particular interesse não só para as grandes potências, como a França e a Grã-Bretanha, mas também para as menores, como Portugal, Espanha e Itália. A conquista e o domínio dos territórios magrebinos significavam mais prestígio no quadro mundial, porquanto o controle dos portos do Mediterrâneo garantia o fácil acesso do Magrebe à Península Ibérica, à Itália e ao Egito. Também era vital para a realização da rota para a Índia e para o Extremo Oriente, permitindo que se mantivesse uma ligação histórica com o Oriente Médio.

No caso específico da França, o Magrebe era importante pelo próprio lugar que ocupava no sistema imperial francês como fornecedor de força humana para o exército, em especial quando das duas guerras mundiais; e de minério para as indústrias, como fosfato, ferro e chumbo, entre outros. Desse modo, era um espaço geopolítico que atraía vários investimentos. Além disso, passavam pela região as rotas por terra e, pouco mais tarde, também pelo ar, para as possessões francesas nas Áfricas ocidental e equatorial; esta, rica em algodão, sal, ouro, escravos e noz-de-cola, entre outros produtos.

Em 1830, a França desembarcou o seu exército na costa argelina, ocupando Argel, com a justificativa de combater os piratas que atacavam os portos do Mediterrâneo, saqueando navios comerciais.[3] Para os franceses, não foi muito difícil desmontar a administração do *bei* (de início, governador de província, que

---

2. A expressão é de Edward W. Said.
3. É interessante saber que a pirataria também era praticada por Estados europeus e pela própria França, que capturava argelinos, fazendo-os escravos de galés.

expandiu o seu poder até chegar a soberano) constituída por um grupo de altos funcionários, oficiais do exército e mercadores. Pertencentes às elites turcas, descendendo das dinastias otomanas e árabes da Península Arábica, controlavam a população berbere, em um momento no qual o império otomano encontrava-se frágil, limitando-se praticamente ao Estado turco-árabe.

Em seguida, os franceses expandiram-se para o interior, pondo em curso a tarefa de debilitar o sistema tradicional baseado nas relações políticas entre as autoridades locais. O objetivo do governo francês era instalar uma colônia de povoamento com soldados e colonos franceses, italianos e espanhóis. Só não conseguiu conquistar a região do Rif, cuja população, com aguerrida resistência militar, não se rendeu ao domínio francês.

Contudo, houve inúmeras variações locais nesse padrão básico, cujas características não podem ser ignoradas. A conquista francesa de Argel teve de enfrentar populações locais sob a liderança de Abd al-Kadir, que resistiram por treze anos consecutivos, utilizando-se de armas e técnicas européias, até serem derrotadas por um exército francês composto de cerca de 100 mil soldados. Predominando o espírito de conquista, nas duas primeiras décadas, o território argelino foi governado por militares que reprimiram levantes e impuseram-se pela força, pela violência e pelo medo. A presença francesa apoiou-se pesadamente em um sistema alicerçado na burocracia colonial e no racismo, próprios do imperialismo de fins do século XIX.

Significa dizer que, com a chegada maciça de colonos, as melhores terras foram confiscadas e distribuídas, na sua maior parte, para os *colons* (colonos, imigrantes), que tinham capital para cultivá-las, utilizando como mão-de-obra trabalhadores rurais franceses, espanhóis, italianos ou mesmo árabes. A colonização agrícola espalhou-se para o sul, na planície costeira e nos planaltos. O confisco de terras destruiu os antigos modos de uso da terra, levando os pequenos lavradores a se tornarem meeiros ou meros trabalhadores assalariados de novas propriedades. Em 1840, passou a predominar uma aliança de interesses entre autoridades civis e proprietários de terra com capital, o que lhes permitia ficar à frente de uma agricultura comercial. Os produtos eram entregues aos negociantes, alguns europeus, outros judeus nativos, que controlavam as trocas entre a Argélia e a França.

Os historiadores tendem ainda hoje a concordar com Napoleão III, que em um decreto de 1863, o Senatur Consultus, definia a Argélia como "um reino árabe, uma colônia européia e um acampamento francês". Já no princípio do século XX, a Argélia, apresentada como um prolongamento da metrópole, tinha inclusive a divisão em três departamentos, como existia na França. Contudo, pragmaticamente, o Código de Napoleão não conseguiu substituir o código de honra vigente na Argélia. Sujeitos ao sistema colonial francês, os árabes eram de fato tidos como desiguais, não tendo nem as mesmas vantagens nem os mesmos direitos políticos dos cidadãos franceses. Como é habitual em casos como esse, que acarretam grandes alterações sociais, o destino dos que perderam com a mudança condicionou movimentos de protestos durante o fim do século XIX, como em 1871, a insurreição Cabília, quando se sublevou quase um terço da população argelina. Na primeira metade do século XX repetiram-se os protestos. Mais tarde, nos anos 1950, a radicalização acabou resultando em uma guerra de guerrilhas na conquista pela independência (veja mapa 10.1).

Contudo, a conquista da Argélia foi apenas uma pequena parte da história do expansionismo francês. No mesmo ano de 1830, a França estabeleceu um Tratado de Comércio com a Tunísia. Por sua vez, a Grã-Bretanha estabeleceu uma convenção comercial com o Império Otomano, por meio da qual foram cancelados os monopólios do sultão e outorgados grandes benefícios e liberdades aos comerciantes ingleses, desequilibrando a economia doméstica da Tunísia. Em termos políticos, ainda na conjuntura dos anos 1830, houve um começo de mudança no reinado de Ahmad Bei (1837-1855), membro da família que detinha o poder desde o início do século XVIII. Alguns integrantes do grupo dominante de turcos e mamelucos, que haviam recebido uma educação moderna, formaram o núcleo de um novo exército. Além disso, a administração foi ampliada, a tributação tornou-se direta, emitiram-se novas leis e o governo tentou criar um monopólio de alguns produtos. Já com seu sucessor, em 1857, foi proposta uma ampla reforma que incluía segurança, direitos civis, impostos e serviço militar regular, além de estrangeiros possuírem terras e exercerem todos os tipos de atividade econômica.

Algumas das mudanças mais significativas tiveram lugar desde o ano de 1861, quando foi decretada uma espécie de constituinte que incluía o estabelecimento de um conselho formado por sessenta membros, responsável pela elaboração e pela aprovação das leis. Também estabelecia que o *bei* teria de assumir o compromisso de governar dentro dos limites das referidas leis, a maior parte delas voltada para o saneamento da economia tunisiana.

Porém, o conjunto desses acontecimentos despertou nos bérberes, nos árabes e, em particular, nos muçulmanos a sensação de que a Europa os ameaçava, possibilitando que o desconforto não tardasse a se transformar em violentos movimentos contra as novas políticas. Todavia, um conjunto de características próprias da economia mundial, condicionadas pelas potências européias, impôs mecanismos que contribuíram para o acelerado processo de endividamento na

10.1 - Tunísia, Argélia e Marrocos, além dos protetorados espanhóis de Ceuta, Melilla, Rio de Ouro e a base internacional de Tânger.

[Elaborado pela autora para a devida adequação ao texto - L. L. HERNANDEZ]

Tunísia. Foi contraído grande número de empréstimos com a França, com a Itália e a Grã-Bretanha, os quais, na sua maior parte, eram para pagar juros e amortizar a dívida pública que crescia assustadoramente, como demonstram os dados da conjuntura econômica dos anos 1859 (quando a dívida era de 12 milhões de francos) a 1867 (data em que a dívida atingiu 160 milhões de francos).

Como se pode observar, as mudanças efetuadas pelo governo tunisiano, em 1861, foram insuficientes. Não havia sequer condição para pagar os juros atrasados quanto mais para saldar as dívidas. Sublinhando a inoperância administrativa e as condições econômicas, sociais e políticas geradoras de um clima de insegurança, os países credores, França, Grã-Bretanha e Itália, organizaram, em 1867, uma Comissão Internacional para administrar as dívidas e as rendas do país. Essa interferência na vida econômica e política da Tunísia significava, que de fato, o governo passava às mãos dos europeus, ainda que formalmente o país continuasse independente.

O que agravou ainda mais tal situação foi o fato de que a esse tratado sucederam-se vários outros, entre 1867 e 1881. Especificamente em 1881, foi assinado o Tratado de Bardo, pelo qual a Tunísia aceitava organizar suas finanças públicas de modo que o pagamento das dívidas aos credores ficasse garantido. Esse compromisso implicava uma política de saneamento que dificultou as já precárias condições de vida da maior parte da população. Os protestos não tardaram, dando origem à Revolta Tunisiana de 1881. Os revoltosos opunham-se ao aumento de impostos, além de reivindicar que a justiça fosse empregada de acordo com a *shariah*, isto é, o sistema codificado de procedimentos hierarquizados de acordo com costumes precedentes à jurisprudência. Nem o poder do *bei* escapou de uma série de ameaças e só se manteve graças à unidade de interesses entre o governo e as comunidades estrangeiras, que souberam esperar até que a aliança dos rebeldes se desfizesse, enfraquecendo o movimento a ponto de tornar-se fácil suprimi-lo.

A seguir, em 1883, foi assinado o Tratado de La Marsa, pelo qual a Tunísia tornou-se protetorado francês em nome da restauração da ordem. Em outras palavras, impôs-se uma proteção tutelar na qual a Tunísia poderia manter seu estatuto e o livre exercício de sua religião. Mas, na verdade, estamos diante de um processo de desestabilização econômica e política que possibilitou à França implementar na Tunísia um conjunto de medidas referentes a uma reforma administrativo-jurídica, constituída por regras e procedimentos bastante diversos das regras morais islâmicas. Isso tudo significava que os distritos conquistados, após a "pacificação", foram dominados pela burocracia colonial, tendo à frente funcionários europeus. Quanto aos "nativos notáveis" que antes haviam atuado como intermediários entre o governo e a população muçulmana, foram reduzidos à mera posição de funcionários subalternos.

Por outro lado, a França investiu no território tunisiano, com o objetivo de aumentar as riquezas da região com "ordem e paz". O aparente paradoxo é que para isso se utilizou de seus mecanismos habituais para promover modificações econômicas com o mínimo emprego de capital. Para começar, os franceses introduziram o confisco de terras coletivas de aldeias e a cobrança de impostos; também investiram em estradas de ferro e em algumas rodovias para o escoamento dos produtos a serem exportados, como lãs e couros. Estabeleceram algumas indústrias de bens de consumo em pequena escala, como azeite de oliva, e, simultaneamente, voltaram-se para amealhar riquezas com a extração de minérios, como o fosfato.

Quanto ao Marrocos, em particular, o sultão Abdel-Rahman (1822-1859) tentou criar um monopólio de importação e exportação, mas a pressão dos países europeus articulada aos interesses de algumas famílias da elite político-religiosa do governo e de seus altos funcionários predominou, garantindo o livre comércio. De 1873 a 1894, o sultão Hasan, para conter a penetração européia, pôs em curso um programa de reformas que incluía medidas administrativo-jurídicas e orçamentárias, tendo por objetivo principal utilizar de maneira mais adequada as receitas, ao mesmo tempo que aumentava a tributação. O mais importante foi o significado dessas medidas no curso do desenvolvimento social marroquino. De forma resumida, os acordos intensificaram o problema do governo, obrigando-o a contrair novos empréstimos de bancos europeus, o que alimentava ainda mais os interesses estrangeiros.

Mais significativo ainda é que os senhores rurais protegeram os chefes locais e os mercadores, firmando a base de um sistema político e econômico que contribuiu para manterem-se as relações de negociação diretas com os comerciantes estrangeiros. Quanto à população, além de se opor ao aumento de impostos, também reivindicava que a justiça fosse empregada de acordo com a *shariah*.

Em 1904 a Grã-Bretanha (em troca de atuar com liberdade no Egito) e a Espanha (pelo controle efetivo de Ceuta, Melilla e baía do rio de Ouro) reconheceram o forte interesse da França no Marrocos. Em abril de 1906, após a Conferência de Algeciras, membros do governo do Marrocos ligados a centros locais das confrarias religiosas sufi,[4] junto com as chefias tradicionais ou designadas, rebelaram-se contra a aceitação das reformas impostas pelas potências euro-

---

4. Essas confrarias propunham uma total submissão a Deus e o cumprimento das prescrições rituais em que enfatizavam as referências ao juízo final e condenavam o uso de riquezas materiais.

péias. No ano seguinte, os Estados europeus entraram em explícita concordância quanto ao controle franco-espanhol das finanças, o que foi institucionalizado pelo tratado de 1909, no qual a França se comprometia a manter o Tânger como "porta aberta" no Marrocos, tanto por ser um ponto estratégico e comercial como em resposta aos interesses pelos minérios existentes na região, como o fosfato e o manganês.

Todos esses fatos indicam por que, uma vez mais, o sultão viu-se às voltas com uma série de rebeliões. Sem condições de governabilidade, acuado, pediu proteção do governo francês, possibilitando que este tornasse legítima a sua presença no Marrocos. Por fim, em 1912, um novo sultão, com a anuência do principal chefe local do sul do Marrocos, assinou um acordo delegando a sua soberania, o que além de legalizar a ocupação, confirmava o protetorado francês.

Não é demais reiterar que este foi um processo de desestabilização econômica e política que preparou o domínio da França na Argélia, na Tunísia e no Marrocos. Nesses territórios, um conjunto de medidas passou a ter efetividade, como reformas administrativo-jurídicas, a elaboração de novas leis, a obrigatoriedade do serviço militar e a coleta direta de impostos. Essas medidas, típicas da racionalidade européia, violaram as regras morais islâmicas santificadas pelo Corão. Esses aspectos tiveram conseqüências políticas muito significativas, marcando uma clivagem nas sociedades magrebinas.

Não foram poucos os espaços do Magrebe que se conservaram inviolados, uma vez que as mudanças introduzidas pelos europeus foram praticamente ignoradas, em particular pelos fiéis seguidores do Islã, reunidos nas mesquitas, nas escolas religiosas muçulmanas e nos bazares de Fez. Vale dizer que sobretudo as populações do campo e as do deserto, como os berberes das montanhas do Alto Atlas, reafirmando sua especificidade cultural, militarmente organizados, continuaram a constituir um grande problema para a Espanha.[5]

Mas é igualmente possível afirmar que na primeira década do século XX, de modo geral, nos bairros nativos lideravam os ulamás, isto é, mestres conhecedores das disciplinas fundamentais do Islã, verdadeiros guardiões dos símbolos próprios das formas tradicionais do pensamento islâmico, responsáveis pela cobrança do cumprimento da fé da Umma (comunidade muçulmana). Eram res-

5. Os problemas apresentaram-se, sobretudo onde Abdel Karim, apoiado no seu reconhecido direito corânico e na sua posição de juiz, proclamou a República Rif, em 1923, derrotado com a ajuda francesa, em 1926. No entanto, a resistência militar nas zonas rebeldes no Alto Atlas continuou, utilizando-se de técnicas e armas européias, fazendo frente a qualquer governo central, impedindo que a conquista do Marrocos fosse concluída mesmo depois da Segunda Guerra Mundial.

peitados pelas autoridades francesas por motivos táticos, pois estas os consideravam possíveis de ser utilizados como intermediários do poder.

Como conseqüência, o sentimento de que o Islã e a civilização árabe estavam sendo violados acabou expressando-se na forma de hostilidades contra as
novas políticas, próprias da crescente interferência européia e, em alguns lugares, contra os próprios cristãos locais que lucravam com ela. Por certo nesses espaços os sentimentos comunais, como em tantas outras partes na África, desempenharam papel próprio diante de uma cultura vinda de fora, que ameaçava
parte da população. Nesse caso, aflorava uma tendência de crise típica de um
momento de distensão social traduzido em recusa, sendo reafirmadas as formas
de vida tradicional.

É necessário sublinhar que esse processo ocorreu de modo semelhante na
Argélia, na Tunísia e no Marrocos, embora esse seja um tema que carece de estudos mais detalhados. Outro aspecto comum diz respeito ao fato de que as revoltas apresentaram-se revestidas de elementos religiosos próprios do islamismo,
assemelhando-se ao conhecido fenômeno do nativismo.

Contudo, os acontecimentos mostraram que o ponto importante consiste
em salientar que nem todos os movimentos de contestação foram respostas à
intrusão da cultura européia. Houve os que apresentaram um nítido ímpeto no
sentido da modernização ocidental. Merece destaque a revolta expressa, em
1907, pelos Jovens Tunisianos, que reivindicavam, com o apoio de uma imprensa nascente, maior acesso à educação francesa e maiores oportunidades nos
serviços do governo e na agricultura. Em particular, essa última demanda sofreu
a oposição dos *colons*.

Em outras palavras, eram marcantes as diferenças nas relações entre colonos e "nativos" na Argélia, criando fortes assimetrias, não poucas vezes revestidas de segregação. Vale a pena notar que os árabes, os mulçumanos e os
berberes não tinham vantagens sociais nem direitos políticos, criando obstáculos para que se construísse uma sociedade unificada que incluísse ao menos uma
forma limitada de igualdade de oportunidades e liberdades. Já na Tunísia e no
Marrocos, as assimetrias apresentavam-se em menor grau, em parte pelo grande
número de berberes e cabilas, julgados mais suscetíveis de conversão ao cristianismo, mas também pelo número relativamente menor de imigrantes europeus
e mesmo de árabes.

À ocidentalização na altura da Primeira Guerra Mundial corresponderam,
não só na Tunísia, como também na Argélia, os primeiros movimentos protonacionalistas, bastante influenciados pelas vicissitudes que marcaram o Oriente.
A mudança administrativa e o pequeno avanço da escolaridade formal possibili-

taram o desencadear de uma série de limitações formuladas, em particular, pelas camadas de maior escolaridade. É evidente que essas manifestações apresentaram características diversas, de acordo com as diferentes implicações histórico-estruturais da implantação e do funcionamento dos sistemas coloniais. Nesse sentido, vale como exemplo reiterar que na Argélia, desde o século XIX, houve um significativo confisco das melhores terras, entregues a colonos franceses e em menor número a espanhóis e italianos, os *colons*, afastando os "nativos" para as terras menos produtivas.

Por sua vez, na Tunísia e no Marrocos predominaram as grandes propriedades sob domínio das grandes empresas. Além disso, o número de pequenos colonos no Marrocos foi bem menor do que na Tunísia e na Argélia. Contudo, à medida que o controle europeu avançava, consolidando-se em 1930, aumentava consideravelmente a imigração para as áreas mais produtivas no Magrebe. Ainda assim, um grande número de imigrantes não se manteve na terra, integrando a população urbana.

Quanto ao poder próprio do sistema colonial, precisava de algum grau de ocidentalização do imaginário para tornar-se legítimo. Requeria um projeto mais amplo.

> [...] À espreita de toda a parte por trás da pacificação da raça submetida está o poderio imperial, mais efetivo pelo seu refinado entendimento e uso pouco freqüente que pelos seus soldados, seus brutais coletores de impostos e a incontinência da sua força. Em resumo, o Império deve ser sábio; deve temperar a sua cupidez com abnegação e a sua impaciência com disciplina flexível.[6]

Explica-se: o império tinha certeza de que o conhecimento e a experiência ocidentais representavam uma vantagem real para as consideradas raças submetidas. Dessa maneira, revestiu-se de uma "missão civilizadora", tornando também as nações submetidas "ganhadoras", já que sob a proteção tutelar dos franceses poderiam "evoluir em ordem e em paz". No caso do império francês vigorava o projeto cultural de assimilação, implicando que os árabes "evoluíssem" a ponto de serem absorvidos como iguais aos europeus num mundo unificado. Porém, pragmaticamente, essas idéias eram contrariadas por outra, a de uma inata superioridade dos europeus, o que lhes permitia que se auto-reconhecessem como legítimos detentores do direito de dominar.

6. SAID, Edward W. *Orientalismo: o Oriente como invenção do Ocidente.* São Paulo: Companhia das Letras, 1990, p. 47.

À medida que o império francês deitava raízes permanentes no Magrebe, na década de 1920, tornou-se perceptível um novo processo de estratificação social. Sobretudo na Argélia, os colonos europeus formavam praticamente uma nação. Constituíam, no geral, as elites dominantes, que na maioria das vezes pertenciam social e culturalmente à França. Delas também faziam parte os proprietários rurais nativos, como os tunisianos que cultivavam oliveiras e os argelinos compradores das terras dos *colons*, que, por sua vez, partiam para as cidades.

Outro tipo de elite, formada pelos que tinham uma educação semelhante à européia, contava com um apoio reticente por parte de pessoas que não queriam que seus filhos se afastassem de suas tradições. De um modo ou de outro, a escolaridade formal se expandiu, ainda que em ritmos diferentes, na Argélia, na Tunísia e no Marrocos.

No Marrocos, os estabelecimentos escolares modernos tiveram início com a criação de várias escolas secundárias "franco-muçulmanas" e algumas instituições superiores, em Rabat. Por sua vez,

> [...] Na Argélia, em 1939, o número de detentores de diplomas secundários ainda estava na casa das centenas, e os diplomados universitários eram ainda mais raros; a Universidade de Argel, uma das principais escolas francesas, era sobretudo para europeus, mas um número cada vez maior de muçulmanos conseguia chegar a Paris, Túnis ou Cairo. Também na Tunísia crescia o número dos que iam a lycées do tipo francês, e um grupo que mais tarde seria de líderes de seu país ia para a França com bolsas de estudo, para fazer cursos superiores.[7]

Formaram-se assim profissionais como advogados, médicos, engenheiros e técnicos. Alguns magrebinos também foram preparados para integrar o funcionalismo público, mas sempre ocupando graus intermediários e inferiores, já que o controle era mantido pelos franceses. Quanto à maioria, a massa de *petits blancs*, de origem mista, espanhola, italiana e francesa, quase sempre nascida no Magrebe, falava um francês próprio, o que os tornava diferenciados na França. Dela esperavam uma proteção para os seus interesses, o que poucas vezes ocorreu.

Em parte pelo crescimento da população, mas também pelo desenvolvimento da estratificação social, cada um desses grupos sociais passou a identificar suas necessidades, transformando-as em reivindicações. Estavam criadas as condições necessárias para que surgissem aspirações que iriam qualificar e direcionar os mo-

---

7. HOURANI, Albert Habib. *Uma história dos povos árabes*. São Paulo: Companhia das Letras, 1994, p. 330.

vimentos de oposição nacional ao domínio estrangeiro, buscando construir outro tipo de sociedade, livre dos mecanismos e instrumentos da burocracia colonial francesa. Paralelamente, sofreram as influências do nacionalismo wilsoniano e da idéia de autodeterminação, ambas em evidência depois da Primeira Guerra Mundial, assim como pela queda do Império Otomano. Pouco a pouco se formaram idéias de violência revolucionária e de reformas pacíficas como possíveis caminhos para que o ideal de independência pudesse ser alcançado.

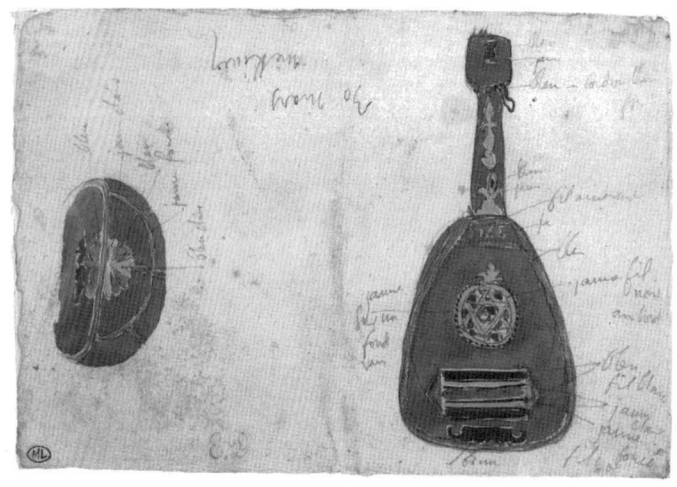

Em viagem pelo Marrocos, Delacroix encantou-se com os tipos humanos, a arquitetura e os instrumentos musicais, neles inspirando-se para pintar um conjunto de aquarelas da qual fazem parte os estudos sobre o alaúde.

Na década de 1930, no Marrocos, um grupo de jovens que constituía a elite cultural, pertencente em grande parte à burguesia de Fez, elaborou um "plano de reforma" exigindo mudanças no protetorado francês. Na Argélia, o paradoxo dos departamentos franceses, junto com a manutenção de um sistema político desigual, alimentou a reivindicação dos muçulmanos, que, tendo participado das duas guerras mundiais, confiaram no discurso metropolitano que acenava com o reconhecimento, a igualdade e a integração de colonos e "nativos".

Alguns profissionais liberais, que haviam concluído seus cursos superiores na França, apresentaram reivindicações específicas de igualdade em relação aos franceses quanto à ocupação de cargos na administração pública. A idéia de independência, porém, ocupava um lugar distante quando das comemorações do centenário da ocupação francesa no país. Na Tunísia, o Partido Destour, pouco ativo, foi substituído pelo Partido Neo-Destour que, tendo como fundador Habib Burguiba, era liderado por jovens tunisianos, todos estudantes de universidades na França. A novidade ficou por conta de que esse partido nacionalista de massa comprometeu-se com reformas de longo alcance mas rejeitou a influência egípcia e muitas das idéias do nacionalismo árabe. Contudo, o forte apelo de suas reivindicações a favor da modernização econômica e sociocultural permitiu que o partido conseguisse deitar raízes nas cidades provinciais e nas aldeias da planície costeira.

Esses grupos e partidos tinham como objetivos imediatos conquistar a possibilidade de implementar autogovernos no âmbito dos sistemas imperiais. As demandas em parte foram ouvidas, tanto que o governo da Frente Popular de 1936 mostrou-se disposto a fazer concessões, aceitando a representação de um eleitorado de muçulmanos argelinos. Além disso, ocorreu uma aproximação do governo francês com líderes nacionalistas na Tunísia e no Marrocos. Entretanto, os seus intentos não foram atendidos em virtude da força da oposição francesa, que formou um verdadeiro *lobby* no parlamento.

O descontentamento se generalizou, precipitando inúmeras desordens que se espalharam por toda a região magrebina, sendo seguidas de forte repressão. Há aqui algo além do aparecimento de uma nova prática política diante do governo francês. Uma série de mudanças ocorreram no Magrebe modificando suas características econômicas e sociais. Houve um crescimento da população, incluindo um ascenso do surto migratório no Marrocos; aumentou o cultivo nas áreas rurais com a ampliação da irrigação naquele país e na Argélia; os grandes proprietários rurais passaram a obter recursos de capital, empregando-os na mecanização, contando com terra fértil e irrigada e incorporando inovações técnicas, como o uso de tratores e fertilizantes, além de controlar a produção para a exportação de algodão, cereais, vinho, azeite de oliva, laranja e tâmara.

Além disso, no Magrebe, em especial no Marrocos, a importação de capital custeava o assentamento de trabalhadores espanhóis, franceses e italianos. A questão-chave, entretanto, estava no fato de que essas modificações traziam consigo uma menor necessidade de mão-de-obra. Os trabalhadores agrícolas, imigrantes, sem propriedades ou com uma minúscula porção de terra, como já foi assinalado, acabaram por deixar o campo em direção à cidade.

À medida que a sociedade se complexificava, os obstáculos culturais e legais não tardavam a surgir, hierarquizando especialmente os diversos setores da população. Um rápido olhar leva-nos a reconhecer que política se faz muito com o uso de símbolos. Nas cidades com grande população estrangeira formaram-se bairros europeus separados dos "bairros nativos", não apenas por diferenças religiosas e nacionais, mas por algum posto policial. Tendiam a ter uma vida semelhante à da França, portanto bastante diversa da grande maioria da população. De acordo com Frantz Fanon:

[...] A cidade do colono é uma cidade sólida, toda de pedra e ferro. É uma cidade iluminada, asfaltada, onde os caixotes de lixo regurgitam de sobras desconhecidas, jamais vistas, nem mesmo sondadas. Os pés do colono nunca estão à mostra, salvo talvez no mar, mas nunca ninguém está bastante próximo deles. Pés protegidos por calçados fortes, enquanto as ruas de sua cidade são limpas, lisas, sem buracos, sem seixos. A cidade do colono é uma cidade saciada, indolente, cujo ventre está permanentemente repleto de boas coisas. A cidade do colono é uma cidade de brancos, de estrangeiros.

A cidade do colonizado, ou pelo menos a cidade indígena, a cidade negra, a *médina*, a reserva é um lugar mal afamado, povoado de homens mal afamados. Aí se nasce não importa onde, não importa como. Morre-se não importa onde, não importa de quê. É um mundo sem intervalos, onde os homens estão uns sobre os outros, as casas umas sobre as outras. A cidade do colonizado é uma cidade faminta, faminta de pão, de carne, de sapatos, de carvão, de luz. A cidade do colonizado é uma cidade acocorada, uma cidade ajoelhada, uma cidade acuada. É uma cidade de negros, uma cidade de árabes. O olhar que o colonizado lança para a cidade do colono é um olhar de luxúria, um olhar de inveja. Sonhos de posse. Todas as modalidades de posse: sentar-se à mesa do colono, deitar-se no leito do colono, com a mulher deste, se possível. O colonizado é um invejoso. O colono sabe disto; surpreendendo-lhe o olhar, constata amargamente, mas sempre alerta: "Eles querem tomar o nosso lugar". É verdade, não há um colonizado que não sonhe pelo menos uma vez por dia em se instalar no lugar do colono.[8]

Também o mercado de trabalho era revelador de uma grande diferença entre os árabes e os colonos europeus. "Os árabes, eles só prestavam para serem operários desqualificados ou para qualquer tipo de trabalho braçal, ou então, para trabalharem como estivadores, como carregadores...[...]"[9]

Ao contrário, analisando a literatura magrebina, percebemos uma mudança de foco. Os livros apresentavam os principais contornos das sociedades magrebinas com uma razoável nitidez quanto à interpenetração dos elementos culturais ocidentais e orientais. Na Tunísia, por exemplo, Abul Quasim al-Shabbi (1909-1934) foi um dos líderes de um movimento literário renovador que propunha criar uma sociedade moderna, resgatando a língua árabe como forma de expressão e laço de unidade para toda a população. Havia, pois, uma proposta, ainda que difusa, que apontava para a formação de um nacionalismo com características próprias.

Um rápido olhar permite perceber sua faceta secularista, reunindo pessoas de diferentes escolas de Fez. Quanto às propostas econômicas, destacava-se a importância do desenvolvimento de indústrias nacionais. Além disso, o projeto político

8. FANON, Frantz. *Os condenados da terra*. Rio de Janeiro: Civilização Brasileira, 1979, p. 28-29.
9. Apud FERRO, Marc. "Um árabe conta sua vida", 1959. *In: História das colonizações: das conquistas às independências, séculos XIII a XX*. São Paulo: Companhia das Letras, 1996, p. 149.

preconizava um Estado constitucionalista como expressão da nação. Por isso, enfatizava a necessidade de que fosse implementada uma educação popular, preparando a população para participar politicamente da vida coletiva. Também, definia uma independência que tornasse efetivo o ideal de igualdade entre as nações. Propunha ainda uma soberania interna fundada na igualdade entre os homens. Vale dizer que os privilégios legais dos cidadãos estrangeiros deveriam ser radicalmente suprimidos. Por fim, buscava que os territórios setentrionais fossem aceitos pela Liga das Nações.

Ao mesmo tempo deu-se o enraizamento da resistência, sobretudo nos lares onde as identidades próprias das culturas árabe e muçulmana eram violadas. Esse aspecto foi fundamental para que crescesse o distanciamento do processo de ocidentalização que norteava o projeto de assimilação, procurando construir seus próprios caminhos para a conquista da independência.

Pouco mais tarde, quando a França avançava significativamente à conquista do Alto Atlas oriental e do Saara marroquino, a elite cultural de Fez apresentou um "plano de reformas" com um conjunto de medidas baseadas na *shariah* reformada, introduzindo importantes mudanças que colocavam em xeque a burocracia colonial francesa. Quanto à Argélia, profissionais liberais com escolaridade formal adquirida na França começaram a reivindicar uma melhor inserção no mercado de trabalho. Também salientavam a necessidade de preservar sua cultura. Mas a independência ainda era uma aspiração distante. Faz-se necessário destacar que tanto na Argélia como na Tunísia e no Marrocos, as vozes do passado permaneceram como traços de união entre as populações citadinas, com o sistema de costumes, a posse partilhada de objetos tidos como sagrados e os preceitos da religião como a prece, o ramadã, a peregrinação, a reverência e os lugares comuns de devoção. Mas nada se igualou em importância à língua árabe, considerada principal elemento de coesão e resistência de todos os que foram submetidos, oprimidos e explorados.

Apesar de algumas características fundamentais, como a religião e a língua árabes, terem sido comuns na Argélia, na Tunísia e no Marrocos, muitas outras guardaram suas especificidades. Assim, um conjunto de elementos socioculturais com matizes e formas diferentes condicionou a construção, em cada uma das possessões francesas, de caminhos próprios para a independência, o que sugere tratá-los em separado.[10]

---

10. Neste capítulo trataremos dos movimentos de independência da Tunísia e do Marrocos. Quanto à Argélia, será tratada no Capítulo 12, dedicado aos movimentos de independência caracterizados por guerra de guerrilhas.

Tunísia

 Em 1930, consideráveis parcelas da população temiam por seu futuro, em estruturas nas quais os princípios que separavam colonos de "nativos" passavam, de modo crescente, a coincidir com os de "etnia" e "nacionalidade". A realidade entre as comunidades, derivadas de suas diferenças lingüísticas, culturais e religiosas, referia-se ao modo pelo qual os indivíduos articulavam sua vida cotidiana. Além disso, o estatuto de protetorado criava condições para um desequilíbrio no complexo quadro entre os distintos grupos de europeus e "nativos". Estes se sentiam desprotegidos diante de um poder político e policial distante de zelar pelo bem comum. Podemos afirmar que o clima ficou mais tenso quando da realização do Congresso Eucarístico de Cartago, de 1º a 11 de março de 1930, interpretado pela juventude tunisiana como uma cruzada contra o Islã na África do Norte. Entre 20 e 30 de julho desse ano houve cerca de 120 incidentes. As elites, identificadas como representantes da França, venceram pela eficácia da força bruta que alimentava a política do medo.

Os anos de 1930 a 1947 foram de temor tanto por condições próprias à política interna como pelas advindas da expansão da Segunda Guerra Mundial na África do Norte francesa. No primeiro caso, esse período foi marcado pelos excessos de poder exercido por elites locais, que a cada situação que se apresentou como passível de confronto se tornaram mais discricionárias.

Por sua vez, com nítida influência da Segunda Guerra Mundial e pelas expectativas criadas por terem se enfileirado ao lado da França, os tunisianos, em junho de 1942, com a subida ao belicato de Moncef, tentaram romper os laços de submissão. O novo soberano afirmou publicamente que era o *bei* e, portanto, o único chefe da administração caidal. Reivindicou providências da parte do governador colonial (residente geral) para que se restabelecessem a administração indireta dos primeiros anos do protetorado, a nacionalização da energia e dos transportes e o ensino obrigatório da língua árabe (veja mapa 10.2).

É bem verdade que a Tunísia foi o país da África do Norte que mais sofreu com a guerra, tendo algumas de suas cidades e instalações portuárias praticamente destruídas por bombardeios. Após 6 de abril de 1943, toda a metade oriental da Tunísia chegou a ser dominada por alemães e italianos, que só se renderam a 12 de maio. Por causa dessa situação o *bei* (soberano) constituiu um novo ministério sem pedir o prévio consentimento do governador colonial. Este fato é da maior importância, uma vez que desde o Tratado de La Marsa, de 1883, um *bei*

10.2 - Cedendo a forte e sistemática pressão, em particular da ONU, desenvolveu-se um processo de negociação, ultimada com a independência da Tunísia, em 20/3/1956.

[Elaborado pela autora para a devida adequação ao texto - L. L. HERNANDEZ]

não agia inteiramente baseado em sua própria autoridade nas questões relativas à política geral.

Fazia parte do plano de guerra, para os alemães, um conjunto de ações psicológicas, como o estabelecimento de um ponto emissor, a Rádio Pátria, instrumento de propaganda antifrancesa e nacionalista. Essa situação só foi revertida em 14 de maio de 1943, quando Burguiba, com total apoio do cônsul-geral dos Estados Unidos da América (M. H. Doolitle), contribuiu para que, com a chegada das tropas aliadas a Túnis, se formasse um bloco franco-tunisiano. Pelas expectativas criadas com o realinhamento tunisiano pró-aliados, em 20 de novembro de 1944, foi proclamado o Manifesto da Frente Tunisiana, reivindicando a eleição de uma Assembléia com o objetivo de estabelecer a forma que deveria ter o autogoverno que passaria a vigorar ainda antes do fim da guerra.

A resposta criava um ciclo temporal de mando e violência que não se fechava. Pelo decreto de 21 de junho de 1948, a administração direta foi reforçada. Além disso, predominou o estatuto de protetorado, que, não incluindo as aspirações da grande maioria da população não-européia, acabava criando condições para um desequilíbrio complexo entre os *colons* e os demais grupos nacionais da Tunísia.

Uma pequena retrospectiva histórica ajuda a entender uma bisonha forma de tratar as diferenças dos povos não-europeus, mostrando-se distante de identificar o complexo quadro de interesses que se cruzavam na Tunísia. Essas circunstâncias deram origem a um conjunto de descontentamentos que condicionaram, em 1930, a substituição do partido político Destour. Fundado por Habib Burguiba, o Neo-Destour, liderado por jovens tunisianos de educação superior francesa, atento às diferenças culturais e às principais demandas das populações das cidades provinciais e das aldeias da planície costeira, alcançou uma considerável base social de apoio, sobretudo porque teve habilidade para combinar as ações do partido com as da federação sindical, fundada no pós-guerra.

Por sua vez, os acontecimentos de 1948 e 1949, ou seja, o cerimonial fúnebre realizado em Túnis, em setembro de 1948, em homenagem ao bei Moncef, (morto depois de cinco anos de exílio), somados ao acolhimento a Burguiba, em setembro de 1949 (após uma ausência de quatro anos), provocaram uma série de manifestações. Reforçando o avanço da posição política tunisiana, em 1950, Burguiba tornou pública uma declaração por meio da agência *France-Presse*, exigindo, entre outras medidas, a criação de uma Assembléia Constituinte eleita por sufrágio universal e o restabelecimento do Executivo. Significa dizer que se reivindicava a ruptura com uma administração específica, a qual favorecia apenas os grupos que detinham os interesses econômicos da região, baseados na troca de produtos primários por manufaturas provenientes de outras regiões "desenvolvidas" do império. Assim sendo, o Neo-Destour, incorporando as expectativas da maior parte da população, gradativamente tornou claro um ideário que refletia a incorporação do fundamento islâmico em contraposição ao nacionalismo árabe e ao comunismo soviético.

À medida que a oposição se organizava e crescia a olhos vistos, passava a ser considerada pelas elites coloniais uma "ofensiva radical". Desapontadas pelo que julgavam falta de energia da parte de um poder político afastado de seu devido zelo pelo bem comum, expressavam sua hostilidade em uma manifestação na qual criticavam acidamente a "política de fraqueza" da França.

Porém, o império francês estava de fato sendo fortemente abalado pelas independências asiáticas, de tal modo que, em 1950, excetuando a Indochina, todas as demais ex-colônias haviam conquistado as suas emancipações políticas. Esse quadro tornou-se potencializado pela independência da Líbia, em 24 de dezembro de 1951, e pelo início da guerra de guerrilhas na Argélia, em 1954. Some-se a esse conjunto a expectativa frustrada dos africanos que, como recompensa pelo esforço de guerra, esperavam avançar em conquistas de direitos individuais e de soberania externa. Em contrapartida, visando conter manifestações políticas nesse sentido, entre 1947 e 1955, as informações veiculadas pelos meios de comunicação em geral foram poucas e sugeriram uma exaltação do império, abafando suas derrotas e, portanto, ludibriando-o, enganando a opinião pública internacional e a dos territórios africanos que compunham a nação francesa e o seu ultramar.

Mas vozes das elites políticas oposicionistas tunisianas não se calaram. Alinharam-se em torno do Neo-Destour, que, mesmo com um nacionalismo fragmentário, influenciava nitidamente o discurso pronunciado pelo novo residente-geral, M. Périllier. Este definiu que a administração francesa deveria ter como missão o desenvolvimento das riquezas da Tunísia, ao mesmo tempo que deveria guiá-la para a independência. Ressaltava que esses eram objetivos comuns à União Francesa. Outra conseqüência foi o alastramento da principal idéia do Protocolo Franco-Tunisiano, de 17 de agosto de 1950, que encarregava M. Chenik, primeiro-ministro tunisiano, de negociar modificações institucionais que deveriam conduzir a Tunísia, por etapas sucessivas, à autonomia interna.

Todavia, como a oposição dos colonos franceses era um grande condicionante das decisões tomadas pelos ministros dos Negócios Estrangeiros, o Rassemblement Français de Tunisie deixou clara a sua posição irredutivelmente contrária a qualquer reforma um pouco mais radical. Entretanto, em pouco tempo, mais precisamente desde 1951, as oposições alargaram as suas bases com uma rápida politização das massas das cidades e dos campos. No final desse mesmo ano, embora na ilegalidade, o Neo-Destour contava com cerca de 150 mil militantes, divididos em 470 seções e 23 federações. Uma grande parte de seus elementos também integrava a União Geral dos Trabalhadores Tunisianos, a UGTT, que, fundada em maio de 1945, era, sem dúvida, a mais poderosa organização sindical do mundo árabe, marcando distância em relação à Federação Mundial Internacional dos Sindicatos Livres.

Durante algum tempo, os líderes políticos tunisianos criticaram a política francesa. De sua parte, Burguiba ressaltava que os franceses só cediam em determinado ponto quando reforçavam outro. Desse modo, se por um lado subordinava-se à representação dos franceses nos Conselhos Municipais, de outro reiterava o princípio da soberania conjunta que confirmava a autoridade da França.

Esse jogo de oposições não se manifestou apenas nas questões políticas. Revelou-se crucial desde o período anterior à guerra, com modificações relativas à composição social, que geraram uma série de pressões no mercado de trabalho. Houve um crescente e continuado aumento de europeus, que se estendeu até 1956. É importante salientar que desde meados de 1950 os "pequenos brancos" recrutados, sobretudo entre os italianos, franceses ou franceses naturalizados, reclamavam de uma "tunisificação" dos empregos. Como conseqüência, o presidente do Rassemblement Français colocou-se ao lado dos europeus, afirmando que caso houvesse alguma reivindicação tunisiana, a resposta só poderia ser um "não categórico e definitivo".

De outro lado, a UGTT organizou uma greve geral em Túnis, para o dia 29 de novembro de 1951, cujas principais reivindicações eram oportunidades iguais de trabalho e isonomia salarial. Em linhas gerais, essa ação política só fez aumentar nos franceses o sentimento de desafio à autoridade. A resposta revelou um clima de hostilidade geral. Em 15 de dezembro, o parlamento publicou uma nota deixando clara a sua discordância em relação ao princípio da soberania conjunta e, ainda mais, a sua posição irreconciliável com a dos nacionalistas tunisianos.

Em janeiro de 1952, ainda em resposta aos desafios e às transformações, o governador residente de Túnis, M. de Hautecloque, mandou prender Burguiba. Mas o Neo-Destour, representando um segmento considerável dos tunisianos e politicamente articulado, manteve a realização do IV Congresso clandestino do partido, que apresentou, como principal resolução, o fim do protetorado, acompanhado de um Tratado de Amizade e Aliança, considerando França e Tunísia iguais.

Essas considerações ajudam a explicar a greve geral e as manifestações populares na região do Cabo Bom. Em particular, nesse tempo de crise política, a forma pela qual os militantes e seguidores do Neo-Destour decidiram quem eram os seus inimigos ajuda a compreender o ascenso da violência, com centenas de mortos e feridos. Essa observação também vale para que se possa avaliar a prisão e a deportação, em 25 de março, de M. Chenik e seus ministros, como marco de uma vaga de terrorismo e contraterrorismo.

As medidas elaboradas com base nesses acontecimentos deixam clara a compreensão equivocada da Assembléia Nacional de Paris, em 19 de junho, assim como a do *bei*, em 28 de julho. O que surgiu foi um plano de reformas, liberal à primeira vista, uma vez que atribuía aos ministros tunisianos a responsabilidade plena de todos os departamentos ministeriais. Entretanto, as exceções revelavam o verdadeiro espírito do governo da França, que propunha conservar o controle dos Negócios Estrangeiros, da Defesa Nacional, da Segurança Interna e, a título provisório, o das Finanças, dos Trabalhos Públicos, do Instituto Público e da Reconstrução.

Obviamente indignado, o *bei* respondeu de modo bastante hostil, o que não evitou que no curso desses acontecimentos, a 6 de dezembro de 1952, fosse assassinado o fundador da UGTT, Ferhat Hachid, criando um clima de grande consternação e favorecendo o desenvolvimento de uma escalada terrorista, que chegou em 1954 a um "impasse trágico", acentuado pelo início da guerra de guerrilhas na Argélia e suas repercussões em todo o Magrebe.

Em meio à exaustão política da França, somada à pressão continuada da ONU, o residente-geral da Tunísia concordou em formar, em setembro de 1953, um ministério com cinco ministros franceses e oito tunisianos, sob a direção de Mohammed Mzali. Foram propostas e discutidas novas reformas, mantendo-se uma representação paritária nos Conselhos Municipais. Talvez o melhor exemplo tenha sido o fato de o Conselho Municipal da Tunísia passar a ser constituído por 21 tunisianos, incluindo o presidente, o vice-presidente e 21 franceses. A negociação foi ultimada quando Ladgham, Burguiba e Bem Ammar obtiveram do gabinete Guy Mollet o aceite para que fosse assinado, em 20 de março de 1956, um protocolo pelo qual a França passava a reconhecer a independência da Tunísia. Burguiba, à frente do poder e ao mesmo tempo líder de um partido nacionalista de massa, selou o compromisso com reformas sociais e de infra-estrutura.

Esse novo contrato social, feito sob um nacionalismo com características próprias, excluía influências político-ideológicas egípcias e discordava, em vários pontos, do ideário próprio do nacionalismo árabe. No primeiro caso, por considerar o Egito muito condescendente com a Grã-Bretanha, tornando possível um compromisso como o Tratado Anglo-Egípcio, que, se por um lado punha término à ocupação militar no Egito, por outro, possibilitava que a Grã-Bretanha mantivesse forças armadas em torno do Canal de Suez. Já no segundo caso, os tunisianos consideravam que o nacionalismo árabe estava prioritariamente voltado para uma possível reorganização política do império otomano. Por sua vez, o nacionalismo tunisiano escolheu como questão central os problemas específicos decorrentes do colonialismo europeu, entre os quais o que acarretou o enfraquecimento político-ideológico das dinastias próprias da Tunísia, viabilizando o domínio colonial.[11]

Marrocos

A ascensão de idéias e movimentos independentistas no Marrocos teve como marco o término da Guerra do Rif[12], trazendo consigo um decreto promulgado em 1914 que recomendava o respeito aos costumes berberes, a competência jurídica dos chefes de povos nômades e a criação de tribunais consuetudinários. No entanto, pouco tempo depois, o sultão teve de assinar outro decreto, que anulava a competência do Alto Tribunal Marroquino. Esse evidente sinal de domínio dos franceses deu origem a uma campanha que chegou à Liga das Nações, embora a imprensa marroquina pró-francesa a tenha ignorado por completo. Na verdade, tal prática política, que envolvia a tendência da França de utilizar poderes mais próprios de uma colônia do que de um protetorado, repetiu-se muitas outras vezes.

Surgiram doutrinas reformistas na década de 1920, tendo como ponto central o estabelecimento de direitos iguais entre muçulmanos e franceses, incluindo o respeito às leis e à moralidade social distintas, reunidas em um manual *sufi* que era e continua sendo o de maior circulação. No que se refere especificamente ao Islã, buscava-se manter sob controle o radicalismo dos últimos líderes das ordens sufistas, as quais reivindicavam um Estado e uma sociedade segundo a *shariah* reformada, o que significava opor-se ao governo dos franceses. Mas também apontavam o caminho de uma ação política que possibilitou a gênese de um movimento nacionalista liderado por um reformador, Allal al-Fasi (1910-1974). Para ele e seus seguidores, os franceses estavam tentando implementar uma política que substituísse a *shariah* pela lei e pelos costumes dos berberes, o que tinha a vantagem tática de promover uma reforma moral, de con-

11. Essas questões são desenvolvidas por HOURANI, *op. cit.*, p. 312-317.
12. Estado formado por povos independentes, federados, apoiados pelo Komintern e pelo Partido Comunista Francês, liderado por Jacques Doriot.

teúdo mais suscetível de ser assimilado às regras e aos valores ocidentais. Porém, se esse propósito continha um forte apelo mobilizador da opinião pública muçulmana, teve de enfrentar um poderoso *lobby* de representantes de interesses financeiros que controlavam bancos, indústrias e empresas comerciais. A preferência por investimentos no Marrocos devia-se ao fato de a carga fiscal ser um quarto das demais, e os salários os mais baixos do Magrebe. Os líderes nacionalistas não tardaram a pressionar o governador francês, Lyautey, que se mostrou disposto a fazer concessões. Contudo, a força do *lobby* foi maior e impediu as mudanças. O impasse deu origem a uma série de manifestações seguidas de forte repressão por todo o Magrebe.

Árabes à frente das portas de Meknès. Segundo o olhar de Delacroix, esta aquarela mostra o vigor dos homens marroquinos quando saíam para lutar.

Em 1934, ano do término da conquista do Marrocos, com a ocupação do Alto Atlas Oriental e do Saara marroquino, foi apresentado um Plano de Reformas que deu origem a um longo decreto sintetizador do objetivo central dos nacionalistas: a aplicação estrita do tratado de protetorado. Como é evidente, essa reivindicação formulada por um grupo de jovens elites políticas, significou pouco mais do que limitar a exploração da burocracia colonial. Lutavam pela supressão de qualquer administração direta; por mais espaço em diferentes setores da administração colonial e nas profissões liberais; pela instituição de municipalidades eleitas; e pelo acesso ao ensino a todos os marroquinos. Em poucas palavras, buscava-se o maior grau possível de autogoverno dentro do sistema imperial francês.

Indeferidas as reivindicações pelo Ministério das Relações Exteriores francês e, portanto, malograda essa tentativa de reforma, o Comitê de Ação Marroquina passou por um breve período de tensão que resultou em algo mais do que um mero episódio. Cindiu-se em dois grupos: um, que deu origem ao Partido Isqlal, liderado por Allal al-Fasi, apresentando uma das formas do nacionalismo árabe, que também se manifestou na Líbia em 1953, na Tunísia em 1954 e na Argélia em 1962, conduzindo a formação de regimes e de constituições variadas; e o segundo, mais próximo do Partido Comunista francês, dirigido por Mohammed Hassan Uazzani. Mas o governo foi ágil, detendo os principais líderes até 1947 e condenando suas organizações à ilegalidade. Todos esses acontecimentos agravaram a situação. Assim, a pressão do general Juin a Yussef surgiu sob a forma de proposta de uma co-soberania, mas o sultão não aceitou, sustentando que o tratado de protetorado deveria ser cumprido. Por esse motivo, o representante francês no Marrocos, o governador Lyautey, apresentou uma sugestão bastante original. Segundo ele, para que o Marrocos fosse mais bem controlado, deveria ser firmado um acordo que definisse o traçado de uma linha divisória entre os territórios marroquino e francês. Para que ambos se desenvolvessem sem desordens e revoluções, propunha proteger as instituições marroquinas e o Islã, além de preservar os costumes berberes.

Porém, houve um ponto essencial para a viabilidade desse acordo, qual seja, a pacificação das zonas rebeldes do Alto Atlas, de interesse comum ao governo francês e ao sultão. De todo modo, a pressão popular ainda era fraca e o nível de organização política pequeno, tanto pelo fato de a França não permitir ameaças à sua posição como pelos padrões tradicionais de comportamento político permanecerem fortemente enraizados. Em outros termos, as massas da cidade e a população rural interessavam-se, em particular, pelos meios tradicionais de crenças e condutas, como a prece, o jejum, a peregrinação e o que era ensinado nas mesquitas. No entanto, foram estas que lhes possibilitariam afirmar uma unidade entre representação e ação contra o europeu colonizador.

Por outro lado, é razoavelmente evidente que o fato de Lyautey ter limitado a entrada de colonos europeus apenas garantiu que os pequenos colonos fossem em menor número no Marrocos do que na Tunísia ou na Argélia. Mas, de fato, a natureza do colonialismo e seus mecanismos foram mantidos, reiterando as desigualdades e as hierarquias. Nesse contexto, não surpreende que a propaganda nacionalista tenha mobilizado e organizado os povos marroquinos, dando ensejo às manifestações, em setembro e outubro de 1937, em torno do lema "Pão, justiça e instrução". Como esperado, a repressão calou o movimento, além de prender e deportar os seus líderes. De modo geral, acentuando o teor político das manifestações, o ideário nacionalista continuou a desenvol-ver-se entre 1937 e 1939, sobretudo ao redor das mesquitas e nas cidades tradicionais como Fez, Rabat, Salé e Maknés (veja mapa 10.3).

Os rebeldes alargaram a sua base em decorrência de três circunstâncias. A primeira, que mais uma vez atuou como elemento catalisador, foi a Segunda Guerra Mundial, trazendo rápidas mudanças na vida social e nas idéias e expectativas de todos os que foram afetados por ela. A segunda, por sua vez, refere-se aos problemas internos da França, que, desde 1940, enfraqueceu a sua posição nas possessões do ultramar, já que teve de enfrentar problemas da sua própria sociedade abalada pela guerra. Com uma economia danificada, a França desviou a sua atenção de um império que se estendia do Marrocos à Indochina. Já a terceira circunstância diz respeito às questões relativas à extensão da própria guerra no Magrebe.

O Marrocos e a Argélia foram ocupados por exércitos anglo-americanos que forçaram os alemães a recuar até a Tunísia, acabando, em maio de 1943, por deixar o Magrebe sob o ataque dos aliados a leste e a oeste. Contudo, o mais importante é que o "esforço de guerra" despertou nos povos árabes a esperança de novas perspectivas de vida.

> [...] Os movimentos de exércitos (particularmente rápidos e extensos no deserto), os temores e expectativas de ocupação e libertação, o espetáculo da Europa fazendo-se aos pedaços, as declarações de altos princípios da vitoriosa aliança anglo-americana, e a emergência de uma Rússia comunista, como potência mundial: tudo isso encorajou a crença em que a vida podia ser diferente.[13]

Por sua vez, surgiram alguns sinais inconfundíveis de um forte intercâmbio entre os países árabes que estiveram ou estavam sob dominação francesa e britânica. Essa situação, historicamente nova, resultou na organização de solidariedades visando modificar os termos tradicionais de funcionamento do poder. Como estratégia, formou-se a Liga dos Estados Árabes, que aprovou entre outras resoluções, a liberdade de atuação conjunta de Estados como a Arábia Saudita, o Egito, o Iêmen, o Iraque, o Líbano, a Transjordânia, a Síria e outros que viessem a se tornar independentes, para formularem uma ação conjunta que tivesse como ponto central a luta em defesa dos árabes na Palestina e no Magrebe. Em outros termos, a Segunda Guerra uniu os "países árabes" em torno da idéia da independência (veja mapa 10.4).

13. HOURANI, *op. cit.,* p. 359.

10.3 - Marrocos destacando-se o Médio Atlas, Alto Atlas e Anti-Atlas e algumas das principais cidades onde as lutas pela independência foram mais intensas, ressaltando a região do Rif (◑).

[Elaborado pela autora para a devida adequação ao texto - L. L. HERNANDEZ]

10.4 - Arábia Saudita, Iêmen, Iraque, Líbano, Jordânia e Síria, junto com Marrocos, Argélia, Líbia, Tunísia e Egito, que na década de 1950 e início dos anos 1960, acalentaram um projeto de formação da Liga dos Estados Árabes.

1 Lago Rodolfo   2 Lago Vitória   3 Lago Tanganica   4 Lago Niassa   5 Lago Chade

[Elaborado pela autora para a devida adequação ao texto - L. L. HERNANDEZ]

Em janeiro de 1944, o Partido Istiqlal elaborou um manifesto pela independência com integridade territorial, isto é, o Marrocos "francês" unido ao Marrocos "espanhol". Articuladas à Federação Sindical, as reivindicações sensibilizaram os trabalhadores, ganhando as ruas de Fez, transformando-se em revoltas fortemente reprimidas. A violência e a opressão em nada diminuíram as esperanças nascidas com a retirada dos franceses da Síria e do Líbano; a saída dos britânicos do Vale do Nilo; o impacto do acordo assinado por Sainteny e Ho Chi Minh; e o reconhecimento do Vietnã como Estado livre. Não foi por acaso que, pouco tempo depois, de 6 de julho a 4 de setembro de 1946, ocorreram a Conferência Franco-Vietnamita de Fontainebleau e a reunião dos Estados Gerais da Colonização Francesa, reunindo representantes dos territórios da África subsaariana e de Madagáscar, apontando para uma lufada de reformas que levariam à independência.

Porém, a posição francesa, em 1946, era clara no que se referia à concessão imediata do autogoverno. Afinal, a idéia da "França una" não incluía a perda de um território sob seu domínio. Esse "entendimento tácito", no entanto, não diminuiu o centro da discussão da política em torno das desigualdades e da falta de liberdades entre os europeus e os povos marroquinos. Além disso, o Partido da Independência, o Istiqlal, estabeleceu relações com o sultão Mohammad V (1927-1962), que, com cuidado e de forma discreta, começou a reivindicar o fim do protetorado. Mas também estabeleceu ligações com as bases do poder, entre as quais a Federação Sindical. Por fim, o movimento da população do campo para Casablanca e outras cidades fortaleceu os laços entre cidade e campo e criou as possibilidades necessárias para uma grande expansão de idéias nacionalistas.

O fato de as circunstâncias históricas já não obstarem, de modo geral, a presença ativa de uma oposição levou à anistia de Allal al-Fasi e El Quezzani, deportados em 30 de março de 1937. Como é evidente, os nacionalistas aproveitaram a situação, lançando o Istiqlal a um novo desafio histórico, o de ter uma prática política como partido legítimo. Uma de suas primeiras providências foi a criação de duas publicações em língua árabe, o jornal *Al-Alan* (O Estandarte), e um semanário, *L'Opinion du Peuple* (A Opinião do Povo).

Um dos enérgicos esforços do Istiqlal ocorreu quando da visita a Paris de três de seus membros, que em uma entrevista coletiva à imprensa, destacaram duas ordens de questão. A primeira, a reivindicação da independência do Marrocos, seguida de poum tratado de aliança com a França. A segunda referia-se à parcialidade da avaliação feita pela ONU em relação aos países árabes, aceitando o Iêmen e a Arábia Saudita – mesmo avaliados como "atrasados" – e não admitindo o Marrocos.

Em resumo, é possível reconhecer que, em especial durante a conjuntura dos anos de 1946 a 1955, os nacionalistas, dadas as reações negativas da França às suas reivindicações, buscaram outros apoios, tanto internacionais como dentro do Marrocos. Como sabemos, entre 1946 e 1954, os europeus da África do Norte tiveram apoio da França nos seus anseios em torno de uma política local que reafirmasse a sua posição de supremacia em relação à população muçulmana.

Especificamente quanto ao Marrocos, o sultão Mohammed fez-se porta-voz, em 10 de abril de 1947, do desapontamento dos muçulmanos. Tornou clara a sua posição no *Discours de Tanger*. Conforme sua avaliação: "Não é necessário dizer que o Marrocos é um país árabe, estreitamente ligado ao oriente árabe; é, portanto, natural que estes laços se reforcem e se reafirmem, particularmente pelo facto de a Liga Árabe se ter tornado uma organização que desempenha um papel importante na política mundial".[14] Esse pronunciamento fez crescer a tensão nas relações entre o general Juin e o sultão. Este se negou a aderir à União Francesa e, coerente com essa decisão, recusou-se a assinar o "projeto de reformas das municipalidades", voltado para colocar em prática o princípio da "soberania conjunta", propondo a eleição de membros franceses e marroquinos para os Conselhos Municipais.

Mas, até outubro de 1950, era duvidoso saber quanto da vontade política do sultão seria suficiente para que ele apresentasse maiores exigências à França. De todo modo, a negociação possibilitou a Sidi Mohammed, por meio de um memorando, solicitar a revisão geral das relações franco-marroquinas. Se a resposta do governo francês, a 31 de outubro, não foi favorável, também não vetou a continuidade das conversações. Assim o sultão voltou a manifestar-se, desta feita com toda clareza, solicitando o "fim do Protetorado no Marrocos".

Na ausência de um poder central forte, em 1951, a violência desenvolveu-se e tornou-se essencial para que o general Juin eliminasse o relator marroquino das deliberações sobre o orçamento. Provavelmente, essa ação política do general Juin foi apenas uma forma de alertar para o predomínio do seu poder sobre os muçulmanos, o que era reforçado por uma ampla campanha de imprensa. Dela fez parte o combate sistemático dos franceses ao sufrágio universal e ao colégio único, utilizando como argumento o fato de que essas reivindicações acarretariam conseqüências desastrosas para o Marrocos.

Essa reação dos franceses alcançou uma dimensão bastante grande, em particular pelo fato de o próprio número de europeus ter quase duplicado, passando de 202 mil, em 1936, para 363 mil, em 1951. Esse afluxo de europeus injetou capital na economia, aumentando investimentos privados. Aliás, estes

---

14. *Apud* CORNEVIN, *op. cit.*, p. 101.

cresceram, também por parte dos indochineses. Uma vez iniciado, o processo promoveu uma rápida mudança da antiga ordem e deu os passos preliminares para o início de um acelerado processo de urbanização, acompanhado de uma proletarização da população muçulmana que passou de 5,5 milhões, em 1936, para 7,5 milhões, em 1951. Contudo, nem diante dessas transformações sociais importantes, a estratégia política francesa se modificou. Ao contrário, os franceses reiteraram a importância e a adequação da administração direta, o que foi considerado um verdadeiro insulto por parte dos muçulmanos, um desrespeito à *shariah*, que era o resultado da interação entre as normas do Corão, os costumes, as leis locais e as práticas das comunidades sob o domínio do Islã.

De 1951 até 1956, ano da independência do Marrocos, a política local foi marcada por três características. A primeira, uma escalada da violência, tendo como alvo os europeus, massacrados em número considerável. Como conseqüência houve a imposição do estado de exceção, suprimindo as liberdades de associação e expressão. Já a segunda refere-se a um embate contínuo entre as confrarias muçulmanas e a política religiosa do sultão, resultado de uma aliança política tácita entre os franceses e as elites políticas muçulmanas. Por fim, a terceira diz respeito à situação particular da França internamente e no que se refere aos fóruns internacionais.

Guillaume, o general francês, assumindo a posição de árbitro das violentas contendas, não interveio nem contra os marroquinos nem contra os franceses. Na verdade, as características da estratégia do governo francês foram muito claras. Combinavam repressão com algumas medidas políticas, visando melhorar algumas fontes de descontentamento, sem pôr em perigo a sua posição dominante. Porém em nenhum momento é possível considerar que essa política teve êxito, tanto que em 6 de dezembro de 1952, em plena onda de distúrbios sociais, o fundador e líder da UGTT, Ferhat Hashed, foi assassinado, regionalizando o conflito. Na Tunísia houve uma série de ações terroristas. Já no Marrocos, os sindicatos de Casablanca marcaram uma greve de protesto e luto para o dia seguinte. Uma série de desordens foi desencadeada, com feridos e mortos e com a prisão de dirigentes e militantes do Istiqlal e do pequeno Partido Comunista.

Por outro lado, também houve uma questão político-religiosa que se tornou evidente durante 1953, com o desenvolvimento de uma conspiração das confrarias muçulmanas contra a política religiosa do sultão-califa. Foram recolhidas assinaturas de cerca de 270 caids e pachás, solicitando a deposição e a abdicação do sultão, proclamando um novo chefe religioso. Quando El Glaoui, pachá de Marrakech, em nome do Conselho Superior dos Pachás e Caids, intimou o governo francês a expulsar Sidi Mohammed, feriu preceitos religiosos fundamentais. Era sexta-feira e, portanto, dia em que as orações eram feitas sempre em nome do sultão, que era também califa, ou seja, o líder religioso. Em outros termos, os interesses e as disputas políticas sobredeterminaram os elementos religiosos, fato que se tornou absolutamente claro com a aproximação de El Glaoui como representante dos norte-africanos e da França. Segundo as palavras do próprio pachá: "Nós que representamos a tradição, a fidelidade, o futuro deste país, queremos pôr em guarda o governo francês... Se, contrariamente à nossa esperança, ele não ousa nesta conjuntura dar as provas de firmeza que o povo marroquino espera, a França terá perdido o seu lugar em Marrocos"[15].

Que implicações políticas trouxeram essas circunstâncias? Obviamente, evidenciavam uma luta pela distribuição da autoridade do poder, ganho em um primeiro momento por El Glaoui, com o apoio dos povos berberes e da maioria da opinião pública francesa no Marrocos. Porém, os seguidores de Sidi Mohammed, inconformados, deram origem a uma série de rebeliões que resultou em grande número de mortos. Na tentativa de refrear a escalada da violência o governo francês autorizou a deposição do sultão, que foi substituído por um candidato de Glaoui. Ficou evidente, no entanto, que essa medida alimentou ainda mais as ações terroristas que perduraram até 1956.

Quanto a Sidi Mohammed, denunciou o golpismo dos acontecimentos que o envolveram e partiu para Madagáscar. Assim sendo, os nacionalistas perderam o seu grande apoio legal e oficial. Nessas circunstâncias, mais significativa ainda foi a escolha de um novo sultão, Ben Arafa, que aceitou docilmente obedecer ao residente geral, a ponto de delegar o seu poder executivo a um Conselho de Governo constituído por franceses e marroquinos com paridade numérica. Por sua vez, em 9 de setembro de 1953, foi criado o Conselho Legislativo dos vizires e diretores, em que os franceses detinham a maioria; no dia 19 do mesmo mês foi estabelecida a "soberania conjunta" das municipalidades.

Esses acontecimentos forneceram combustão para que o ano de 1954 fosse marcado pelo terrorismo revelador de grandes descontentamentos revestidos de violência. Mas houve também outras formas de contestação, como a oposição passiva ao poder religioso do "sultão dos franceses", dando uma impressão geral de submissão. Por fim, surgiram atitudes e crenças que atribuíam ao sultão deposto poderes salvacionistas, capazes de restabelecer a "pureza primitiva" do Islã. Por isso, a atitude para com o novo monopolizador do poder sobrenatural revestiu-se de franca hostilidade, manifesta na recusa de dizer a oração de sexta-feira. Assim, explica-se por que o ano de 1955 foi marcado por um senti-

15. *Apud* CORNEVIN, *op. cit.*, p. 122.

mento crescente de fé no regresso ao poder de Sidi Mohammed, o único soberano com reconhecida legitimidade no Marrocos. Em resumo, eram combatidos ao mesmo tempo o império e os sistemas despóticos locais que o representavam. A resistência ao aumento da influência européia era mobilizada pelo uso de símbolos islâmicos, além do apoio efetivo dos ulemás urbanos, porta-vozes das formas tradicionais do pensamento islâmico.

Também é preciso lembrar que, como as forças da "lei e da ordem" ficavam cada vez mais fracas, os atentados multiplicavam-se em vários pontos do Marrocos, forçando o governo francês a entabular conversações com os principais representantes da oposição, incluindo o Istiqlal. Além disso, o regresso de Sidi Mohammed foi providenciado. No entanto, a pouca disposição do governo francês para negociar com a oposição marroquina descontentou os berberes, que organizaram um Exército de Libertação dando início a um levante que partiu do Rif, chegando até Fez.

Setores numericamente crescentes e politicamente significativos pressionaram o governo francês, que, para evitar uma guerra civil, providenciou uma rápida restauração do governo de Sidi Mohammed ben Youssef, como o único meio para restabelecer a ordem e a harmonia. Pronto para seu retorno, o sultão encontrou-se com o ministro dos Negócios Estrangeiros francês na cidade de Nice, na França. Ao término da reunião foi apresentado um comunicado oficial à imprensa anunciando que

> Sua Majestade o Sultão de Marrocos confirmou a sua vontade de constituir um governo... que terá por fim nomeadamente... conduzir em conjunto com a França negociações destinadas a fazer aceder o Marrocos ao Estatuto de Estado independente unido à França, apenas pelos laços de uma interdependência livremente consentida e definida.[16]

O sultão, que a 16 de novembro de 1955 passou a chamar-se Mohammed V regressou a Rabat, onde foi recebido em meio ao delírio da multidão. Como soberano salientou ser necessário manter os laços de amizade e cooperação com a França. Poucos meses depois, no dia 7 de abril de 1956, uma declaração comum pôs fim ao protetorado espanhol sobre o Marrocos setentrional, com exceção de Ceuta, Melilla e Ifni. A 7 de julho foi reconhecida a autoridade do sultão na zona internacional de Tânger. Nesses acontecimentos político-diplomáticos foi reconhecida a legitimidade da conquista da independência do Marrocos, fruto da coalizão de in-

16. *Apud* CORNEVIN, *op. cit.*, p. 126.

teresses entre o rei, o Istiqlal e os sindicatos, mais a decisiva ação política dos movimentos populares.

Líbia

Depois da Revolução dos Jovens Turcos, sob a justificativa de estar participando de uma soma de esforços, para que o sultão pudesse defender Constantinopla da "inércia" e da "anarquia", a Itália, em 1911, anexou a Líbia, em nome da "lei", da "ordem" e da promoção de alguma unidade política. Esse território era formado a oeste pela Tripolitânia (hoje província ocidental), a leste pela Cirenaica (província oriental) e no centro-sul por Fezzan (província meridional), cidades que ficam na região costeira mediterrânea, contornada pelas colinas que se erguem por detrás delas. Entre essa região e as montanhas do Sul ficam as áreas desérticas ou semidesérticas, por vezes abrigando oásis, como o de Kafra (ou Kufra), que funcionou como uma difícil barreira, limitando a conquista.[17] A intensidade das perturbações políticas de Kafra provinha do fato desta ser uma cidade habitada pelos sanusis – fiéis seguidores da Sanusiya, uma confraria fundada por Mohammed Ibn'Ali al-Sanûsi (1787-1859), ligada à origem da organização política da Líbia, que, mobilizando o uso de símbolos islâmicos, sintetizava a resistência ao aumento da influência européia, funcionando como uma barreira que limitava a conquista.

Assim, o conflito foi reiniciado em 1914, na época de Mussolini, em uma difícil "guerra de pacificação", isto é, em uma encarniçada luta que pôs em ação o exercício da violência por ambas as partes. A despeito de toda resistência, ainda assim, o Banco de Roma comprou terra para os colonos, em particular toscanos e sicilianos, na região destinada aos olivais. Porém, mesmo assim, a dominação italiana conseguiu interferir muito pouco nos assuntos internos, em virtude da oposição e contestação contínuas da parte dos povos sanusis, que formaram o principal movimento de resistência ao colonialismo italiano, apoiando-se numa rede de centros locais, nos oásis do deserto cirenaico. Como, além de uma ordem religiosa, a Sanusiya era também um movimento político, a confraria opôs-se aos italianos com maior firmeza do que ao domínio turco, já que a doutrina não deixava dúvidas quanto à proibição de os muçulmanos viverem sob uma autoridade não islâmica. Assim, ao longo dos anos, a confraria foi um movimento dos "libertadores da Líbia", mas também dos "combatentes da fé". As organizações ligadas à confra-

17. Neste resumo sucinto não serão enumeradas as muitas batalhas disputadas contra os italianos, em praticamente todas as cidades da Líbia.

ria Sanusiya existiram em toda a Tripolitânia, ainda que os sanusis tenham consolidado a sua posição, sobretudo no oásis, preservando uma tradição de liberdade comunitária.

A confraria Sanusiya, desde 1912, tomou para si a responsabilidade do processo de independência, comandando até 1932 a resistência à invasão e ao domínio italiano. Porém, como a Líbia estava regionalmente dividida, a Sanusiya, embora fosse um forte movimento organizado, era espacialmente limitado, ou seja, sem presença política significativa para unificar os povos das várias regiões do território. Assim sendo, a independência da Líbia, concedida logo após o fim da Segunda Guerra Mundial, deveu-se, sobretudo, a dissensões entre os aliados, que levaram à constituição de uma comissão de inquérito dos Quatro Grandes, em 1948, depois de assinado o tratado de paz, em 1947.

Mesmo com poucas condições estruturais favoráveis, havia três desejos comuns entre os líbios: de independência; de unidade das três províncias (Tripolitânia, Cirenaica e Fezzan); e de adesão à Liga Árabe (veja mapa 10.5).

Melhor explicando: terminada a Segunda Guerra Mundial, o espaço internacional se reordenou com base na bipolaridade entre Estados Unidos e União Soviética. Segundo os mecanismos de equilíbrio de poder, a Grã-Bretanha encarregou-se da administração da Tripolitânia e da Cirenaica, enquanto Fezzan, ocupada pela coluna Leclerc, em 1942, foi ligada administrativamente à Argélia. Conforme os diversos interesses dos Quatro Grandes, em 1948, a Assembléia Geral da ONU sugeriu discutir várias propostas relativas à Líbia. Como instituição que visava garantir um mínimo de "ordem" no plano internacional, a ONU escolheu o Plano Bevin-Sforza, considerando toda uma lógica subjacente que levava em conta o papel das ideologias e o funcionamento do sistema econômico internacional. Em resumo, o Plano Bevin-Sforza propunha uma tutela britânica na Cirenaica, uma colônia italiana na Tripolitânia (onde residia a maior parte dos italianos) e uma francesa, em Fezzan. Como aparente paradoxo, ao apoio dos Estados Unidos, da Grã-Bretanha e dos países latino-americanos, contrapuseram-se a União Soviética e os países asiáticos, que defendiam a proposta de uma tutela global da ONU. Mas a coesão dos líbios em Trípoli contra a proposta da tutela italiana levou-os a conquistar a solidariedade do haitiano Émile Sainti-Lo, o que possibilitou a rejeição do Plano Bevin-Sforza pela ONU, em 18 de maio de 1949.

Depois de 25 anos de exílio, o emir Seyyid Idriso, em 1º de junho de 1949, proclamou unilateralmente a independência da Cirenaica, sendo cerca de quatro meses depois, promulgada a Constituição do novo Estado. Por sua vez, conforme as lideranças que pautaram as relações internacionais no mundo pós-guerra, do-

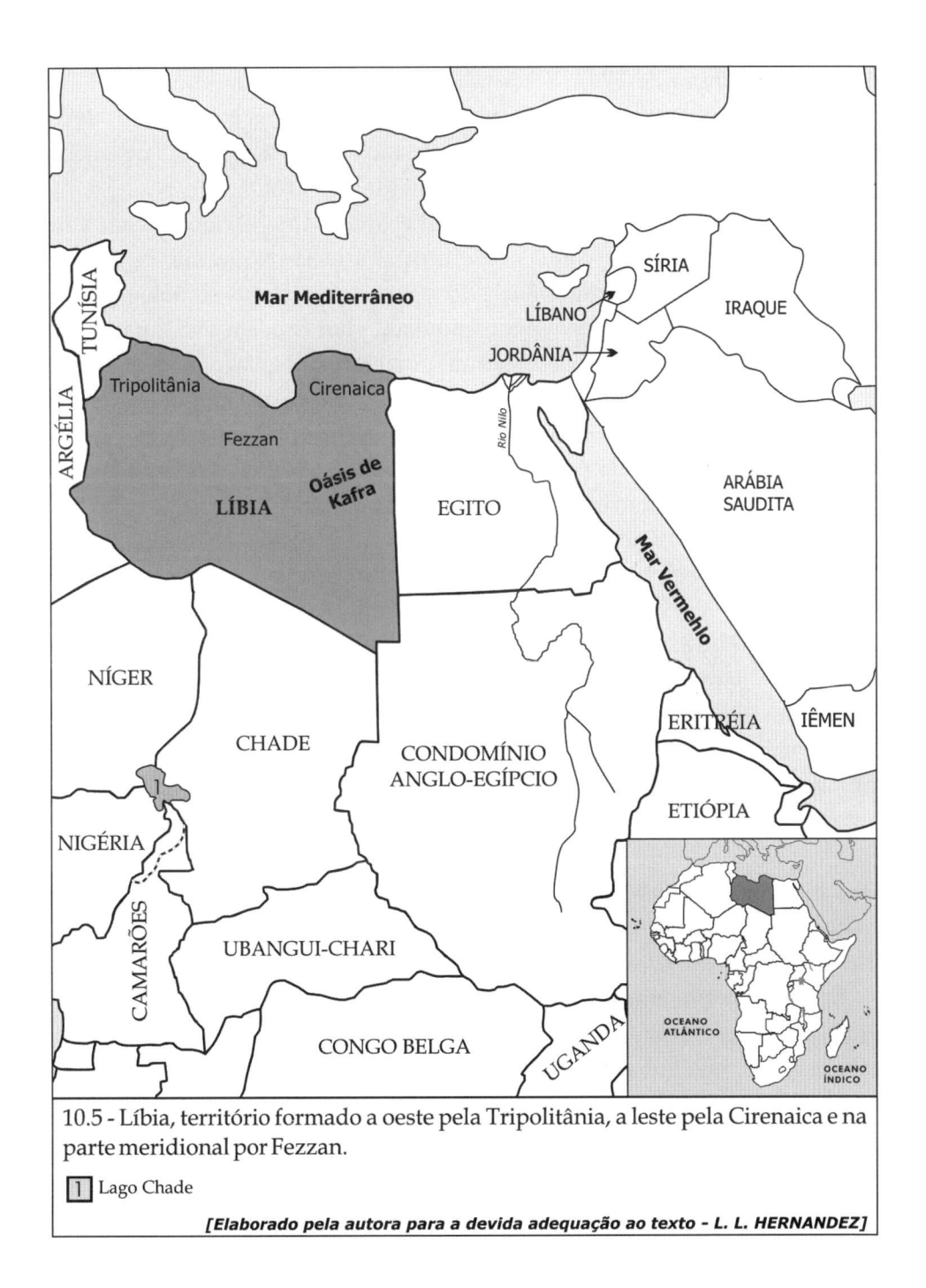

10.5 - Líbia, território formado a oeste pela Tripolitânia, a leste pela Cirenaica e na parte meridional por Fezzan.

1 Lago Chade

[Elaborado pela autora para a devida adequação ao texto - L. L. HERNANDEZ]

minava a idéia da formação de um espaço organizado em relação aos de interesses internacionais, mesmo que pudessem surgir conflitos. Isso explica por que, em 29 de novembro de 1949, a Assembléia Geral da ONU decidiu que a Líbia (como resultado da unificação da Cirenaica, da Tripolitânia e de Fezzan) deveria tornar-se um Estado independente e soberano, o mais tardar, a 1º de janeiro de 1952.

Faz-se necessário lembrar também que a ordem internacional surgida no pós-Segunda Guerra tinha como ponto central a idéia de sistema, ao mesmo tempo em que destacava importância crescente às mudanças tecnológicas e o funcionamento do sistema econômico mundial.[18] Por isso, em 1951, uma nova Comissão de Inquérito da ONU ressaltou a precária situação econômica da Líbia, acentuando a falta de minerais e petróleo com os quais pudesse contar. Mesmo assim, a independência da Líbia foi oficialmente proclamada a 24 de dezembro de 1951, seguida da adesão à Liga Árabe, em 1953, e pelo estabelecimento de relações diplomáticas com a União Soviética.

É importante sublinhar que ainda em 1953 foi iniciada a prospecção de petróleo na Líbia e, em 1959, descobertas enormes reservas. Graças à votação da Lei Petrolífera, em 1955, foram garantidos 50% dos benefícios ao Estado líbio. Em contrapartida, a dependência em relação às grandes potências foi assegurada nos períodos anteriores e, sobretudo, posterior à independência líbia por meio de "tratados de ajuda e amizade", como: em 1945, o tratado com os Estados Unidos mantido até 1970, pelo qual os norte-americanos tinham o direito de utilizar a base de Wheelus Field; em 1953, com a Grã-Bretanhã, que se tornou o mais importante fornecedor de armas ao exército líbio; em 1956, com a França, que retirou 400 homens de Fezzan e, em troca, teve disponíveis os terrenos de aviação até 1963; e, por fim, em 1956, um tratado com os Estados Unidos, permitindo que Wheelus Field se tornasse a mais importante base americana do Mediterrâneo.

Em meio a essa situação historicamente nova, foi reconhecida a independência da Líbia no âmbito de uma ordem internacional cujos mecanismos, embora novos, redefiniram e reafirmaram a interdependência assimétrica entre as nações.

---

18. MARTINS, Luciano. "Ordem internacional, interdependência assimétrica e recursos do poder". *Revista Política Externa*, v. 1, n. 3, dez. 1992, p. 62-85.

A apropriação européia do Índico e os destinos de Madagáscar, Comores, Maurício, Reunião e Seychelles

Quanto às ilhas do Índico, exceto Madagáscar, encontram-se, em geral, ausentes da literatura sobre a África ou estão presentes de maneira tímida e bastante inadequada, por conta da falta de estudos sobre elas. É preciso, portanto, salientar a necessidade de pesquisas e análises históricas que contribuam para uma compreensão mais abrangente de suas culturas, suas estruturas de autoridade e suas organizações sociais, além de seu papel de clara importância para os intercâmbios com os territórios da própria África (sobretudo aqueles que integravam o sultanato de Zanzibar) e com os países de outros continentes.

As referidas ilhas fazem parte de relações históricas com as cidades da costa da África Oriental e com a Península Arábica, a Síria, o Iraque, o Oriente Médio, a Índia e a China. Localizam-se em uma das principais rotas de comércio de longa distância. A partir de 1870 passaram a ter importância por mais duas razões. Em primeiro lugar, para o transporte de mercadorias pesadas, levadas pela rota do Cabo. Em segundo lugar, porque se constituíram pontos estratégicos na rota dos petroleiros (veja mapa 10.6).

No que se refere aos processos de independência de Madagáscar, Comores, Maurício, Reunião e Seychelles, estes se relacionaram com os diferentes tipos de expansionismo e com as formas particulares de colonialismo aos quais foram submetidos. Também se articularam às especificidades etnoculturais e sociais, exemplos (sobretudo de Madagáscar) da busca para a construção de uma unidade baseada em complexas diversidades. Esse conjunto de elementos condicionou o desenvolvimento histórico das ilhas que culminou com a constituição de movimentos de independência com feições próprias.

Madagáscar

Relatos de viajantes árabes do século XIII ressaltavam a hipótese de uma chegada tardia de imigrantes indonésios. Ao lado destes, também há fontes portuguesas dos séculos XV e XVI e tradições orais colhidas em Imerina[19] e Betsileu com o registro de guerras contra "autóctones" e da constituição dos reinos da Grande Ilha. Embora as características da formação dos malgaxes e de sua cul-

19. Imerina é a região dos planaltos centrais de Madagáscar e os seus habitantes são os merinas. Por sua vez, a capital de Imerina era Tananarive. Cabe lembrar que o reino Merina se destacou na luta pela unificação da Grande Ilha (Madagáscar).

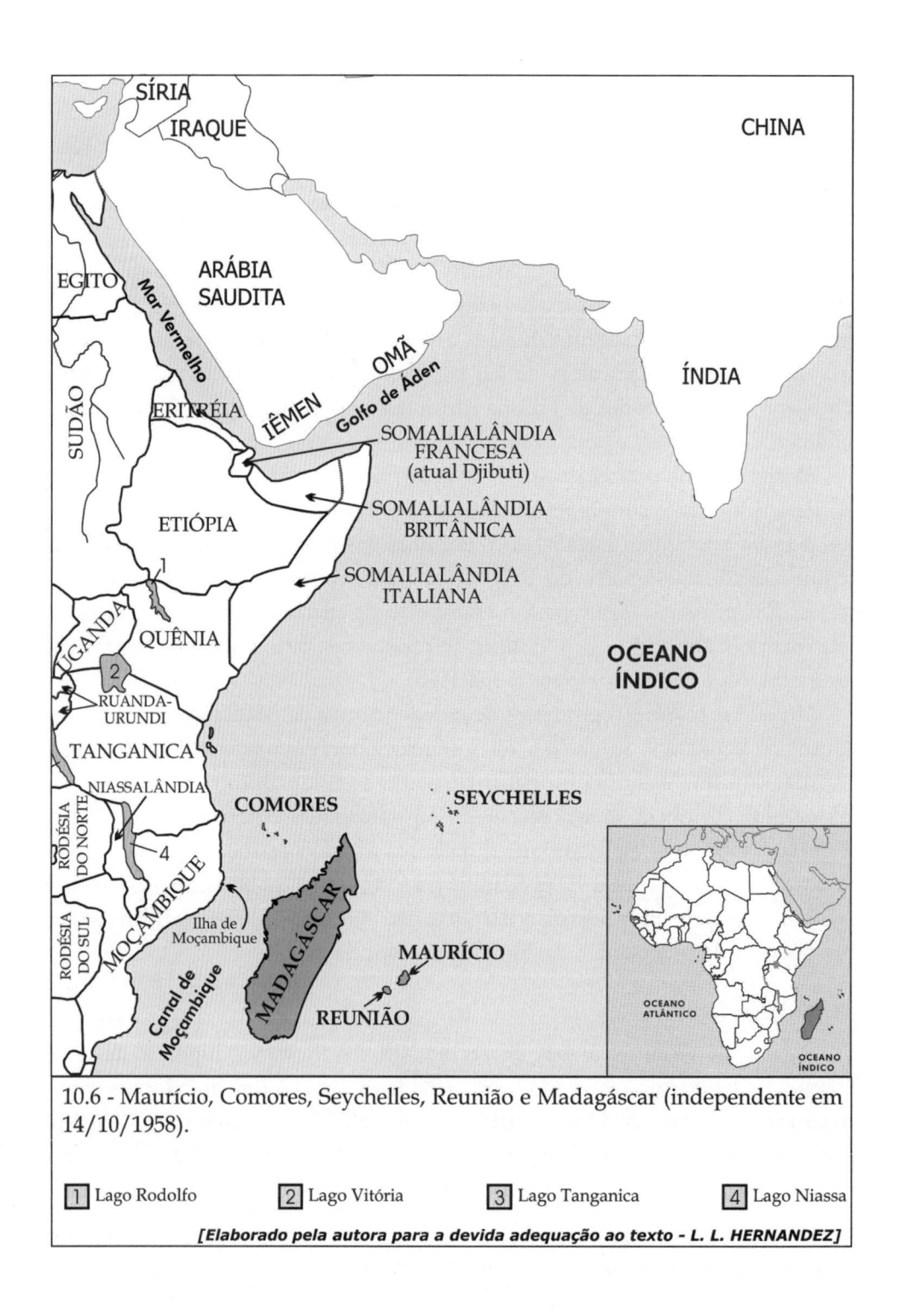

10.6 - Maurício, Comores, Seychelles, Reunião e Madagáscar (independente em 14/10/1958).

1 Lago Rodolfo   2 Lago Vitória   3 Lago Tanganica   4 Lago Niassa

[Elaborado pela autora para a devida adequação ao texto - L. L. HERNANDEZ]

tura sejam temas muito discutíveis, carecendo de pesquisas, ainda assim é possível sustentar, como ponto de partida, o fato de que os primeiros ocupantes de Madagáscar apresentavam uma origem diversa, decorrente de vagas migratórias africana, indonésia, indiana e de grupos árabes. Essa ilha, visitada por árabes e portugueses, foi muito disputada por franceses e ingleses, fato que se explica por sua localização geográfica, que favoreceu o estabelecimento de um comércio dinâmico entre as cidades da África Oriental e os países do golfo de Áden, do sul da Arábia, o Irã, o Iraque, o Egito, a Síria e Jerusalém.

Nesse caso, a noção de intercâmbio significa muito mais do que trocas comerciais. Também inclui uma ampla variedade de manifestações culturais, lingüísticas, políticas e históricas, que deram origem a uma série de devaneios europeus sobre Madagáscar, tanto quando a apresentavam como um reino bárbaro onde predominava o "obscurantismo" como quando se fazia propaganda de uma ilha dotada de riquezas fabulosas, tornando-se alvo de ambições e cobiça, em particular de ingleses e franceses.

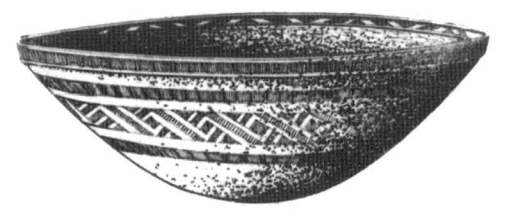

Figura de cerâmica grafitada, característica dos objetos de Imerina no século XV.

Porém, há laços historicamente mais profundos entre diferentes culturas do que se poderia imaginar. No caso da população malgaxe, esta apresentava uma diversificação e uma complexidade que poderiam levar-nos a crer numa falta total de coesão. Mas, ao contrário, havia um conjunto de

> [...] fatores de unidade: em primeiro lugar, o isolamento; depois, a língua de origem indonésia, mas recheada de consonâncias e de palavras bantos e árabes; enfim uma civilização material e espiritual mestiça. Os animais domésticos, o milho miúdo, o feijão, a banana, as classes de idade e a realeza sagrada vieram de África. A piroga monóxila e certos instrumentos de música, as técnicas de rizicultura, o culto tão particular dos antepassados, a casa com teto fortemente inclinado, eram asiáticos, ao passo que os nomes dos dias e dos meses, o calendário lunar e as práticas divinatórias vinham da Arábia.[20]

20. KI-ZERBO, J. *História da África negra, op. cit.*, v. 2, p. 320.

Entre os séculos XV e XIX, os povos da ilha constituíram suas organizações políticas incluindo diferentes graus de complexidade, como os clãs e os "reinos". Os povos betsileus ficavam ao sul do território Imerina; os tsimihetys, os sihanakas, os bezanozanos e os tanalas, na região centro-leste; os betsimisakaras, a leste; os sakalavas, na região noroeste da ilha; os antemoros, população mestiça de "autóctones" e árabes (que abrangia um "reino"), ficavam mais próximos da costa leste; e os merina eram povos do centro-norte.

Das organizações políticas destacou-se o "reino" de Merina, que etimologicamente significa "coração do país", seguindo-se uma série de dinastias que se iniciaram na primeira metade do século XV, com o processo de integração nacional, até a segunda metade do século XIX, com a anexação de Madagáscar à França (veja mapa 10.7).

Nesse longo período destacaram-se alguns soberanos que marcaram presença, demonstrando eficácia na tarefa de governar, sem fazer "vista grossa" nem para as dificuldades internas da Grande Ilha nem para os problemas advindos das inúmeras tentativas estrangeiras de dominação. Nessa perspectiva salientaram-se alguns soberanos, a começar por Radama I, que reinou de 1810 a 1828. Com seu governo absolutista, comandou uma luta interna, com o objetivo de dar ao "reino" uma base geográfica capaz de unificar a ilha, criando as condições necessárias para a constituição de uma unidade cultural.

Essas características foram fundamentais, nos aspectos político e histórico, para a compreensão de Madagáscar, pautada também pela atuação do soberano malgaxe que, em nome dos interesses nacionais, utilizou-se das disputas e rivalidades entre a França e a Grã-Bretanha, aproximando-se dos ingleses, que na época fortaleciam o seu cacife político em troca de um enfraquecimento da presença francesa nas ilhas índicas do continente africano.

O segundo "reinado" de grande importância foi o da soberana Ranavalona I (1828-1861). Contando com o apoio da guarda nacional, das elites dominantes e da nobreza das províncias, ela expandiu internamente o seu poder, visando consolidar a idéia da "grande Madagáscar". Por sua vez, quanto à política externa, refreava as tentativas de colonização, mobilizando a população de Imerina com palavras de ordem contra a influência estrangeira, o que subentendia uma hostilidade à religião cristã, identificada como a grande ameaça ao "instinto de conservação" cultural dos malgaxes. Segundo a proclamação da soberana, de 1º de março de 1835:

> Tenho a dizer-vos que não dirigirei as minhas preces aos antepassados dos Europeus, mas a Deus e aos meus antepassados. Foi graças a esse costume que os doze reis reina-

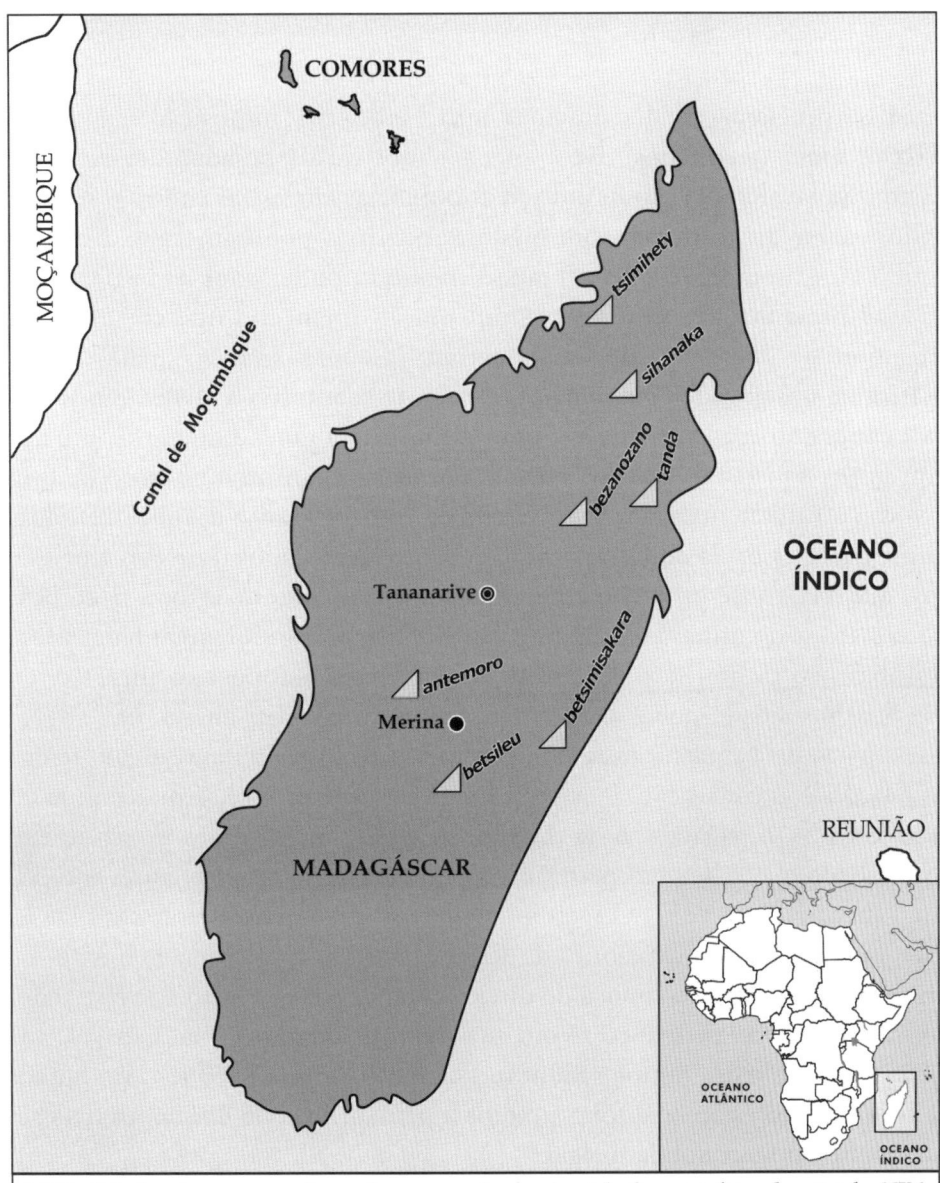

10.7 - Madagáscar com duas de suas principais cidades em fins do século XIX, Tananarive e Merina (região de Imerina). Também estão destacados os principais grupos etnoculturais da Grande Ilha.

● Cidade

◢ Grupos etnoculturais

[Elaborado pela autora para a devida adequação ao texto - L. L. HERNANDEZ]

ram e que eu também reinei. Os nossos próprios antepassados respeitaram esse costume. Quem quer que pratique a nova religião, condená-lo-eis à morte, ó Povo, porque sou herdeira dos doze reis.[21]

Essa proclamação deu início a uma verdadeira inquisição, na qual os cristãos eram queimados vivos, envenenados ou despojados de seus bens. Assim, Ranavalona I acabou unindo as potências européias contra o seu "reinado", além de acentuar, com algumas questões pontuais, suas diferenças com a Grã-Bretanha e com a França, medindo poder com ambas. No caso da Grã-Bretanha, recusou uma compensação financeira que era oferecida, em nome da liberdade aos "reis" merina. Já com a França, qualificando a prática de um grande comerciante francês de "contrária à civilização malgaxe", condenou-o à escravidão. Como resposta, a França bombardeou e ocupou uma pequena cidade do "reino". De nada adiantou o governo malgaxe invocar o caráter inalienável do território, pois a França acabou fixando-se numa parte da bacia de Diego Suarez. Como resposta, os franceses e britânicos, que haviam se proposto a desenvolver o comércio de arroz e gado bovino em troca de armas, passaram a enviar-lhes as de pior qualidade. Mas a "rainha" não recuou, expulsando os comerciantes europeus da ilha.

Sua hostilidade política, revestida de nativismo, deu ensejo, em 1845, a que o porto de Tamatave fosse bombardeado e ocupado durante algum tempo. As relações comerciais com o exterior foram interrompidas e só puderam se restabelecer com o pagamento de uma indenização por parte dos franco-britânicos, fazendo que a "rainha" permitisse a permanência de comerciantes europeus em Tananarive, até 1857. O mais interessante é que um deles, o francês De Latelle, proprietário de uma fábrica de açúcar, retornou como funcionário da "rainha", encarregado da cobrança de direitos alfandegários. Outro francês, Laborde, também pôde permanecer com suas fábricas de vidro, louça, papel, anil, sabão e açúcar, entre outros produtos. Por fim, Lambert foi o terceiro homem de negócio francês ao qual foi concedida a permanência na ilha com privilégios para controlar a economia malgaxe.

21. *Apud* KI-ZERBO, *op. cit.*, v. 2, p. 332.

Mulher (15,91 cm) e homem (18,03 cm), duas pequenas esculturas encontradas em mausoléus e tumbas, sobretudo dos povos sakalavas, do lado ocidental da ilha de Madagáscar, no século XIX.

Essa política de recusa aos europeus cessou em 1861, com a morte de Ranavalona. Sucederam-lhe Radama II (1861-1863) e Rasoherina (1863-1868), que mudaram radicalmente a política externa. Em 1862, Radama II assinou um tratado franco-malgaxe reconhecendo a liberdade religiosa e o direito de estabelecimentos comerciais europeus operarem na ilha. Já Rasoherina restabeleceu as relações anglo-malgaxes com a assinatura do tratado de 27 de junho de 1865, além de reconhecer a Grã-Bretanha como "nação mais favorecida". No seu governo também houve uma aproximação dos Estados Unidos com o poder malgaxe. Por fim, mas de grande importância, a soberana reafirmou a liberdade religiosa e confirmou a abolição do tráfico negreiro.

O "reinado" de Ranavalona II (1868-1883) merece registro, devido a um tratado assinado que restabelecia as relações franco-malgaxes. Por ele, a França, em 17 de dezembro de 1868, reconheceu a soberania da "rainha" sobre todo o território de Madagáscar. Em troca, os cidadãos franceses obtiveram certos direitos, o controle da administração das alfândegas. Formou-se assim uma nova geometria política entre Madagáscar e a França, pela qual a ilha deixava flancos abertos para planos de dominação colonial.

É evidente que o processo de anexação de Madagáscar não foi linear, menos ainda no "reinado" de Ranavalona III (1883-1896). Seu compromisso perante os malgaxes de defender a ilha até a morte foi rompido em 5 de agosto de 1890, quando a França e a Grã-Bretanha estabeleceram um acordo por meio do qual Zanzibar seria zona exclusiva de influência britânica e Madagáscar, francesa. Sem perder tempo, a França propôs um projeto de protetorado que diminuiu ao máximo a autoridade malgaxe. Daí em diante foi inútil tentar deter o avanço francês. Em 30 de setembro de 1895, foi assinado um tratado pelo qual Madagáscar passava a ser protetorado francês. Em seguida o exército malgaxe foi dissolvido, e recolhido o maior número possível de armas.

No entanto, não foi pequeno o número de soldados que, embora desmobilizados, permaneceram armados e prontos para lutar contra a dominação estrangeira no país, o que deu origem a uma rebelião que se alastrou por todas as partes da ilha, ganhando feições de guerra. Esta só terminou com uma lei de anexação de 6 de agosto de 1896, que se tornou efetiva com a chegada do general Galliene, que pôs fim à soberania malgaxe, dando início ao período colonial. Como é sabido, foi posta em prática uma doutrina geral da colonização que implicava ocupar sistematicamente o território, com uma administração direta, regime de indigenato, cobrança de impostos, nas prisões ilegais e execuções sumárias. Em poucas palavras: "pacificação" com o afrancesamento da ilha, o que incluía transformá-la em uma colônia de povoamento e instalar armazéns de grandes companhias de importação e exportação. Em suma, até a Segunda Guerra Mundial Madagáscar ficou sob dominação colonial, conforme o modelo seguido em todas as colônias francesas.

Quanto aos malgaxes, sofreram violência, opressão, discriminação e segregação de várias ordens mesmo quando, em 1905, o jugo da burocracia colonial sofreu certo abrandamento. Jean Ralaimongo, professor betsileu e ex-combatente da Primeira Guerra Mundial, fundou na França, a Liga Francesa para o Acesso dos Indígenas de Madagáscar aos Direitos do Cidadão Francês. Em 1922, de volta à Grande Ilha, reivindicou a transformação de Madagáscar em departamento francês. Porém, como sua ação era favorável à assimilação, em nada colaborou para que os descontentamentos não se transformassem em insurreições, em especial as organizadas pela associação secreta "ferro, pedra, rede". Solidamente, lutando contra a censura da imprensa e a falta de liberdade de crença, a referida associação antecedeu a luta nacional de 1947.

Como nos demais processos de independência dos territórios sob o domínio da França, os malgaxes também contaram com o apoio do Partido Socialista Francês e, em 1938, o pastor e escritor Ravelojaona foi eleito para representar Madagáscar no Conselho Superior das Colônias. Durante a Segunda Guerra Mundial, obedecendo ao lema "trabalhar e produzir", a ilha participou dos esforços de guerra. Também se decepcionou e se indignou por não ter obtido, em contrapartida, o reconhecimento do direito à liberdade. Em vez disso, em 1944, foi criada uma Comissão Mista Franco-Malgaxe com o objetivo de "melhorar a vida dos malgaxes em todos os seus aspectos". Porém, dessa comissão só participaram malgaxes designados.

Em 1945 a ilha foi dividida em quatro regiões, segundo critérios etnocultural e social: Centro, Norte, Leste e Oeste. Quanto à região Sul, recebeu uma administração autônoma.[22] Durante a Constituinte de 1946, apoiados pelos partidos de esquerda, os deputados malgaxes obtiveram a supressão do indigenato e do trabalho forçado. Conseguiram, inclusive, em um artigo de uma proposta de lei apresentada à mesa da Assembléia de Madagáscar, que seu país fosse considerado "[...] um Estado livre, com seu Governo, o seu Parlamento, o seu Exército e as suas finanças no seio da União Francesa"[23]. Portanto, era reforçada a colaboração efetiva, ou seja, um "território da República Francesa", e seus habitantes eram proclamados "cidadãos franceses".

Por sua vez, um grupo de intelectuais e políticos malgaxes fundou, em Paris, a 11 de fevereiro de 1946, o Movimento Democrático da Renovação Malgaxe, o MDRM, partido nacionalista que reivindicava a independência irrestrita de Madagáscar. Esse partido obteve sua maior base social de apoio na parte oriental da ilha, exatamente onde ficavam as concessões européias e, portanto, a maior concentração de trabalhadores agrícolas, que viviam sob forte opressão. Para eles a independência significava a expulsão dos colonizadores europeus responsáveis por impostos e trabalhos forçados. Aliás, ao contrário do que se poderia esperar, a votação da lei da abolição do trabalho forçado, em 11 de abril, contribuiu para o ascenso dos movimentos reivindicatórios dos trabalhadores rurais, como instrumento de pressão para que ela fosse aprovada.

Inquietos com a vitória do MDRM, o Partido dos Deserdados de Madagáscar (PADESM), com o apoio tácito da administração colonial, conquistava grande número de adeptos no sul, no sudeste e no norte da ilha, em torno de uma luta focada na obtenção de uma assembléia municipal e grande autonomia orçamentária para cada uma das cinco províncias. Ainda assim, nas eleições de janeiro de 1947 para as Assembléias Provinciais, o MDRM ganhou por larga maioria de votos, preenchendo 64 lugares, enquanto o PADESM obteve apenas oito. Em decorrência, os ânimos foram ficando cada vez mais exaltados, multiplicando os incidentes em toda Madagáscar, entre os adeptos de ambos os partidos. Embora tivessem sido feitas inúmeras tentativas para acalmar os ânimos, entre 29 e 30 de março de 1947, as manifestações com violência física acabaram gerando uma insurreição em vários pontos da ilha. A 2 de abril foi procla-

---

22. É possível que a região Sul tenha recebido uma administração autônoma em respeito ao "reino" dos antemoros, que incluía a cidade de Ivato, reconhecida como santa por guardar o túmulo coletivo dos "reis". De todo modo, essa é uma questão um tanto obscura, merecendo aprofundamento.

23. *Apud* KI-ZERBO, *op. cit.*, v. 2, p. 345.

mado o estado de sítio em mais de um sexto da ilha. Os revoltosos obtiveram o controle das duas estradas de ferro costeiras, destruíram instalações portuárias, queimaram plantações e mataram trabalhadores agrícolas brancos.

Apenas nos primeiros dias de agosto chegaram à ilha reforços constituídos em particular por unidades da Legião Estrangeira, senegalesas e norte-africanas. No mês de outubro, a rebelião restringia-se à zona florestal, de acesso tão difícil que a paz só foi obtida a 1º de dezembro de 1948. No período de 1947 a 1949 a repressão foi extremamente violenta, com inúmeros indivíduos julgados por tribunais militares e cortes criminais, sendo a maioria condenada à prisão e quarenta deles à morte.

Entre a rebelião de 1947 e as eleições legislativas de 1956, a falta de liberdades dominou a Grande Ilha. Em 1956 a introdução do sufrágio universal na Lei-qua-dro acarretou alguns importantes desdobramentos. Em primeiro lugar, subtraindo a supremacia política dos merinas, tornando-os minoritários no conjunto dos elei-tores, alterou a estrutura etnopolítica da ilha. Em segundo lugar, tornou possível a criação do Partido Social Democrata Malgaxe (PSD). Em terceiro lugar, reiterava uma reivindicação antiga, qual seja, a revogação da lei de anexação de 1896, ao mesmo tempo que requeria um novo estatuto para Madagáscar.

O presidente da República francesa, general De Gaulle, avaliando a situação malgaxe, foi a Tananarive fazer propaganda para a comunidade e declarou, no palácio da rainha: "Amanhã vós sereis de novo um Estado, como o foram quando este Palácio era habitado".[24] Essa declaração teve o resultado que De Gaulle pretendia. O plebiscito registrou uma vantagem dos partidários do "sim", cerca de 77% sobre aqueles que votaram "não", por considerarem que comuni-dade e independência eram politicamente incompatíveis. Dessa maneira, Mada-gáscar tornou-se o primeiro dos territórios da comunidade a obter um estatuto pelo qual a República malgaxe tornava-se membro da comunidade francesa.

De todo modo, no dia 15 de outubro de 1958 foi declarado o reconheci-mento da instituição do Estado malgaxe; desse modo, prescreveu a lei de 6 de agosto de 1896. O PSD, portanto, saiu ganhando e a partir daí aumentaram de forma significativa o número dos seus aderentes, tornando-o um partido de massas com poder de controle das instituições políticas e da administração. Por fim, o presidente da República malgaxe, Tsiranana, estabeleceu negociações com a França, concluídas em 29 de junho de 1960 com a proclamação, em Ta-nanarive, da República malgaxe, como Estado independente e soberano, aceito em setembro do mesmo ano como membro das Nações Unidas.

24. *Apud* CORNEVIN, *op. cit.*, p. 180.

Entretanto, de algum modo, Madagáscar teve destino análogo ao de outros territórios dominados pela França que se tornaram independentes na mesma época. Mas os ritmos de integração nacional, em decorrência da ordenação das populações, dos espaços políticos e das fronteiras entre as regiões, não foram os mesmos de outros territórios. Isso significa que o nacionalismo Malgaxe do PSD, desde a sua gênese, desenvolveu-se com base em complexas e heterogêneas características históricas e culturais, resultado de uma harmonia étnica, racial e religiosa entre elementos da África, Indonésia, Índia e Arábia, sugerindo vários temas de pesquisa.

Comores

Comores é um arquipélago situado no extremo norte de Madagáscar. Suas quatro ilhas principais são de origem vulcânica, enquanto as ilhotas são formadas por corais (veja mapa 10.8). A ocupação francesa foi facilitada pela própria organização política de Comores, constituída de sultanatos, sistemas despóticos locais que variavam em tamanho e em grau de independência. Além do sultão e das pequenas aristocracias locais, formadas por proprietários e comerciantes árabes, a maior parte da população era de agricultores negros que trabalhavam no cultivo do arroz, do milho, de frutas tropicais e da pesca.

As rivalidades entre as ilhas alimentavam uma guerra contínua entre os sultanatos, enfraquecendo-os, o que facilitou a tarefa da França de ocupar a ilha Mayotte, legitimada pelo estabelecimento de um tratado com o sultão. Embora faltem pormenores e o assunto ainda tenha sido pouco examinado pelos pesquisadores, uma constatação é bastante clara. Mais do que Comores como um todo, o que realmente interessava à França era Mayotte, ponto geo-estratégico que podia lhe garantir algum controle imediato ou mediato para o comércio com o Oriente. A ocupação francesa da ilha encorajou a imigração de grande número de malgaxes cristanizados, que passou a diferenciar-se etnicamente da maioria das populações da costa índica africana, povoada por grande número de muçulmanos.

Tendo Mayotte como ponto de partida, a França estendeu com certa facilidade seu domínio sobre as outras ilhas. Assinou tratados de protetorado com os sultões em exercício. De 1919 a 1946, aproveitando as condições favoráveis, expandiu a sua estrutura administrativo-jurídica de dominação colonial de Madagáscar, incluindo Comores.

Os anos do pós-Segunda Guerra Mundial marcaram um momento particular de mobilização política nos territórios africanos, no seu conjunto, contra o primeiro projeto da Constituinte de 1945, que propunha as independências no âmbito de uma União Francesa Democrática pautada por relações de igualdade.

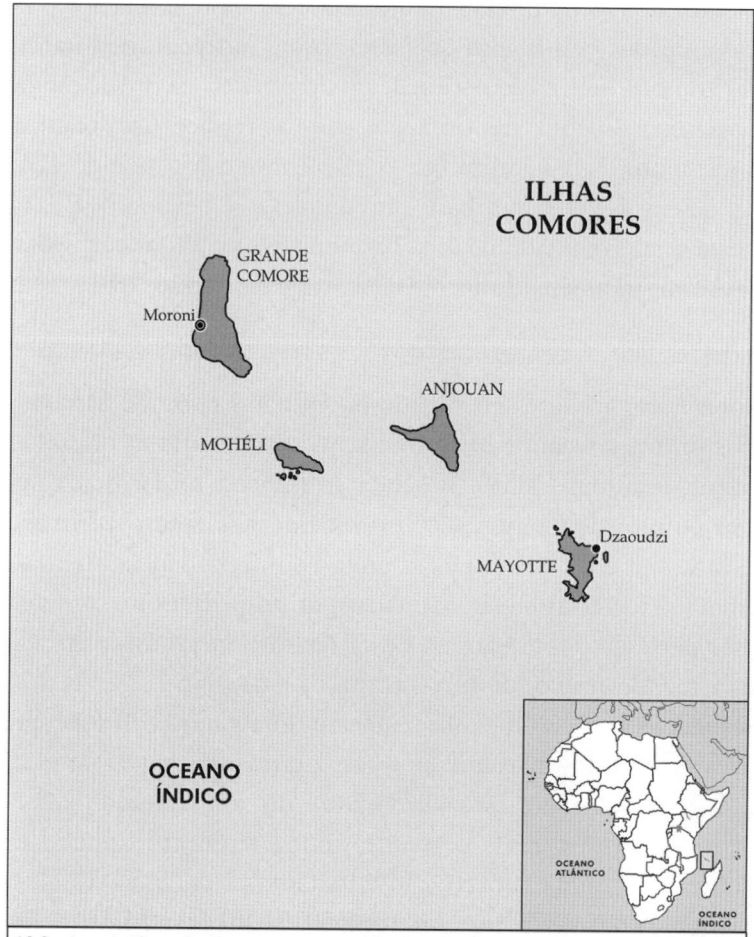

10.8 - Arquipélago de Comores constituído de sultanatos, que variavam quanto ao grau de independência em relação à Madagáscar. Quanto a Mayotte, foi um ponto estratégico para o comércio com o Oriente.

[Elaborado pela autora para a devida adequação ao texto - L. L. HERNANDEZ]

Comores, ao contrário, decidiu por referendo fazer parte da União Francesa, passando a Territoire d'Outre Mer, situação reafirmada em 1958. No entanto, quando Madagáscar conquistou sua independência, Comores votou em bloco a favor de transformar-se em um Estado da Grande Ilha.

Ao que tudo indica, essa decisão não foi aceita pela França, o que promoveu um clima de grande descontentamento em Comores, bastante propício para que se formasse um bloco de oposição que não tardou a declarar uma independência unilateral para o arquipélago. Assim, em 6 de junho de 1975, Comores passou a constituir um Estado autônomo, sendo, mais tarde, admitido como membro da Organização da Unidade Africana (OUA) e nas Nações Unidas.

Em meio a esse aparente desfecho, um grupo da ilha Mayotte, fortemente aliado à França, organizou um golpe de Estado, resgatando Comores para o âmbito do domínio francês. Mas essa foi uma vitória mais aparente do que real, pois a França abandonou Comores à sua própria sorte, o que significa dizer à extrema pobreza. A crise provocada por esses acontecimentos suscitou uma forte indignação do próprio presidente deposto, que, revelando grande lucidez, catalisou um importante grupo de apoio, não só retomando a presidência como restabelecendo a unidade política do arquipélago. Por fim, assinou um acordo entre Mayotte e França.

O amplo apoio da população não só legitimou esse acordo como confirmou, em algumas votações, ser favorável a um projeto político que ligasse Comores à França. Revalorizando o passado sob o domínio francês, Comores se pronunciou contrário à independência e favorável a constituir-se em departamento francês do ultramar. Essa decisão coincidiu com certo tipo de "pragmatismo" geopolítico da França, que reconheceu Comores e, mais especificamente Mayotte, como um lugar estratégico do Índico na rota dos petroleiros e, portanto, de interesse para as forças militares francesas.

"Ilhas Gêmeas": Maurício e Reunião

A ilha Reunião, conquistada em 1642 pelos franceses, e a Maurício, feita colônia holandesa de 1598 a 1710, em 1715, foi totalmente abandonada. Então, os franceses saíram da ilha Reunião e desembarcaram na ilha Maurício. Utilizando escravos comprados nas costas da África oriental e em Madagáscar, começaram a estabelecer uma colônia que foi largamente utilizada pela Companhia Francesa das Índias Orientais como base de abastecimento dos barcos (veja mapa 10.9).

Em pouco tempo, Maurício tornou-se uma ilha de plantações, mas sua importância foi ter se transformado em depósito comercial, em um ponto estratégico para o ataque aos barcos e navios durante a longa luta franco-britânica, pelo controle do oceano Índico. Esses fatos culminaram com a conquista britânica das ilhas por volta de 1809-1810. Findas as guerras napoleônicas, Reunião foi devolvida à França, mas Maurício, que naquele tempo incluía as Seychelles, ficou sob o domínio britânico. Durante o governo colonial foi abolido o trabalho escravo, sendo contratado grande número de trabalhadores indianos como mão-de-obra em plantações de cana-de-açúcar. A estratificação social tornou-se maior, porém não alterou o controle da administração em mãos de britânicos e funcionários por eles designados.

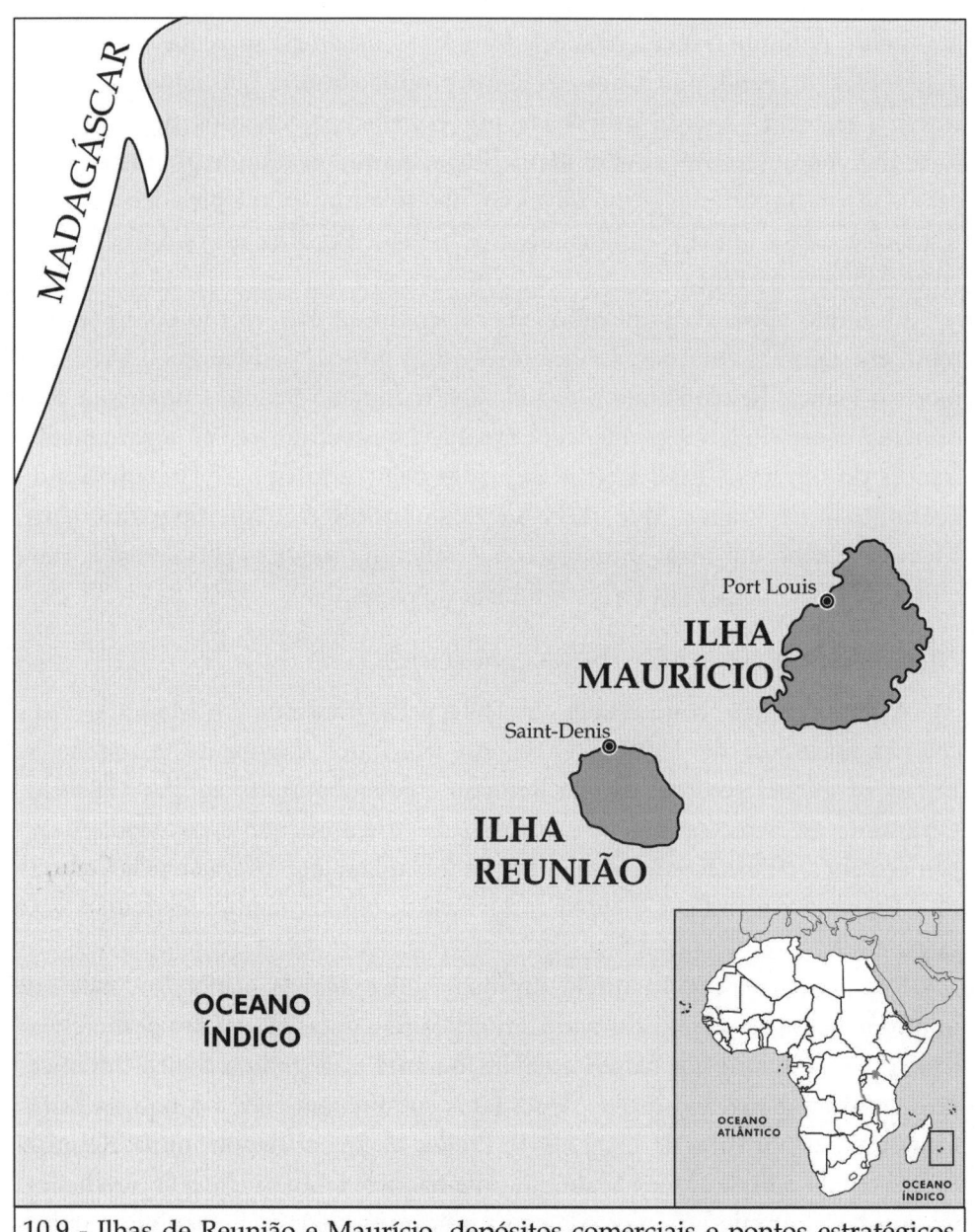

10.9 - Ilhas de Reunião e Maurício, depósitos comerciais e pontos estratégicos disputados por franceses e britânicos durante todo o século XIX.

[Elaborado pela autora para a devida adequação ao texto - L. L. HERNANDEZ]

Pouco pesquisada, a história da ilha favorece explicações inadequadas, restritas a analisar as mudanças políticas apenas na aparência, ignorando suas causas menos evidentes. Dessa maneira, pouco se sabe do que se passou nesse território quanto às relações econômicas, sociais e políticas até 1947, ano em que há registros de que Maurício passou por fases graduais que a levaram ao autogoverno. Tendo à frente Sir Ramgoolam como primeiro-ministro, homem da inteira confiança dos britânicos, o governo da ilha foi dominado por coligações lideradas pelo Partido Trabalhista, de tendência político-ideológica moderada.

Pode ser creditado como mérito desse autogoverno, ter promovido os direitos individuais e sociais, além de implementar um conjunto de medidas sociais e políticas. Significa dizer que foi instituído o sufrágio universal, com direito de voto a partir dos 18 anos, promulgada a liberdade de imprensa, promovido um processo de alfabetização em massa e implementado um programa de erradicação da malária. Porém nada disso foi suficiente para impedir que o Movimento Militante do Terceiro Mundo de Maurício (MMM), de tendência nacionalista, ganhasse sustentação popular para colocar-se contrário à política externa do governo, atrelado aos interesses da Grã-Bretanha, dos Estados Unidos e da África do Sul. Na medida em que levaram a massa do povo para a prática política, as reivindicações acabaram contendo críticas acirradas ao governo e conduziram a ilha à independência em 12 de março de 1968.

Quanto à sua "ilha gêmea", Reunião, suas condições geográficas e econômicas desfavoráveis fizeram dela um território esquecido pela França desde a sua conquista, em 1642. Embora tenha passado à situação de departamento francês, em 1946, suas principais características continuaram sendo o abandono e a pobreza. Foram pequenos os resultados do incentivo para uma grande emigração de parte da população para a França. A ilha de Reunião resumiu-se, portanto, em um centro de presença político-militar na região.

Arquipélago de Seychelles

Anexado à França em 1744, o arquipélago de Seychelles é composto de 92 ilhas no oceano Índico. A ilha principal, Mahé, fica no centro do arquipélago, a 900 quilômetros de Madagáscar (veja mapa 10.10). Em 1770 entraram os primeiros escravos como mão-de-obra nas plantações de copra, como era chamada a amêndoa de coco seca empregada na fabricação de velas. Em 1880 passou para o domínio da ilha Maurício e no final das guerras napoleônicas, para a Grã-Bretanha, que imediatamente aboliu a escravidão .

No ano de 1903 as Seychelles separaram-se de Maurício e, em 1976, a Grã-Bretanha concedeu-lhes a independência. Dessa data em diante foi estabe-

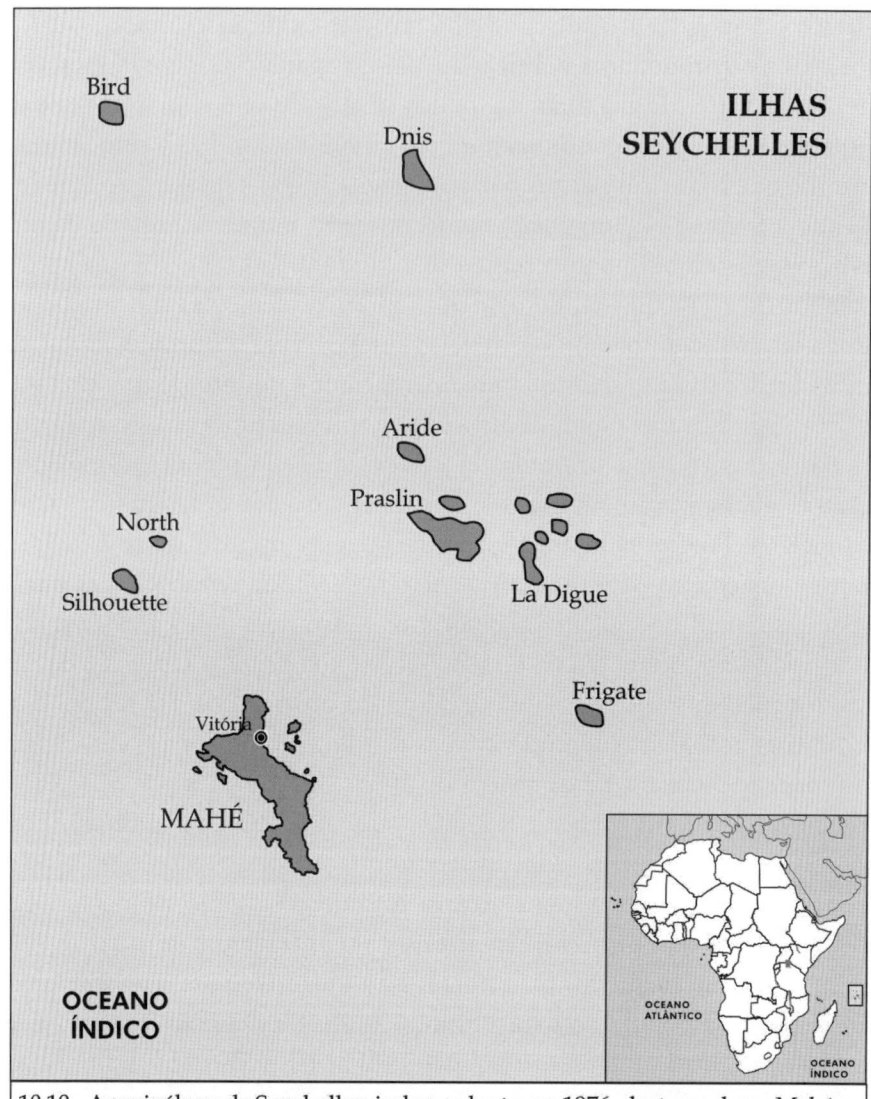

10.10 - Arquipélago de Seychelles, independente em 1976, destacando-se Mahé, a sua ilha principal e a sua capital, Vitória.

[Elaborado pela autora para a devida adequação ao texto - L. L. HERNANDEZ]

lecido um sistema presidencial baseado em uma desastrosa coligação de partidos de direita e de esquerda que acabou em golpe de Estado, tendo à frente o Partido Popular de Seychelles, que contou com o apoio da OUA.

Quanto à economia, as frustrações geradas pelas inúmeras tentativas, de pouquíssimo êxito, para diversificá-la, reforçaram a necessidade de encontrar meios eficazes para atrair investimentos externos, orientados para incrementar o turismo e as atividades dele decorrentes.

Libéria, Etiópia e Eritréia: qual independência?

Dois fatos estritamente relacionados ocorreram em 1783: a proclamação da independência dos Estados Unidos da América e o exacerbamento da questão racial. Sob esse aspecto vale lembrar que os norte-americanos tiveram de responder às reivindicações dos escravos, esperançosos em obter a liberdade como recompensa por sua participação na luta pela independência. Mas as linhas de clivagem e cooperação nem sempre seguem o mesmo sentido. O autor da Declaração da Independência, Thomas Jefferson, em suas *Notes on the State of Virginia* (1787), tratando politicamente a questão dos escravos, registrou o grande desconforto daquele momento, isto é, o que fazer com os negros. A resposta encontrada foi repatriá-los para o continente africano. Essas circunstâncias prepararam terreno para que cerca de quase sete décadas antes da partilha da África, em 1816, a American Colonization Society, com auxílio do governo norte-americano, obtivesse terras das chefias locais de alguns dos povos que habitavam a Libéria – como os rais, os basas, os krus, os deis e os grebos, perto da costa, além dos golas, dos kples, dos bandis, dos kissis, dos lomas, dos gbarngas e dos mandingas, habitantes do interior (veja mapa 10.11).

Nesse território, livre da burocracia colonial européia própria de fins do século XIX, foi fundada a Libéria. Para esse país partiram afro-americanos (mais tarde conhecidos como américo-liberianos), na sua maioria por convencimento ou por ameaças, ao lado dos fugidos do escravismo e do racismo dos brancos, além dos africanos recapturados pela marinha norte-americana dos navios negreiros que cruzavam o Atlântico. Esses primeiros imigrantes, tendo os Estados Unidos como modelo, fundaram a capital, Monróvia, cercada de outras pequenas povoações, todas localizadas na bordadura do Atlântico. Assim, os negros, sobretudo os repatriados dos Estados Unidos, tinham a convicção de que o seu lugar no mundo estava assegurado. Sem subalternidade em relação ao continente europeu e pela renovação que poderia imprimir à África, a Libéria passou a ser o mito de uma terra de africanos governada por africanos.

Os nacionalismos continentais reiteraram a idéia da Libéria como uma "terra livre" de um continente livre. Dito de outra forma, o mito de uma Libéria como "terra da liberdade" desempenhou um papel fundamental na imaginação e nos discursos políticos, sendo uma referência constante em várias escrituras pan-africanas.

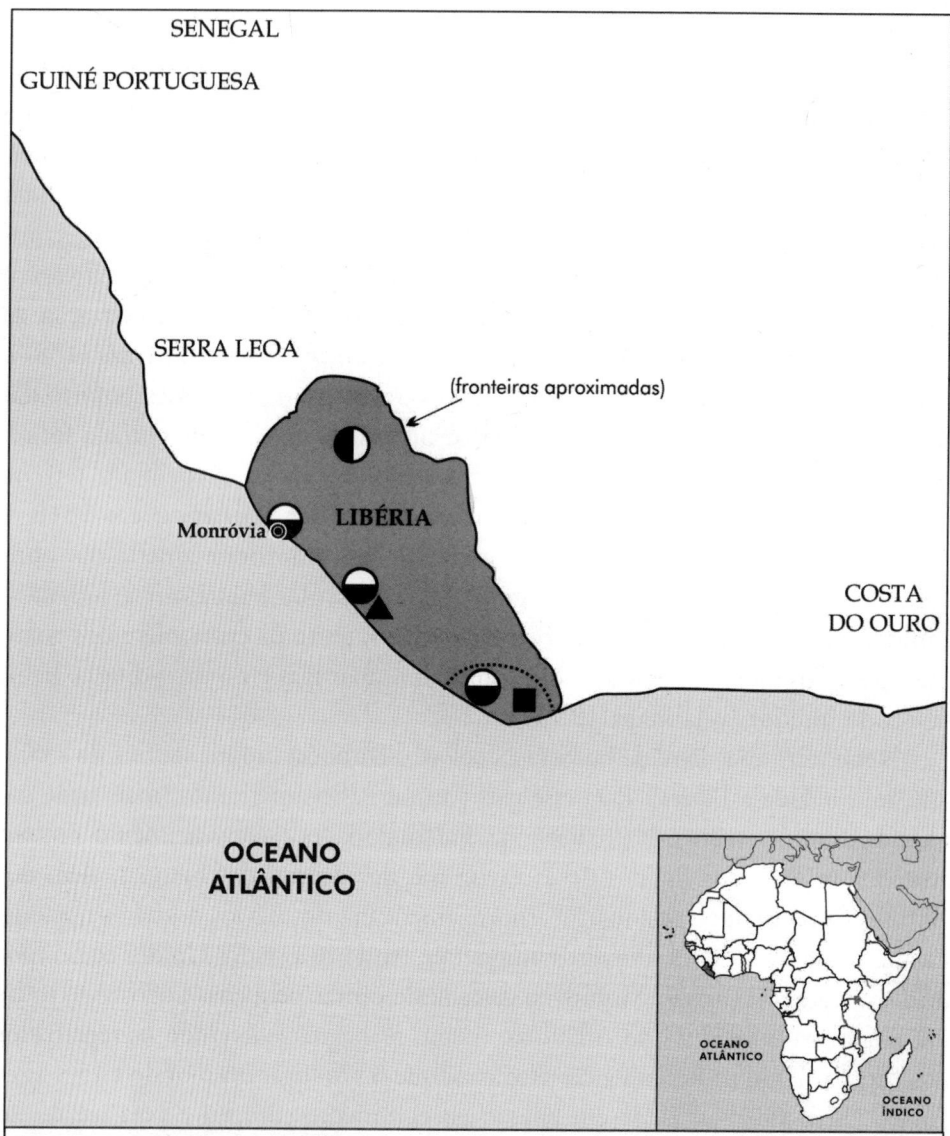

10.11 - A Libéria tornou-se independente da sociedade filantrópica norte-americana em 1847. Dividia-se em quatro zonas de assentamento américo-liberianas (◗): a primeira com a capital Monróvia, a segunda ocupada pelos povos basas (▲), a terceira pelos povos krus (■) e a quarta pelos povos gbarngas (◑). A linha pontilhada(⋯⋯) corresponde a área reivindicada pela Libéria que acabou confiscada pelos europeus, entre 1880 e 1890.

[Elaborado pela autora para a devida adequação ao texto - L. L. HERNANDEZ]

Segundo a historiografia, de 1822 a 1865, a população da Libéria era formada por poucos milhares de afro-americanos, sendo que aproximadamente 400 deles eram afro-antilhanos de Barbados que se fixaram em um pequeno centro interiorano, cerca de 200 quilômetros de Monróvia. Havia ainda por volta de 5 mil escravos recapturados, na sua maior parte originários do Congo. Em resumo, o que dava o tom era o fato de ter sido iniciada uma "sociedade de colonização americana" que contava com grande número de imigrantes "forçados e espontâneos". Como já destacamos, também havia os povos do interior, cujos chefes locais eram cooptados em troca de remuneração, além de serem convidados a representar seus povos na qualidade de juízes.

Em 1847, a Libéria tornou-se independente da American Colonization Society. Quanto à estrutura política, firmava-se francamente inspirada nas instituições norte-americanas. Contava com um parlamento constituído de Câmara de Representantes e Senado. O Poder Executivo era representado e exercido pelo presidente e pelo vice-presidente, eleitos por um período bianual, além de contar com ministros nomeados pelo presidente, com a concordância do Senado. A falta de mecanismos e instrumentos, por parte do Executivo, para se fazer representar em cada unidade da administração, combinada à variedade das condições locais, deu ensejo a que algumas famílias américo-liberianas detivessem o poder político.[25]

É importante reconhecer, entretanto, que a estrutura e a organização políticas não eram suficientes para que se constituísse uma unidade nacional. As divisões socioculturais eram muito acentuadas e faziam-se representar pelo Partido Republicano, dominado pelos colonos mulatos e pelo Partido dos True Whigs, dominado pelos colonos negros, congoleses e "autóctones" instruídos. Muito resumidamente, é possível constatar que eram poucas e pequenas as diferenças entre as posições político-ideológicas dos partidos. Mas nem por isso as disputas eleitorais deixavam de ser agressivas, configurando uma luta que visava, antes de tudo, à tomada do poder.

Mesmo a divisão entre ambos os partidos tendo sido superficial, os republicanos dirigiram o país até 1870, quando foram derrotados pelos True Whigs, voltando ao poder em 1872. Em 1877, os republicanos perderam as eleições e os True Whigs ficaram no poder até 1980, quando foram depostos pelo golpe do general Samuel Doe. Porém, se olharmos para a história da Libéria desde o século XIX, são duas as características que mais impressionam o pesquisador. A

---

25. Apesar de independente em 1847, a dependência da Libéria, em particular em relação aos Estados Unidos, foi bastante significativa até os anos 1980.

primeira é que as regiões centrais detinham privilégios e dominavam as regiões periféricas por meio de relações clientelísticas, de mando e submissão. A segunda refere-se à divisão entre os américo-liberianos e os povos locais, por suas diferenças culturais bastante significativas. Os primeiros, seguindo o paradigma ocidental, arrogaram-se a missão de "assimilar cultural e politicamente os autóctones", o que incluía convertê-los ao cristianismo. Alcançar o estágio de "assimilado" permitiria aos povos africanos locais obter os mesmos direitos dos colonos. Tiveram algum êxito com os recapturados; porém, os "autóctones", independentemente do grau de escolaridade, foram mantidos afastados dos negócios públicos. Além disso, apenas uma minoria deles obteve direito a voto, ressaltando uma verdadeira injustiça em relação aos américo-liberianos que tinham direitos, mesmo quando eram pobres e analfabetos.

A partir de 1875 foi permitido, em particular aos américo-liberianos originários da região litorânea, ocupar cadeiras no parlamento, com uma condição. Só poderiam tornar-se delegados caso suas circunscrições pagassem uma taxa de 100 dólares ao governo. Contudo, ainda assim, a possibilidade de participação efetiva na política de governo era muito reduzida, até porque eles se comunicavam em suas próprias línguas, utilizando-se de intérpretes, além de não terem direito a voto. Desse modo, o governo acabava potencializando as questões referentes às diferenças culturais entre os povos, acentuando assimetrias e desigualdades e, portanto, afastando por completo a possibilidade de construir uma população mais coesa.

No que se refere ao governo, sua ação se restringia a aumentar a sua receita, pelos direitos de importação e exportação pelas taxas sobre o comércio e os transportes marítimos e pela cobrança de impostos. Para aumentar o controle, reduziu o número de pontos para entrada e saída de produtos, de tal modo que se tornou possível controlar o comércio externo efetuado pelos américo-liberianos. Essa medidas provocaram uma aliança entre os negociantes e os chefes africanos locais, tradicionais ou designados, para lutar contra as medidas governamentais. Nessas circunstâncias, o governo assegurou um firme controle econômico, social e político numa Libéria cindida pelas extremas desigualdades entre os povos do litoral e do interior.

Somada às suas deficiências, que não eram poucas, a situação econômica da Libéria piorou de maneira acentuada com a Primeira Guerra Mundial. Fragilizado, o governo aceitou, em 1930, um empréstimo em troca de uma concessão para que o truste americano Firestone explorasse a borracha. Reforçando mais do que uma simples relação de causa e efeito, o crescimento econômico avançou e o poder político se fortaleceu. Em resumo, a Firestone tornou-se um Estado dentro do Estado liberiano, explorando, de modo abusivo, a mão-de-obra africana recrutada, em particular no interior do território.

Em contrapartida, o empréstimo à Libéria não a afastou de um grande insucesso financeiro, dando ensejo para que a Sociedade das Nações interviesse, criando uma Comissão de Saneamento para a qual coube aos Estados Unidos propor um conselheiro-geral. Com desesperada brevidade, em 1931, a Câmara dos Representantes rejeitou essas medidas, comprometendo-se a retomar, o mais breve possível, o pagamento dos juros da dívida externa. Contudo, só foi possível à Libéria honrar seus compromissos a partir de 1945, com a descoberta e a exploração das minas de ferro, fonte das receitas e divisas necessárias. Ainda assim, tornando-se a Libéria o terceiro maior produtor de ferro do mundo, o seu crescimento econômico continuou a ser controlado pelas companhias norte-americanas.

Máscara dandai utilizada em rituais de iniciação na Libéria.

Embora esse conjunto de circunstâncias não tenha alterado significativamente a questão econômica liberiana, ao contrário, a questão social sofreu alterações na presidência de William Vacanarat Saadrach Tubman (1944-1971). No seu governo houve uma clara preocupação de elaborar e pôr em prática um conjunto de reformas que permitiram aos africanos do interior e à elite africana "autóctone" com *status* de assimilada passar a ter quase os mesmos direitos dos américo-liberianos. Essa tendência à mudança expandiu-se em 1944, quando foi concedido o direito ao voto para todos os africanos adultos do sexo masculino que pagassem o imposto da palhota em dia. Essa medida acarretou nítidas modificações no âmbito dos direitos políticos, marcando o fim do sistema de delegação e da administração indireta.

No entanto, a fratura entre as zonas litorânea e interiorana permaneceu, mesmo que em menor grau, até porque algumas políticas governamentais limitavam, ao plano do discurso, o objetivo de construir a unidade liberiana. Em 1975, William R. Tolbert foi eleito presidente até 1983. A sua política de governo foi pautada por empreender reformas nos textos constitucionais, visando suprimir "vestígios do espírito pioneiro e colonizador", substituindo-os pela palavra de ordem "empenho total". Um passo muito importante nesse sentido foi o fato de o governo de Tolbert ter contribuído para diminuir as crescentes distorções, por meio de um plano decenal voltado para que as comunidades do litoral e do interior convivessem harmonicamente, regulando seus conflitos.

Cada uma dessas explicações dá relevo aos fatores econômicos, embora alinhando também uma série de medidas políticas. Mas essas observações carecem de complementação. A história da Libéria, dos anos 1970 aos dias atuais, para se tornar verdadeiramente compreensível, tem de levar em conta os golpes políticos por meio dos quais governadores tiranos militarizaram a política, além de tornarem-se parceiros de grandes empresas internacionais, interessadas no ferro e no diamante industrial existentes na fronteira entre Libéria e Serra Leoa.[26] Em troca, fizeram vista grossa para a entrada de armamentos, transformando pequenas rivalidades etnoculturais em sangrentas guerras civis que se fizeram presentes até a deposição de Charles Taylor, em agosto de 2003.

Etiópia

A Etiópia viveu, por dentro, assim como irradiou para o imaginário das elites culturais africanas, a lenda nacional da origem do povo etíope.[27] A sacralização de sua gênese derivava do fato de Menelik, o primeiro rei de Asksum (segundo o Antigo Testamento, Reyes, I, 10), ser filho da rainha de Sabá e do rei Salomão. A mesma lenda conferia, por volta do século I d.C., ao mar Vermelho, o lugar privilegiado de intercâmbios e de encontro de civilizações, caminho das riquezas provenientes da África para o reino de Sabá. Só mais tarde, no século IV, deu-se o primeiro encontro dos etíopes (os "caras queimadas") com a cristandade, o que foi fundamental para que se formasse um reinado cristão na Etiópia. Essa circunstância possibilitou que os etíopes utilizassem um nacionalismo religioso como um dos elementos importantes para ajudá-los no domínio dos povos conquistados.

---

26. Ver mapa das riquezas minerais da África no epílogo deste livro.
27. Vale observar que a Etiópia também foi chamada de Abissínia até 1941. Serão utilizados os dois nomes como intercambiáveis.

Entretanto, se na Etiópia medieval a Igreja havia se expandido paralelamente ao Estado, no início do século XVII, a Etiópia entrou em declínio e as dinastias salomônicas perderam cada vez mais poder. Sua recuperação ocorreu no século XIX, numa de suas províncias, o pequeno "reinado" de Shoa, com a prática de um comércio interno cujo principal produto de venda era o marfim, e de compra, as armas de fogo. Assim, Shoa possibilitou à Etiópia tornar-se um Estado militarizado (veja mapa 10.12).

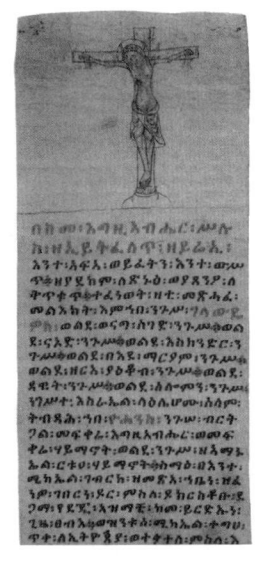

Trecho de carta escrita em coopta e encimada por um crucifixo. Enviada pelo rei da Etiópia a D. João III, agradece a ajuda portuguesa ao mesmo tempo que torna claro que a religião era um elo entre os dois soberanos.

Quanto à Itália, que já havia submetido uma pequena faixa da Líbia, a Eritréia, em 1883, e a costa oriental da Somália, em 1886, comunicou às demais potências européias o seu domínio sobre a Etiópia, transformando-a em protetorado.[28] Os etíopes, sob o reinado de Teodoro II (1855-1888), com o império unido e os exércitos numericamente grandes, organizados e bem-equipados, foram capazes de derrotar os italianos em Adowa, no ano de 1896. É importante ressaltar que depois de os anharas e os tigrinas, não obstante suas rivalidades regionais unirem-se, foi possível efetuar uma exitosa expansão, que, na segunda metade do século XIX, pôde englobar populações difíceis de serem submetidas ao governo imperial, expandindo suas fronteiras ao sul e a leste durante a década de 1890.

---

28. A Itália reivindicou para si a Etiópia apoiada no capítulo VII das Disposições Gerais, artigo 2º, da Ata Geral da Conferência de Berlim. Mas foi impossibilitada de cumprir a obrigatoriedade da ocupação efetiva, e a Etiópia continuou um território livre em um continente partilhado e conquistado por países europeus.

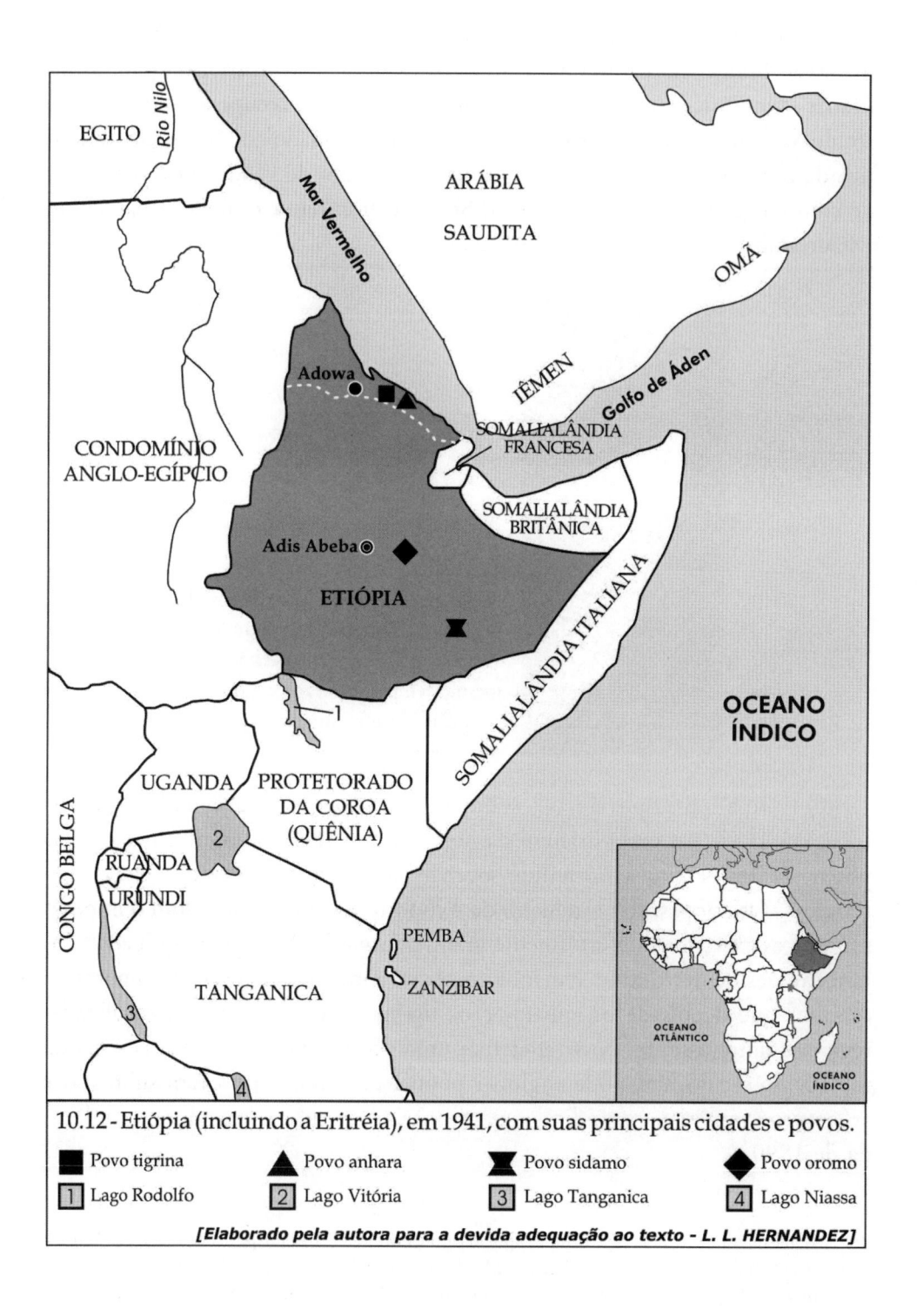

10.12 - Etiópia (incluindo a Eritréia), em 1941, com suas principais cidades e povos.

■ Povo tigrina   ▲ Povo anhara   ✖ Povo sidamo   ◆ Povo oromo

1 Lago Rodolfo   2 Lago Vitória   3 Lago Tanganica   4 Lago Niassa

[Elaborado pela autora para a devida adequação ao texto - L. L. HERNANDEZ]

No decorrer da segunda metade do século XIX, e até 1941, estiveram reunidas cinco condições de uma situação favorável à independência na Etiópia, diferentemente dos demais espaços geopolíticos africanos, em pleno processo de partilha e de conquista por países europeus. A primeira delas é de ordem religiosa e refere-se à crença em uma predestinação divina marcando o futuro dos etíopes. Além disso, a fé na intervenção de Deus lhes conferia uma imagem militante, dotada de um grau de força capaz de garantir a sobrevivência do povo. Em 1893, escrevia Menelik: "A Etiópia não precisa de ninguém; ela estende as mãos para Deus".[29] Tal é, ao menos, a versão mais corrente do aspecto miraculoso atribuído às vitórias etíopes.

Uma segunda característica refere-se à estratégia usada por Menelik, opondo com êxito a Itália, a França e a Grã-Bretanha. Utilizou armas francesas para defender-se dos italianos em 1896 e, em 1902, quando os franceses procuravam exercer um controle abusivo sobre a linha férrea de Djibuti, Menelik apelou para os ingleses. Uma terceira característica, imediatamente articulada à anterior, dizia respeito à disputa pelo domínio da Etiópia entre a Itália, a França e a Grã-Bretanha. Igualmente interessados no equilíbrio do poder com algum tipo de equivalência ou paridade de forças, nenhum desses países aceitava que o outro dominasse inteiramente a Etiópia. Daí a Convenção Tripartite de 1906, que dividia a Etiópia em esferas de influência britânica, francesa e italiana, deixando entrever que, mais dia menos dia, interviriam no país.

Já a quarta característica aponta para o fato de as forças imperiais etíopes terem adotado uma política fundada no seu poderio militar, uma vez que eram as mais bem armadas da África, não descuidando da obtenção de metralhadoras, canhões e fuzis modernos. Por fim, mas não de menor importância, a quinta característica tem a ver diretamente com o respeito que os etíopes conquistaram com a vitória em Adowa. A partir de então, a Etiópia passou a ser tratada como igual pelas nações européias.

O conjunto desses aspectos explica por que a Etiópia foi considerada um país com um passado glorioso e um futuro próprio de uma grande nação, capaz de manter a sua liberdade. Dessa maneira, tornou-se um dos mitos centrais dos movimentos pan-africanos, de independência cristãos e de projetos políticos de longo prazo na África subsaariana.

Entre os anos de 1915 e 1935 foi notório o crescimento da Etiópia, embora para isso tivesse enfrentado graves problemas de integração e sobrevivência

---

29. *Apud* AKPAN, Monday B. "Libéria e Etiópia, 1880-1914: a sobrevivência de dois Estados africanos". *In*: BOAHEN, *op. cit.*, v. VII, p. 291.

nacionais. Há indicações de que pressões expansionistas definidas no século anterior acentuaram a diferenciação de suas populações e culturas. Desse modo, ao lado dos amárico-tigrinos que ocupavam quase a metade do território, em 1914, também foram incorporados os oromos, em grande número, além dos gurages, dos sidamos e dos beni shangul. O efeito real dessas conquistas foi a anexação de novos territórios, segundo um sistema de "guarnições", com várias características semelhantes às utilizadas pelos colonialistas europeus em outras regiões da África.

Todavia, à medida que a situação evoluía, os impulsos amárico-tigrinos tentavam conservar o seu predomínio econômico, político e militar. Em decorrência, nas regiões conquistadas houve uma crescente "amaricização", isto é, uma cristianização imposta pela administração federal, que tornava obrigatórios o ensino cristão nas escolas e o aramaico como língua nacional. Mas, para que o controle aramaico se tornasse politicamente efetivo, era preciso que o impulso popular fosse submetido a um alto grau de controle. Foi só assim que a hegemonia aramaica pôde ser exercida sobre uma sociedade assimétrica e hierarquizada, constituída por uma pequena nobreza, uma elite mercantil e uma intelectualidade nascente, ao lado de grupos de trabalhadores agrícolas e de escravos.

As desigualdades tornaram-se mais evidentes com a morte de Menelik e a ascensão de Lij Yasu, que desagradava aos velhos cortesãos, na maioria originários de Shoa, somadas ao manifesto descontentamento por parte da população. É razoavelmente claro que as intrigas políticas se exacerbaram, dando lugar a embates entre facções da nobreza etíope, criando circunstâncias favoráveis à intromissão das potências coloniais européias nas questões políticas da Etiópia. Com poucas alternativas de fazer alianças, Lij Yasu teve de se restringir ao apoio dos wallos, o que aumentou os descontentamentos dos cortesãos que haviam sido fiéis a Menelik. Não tardou para que a oposição se cristalizasse, posicionando-se contra a política interna, em particular no que se referia à sua aproximação com os muçulmanos. Também era desaprovada a sua política externa de apoio a Alemanha, Áustria, Hungria e Turquia, logo no início da Primeira Guerra Mundial.

Por essas razões não tardou que fosse formada, em Adis-Abeba uma coligação entre nobres, dignatários eclesiásticos e representantes das delegações aliadas para depor Lij, em setembro de 1916, mantendo-o prisioneiro de 1921 a 1935, quando da sua morte. Esse momento de evidentes dificuldades para a Etiópia deu ensejo para que a Itália revivesse suas ambições imperialistas. Entre os anos de 1913 e 1919, o Ministério das Colônias da Itália apoiou dois planos de colonização de diferentes amplitudes, um "mínimo" e outro "máximo". Em ambos o que estava em jogo era permitir à Itália controlar o mar Vermelho e tornar a Etiópia sua esfera de influência exclusiva.

Não causa estranheza que a Grã-Bretanha e a França, também com ambições imperialistas, entrassem em conflito com o programa italiano no nordeste da África, influindo de maneira decisiva no Tratado de Paz de Versalhes, impedindo sua plena realização. Ainda assim, em 1923, a Itália apoiou a entrada da Etiópia na Sociedade das Nações. Em compensação, em 1925-1926, os italianos provocaram atritos, dadas suas pretensões de obter efetivamente uma zona de influência na Etiópia. Além disso, tentando dar continuidade aos assuntos ligados ao expansionismo, ao mesmo tempo que preservando a paz, a Itália propôs um tratado de amizade por vinte anos à Etiópia, o qual foi assinado em 2 de agosto de 1928. Porém, quase ao mesmo tempo, descumprindo as disposições do tratado, a Itália iniciou uma penetração pacífica que logo foi transformada em intervencionismo militar.

Em 2 de novembro de 1930, com sua ascensão ao poder, o imperador Hailê Selassiê I, com o objetivo de reforçar a sua posição política, tratou de consolidar a sua soberania interna. Pôs em prática uma modernização do sistema político da Etiópia, promulgando uma Constituição escrita e, em 1931, aumentou a autoridade do governo central. Manteve, portanto, o poder absoluto de imperador e uma grande parte dos privilégios da nobreza, que, ainda assim, mostrou-se descontente. No entanto, a maior centralização política foi acompanhada por um separatismo social e um regionalismo cultural que só fizeram aumentar os embates étnicos (por exemplo, entre os oromos, os sidamos e os tigrinas), ameaçando seriamente a integração nacional.

Sensível à tendência de um abalo na legitimidade do soberano, em 1930, a política fascista voltou-se com determinação para expandir-se além-fronteiras da Itália. O ministro das Colônias Emílio De Bono convenceu o Conselho de Ministros a aumentar o orçamento, visando à concretização de seus planos. Em 1932, visitou a Eritréia e, em 1933, sugeriu a Mussolini a invasão da Etiópia. Com rapidez foram melhoradas as comunicações terrestres, marítimas e aéreas da Eritréia e da Somália, enquanto agentes fascistas italianos começavam a agir na Etiópia, para desestabilizá-la politicamente. Em 18 de março de 1934, Mussolini valeu-se de um pronunciamento ao Partido Fascista para avisar às nações européias colonialistas que não impedissem o expansionismo italiano na África. Porém, dali até a invasão, bastou um pequeno incidente de delimitação de fronteiras entre a Etiópia e a Somália britânica, acrescido de um disparo não identificado de uma arma, para dar início a um conflito entre a Itália e a Etiópia.

A Etiópia tentou evitar o conflito evocando o Tratado de Amizade e Arbitragem, de 1928, mas a Itália não aceitou. Exigiu desculpas, o reconhecimento de sua soberania sobre Walwal, além de uma alta indenização. A resposta de Hailê Selassiê foi imediata: levou o caso à Sociedade das Nações, em 14 de dezembro. Por sua vez, Mussolini, considerando que a ação etíope mostrou uma clara disposição de resistência, ordenou que a Itália invadisse a Etiópia. Nem a Sociedade das Nações conseguiu dissuadi-lo e, por fim, no dia 3 de outubro de 1935 o exército italiano, sem declaração de guerra, atravessou a fronteira entre a Eritréia e a Etiópia, invadindo-a. Ao mesmo tempo, como reação do "orgulho nacional italiano", Adowa foi bombardeada pela aviação italiana. De modo combinado, o sul foi atacado por tropas provenientes da Somália.

No fundo, essa invasão era uma tentativa de restaurar um suposto direito italiano da época da Conferência de Berlim. Mas outros fatores entraram em jogo, e a Sociedade das Nações reuniu-se em assembléia e condenou a ação da Itália, acusando-a, quase por unanimidade, de violação do Pacto da Sociedade das Nações. Quanto aos nacionalistas africanos, expuseram durante mais de duas décadas a sua indignação, como foi o caso, entre outros, de Nkrumah. No seu livro, *Ghana autobiography*, publicado em 1957, em um emocionado desabafo escreveu:

> Nesse momento, foi quase como se toda cidade de Londres tivesse de súbito declarado a guerra a mim, pessoalmente. Nos poucos minutos que se seguiram, nada mais consegui fazer senão fixar cada uma daquelas faces impassíveis, indagando a mim mesmo se aquelas pessoas eram capazes de compreender verdadeiramente a abominação do colonialismo e rezando para que chegasse o dia em que eu pudesse contribuir para a queda desse sistema. Meu nacionalismo irrompeu à superfície; estava pronto a atravessar o próprio inferno, se necessário fosse, para alcançar meu objetivo.[30]

Excetuados alguns protestos da opinião pública internacional, a Etiópia não teve os apoios de que necessitava. A França e a Inglaterra mantiveram posições ambíguas, praticamente ignorando não só a invasão como também o uso que os italianos fizeram de gases tóxicos, além dos bombardeios sobre populações civis. Essa situação atingiu o auge em 1936, quando a Etiópia passou para o domínio italiano. Enquanto as maiores potências européias optaram por tratar a questão como um acontecimento pouco perceptível, os membros da International Friends of Abyssinia, fundada em 1935 por G. Padmore e Jomo Kenyat-

---

30. *Apud* AKPAN, Monday B. "Etiópia e a Libéria, 1914-1935: dois Estados africanos independentes na era colonial". *In*: BOAHEN, *op. cit.*, v. VII, p. 747.

ta, em Londres, receberam Selassiê, saudando-o "em nome de toda a África acorrentada". Essa associação acabou sugerindo a fundação das Abyssinia Associations, em 1935, na Europa, na África e nos Estados Unidos. Reunidas, deram origem, em 1937, ao International African Service Bureau, que em 1944 passou a chamar-se Pan African Federation e foi uma das principais organizadoras do V Congresso Pan-Africano.

Na Etiópia, a resistência, entre 1936 e 1939, foi crescente e, em 1941, em pleno início da Segunda Guerra Mundial, a região foi libertada pelos britânicos, cujos contingentes operavam a partir do Sudão e do Quênia. Porém, segundo acordo, foi o próprio imperador quem acompanhou a força expedicionária que libertou Adis-Abeba. Essa maneira de recuperar a independência contribuiu para reavivar o símbolo de um país cujo principal compromisso foi o de lutar pela liberdade.

Eritréia

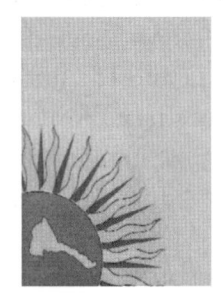

Em 1883 o expansionismo etíope incorporou a Eritréia à Etiópia. Dois anos depois, os italianos com apoio britânico, tomaram o porto marítimo de Massawa, avançando, em seguida, para o interior da Eritréia. A conquista foi justificada pela antiga atuação das missões católicas e em nome de interesses comerciais há muito desenvolvidos no território. Por fim, em 1890, utilizando sua força militar, a Itália ocupou inteiramente a Eritréia, sem dúvida um território de clara importância estratégica por sua localização geográfica entre os mundos africano e árabe, reforçada, em particular, com a abertura do Canal de Suez, em 1869.

Os italianos colonizaram a Eritréia, também conhecida como Chifre da África, até 1941, quando a perderam para a Etiópia, que a transferiu em seguida para as mãos da administração britânica até 1952. Nesse mesmo ano, graças a uma aliança dos Estados Unidos com o imperador Hailê Selassiê, reforçada por uma resolução da ONU, a Eritréia passou a ser federada à Etiópia, que teve garantida uma saída para o mar. Ora, essa federação foi imposta ao povo eritreu, que reagiu formando o Partido Independente da Eritréia, que lutou pela independência, nos moldes clássicos parlamentares, contra o Partido Unionista da Etiópia.

Entretanto, em 1960, a Eritréia foi atribuída à Etiópia como província autônoma. No ano seguinte, a Frente de Libertação da Eritréia deu início à luta armada que se acentuou até 1967, quando os combatentes decidiram marcar um Congresso Nacional para 1971. No entanto, contradições sobre estratégias e táticas a serem seguidas levaram a Frente a cindir-se, surgindo a Frente Popular de Libertação da Eritréia (FPLE). Em 1976, a FPLE e suas tropas foram acusadas de mercenárias, levando à saída do líder Osman Sabbé, que criou uma terceira organização guerrilheira, as Forças Populares de Libertação da Eritréia.

O avanço dos guerrilheiros (tanto da Frente Popular de Libertação da Eritréia como das Forças Populares de Libertação da Eritréia) permitiu que, em 1977, fossem controlados cerca de 90% do território eritreu. Mas, em fins de 1979, a Etiópia intensificou os seus esforços e o seu exército ocupou a Eritréia à força, obrigando os eritreus a um recuo estratégico (veja mapa 10.13).

Após quase quinze anos de avanços e recuos de ambos os lados, em maio de 1993, foi proclamada a independência da Eritréia e constituído um governo de transição. Em fevereiro de 1994, a Frente Popular de Libertação da Eritréia realizou o seu III Congresso, ocasião em que escolheu dissolvê-lo para, em seguida, criar uma ampla frente única, a Frente pela Justiça e Democracia, reunindo todas as forças possíveis para maximizar esforços e pôr término à longa e violenta guerra. Todavia, a guerra ainda estava longe do final. Somente em novembro de 1998, depois de quase trinta anos de lutas contra a Etiópia, a Eritréia iniciou um período de relativa paz. Porém, muitos pontos da fronteira comum de mais de mil quilômetros, herança do período colonial, jamais foram demarcados, mantendo viva uma possível disputa entre os dois países.

Em janeiro de 1999 o Conselho de Segurança da ONU aprovou, por unanimidade, uma proposta de onze pontos da Organização da Unidade Africana (OUA) para resolver a disputa. O reconhecimento do final da guerra possibilitou que o princípio fundamental que regulava as relações entre os Estados-membros da OUA, ou seja, o respeito às fronteiras herdadas da colonização, tivesse sua primeira exceção.[31]

---

31. Essa é uma guerra que merece ser cuidadosamente estudada, inclusive recuperando sua dimensão regional, que abrange o Chifre da África, assim como as relações e os apoios internacionais dados ora à Etiópia, ora à Eritréia.

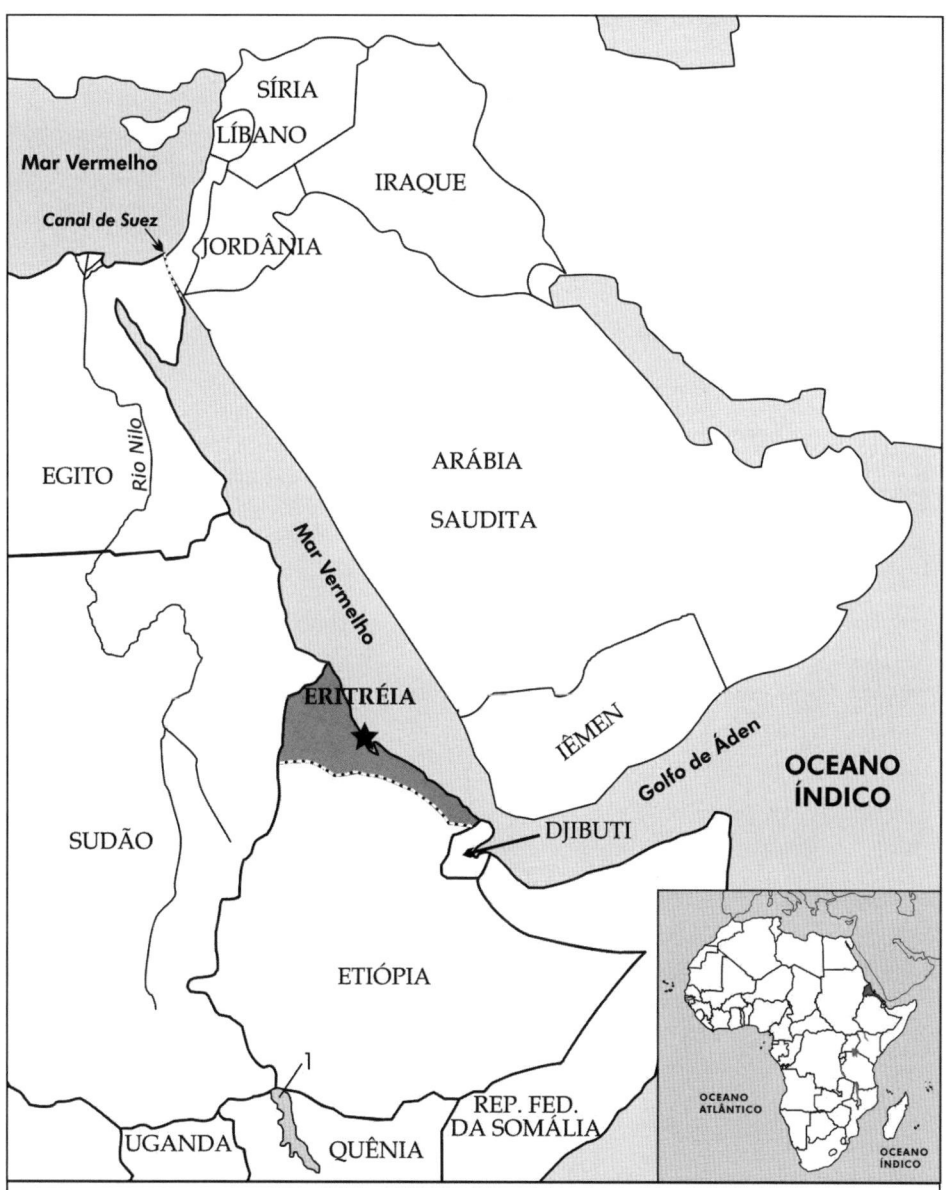

10.13 - Eritréia, após trinta longos anos de violenta guerra contra a Etiópia, tornou-se independente em 1993. No entanto, pouco depois, a guerra recrudesceu até novembro de 1998.

1 Lago Rodolfo   ★ Porto marítimo de Massawa

[Elaborado pela autora para a devida adequação ao texto - L. L. HERNANDEZ]

11

O GRADUALISMO COMO ESTRATÉGIA DOMINANTE PARA A INDEPENDÊNCIA NACIONAL

A desagregação do império francês e o ambiente histórico: Guiné, Mali, Senegal, Costa do Marfim, Alto Volta, Benin, Niger, Mauritânia, Chade, República Centro-Africana, República do Congo e Gabão

As observações de Raymond Aron são fundamentais para entender o Império Francês. No seu *Democracia e totalitarismo*, o reconhecido sociólogo destaca a importância de considerar "o ambiente histórico do sistema político".[1] No caso do Império Francês nas Áfricas Ocidental e Equatorial é da maior relevância considerar a atuação do Ministério das Colônias, que desde a sua fundação, em 1894, sofreu uma série de reordenações conforme as demandas de diferentes conjunturas políticas. No que se refere ao período entre guerras e a fase própria da Segunda Guerra Mundial, houve uma clara redefinição de demandas no âmbito das relações internacionais, envolvendo poder e interesses nacionais.

Nessa esteira de pensamento, é importante lembrar que a África Ocidental Francesa, fiel ao marechal Pétain, firmou um armistício com o Reich, em julho de 1940. Tendo Dacar como capital, foi uma importante base para a guerra no Atlântico. Por sua vez, em meados de julho, no Chade, o governador Félix Eboué

---

1. ARON, Raymond. *Democracia e totalitarismo*. 2. ed. Lisboa: Presença, 1966.

uniu-se aos Aliados, sendo seguido pelos demais territórios da África Equatorial Francesa, exceto o Gabão. No dia 12 de maio de 1943, as tropas germano-italianas foram rendidas na Tunísia, libertando a África das ameaças do Eixo, o que se refletiu imediatamente na reaproximação das Áfricas Ocidental e Equatorial, possibilitando a unificação de seus territórios (veja mapa 11.1).

Além desses fatores, parece oportuno assinalar que na França houve uma série de violentas campanhas nacionalistas, como parte de movimentos por independência na Síria e no Líbano. Reclamavam a oficialização do árabe como língua única e a reforma da Constituição. Essas reivindicações, que deram lugar a manifestações hostis à França, acabaram provocando, em 22 de dezembro de 1943, que esta, na qualidade de mandatária da Sociedade das Nações, transferisse para as Repúblicas Libanesa e Síria os poderes de que dispunha. Esses exemplos alcançaram uma significativa repercussão nos territórios norte-africanos, como o Marrocos e a Tunísia, por meio das publicações de artigos do xeque Chekib Arsin no *La Nation Arabie*, divulgados em língua árabe, de Damasco ao Cairo.

A esses acontecimentos devem-se somar o significado e as repercussões da guerra da Indochina (1946-1958), como símbolo da tomada de consciência de países que passaram a ter como objetivo fundamental a independência. Além disso, mesmo cientes da complexidade das condições materiais, das crenças e dos valores expressos pelas elites políticas e culturais e pelos povos dos diversos territórios sob dominação francesa, alguns outros fatos históricos concorreram para que manifestações, inequivocamente nacionalistas, estivessem presentes ao longo dos anos 1950, sobretudo entre 1953 e 1955. Para tal, concorreu a posição de relevo ocupada pelas discussões dos acontecimentos próprios da conjuntura internacional, como o início da luta de libertação da Argélia, a Conferência Afro-Asiática, de Bandung, em 1955, as independências do Marrocos e da Tunísia, em 1956, quase às vésperas de Gana tornar-se o primeiro país independente da África subsaariana, em 1957.

Por outra parte, com o ressurgimento das exigências próprias de uma ordem política moderna, houve uma tendência gradativa à imposição da noção de soberania popular como princípio de legitimidade do poder público. No caso do Império Francês, foi o próprio sistema político da metrópole que tornou possível uma estreita associação, por parte das elites africanas, ao processo de luta por liberdades, o que significava que a independência fosse considerada uma resposta exigida pela história. É evidente que esse tipo de dominação não resulta fácil, no caso da França e de seu ultramar. Se havia semelhanças em suas posições e em suas trajetórias no sistema mundial, a distância era indiscutível, tanto pelas características socioeconômicas como, em particular, devido aos ter-

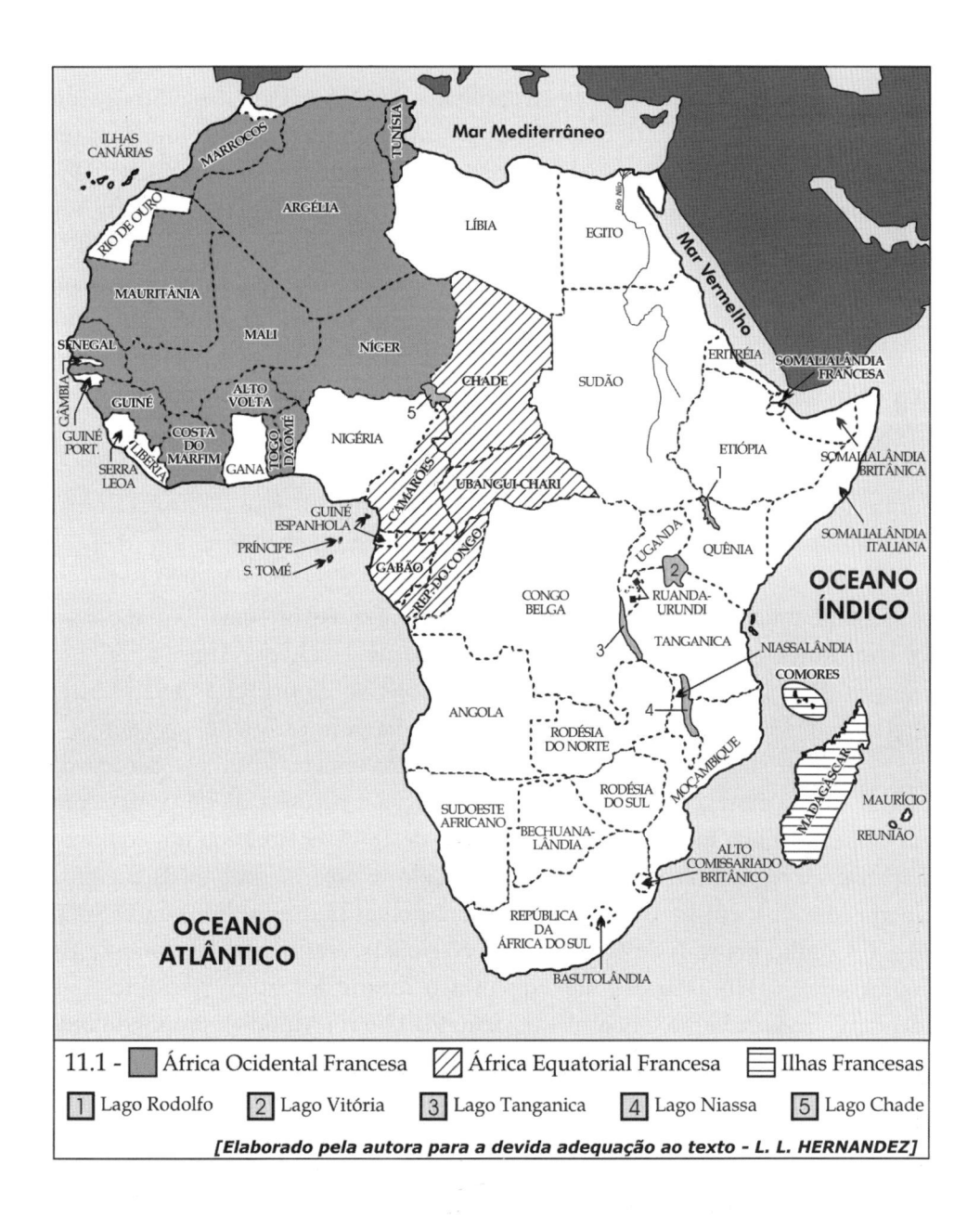

Mar Mediterrâneo

ILHAS CANÁRIAS
MARROCOS
TUNÍSIA
RIO DE OURO
ARGÉLIA
LÍBIA
EGITO
MAURITÂNIA
MALI
NÍGER
CHADE
SUDÃO
ERITRÉIA
SENEGAL
GÂMBIA
GUINÉ
GUINÉ PORT.
SERRA LEOA
LIBÉRIA
COSTA DO MARFIM
ALTO VOLTA
GANA
TOGO
DAOMÉ
NIGÉRIA
CAMARÕES
UBANGUI-CHARI
GUINÉ ESPANHOLA
PRÍNCIPE
S. TOMÉ
GABÃO
REP. DO CONGO
CONGO BELGA
UGANDA
QUÊNIA
ETIÓPIA
RUANDA-URUNDI
TANGANICA
ANGOLA
RODÉSIA DO NORTE
NIASSALÂNDIA
SUDOESTE AFRICANO
BECHUANA-LÂNDIA
RODÉSIA DO SUL
MOÇAMBIQUE
ALTO COMISSARIADO BRITÂNICO
REPÚBLICA DA ÁFRICA DO SUL
BASUTOLÂNDIA
SOMALIALÂNDIA FRANCESA
SOMALIALÂNDIA BRITÂNICA
SOMALIALÂNDIA ITALIANA
OCEANO ÍNDICO
COMORES
MADAGASCAR
MAURÍCIO
REUNIÃO
Mar Vermelho
Rio Nilo

OCEANO ATLÂNTICO

1 Lago Rodolfo
2 Lago Vitória
3 Lago Tanganica
4 Lago Niassa
5 Lago Chade

11.1 - ▪ África Ocidental Francesa   ▨ África Equatorial Francesa   ☰ Ilhas Francesas

[Elaborado pela autora para a devida adequação ao texto - L. L. HERNANDEZ]

mos que definiam a cultura política de cada sociedade. Quanto aos exemplos, estes se referem aos graves dilemas enfrentados pelos espaços geopolíticos africanos. Assim, a maior parte das questões tratadas integrou os debates pan-africanos realizados em Paris, penetrando em algumas colônias da África Ocidental Francesa por meio de organizações metropolitanas, como a Liga dos Direitos do Homem, como instrumento de poder contrário à administração colonial. Já no que se refere à África Equatorial Francesa, sua história foi pontuada de movimentos de contestação esporádicos, uma imprensa pouco expressiva e uma atividade política relativamente fraca, com pequena mobilização social.

Nesse quadro, também não se podem subestimar as dificuldades do general De Gaulle quando percebeu objetivamente a situação política interna da França, enfraquecida pela guerra, dividida entre gaullistas e vichystas e com problemas econômicos, políticos e morais que desafiavam comissões formadas por economistas, políticos e sociólogos para elaborar relatórios de projetos de desenvolvimento.[2] "[...] a França tinha de reerguer as suas ruínas, inserir-se numa conjuntura diplomática sem precedentes, consentir numa Europa unida, modernizar a sua economia e transformar o império ou abandoná-lo [...]."[3]

O Império Francês estava no âmbito de uma crise internacional e de um processo de mudança de caráter mundial. Para enfrentar um quadro como esse, foi constituído por De Gaulle, em 3 de junho de 1943, em Argel, o Comité Français de la Liberatión Nacionale, com o objetivo de organizar a resistência interior francesa e ao mesmo tempo formular uma política "grande e generosa", capaz de levar suas colônias a "evoluir", como reconhecimento ao "esforço de guerra". Além destes, havia o objetivo de reforçar a necessidade de contar com um empenho ainda maior durante todo o ano de 1943, enfatizando um conjunto de práticas e regras voltadas para um pretendido reforço no âmbito da Segunda Guerra Mundial, em função dos interesses nacionais franceses. Em poucas palavras, o Comité Français de la Liberatión Nacionale, reafirmando o domínio da França sobre o Ultramar africano, discutiu o futuro dos vários territórios que aderiram à resistência no desenrolar da Segunda Guerra Mundial, propondo descaracterizar a continuidade de um governo no qual predominavam os

> [...] hábitos de autoritarismo e do arbitrário que o estilo do Presidente da República transmitiu a pequenos senhores, política exterior que prefere o brilho e os golpes de teatro às construções duráveis e que não consegue distinguir entre táctica e estratégia,

2. ENZENSBERGER, Hans Magnus. "A Europa em ruínas". *In*: *Guerra civil*. São Paulo: Companhia das Letras, 1995, p. 69-94.

3. ARON, *op. cit.*, p. 14.

modo e objectivo, ou que parece não ter outro objectivo senão o de se afirmar de um modo constantemente renovado. [...].[4]

Com esses propósitos foi tecida a trama de relações de interdependência para alcançar a adesão de todos os territórios do Império Francês à resistência. Por sua vez, como reconhecimento pelo esforço de guerra, os governadores e altos funcionários da África reuniram-se para discutir acerca do futuro de vários territórios após a guerra, tornando claras as expectativas de uma libertação dos mecanismos administrativo-jurídicos arbitrários e racistas, mas também da miséria e da exploração. É evidente que o governo francês não deixou de reafirmar a hegemonia da nação francesa. De Gaulle ressaltou que as reformas imperiais seriam feitas no âmbito dos espaços geopolíticos sob seu domínio. Significa dizer que a formação do comitê e a definição dos marcos de sua atuação política estavam inequivocamente voltadas para reafirmar a autoridade do poder colonial, e ao mesmo tempo preparar "aberturas para o progresso". A propósito, apesar das diferentes circunstâncias, a Conferência Africana Francesa, de Brazzaville, desde o dia de sua abertura, em 30 de janeiro de 1944, com um discurso proferido pelo próprio De Gaulle, ainda que apresentando variações de ênfase e de estilo, reforçava o tema central do comitê, isto é, a reorganização política do império ultramarino. Reunindo vinte governadores das Áfricas Ocidental e Equatorial Francesas, além de Madagáscar, teve por objetivo comparar valores, mecanismos e instrumentos próprios da burocracia colonialista "[...] a fim de determinar sobre que bases práticas poderia ser progressivamente fundada uma comunidade francesa que englobasse os territórios da África negra [...]".[5]

A referida conferência, inspirada por Eboué, foi organizada pelo comissário das colônias René Pleven, contando com a presença de três delegados da Assembléia Consultiva Provisória. O que mais intriga nessa conferência é o fato de ter sido qualificada pelos pesquisadores como um encontro de natureza predominantemente administrativa. Chamo a atenção para o fato de isso ser um modo de reforçar o discurso instituído, cujo pressuposto é o de que, em condições determinadas, a interdependência assimétrica fundada pelo imperialismo colonial de fins do século XIX requeria apenas uma atualização administrativa, parecendo inspirar-se por alguns valores do ideário liberal dominante. Ora, não resta dúvida de que a Confe-

---

4. ARON, *op. cit.*, p. 14-15.
5. DE GAULLE, Charles. *Memórias. Apud* BERTAUX, Pierre. *África desde la prehistoria hasta los Estados actuales.* México: Siglo Veintiuno, 1978, p. 291. Vale lembrar que a idéia de autonomia envolvia reciprocidade, igualdade de interesses, direitos e deveres; dava ensejo a uma independência político-administrativa relativa; era uma união com reais vantagens econômicas.

rência de Brazzaville foi, em essência, política, mesmo quando tratou de aspectos sociais, culturais ou propriamente administrativos. Ela introduziu os grandes temas das mudanças das relações entre a nação central e os territórios ultramarinos. Discutiu o Estatuto das Colônias diante dos próprios africanos. Introduziu 63 deputados ultramarinos em uma Assembléia Constituinte que contava com 522 membros, dos quais 25 representavam o império, entre eles Léopold Senghor (Senegal), Aimé Césaire (Martinica), Houphouët-Boigny (Costa do Marfim), o dr. J. Raseta (Madagáscar), aos quais se somaram mais 11 representantes da UDMA, de Ferhat Abbas, na segunda Assembléia Constituinte.[6] Além disso, deu ensejo ao decreto de dezembro de 1943, que ampliou o número de muçulmanos argelinos com plenos direitos de cidadania. Ainda assim, duas medidas foram absolutamente significativas do ponto de vista político e referiam-se à autorização para criar sindicatos profissionais sem restrições e à criação de um corpo de "inspetores de trabalho". Foram medidas que visavam ser implementadas a médio e longo prazos, dependendo da "supressão progressiva do sistema do indigenato", o que estava previsto para dali a cinco anos. Pode-se sublinhar que o prolongamento das formas compulsórias de trabalho era feito em nome do "esforço de guerra", mas justificado como parte de uma "missão" autodefinida como educadora, isto é, uma tarefa pedagógica que, sem medir esforços, deveria elevar os níveis material, moral e intelectual do "africano francês". Em resumo, seu conteúdo foi suficientemente vago para que se pudessem redefinir as novas bases para o exercício da soberania francesa. Além disso, há algo mais político do que não fazer nenhuma referência à permanência das colônias dentro do império, como se esta fosse uma realidade inquestionável?

Na verdade, Brazzaville constituiu um exemplo de manutenção de critérios autoritários nas relações entre a França e suas possessões ultramarinas, uma vez que, além de não ter caráter deliberativo, também não incluiu a participação de nenhum africano. Nela foi estabelecido um inequívoco controle sobre o processo de mudança, que pôs em curso uma transição para as futuras independências, marcadas pela continuidade, uma vez que excluiu inclusive a idéia de autonomia ou de qualquer "evolução" fora do bloco francês do império. Foram claras as palavras de De Gaulle, quando o general salientou a necessidade

---

6. FERRO, *op. cit.*, p. 370.

de estabelecer sobre novas bases as condições da organização do território africano, as do progresso de seus habitantes e as do exercício da soberania francesa. [...] Em primeiro lugar, porque se trata da França... além disso, porque em suas terras do ultramar e em sua fidelidade é onde tem encontrado seus recursos e a base de partida para sua libertação... Por último, porque está motivada por uma ardente vontade de renovação.

E concluiu: "[...] trata-se de uma obra nacional em escala universal".[7] Em síntese, é um projeto para transformar o império em União Francesa.

Estavam assim estabelecidas as condições necessárias para a futura ação do Estado, destacando como seu papel específico a capacidade de controlar as reformas, que na prática oscilavam entre o avanço liberal e a regressão autoritária. Nada surpreende, portanto, que o comitê e a conferência tivessem sido, antes de tudo, encontros de caráter unilateral. Buscavam avaliar como as lideranças africanas consideravam as propostas de reformulação dos laços entre a França e seu império, visando conciliar duas visões, em princípio, antagônicas. Pretendia-se, assim, construir a imagem de que a resolução dos problemas do desenvolvimento dos sentimentos nacionais e dos nascentes nacionalismos africanos tinha necessidades que só poderiam ser atendidas no âmbito da política imperial. Essas dimensões foram solucionadas caminhando-se para a junção dos dois pontos, resumidos por uma "definição-guia" de que "os fins da obra de civilização realizada pela França nas colônias excluíam qualquer idéia de autonomia, qualquer possibilidade de evolução fora do bloco francês do império".[8]

Uma análise um pouco mais detalhada mostra a amplitude das intenções pretendidas. Alguns textos dessa época apresentavam um estilo claramente impositivo que tornava evidentes os objetivos de controle, direção e integração. Havia afirmações que operavam de maneira demonstrativa, oferecendo conclusões de premissas conhecidas. Entre outras, é sugestiva a que definia três possíveis políticas colonialistas: a *sujeição*, no caso francês, considerada quase nula, já que não era admitida nem sequer a existência de povos a libertar nem discriminação racial a abolir; a *autonomia*, concebida como uma etapa subordinada à evolução dentro do bloco francês do império, e, por sua vez, a *assimilação,* reafirmada como parte da mitificação do império, por meio de argumentos universalistas.

Algumas palavras que integravam o relatório de Fily Dabo Sissoko sobre o Sudão Francês davam conta dessa política, nela se destacando sua ambivalência. Afirmava Sissoko que "[...] No Sudão Francês convém que: 'a) o Ne-

7. *Apud* BERTAUX, *op. cit.*, p. 291.
8. *Apud* CORNEVIN, *op. cit.*, p. 52.

gro continue Negro, na sua vida e na sua evolução; b) o branco procure, por todos os meios apropriados, fazer evoluir o Negro segundo a linha de evolução própria do Negro'".[9] Portanto, a essa altura estavam descartadas as idéias de autonomia ou mesmo a possibilidade de uma evolução etapista para a obtenção dos direitos políticos fora do bloco francês do império. Significa dizer que a independência só era pensada como *independência da França*, ou seja, como uma das formas de fortalecer e afirmar a unidade nacional diante da comunidade internacional.

Importa, porém, observar que a ilusão de uma França "una e indivisível" não excluía antagonismos e contradições. Assim, coextensivo a esse conjunto de medidas, o não-atendimento de muitas das necessidades básicas dos indivíduos, bem como o direito mínimo por liberdades, gerou protestos sociais que expressaram a falta de mudanças em um cotidiano que lhes permitisse reconhecer, de maneira cada vez mais aguda, sua impotência, incapacidade e opressão. Nesse contexto, foram significativos exemplos como os do Senegal e do Alto Volta, dividido em 1932 em Sudão, Níger e Costa do Marfim. Para começar, o Senegal, onde os estopins de reação política à integração européia foram protestos de antigos combatentes e o ascenso de movimentos liderados pelos socialistas de diferentes tendências. Por sua vez, na Costa do Marfim, acentuaram-se as tensões sociais na região Mossi e as resistências dos chefes tradicionais, as quais adquiriram maior dimensão somadas aos descontentamentos de grande parte da população. Já no Sudão Ocidental (ou Mali) e no Níger, acrescentavam-se aos descontentamentos de organizações partidárias os de antigos combatentes e dos trabalhadores rurais em relação às administrações coloniais, cegas às especificidades culturais e políticas africanas porque alheias ao fato de que a política é indissociável dos vínculos identitários (veja mapa 11.2).

Esse protagonismo estendeu-se em particular desde 1946, quando os africanos rejeitaram o primeiro projeto da Constituinte de 1945, do qual, em essência, só a França participou. Propunha as independências no âmbito de uma União Francesa Democrática pautada por relações de igualdade. O saldo positivo dessa primeira Constituinte foi a decisão tomada, em abril de 1946, de criar o Fundo de Inversões para o Desenvolvimento Econômico e Social, mantido pela França. Por sua vez, foi adotada a lei Houphouët-Boigny, que aboliu, em princípio, o trabalho forçado. Além destas, ainda em maio de 1946, foi votada a lei Lamine-Guéye, pela qual os súditos franceses passaram a ser proclamados cidadãos da União Francesa, embora tal cidadania se restringisse ao discurso,

9. KI-ZERBO, *op. cit.*, vol. 2, p. 199.

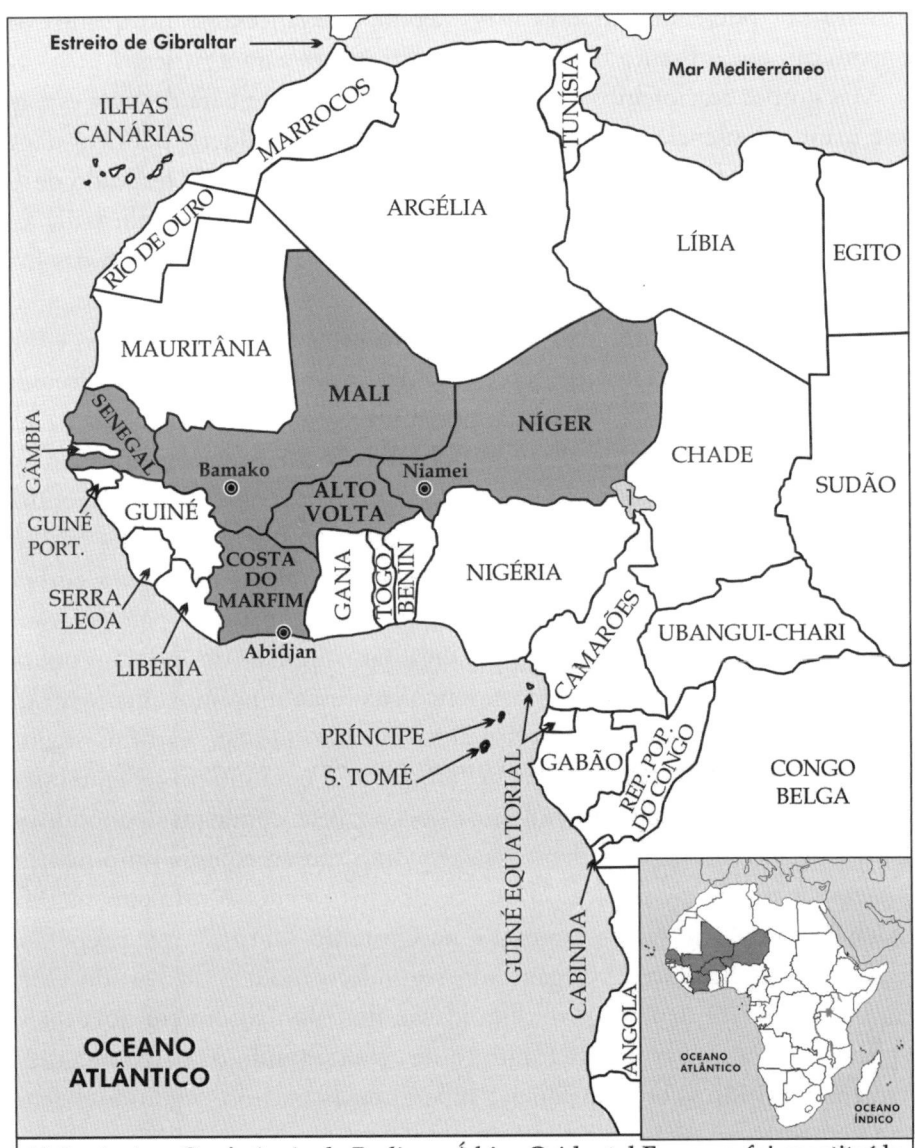

11.2 - Após a Conferência de Berlim a África Ocidental Francesa foi constituída pelo Senegal e Alto Volta que, desde 1931, subdividiram-se em Sudão Ocidental (Alto Volta e, depois da independência, Mali), Níger e Costa do Marfim.

1 Lago Chade

[Elaborado pela autora para a devida adequação ao texto - L. L. HERNANDEZ]

não implicando, pragmaticamente, igualdade de direitos e deveres, sem distinção de raça e de religião. A 3 de outubro de 1946 o segundo projeto da Constituição, aprovado por referendo, fundava a IV República Francesa. É no quadro dessa Constituição que a França buscava novas instituições para a África.

Mas grupos reacionários organizaram-se rapidamente para reverter esse quadro e manter a essência da ideologia colonial. Alertas, os líderes políticos da AOF e da AEF, como resposta, convocaram o Congresso de Bamaco, realizado de 18 a 21 de outubro de 1946. Como uma das principais resoluções, foi salientada a necessidade de enviar esforços com o objetivo de conseguir a unificação das forças políticas. O Manifesto do Congresso reivindicava a igualdade de direitos, a liberdade e a democracia contra uma lei eleitoral reafirmadora da assimilação e impeditiva de um número igual de representantes africanos e franceses. Protestava também contra a proposta federalista, por considerá-la incompatível com a realidade dos problemas africanos. Por fim, foi fundado o Rassemblement Démocratique Africain (RDA), o "primeiro partido considerado verdadeiramente africano", um partido político interterritorial de massas em que as lealdades não eram mais a valores da sociedade tradicional, mas sim a valores da cultura européia. Havia seções em vários territórios e uma comissão organizadora para colocar em curso "[...] todas as ações necessárias para realizar a unidade dos partidos políticos no interior de cada território e prepararem a sua fusão num movimento africano único".[10] Efetivamente, não há como desconsiderar que esse partido, organizado no âmbito de uma política de frente ampla, sem nenhum precedente histórico, foi um dos principais movimentos de luta pela democracia (mesmo sem uma definição clara de qual democracia) e oposição ao colonialismo nos espaços geopolíticos de colonização francesa, desenvolvendo-se primeiro na África Ocidental (em particular no Senegal e na Costa do Marfim), e em seguida na África Equatorial Francesa. Organizado segundo o modelo do Partido Comunista Francês (PCF), para o qual a liquidação do colonialismo era uma questão de princípio, contava com um conjunto de células, sendo os parlamentares estritamente subordinados às instâncias superiores do partido, seguindo o centralismo democrático. Aliás, vale registrar que até a ruptura com o PCF, por volta de 1950-1951, foi constante a preocupação de manter relações com determinadas forças políticas e sociais da metrópole como forma de inscrever-se em uma perspectiva internacionalista marxista.

10. Para conhecer mais aprofundadamente o RDA vale consultar BENOT, Yves *Ideologias das independências africanas*. Tradução de Carlos da Veiga Ferreira. v. 1. Lisboa: Sá da Costa, 1981, p. 96-112.

Evidentemente, não se pode imaginar que o RDA tenha sido

[...] o único partido a ter ação decisiva na evolução da África Francesa. Embora de estrutura federalista, para permitir a atuação, no mesmo conjunto partidário, de elementos originários dos vários territórios da AOF e da AEF, ele não conseguiu traduzir as aspirações de todos os africanos que militavam ao lado ou contra as autoridades francesas. [...][11]

Não se podem, evidentemente, desconsiderar as diferenças do RDA, que desde 1950 começou a gravitar em torno do Partido Socialista Francês. Por fim, sob a pressão do primeiro-ministro da Costa do Marfim, Houphouët-Boigny, o RDA aproximou-se das idéias gaullistas. Adotou de modo cada vez mais claro uma concepção gradualista derivada da necessidade de contornar divergências políticas e unir a massa da população em torno do alargamento das poucas liberdades conquistadas legalmente. Também se voltou para obter a maior parte possível da opinião pública francesa para a causa africana.

De acordo com esses acontecimentos, entre 1948 e 1955, a burocracia colonial foi pressionada, enquanto os africanos conferiram legitimidade às suas elites políticas, reconhecendo-as como sua principal esfera de atividade para efetuar uma negociação com o governo francês. Isso resultou em alterações na ordem política, com ampliação de direitos, ao mesmo tempo que buscou dar conta da questão social, ainda que na prática tivesse permanecido uma clara distância entre certo grau de liberdade política e igualdade social. Entre outras medidas, foi minimizada a desigualdade própria da política de assimilação; suspensas as formas compulsórias de trabalho pela revisão do Código Penal; criadas liberdades republicanas, dando ensejo à formação de partidos políticos; facultadas eleições periódicas em cada colônia, tanto territoriais como para os dois conselhos das federações com competências semelhantes, uma em Dacar e outra em Brazzaville; e constituídas assembléias em todos os níveis, ainda que com funções mais consultivas do que deliberativas.

Por outro lado, também é evidente que esse processo gradual de obtenção de direitos políticos e sociais, característico do momento de transição de uma sociedade tradicional para uma sociedade de tipo urbano, foi muitas vezes inibido por tendências conservadoras da parte de um Estado ainda bastante regulador, um Estado insensível às demandas socioeconômicas e políticas das populações, e, dessa forma, distanciado das experiências e das expectativas populares. O resultado imediato foi

11. FERREIRA, "Ordem pública e liberdades políticas na África negra", *op. cit.*, 1961, p. 19-20.

uma nova vaga de manifestações, dessa feita inequivocamente nacionalista, que não tardou a radicalizar-se ao longo dos anos de 1953 a 1955.

Foi um processo que possibilitou a mobilização política das massas pelas elites africanas, acelerando as demandas por independência. Como apontava Georges Balandier, a África subsaariana estava passando por um processo de transição "[...] de uma idade em que o mito justificava a ordem das relações sociais e impunha a conformidade com a tradição, a uma idade em que a ideologia moderna preserve uma atitude militante e assegure a mobilização das emoções".[12] A resposta do governo socialista francês não tardou, antecipando-se a possíveis radicalizações revolucionárias. Gaston Deferre, ministro da França do ultramar, preparou com Félix Houphouët-Boigny, futuro presidente da Costa do Marfim, uma "lei-quadro" votada em 23 de junho de 1956 e eleita em 31 de março de 1957, que autorizava o governo francês, com um simples decreto, a tomar um conjunto de medidas para garantir a "evolução" dos territórios ultramarinos africanos. A referida lei institucionalizava uma série de reformas, como a introdução do sufrágio universal estendido à população do campo, além da formação de um colégio único avaliado como um espaço de "africanização" do debate político. Por sua vez, a competência das assembléias locais foi alargada, abrangendo, além da gestão pública, também questões financeiras, ao mesmo tempo que descentralizava um grande número de decisões administrativas, precedendo os futuros governos territoriais. Essa modernização do sistema tradicional não bastou, porém, para descaracterizar sua continuidade. A assembléia territorial teve sua competência reduzida e subordinada, para a grande maioria dos assuntos, à Assembléia Nacional de Paris. Portanto, em última instância, o poder de decisão cabia à lei do Palácio Bourbon e aos chefes dos territórios, representantes do poder central francês.

Quanto aos governadores-gerais da AOF e da AEF, tornaram-se altos comissários, com encargo de preparar as etapas para a autonomia e, em seguida, para a independência, incluindo a entrega de uma parte cada vez maior das responsabilidades políticas às autoridades locais. Mas, de fato, essa lei trazia consigo a conseqüência negativa de promover o desmembramento dos conjuntos político-administrativos existentes, mantidos pelos grandes Conselhos de Dacar e Brazzaville, além da introdução de pequenas organizações cujos encargos de funcionamento agravavam ainda mais a precariedade dos orçamentos territoriais. Entretanto, mesmo em um momento de crise, o que se observa é que de maneira progressiva houve uma crescente abertura política, possibilitando a constituição de nichos de

12. *Apud* BERTAUX, *op. cit.*, p. 297.

poder que deixavam de ser meramente formais, abrindo espaço para que fosse acelerado um reagrupamento de forças ainda dispersas, precipitando a "africanização" dos quadros com a gradativa substituição dos funcionários metropolitanos por africanos. Também foi um espaço para que surgissem diferentes posições de força e lutas de interesses, em particular quando a discussão envolvia a proporcionalidade entre a contribuição para o orçamento e a receita de cada território africano. Um dos exemplos mais significativos foi o da Costa do Marfim, que se tornou o território mais rico da AOF e, por isso, suas elites discordavam de suprir os orçamentos deficitários de outros territórios.

Apesar dos senões, a "lei-quadro" proporcionou uma espécie de abertura de debates políticos em torno de duas questões centrais: a aceitação, ou não, do desmembramento administrativo-político do Ultramar francês na África e a identificação da natureza dos laços que ligavam os territórios africanos à França. As respostas dividiram os africanos, resultando na formação de três blocos. O primeiro, a Convenção Africana, liderada por Senghor, fortemente contrário à "lei-quadro", porque, segundo ele, "balcanizava" a África em um momento em que a Europa se voltava para promover sua união. Propunha uma federação com a França composta por duas assembléias, uma associação metropolitana e outra com caráter federal para as questões do ultramar. O segundo, o Mouvement Socialiste Africain, fundado em janeiro de 1957 e minoritário em todos os territórios, tinha à frente Lamine Gueye, Fily Dabo Sissoko e Dgibo Bakary, favoráveis à "lei-quadro", aceitando o desdobramento territorial. O terceiro bloco era o RDA, antifederalista ferrenho, portanto favorável à "lei-quadro". Quando das eleições, por sufrágio universal, de 31 de março de 1957, para a aplicação da "lei-quadro" no conjunto dos territórios, venceu o RDA, que obteve 241 lugares dos 474 eleitos para as assembléias territoriais. Vários setores consideraram esta uma vitória que propiciou à França a reconquista de sua autoconfiança.

Mas o exemplo da independência de Gana levou os dirigentes do RDA a abrir um debate que permitisse modificar, se necessário fosse, os "projetos históricos" sugeridos para construir as independências dos territórios ultramarinos. Em setembro de 1957, no seu terceiro Congresso, o RDA aprovou duas resoluções centrais: a unidade de ação entre os partidos africanos e um projeto para que se construísse um grande Estado federal, incluindo a metrópole, o que significava igualitarismo, reconhecendo maior autonomia aos territórios, mas com uma gestão de serviços comuns. No entanto, a aprovação dessas medidas não foi unânime. Embora o RDA controlasse a metade dos territórios da África Ocidental Francesa, a oposição da Costa do Marfim fez-se fortemente presente em relação à constituição de um Executivo Federal. Por sua privilegiada presença econômica no conjunto dos territórios, considerava-se "punida pelo fisco" para suprir o déficit de outros territórios. No que se refere à África Equatorial Francesa, outro território rico, o Gabão, reiterou algumas críticas feitas pela Costa do Marfim.

Por tudo isso, o congresso foi bastante conturbado, enfrentando grandes dificuldades para contornar as prováveis rupturas e formar um consenso entre os territórios. A atuação de Sékou Touré e de Modibo Keita e seus inflamados discursos, salientando que acima de qualquer interesse estava a África que todos deviam construir, conclamava a união de suas forças políticas. As palavras de Sékou Touré foram, nesse sentido, bastante significativas:

> A coragem não consiste em nos singularizarmos, mas em procurarmos em conjunto. A nossa adesão à França não é um casamento de amor. Não esqueçamos, camaradas, a acção decisiva da Costa do Marfim, secção-mãe da reunião dos Congressos de 1946 e 1950. Vós, delegados deste território, deveis ter no seio do RDA uma situação privilegiada e sabemos muito bem que, apesar de certas aparências, sois, como todos nós, a favor do executivo federal. Acima do RDA encontra-se a África!... Este trabalho grandioso que nos espera, se o RDA não o fizer, a África o fará! A África é a casa de todos nós e seremos todos os seus construtores![13]

Coube a Modibo Keita apenas perguntar quem estava de acordo, tendo como resposta uma significativa ovação.

Mas é certo que algumas questões não obtiveram respostas que estivessem de acordo entre si, já que as elites políticas definiram planos de ação parcialmente contraditórios e parcialmente compatíveis. Não surpreende, portanto, terem permanecido algumas questões, como qual o significado da "democratização dos executivos federais", qual a responsabilidade do governo-geral perante o grande conselho, ou ainda como seria feita uma eleição democrática para os executivos federais. Esse conjunto de demandas, que eram uma esperança para as sociedades africanas e um desafio para o governo da IV República foi postergado, agravando o descrédito das populações africanas em relação aos políticos franceses, às instituições de representação, em particular os legislativos, e às atividades do congresso constituinte. O principal estopim que precipitou o surgimento de diferentes focos de conflitos foi o início da luta pela independência em Argel. Como resposta, o governo francês propôs um referendo sobre a opinião dos habitantes do império acerca da Constituição da V República e suas

---

13. *Apud* KI-ZERBO, *op. cit.*, p. 214.

relações no conjunto do ultramar. O ponto central era a formação de uma comunidade composta por Repúblicas autônomas na África. Como é sabido, a busca de autonomia, a desconstrução do poder e a descentralização das atividades econômicas passaram a ser pontos táticos das discussões políticas. Esse foi um processo por vezes contraditório, com avanços e retrocessos, mas que logrou criar um ambiente de reconhecimento de que era chegado o momento da escolha entre independência ou unidade. O Parti Africain de L'Indépendence (PAI), autodesignado comunista, incitava à independência. Também o Mouvemente de Liberatión Nacionale (MLN), fundado em 1958, reuniu do Senegal a Camarões, incluindo o Alto Volta e o Daomé, tendo como palavra de ordem a independência nacional.

Por sua vez, o Parti du Regroupement Africain (PRA), sucessor da Convenção Africana, recusou o relatório apresentado por Senghor, que propunha o sufrágio universal e a continuidade da assimilação, incluindo o fim das chefias tradicionais, aderindo à opção de Lamine Gueye, declaradamente "pela independência sem condições". O resultado foi a aclamação da independência imediata, embora, em uma reunião posterior, o PRA, talvez por reconhecer a distância histórica que quase sempre existiu nos diversos espaços geopolíticos sob o domínio francês, tivesse decidido que as seções territoriais do partido teriam liberdade de escolha no referendo.

De todo modo, esses acontecimentos evidenciavam que as elites políticas estavam comprometidas com mudanças que pudessem instaurar novas condições econômicas, sociais e políticas, o que em nada diminuiu a importância dos debates acerca da natureza da independência pela qual lutavam. Por sua vez, o clima de relativa liberdade permitiu que as discussões ganhassem novos argumentos, alimentados pelo exemplo histórico da guerra de guerrilhas na Argélia. É evidente que isso recolocava a questão da independência ou unidade no centro das discussões e, embora teoricamente os diversos movimentos tenham se declarado pela independência imediata, cada território fez sua livre escolha.

Guiné

Depois da Segunda Guerra Mundial, todos os países europeus perderam ao menos uma parte de seus impérios. Por que então certa surpresa diante do "não" da Guiné ao referendo? Na verdade, esse pequeno país foi considerado uma exceção nos caminhos trilhados para obter a independência. Para explicar e avaliar essa transformação é essencial considerar três dimensões de diferentes graus de relevância explicativa, que, somadas, fornecem uma perspectiva histórica mais adequada sobre o fato. A primeira dimensão explicativa refere-se aos

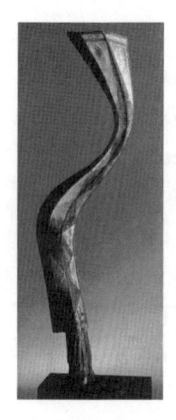

discursos de Sékou Touré tanto no III Congresso do RDA como um pouco mais tarde, quando da recepção a De Gaulle na assembléia territorial. No primeiro, conclamou as elites africanas para uma luta pela África, reforçando a importância de um nacionalismo continental africano. Na segunda ocasião, isto é, em 25 de agosto de 1958, afirmou que os povos da Guiné preferiam liberdade na pobreza à riqueza na servidão. Desta feita, seu discurso contou, além dessa, com outras declarações nacionalistas que apontavam com clareza para um projeto de independência no mínimo anticapitalista, implicando uma ruptura qualitativa com o regime colonial. Mesmo terminando com vivas à Guiné e à França, De Gaulle considerou as palavras de Touré ameaçadoras para a comunidade, declarando que a independência estava à disposição da Guiné.

Mas seguramente é preciso circunscrever a importância política desses discursos no âmbito de uma realidade complexa que, por isso, requer uma forma de pensamento menos simples. Afinal, De Gaulle estava à frente da gestão de uma crise econômica na França marcada por uma "[...] inflação que durou de 1945 a 1949; por crises das finanças exteriores; por duas vezes, em fins de 1951 e em fins de 1957, as reservas das divisas estariam quase esgotadas e a França teve que recorrer a uma ajuda exterior". Além disso, Aron ressalta o fato de que a corrupção do regime "teria por conseqüência aquilo a que se chama a desagregação do Império Francês ou da União Francesa".[14]

Afinal, já haviam ocorrido as perdas da Indochina, da Tunísia e do Marrocos, e a Argélia estava muito próxima de conquistar sua independência por uma revolução nacionalista seguida por uma revolução social. Por todas essas razões, é razoável a aposta em torno da idéia de que De Gaulle não resistiu à independência da Guiné por ter escolhido concentrar esforços internos na própria França e nos demais territórios das Áfricas Ocidental e Equatorial e, sobretudo, na Argélia.

Porém, o clima criado desde as declarações de Touré e De Gaulle abriu uma crise entre ambos que só se resolveu com o resultado do referendo. De todo modo, considerar a independência da Guiné com suas particularidades significa avaliar sua transformação de colônia em Estado independente. Para tal, faz-se necessário considerar uma segunda dimensão explicativa que leve em conta outros aspectos, de diferentes graus de relevância, que, articulados, forneçam uma perspectiva histórica com escopo de análise mais abrangente. O

14. ARON, *op. cit.*, p. 210.

primeiro aspecto dessa dimensão diz respeito às características básicas da situação econômica da Guiné e à particularidade do seu papel modernizante, isto é, do quadro econômico e social próprio da conjuntura na qual ocorreu o referendo de 28 de setembro de 1958, quando a maioria dos guineenses votou pela independência imediata. Mas a realidade era complexa, requerendo uma forma de pensamento menos simples. Economicamente, foi substancial o crescimento da Guiné, em particular entre os anos 1947 e 1958. Em 1949, foi retomada a extração de bauxita pela Sociète dês Bauxite de Midi, uma filial da Aluminium Canada Ltd. O investimento foi da ordem de 10 milhões de dólares e a empresa alterou as características básicas do mercado de trabalho, empregando cerca de 1.200 trabalhadores, quase todos guineenses, com exceção de mais ou menos cem quadros europeus. Além disso, desde 1950, uma companhia de capitais mistos, ingleses e franceses, explorava a jazida de ferro de Kaloum, na península de Conacri. A Compagnie Minière de la Guinée Française, entre os anos 1950 e 1954, chegou a empregar perto de mil trabalhadores locais. Também foi dado um impulso à produção de energia elétrica, com aproveitamento das Grandes Quedas de La Samou, a mais ou menos 150 quilômetros de Conacri. Conclusão: a economia cresceu; o mercado de trabalho passou a absorver cerca de 500 empregados industriais; outras empresas foram criadas, como fábrica de móveis, de suco de frutas e de calçados. Por sua vez, cresceu o número de trabalhadores na construção de estradas e portos. Pode-se, portanto, considerar que por volta de 1958 a Guiné era um território em franco crescimento econômico, permitindo aos guineenses considerar viável a independência imediata.

Uma terceira dimensão explicativa, complementar à anterior, refere-se a um entrecruzamento das racionalidades "estatal" e "étnica". Entre essas duas racionalidades, em particular a ocidental, composta por mecanismos e instrumentos impostos pela administração colonial e, em seguida, pelo Estado posterior à independência e à racionalidade "étnica", prevaleceu a primeira. Considera o sociólogo Carlos Lopes, da Guiné-Bissau, que: "Tudo se torna ainda muito mais complexo quando se aplica um tipo de Estado exógeno à África, continente que conhece uma situação bem específica. É que em África a criação do Estado não foi precedida pela criação de uma Nação, [...]".[15] Também é oportuno lembrar Georges Burdeau quando salienta a forma como o homem comum percebe o Estado:

E porque o temos como sujeito a estes movimentos da inteligência e do coração que são próprios do homem, dirigimos para ele os sentimentos que normalmente nos ins-

15. LOPES, Carlos. *Etnia, Estado e relações de poder na Guiné-Bissau.* Lisboa: Edições 70, 1982, p. 53.

piram os seres humanos: a confiança ou o medo, a admiração ou o desprezo, por vezes, a raiva e outras vezes um respeito temeroso ou uma atávica e inconsciente adoração pela força que se misturam com a necessidade que temos de acreditar que o nosso destino, por mais misterioso que seja, não está abandonado ao acaso.[16]

Por sua vez, a racionalidade "étnica" própria da África antes do século XV, permeava as estruturas tradicionais, os "Estados", com diferentes motivações religiosas, uma forma particular de economia, parte das vezes ligada à economia comunitária e a uma estrutura de poder com diferentes graus de centralização e de concentração. Desde o antigo sistema colonial e, em particular, do século XVIII em diante, as articulações entre a cultural ocidental e as culturas locais promoveram modificações nas tradições dos povos africanos, assim como os europeus, não raro, recorreram às tradições para dominarem com maior eficácia. As leis de 1946, francamente assimilacionistas, significaram mais interferências em diversos aspectos da cosmogonia africana. As chefias tradicionais na Guiné tinham suas raízes em uma sociedade peul, fortemente estratificada desde o século XVIII. Para os assimilacionistas, extinguir as chefias tradicionais era uma maneira de reforçar um elo tanto artificial como necessário para que os africanos "evoluíssem" de uma "racionalidade étnica" para uma "racionalidade estatal" nos moldes ocidentais.

As leis de 1946 aboliram, de uma só vez, de forma genérica e imprecisa, o trabalho forçado e com ele as "prestações costumeiras"; suprimiu-se a justiça como tarefa dos chefes, que perderam a sua autoridade para o Conselho-Geral ou para a Assembléia Territorial, promovendo a supressão das cerimônias que reafirmavam o papel fundamental dos chefes tradicionais de uma unidade coletiva. Para avaliar melhor os desdobramentos da imposição da "racionalidade estatal" segundo o modelo europeu, basta registrar como os chefes costumeiros reorganizaram-se em associações, não só na Guiné, mas também na Costa do Marfim, no Daomé, no Níger, no Alto Volta e no Chade, dando origem, em 1951, à União Federal dos Sindicatos dos Chefes Costumeiros, tendo como secretário-geral o chefe de cantão de Kouroussa. Também não foi por acaso que um deputado da Guiné, entre 1946 e 1954, Yacine Diallo, tenha proposto na Assembléia Nacional, de 9 de agosto de 1947, que o Estatuto dos Indígenas na AOF, AEF, no Togo e em Camarões ganhasse um conteúdo mais claro e preciso.

A explicação era que a instituição das chefias tradicionais não se adequava às reformas de 1946, válidas para todo o Ultramar francês. Ainda acerca do estatuto dos

16. *Apud* LOPES, *op. cit.*, p. 55.

chefes, é importante registrar as considerações feitas em 1953 por L. S. Senghor, na Assembléia da União Francesa, quando se discutia a "lei-quadro".

> Mas há um aspecto do problema [...] que não temos o direito de esquecer. Ela (Assembléia Francesa) só olhou para o lado dos chefes, esquecendo-se que não há chefes sem súditos, mais exatamente, sem administrados. Porque os antigos súditos tornaram-se cidadãos franceses [...]. A questão se coloca, pois, de saber em que medida pode impor-se a cidadãos franceses um chefe que eles não escolheram livremente, se, ao menos, esse chefe não é um funcionário.[17]

Não parece desmedido qualificar no mínimo como equivocada a análise de Senghor. Apontava para uma política de conciliação para prevenir o risco de uma crise social, o que, de fato, era uma fórmula para contornar uma ruptura na transição política.

Já Touré considerava-se cercado pela tradição, qualificada como contraposta à modernidade e ao desenvolvimento. Dela divergia radicalmente, em nome de um realismo político compatível com o modelo de uma República nos moldes soviéticos, na qual o partido predominava sobre o Estado e a sociedade. Quatro anos mais tarde, na Conferência dos Comandantes de Círculo da Guiné, de 25 a 27 de julho de 1957, assinalou: "A instituição dos chefes tradicionais não consegue responder aos imperativos econômicos, administrativos e sociais. A antiga organização feudal cedeu lugar a nova realidade: o camponês escuta menos o chefe do que o seu Partido".[18] Muito mais do que parece à primeira vista, as palavras de Touré atestam o processo de desacomodação e, por vezes de desintegração posto em curso, em 1953, pelo próprio Partido Democrático da Guiné. Não é demais reiterar que este empenho do PDG foi ao encontro dos interesses próprios da colonização francesa, de "suprimir a cortina de fumaça" formada pelas chefias tradicionais (veja mapa 11.3).

O fato é que, na década de 1950, as realidades diversas situadas em diferentes planos do social resultaram em uma soma das reivindicações dos chefes tradicionais e somaram-se aos descontentamentos e protestos apoiados tanto por práticas mais espontâneas como por movimentos mais organizados, característicos de uma sociedade em um processo particular de urbanização no qual o campo se fazia presente na cidade. Essa dimensão de análise refere-se, sobretudo, ao

---

17. *Apud* FERREIRA, *op. cit.*, p. 87-88.
18. *Apud* CORNEVIN, *op. cit.*, p. 159.

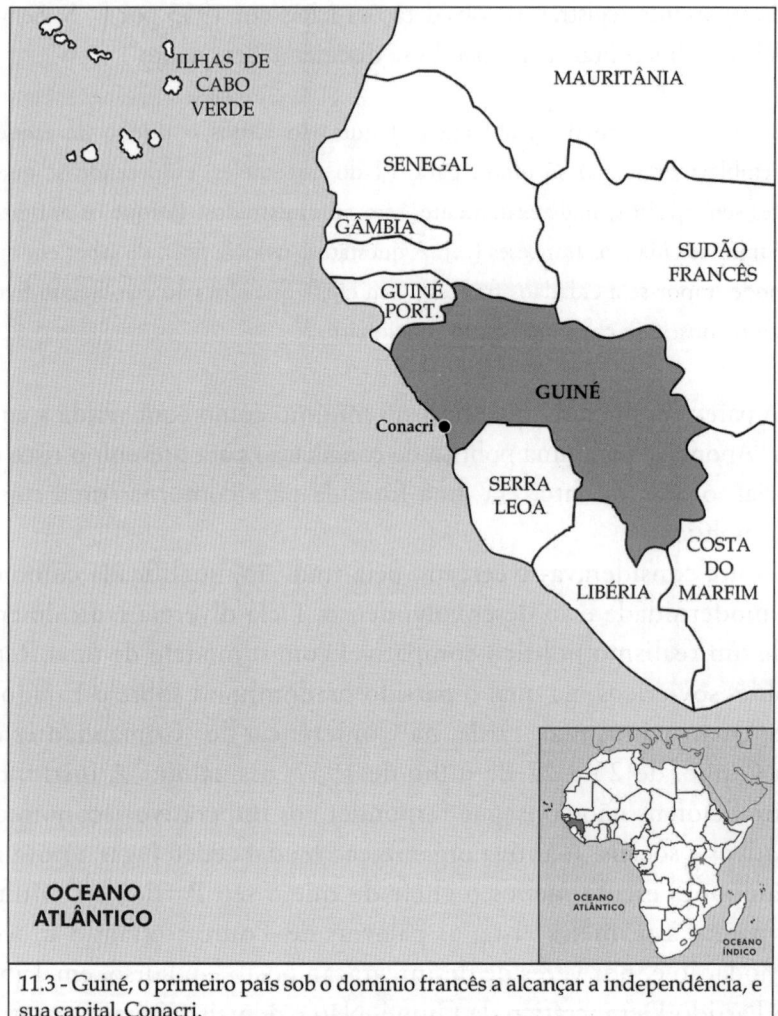

11.3 - Guiné, o primeiro país sob o domínio francês a alcançar a independência, e sua capital, Conacri.

[Elaborado pela autora para a devida adequação ao texto - L. L. HERNANDEZ]

ascenso dos movimentos dos trabalhadores. Historicamente, o mais significativo dos desdobramentos acarretados foi a greve dos trabalhadores da baixa Guiné. Com duração de 64 dias, o movimento, com o apoio dos sindicatos, dispersos e relativamente fracos, padeceu de limitações significativas. Na verdade, esse movimento era constituído por uma minoria da população que lutava para que o Código do Trabalho do Ultramar fosse votado, o que ocorreu no dia 15 de dezembro de 1952, embora só cinco anos mais tarde fosse posto em prática por "decretos de aplicação".

No entanto, é importante sublinhar a particularidade desse momento, que residiu no apoio dos trabalhadores agrícolas, os quais colheram e ofereceram arroz aos grevistas para alimentá-los. Esse ato de solidariedade uniu os trabalhadores do campo com os da cidade. Além da pobreza e da exploração, os trabalhadores começaram também a perceber a injustiça da estrutura social. Pouco a pouco, fazendo-se reconhecer pela população como seu legítimo representante, o PDG, segundo o modelo dos partidos únicos das "Repúblicas populares", espalhou comitês e criou organizações de mulheres e de jovens, somando quarenta seções e subseções. "Todos concebiam a política e o próprio Estado com a mesma estreiteza palaciana de horizontes. A sociedade era lembrada, não como espaço para política, mas pelo seu suposto amorfismo, pela sua suposta incapacidade de organização e de representação."[19]

Vale registrar que a inserção do PDG obteve resultados bastante significativos nas eleições legislativas de 2 de janeiro de 1956, nas quais o número de eleitores foi muito maior do que em 1946. O PDG obteve a maioria em toda a Guiné, com exceção da região dominada pelos fouta djalon. Nas eleições seguintes, de 31 de março de 1957, para a Assembléia Territorial, de 60 lugares o PDG obteve 57. Por sua vez, os impostos e as taxas pagas pelas sociedades mineiras foram utilizados para melhorar, em particular, os serviços de segurança social, além de aumentar o número de vagas para os "colégios secundários".

Nesse quadro, as ações humanas deram continuidade a algumas estruturas próprias da época anterior ao colonialismo francês, assim como iniciaram um processo de transformação e de criação de outras, sob a liderança de Sékou Touré e do PDG, sua mais importante base política de apoio. Dessa maneira, Touré sentiu-se encorajado a fazer alguns discursos audaciosos e até mesmo provocativos, acentuando a animosidade com De Gaulle. Foi nesse clima que no dia 28 de setembro de 1958, quase por unanimidade, a Guiné foi o único território que votou "não" ao referendo e, por isso, obteve sua independência em 2 de outubro de 1958. Com a independência, os técnicos e os professores franceses deixaram a Guiné, que passou a contar com quadros de outros territórios africanos, em particular de Gana. Além disso, também tiveram a colaboração de países do Leste, como União Soviética, Alemanha Oriental e Checoslováquia. Quanto à independência, foi o marco de uma conjuntura caracterizada por algumas tentativas malogradas de "reconquista imperialista" por parte de mercenários portugueses e exilados guineenses. A economia passou por sérias dificuldades, atenuadas pela exploração de ferro e de bauxita, esta em mãos do grupo Halco. Entretanto, a independência não diminuiu a disjunção entre a igualdade e a liberdade. A Guiné continuou a ser marcada

19. WEFFORT, Francisco C. *Por que democracia?* São Paulo: Brasiliense, 1984, p. 91.

pela desigualdade econômico-social e pela falta de liberdades imposta por um Estado centralizador, politicamente controlado pelo PDG, transformado em partido único segundo o modelo soviético.

Federação do Mali

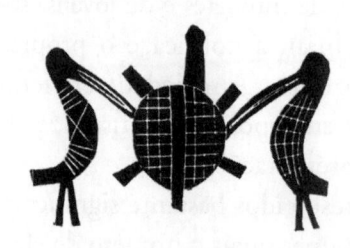

É importante lembrar que os demais territórios da África votaram "sim" ao referendo e, em 4 de dezembro de 1958, passaram a obedecer ao estatuto de Estado-membro da Comunidade, previsto no artigo 76 da Constituição de 1958. Essa transição foi explicada por Léopold Sedar Senghor, que a apresentou à comunidade como um meio de preparação, uma "etapa" para chegar à independência. Significa dizer que os territórios da AOF e da AEF foram proclamados Repúblicas, cada uma delas com uma Constituição. Em contrapartida, os deputados e senadores africanos não participavam do Parlamento francês, ainda que, por cerca de um ano, De Gaulle tivesse mantido em seu gabinete quatro ministros-conselheiros: Felix H. Boigny, Léopold Senghor, Gabriel Liselte e Filibert Tsiranana, sendo as Repúblicas por eles representadas admitidas como membros das Nações Unidas.

Mesmo assim, pouco depois, conscientes de que os territórios separados eram fracos, as elites africanas decidiram estrategicamente reunir forças, retomando a construção de federações, como as existentes na AOF e na AEF, antes da "balcanização" promovida pela "Lei-quadro". Assim, ainda em pleno período no qual representantes africanos integravam o gabinete do governo francês, os representantes de Alto Volta, Senegal, Sudão e Daomé formaram em Dacar a Federação do Mali. Para realçar a singularidade desse processo de construir e afirmar a federação, ocorreu outro, o retorno às raízes africanas, começando pelo nome para ela escolhido, uma clara alusão ao império do Mali, fundado por Sundyata Keita. Vale lembrar que diferentes tradições orais foram valorizadas. Conforme o reconhecido historiador senegalês Boubacar Barry:

> Ao mesmo tempo que se proclama a unanimidade nacional se exalta com mais ou menos vigor a resistência do herói nacional escolhido no momento da independência para servir de exemplo às novas gerações. É o caso de Lat-Joor no Senegal, de Samori Touré e Alfa Yaya na Guiné, enquanto o Mali se volta para Sundiata, fundador do Império do Mali.[20]

20. BARRY. *Senegâmbia: o desafio..., op. cit.*, p. 27.

A essa se soma outra herança anterior ao colonialismo francês acerca de uma organização política, o Império de El Hadj Omar. É importante salientar o papel dos chefes tradicionais, os quais teceram a continuidade histórica de um "passado antigo" nos processos eleitorais, dando ensejo para que fossem renovadas relações de clientelismo, e mesmo de amos e escravos. Entrelaçando cultura e política, é sabido que integraram os movimentos de independência que mais recuperaram o passado aquelas organizações políticas que utilizaram a tradição numa perspectiva capaz de legitimar as ações "modernizantes" sendo, ao mesmo tempo, cimento de coesão grupal. Na feliz idéia de Georges Balandier, esse processo foi qualificado como "neotradicionalista".

Entretanto, é evidente que o complexo processo de formação e desenvolvimento da federação do Mali transcende a questão político-cultural. Em primeiro lugar porque se manifestaram claros descontentamentos de ordem econômica. As elites políticas do Alto Volta não tardaram a constatar que a economia da Federação girava basicamente em torno dos interesses de Abdjan, o que desagradou também a Daomé. Assim, a Federação do Mali acabou reduzida ao Senegal e ao Sudão Francês. Em segundo lugar, havia uma nítida discordância por parte da Federação do Mali em relação à comunidade francesa, ainda que esta fosse revestida de um caráter inovador e necessário para preparar os territórios para a independência. Por outro lado, os povos africanos tinham clareza da permanência de uma relação que buscava garantir à França sua lealdade com os cidadãos, o que, pragmaticamente, pouco diferia da imposição da obediência à qual haviam sido submetidos como súditos (veja mapa 11.4).

Peça que representa o desenvolvimento físico e espiritual antes e depois da circuncisão, ritual comum nos países da Federação do Mali.

Por parte dos africanos, essa situação, identificada como fonte de descontentamentos, foi reforçada pelos mecanismos e instrumentos de poder definidos como próprios da Comunidade. A ela cabia tomar providências que assegurassem a continuidade das tradições européias dominantes, além de resguardar características comuns a todo o império. Assim, a nacionalidade da República Francesa deveria manter-se a mesma para todos os constituintes da Comunidade; a única língua oficial seria a francesa; haveria um único hino, a "Marselhesa"; e uma só bandeira, a tricolor da França.

Mas esse processo de franca reafirmação de símbolos franceses condicionou o não-reconhecimento da Comunidade no plano internacional, o que tornava obrigatório mencionar a nacionalidade francesa nos passaportes. Além disso, como a política externa era una, as embaixadas eram as da República Francesa; o exército também obedecia a uma única organização de comando; e o serviço de segurança interno ficava sob a responsabilidade do primeiro-ministro da República Francesa, que tinha como função defender a Comunidade. No entanto, "não havia tendência à fraternidade [...] Para a maioria dos europeus, a imagem predileta de sua relação com os africanos era de senhor paternal e servo fiel".[21] Desse modo, o desapontamento com a Comunidade não tardou e os descontentamentos tornaram-se cada vez maiores.

Em setembro de 1959, a Federação do Mali solicitou ao governo De Gaulle que lhe outorgasse a independência. É evidente que mesmo de forma tácita permaneceu a idéia de que a federação continuaria unida à Comunidade, uma vez introduzidas duas modificações centrais para o processo de negociação da independência: a preservação da sua liberdade e o estabelecimento de uma via contratual. Ora, se a situação referente à França não era das mais fáceis, visto que adiava a própria independência outorgada ao Senegal e ao Sudão, a prática política do sudanês Modibo Keita tornou-se ainda mais difícil com a tentativa de um golpe de Estado, em Dacar, que incluía eliminar Mamadou Dia, Senghor e seu grupo de trabalho. A reação senegalesa foi rápida e com o apoio da política francesa se restabeleceu a autoridade. Quanto a Modibo Keita e seus colaboradores sudaneses, foram expulsos. Assim, se por um lado a Federação do Mali foi mantida, por outro criou um constrangimento com alguns presidentes da República de outros territórios. Quanto a Modibo Keita, a despeito dos grupos de oposição do Mali, havia conservado uma base de apoio que lhe deu legitimidade para negociar com o governo francês uma independência outorgada para a Federação do Mali. Pouco mais tarde, de volta a Bamaco, proclamou a República do Mali. Já no Senegal, Léopold Senghor foi eleito presidente da República.

---

21. HOBSBAWM, E.; RANGER, T. (orgs.). *A invenção das tradições, op. cit.*, p. 231.

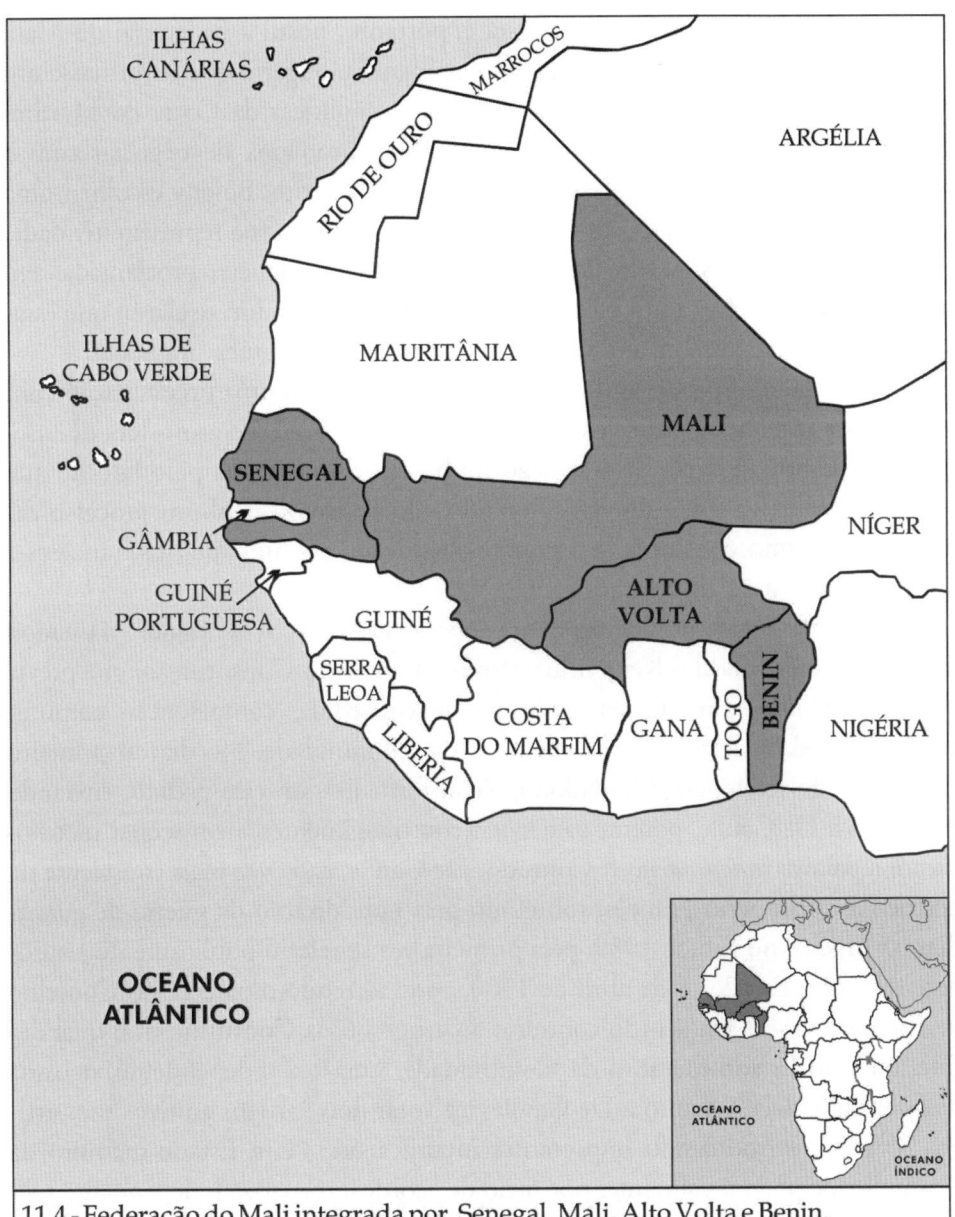

11.4 - Federação do Mali integrada por Senegal, Mali, Alto Volta e Benin.

[Elaborado pela autora para a devida adequação ao texto - L .L .HERNANDEZ]

Os dois presidentes eleitos aceitaram o caráter contingente de voltar a ser alia-dos e apadrinhados pela França, o que lhes possibilitou serem admitidos como membros das Nações Unidas. Por sua vez, Houphouët-Boigny (da Costa do Marfim), declaradamente antifederalista e, portanto, hostil à Federação do Mali, graças à sua participação ativa, conseguiu extingui-la. Sugeriu que se formasse um "Conselho de Entendimento" para coordenar as políticas da Costa do Marfim, do Alto Volta e do Daomé. Mas permanecia o problema de negociar com a França as independências dessas Repúblicas. Rapidamente, Boigny escolheu uma modalidade de atuação que, em última análise, reconhecia sua representatividade, garantindo-lhe o prestígio de ter alcançado as independências proclamadas em agosto de 1960. Reforçando o seu estilo de grande negociador, declarou que essas Repúblicas apenas diziam um "até breve" à França, mas nunca um adeus.

Por seu lado, o processo de transição trouxe consigo uma preocupação com a certeza de resultados positivos no jogo político. Contudo, a atmosfera de inse-gurança quanto ao curso da transição foi bastante amenizada pelo fato de que a resposta negativa da Guiné ao referendo não acarretou nenhum processo ca-tastrófico, mesmo considerado o grande abandono dos funcionários franceses e a própria suspensão do auxílio francês.

Presidente e vice-presidente da Federação do Mali, o senegalês Mamadou Dia e o sudanês Modibo Keita utilizaram o artigo 78 da Constituição, que previa que pelos acordos particulares, deveriam ser concedidas competências comuns, em proveito da federação como membro da Comunidade. No dia do primeiro aniversário do referendo, Mamadou e Keita formalizaram esse pedido, enviando uma carta a De Gaulle; porém, para evitar constrangimentos, nem sequer mencio-naram a palavra *independência*. Contudo, De Gaulle, cada vez mais consciente da derrocada do Império Francês, sobretudo pela radicalização da guerra de guerri-lhas na Argélia, no fim de 1959, pela primeira vez se referiu publicamente à auto-determinação. Em 2 e 4 de abril de 1960, contradizendo o parecer do Conselho de Estado, assinou um acordo contrário ao artigo 86 da Constituição, o qual de-finia que um Estado-membro da Comunidade, uma vez independente, deixaria de fazer parte dela. Quanto a De Gaulle, fez votar dois "artigos aditivos" aos arti-gos 85 e 86, introduzindo importantes modificações: "Um Estado-membro da Comunidade pode igualmente, por meio de acordos, tornar-se independente sem deixar de fazer parte da Comunidade".[22] Estavam removidos os entraves para a independência da Federação do Mali, efetuada a 20 de junho de 1960 e marca-das para 27 de agosto as eleições presidenciais.

22. *Apud* CORNEVIN, *op. cit.*, p. 181.

Porém, do dia 19 para 20 de agosto de 1960, Modibo Keita, chefe do governo da Federação do Mali, tentou dar um golpe de Estado com vistas a eliminar os senegaleses Mamadou Dia e Senghor, com seu "pequeno comitê" de apoio. A reação dos ministros senegaleses foi imediata e com o apoio da polícia francesa eles restabeleceram a sua autoridade, proclamando a independência do Senegal. Como medida complementar, expulsaram Modibo Keita e vinte de seus mais próximos colaboradores sudaneses para Bamaco. Confiante da sua popularidade no Sudão, Modibo Keita proclamou em Bamaco, em 22 de setembro de 1960, no antigo Sudão Francês, a República do Mali.

Senegal

 O Senegal, como os demais espaços geopolíticos sob domínio francês, reagiu às medidas tomadas pela França quando esta, em particular no pós-Segunda Guerra Mundial, apercebeu-se das fraturas do modelo imperial, numa conjuntura em que o contracolonialismo passou a ser consensual entre os dois grandes, Estados Unidos e União Soviética, e o processo de "descolonização" uma imposição das forças mundiais. Mas o problema não se esgotou nessa dimensão, na qual a particularidade histórico-cultural da sociedade de cada território podia ser facilmente ocultada pela generalidade administrativo-jurídica própria de um novo modelo, mais "racional" do que o anterior, incidindo sobre todos os territórios da AOF e da AEF. Além desta, é necessário registrar a dimensão regional que a "lei-quadro" suprimiu, provocando como reação o surgimento da federação como tentativa de minimizar os efeitos da "balcanização".

No que se refere à dimensão histórico-estrutural própria do Senegal, ele foi dividido administrativamente em quatro municípios: Saint Louis, Gore, Dacar e Rufisque, contando com instituições municipais semelhantes às que havia na França, em 1872 e 1879 (veja mapa 11.5). Esses municípios mereceram um tratamento diferenciado – tanto que, desde 1833, os africanos das áreas urbanas de um desses quatro municípios (Saint Louis) foram considerados "cidadãos" e, como tais, tinham direito à eleição de um deputado do Senegal para integrar a Assembléia Francesa. É possível verificar que a política cultural de assimilação, ao que tudo indica, obteve maior êxito neste do que em outros territórios sob domínio francês. Esse conjunto de elementos deu ensejo ao surgimento de elites bastante ativas no plano da prática política, o que

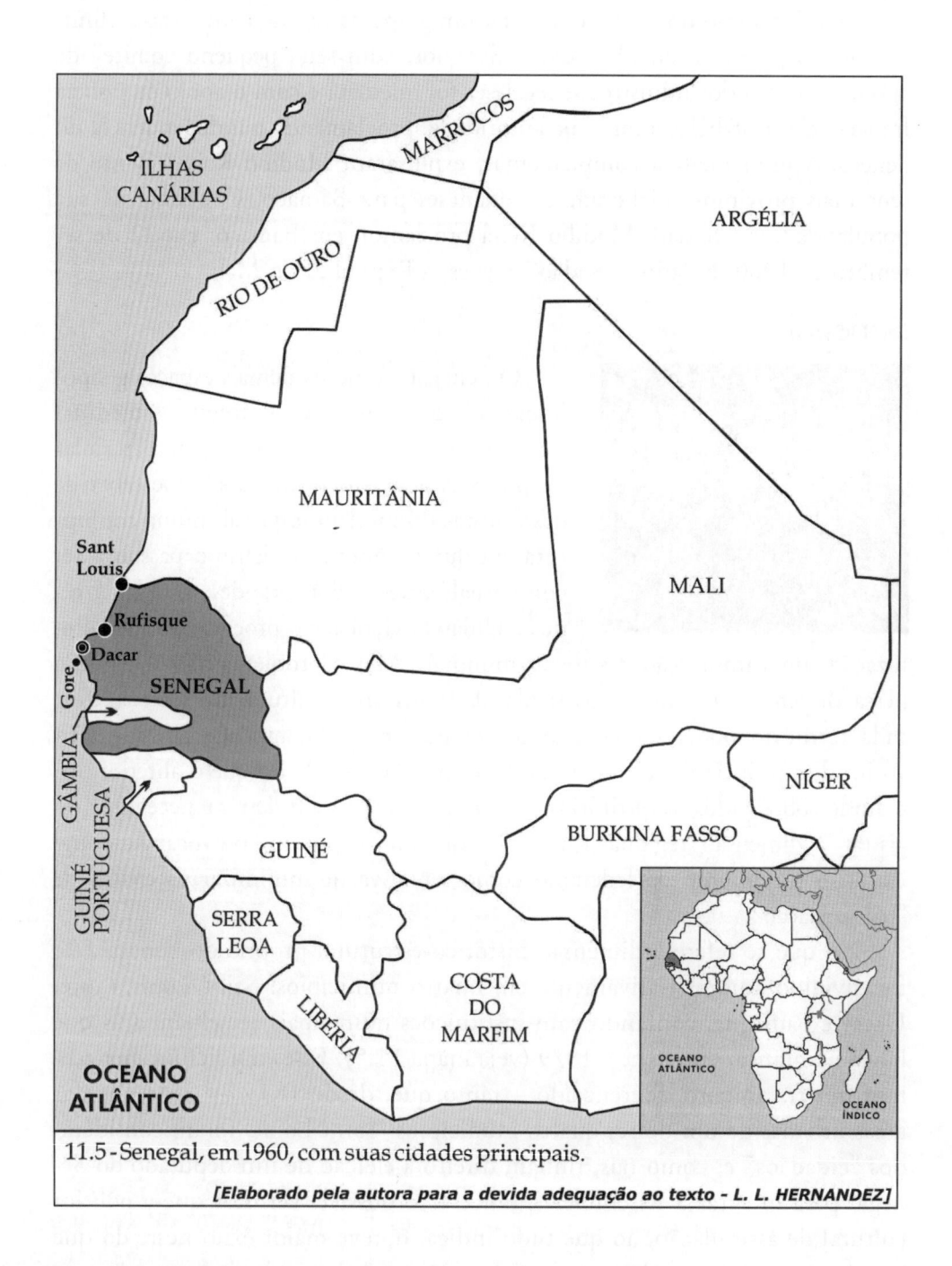

11.5 - Senegal, em 1960, com suas cidades principais.

[Elaborado pela autora para a devida adequação ao texto - L. L. HERNANDEZ]

possibilitou que, ainda na primeira metade do século XIX, fosse iniciada uma reivindicação por direitos políticos.

Além disso, os habitantes do Senegal tiveram a possibilidade de adquirir a nacionalidade francesa, desde que se submetessem às suas leis. A contrapartida desse "direito concedido" deveu-se, em 1914, à atuação de Blaise Diagne como fundador do Partido Socialista Republicano e como o primeiro deputado negro representante do Senegal na Assembléia Nacional, de 1914 a 1934. Sua luta fez-se com apoio dos grandes marabus das áreas urbanas, em torno do direito de que os habitantes do Senegal obtivessem coletivamente a "naturalização", o que lhes conferia direitos eleitorais sem ter de renegar o direito e os costumes corânicos, atendendo às reivindicações das ordens sufi e sanusyia, herdeiras de todos os movimentos djihadistas africanos. Também lutou pelo direito de organização dos sindicatos e para que os lebus fossem indenizados pelo confisco de suas terras quando da conquista militar até próximo da independência. Além disso, também foram suas bandeiras de luta a igualdade, a dignidade do homem africano e o direito de direção das instituições municipais pelos africanos do Senegal. Vale a pena registrar também que, nos trinta anos seguintes, a luta por direitos e liberdades esteve presente como uma das principais reivindicações nas lutas políticas do Senegal, sobrepondo-se às demandas por melhorias administrativas.

Durante o período em apreciação houve um nítido desenvolvimento da vida urbana, em parte em razão dos efeitos da economia do amendoim sobre o setor agrário. Já no período entre guerras, o rápido crescimento industrial, com indústrias de montagem e de transformação, acelerou o processo em curso. Por sua vez, havia uma relação muito forte entre o crescimento industrial e a constituição de um sindicalismo, ainda que, em geral, mais fraco do que nos territórios da África Ocidental Britânica. Essa relação aparece mais claramente no pós-Segunda Guerra Mundial, quando, nos dias 9 e 10 de abril de 1947, foi convocada, em Dacar, a primeira Conferência Sindical. Apenas dois meses depois, em junho de 1947, o Conselho Geral da Federação Sindical Mundial indicou como palavra de ordem "para trabalho igual, salário igual", mas não fez nenhuma menção à "situação colonial" nem às reivindicações nacionalistas africanas.

Vale a pena salientar que a política do PCF na época não estava realmente mobilizada em torno da questão colonial, ora refletindo o antigo debate que tinha como idéias matrizes as de Lênin e de Rosa Luxemburgo, ora assimilando os povos "oprimidos" aos "proletários" e a todas as classes vítimas de exploração. Esses fios foram atados pela "[...] participação nas misérias de todos os explorados, na humilhação da desclassificação social ilimitada, ligada neste caso à violência da dominação colonial, que podem remeter a Fanon [...]".[23]

É compreensível, por isso, que a inquietação ou mesmo a divergência entre as ideologias sindicais francesas e africanas não tenham tardado a surgir. Entre 10 de outubro de 1947 e 19 de maio de 1948 o debate reacendeu na greve da estrada de ferro Dacar–Níger, abrangendo os grevistas e suas famílias de Dacar, Tiès e Bamaco. No âmbito de questões organizativas desse movimento, as reivindicações profissionais passaram a ser relacionadas a um clamor neotradicional por uma "personalidade africana". Essa vontade hegemônica fez que, com o apoio da CGT, tenha se formado, em 1948, um sindicato autônomo que reunia, em 1953, cerca de um terço dos sindicalizados da AOF.

O ponto de inflexão desse processo ocorreu durante a Conferência de Bamaco, de 22 a 27 de outubro de 1951, quando, sob o amparo da CGT, por volta de 144 delegados de 14 territórios da África Francesa reuniram-se e formaram dois comitês de coordenação, um para AOF Togo, com sede em Dacar, e outro para a AEF Camarões, sediado em Doula. No ano seguinte, os delegados africanos, cobrindo o vazio a respeito dos problemas colonial e nacional, declararam que, sem autonomia política, a autonomia sindical não passava de "mera ilusão".

Todas essas circunstâncias criaram algumas condições importantes para a emergência de movimentos operários esparsos. Diante desse desafio histórico, a inflexibilidade da reação francesa foi imediata. O começo das agitações sociais no Senegal teve como marco o motim de novembro de 1944, próximo a Dacar, por tropas de africanos inconformados com a quebra de compromissos firmados durante a guerra. A repressão foi imediata e nela utilizada desmedida violência, acarretando mais de 200 mortos. Não é de surpreender que, além da repressão utilizada para manter a situação vigente, o governo francês não tenha descuidado da tendência a mudanças, controlando o processo de reformas e negociação, de modo a reiterar a idéia de uma política "grande e generosa" que impelisse as colônias à "evolução".

Familiarizada com a burocracia e a economia moderna, foi da classe média em formação que saiu não só o grande número de estudantes e de intelectuais, como também de profissionais e empregados de escritório. Pertenciam à organização dos Jovens Senegaleses (1914). O laço que se instituiu entre eles baseava-se fundamentalmente em um conjunto de reivindicações que se referiam, de forma direta, à ordem pública e às liberdades políticas. Especificamente quanto

---

23. GALISSOT, René. "Nação e nacionalidade nos debates do movimento operário". *In*: HOBSBAWM, Eric, (org.). *História do marxismo IV: o marxismo na época da Segunda Internacional*. Rio de Janeiro: Paz e Terra, 1984, p. 210.

aos estudantes, eram membros de seções universitárias de partidos nacionalistas ou mesmo de grupos de estudo junto com militantes de partidos ou movimentos europeus "progressistas", como o Partido Comunista e o Partido Socialista Francês. Esses alunos bolsistas dos territórios coloniais organizaram-se na França, onde fundaram, em 1952, a Fédération des Étudiants d'Afrique Noire en France (Feanf) e entendiam que sua luta estava no âmbito da perspectiva de um nacionalismo continental africano que transcendia a luta racial, acentuando o princípio da unidade africana em larga escala.

Para cobrir o vazio a respeito dos problemas colonial e nacional foi da maior importância o papel desempenhado pelas elites, tanto pela elaboração e divulgação de idéias como pelo laço instituído entre elas e os movimentos estudantil e sindical. Para o Senegal, é útil registrar os artigos da revista *Présence Africaine* e, sobretudo, das escrituras de Cheikh Anta Diop, Abdoulaye Ly e Senghor, embora tivessem posições político-ideológicas irreconciliáveis. Dos três, talvez o que tenha enfatizado mais a importância da unidade para a liberdade da África e a restauração da dignidade africana tenha sido Cheikh Anta Diop e que na sua prática política, defendia a idéia de Estado-nação.

No pós-Segunda Guerra Mundial, todos esses movimentos se definiram como nacionalistas e integraram as lutas nacionais no âmbito de conjuntos interterritoriais. Essa transformação se manifestou com particular vigor na AOF e na AEF, não obstante o emaranhado étnico que lhes conferia uma complexidade singular. Em uma perspectiva própria da Antropologia, os grupos urbanos

[...] demonstram ao menos tanto a persistência e o vigor do vínculo étnico, em sua reaparição como meio de adaptação, com uma mudança de escala, separação e simplificação do mosaico étnico teoricamente herdado das diversidades de origem, como o debilitamento de uma realidade social minada, sem dúvida, pela mescla cidadã..., duas observações que só são contraditórias se tomadas de maneira sincrônica e desvinculadas de suas manifestações sociais reais. Para os moradores, a solidariedade étnica pode, efetivamente, refazer funções integradoras dos vínculos de linhagem tradicionais desaparecidos. E as oposições e competições entre etnias não são unicamente obstáculo para a constituição de uma sociedade urbana; são também a aceitação de um jogo comum baseado no reconhecimento das diversidades. [...][24]

24. MERCIER, P. *Apud* COQUERY-VIDROVITH, C., "As cidades pré-coloniais: tentativa de definição e periodização". *Revista Internacional de Estudos Africanos*, n. 4-5, Lisboa: jan-dez. 1986, p. 274.

Por fim, também havia a complexa situação dos partidos em um significativo processo de transformação. Na verdade, a conjuntura de 1946 a 1956, foi de intensa efervescência política, com um contínuo contraponto entre as diretrizes políticas francesas para o império ultramarino e a resposta africana em busca de fundar uma nova ordem pública com liberdades políticas. Não se trata de ignorar a influência exercida pelos partidos anteriores a 1945. Mas, sem dúvida, a atuação das seções partidárias francesas dos socialistas e comunistas, alcançou um número consideravelmente maior de interlocutores em um Senegal, com regiões em franco processo de urbanização e com elites político-culturais sensíveis às discussões sobre os rumos daquele território.

Foi o caso, em setembro de 1945, do primeiro documento africano elaborado por representantes da Section Française de l'Internationale Ouvière (SFIO), apêndice de um partido socialista francês revestido de características de frente popular. Pelo conteúdo do texto apresentado, seus autores, entre eles Senghor, Lamine Guèye, Yacine Diallo e Houphouët-Boigny, foram obrigados pelo ministro Moutet a retirar suas assinaturas. Afinal, algumas transformações sociopolíticas reconhecidas como progressistas para o mundo contemporâneo explicavam reivindicações como igualdade de direitos, ao lado de uma posição contrária ao federalismo (o que, aliás, foi preconizado pelo Mouvement Républicain Populaire, da França).

Tornava-se cada vez mais clara a pressão para que se formasse uma comissão coordenadora de caráter conservador, capaz de somar esforços para tecer uma unidade dos partidos no interior de cada território, preparar um único movimento africano e aderir à União Francesa. Assim, estariam resguardados o equilíbrio e a estabilidade política favoráveis a uma evolução como sinônimo de maior autonomia interna. Equivale dizer que se procurava conter as agressivas reivindicações de autogoverno.

Essas idéias tiveram um papel histórico objetivo bem mais marcante do que aquelas debatidas nos grupos de estudos dos que se auto-definiam como comunistas reunidos no Comité d'Étente Dakarois. Voltaram-se para mudanças conforme suas avaliações históricas, o que significava compreender as questões colonial e nacional sob a perspectiva marxista e a sua materialização em uma práxis adequada para um espaço geopolítico com características socioculturais específicas. Esses imperativos suscitaram novos interesses que acabaram por se traduzir na transformação do comitê em Bloco Africano, conduzido por Lamine Guèye e Léopold Senghor. O Bloco representou uma forma popular de participação, com um corpo de idéias populistas que penetrou os mundos rurais, cristalizando as principais insatisfações e reivindicações da época, chegando a materializar-se em uma representação simbólica, o "vestido bloco" usado pelas militantes e simpatizantes do movimento.[25]

Para compreender melhor por que a atividade do SFIO ganhou dianteira sobre o grupo de estudo comunista do Bloco Africano é necessário considerar, com especial atenção, a atividade de Guèye, que, ao estabelecer uma grande ligação com os produtores de cacau na sua terra, tornou mais fácil uma aproximação bastante íntima com as bases; ganhou prestígio como o respeitado professor que ensinou francês aos franceses; e obteve, até 1956, apoio da grande confraria muçulmana dos Múridas. Porém, as tensões internas não tardaram a provocar a saída de Senghor, em 1948, acusado de incitar o partido ao culto à personalidade ou laminismo (uma clara influência do leninismo), favoritismo e falta de disciplina.

Afastado, Senghor criou o Bloco Democrático Senegalês, ou Bloc des Masses Senegalaises, com apoio das redes dos marabus do interior. Centrado no desenvolvimento de cooperativas e infra-estruturas, na construção de escolas e na defesa de melhores concessões para o amendoim, ao mesmo tempo que se declarava socialista, Senghor insistia na concepção marxista-leninista da autogestão do povo, o que pressupunha o alargamento não só dos poderes e da influência dos sindicatos, mas também dos mecanismos e instrumentos próprios do aparato administrativo-jurídico vigente. Essas questões foram relacionadas com o firme objetivo de que a doutrina partidária se despisse das marcantes influências do SFIO francês. Com ênfase no "caráter senegalês" do partido, sua principal bandeira de luta era o pedido de alargamento da autonomia da África subsaariana. Foi secundado por Mamadou Dia, que obteve um modesto crescimento do Bloco, absorvido pelo sistema existente.

Além desses, dois outros partidos políticos, na conjuntura dos anos 1957 a 1960, também consideraram que a independência refletia a agudização de contradições fundamentais e introduziram como temas de luta o socialismo, a democracia e a paz. O primeiro foi o dinâmico Partido Africano pela Independência (PAI), fundado em 19 de setembro de 1957, na sua maioria por jovens senegaleses, que lutavam por um partido novo para a conquista total do poder, por meio da independência nacional como imperativo para a separação definitiva e completa dos laços coloniais. Defendiam um programa que articulava a independência ao socialismo. Poucos meses depois, em julho de 1958, o Parti du Regroupement Africain (PRA), também fundado por Senghor, pro-

25. SAUL, John S. África. *In*: IONESCU, Ghita; GELLNER, Ernest (orgs.). *Populismo: sus significados y características nacionales*. Buenos Aires: Amorrortu, 1969, p. 150-151.

clamou sua decisão pela independência, marcando uma ruptura gradativa com o regime colonial. Em 29 de setembro de 1958, Senghor declarou: "A comunidade não é para nós senão uma transição e um meio, especialmente de nos preparar para a independência tal como aconteceu com os territórios sob dependência britânica".[26]

Pode-se constatar que o tema da conquista da independência foi importante, mas não se obteve consenso político-partidário acerca dos caminhos para atingi-la. De todo modo, havia uma clara e forte tendência pelo gradualismo, que compreendia uma certa continuidade, ao lado de importantes elementos de mudanças. No caso do Senegal, também os obstáculos culturais e legais foram fortemente combatidos pelos partidos políticos. Todos esses fatos explicam porque os partidos políticos foram os interlocutores privilegiados do governo francês. Por meio deles, a França negociou readaptações administrativo-jurídicas para manter a política de assimilação e controlar a evolução do seu império Ultramarino.

Quanto às características centrais desse processo, foram em número de quatro. A primeira, a opção por parte da França, pela comunidade e dos territórios africanos ultramarinos pela independência mediata ou imediata, tendo como marco a "lei-quadro" e as modificações por ela introduzidas. A segunda característica apontava para a falta de uma completa autonomia dos partidos políticos no Senegal, com diferentes graus de proximidade com os partidos comunista e socialista franceses. Por sua vez, a terceira dizia respeito a estratégia política dos partidos que, com poucas exceções, foram interterritoriais, com constante predomínio do Rassemblement Démocratique African (RDA), filiado do PCF desde 1950, quando se desviou na direção da organização socialista de R. Pleven.

Desde o início, o RDA teve uma organização interna composta de uma comissão coordenadora que preparou três congressos, de 1946 a 1958, para cuidar que todas as suas seções tivessem uma orientação comum, além de serem os espaços de (re)afirmação de fidelidades comuns. Constituiu-se como uma federação que ganhou uma grande penetração popular, o que lhe permitiu vencer as eleições para assembléias territoriais, em 1950 e em 1957. Sua principal base social de apoio era constituída basicamente por funcionários da administração, professores, profissionais liberais, empregados do comércio e da indústria, ao lado de uma pequena porcentagem de chefes locais, agricultores e sindicalistas.

---

26. *Apud* CORNEVIN, *op. cit.*, p. 180.

É igualmente importante reconhecer, que o RDA não canalizou todas as forças políticas da AOF e da AEF, mas, por implantar seções em quase todos os territórios, tornou-se uma vasta organização política. Até as independências, na maior parte do período de 1945 a 1960, foi o mais respeitado interlocutor político do governo francês. Mesmo nos territórios onde o RDA encontrava oposição de outros partidos às suas seções locais, nenhum deles foi tão ligado às massas e manteve um papel de contínua relevância interterritorial.

A partir de 1955, os movimentos sociais de estudantes, intelectuais e trabalhadores urbanos, ao lado de partidos políticos, convergiram com crescente nitidez para uma luta por autonomia política, como precondição para outras liberdades.[27] De outro lado, os acontecimentos que envolveram a dissolução da Federação do Mali propiciaram que tanto o Mali como o Senegal conquistassem, em separado, suas independências. Assim, no dia 20 de agosto de 1960, o Senegal, com apoio político do governo francês, tornou-se um Estado independente.

Costa do Marfim[28]

A Constituição Francesa de 1946 forneceu instrumentos adequados aos proprietários de terra europeus da Costa do Marfim, permitindo-lhes utilizá-los para consolidar seu poderio econômico e seu mando político. Aceita pela administração francesa, a Câmara de Agricultura da Costa do Marfim participou dos Estados Gerais da Colonização Francesa, no mês de setembro de 1945, em Brazzaville. Os conservadores avaliaram as resoluções da conferência como muito avançadas para o "estágio evolutivo" dos povos negros, caracterizados por sua "inferioridade". Por isso, reiteraram: "Nós exigimos que o trabalho seja considerado um dever social... que se traduz por um somatório de jornadas de trabalho de que cada indivíduo é considerado devedor em relação à colectividade..."[29] Com essa justificativa solicitavam que o trabalho fosse um "dever social obrigatório".

27. Foi a conjuntura na qual o RDA perdeu força, não chegando, no Senegal, a ser o partido predominante e a ter influência decisiva na luta político-ideológica. No desenvolver das lutas depois da promulgação da "lei-quadro", quem chegou ao poder foi o Bloc Populaire Sénégalais.
28. A Costa do Marfim surgiu da divisão, em 1932, do Alto Volta em Sudão Ocidental Francês, Níger e Costa do Marfim.
29. *Apud* CORNEVIN, *op. cit.*, p. 92.

No âmbito da natureza do processo de mudança geral da AOF, a Costa do Marfim apresentava algumas particularidades que configuravam uma situação repleta de tensões sociais. Grosso modo, referiam-se a um conjunto de aspectos que explica o surgimento de práticas coletivas dotadas de diferentes graus de organicidade e eficácia política, por parte dos sindicatos, dos estudantes ou mesmo do movimento milenarista mais importante da Costa do Marfim. Deste, sabe-se que foi um movimento religioso liderado pelo profeta liberiano William Wade Harris, que viajou por parte da África Ocidental, instalando-se na baixa Costa do Marfim, de onde foi expulso por se mostrar claramente contrário às injustiças do domínio francês. Ainda assim, suas atividades acabaram dando ensejo para que fosse criada a Église Harriste (Igreja Harrista da Costa do Marfim) guardando, com nitidez, crenças, valores e rituais da religião tradicional no âmbito litúrgico e ritual, com fortes elementos próprios do cristianismo.

Quanto ao movimento sindical, teve de escolher entre a luta reformista e a revolucionária, implicando uma mudança da sociedade, suprimindo as causas e os efeitos nocivos do domínio francês sobre os povos africanos. Quanto à resposta do primeiro-ministro da Costa do Marfim a tais reivindicações, foi dada em uma declaração de setembro de 1959. Com uma alusão acerca da ação dos partidos socialista e comunista franceses nos sindicatos, advertiu: "Interditarei todo e qualquer sindicato que mantenha relações com países hostis a Côte d'Ivoire".[30]

Por sua vez, o movimento dos estudantes da Costa do Marfim teve como presidente Memel Fotté Harris, preso no dia 20 de maio de 1959, quando saía de Acra com destino a Paris. Acusado de conspirar contra a segurança do Estado, liderando um início de guerra civil, foi encarcerado. Dias depois, Boigny declarou que Memel havia sido detido com documentos que comprovavam que ele estava a "soldo do estrangeiro" (ao que tudo indica, ele se referia à Guiné) para trair os responsáveis por seu próprio país. Em poucas palavras, resumiu: "[...] Nós temos um *dossier*, documentos os quais provam que o homem que prendemos desejava organizar desordens em Côte d'Ivoire, a partir de um Estado vizinho. Premeditava-se apunhalar os responsáveis do país. Todos quantos se comprometerem nesse caminho serão encarcerados, julgados e condenados".[31]

30. FERREIRA, *op. cit.*, p. 58.
31. FERREIRA, *op. cit.*, p. 72.

Não menos importante foi o fato do trabalhador da zona florestal ter trocado a economia de subsistência pelo cultivo do café e do cacau, produtos mais bem remunerados. Assim se constituíram os "fazendeiros" africanos na Costa do Marfim. Para ter uma dimensão mais clara da presença desse grupo na economia, vale registrar que, em 1939, eram eles que produziam a maior parte do cacau e do café exportados. Essa característica gerou um equilíbrio instável, quando não uma disputa entre proprietários rurais europeus e africanos, expressa por práticas de poder inscritas no terreno do conflito. Nesse ponto, basta salientar que os proprietários rurais europeus tinham direito a um conjunto de privilégios como, entre outros, a garantia da compra da sua produção por preços muito mais elevados do que os do algodão, do amendoim e do próprio cacau cultivado pelos proprietários rurais africanos da zona das savanas. Outro ponto de fricção estava na exploração de madeira, para a qual só os europeus tinham privilégios. Em síntese, o número de proprietários rurais africanos pobres era bastante superior ao de proprietários europeus abastados. Foram registrados vários casos de proprietários rurais africanos transformados em mão-de-obra recrutada para as plantações européias, pela baixa produtividade de suas plantações, derivada da falta de implementos agrícolas necessários, mas não acessíveis aos africanos.

Outra característica simultânea à anterior dizia respeito aos trabalhadores agrícolas, com significativas variações que implicavam desigualdades entre eles, divididos entre trabalhadores assalariados, a serviço dos europeus, e trabalhadores submetidos a formas de trabalho compulsório, destinadas aos africanos. Como conseqüência, grande parte da mão-de-obra escolhia trabalhar para os europeus. A esta assimetria somava-se outra, a tensão entre brancos e negros, uma das formas do preconceito, acentuada pelos métodos racistas do governo Vichy. Essa situação era potencializada pelo recrutamento de grande número de trabalhadores forçados para os serviços públicos ou para as estâncias, que abasteciam de lenha a estrada de ferro, e de carvão, os caminhões a gás. Esse conjunto de elementos gerou um forte desagrado, sobretudo na região florestal da Costa do Marfim. A esses aspectos característicos da estrutura social rural soma-se outro não menos importante. Refere-se à perda de autoridade dos chefes tradicionais cooptados e submetidos à administração colonial, que em troca de remuneração, se prestavam a ser recrutadores de mão-de-obra e coletores de impostos.

Ora, sob esse conjunto de condições, a chegada do governador gaullista Latrille foi fundamental. Ele enfrentou uma situação configurada por uma série de dificuldades políticas, condicionadas pela crise interna entre os grupos europeus e africanos economicamente dominantes. Contudo, o problema político agravou-se quando Latrille, mesmo desagradando ao Governo-Geral, reforçou as medidas tomadas em 1944, que tornavam os produtores de café e de cacau, no seu conjunto, isentos das requisições de trabalho forçado, o que favoreceu os proprietários de terra africanos.

Esse quadro político foi agravado por uma série de dificuldades com a Conferência de Brazzaville e a Constituinte de 1946. Desde então, o governo da Costa do Marfim teve de enfrentar uma crise dos grupos economicamente dominantes, que fizeram irromper um problema político. Para contorná-lo, as principais linhas políticas seguidas procuraram manter os privilégios dos europeus. Se por um lado a máquina governamental já não os protegia como esperavam, deu uma força política efetiva à Câmara da Agricultura, que até então havia sido também o principal canal de reivindicação dos interesses de proprietários africanos. De todo modo, a essência simples e direta da discriminação integrava o próprio funcionamento da câmara. Os proprietários de terra europeus continuaram a proteger com firmeza os seus interesses, pressionando o governo para que os subsídios fossem concedidos apenas aos proprietários com mais de 25 hectares de plantações, o que excluía a maioria dos proprietários africanos. Além disso, de acordo com a tabela, as terras dos europeus valiam o dobro da dos africanos, sob a justificativa de que aqueles tinham de arcar com os gastos de licença e de repatriamento. Como efeito real dessas medidas retiraram-se da Câmara de Agricultura, entre outros, Gabriel Dadié, Marcel Laubhuet, Kwame Adingra, Fulgence Bru, Félix Houphouët-Boigny e Georges Kassi, os quais, com apoio do governador Latrille, que autorizou a formação de sindicatos, criaram o Sindicato de Plantadores Africanos da Costa do Marfim. A atuação desse organismo autônomo pode ser considerada um passo fundamental em direção à independência (veja mapa 11.6).

Reunindo cerca de dois mil membros, teve como presidente Félix Houphouët Boigny (médico formado pela Escola de Medicina de Dacar), nomeado chefe do Cantão Akoué, em 1939, por ser herdeiro dos povos akan, segundo a tradição matrilinear. Contando com a forte simpatia de Latrille, Boigny tornou-se representante incontesto do amálgama entre os valores tradicionais africanos e o ideal republicano francês. Galvanizou e deu expressão às reivindicações e aspirações de várias camadas da população da Costa do Marfim, tanto dos chefes tradicionais como dos plantadores e das elites culturais. Essa concepção nada original, menos ainda exclusiva, possibilitava a Boigny "[...] discernir um certo padrão nessas adesões pareadas tão desajeitadamente unidas [...]". Parafraseando Appiah, é possível identificá-las: Costa do Marfim e os akan; "[...] desenvolvimento e herança; demo-

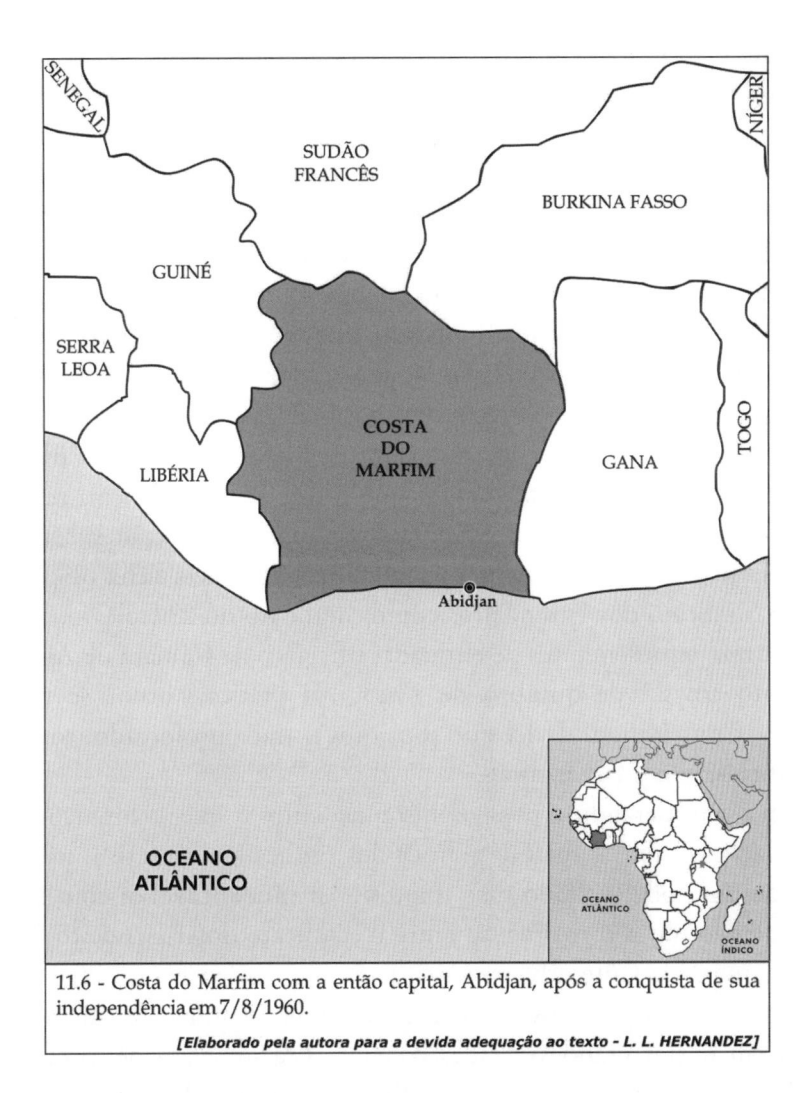

11.6 - Costa do Marfim com a então capital, Abidjan, após a conquista de sua independência em 7/8/1960.

[Elaborado pela autora para a devida adequação ao texto - L. L. HERNANDEZ]

cracia e chefia [...]".[32] Mais ainda, cada um dos elementos desse par dicotômico referia-se à esfera do Estado ou da sociedade, unidos por uma característica comum a ambos: a economia.

No entanto, as principais linhas seguidas pela Câmara de Agricultura, em 1946, procuraram manter e reforçar os privilégios dos europeus. Significa que a essência da desigualdade e da discriminação continuou a impregnar o seu funcionamento. Sentindo-se ultrajado, o grupo de proprietários rurais africanos retirou-se da câmara e, com o apoio do governador Latrille, criou o Sindicato Agrícola Africano. Esse organismo autônomo sob, a presidência de Félix Boigny,

32. APPIAH, Kwame Anthony. *Na casa de meu pai... op. cit.*, p. 223.

reuniu perto de 20 mil membros. Com a permissão de Latrille, o sindicato pôde vender a sua produção sem intermediários, o que permitiu atravessar a larga fronteira que separava os proprietários europeus dos africanos, viabilizando a possibilidade destes passarem a receber diretamente material de importação. Esses fatores acarretaram uma melhora substancial, em particular para o produtor médio africano, reduzindo as condições de exploração, às quais até então estavam expostos. Em seguida, o sindicato propôs o recrutamento voluntário de trabalhadores, para os quais o salário diário seria quadruplicado. Era do que necessitavam para mudar a situação que enfrentavam e alterá-la. Nesse sentido, o próprio Boigny e seus aliados foram contratar mão-de-obra em dois dos mais importantes fornecedores, no círculo de Vagaduew, de onde levaram cerca de 3.500 trabalhadores livres.

Os acontecimentos demonstraram que todas essas mudanças, referentes a uma combinação de incentivos econômicos e uma diminuição substantiva da coação, foram acompanhadas de um realinhamento político. Félix Boigny, designado pelo Sindicato dos Fazendeiros como candidato do 2º Colégio, concorreu com mais treze representantes de entidades oficiais e da Câmara de Agricultura, sendo eleito em 22 de outubro de 1945. Na prática, tornou-se relator na Assembléia Constituinte, da lei que suprimiu o trabalho forçado, tornando-se popular inclusive nas zonas rurais.

Mesmo considerando a possível distância entre o que as intenções proclamam e as ações fazem, a atuação política dos sindicatos foi efetiva, tornando-se criadora de um poder voltado para impulsionar mudanças. Foi com esses propósitos que ocorreu a aproximação entre o Sindicato dos Fazendeiros e o Parti Démocratique de la Côte d'Ivoire (PDCI), cujas estrutura organizativa e ideologia tinham como modelo os Grupos de Estudos Comunistas, aliás, também presentes em outras grandes cidades da AOF. Era um verdadeiro espinho no flanco do governo estabelecido. O conflito não tardou. Em 1947, sangrentos tumultos em Abenguru culminaram com a demissão de Latrille e sua substituição pelo governador Laurent Péchoux, encarregado de dificultar, ao máximo, a atuação da seção do RDA na Costa do Marfim. Com uma política violenta, ele subjugou os considerados "subversivos", promovendo prisões de quadros, de militantes, além de ser conivente com tiroteios e assassinatos.

Todavia, a recuperação de um clima político menos conturbado ocorreu não por terem sido solucionadas as razões para um confronto armado, mas pela atuação decisiva de Boigny, que rejeitava a rebelião armada, escolhendo o colaboracionismo. Nesse sentido, negociou com o ministro da França do ultramar, François Mitterrand, procurando distanciar o RDA do PCF. Também L. S. Senghor incentivou um conjunto de transformações políticas. Salientando os pontos de fricção do RDA, propunha discutir o tema do reagrupamento, um dos objetivos não cumpridos pela constituição de 1946. Esse era um campo de debates movediço, uma vez que em torno da idéia de Federação dos Estados gravitavam movimentos que tinham concepções diferentes, e mesmo opostas, do futuro da África, provocando cisões no movimento político africano desde 1958. Essa disputa captava um aspecto da verdade política, mas perdia outro, entendendo a federação como simples antítese da idéia da comunidade.

É importante registrar que desde o "[...] congresso do RDA reunido em Bamaco, em 1957, o problema do federalismo provocara choques entre seções de Côte d'Ivoire e do Gabão, por um lado, e as da Guiné, do Sudão e do Senegal, por outro". Havia "[...] considerações de ordem financeira ou orçamentária que estariam lastreando as posições contrárias à federação (os países mais ricos temendo perder sua riqueza ao se associarem a países mais pobres) [...]".[33] A questão é polêmica, pois para uns a federação dificilmente resistiria aos particularismos, já para outros só essa forma de associação política tornaria viável a superação desses entraves, possibilitando um desenvolvimento harmonioso da África.

Essa política tornou-se mais contundente quando se buscou definir a transição para a independência. Por isso, um grupo de políticos integrado por Lamine Guèye, Senghor (ambos do Senegal), Yacine Diallo (da Guiné), Apithy (do Daomé), Dabo Sussoko (do Sudão), além de Felix Tchicaya e Gabriel d'Arboussier (da AEF), uniu suas forças, constituindo uma frente comum, espécie de ferramenta para atingir o poder com o objetivo de reivindicar que a Constituição fosse aplicada. Mas a realidade acabou negando a retórica. Na verdade, haviam duas visões simultâneas, mas conflitantes em relação ao RDA como partido sob clara influência do PCF. Alvo de críticas, o RDA perdeu importantes quadros, como Fily Dabo Sissoko e Apithy.

Tais circunstâncias podem ajudar a entender a reação do RDA, que, graças à superioridade dos seus meios materiais e de organização, somada ao prestígio de Boigny, implantou várias seções partidárias nos diferentes territórios da AOF e da AEF. O grande aliado de Boigny nesse processo foi Vezzin Culibau, sem dúvida uma das figuras mais proeminentes da luta anticolonialista africana, tendo sido secretário político do RDA em todos os territórios, embora não demonstrasse ligação exclusiva com nenhum território. Nesse sentido, foi o grande representante do "espírito de unidade", constituindo-se este o ideal do RDA nos seus primeiros anos.

---

33. FERREIRA, *op. cit.*, p. 56.

Dessa maneira, o RDA tornou-se uma vasta organização política, tendo como pilares o Parti Démocratique de la Côte d'Ivoire (PDCI), a União Sudanesa e o Partido Democrático da Guiné. O RDA tornou-se, assim, uma estrutura fortemente implementada em cada território sob o domínio da França, ao mesmo tempo que se manteve flexível no plano interafricano. O RDA controlava os governos de metade dos territórios da AOF, enquanto a maior parte opunha-se à Costa do Marfim no que se refere ao recrutamento de mão-de-obra para trabalhos forçados, no Alto Volta, usando de violência e terror.

De todo modo, é provável que em muitos territórios da AOF e da AEF a perseguição desenfreada por parte de entidades governamentais, ao contrário do que pretendiam, tenha atuado como fator de coesão do RDA, desde a sua direção até as suas bases de apoio. Contudo, a unificação do RDA não evitou que fossem aprofundadas as diferenças político-ideológicas e as práticas daí decorrentes. Com sutileza, em 1951, Boigny, então presidente do RDA, comandou uma direitização do partido que incluía uma posição radicalmente territorialista e antifederalista. As simpatias pela escolha política de Boigny resultaram na entrada de capitais ocidentais de volume considerável, o que acarretou um aumento da utilização da mão-de-obra do Alto Volta. É evidente que esse conjunto de elementos estava ligado ao predomínio dos gradualistas na política da Costa do Marfim.

No entanto, a discordância da oposição, sob a liderança de Gabriel d'Arboussier, favorável à colaboração dos comunistas, configurou uma crise que, na verdade, só fez acentuar uma situação preexistente, trazendo como conseqüências o rompimento de d'Arboussier com o RDA e o abalo da base social de apoio do movimento. Cinco anos depois, em 1956, d'Arboussier se reconciliou com a direção do RDA, em uma fase de plena colaboração com o governo francês, do qual Boigny era membro. Quanto ao Rassemblement, passou a canalizar os sentimentos e os laços compartilhados pela maioria da população da Costa do Marfim, oferecendo-lhe efetivamente o *status* de cidadãos com direitos e deveres em relação a instituições comuns.

Daí em diante, a disputa em torno da comunidade ou federação foi tênue, possibilitando que o Conselho do Entendimento, associação com fins econômicos composta por Costa do Marfim, Alto Volta, Daomé e Níger, solicitasse a transferência de competências. Prescindindo de um acordo previamente firmado com a França, fixaram as datas de suas independências, cabendo à Costa do Marfim o dia 7 de agosto de 1960.

Alto Volta

O Alto Volta, criado em 1919 como território colonial, foi dividido, em 1932, entre Sudão, Níger e Costa do Marfim, limitando-se à curva do rio Níger. Região de recursos naturais bastante escassos, por outro lado, contava com uma excelente posição geográfica e, em particular, com uma população muito laboriosa que praticava a agricultura, sobretudo em regime de subsistência, incluindo produtos como o sorgo, o feijão, o milho e a batata-doce. Exportava amendoim, algodão, tabaco, gado e couros, empregando apenas cerca de 20% da população. Durante esse período, a maior parte da população era constituída pelos descendentes dos "reinos" Mossi e utilizada como fonte de recrutamento de mão-de-obra abundante e muito barata, não poucas vezes, submetida ao trabalho forçado para a Costa do Ouro e para a Costa do Marfim, que produziam colheitas especializadas, como o cacau. De outro lado, a falta de condições materiais do próprio território voltaico explica que uma das formas de resistência dos mossi tenha sido a emigração em massa, em busca de trabalho assalariado em outros territórios.

Contudo, a relação estabelecida entre os proprietários de terra (também chamados fazendeiros) da Costa do Marfim e os trabalhadores era fundada na violência e no medo. No fundo, reproduziam-se as relações de dominação e subordinação próprias das administrações francesas em relação aos povos africanos (veja mapa 11.7).

Essa situação deu origem a uma série de movimentos de resistência, em 1908 e 1909, e nos anos 1916 e 1917, quando houve uma expressiva fuga do Alto Volta para a Costa do Marfim. Também é sabido que em 1914, em nome do esforço de guerra, os mossis foram, em grande número, recrutados como soldados e incorporados ao exército e à polícia, trabalhando por jornada nas plantações da Costa do Marfim e para o trabalho forçado, no próprio Alto Volta. Por fim, em torno de 1920, foi registrada uma fuga em massa como forma de resistência do Alto Volta, em particular para a Costa do Marfim, onde foram empregados na construção de ferrovias; para a Costa do Ouro; e para outros territórios da AOF, para os trabalhos em obras de infra-estrutura.

Esse conjunto de circunstâncias objetivas, impregnadas de opressão e de injustiça, acarretou nova onda de movimentos de resistência, reatualizados em esferas articuladas de ação e representação, nas quais as práticas religiosas marca-

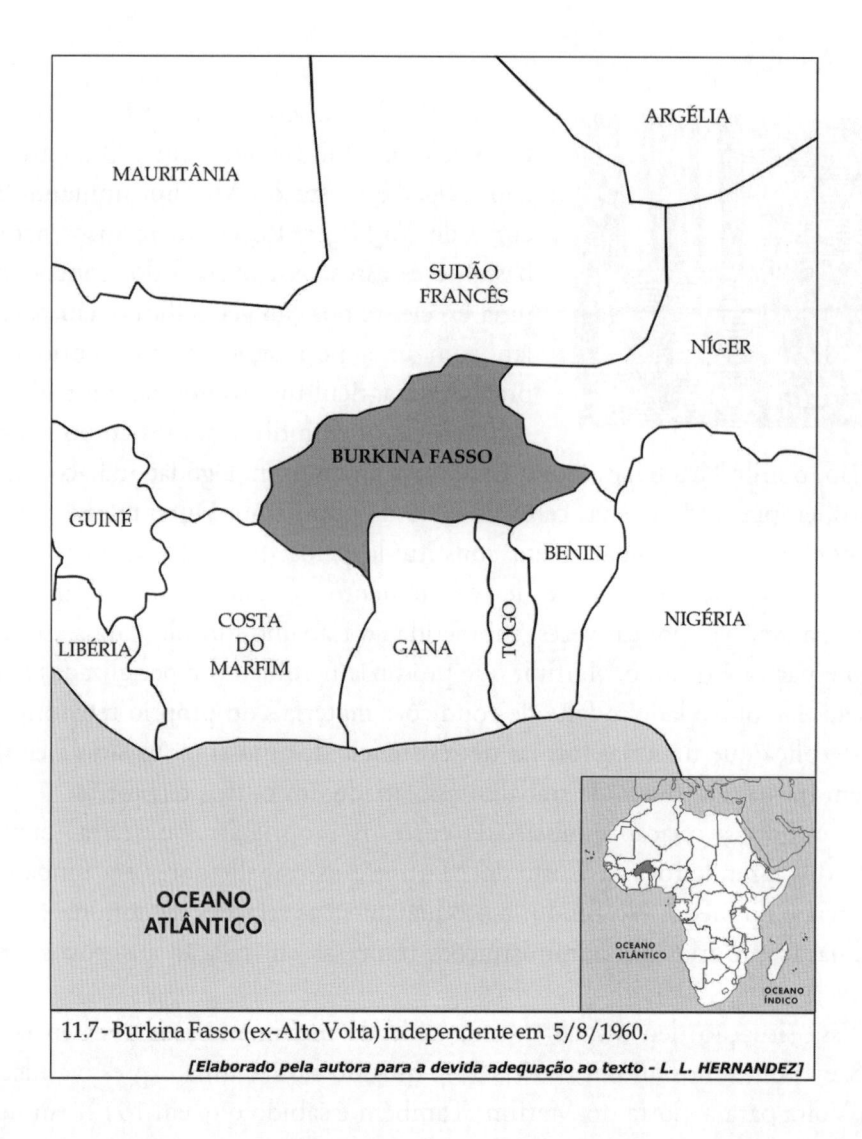

11.7 - Burkina Fasso (ex-Alto Volta) independente em 5/8/1960.

[Elaborado pela autora para a devida adequação ao texto - L. L. HERNANDEZ]

ram um papel fundamental. Por volta de 1920, adeptos das religiões tradicionais, os mossis do Alto Volta, os libis e os bambaras do Sudão Francês, uniram-se para combater o islamismo e o cristianismo, identificado com a cultura francesa. O ponto básico é que a religião como fenômeno cultural guardava um conjunto de códigos tradicionais, constituindo-se no centro básico de sustentação da cosmogonia africana. Oferecia determinada percepção da vida, do universo, da natureza e da cultura de origem dos povos africanos.[34] Conti-

---

34. HAMA, Boubou; KI-ZERBO, J. "Lugar da História na sociedade africana". *In*: KI-ZERBO, J. (coord.). *História geral da África. Metodologia e pré-história da África, op. cit.*, p. 63.

nha uma temporalidade absoluta e uma dimensão social que englobava hierarquicamente desde Deus até as deidades sobrenaturais, os ancestrais e os espíritos, "[...] agentes de feitiçaria, e os espíritos de magia e de bruxaria [...] além dos amuletos e dos talismãs, que tanto eram empregados para proteção como para opressão".[35] Inscrita na prática cotidiana, a religião tinha uma dimensão fundamental para a coesão dos grupos.

É adequado, portanto, considerar que a religião tradicional como modo específico de conceber a vida e o mundo, repleta de implicações sociais e políticas, foi um aspecto fundamental de resistência à cultura ocidental e, sobretudo, ao projeto cultural francês de assimilação, compartilhado pela igreja católica. Quanto à resistência, foi uma forma de negar as imposições da burocracia colonial. Nas palavras de Memmi: "[...] O esmagamento do colonizado está incluído nos valores dos colonizadores. Quando o colonizado adota esses valores, adota inclusive sua própria condenação. [...]"[36]

Além desses focos de conflito, é importante ressaltar que, à medida que a crise decorrente da depressão econômica dos anos 1930 se expandia, o processo de emigração contínua aumentava, aparecendo com nitidez os descontentamentos mesclados a sentimentos anticolonialistas, em geral como decorrência das novas medidas financeiras postas em prática pelo aparato administrativo-jurídico. Porém, carecia de uma vontade coletiva capaz de organizar e orientar a ação política. Essa tarefa foi desempenhada pelas elites culturais e políticas e manifestou-se nos anos de 1936 e 1937, no movimento da Frente Popular, que pressionou a burocracia colonial a suspender o regime de trabalho forçado que, no entanto, voltou a ser intensificado até 1946. Praticamente ao mesmo tempo formou-se, em 1945, a União Voltaica, partido contrário à eleição de Boigny, como um dos dois deputados à Assembléia Constituinte, embora seu prestígio lhe tenha garantido a vitória. Além disso, a superioridade de organização do RDA permitiu que este fosse implantado rapidamente em toda parte oeste do Alto Volta.

Contudo, a oposição não se calou e, em 1948, uma vez mais, a União Voltaica ergueu-se, tendo como líderes Christophe Kalenzaga, Henri Guissu, Joseph Conombo, Joseph Vendra Gonadi, Nazi Boni e Maurice Yaméogo para os quais a idéia de federação era a antítese da idéia de comunidade francesa e do próprio processo de constituição da nação. Se, por um lado, a União Voltaica não obtuve apoio dos antigos combatentes, por outro conseguiu aproximar-se

35. OPOKU, K. Ashare. "A religião na África durante a época colonial". *In*: BOAHEN, A. A. (coord.). *História geral da África. A África sob dominação colonial, 1880-1935, op. cit.*, p. 520.
36. MEMMI, Albert. *Retrato do colonizado precedido pelo retrato do colonizador, op. cit.*, p. 107.

dos trabalhadores rurais e influir na sua organização. Além disso, com um grande vigor público, opôs-se às práticas dos chefes tradicionais, buscando lealdades mais amplas, como a União Voltaica.

Mas as diferentes posições político-ideológicas, acabaram por levar ao surgimento do Parti Démocratique Voltaique (PDU) e do Parti Social d'Education des Masses Africaines (PSEMA), que, juntos, em 1956, formaram o Parti Démocratif Unifé (PDU) que não tardou a tornar-se Union Démocratique Voltaique (UDV-RDA), tendo à frente Maurice Yaméogo, que obteve um significativo apoio nas regiões de Yatenga e de Bobo. Cabe também registrar que, além da UDV, surgiu o Mouvement Populaire d'Évolution Africaine (MPEA), de Nazi Boni, constituindo uma força que não podia ser ignorada. Após a dissolução do Parti National Voltaique (PNV) e do Parti Républicain de la Liberté (PRL), em 1956, Yaméogo liderou o governo de transição à frente da UDV-RDA.

Para calar as ações de resistência, o governo de transição não hesitou em utilizar a "ordem do garrote", intimidando os agrupamentos políticos, os estudantes, os sindicatos (constituídos por operários de pequenas indústrias de processamento de produtos agrícolas, têxteis e reparação de automóveis) e a imprensa, que, mesmo timidamente, apontava o perigo de que um novo tipo de violência e mesmo de terror se impusesse com a fundação de um Estado-Nação independente. Esse foi o contexto no qual Yaméogo, em janeiro de 1960, explicou a dissolução do PRL, acusando-o de, mesmo na ilegalidade, fazer propaganda e ter uma prática política idêntica à do Parti National Voltaique, também ilegal desde 7 de outubro de 1959. Além disso, não vacilou em utilizar-se de decretos-leis, regulamentando a liberdade de imprensa e a lei eleitoral. Depois, voltando a um velho jogo que até bem pouco tempo antes combateu, Yaméogo suprimiu a liberdade de expressão, dando fortes sinais de que após a independência prevaleceria um conceito conservador de política, preservando os mecanismos impeditivos para uma ação que tivesse como essencial o ato de liberdade.

No dia 5 de agosto de 1960, foi celebrada a independência do Alto Volta, tendo como chefe de governo Yaméogo, que utilizava a lei como instrumento de arbítrio, uma vez proclamando que as únicas forças políticas em seu país eram a Assembléia dirigida pelo RDA, responsável pela elaboração das leis, e um governo que, fiel ao RDA, era a quem caberia a aplicação das leis. Assim, mesmo independente, o Alto Volta continuou submetido à cultura do arbítrio e ao uso da violência como um dos instrumentos de garantia da supressão de direitos e liberdades.

Benin

Território comprimido entre o Togo e a Nigéria, Benin dividia-se entre uma faixa de terra relativamente fértil, a chamada "terre de barre", e o restante preenchido por poucas savanas e bosques que se estendiam até a costa atlântica. A principal atividade econômica era a agricultura, que fornecia a matéria-prima para a produção de derivados do algodão e da palmeira a preços baixos. Até o século XV a monarquia de poder limitado transformou-se em um grande "reino" graças ao soberano Ewuare, que, liderando suas tropas, submeteu grande parte dos ibos do oeste do Níger e alguns iorubás do setor oriental. O "Reino" do Benin também ficou célebre pelos seus objetos artísticos de latão e bronze, uma produção simbólica com uma formatividade de indiscutível caráter ritual. Já nos séculos XVII e XVIII, o Benin foi uma porta de saída de grande número de escravos, em particular para Cuba e para o Brasil (até 1850), garantindo a regularidade do trato quanto à qualidade e à quantidade da "mercadoria" vendida (Veja mapa 11.8).

No que se refere especificamente ao Brasil, vale lembrar o ir e vir de africanos, ex-escravos e de seus filhos retornados para o Benin, alguns enriquecidos como negreiros, a exemplo de Joaquim D'Almeida. Também é importante registrar a atuação de Francisco Felix de Souza, o mais conhecido e poderoso comerciante de escravos, cujo poder lhe conferiu o direito a "pompas e circunstâncias" próprias dos soberanos. Além destes, também se dedicaram ao comércio de escravos e azeite-de-dendê, libertos como Domingos José Martins e outros mais, contribuindo para as relações entre as duas margens do Atlântico, marcadas pela intensidade da troca e por uma forte presença da África no Brasil e do Brasil na África.[37]

Essas interações comerciais entre o Brasil e a Costa Africana ainda contêm uma importante troca simbólica da qual se salientam os cultos religiosos preservados como elementos da memória coletiva.[38] É interessante salientar que um número significativo de retornados, embora se dissesse católico, manteve os mitos e as práticas africanas ressignificadas nos rituais de celebrações religiosas. Exemplo significativo tem lugar no Bairro Brasileiro, onde foram preservados alguns elementos do catolicismo articulados à reprodução de ritos, crenças e

---

37. Consultar o livro de GURAN, Milton. *Agudás. Os "brasileiros" do Benin*. Rio de Janeiro: Nova Fronteira, 2000.
38. HALBWACHS, Maurice. *La mémoire coletive*. Paris: PUF, 1968; VERGER, Pierre. *Fluxo e refluxo*, *op. cit.*, 1987 e VERGER, Pierre. *Orixás*, *op. cit.*, 1981.

11.8 - Benin, que com o Togo e o Níger formaram os "Estados do Entendimento", conquistando suas independências mediante uma estratégia de apoio mútuo.

1 Lago Chade

[Elaborado pela autora para a devida adequação ao texto - L. L. HERNANDEZ]

práticas que perpetuavam a religiosidade dos envolvidos, tecendo relações de identidade entre os povos dos dois lados do Atlântico.

Registrado o tema da religiosidade e sua relação com as identidades dos afro-brasileiros, embora de forma suscinta, torna-se oportuno tecer algumas considerações sobre o impacto do domínio francês. Entre 1889 e 1894, o "rei" de Abomé foi obrigado pelo exercício da força a aceitar a presença dos franceses estabelecidos em Cotonu. Em 1894, com a ocupação de Abomé, os franceses criaram a colônia de Daomé, que foi tutelada administrativamente pelo governo-geral da AOF, em Dacar.[39] A oposição aos mecanismos próprios do aparato administrativo-jurídico colonial provocou uma série de protestos que se acentuou como conseqüência do esforço de guerra, quando partiu do Daomé uma coluna francesa junto com elementos britânicos da Costa do Ouro, forçando os alemães chefiados por Von Doering a capitular em três semanas, o que ocorreu em 26 de agosto de 1914.

Contudo, durante esse período, prevaleceu a oposição dos africanos por meio da seção local da Liga dos Direitos do Homem, sendo Louis Hunkanrin o mais destacado militante daomiano. Sua ação política incluiu ao mesmo tempo uma luta anticolonialista e uma participação em disputas internas pela direção

Ifa, o deus ioruba, e as divindades. A bordadura desta peça é decorada com animais e figuras humanas, demonstrando a fé dos iorubas e o talento do artesão que a esculpiu.

dos clãs em Porto Novo. Em 1913, foi para o Senegal, onde trabalhou ativamente na publicação de jornais, redigindo artigos contra a má administração colonial. Mais tarde foi a Paris, onde se aproximou de grupos de esquerda, entrando em contato com Touvalou Houénou e Marcus Garvey. Francamente

39. SOUMONNI, Eliseé. *Daomé e o mundo atlântico*. Trad. Vera Ribeiro e Valdemir Zamparoni. Rio de Janeiro: Sephis/CEA – Un. Cândido Mendes, 2001.

simpático às idéias de ambos, atuou de modo contínuo para que *La Ligue de Paris* e o *Negro World* começassem a ser lidos no Daomé.[40]

Regressando ao Daomé, Hunkanrin ativou a seção local da Liga dos Direitos do Homem e uma seção do Comitê Franco-Muçulmano, remetendo a Paris um conjunto de reivindicações para que a administração local fosse mudada. Elas não foram atendidas; além disso, os impostos continuaram a sofrer aumentos. Também houve escassez de moeda metálica devido às crises econômicas. As greves e as manifestações não tardaram, como em 1923 e 1933, tanto por causa de licenças de vendas no mercado como pela cobrança exorbitante de impostos. Com o exercício da violência, o exército restaurou a ordem. Todavia, nem por isso os africanos deixaram de reagir, organizando movimentos de resistência e conclamando os trabalhadores à greve. A ordem só foi restituída com a prisão dos dirigentes dos movimentos, incluindo Hunkanrin.

Passados alguns anos de relativa calma, a imprensa recomeçou os ataques ao domínio francês. Contribuiu de maneira decisiva para que o Daomé obtivesse o reconhecimento do direito de eleger um representante e de ter uma Assembléia Territorial em 1957, o que, somado ao governo autônomo, ampliou de forma significativa seus direitos e suas liberdades, acelerando a transição para a independência. Preservando a noção de unanimidade da assembléia, conferindo um apoio constante ao governo e contando com a atuação do partido único, o Manifesto-Programa do Movimento de Libertação do Daomé afirmava que "[...] não sendo a democracia sinônimo de anarquia, convém desenvolver em todos os níveis o espírito cívico e a solidariedade nacional".[41] Por fim, somando esforços com os outros três primeiros-ministros dos "Estados do Entendimento", Maga, do Daomé, conseguiu com êxito negociar que a independência de seu país fosse proclamada no dia 1º de agosto de 1960, voltando a se chamar Benin.

Níger

O Níger ocupa regiões que tradicionalmente foram províncias localizadas nas periferias de organizações políticas complexas (comumente denominadas "impérios" e "reinos") sudanesas centrais como Segu, Karta e Dyalonke, entre outras. Mas também é necessário ter claro que cerca de dois terços do território foram ocupados pelos "reinos" dos tuaregues. Já nas zonas oeste e sul viviam povos agrícolas com dificuldades de subsistência devido às secas, à invasão de

---

40. O tema do pan-africanismo consta do Capítulo 6, no qual são apontadas as principais idéias de Houénou e de Garvey.
41. *Apud* FERREIRA, *op. cit.*, p. 42-3.

gafanhotos e à baixa pluviosidade, o que contribuía para períodos nos quais predominava a fome, como os de 1899 a 1903, de 1904 a 1913 e de 1915 a 1931. Esse território apresentava, portanto, desvantagens, o que explicava sua conquista pela França, em 1897, apenas como um "produto secundário" para chegar ao domínio do Chade, estratégico para unir as Áfricas do Norte, do Oeste e Equatorial. (veja o mapa 11.9)

Graças às escavações dos anos de 1940, esta escultura de terracota que representa a maternidade pôde ser recuperada. A maior parte das informações sobre ela foi obtida com a recolha da tradição oral.

Com os franceses como conquistadores e transmissores da civilização ocidental, não é difícil entender que o domínio colonial tenha se reafirmado como inerentemente predatório, impondo cargas fiscais exorbitantes aos povos africanos. Também é preciso recordar que o governo francês, para destruir a espinha dorsal dos povos do Níger, suprimiu as chefias tradicionais. Dessa forma, é difícil considerar de que modo as revoltas poderiam não ter surgido, tanto por parte dos zerma-songai, de 1905 a 1906, como dos tuaregues, esta, de duração bastante maior, de 1910 a 1918. Não causa estranheza que todos esses movimentos tenham sido impiedosamente reprimidos.

Vale a pena referir que os protestos apresentaram fortes características islâmicas. Assim, era a lei islâmica que dava sentido à organização social, articulando as dimensões temporal e espiritual da vida cotidiana. Por sua vez, não só as instituições públicas, como os valores, os costumes e a própria vida familiar eram regulamentados por prescrições corânicas. Também era a lei islâmica que regia as atitudes antifrancesa e anticolonial, as quais, no caso do Níger (mas também do Mali e da Mauritânia), tiveram a liderança do Movimento Hamalliyya, fundado pelo xeque Hamallah, demonstrando verdadeira aversão aos "infiéis". Entretanto, a dura repressão imposta aos movimentos contestatórios não

11.9 - Níger, um espaço geopolítico formado por organizações políticas complexas sudanesas ("impérios" e "reinos") ao lado dos "reinos" tuaregues, que estiveram sob a dominação britânica até 3/8/1960.

1 Lago Chade

[Elaborado pela autora para a devida adequação ao texto - L. L. HERNANDEZ]

conseguiu eliminar as perturbações políticas. Ao contrário, durante a Primeira Guerra Mundial os protestos aumentaram em número e intensidade, acrescidos pela conjunção de dois fatores: a forte estiagem de 1914 somada ao recrutamento intensivo em nome do "esforço de guerra".

Merece ser citado que ao menos algumas condições estruturais favoráveis tornaram possível manter os níveis de subsistência sob controle, condição suficiente para que a lei e a ordem imperassem no Níger por algum tempo. Em 1930, porém, a fome assolou o território como conseqüência de uma invasão de gafanhotos. O sistema colonial só fez agravar a situação, conforme comprovam os relatórios administrativos da época, com suas claras referências tanto às exorbitantes cargas fiscais como aos estímulos à emigração para a Costa do Ouro. Na situação do Níger, essas medidas acarretaram um grande prejuízo para o plantio de alimentos e um significativo aumento das formas de trabalho compulsório.

As queixas não demoraram, aumentando em 1931, quando a administração negou-se a diminuir o imposto de capitação; ao contrário, sem impor limites à extorsão, passou a insistir no pagamento coletivo, o que obrigava os trabalhadores agrícolas a arcar com a parte dos desertores e até mesmo dos que já tinham morrido. A situação agravou-se com o aumento indiscriminado das horas de trabalho forçado, provocando uma taxa de mortalidade superior a 50%, o que, em alguns casos, acarretou o desaparecimento de aldeias inteiras. Esse quadro de carências quase plenas continuou até a Segunda Guerra Mundial. O trabalhador do campo suportava muitos sofrimentos, tendo sua condição agravada pela queda de preços dos produtos, pela falta de empregos e diminuição do poder aquisitivo. Restava-lhe emigrar para os centros urbanos, onde aumentava o contingente de homens que sobreviviam abaixo da linha de pobreza.

Por outro lado, é importante advertir que entre os anos 1931 e 1956 são muitas as lacunas acerca das atividades políticas no Níger. De todo modo, ainda que de forma preliminar, pode-se apresentar como hipótese a idéia de que a falta de atividade política decorreu, em grande parte, de um alto grau de repressão, dificultando a formação de organizações políticas e a constituição de uma imprensa mais atuante. Além disso, as elites culturais tinham suas opiniões alinhadas aos partidos políticos, aos sindicatos franceses, e às organizações como a Ligue Universelle pour la Défense de la Race Noir, o Comité de la Défense de la Race Nègre e a Ligue de la Défense de la Race Nègre, além da influência da Universal Negro Improvement Association (Unia). Ainda assim, fazendo coro com os demais territórios da AOF e da AEF, reivindicaram, em setembro de 1946, "condições liberais, democráticas e humanas" negadas aos colonizados. O saldo dessas lutas foi terem alcançado um conjunto de leis votadas na constituinte, que suprimiam o trabalho forçado, garantiam o direito de reunião e de associação, aboliam o indigenato, concediam a cidadania francesa a todos os súditos dos territórios ultramarinos e estendiam a todos a aplicação do Código Penal Francês.

Também em 1946 ocorreu, como é sabido, o Congresso de Bamako, durante o qual foi fundado o RDA e, pouco mais tarde, suas seções próprias de cada território, com tendências semelhantes, por vezes mais revolucionárias e, em outras, mais reformistas. No caso da seção do RDA do Níger, isto é, o *Parti Populaire du Níger*, a escolha político-ideológica recaiu em uma posição reformista. Boubou Hama, presidente na época, justificou:

> A técnica que, em plena época colonial, pretendia pôr o problema da independência nacional [...] teria dado origem, na África Negra, a uma dura repressão, se tivesse sido patrocinada por grandes movimentos como o RDA. Teria conduzido à destruição dos nossos quadros, muito raros em certos territórios, a um atraso e não a um avanço à entrega das massas africanas sem guia, à perniciosa infiltração dos defensores do colonialismo; aqueles que travaram deveras o combate anticolonialista, que o sentiram na carne, nos bens, e no sofrimento horrível das massas camponesas que os seguiam, esses compreendem hoje como foi justa a nossa tática e eficazes as opções políticas que nos levaram da lei-quadro à autonomia interna.[42]

Nessas circunstâncias, a conquista do sufrágio universal em 1956 foi, sem dúvida, uma das vitórias da negociação gradual entre os territórios da AOF e da AEF com o governo francês. Seguindo essa mesma política, em 1958, quando do referendo, o presidente Djibo Bakary e o Parti Sawaba optaram pelo "não". No ano seguinte, foi constituído um governo de transição dirigido por Hamani Diori, que usou de extrema violência para com os movimentos reivindicatórios qualificados como "terroristas e subversivos" e ligados ao Parti Sawaba, justificando o exílio de Bakary. Nessas circunstâncias, o presidente do Conselho do Níger, Diori, em novembro de 1959, afirmou que seu governo não temia nenhuma oposição interna, desde que ela fosse "nacionalista e construtiva".

Foi assim que, em vez de enfrentar o grande desafio de construir a unidade nacional no Níger, constantemente ameaçada pelas reivindicações tuaregues, foram utilizados o controle e a repressão, instrumentalizando a política. Mantendo-se a lei e a ordem sob o medo, o processo de negociação com o governo francês avançou e a independência do Níger foi marcada para o dia 3 de agosto de 1960.

---

42. *Apud* BENOT, *op. cit.*, v. 1, p. 107.

Mauritânia

Um dos países mais extensos da África, a Mauritânia ocupa cerca de dois terços da superfície da região do Saara. Significa dizer que as precipitações são mínimas, aumentando em direção ao sul, onde a vegetação é abundante. No extremo sul, acompanhando o curso do rio Senegal, em uma faixa estreita, agricultores sedentários cultivam ainda hoje árvores frutíferas, verduras e cereais. Aproximadamente três quartos da população são constituídos por mouros, nômades por tradição e muçulmanos de expressão Hassanya. Contam na sua linhagem com berberes e árabes. Já o extremo sul é habitado por povos agricultores sedentarizados, de expressão pular, além dos soninquês, que têm a sua própria língua.

Em 1899, perante os países europeus, os franceses tornaram público seu interesse em governar o território que compreendia da margem direita do Senegal às fronteiras da Argélia e do Marrocos, constituindo-se um elo com o Magrebe, com o qual tinha evidentes afinidades culturais, em especial lingüísticas, secundadas pelas religiosas, e com os países subsaarianos, com os quais compartilhava um passado histórico e mantinha importantes laços econômicos. Poucos anos depois, entre 1903 e 1904, esse território foi transformado em protetorado, a exemplo de Saint Louis do Senegal. Apenas em 1920, tornou-se uma colônia francesa, acolhendo colonos franceses acompanhados por africanos que desempenhavam funções de intérpretes e guias (veja mapa 11.10).

Talvez o mais importante legado das características histórico-estruturais específicas desse território tenha sido um conjunto de conflitos. O primeiro deles derivado das diferentes formas de sociedade e cultura, uma vez que os povos islamizados do norte acabaram gozando de maior autonomia, devido à forte rejeição da colonização francesa. Predominaram os valores e as tradições islâmicas, além de permanecerem em funcionamento as escolas de bairro e algumas escolas "superiores", perpetuando o ensino alcorânico. Por outro lado, os povos africanos do sul foram, de forma geral, mais permeáveis à administração francesa, seus mecanismos e instrumentos de dominação, incluindo o projeto de assimilação. Evidentemente essas circunstâncias promoveram alterações sociais que aumentaram as diferenças histórico-culturais das várias regiões da Mauritânia. O segundo foco de conflito, articulado ao anterior, refere-se ao mosaico lingüístico predominando sobre as diferenças religiosas. Por sua vez, o terceiro diz respeito ao fato de a supremacia moura ser qualificada de racista, dando ensejo a uma série de tensões raciais entre os povos do norte e os povos do sul.

No período entre guerras foram registradas profundas transformações econômico-sociais. De todo modo, o momento no qual essas alterações começaram a se acentuar, tornando-se mais efetivas, não está claro. Parece mais provável, no entanto, que se estendeu até o final dos anos 1940, quando teve início uma conjuntura caracterizada por forte crise política, na qual os movimentos que antes reclamavam apenas um papel mais importante na administração, passaram a exigir as rédeas do poder. Foram anos marcados por revoltas dos "negros mauritanos", que atuaram por meio da publicação de manifestos, chegando inclusive à tentativa de tomada militar do poder.

Ao que tudo indica, essa situação deu origem a mais um foco de crise derivado das contradições entre moderados e radicais no seio do Parti du Peuple Mauritanien (PPM). Esta foi potencializada pelo fato de o primeiro presidente, Moktar Ould Daddah, ter-se tornado protegido dos franceses. Em 28 de novembro de 1960, foi proclamada a independência do país, que passou a chamar-se República Islâmica da Mauritânia.

Todavia, considerando as diferenças das principais variantes estruturais, acentuadas pelas tendências históricas próprias dos povos da Mauritânia, faltam elementos para se compreender como eles foram unificados para que obtivessem a independência. Ao que tudo indica a unificação foi pontual, datada, fruto da soma da negação dos islamizados em relação à cultura ocidental dos "infiéis" e dos ressentimentos do sul pelas injustiças próprias do processo de dominação, que lhes era mais fortemente imposto pela administração francesa. De todo modo, passado o momento da independência, o "país dos mouros" teve de começar a enfrentar as velhas disputas e animosidades, próprias de um território caracterizado por um conjunto de heterogeneidades.

Chade

 O século XIX marcou a penetração européia, quando missões exploratórias, como a de Barth, em 1850, e a de Clapperton, em 1882, rasgaram o interior da África, chegando às regiões do Chade, que embora pobres e isoladas, situavam-se perto do centro geográfico do continente africano.[43] Compreendia desde o contorno das montanhas do Tibesti, ao norte, até a savana dos vales dos rios Chari e Sogme, ao sul. Esse território era habitado por povos de quatro grupos lingüísticos: o árabe, o sara madjingai (o mais numeroso e importante do ponto de vista político), o tuburi

---

43. Veja no Capítulo 2 o mapa 2.5, que mostra as rotas das explorações.

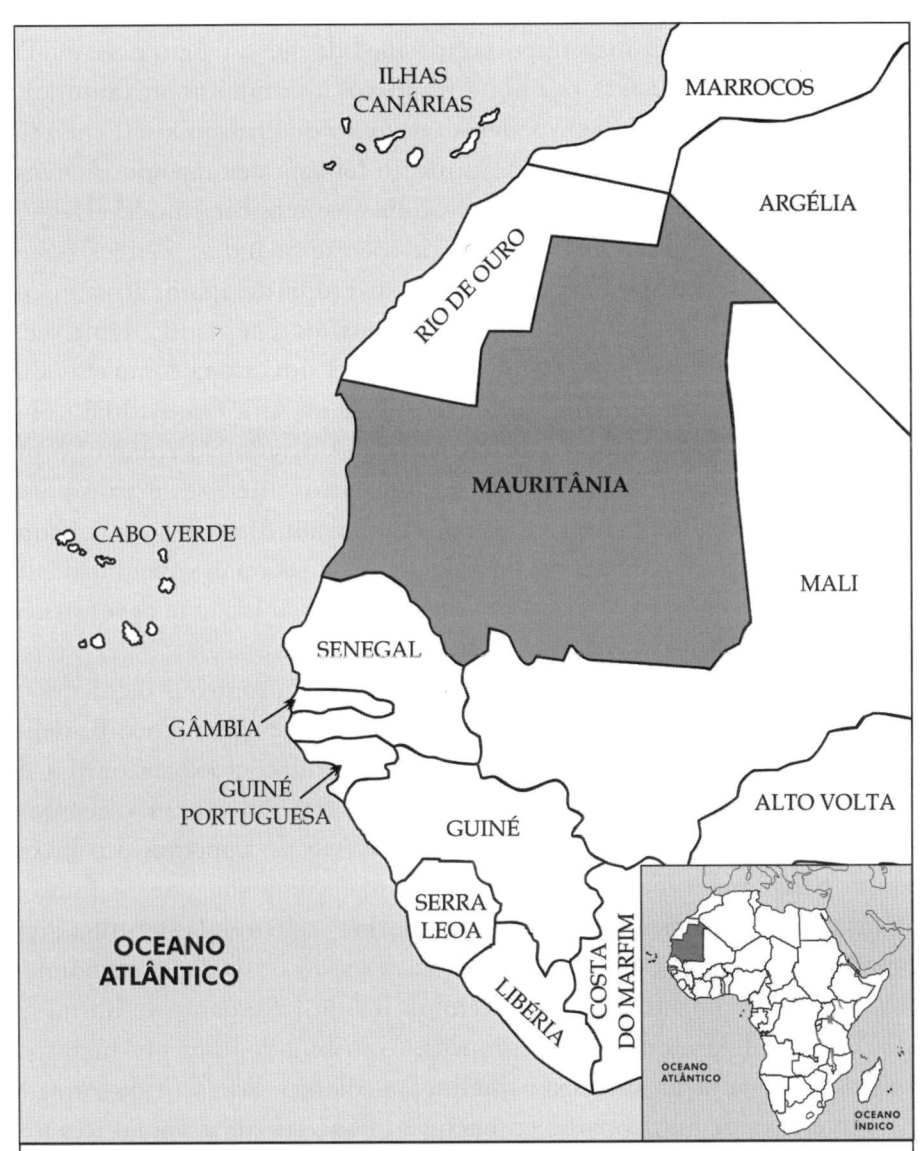

11.10 - "O País dos mouros", a Mauritânia, uma vez proclamada a independência, passou a enfrentar um conjunto de velhas disputas e animosidades, próprias de um território marcado por heterogeneidades.

[Elaborado pela autora para a devida adequação ao texto - L. L. HERNANDEZ]

e o mundang, os quais, no período do século X ao XIX, desenvolviam o comércio transaariano de escravos (veja mapa 11.11).[44]

Havia, simultaneamente, a atuação dos exploradores, rompendo barreiras, o que se tornava cada vez mais importante à medida que o tempo passava. Tratava-se da dominação da área por um dos últimos aventureiros africanos, caçador de escravos ligado a Zobeir, poderoso negreiro que passou a ser, em 1870, governador de Bahr e de Ghazar. Essa situação foi agravada quando ele deixou claras suas ambições expansionistas, que colidiam com as barreiras legais do governo egípcio; este, utilizando seus meios de coerção, mandou prender Zobeir.

Porém, contando com a fidelidade de um grupo de apoio, armado com cerca de 150 fuzis, recrutou aventureiros mercenários, em grande número árabes ou mestiços de árabes e organizou militarmente uma tropa completa de infantaria e cavalaria, conquistando vários territórios da África Equatorial, com o objetivo de reuni-los em uma Federação Centro-Africana. No entanto, o projeto de Zobeir, uma vez mais, chocou-se com outros interesses expansionistas franceses e, de forma implícita, também dos britânicos. Além disso, a conquista de Rabih, na região do Chade, no final do século, colocou os muçulmanos em confronto com os europeus, enlaçando, uma vez mais, o Islã com as resistências à administração colonial.

Em 1898, tentando corrigir as imprecisões de fronteiras herdadas do acordo franco-inglês de 1890, foi estabelecida a Convenção Franco-Britânica, um instrumento internacional para conter as precipitações expansionistas dos dois países que agitavam os últimos anos do século XIX. Por sua vez, o acordo de setembro de 1900, apresentava a mesma imprecisão de fronteiras e o mesmo desprezo pelos chefes locais. Além disso, em nada impediu que os franceses conquistassem militarmente o Chade, "plataforma" constituída por uma diversidade de grupos étnicos, culturas, organizações sociais e atividades econômicas. Nessa ocasião, o comandante Lamy derrotou Rabih, governante de Bornu que liderou os muçulmanos contra os europeus, contribuindo, uma vez mais, para identificar o Islã com a resistência à dominação colonial. Sem ferir de forma ostensiva interesses de outros países europeus, os franceses organizaram três frentes: uma que partiu do sul da Argélia, outra do Sudão e uma terceira do Congo, as quais, com fortes tons de violência, criaram o território militar do Chade, estabelecendo condições para a unificação do Império Colonial Francês na África. Poucos anos depois, o Chade passou a integrar a AEF, junto com o Congo

---

44. O comércio transaariano foi um dos temas abordados no Capítulo 1.

11.11 - Chade, ex-província francesa, tornou-se independente em 11/4/1960, sobretudo pela atuação dos grupos muçulmanos do Norte que somavam 55% da população. Também foi da maior importância o papel do Partido Progressista do Tchade (PPT) na formação de uma base social de apoio dos saras, do Sul.

1 Lago Chade

[Elaborado pela autora para a devida adequação ao texto - L. L. HERNANDEZ]

Brazzaville, o Ubangui-Chari e o Gabão, sendo a "presença francesa", sobretudo, administrativa e, acessoriamente, militar.

Dessa maneira, a França podia estabelecer uma correspondência direta com o sonho de constituir um império ligando o Mediterrâneo, o Atlântico e o Índico, não fossem os obstáculos próprios do mecanismo de funcionamento interno da política imperial francesa, que reunia todos os seus domínios, os da própria África, os da Ásia e os da América, sob a responsabilidade do ministro das colônias, que legislava por decreto, o que, administrativamente, mostrou uma enorme inoperância. Somada a essa razão havia os velhos interesses da Grã-Bretanha, empenhada em contribuir com o Egito para a recuperação do Sudão Nilótico sob os mahdistas, reafirmando sua antiga perspectiva de uma constante possibilidade futura de unir o Cairo ao Cabo.

Assim sendo, o colonialismo francês foi se infiltrando na África Equatorial através de todas as fendas possíveis. No que se refere à população, a "presença francesa", exceto em alguns centros, foi pouco atuante, tanto em termos administrativos quanto militares. Havia estabelecimentos comerciais franceses pouco numerosos e entre a massa dos africanos contava-se um número considerável de mercadores libaneses e sírios que dominavam o pequeno comércio. No que se refere ao período entre guerras, a modernização foi pequena e ocorreu de maneira muito lenta. Não é demais lembrar que

> [...] apesar das variações da economia política do imperialismo, os sistemas coloniais compartilhavam um conjunto fundamental de pressupostos estruturais: em cada esfera, o interesse econômico dominante achava-se no centro da atenção metropolitana, e todas as colônias foram supostamente autônomas em termos econômicos até depois da II Guerra Mundial, o que incluiu o financiamento de seus próprios governos [...].[45]

É preciso lembrar que a penetração limitada do capitalismo não revolucionou a agricultura, que girou em torno do cultivo do algodão introduzido de forma intensa em 1929. Além disso, os africanos foram recrutados em 1913 como mão-de-obra na construção da ligação Congo–Chade e de um trecho da estrada de ferro Congo–Oceano (que começou em 1921 e terminou em 1924), mobilizando cerca de 20 mil trabalhadores e visando desbloquear o Chade de sua dependência do Congo Belga para sua saída para o mar.

Quanto ao trabalho, vigoraram as formas compulsórias, para as quais os africanos eram recrutados com o uso da coação e mesmo da violência. O trabalho força-

---

45. APPIAH, *op. cit.*, p. 229.

do era, em geral, utilizado para fins públicos e só excepcionalmente para fins privados. Entretanto, a irracionalidade da dominação, insultuosa e cruel, muitas vezes indiscriminada, gerando medo, foi característica desse período. Os levantes não tardaram, destacando-se a expansão do movimento liderado por Idris al-Sanusi, líder da Sanusiya, que teve sua origem na República Tripolitânica e na Líbia Oriental. Esse movimento, como tantos outros, marcou a aversão dos muçulmanos pela dominação dos "infiéis" europeus. Eles não tardaram a se rebelar, deixando clara a grande indignação pelo recrutamento ostensivo de mão-de-obra para o trabalho forçado. Desnudando a ossatura dessa dominação, o escritor André Gide, no auge de sua glória literária, publicou, em 1928, o *Retour du Tchad*.

Também foram registradas outras manifestações de descontentamento por parte dos africanos. A mais mencionada, talvez por sua maior repercussão, foi o Mouvement Amicalisté de Brazzaville, que se estendeu pela Costa do Marfim, Daomé e pelos territórios da AEF e que merece uma recapitulação. Foi fundado por André Matsoua (1899-1942), um catequista católico que participou da Guerra do Rif como atirador, em 1925. Em 1926, já em Paris, fundou a Amicale des Originaires da l'AEF, uma associação voltada para "elevar o nível moral e intelectual" dos africanos daquela região. De outro lado, não descuidando de tornar públicos os abusos da administração colonial, passou a exigir a abolição do Código do Indigenato e o acesso para todos os africanos à cidadania francesa, como forma de reconhecimento dos serviços militares prestados à França. Não tardou a formar-se uma verdadeira corrente de expansão desse movimento, partindo dos bakongos, do Congo-Brazzaville, que passaram a recolher dinheiro para o movimento com a expectativa de ascender à cidadania francesa. Todavia, a reação brutalmente despropositada do governador Antonetti, em dezembro de 1929, incluiu o confisco da coleta e a prisão dos dirigentes no Congo, além da de André Matsoua, em Paris.

Entretanto, o movimento sobreviveu, enquanto resistência pacífica no Baixo Congo e em outros territórios da AEF. Também foi importante na AOF, sobretudo no Daomé e na Costa do Marfim. Ao que tudo indica, em alguma medida, o movimento amicalista teve importância também no Chade, embora fique difícil identificar em que grau, com que extensão e quais as tradições que se sobressaíram nele. O movimento é pouco descrito, o que impede compreender com mais profundidade, a complexidade e a diversidade da vida humana dos povos africanos nesse território.

Em 1938, Félix Eboué foi nomeado governador do Chade e, no dia 12 de novembro de 1940, promovido ao cargo de governador-geral da AEF, quando dirigiu "a nova política indígena da AEF".

[...] Ele preconiza uma política de associação entre a França e a África Negra, baseada no respeito dos costumes e das religiões africanas, e a utilização dos chefes e das instituições locais para administrar o país. Esta política é bastante diferente da assimilação que será pregada na Conferência de Brazzaville, e da evolução política para a autonomia dos territórios; mas o movimento para a administração indirecta favorecendo as iniciativas indígenas na sua base e a idéia de "respeito" das pessoas e das coisas da África soam dum modo completamente novo nessa época.[46]

Durante a Segunda Guerra Mundial, sob a liderança de Félix Eboué, o Chade aliou-se à França Livre, passando a ser a base das operações francesas na África contra os países do Eixo. Assim, em 1943, a coluna Leclerc partiu do Chade para juntar-se a Montgomery, em Trípoli e, com o apoio das tropas anglo-americanas e francesas do general Jwin, reconquistaram a Tunísia a partir do mês de março. Em 12 de maio de 1943, as tropas do Eixo capitularam, pondo fim às operações na África. Segundo De Gaulle, o Chade deu um sinal de que o Império Francês estava se reerguendo.

Por sua vez, a adesão da AEF à França Livre trouxe como conseqüência a ruptura do Pacto Colonial, dando condições para o início de uma fase de crescimento econômico, em comparação ao período anterior à guerra. Também deu ensejo, em 1944, para que o governo francês autorizasse, por meio de Boisson, nomeado "Alto Comissário para toda a África Negra", a criação de sindicatos profissionais e de um corpo de inspetores de trabalho, além de anunciar a "supressão progressiva" do indigenato, evocada pela Conferência de Brazzaville mas legalizada só com o fim da Segunda Guerra Mundial.

Contudo, as recompensas pelo esforço de guerra ficaram muito aquém das expectativas dos africanos. Frantz Fanon sintetizou de maneira apaixonada o significado da ruptura com o colonizador, afirmando que:

A violência que presidiu ao arranjo do mundo colonial, que ritmou incansavelmente a destruição das formas sociais indígenas, que arrasou completamente os sistemas de referência da economia, os modos da aparência e do vestuário, será reivindicada e assumida pelo colonizado no momento em que, decidindo sua história em atos, a massa colonizada se engolfar nas cidades interditas. Fazer explodir o mundo colonial é doravante uma imagem de ação muito clara, muito compreensível e que pode ser retomada por cada um dos indivíduos que constituem o povo colonizado. Desmanchar o mundo colonial não significa que depois da abolição das fronteiras se vão abrir vias de

46. CORNEVIN, *op. cit.*, p. 51.

passagem entre as duas zonas. Destruir o mundo colonial é, nem mais nem menos, abolir uma zona, enterrá-la profundamente no solo ou expulsá-la do território.[47]

No pós-Segunda Guerra Mundial, surgiram sinais de mudança que transcendiam a preferência pela via eleitoral. Mas foram os partidos políticos, as organizações que lideraram o processo de transição, dada a sua força política, inclusive com capacidade de formar governos. Em 1946, o antilhano Gabriel Lisette fundou o Partido Progressista do Chade (PPT), seção do RDA que se apoiava, sobretudo, nos saras e na população urbana do sul do país. Ampliando continuadamente sua base social de apoio, nas eleições de março de 1957, o RDA obteve 54 dos 200 votos na AEF. É importante observar que a adesão ao partido aumentou, não só por meio da participação pelo voto, mas também pela atuação política individual, que embora ligada ao processo eleitoral, foi muito além dele. Significa dizer que cresceu a mobilização social em torno de reivindicações político-sociais, tanto que foi criada a Union Démocratique Tchadienne (UDT), que contou com um discreto apoio do governo francês.

Após as eleições de 1957, liderando a população do Chade, Lisette convenceu-a a optar pela comunidade franco-africana, o que ocorreu, por esmagadora maioria. Em outras palavras, Lisette, que se tornou vice-presidente do Conselho do Governador, apoiou o projeto de federação que se referia a todos os povos do ultramar, regendo-os segundo um estatuto "eterno" de autonomia interna, que não previa a independência. Ele era o homem de confiança do governador francês e, mesmo entrando em choque com colonos brancos, tornou-se primeiro-ministro.

Entretanto, os grupos muçulmanos do norte, cerca de 55% da população, deixaram clara sua desconfiança em relação a Lisette. Após sua expulsão e conseqüente viagem a Paris, abriu-se um espaço para que uma nova força política surgisse, personificada em François Tombal Bayé, líder dos trabalhadores. Este resistiu à oposição mais coesa do partido, representada pela maioria muçulmana do norte, e firmou a base de apoio do PPT entre os saras do sul. À frente dessa coligação e com o posto de primeiro-ministro, tornou-se presidente do Chade desde a proclamação da independência, em 11 de agosto de 1960.[48]

---

47. FANON, Frantz. *Os condenados da terra*. 2. ed. Rio de Janeiro: Civilização Brasileira, 1979, p. 30.

48. AZEVEDO, Mário J. "O Chade pós-colonial: a política de desintegração social." *In: Revista Internacional de Estudos Africanos* n. 4 e 5, Lisboa: IEA da Universidade Nova de Lisboa – Junta Nacional de Investigação Científica e Tecnologia, jan.-dez. 1986, p. 237-261.

República Centro-Africana

A colônia francesa de Ubangui-Chari situava-se na zona divisória das águas Chade-Congo e era habitada por falantes de uma só língua, o ubangui.[49] Nos últimos trinta anos do século XIX e nos primeiros do século XX, o território dos ubanguis foi disputado por países europeus rivais. Mesmo sendo reconhecidos os direitos franceses na Convenção de 1844, ainda assim, até o fim da Primeira Guerra Mundial, a colônia de Ubangui-Chari não tinha adquirido sua forma final, dividida como foi, por trinta anos, entre 27 companhias concessionárias como a Societé des Sultanats du Haut-Oubangui, que ocupava sozinha 140 mil km². A propósito, o ponto fundamental é que os naturais do território, recrutados pelas próprias autoridades administrativas, eram submetidos a formas de trabalho compulsório para apanhar caucho em troca de salários baixíssimos, isto é, de cerca de 20 a 40 francos franceses, quantia correspondente a pouco mais do que o montante do imposto cobrado. Segundo Samir Amim, o Ubangui fez parte da "África das empresas concessionárias" que praticavam a maior exploração possível, com o mínimo investimento, aliada a uma política de preços protecionista para as companhias, não criando excedentes locais que fossem revertidos no próprio território. Além disso, o trabalho forçado também era importante para a construção de estradas como as que ligavam For-Lamy-Bangui e Douala-Yaoundé-Bangui, contando, em 1926, com cerca de 4.200 km², mas com poucos veículos circulando.

Porém, reconstruindo esse período, é possível somar à experiência de privação e exclusão outros elementos que levaram à tendência ao declínio da população, como a alta taxa de mortalidade por excesso de trabalho, as péssimas condições de sobrevivência na cultura do algodão, os efeitos da doença do sono em caráter epidêmico e a brutal repressão dos movimentos de protesto persistentes até 1930.

Nessas circunstâncias, a Conferência Econômica Colonial de 1917 apresentava a Primeira Guerra como um fator necessário para a organização da produção africana, reafirmando a importância das primeiras empresas especulativas em grande escala, no caso do Ubangui-Chari, para a produção de algodão. Também perpetuava a idéia de que as formas de opressão e autoritarismo mantenedoras de um regime de coerção e pobreza absurdos eram meios importantes para levar os "nativos a evoluir por meio do trabalho". Justificavam, assim, o

---

49. Aliás, ao sul do Saara, também eram monolingüistas as populações dos territórios de Lesoto, da Suazilândia e da Somália.

emprego dos mecanismos e instrumentos próprios da administração colonial em função dos investimentos em produtos como a coleta de borracha silvestre, sob monopólio da Compagnie Forestiere Sangita-Ubangui, sendo registrado, em 1931, um altíssimo número de mortos. Some-se a essas atividades a exploração de diamante, descoberto em 1913, que começou a ser sistematicamente explorado por um monopólio franco-belga em uma área de 17 milhões de hectares, reagrupando 11 antigas concessionárias que exploravam o Ubangui-Chari e o Médio Congo.

Vale lembrar que René Maran (1887-1960), assim como Félix Eboué, foi administrador do Ubangui-Chari. Maran fez da sua indignação relativa à violência política o objeto central de sua literatura, registrando-a desde o prefácio de seu *Batouela*, agraciado com o Prêmio Goncourt. Nesta obra, criticava duramente a civilização européia, em nome da qual se elegeu a primazia da força sobre o direito. A repercussão de *Batouela* e a polêmica que suscitou, acabaram por inspirar o já famoso escritor André Gide a publicar, em 1927, o seu *Viagem aa Congo*, causando grande impacto na época.

Embora essas circunstâncias tenham causado repercussões negativas para o imperialismo francês, não alteraram a situação econômica, social e política do Ubangui-Chari. Só durante a Segunda Guerra Mundial, com a adesão da AEF à França Livre e a ruptura do Pacto Colonial, foi possível um período de prosperidade econômica e orçamentária, se comparado ao período anterior à guerra. Mas não faltou o "esforço de guerra", particularmente penoso, nas zonas de exploração do ouro e dos diamantes, sobretudo no Ubangui e nas zonas em que as autoridades administrativas solicitaram que fosse retomada a extração do látex.

Uma das muitas representações da violência e da opressão impostas pelo colonialismo de fins do século XIX.

Não causaram surpresa as rebeliões contra os abusos de diversas ordens, em particular os que combinavam a exploração com a violência. Delas, fizeram parte movimentos religiosos como o neokimbanguista, que surgiu em 1921 desenvolvendo-se até 1951, denominado Mission des Noir. Fundado por Simon Pierre Mpadi, tornou-se também conhecido como movimento Khakista, espalhando-se do Baixo Congo até o Congo Francês (hoje República do Congo) e o Ubangui-Chari (atual República Centro-Africana).

Embora deixassem claro o descontentamento com a religião da igreja oficial do colonizador, esses movimentos apresentavam interdependências e inter-relações que rompiam as fronteiras entre o cristianismo e as igrejas africanas, destacando as idéias de fraternidade humana e da unidade dos crentes, sem distinção de raça ou de cor. Esta foi uma das principais razões pelas quais foram fundados movimentos com forte cariz nacionalista africano, que conservavam as idéias de fraternidade humana e a unidade dos crentes sem distinção de etnia ou de cor. A grande relevância desses movimentos foi o fato de a religião efetivar uma visão de mundo única, igualmente válida para toda a sociedade, informando uma ação concreta de recusa do pagamento de impostos, das formas de trabalho compulsório, além de apoiar a agitação social pela conquista de direitos.

Além dos aspectos apontados, faz-se necessário destacar a importância da liderança, relevante para a consolidação dos movimentos de resistência e da luta pela independência. No pós-Segunda Guerra Mundial, Barthélémy Boganda, dirigente político que fundou em 1946 o Mouvement d'Évolution Sociale de l'Afrique Noire (Mesan), distinguiu-se por seu discurso, no qual enfatizava a necessidade de conquistar a emancipação. Também defendia uma forma original de encarar o futuro dos países da AEF, lançando a idéia de constituição dos Estados Unidos da África Latina, unindo a AEF, o Congo Belga e Angola. Depois de sua morte, em 1949, foi substituído por David Dacko, que manteve as opções federalistas, pretendendo constituir um conjunto político com as quatro antigas colônias: Chade, Gabão, Ubangui-Chari e Congo Brazzaville. Contudo, as posições antifederalistas do Congo e, sobretudo, do Gabão, território costeiro e mais rico do que os demais, foram evidentes. Por isso, a independência foi negociada isoladamente e proclamada no Ubangui-Chari em 13 de agosto de 1960, quando passou a chamar-se República Centro-Africana (veja mapa 11.12).

11.12 - Após um processo pontuado de movimentos de resistência com o uso da violência física, o Ubangui-Chari passou a chamar-se República Centro-Africana. Sua independência foi negociada para 13 de agosto de 1960, rompendo o projeto federalista que o unia ao Chade, Gabão e Congo-Brazzaville.

1 Lago Chade

[Elaborado pela autora para a devida adequação ao texto - L. L. HERNANDEZ]

República do Congo

Pela Conferência de Berlim (1884-1885), o "reino" do Congo foi dividido entre três potências européias: o Congo Brazzaville ficou sob o domínio francês, o Congo Leopoldiville passou à colônia belga e a terceira parte do antigo "reino" foi integrada a Angola, sob o domínio português.[50] Quanto ao Congo Brazzaville, formado por diferentes povos com predominância dos congos, concentrava-se na costa e no sul do território. Esse espaço geopolítico foi visitado pelos portugueses em 1472 e nos séculos seguintes pelos ingleses, franceses e holandeses em busca de escravos, madeiras preciosas e marfim. Em 1880 o italiano Pierre Savorgnan de Brazza, oficial da marinha francesa, pediu licença ao governo francês para efetuar uma missão de exploração até o Oguê, no Gabão. Lá chegando, conciliou-se com os povos locais firmando um tratado de amizade com Makoko Iloo, "rei" dos beques, fato que, aliás, foi um dos acontecimentos que levou à partilha da África. Vale sublinhar que

> [...] Brazza dispunha de poucos meios, dois europeus e dezesseis africanos [...]. Mas, graças à sua simplicidade e à sua bondade, ele assinou tratados com os príncipes nativos, entre os quais o príncipe Makoko, e durante uma segunda expedição instalou 26 fortes num território maior do que a França. [...][51]

No entanto, o território do Congo Francês foi reconhecido como tal em 1886, mas apenas em 1903 ganhou o nome de Congo Médio (Moyen-Congo), mais tarde chamado Congo Brazzaville. Não é demais ressaltar que esse território, como tantos outros, sofreu uma série de reajustamentos de fronteiras com os Camarões Franceses, o Ubangui-Chari e o Gabão, perdurando até depois da Segunda Guerra Mundial (veja mapa 11.13).

De modo semelhante ao que ocorreu com os demais territórios da AEF, os mecanismos de dominação empregados pela administração colonial imprimiram, no geral, maiores graus de violência do que em relação à mão-de-obra nos territórios da AOF. Entre 1893 e 1894, foram registrados vários movimentos de

---

50. O antigo "reino" do Congo era banhado a oeste pelo Oceano Atlântico. Já suas fronteiras norte e sul ficaram no espaço compreendido entre o segundo e o terceiro grau ao sul do Equador. Quanto à fronteira norte, estendia-se do cabo de Santa Catarina ao Atlântico até a confluência entre os rios Zaire e Kwangu. A leste tocava o país dos lunda, e ao sul os limites eram mal definidos pelo grande número de linhas fronteiriças. Ver OLIVEIRA, Ana Maria de. *Elementos simbólicos do kinbanguismo*. Portugal: Missão de Cooperação Francesa Cultural, nov. 1994, p. 21.

51. FERRO, *op. cit.*, p. 111-112.

11.13 - A República Popular do Congo, sofreu reajustamento de fronteiras com os atuais Camarões, a República Centro-Africana e o Gabão, até depois de 1945.

[Elaborado pela autora para a devida adequação ao texto - L. L. HERNANDEZ]

insurreição, como o dos majangas no Baixo Congo e inúmeros levantes nas regiões de cultura da borracha. Também usaram como formas de protesto as greves, as fugas, o ritmo lento de trabalho e doenças simuladas. Além disso, é importante assinalar que a repressão, como em 1900, provocou muitas perdas humanas pelo emprego da brutalidade sem limites, em particular nas regiões em que a população estava bastante dispersa, aumentando as dificuldades de recrutamento de mão-de-obra.

Característico de toda a região equatorial, o território do Congo Médio, em 1899, foi cedido a catorze companhias concessionárias dotadas de privilégios, cartas e concessões, que dominaram a maior parte do território, praticando um espólio sistemático dos recursos naturais do país. De todo modo, o estabelecimento das companhias não prescindiu que o Estado europeu assumisse diretamente a responsabilidade por seus territórios, o que valeu como regra geral na década de 1890. Na verdade, as organizações coloniais só foram montadas para supervisionar a economia por conta dos capitalistas privados.

Em 1908, foram muitos os habitantes que escaparam dos coletores de impostos e do recrutamento de mão-de-obra forçada. Valendo-se da mobilidade das fronteiras, passavam de um para outro território. Foi o caso dos yakas, que atravessavam o rio Congo (que separa Angola do Congo) e, aproveitando-se da falta de vigilância, passavam para o Congo Francês. Sem controle, o governo francês, em 1911, efetuou algumas reformas administrativo-jurídicas que limitavam o recrutamento para o trabalho forçado. Contudo, pragmaticamente, nada foi alterado; ao contrário, houve um reforço do trabalho forçado na construção da linha férrea Congo–Oceano, a ferrovia de Brazzaville, com uma taxa de mortalidade de cem por mil pessoas, para o que também contribuiu uma grave epidemia de tripanossomíase (doença do sono), que durou de 1898 até 1912. A voz do povo resumia o horror praticado, afirmando que o custo do trabalho era de "um homem por travessa".

Embora o sistema de concessionárias só se tenha mantido até as vésperas da Primeira Guerra Mundial, anos depois, em 1925, o já consagrado escritor francês André Gide ainda encontrou características de "um trabalho do homem branco que comia as pessoas", conforme oportuno provérbio dos mossis. No seu *Viagem ao Congo*, Gide referiu-se ao desprezo e às sevícias que dominaram a relação entre colonizador e colonizado. Assinalou o consenso entre os brancos europeus com relação à sua superioridade, por meio da qual negavam qualquer relação igualitária com os povos negros. Paradoxalmente, justificavam isso que chamavam de "missão civilizatória" em nome da igualdade dos direitos humanos e da liberdade, tão caras aos ideais da cultura política francesa.

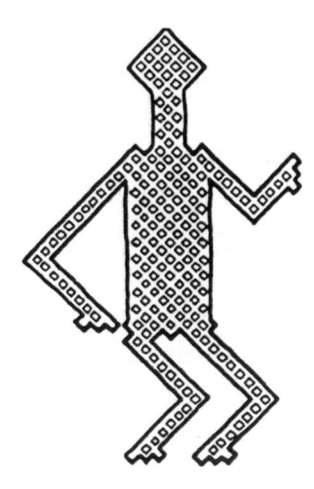

Tecido congolês de trama
quadriculada.

Mas nada fez calar os protestos. Em 1926, a reação africana no Congo Brazzaville, assim como em outros territórios, assumiu a forma de movimentos religiosos
messiânicos que se mostraram ativos, sobretudo nas zonas do Sul.[52] Como é sabido, o catequista católico André Matsoua fundou o Mouvement Amicaliste de
Brazzaville, uma seção da Amicale des Originaires da l'Afrique Equatoriale Française, associação que se definia como apolítica, da qual derivou o amicalismo,
um conjunto articulado de idéias próprias do catolicismo, com pontos de proximidade com alguns aspectos do pensamento tradicional africano.[53]

Entre os anos 1930 e 1934, também no Baixo Congo, houve uma resistência pacífica de boicote ao funcionamento da administração, criticando seus
abusos e exigindo a abolição do Código do Indigenato. Em decorrência, o
controle e a repressão foram redobrados. Ainda assim, o amicalismo se expandiu por toda a região central do continente e foi classificado, pela quase totalidade dos antropólogos, como um movimento messiânico, sendo minimizadas
as características como a revelação de Deus a Matsoua de que teria a sua redenção
na Terra para concluir os desígnios divinos. Dessa maneira, quando Matsoua foi
preso, em abril de 1942, os povos africanos acreditavam que ele iria aliar-se a De
Gaulle e voltar a Brazzaville para dar-lhes melhores condições de vida.

Além disso, não é difícil compreender que em 1929-1930, em plena crise
econômica mundial, comunidades inteiras do Congo Brazzaville tenham se re-
voltado com a introdução da economia de mercado, o que as levou à ruína.

---

52. É necessário retomar uma observação de Appiah: "Se reluto em usar sem ressalvas o termo 'reli-
    gião', é porque a religião no ocidente contemporâneo, *grosso modo*, é tão diferente do que é na
    vida tradicional africana, que enunciá-la nas categorias ocidentais equivale tanto a suscitar mal-en-
    tendidos quanto a promover o entendimento. [...]". *In*: APPIAH, *op. cit.*, p. 156.
53. Este era um dos muitos modos de pensar dos diversos povos africanos.

Também os movimentos de resistência entre 1930-1934, embora tenham assumido uma forma pacífica contra todas as decisões da administração colonial, fizeram-se presentes. É evidente que a repressão não tardou, assim como cresceu até por volta de 1938. Em 1939, os balalis passaram a demandar uma zona do território em que pudessem viver em total liberdade. O ministro das Colônias, Georges Mandel, opôs-se à reivindicação e deu ordem para que a repressão fosse intensificada.

Diante desses acontecimentos, a França afirmou-se como centro de um importante império, reafirmando o seu caráter reformista. Nesse aspecto, não havia discordância entre Petain e De Gaulle: a França era uma nação que tinha de realizar os ideais traçados sem alterá-los, e, por mais difícil que parecesse o futuro, haveria de se mostrar confiante no seu papel no mundo. Este foi um princípio que se manteve até o início da década de 1960. "[...] Ainda em 1954, Françoise Mitterrand declarou que 'da Flandres ao Congo há uma lei, uma só Nação, um Parlamento'."[54]

Portanto, era como se o "outro" não existisse, uma vez diluídas as suas diferenças. A história, porém, mais uma vez desmentiu essa crença ideológica. As diferenças tinham raízes profundas, não foram anuladas e influíram na história posterior dos países africanos. De outro lado, não é menos verdadeiro que a dominação colonial foi uma realidade viva e não um simples aposto e, assim, impôs formas econômicas e culturais próprias dos países europeus. A religião, nesse caso específico o catolicismo, fez-se presente em quase todas as atividades, permitindo tecer a ligação das várias instâncias societárias. Entretanto, a colonização não foi todo o tempo e em todo lugar uma força homogeneizadora. Significa dizer que existiram muitos rearranjos, frutos de apropriações (não raro mútuas), necessárias para a própria relação colonial.

Foi o que ocorreu com o kimbanguismo, que promoveu uma articulação de valores da cultura bakongo com elementos da filosofia cristã. Surgido em 1921, teve à sua frente o profeta Simon Kimbangu, fundador da Igreja de Jesus Cristo sobre a Terra, que se tornou um forte movimento religioso no Congo Belga. Como pregava a igualdade, acabou levando seus fiéis a negarem-se a cumprir o trabalho forçado e a pagar impostos à administração colonial, a qual, por sua vez, temerosa de um levante no país, deteve Kimbangu até sua morte, em 1951. Porém, o kimbanguismo não deixou de propagar-se pelo curso inferior do Congo, transformando-se, às vésperas da Segunda Guerra Mundial, em neokimbanguismo. É necessário salientar que o kimbanguismo contaminou o

54. *Apud* FERRO, Marc, *op. cit.*, p. 353.

movimento político de base "amicalista" de André Matsowa, no Congo Francês. Em 1939, foi reapresentado por Simon Pierre Mpadi, como Mission des Noir, de forma rigidamente organizada e com um alcance político oposicionista. Conhecido como movimento "khakista", penetrou no Baixo Congo até o Congo Francês e o Ubangui-Chari, conservando a predominância da retórica anticolonial sobre o caráter de cruzada religiosa.

Mas, sem dúvida, é possível considerar que o colonialismo francês de fins do século XIX até a Segunda Guerra Mundial, no caso dos territórios africanos, preparou as independências, levando em conta a política imperial entrelaçada a circunstâncias locais, o que por certo influiu na história posterior dos países da África. Por sua vez, pragmaticamente, as inter-relações entre as culturas africanas e as ocidentais desafiavam as elites culturais e políticas africanas que passaram pelas escolas européias, viveram o cotidiano europeu e compartilharam experiências políticas européias. Assim,

> A antiga pluralidade de culturas, que postulavam diversos e contrários ideais do homem e ofereciam futuros diversos e contrários, foi substituída pela presença de uma única civilização e de um único futuro [...] Agora, a História recobrou sua unidade [...]. A pluralidade de culturas que o historicismo moderno resgata resolve-se numa síntese: a do nosso momento. [...][55]

A conjuntura própria do pós-Segunda Guerra foi marcada por algumas continuidades, como a oposição ao domínio francês, organizada em torno de um movimento religioso. O lassysmo, nascido em 1946 em Brazzaville, alastrou-se até o Gabão. Com raízes na Igreja católica, mas contando com elementos da teocracia africana, alimentou a primeira rebelião de grande envergadura ocorrida no Congo Brazzaville. Os embates deram-se numa estrada onde eram transportadas mercadorias, dando início a uma verdadeira explosão popular. Foi grande o número de mortos, mas a luta continuou tomando a forma de guerrilha, generalizando-se até o Alto Chari, na região dos manjas, onde a exploração também era extremamente brutal.

Contudo, esse novo momento também revelou, com ênfase, a importância ideológica e prática das organizações político-partidárias. Em 1946, formou-se o Parti Progressiste Congolais (PPC), fundado por Félix Tchicaya, filiado ao RDA em 1948, tendo como principal base de apoio o povo vile. Até 1956, este partido foi a força política dominante do Congo Brazzaville, até

55. PAZ, Octávio. *O labirinto da solidão e post scriptum*. Rio de Janeiro: Paz e Terra, 1984, p. 153.

quando surgiu a Union Démocratique de Défense des Intérêts Africains (Uddia), criada pelo abbé (padre) Fulbert Youlu. Muitos dirigentes do PPC deixaram-no pela Uddia, que se tornou uma seção do RDA e se opôs radicalmente ao Mouvement Socialiste Africain (MAS), de Jacques Opangault. Nas eleições de 1957, tanto o PPC como a Uddia obtiveram igual número de lugares: 21. O que definiu a disputa foi o apoio dos independentes, o que permitiu ao MAS tomar o poder até a votação seguinte, quando venceu Fulbert Youlu, que assumiu a função de primeiro-ministro, nela permanecendo mesmo sem maioria. Sua falta de legitimidade fragilizou o seu poder e possibilitou que 1959 fosse um ano marcado por lutas entre os laris (pró Youlu) e os m'bochis, tendo como conseqüência 200 mortos.

Procurando melhores condições de governabilidade, Opangault e Fulbert Youlu selaram um compromisso, por meio do qual o primeiro ficou como ministro de Estado e o segundo ascendeu à magistratura suprema. A independência foi proclamada em 15 de agosto de 1960, tendo Youlu como chefe de Estado, contando, em 1961, com o apoio de europeus de extrema direita, alguns deles correligionários de Vichy. Seu governo foi marcado pelo autoritarismo e por um conjunto de problemas que abrangia desde rivalidades pessoais, diferenças político-ideológicas e antagonismos entre povos com acentuadas particularidades culturais até a falta de funcionamento de instituições e as disputas conflituosas entre jovens e velhos na administração pública. Esses elementos contribuíram de modo decisivo para que Youlu tivesse de enfrentar uma forte crise de governabilidade, sendo deposto pela chamada "revolução popular dos três dias gloriosos", de 13 a 15 de agosto de 1963. A República do Congo mergulhou em um estado de crise permanente.

Gabão

Centrado na linha do Equador, o Gabão tem temperaturas elevadas e chuvas abundantes, condições necessárias para o crescimento de bosques tropicais. É uma região bastante irrigada por rios e ribeirinhos, muito ligados ao rio Ogoué, navegável desde a sua foz, em uma extensão de 160 quilômetros para o interior. Seus primeiros habitantes foram pigmeus, sendo sucedidos por povos de língua banto. Os primeiros europeus que chegaram ao Gabão, em 1470, estabeleceram acordos com os chefes tradicionais africanos que habitavam o estuário, além de dar lugar a um comércio de escravos e de marfim que durou até meados do século XIX, quando, lentamente, passou a predominar o comércio de madeiras, como o ébano e o okoume, além do caucho.

Entre os séculos XV e XIX, mercadores, funcionários europeus e missionários estabeleceram-se na costa do estuário do Rio Gabão. Em 1849, a França fundou um assentamento, origem da cidade de Libreville, com a construção de uma base naval e a formação de uma comunidade de escravos capturados de um navio negreiro, o Eliza, e tornados libertos. Tudo leva a crer que Libreville teve como modelo a cidade de Freetown, mas, ao contrário desta, permaneceu quase estagnada até pouco antes da partilha européia, uma vez que a França não teve nem grande nem constante empenho em combater o tráfico de escravos. Ainda assim, Libreville foi a sede da administração colonial francesa no Gabão. Uma administração que, em princípio, deu respaldo para que as muitas empresas comerciais explorassem suas reservas florestais com exclusividade, tendo como contrapartida que elas próprias passassem a administrar o território, incluindo o controle dos recrutamentos de mão-de-obra.

Além dos projetos voltados para a exploração de madeira, desde 1913, houve o abusivo recrutamento de mão-de-obra em regime de trabalho forçado, visando implantar grandes projetos para construir ferrovias, como a do Gabão, que, ligando o Congo ao Chade, resultou na linha Congo-Oceano, abrindo, para o Gabão, o caminho para o mar.

Durante a Primeira Guerra Mundial, o Gabão também esteve sujeito ao "esforço de guerra". Coube à Conferência Econômica Colonial, de 1917, regulamentar as primeiras empresas especulativas em grande escala e organizar a produção de madeira. É possível registrar um grande crescimento da produção, exceto da madeira okoume, matéria-prima da indústria de compensado, iniciada durante a Primeira Guerra Mundial, dependente do mercado alemão, que lhe foi fechado. Quatro anos depois, houve também uma regulamentação específica quanto ao trabalho, com base na qual o recrutamento da mão-de-obra não poderia exceder um terço da população masculina com idade adulta, passando o trabalho forçado a ter a duração de 23 dias no fim da guerra para 18 dias às vésperas da depressão de 1929-1930. Ainda assim, de modo geral, continuaram a predominar as formas de trabalho compulsório.

Significa dizer que a importância dada a essas questões não deve levar ao equívoco de superestimar sua relevância para a administração colonial. Na interpretação desse período é importante não descuidar da cobrança abusiva de impostos, os quais sofreram uma elevação nas zonas mais produtivas, sobretudo para os trabalhadores agrícolas.

A tributação direta que pesava sobre o africano excedia, então, largamente a remuneração do seu trabalho, condenando-o ao endividamento e à miséria – tanto mais que o imposto aumentou no momento em que os preços, ao nível mais baixo, fizeram cair a remuneração dos camponeses. [...][56]

Ora, o regime e a regulamentação do trabalho (sem alterar sua natureza compulsória), o aumento de impostos, a diminuição de alimentos (apenas um quarto foi destinado para consumo local), a fome e as epidemias criaram grandes descontentamentos, no que se refere à política colonial. Estes se manifestaram por dois caminhos, por vezes opostos. De um lado, o dos movimentos milenaristas e messiânicos e, de outro, o das elites culturais, que exprimiram as primeiras formas de nacionalismo africano no Gabão. Quanto aos movimentos religiosos, lembramos o culto bwiti, dos fangues do Gabão, movimento sem um líder determinado. Reunia características proféticas e milenaristas que convergiam para a esperança e a salvação em uma vida pós-terrena. Surgiu no auge do esgarçamento do tecido social, caracterizado por uma série de perdas do povo africano bwiti, no período do "esforço de guerra", durante a Primeira Guerra Mundial. Contrário às religiões estrangeiras, isto é, ao cristianismo e ao islamismo, propunha um novo centro de vida social, isento de contradições, baseado no conjunto dos antepassados.[57] (veja mapa 11.14)

Por sua vez, também merece registro (ainda que pouco estudado, o que impede inclusive identificar o seu surgimento) uma igreja cristã e "autóctone", a Église des Banzie, no Gabão. Atuante no período colonial, apresentava duas formas: a primeira, constituída por elementos cristãos utilizados apenas reforçados por aspectos de crenças tradicionais; a segunda, ao contrário, tinha como seu núcleo manter a tradição africana dos banzies, de maneira coletiva, a ela se articulando alguns elementos do cristianismo. É importante destacar que o entendimento e o emprego do cristianismo tiveram sempre criatividade religiosa, mantendo a integridade cultural dos africanos. No caso específico da Église des Banzie, faltam mais estudos para melhor descrevê-la quanto à sua origem, constituição e função social, além de identificar os principais elementos que lhe permitiram atravessar fronteiras etnoculturais no Gabão e mesmo em outros territórios africanos.[58]

56. COQUERY-VIDROVITCH, Catherine. "A África sob dominação colonial das antigas zonas francesas, belgas e portuguesas (1914 - 1935)". *In*: BOAHEN, Adu (coord.). *História geral da África, op. cit.*, v. VII, p. 376.
57. COQUERY-VIDROVICTH; MONIOT. *África negra de 1880 a nuestros días, op. cit.*, p. 259.
58. OPOKU, K. Asare. "A religião na África durante a época colonial". *In*: BOAHEN, A. (coord.). *História geral da África, op. cit.*, p. 543.

Por fim, a Societé Amicale des Originaires de l'Afrique Equatorial Française, de André Matsowa, que surgiu em 1939, no país dos baldi bakongos, próximo de Brazzaville,[59] onde prevaleciam a miséria, a injustiça e a exclusão. Representou a esperança de alcançar a felicidade depois de os sofrimentos serem suprimidos e, dessa maneira, tornar livres os fiéis pelo poder das divindades. Seu apelo foi ao encontro dos sentimentos de vários povos africanos, o que deu ensejo para que logo surgissem várias Igrejas, como a kimbanguista.

Já no que diz respeito às elites culturais, atuaram por meio de organizações sociais voltadas para criticar a política anticolonial e exprimir as primeiras formas de protonacionalismo africano. No Gabão, formaram um conjunto complexo que, em graus diversos, atuou com grande empenho para a conquista de relações mais justas, maior grau de liberdade e a igualdade racial. Embora em proporções desiguais, destacaram-se a Universal Negro Improvement Association, de Marcus Garvey, fundada em 1917; a Nigerian Improvement Association, em 1920; e, sobretudo, a Liga dos Direitos do Homem e do Cidadão, que contou com um grupo de jovens gaboneses liderado por Laurent Antchouey, que já havia dirigido duas revistas na França, L'Echo Gabonais e La Voix Africaine, ativando uma sessão específica da Liga, em Libreville, no ano de 1925.

Como é sabido, o início da transição política para a independência foi muito semelhante em todos os domínios franceses da África, tanto os ocidentais como os equatoriais, relacionando-se diretamente com a Conferência de Brazzaville e a fundação do RDA. No Gabão, em 1946, Léon M'Ba foi um dos principais criadores do Movimento Misto Franco-Gabonês, como seção local do RDA que, mais tarde, transformou-se no Bloc Démocratique Gabonais (BDG). Por sua vez, em 1948, Jean Hilaire Aubaume fundou a Union Démocratique et Sociale Gabonais (UDSG), que, com base na escolha de campanhas pró-federalismo, ganhou a adesão do grupo fangue.

Convém destacar, contudo, que esse é um dos aspectos do problema. Merece também consideração a atuação de Léon M'Ba, que, no Congresso de Bamako, declarou-se contrário à divisão das riquezas minerais do Gabão, como petróleo, magnésio, diamante, urânio, ferro e madeira, com os demais territórios da AEF. Venceu, portanto, a ideologia nacionalista, e a independência do Gabão foi alcançada em 17 de agosto de 1960, tendo à frente Léon M'Ba, com a recusa da UDSG em formar um governo de coligação. Mesmo assim, em 1961, M'Ba tentou aproximar-se da oposição, aceitando Aubaume como ministro dos

---

59. Não é demais lembrar que os bakongos estavam divididos pelas fronteiras do Gabão, da República do Congo, da República Democrática do Congo e de Angola.

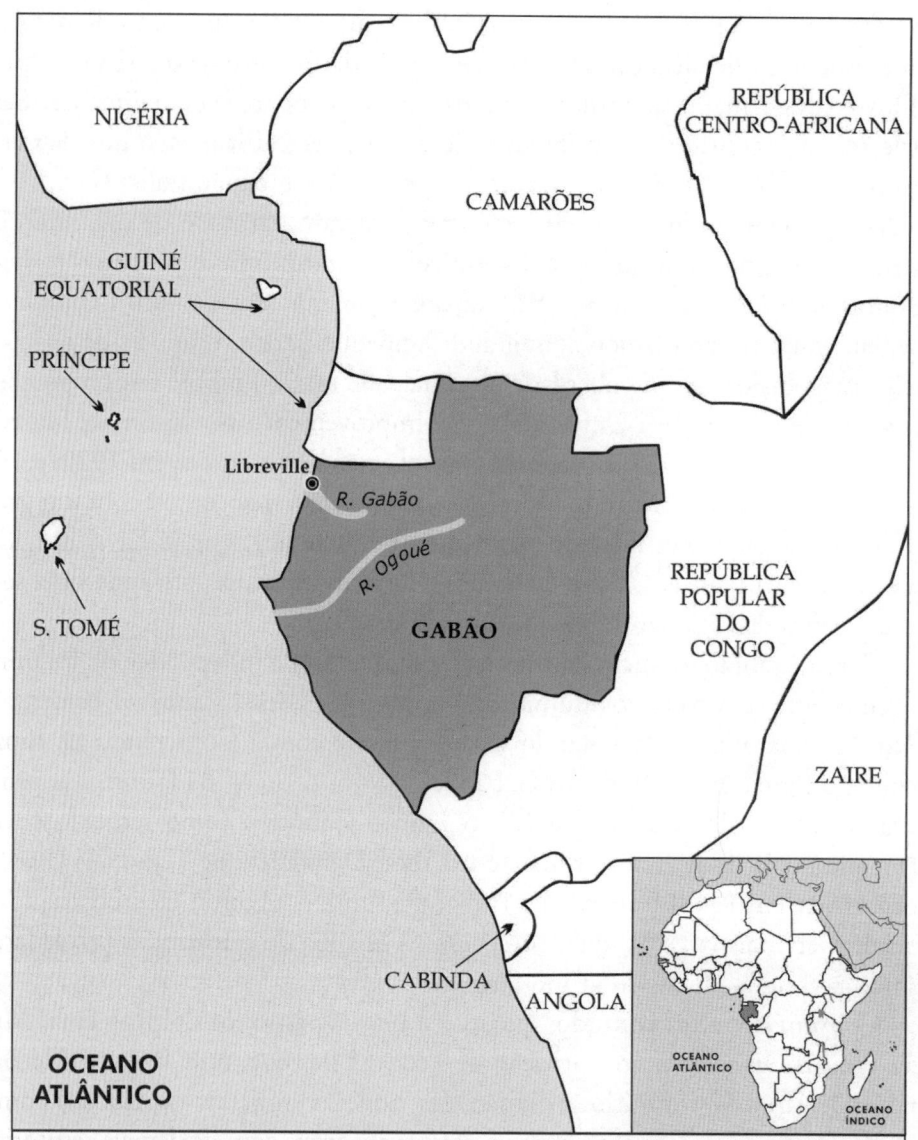

11.14 - Como desdobramento da Conferência de Brazzaville e da fundação do RDA surgiram o *Bloc Démocratique Gabonais* e, pouco mais tarde, a *Union Démocratique et Sociale Gabonais*. Esta, com uma ideologia fortemente nacionalista, opôs-se à divisão das riquezas minerais do Gabão e liderou o processo de independência.

[Elaborado pela autora para a devida adequação ao texto - L. L. HERNANDEZ]

Negócios Estrangeiros. Entretanto, essa medida revelou-se pouco eficaz, uma vez que as tensões foram apenas adiadas e, em 1964, desencadeou-se uma violenta crise que acabou desembocando, em 1967, na formação de um partido único, o Parti Démocratique Gabonais (PDG).

Os territórios sob tutela: Togo, Ruanda e Burundi

Desde há muito o território do Togo guardou características histórico-culturais comuns a Gana, tendo, inclusive, feito parte do "império" achanti, na sua época de maior esplendor. Equivale dizer que, além dos achantis, também os ewês, que falavam variantes de uma mesma língua e tinham uma organização política menos centralizada, passaram a viver em ambos os lados das fronteiras que separavam o Togo de Gana a sudeste, desde fins de 1883, (quando o Togo foi anexado pela Alemanha) e, sobretudo, a partir de 1884, com o início da colonização (veja mapa 11.15).[60] Porém, mantiveram-se os vínculos de comércio e parentesco, instituições tradicionais do povo ewê, que compartilhava sentimentos, valores, crenças, símbolos e signos socialmente transmitidos, formando uma cultura comunal. É importante sublinhar que

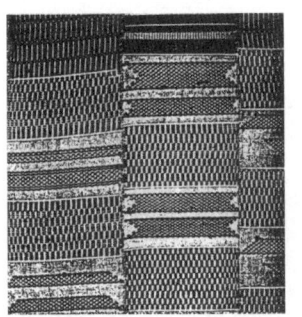

[...] não importa que outras qualificações, crenças, valores ou entendimentos eles tenham, a cultura comunal provê a maioria daqueles que, para eles, são os mais importantes [...]; o que significa, em parte, que aqueles assim centrados pensam a si mesmos como uma coletividade e pensam a coletividade como consistindo de indivíduos para quem uma cultura comum é central.[61]

Daí decorrem duas observações: a primeira aponta, uma vez mais, para a mobilidade das fronteiras; a segunda sugere a intensidade da opressão, própria da natureza do colonialismo, mesmo quando o projeto político empregado foi, predominantemente, o de diferenciação, como no caso das possessões alemãs na África. Registre-se também o empenho da Alemanha

---

60. Os alemães aliaram-se aos pequenos "reinos" dos kotokolis e dos chakossis para mais facilmente esmagar a resistência dos dispersos konkombas (1897-1898) e dos kabres (1890).
61. APPIAH, Kwame Anthony. "Patriotas cosmopolitas". In: Revista Brasileira de Ciências Sociais, v. 13, n. 36, São Paulo, fev. 1998, p. 9.

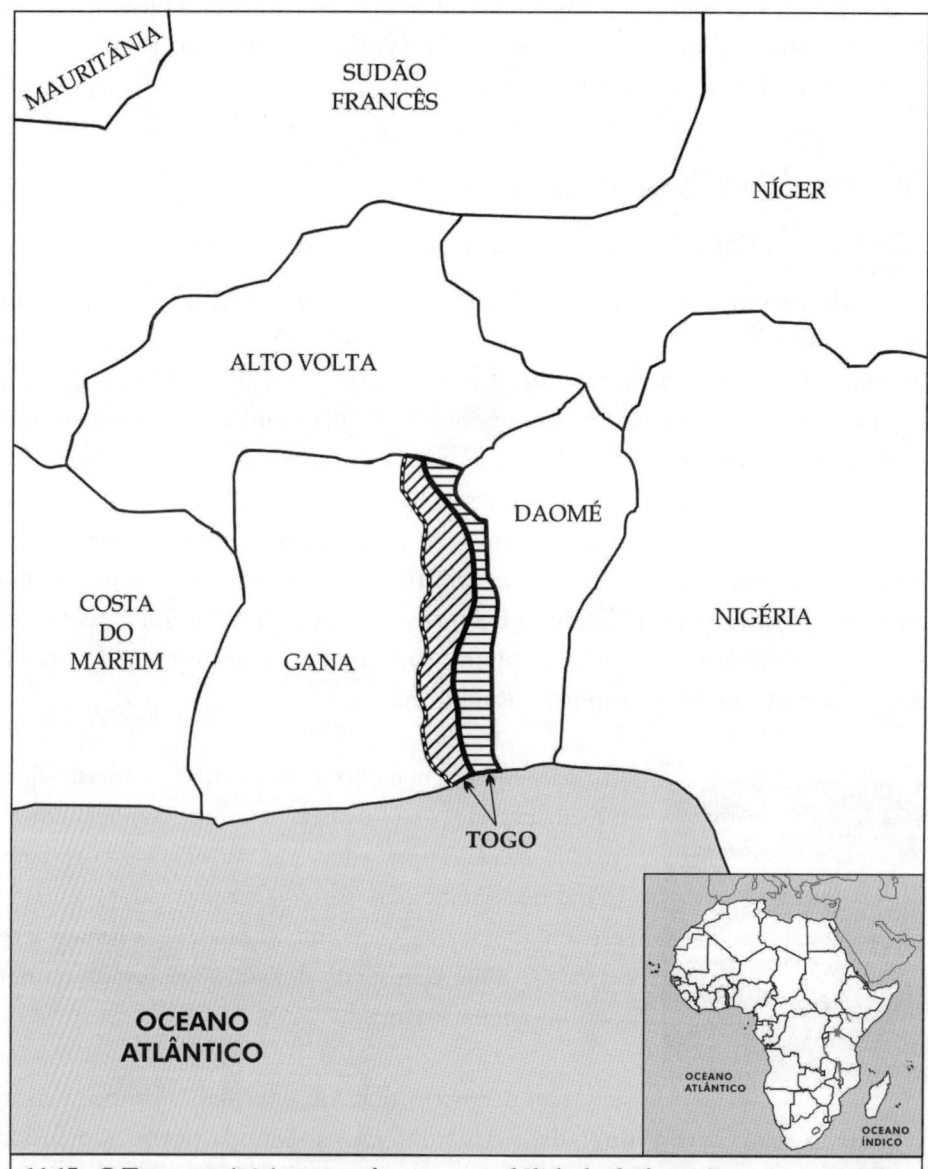

11.15 - O Togo, território que sofreu uma mobilidade de fronteiras, como um dos resultados da Primeira Guerra Mundial, deixando de ser uma colônia alemã. Sua administração foi dividida pela Sociedade das Nações e exercida, na prática, pela Grã-Bretanha e pela França.

▨ Administração britânica   ▤ Administração francesa

[Elaborado pela autora para a devida adequação ao texto - L. L. HERNANDEZ]

para melhorar as técnicas agrícolas dos africanos. O Togo não fugiu à regra, em parte sendo submetido a uma administração direta, na qual os alemães contavam com as autoridades locais para governar seus territórios. Os chefes tradicionais, sempre que foram cooptados, tiveram de implementar medidas próprias do governo colonial, como a cobrança de impostos. Em algumas regiões, porém, como a do Laomé, a organização política tradicional era mais efetiva e ultrapassava os limites do povoado. Nelas, os alemães utilizaram-se de uma administração bastante controladora, sendo utilizados apenas os chefes designados. Nesse caso, para garantir a eficiência, os alemães estavam estudando as leis ewês, com o objetivo de promulgar um novo código legal, quando tiveram de desviar todas as suas forças para a Primeira Guerra Mundial.

É possível, todavia, identificar que, no período da colonização alemã, constituíram-se no Togo as bases de uma infra-estrutura ao longo da costa, além de terem sido construídas linhas férreas para escoamento dos produtos alemães até a Costa do Ouro, onde concorriam com mercadorias britânicas. Por sua vez, no que se refere ao desenvolvimento agrícola, parte das terras continuou em mãos dos africanos.

Com o final da Primeira Guerra Mundial, o mapa da África foi redesenhado, passando a assemelhar-se com o apresentado hoje em dia. Quanto à Alemanha, saiu do grupo das potências coloniais; no que diz respeito ao Togo, foi dividido sob mandato das Nações Unidas entre britânicos e franceses, de acordo com um equivocado critério artificial, ou seja, as variantes da língua, o que, segundo os europeus, dificultava os ewês de entender-se mutuamente. A Togolândia Britânica foi administrada de modo muito semelhante à Costa do Ouro, mantendo, portanto, o governo indireto. Quanto ao Togo Francês, passou para uma administração territorial mais centralizada e diretamente atrelada ao governo de Dacar, ainda que possuindo um alto comissário e mantendo a autonomia financeira. Por sua vez, o Mandato da Sociedade das Nações garantiu, ao território sob tutela da França, um conjunto de restrições ao trabalho forçado, além de proibir a imposição de tarifas protecionistas e de colocar obstáculos à entrada de produtos de outras nações.

Entretanto, mantida a natureza do colonialismo, não há dúvida de que uma das especificidades da dominação britânica, no caso togolês, foi a criação de uma Igreja presbiteriana como símbolo do cristianismo, como parte integrante da "missão civilizadora". Essa foi uma das razões da resistência dos ewês contra os britânicos. Tão forte como esta, uma segunda razão de descontentamento foi o traçado de fronteiras dividindo os ewês, que protestaram, dando origem a vários motins. Mas as potências européias resistiram à (re)unificação. De todo modo, deixando de lado outros motivos especiais, existem adequadas evidências históricas para considerar que as duas razões apontadas apresentaram-se como suficientes para a formação de um nacionalismo étnico. Este apresentou como características centrais o "parentesco" e o "sangue" comuns, ligando os membros do grupo ewê que partilhavam práticas ancestrais e excluindo-os dos demais grupos, sobretudo os colonizadores.

Também é fundamental considerar que, no período entre guerras, iniciou-se um processo, embora descontínuo, de discussões acerca da natureza e das conseqüências do sistema colonial, que teve dois momentos de inflexão. O primeiro foi na Conferência de Acra, realizada entre 11 e 29 de março de 1920, tendo como participantes delegados da Costa do Ouro, de Serra Leoa, de Gâmbia e da Nigéria, com repercussões não só na África como também nas Antilhas e até mesmo em Londres. Nessa conferência foram aprovadas, entre outras, duas importantíssimas resoluções: a primeira, relativa à denúncia da partilha do Togo e a entrega de Camarões à França, sem a consulta prévia de suas populações; a segunda, voltada para revelar a segregação racial.

O segundo ponto de inflexão ocorreu no pós-Segunda Guerra Mundial, com os dirigentes do National Congress of British West Africa (NCBWA), como J. E. Casely Ford e Bankole-Bright. Nele, ocorreu um julgamento acerca da moralidade do sistema colonial, o que colocava no centro dos debates a natureza do pacto da Sociedade das Nações, clamando por igualdade de tratamento para os povos do Togo. Como desdobramento, conseguiu-se uma audiência internacional para tratar da administração do Togo, graças à intermediação da União Internacional das Associações da Sociedade das Nações. As conquistas não tardaram a surgir e, pouco tempo depois, o regime de mandato cedeu lugar ao regime de tutela, ou seja, a evolução para a independência dos territórios a ela submetidos estaria sujeita ao julgamento de "missões neutras", após cuidadosa inspeção.

A crescente força dirigida para a independência apresentava contornos de um nacionalismo antiimperialista que incorporava as "identificações pré-nacionais, étnicas, religiosas ou similares" ao "ressentimento contra os conquistadores".[62] Foi sobretudo em nome desse nacionalismo, mais do que do nacionalismo étnico, que ocorreu a mobilização em torno da luta pela independência, proclamada em 27 de abril de 1960, quando o Togo votou, escolhendo unir-se ao Estado ganês. Contudo, é preciso dizer que o Estado herdado dos britânicos reuniu povos com várias línguas e culturas sob a hegemonia dos achantis, o que demandou grande habilidade política para contornar possíveis crises por parte do Estado de Gana.

---

62. HOBSBAWM, Eric J. *Nações e nacionalismo...*, *op. cit.*, 1990, p. 165.

Quanto ao mandato francês no Togo, esteve, a partir de 1958, sob a política de autonomia no âmbito da comunidade e, por meio de negociações sucessivas, encaminhou-se para a independência. A particularidade deveu-se ao fato de que, ao contrário da maior parte dos partidos políticos das colônias, que eram patrocinados pelo governo, no Togo Francês já havia, desde 1950, surgido um partido político autônomo, independente e antifrancês, o Comité d'Unité Togolaise (CUT). Sua atuação política foi fundamental para que os franceses fossem forçados a alargar os limites políticos do governo autônomo, ainda que conservando o Togo no âmbito da esfera francesa. As eleições de 1958, ganhas por maioria pelo CUT, de Sylvanus Olympio, levaram à independência em 27 de abril de 1960.

Como herança do período pós-Segunda Guerra Mundial, permaneceu o problema da divisão dos ewês, fazendo que S. Olympio solicitasse a unificação das partes francesa e inglesa da Togolândia, embora sem êxito. Hoje, os ewês estão divididos entre Gana, Togo e Benin.

Ruanda

A nordeste da curva do Rio Congo estabeleceu-se um conjunto complexo de pequenos "reinos" interlacustres, entre os quais Ruanda. Esse conjunto pode ser definido como tendo elementos históricos comuns, praticamente sem fronteiras políticas rígidas e sem fortes barreiras lingüísticas. Nesse complexo, mais especificamente em Ruanda, predominavam os pastores bahima-batutsis, e a estrutura política era formada com base na autoridade de um soberano. Este possuía funções centralizadoras e uma hierarquia de poder verticalizada, da qual faziam parte aristocratas, ao lado de governadores de províncias diretamente escolhidos pelo "rei", como seus servidores.

No que se refere às relações entre as instâncias de governo e a maioria da população desses "reinos", podem ser qualificadas como de dependência pessoal,

 envolvendo os grupos dominantes integrados pelos tútsis, a grande maioria da população constituída pelos hutus (cerca de três quartos) e um pequeno número de tuas. Estavam organizados nos moldes de sociedade de castas, nas quais a população de trabalhadores agrícolas ficava a serviço dos chefes políticos ou de clãs que tinham o controle do gado. As diferenças eram traduzidas em desigualdades, pelas quais os clãs eram hierarquizados e o soberano considerado uma divindade infalível e absoluta. Esse pensamento estava fundado em um mito, criador de um sentido de enraizamento que conferia legitimidade às relações de assimetria dos três grupos etnoculturais e

à autoridade política, vividas como verdadeiras e inquestionáveis desde tempos muito remotos.[63]

Apesar das grandes dificuldades para reconstituir a história dessa região interlacustre pela falta de elementos arqueológicos, dos pouquíssimos dados lingüísticos da época de sua formação e da escassez de suas tradições orais, os pesquisadores, com muito empenho e cuidado, apresentam diferentes versões da origem e do desenvolvimento do reino de Ruanda e de sua organização social.[64] Uma das obras que exemplifica essas considerações é de Philip Gourevitch, *Gostaríamos de informá-lo de que amanhã seremos mortos com nossas famílias.* A segunda é o brilhante *A enxada e a lança: a África antes dos portugueses,* de Alberto da Costa e Silva.[65]

O mito de criação permaneceu recontado por sucessivas gerações apresentando a sociedade de Ruanda como natural quanto à forma como foi constituída. Com variações de detalhes, os mitos constituem, na feliz e sempre reiterada expressão de Malinowski, uma "carta social" das diferenças etnoistóricas e raciais. Com seu valor simbólico, contribuiu para que a dimensão da realidade humana fosse aceita como uma explicação, que, ao dramatizar a vida social, equivalia a uma "história politizada". Em Ruanda, contava-se que os tútsis tinham origem celeste, assim como o soberano e a monarquia eram sagrados, fazendo parte de tradições oficiais de conformidade com um código secreto do ritual real, cuja sacralidade seria voltada para o benefício do país. Dessa maneira, os tútsis eram identificados como pertencentes a uma civilização superior. Já aos hutus e aos tuas cabia aceitar "espontânea e passivamente" sua condição servil, caso contrário, seriam vítimas de sanções divinas.

A literatura sobre Ruanda apresenta várias versões desse mito de origem, embora todas elas coincidam em que os tútsis e os hutus eram descendentes de Caim e Abel. Para Gourevitch: "Na célebre história, o irmão mais velho, Caim,

---

63. Entendemos mito como "[...], um relato ou uma narrativa, cujo tema principal é a *origem* (origem do mundo, dos homens, das técnicas, dos deuses, das relações entre os homens e deuses) [...]. O mito se refere a esse fundo invisível e tenso e o resolve imaginariamente para garantir a permanência da organização. Além de ser uma lógica da compensação, é uma lógica da conservação do social, instrumento para evitar a mudança e a desagregação do grupo. Em outras palavras, é elaborado para ocultar a experiência da História ou do tempo, [...]". *In*: CHAUI, Marilena. *Convite à filosofia*. São Paulo: Ática, 2002, p. 310.

64. BOURDIEU, Pierre. "A ilusão bibliográfica". *In*: FERREIRA, Marieta de Morais; AMADO, Janaína (orgs.). *Usos e abusos da história oral*. Rio de Janeiro: FGV, 1997.

65. GOUREVITCH, Philip. *Gostaríamos de informá-lo de que amanhã seremos mortos com nossas famílias: histórias de Ruanda*. São Paulo: Companhia das Letras, 2000; SILVA, Alberto da Costa e. *A enxada e a lança: a África antes dos portugueses, op. cit.*

era um lavrador, e Abel, o caçula, um pastor. Eles fizeram oferendas a Deus – Caim ofertou parte de sua colheita, Abel do seu rebanho. A oferta de Abel recebeu a consideração divina. A de Caim, não. Então Caim matou Abel". Adiante, o autor explicita que os nomes tútsi e hutu permaneceram.

> [...] Eles tinham significado, e embora não haja um consenso sobre que palavra designa melhor esse significado – "classes", "castas" e "posições" são as favoritas –, a origem dessa distinção é indiscutível: os hutus eram lavradores e os tútsis eram pastores e pecuaristas. Essa era a desigualdade de origem: o gado é um bem mais valioso que a produção agrícola, e embora alguns hutus possuíssem vacas e alguns tútsis cultivassem o solo, a palavra tútsi tornou-se sinônimo de elite política e econômica. [...][66]

A segunda explicação, por sua vez, reatualiza a abordagem do historiador especialista em África, J. Vansina, e nos é oferecida por Alberto da Costa e Silva. Este refere-se a um

> [...] herói mítico, Gianga, que teria sido fundador de numerosos estados. Grande caçador, grande ferreiro e grande condutor de bois, ele esculpiu os tambores reais, acendeu pela primeira vez os fogos sagrados, e doou à sua gente o ubuiru, o código esotérico da realeza. Gianga personificaria um estirado percurso histórico, durante o qual os tútsis passaram de hóspedes ou clientes dos bantos a parceiros privilegiados, num sistema de compromisso de poderes e de integração de culturas.[67]

Continuando, o autor explica como os tútsis passaram a constituir a camada dominante. Escreve:

> [...] as tradições põem em cena um certo Rubunga, um mestre rengi dos ritos, que teria passado a Gianga o tambor e o *ubuiru*. A indicar que os tútsis absorveram as instituições dos pequenos reinos bantos, que deles receberam a monarquia divina, o fogo sagrado, os rituais agrícolas, os costumes funerários, os tambores reais, os códigos de conduta – tudo o que os legitimava junto aos hutus. [68]

---

66. GOUREVITCH, *op. cit.*, p. 57-58.
67. SILVA, *op. cit.*, p. 391-2. Vale sublinhar que o autor segue o clássico de Jan Vansina: *L'évolucion du royaunne Ruanda des orígenes à 1900*. Bruxelas: Mémoires de l'Academie des Sciences D'outre-mer, Classe des Sciences Morales e Politiques, n. 26, 1960.
68. *Ibidem*, p. 391.

Há, no entanto, uma observação que merece ser destacada. Diz respeito à falta de explicação de como esses mitos, seja como interpretação histórica da Bíblia (*Gênesis* 4, 1-24), seja como trajetória de Gianga, chegaram até a região dos pequenos "reinos" interlacustres.[69] Estudiosos do islamismo e do cristianismo nas regiões do Congo e seus territórios a leste, argumentam que o mito de origem de Ruanda é o mito de Cam, presente tanto na tradição islâmica como na cristã, e na primeira metade do século XIX, em todo o Vicariato da África Central, criado pelo papa Gregório XVI e que se estendia da Argélia à Abissínia, abrangendo as Áfricas Ocidental e Central. Afirmam, inclusive, que as confrarias muçulmanas, de grande influência política no norte do Sudão, justificavam a escravização dos povos do sul pelo mito de Cam, também presente na discussão dos juristas. Há fortes indícios da presença, a partir de 1870, de cristãos (missionários católicos, inclusive alemães) encaminhados para a África Central e para a região de Ruanda, contribuindo para que se espalhasse o mito de Cam, em especial para combater a maldição dos povos submetidos (veja mapa 11.16).

Essas pesquisas baseadas em fontes primárias explicam a presença do referido mito em Ruanda, onde se acreditava que os tútsis eram descendentes diretos de Sem e, por isso, "superiores"; já os hutus e os tuas, por serem "filhos" do amaldiçoado Cam, eram inferiores.[70] Esse mito criador de hierarquias foi reforçado por preconceitos ou mesmo por discriminação racial. Os tútsis eram etipóides, com estatura alta, nariz estreito e rosto fino. Já os hutus eram considerados inferiores dada sua origem banto, isto é, atarracados, de face redonda, com características físicas claramente negróides. Por fim, os tuas eram pigmeus e, por isso, mais desprezados ainda.

Resta observar que a tradição persistiu, ou seja, os tútsis, os hutus e os tuas mantiveram fidelidade constante à ordem social estabelecida, aceitando o mito (qualquer um deles) como verdade inquestionável. Fundaram-se, assim, consentimentos necessários para que a essas explicações fosse incorporada mais uma fonte de prestígio, a espacial-ocupacional, uma vez que os tútsis tinham a "nobre" tarefa de ser criadores de gado e pastores, enquanto os hutus eram cultivadores e, por fim, os tuas artesãos, cesteiros e oleiros, todas atividades que, por

---

69. CHEVALIER, Jean; GHEERBRANT, Alain. *Dicionário de símbolos: mitos, sonhos, costumes, gestos, formas, figuras, cores, números*. 1.ed. Rio de Janeiro: José Olympio, 2001, p. 162-164.
70. O tema referente ao mito de Cam, comum ao Islã e ao cristianismo, é tratado por BEDIAKO, K. *Christianity in Africa*. Edimburg: Edimburg University Press, 1995; BENOIST, Joseph-Roger. *Eglise et pouvoir colonial au Soudan Français*. Paris: Karthala, 1987; SEMPORÉ, S. "As igrejas da África: entre o passado e o futuro". *In: Cristianismo e colonialismo: o futuro das igrejas na África*. Petrópolis: Concilium, 1977; GORGULHO, Gilberto da Silva *et al.* (coords.). *A Bíblia de Jerusalém. Gênesis*, 9 (1-29).

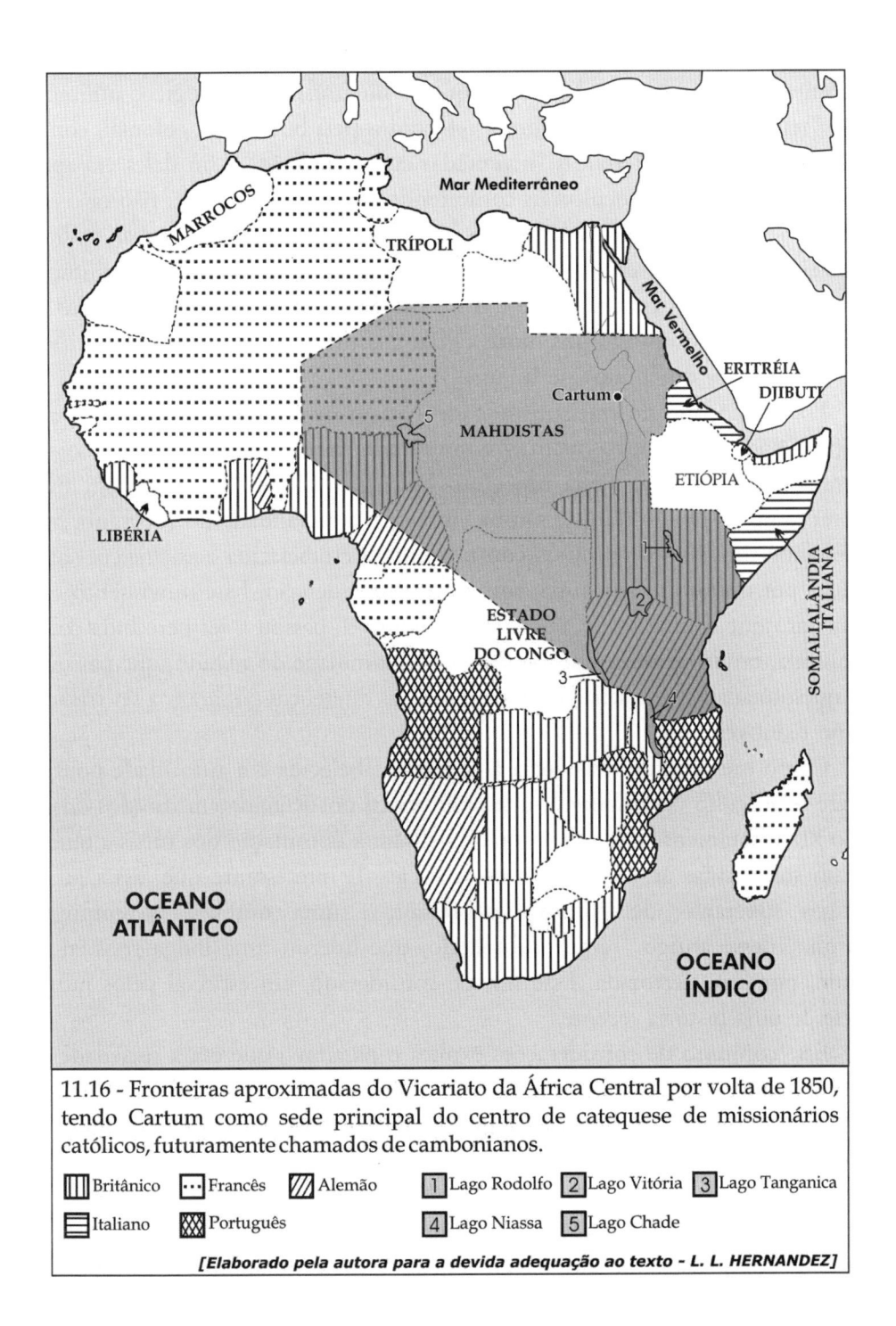

11.16 - Fronteiras aproximadas do Vicariato da África Central por volta de 1850, tendo Cartum como sede principal do centro de catequese de missionários católicos, futuramente chamados de cambonianos.

| Britânico | Francês | Alemão | 1 Lago Rodolfo | 2 Lago Vitória | 3 Lago Tanganica |
| Italiano | Português | | 4 Lago Niassa | 5 Lago Chade | |

[Elaborado pela autora para a devida adequação ao texto - L. L. HERNANDEZ]

um processo de inversão ideológica, foram qualificadas como inferiores. Assim, "naturalmente" os primeiros tinham o "direito divino" de dominar os demais. No entanto, é fundamental salientar que os mecanismos ideológicos utilizados pelo "reino" tútsi, mais tarde, foram reforçados pela burocracia colonial, conferindo legalidade às diferenças "inventadas como tradição". Um deles era apresentar as diferenças etnoculturais como tendo alto grau de rigidez, não raro justificando a sobreposição delas sobre as demais. Em outros termos, embora houvesse riquezas culturais próprias, estas tornavam-se difusas com a utilização de canções divinas, transmutadas em instrumentos de justificação e reforço da assimetria e da submissão dos hutus e tuas aos tútsis, acentuando a estratificação etnopolítica do "reino" de Ruanda.

Porém, ao lado dos mecanismos ideológicos de manutenção do *status quo* vigente, coexistiam outros utilizados como uma forma de protesto. Conforme a tradição kubandwa, havia um culto iniciático de um herói, Ryangombe, corrente no século XVIII, que punha em xeque a sacralidade do soberano, manifestando um protesto político contra a ordem estabelecida e as sujeições atribuídas por imposição aos hutus como meio de redenção. Esse movimento tornou claro que a sacralidade, até então indiscutível, passou a ser percebida como adquirida, o que significa pôr em xeque a legitimidade do mando, que passou a ser questionada e até desafiada. Desse modo, as diferenças passaram a ser tratadas como redutíveis.

Outro exemplo de resistência à ordem estabelecida e à autoridade política refere-se ao culto Nyambingui, que se estendeu por Ruanda em meados do século XIX, exatamente nas regiões que resistiram à dominação dos tútsis e que só foram submetidas às vésperas da colonização. É interessante que, associada a antigos soberanos de Ndorwa, sobressaiu-se uma mulher, Nyambingui, "rainha" desse antigo "reino" submetido, que liderou uma longa resistência, sendo, por fim, derrotada. Esse mito é considerado, em especial pelos hutus, parte de uma história recente.

Esse conjunto de considerações explica o paradoxo que era a sociedade de Ruanda: constituia-se uma sociedade de castas, ao mesmo tempo que apresentava um sentimento de unidade nacional. Os fatores de coesão social como a fé, a língua e a lei valiam para tútsis, hutus e tuas. Quando, em 1890, os alemães tornaram-se colonizadores de Ruanda, mantiveram todas as justificações míticas, sobretudo a que hierarquizava as três castas, reforçando, sobremaneira, as idéias de dominação e de submissão, enquadrando-as no âmbito dos propósitos da burocracia colonial.

O período de colonização dos alemães, que durou até a Primeira Guerra Mundial, ficou marcado pela organização da Force Public. Em torno dela e por seus integrantes, foi construída uma importante rede de escolas técnicas e profissionais, além de outras obras sociais. Essa Force Public ficava à disposição permanente das autoridades civis para reprimir possíveis sublevações.

Reiteramos que as dificuldades de reconstituição histórica da região interlacustre da África Oriental, onde se situa Ruanda, são muito grandes, somando-se às já apontadas os preconceitos e as pré-noções acerca de seus povos. De todo modo, é sabido que o sistema monárquico-absolutista sob a administração belga indireta (que sucedeu a alemã) sofreu uma série de reformas, suprimindo as relações pessoais de subserviência. Mas as desigualdades não só foram mantidas como reforçadas; tanto é que a administração pública continuou a ter seus cargos preenchidos pelos tútsis. Além disso, o governo belga coordenou o conjunto do Conselho Consultivo em que figuravam alguns africanos, desde 1919, quando reuniu Ruanda e Urundi. Embora sob o domínio do mesmo colonizador, esses dois pequenos reinos apresentaram diferentes respostas à autoridade belga. No que se refere a Ruanda, foi, sem dúvida, até 1959, o "reino" interlacustre com maior grau de estratificação etnopolítica. Senão, vejamos: os tútsis, pastores, somavam 14% da população e constituíam a elite dominante; os hutus, trabalhadores agrícolas, eram 85% e os tuas chegavam apenas a 1% (veja mapa 11.17).

Alguns anos depois do início da tutela belga, em 1925, foi introduzido, como experiência, o "programa-café". Era uma cultura especulativa que se estendeu, pela necessidade de aumentar a produção, como o único meio de os africanos compensarem a queda dos preços nos difíceis momentos de crise de 1929-1930. É importante acrescentar que, de 1926 em diante, passou a ser recrutada mão-de-obra para as minas das zonas rurais. De forma legal, o governo concedeu o monopólio de recrutamento da província oriental de Manuma à Union Minière du Haute-Catanga, que explorava cobre, oferecendo as mais degradantes condições de vida da África Central. As reivindicações acabaram reduzindo legalmente o trabalho obrigatório e gratuito de 29 para 13 dias por ano, porém, na prática, permaneceram as formas de trabalho compulsório.

Entre 1930 e 1932, foi posta em ação uma política de estabilização da mão-de-obra para combater a elevada porcentagem da população que havia migrado para Catanga, no Congo, uma vez que a densidade populacional de Ruanda era baixa, de apenas 6,8 habitantes por km^2. A emigração acentuava as dificuldades da economia centrada na exportação de produtos agrícolas básicos, como o café e o cacau, obtidos por meios tradicionais. A política de repatriação, porém,

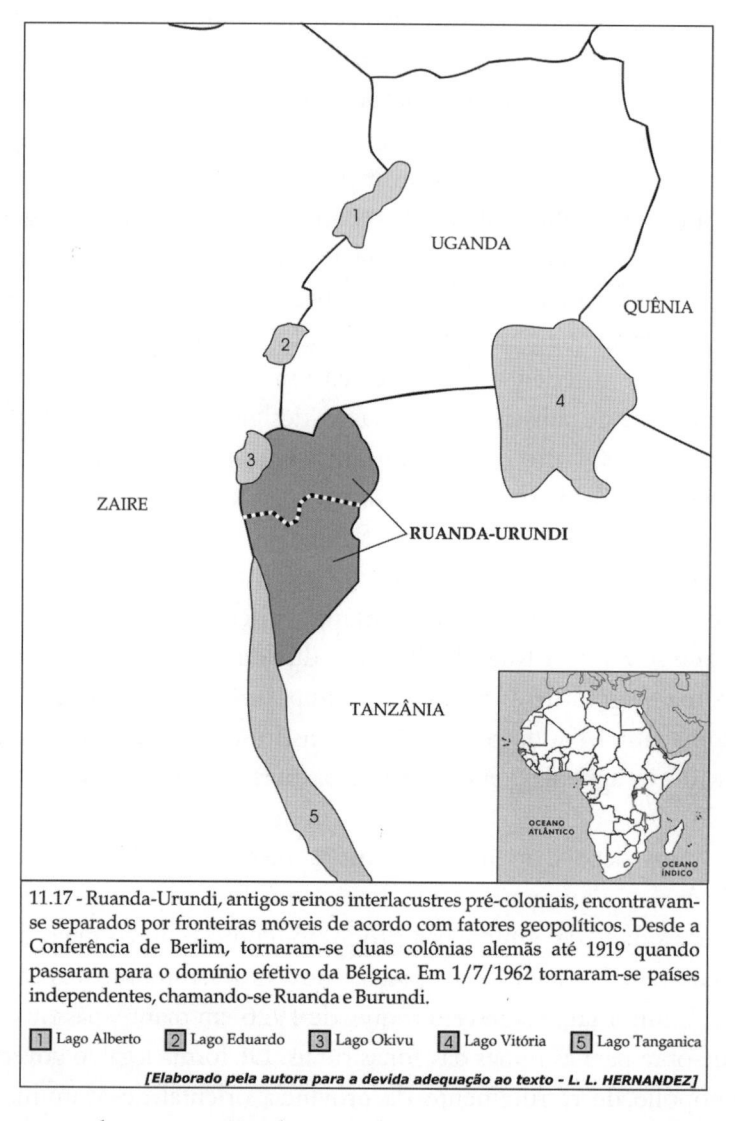

11.17 - Ruanda-Urundi, antigos reinos interlacustres pré-coloniais, encontravam-se separados por fronteiras móveis de acordo com fatores geopolíticos. Desde a Conferência de Berlim, tornaram-se duas colônias alemãs até 1919 quando passaram para o domínio efetivo da Bélgica. Em 1/7/1962 tornaram-se países independentes, chamando-se Ruanda e Burundi.

1 Lago Alberto   2 Lago Eduardo   3 Lago Okivu   4 Lago Vitória   5 Lago Tanganica

[Elaborado pela autora para a devida adequação ao texto - L. L. HERNANDEZ]

acabou acarretando uma série de tumultos (por parte dos trabalhadores que viviam fora das reservas), que se somaram com revoltas dos naturais de Ruanda, sobretudo pelas más condições de trabalho e pelos baixos salários, que dificultavam ou mesmo inviabilizavam o pagamento do imposto de capitação.

A estratificação social foi mantida por um sistema monárquico absolutista, embora a sociedade fosse se modificando, o que levou a certa complexidade social, quando da passagem de uma sociedade rural para uma sociedade que começava a ter características urbanas. Para isso, contribuiu a criação de escolas seminaristas, em particular católicas, que, mesmo sob a hegemonia tútsi, deu ensejo para que nove seminaristas, em março de 1957, redigissem o Manifeste des Bahutu, representando a primeira manifestação política dos hutus de Ruanda. Esse manifesto continha um conjunto de idéias relativas aos problemas decorrentes do monopólio político dos tútsis, que, na prática, também se estendia a todas as dimensões da sociedade.

Depois de um ano, os tútsis reagiram com o manifesto dos "Doze Grandes Feudais da Corte", reafirmando o domínio do mwami, fundado pelos mitos de criação e legitimado pelo exercício do mando havia vários séculos. Demonstrando certa indignação, escreveram os tútsis: "Podemos perguntar como podem os bahutu reclamar o seu direito à partilha do patrimônio comum... As relações entre nós (batutsi) e eles (bahutu) foram em todos os tempos baseadas sobre a servidão; não há portanto entre eles e nós qualquer fundamento de fraternidade".[71]

Essa troca pública de posições de franca discordância deu início ao agravamento da questão racial, somada ao fracasso da não-revogação do estatuto de tutela, instituído desde o fim da Primeira Guerra Mundial. Os tútsis reivindicavam a imediata transferência de poderes para eles próprios, considerados, inclusive pela ONU, como os "verdadeiros" nacionalistas de Ruanda. A crise chegou a seu ponto máximo com a notícia da morte súbita do mwami Mutara III, o que só fez aumentar o sentimento antibelga dos tútsis, reforçado pelos recentes acontecimentos pró-independência do Congo Belga. Como os próprios tútsis designaram como sucessor Kigeri V, a 28 de julho, ainda durante o desenrolar da cerimônia fúnebre, excluíram a autoridade belga. Esse fato reforçou o sentimento pró-hutus por parte da administração colonial. Nessa conjuntura, marcada por uma evidente crise política, fundou-se o partido tútsi, o Union Nationale Rwandaise (Unar), a 15 de agosto de 1958. Foi fundado também o conhecido Parmehutu, isto é, o partido hutu, Parti du Mouvement de l'Émancipation Hutu, a 19 de outubro de 1959.

Desde os primeiros dias de novembro de 1959, a característica principal no centro de Ruanda foi a violência política entre os seguidores de ambos os partidos, provocando uma revolta popular que atingiu o oeste e em particular o norte do país. Foi uma revolta dos hutus com o uso da força física em situações públicas "[...] e em relações que são entendidas pelos próprios agentes sociais envolvidos como tendo algo a ver com o mundo da política".[72]

A 10 de novembro de 1959, Bruxelas resolveu anunciar a decisão de conceder a Ruanda a autonomia interna, dentro de um quadro democrático que ti-

---

71. Apud CORNEVIN, *op. cit.*, p. 195.

72. *Apud* NEIBURG, Frederico. "O naciocentrismo das ciências sociais e as formas de conceituar a violência política e os processos de politização da vida social". *In:* WAIZBORT, Leopoldo (org.). *Dossiê Norbert Elias*. São Paulo: Edusp, 1999, p. 44.

vesse início por "eleições comunais", que deveriam ser realizadas no ano seguinte, entre os meses de junho e julho. Porém, por um decreto interino de 25 de dezembro de 1959, foram constituídas "comunas provisórias". Como conseqüência, os tútsis fugiram do norte de Ruanda e, portanto, os Conselhos Interinos foram constituídos majoritariamente por hutus. A pequena elite cultural hutu não hesitou na escolha pela prática da violência. Assim, em junho, tútsis e hutus recomeçaram as escaramuças.

No dia 17 de outubro de 1960 Bruxelas anunciou a abolição da monarquia e o início da constituição de um governo provisório em Ruanda, sendo Grégorie Kayibanda, presidente do *Parmehutu*, chamado para sua chefia. Foram programadas eleições para a Assembléia Legislativa. Como as relações entre a Bélgica e a ONU estavam difíceis, na resolução da Assembléia Geral de 20 de dezembro de 1960 foi recomendado que as eleições legislativas fossem transferidas para o verão de 1961 e efetuadas sob seu controle. A partir daí haveria "uma anistia geral e incondicional". A resposta do governo ruandês tornou clara sua indignação, chamando essas medidas de "golpe de Estado de Gitarama". As ações terroristas foram reiniciadas, dando ensejo a assassinatos em série, além de incêndios de casas, prisões e expulsão de várias famílias. Instaurou-se um clima de terror que condenou milhares de tútsis à fuga. Significa dizer que passou a haver "[...] a utilização recorrente e ritualizada da força física na definição das identidades pessoais e coletivas [...]".[73]

Em plena situação de caos social foram realizadas as eleições e, por significativa maioria de votos, adotada a República. Com a revolução precedendo a independência, em 21 de dezembro de 1961, a Bélgica concedeu autonomia interna a Ruanda e, em 28 de junho de 1962, a Assembléia Geral da ONU fixou para 1º de julho a supressão da tutela e a concessão da independência à República Democrática de Ruanda, ressaltando que o governo independente não seria monoétnico. Assim, a pedido das Nações Unidas, dois dos oito ministros eram tútsis. Além disso, foi dada autorização para que o Unar tivesse seu próprio jornal, o *L'Unité*, que estaria isento de censura, podendo exercer o papel de oposição ao governo. É sabido, no entanto, que os acontecimentos posteriores acabaram culminando em um dos mais violentos genocídios do século XX, estimando-se o número de mortos em 1.074.017, ou seja, um sétimo da população de Ruanda, sendo 93,7% de tútsis.[74]

73. NEIBURG, *op. cit.*, p. 57.
74. Para um aprofundamento da história de Ruanda e do genocídio vale consultar BRAECKMAN, Colette. *Rwanda: histoire d'un génocide*. Paris: Fayard, 1994, e *Terreur africaine*, também editado pela Fayard, em 1996.

Lamentavelmente, as diferenças foram utilizadas para acentuar desigualdades. Esse *apartheid* etnoistórico, condicionou as discriminações raciais, econômicas, sociais e políticas. De outro lado, foi reforçado o processo de reinvenção das identidades, por meio da mudança de critérios de exclusão, por parte das próprias autoridades belgas, com o apoio da Igreja católica local e dos franceses, que passaram a apoiar ostensivamente os hutus contra os tútsis, alimentando a guerra e o genocídio.

Burundi

O antigo "reino" de Burundi encontrava-se separado dos pequenos territórios vizinhos por fatores políticos e geográficos. A população era composta, na sua maioria, por hutus (por volta de 84%), por uma minoria tútsi (cerca de 15%) e um pequeno número de pigmóides tuas. Semelhante ao "reino" de Ruanda, também em Burundi cabia aos tútsis exercer o poder político e a escolha do soberano, mwami, e dos ganwa(príncipes). As rivalidades e lutas pelo poder entre os tútsis facilitaram a tarefa de conquista, em 1890, pelos alemães, que impuseram um governo militar.

Cestaria originária do Burundi – onde é servido sobretudo o pão –, feita com palha natural entremeada por palha tingida de preto, abóbora e âmbar.

Finda a Primeira Guerra Mundial o Burundi foi separado da África Oriental Alemã (logo depois, Tanganica) passando a ser submetido a uma administração fiduciária da Bélgica, sob o mandato da Sociedade das Nações e, em alguns pontos, ficou ligado ao Congo.

O processo de luta pela independência foi muitíssimo menos sangrento do que o de Ruanda, mas não menos complexo, dado o grande número de partidos, cerca de 23, em junho de 1961. O mais antigo e o mais conhecido era o Parti de l'Unité et du Progrés National (Uprona), fundado em 1957. Portanto, surgiu antes mesmo que a visita de representantes da ONU ao Burundi protestasse contra o projeto belga de estabelecer "centros extracostumeiros", isto é, quatro zonas de desenvolvimento econômico: Kitega, Bujumbura, Rumomge e Nyanza-Lae, como forma de, na prática, anular a autoridade do mwami.

No entanto, o Uprona foi rapidamente dominado pelo príncipe Louis Rwagasore Mwambutsa, que havia voltado para Burundi em 1958, depois de concluir seus estudos no Instituto Universitário dos Territórios do Ultramar de Anvers. Um de seus primeiros atos foi a reivindicação da "independência imediata" à administração belga, que, como resposta, o acusou de "comunista", passando a favorecer o Parti Démocrate Chrétien (PDC), o qual, pautado pela moderação, propôs a autonomia no âmbito de um processo de transição.

Pela aplicação de um decreto, de 25 de dezembro de 1959, foram estabelecidas "comunas provisórias" para as quais deveria haver eleições em dezembro de 1960. Delas saiu vitorioso o PDC, o que lhe deu legitimidade para que no "governo interino", constituído em janeiro, houvesse apenas ministros de sua legenda. Mas, revertendo essa situação nas eleições legislativas de 18 de setembro de 1961, o Uprona fez 58 dos 64 lugares, obtendo 80% dos votos. Dessa maneira, Burundi tornou-se uma monarquia constitucional composta pelo mwami, com poder de nomear e revogar ministros. Rwagasore foi nomeado primeiro-ministro até 13 de outubro de 1961, quando foi assassinado a soldo de líderes do PDC. Esse fato teve importantes desdobramentos na evolução política do Burundi, que se tornou independente a 1º de julho de 1962, começando a viver um quadro de guerra civil embrionário.

Não é possível esquecer que a guerra civil ruandesa acabou se regionalizando estendendo-se ao Burundi e ao então Zaire (atual República Democrática do Congo). Isso deu origem a uma das maiores, senão a maior, "máquina de matar" do século XX, massacrando sistematicamente os tútsis e os hutus moderados, resultando no maior genocídio da "era dos extremos"[75].

Possessões espanholas – Da autonomia à revolução: Canárias, Saara Ocidental e Guiné Equatorial

Canárias

As Canárias, incluindo os territórios peninsulares, constituíram uma comunidade espanhola administrativa e juridicamente dividida em duas províncias com os mesmos direitos e deveres. O arquipélago é composto por sete ilhas: Las Palmas, Gomera, Hierro e Tenerife, que compõem a Província de Santa Cruz

---

75. A expressão foi cunhada por Eric Hobsbawm e é título de uma de suas obras mais conhecidas.

de Tenerife; e Lanzaroti, Fuerte Ventura e Grande Canária, que constituem a Província de Las Palmas.

Quando da conquista européia, as Canárias já se encontravam habitadas pelos guanches, cuja cultura soma-se à dos berberes, do norte da África. Em 1402, cavaleiros normandos conquistaram Lanzaroti, Fuerte Ventura, Hierro e Gomera, em nome do rei de Castela. Por sua vez, as ilhas com populações mais densas foram conquistadas diretamente por Castela: Grande Canária, entre 1478 e 1483; Las Palmas, em 1491; e Tenerife, entre 1493 e 1496. Vale registrar que desde o fim do século XV as Canárias estiveram ligadas ao tráfico negreiro. A partir de 1479, pelo Tratado de Alcáçovas (pondo fim às disputas com Portugal), elas passaram para o domínio espanhol (veja mapa 11.19).

Também é importante destacar que Grande Canária, Las Palmas e Tenerife foram submetidas ao domínio direto da Coroa e seu aparato administrativo-jurídico antecipava a organização que seria implementada nas futuras colônias americanas. Quanto aos "nativos", aqueles que sobreviveram à conquista e às lutas de "pacificação", foram convertidos ao cristianismo e, em pouco tempo, submetidos ao projeto de assimilação espanhol. É fundamental registrar que do Mediterrâneo e do Algarve foi transposto o primeiro modelo de sociedade colonial ultramarina, "[...] formada pelos enclaves ibero-africanos nas Canárias, em Cabo Verde, na Madeira, nos Açores e em S. Tomé – na adaptação prévia aos trópicos e ao escravismo de técnicas portuguesas e luso-africanas desenvolvidas em larga escala na América portuguesa".[76]

No entanto, não podendo competir com as plantações de açúcar de outras partes, como das Índias Ocidentais Britânicas, a agricultura concentrou-se em um intercâmbio de produtos, em particular na vinicultura. Além disso, as ilhas não tardaram a se transformar em um lugar de trânsito entre a Espanha e suas colônias americanas, fornecendo-lhes uma emigração regular, além de prover um intercâmbio de produtos. Já entre 1825 e 1885, outra monocultura tomou o lugar do açúcar, o *cacto opuntia*, alimento de um inseto, a cochinilha, que proporcionava matéria corante. No século XX, por sua vez, passou a predominar a monocultura de bananas. Até a década de 1950, a única indústria importante foi a refinaria de petróleo, instalada em 1927. A partir de então e, sobretudo, de 1970, passou a predominar a fabricação de produtos alimentares, cigarros e substâncias químicas.

---

76. ALENCASTRO. *op. cit.*, p. 68. Para consulta específica sobre Cabo Verde: HERNANDEZ, Leila Leite. *Os filhos da Terra do Sol...*, – *op. cit.*

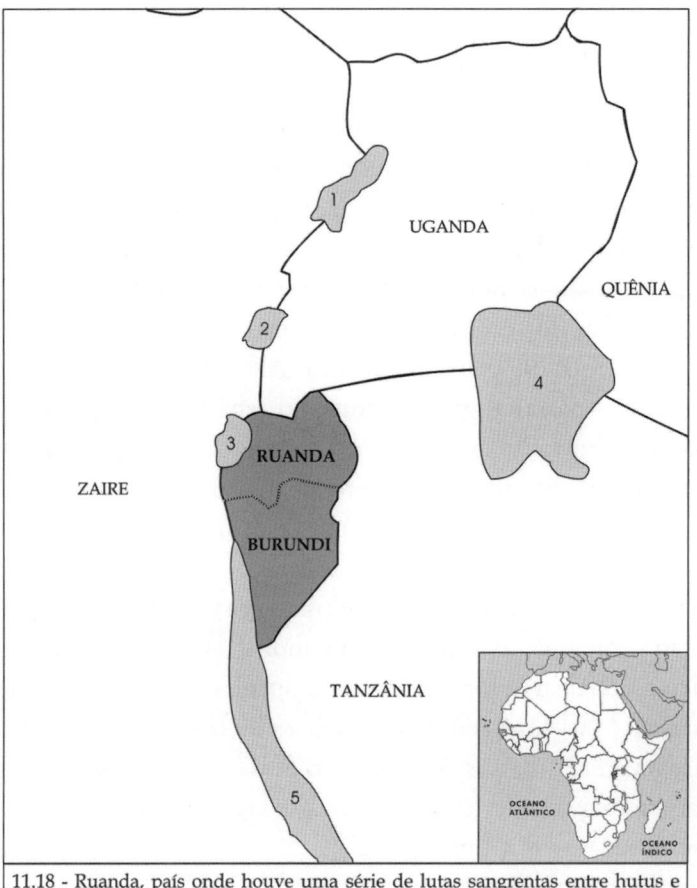

11.18 - Ruanda, país onde houve uma série de lutas sangrentas entre hutus e tútsis, que evoluiu para um dos maiores genocídios do século XX. Este conflito regionalizou-se, incluindo Uganda, Burundi, nordeste do Zaire e norte da Tanzânia, na altura, países independentes.

1 Lago Alberto   2 Lago Eduardo   3 Lago Okivu   4 Lago Vitória   5 Lago Tanganica

[Elaborado pela autora para a devida adequação ao texto - L. L. HERNANDEZ]

Quanto à organização social, as Canárias apresentavam, no geral, uma elite oligárquica, dividida em famílias agrupadas em torno da propriedade da terra, massas pobres e heterogêneas e setores de classes médias sem condições de uma atuação político-ideológica homogênea. Desse modo, a despeito de os partidos de esquerda projetarem idéias independentistas, em especial no pós-Segunda Guerra Mundial, a maioria da população tornou-se elemento responsável por uma situação impeditiva da chamada modernidade segundo os padrões ocidentais. Houve uma acomodação, paralisando o surgimento de agentes capazes de atuar com eficácia, quer implementando o desenvolvimento econômico, quer assumindo uma prática político-ideológica voltada para a transformação

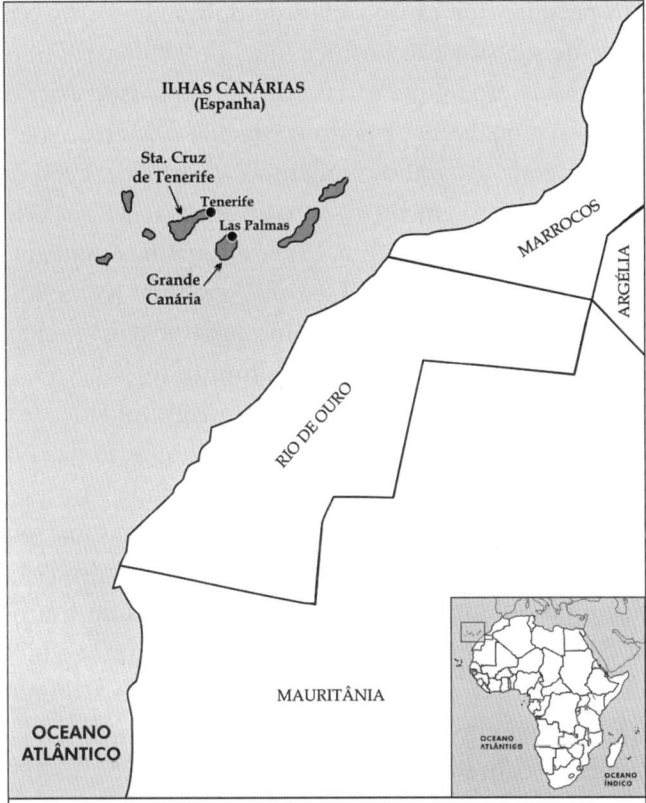

11.19 - Como resultado de uma relação específica entre sociedade e política, os partidos das ilhas Canárias, embora com um discurso "nacionalista esquerdizante", não conquistaram a população como base social de apoio de um movimento independentista. Coube às Canárias a autonomia, mantendo a união com a Espanha.

[Elaborado pela autora para a devida adequação ao texto - L. L. HERNANDEZ]

da sociedade. Em tais circunstâncias, para as Canárias, foi difícil outra escolha que não a autonomia. Sem transformar-se em Estado, as Canárias condicionaram seu desenvolvimento econômico, social e político à união com a Espanha.

Saara Ocidental

O Saara Ocidental situa-se entre o Marrocos e a Mauritânia, constituindo uma zona geográfica banhada pelo Atlântico. Divide-se nas regiões de Saguia el Hamra, a norte, e Wadi Adh Dhabab (Rio de Ouro), ao sul, ambas pouco povoadas. Os sarauís estão basicamente divididos em três grandes grupos árabes: reguibat, ould delim e tekna.

O elemento peculiar que causou mais desdobramentos no Saara Ocidental foi a ambigüidade de sua situação jurídica, que, de 1880 a 1976, permitiu identificá-lo como possessão espanhola e, daí por diante, passou a ser o motivo básico de uma questão regional, envolvendo a Argélia, o Marrocos e a Mauritânia. O interesse por essa zona geográfica aumentou a partir de 1960, quando foram descobertas jazidas de fosfato em Bu Craa, com reservas de cerca de dois milhões de toneladas de minas a céu aberto. Em 1974, a Espanha anunciou a intenção de se retirar do Saara Ocidental até 1976, que embora recebendo o status de província, continuou sendo identificado como uma possessão espanhola.

Evidentemente, essa é uma questão do âmbito do poder (e, como tal, não necessita ser justificada), mas não prescinde de legitimidade, o que explica o fato de ter sido discutida pela Comissão de Descolonização das Nações Unidas. Entretanto, o Marrocos, que reivindicava "legitimidade histórica", religiosa e jurídica sobre o Saara, pelas ligações deste com as dinastias marroquinas que remontavam o século XI, aliou-se à Mauritânia e solicitou do Tribunal Internacional de Justiça uma resolução sobre o território, antes do fim da colonização espanhola. Em 28 de outubro de 1975, o Tribunal reconheceu a existência de laços históricos entre o Saara, o Marrocos e a Mauritânia. Porém, ao mesmo tempo, negou a soberania do Marrocos sobre o Saara.

Essa resolução foi contestada de imediato pela Marcha Verde, uma organização do governo marroquino que continuava a reivindicar "direitos" do Marrocos sobre o território do Saara. Cerca de 350 mil cidadãos civis, não armados, fizeram um desfile manifestando o seu protesto contra qualquer tipo de dominação sobre o Saara. Essa pressão, sem dúvida, deu maior legitimidade à negociação de um acordo tripartite, assinado em 28 de novembro de 1975 pelo Marrocos, pela Mauritânia e pela Espanha. Conforme esse acordo, o território ficaria dividido por uma linha que passava na direção sudeste, a partir da costa norte. Todavia, quando a Espanha retirou seus contingentes militares, em 28 de fevereiro de 1976, a Frente Popular de Libertação de Saguia el Hamra e Rio do Ouro, conhecida como Frente Polisário, organização política representante do descontentamento popular, proclamou a República Democrática Árabe Sarauí, com um governo no exílio, cuja base estava na Argélia. Porém, como Marrocos e Mauritânia controlavam de fato grande parte do território, a Polisário deu início a uma guerra de guerrilha que teve como resultado, em 1979, a renúncia da Mauritânia às suas pretensões (veja mapa 11.20).

Esse quadro geral precisa ser completado com o fato de que a questão do Saara Ocidental ganhou ainda maior complexidade quando se constituiu no âmbito de uma estratégia regional, em que a Polisário avaliava estar sendo objeto de uma tripla beligerância entre a Argélia (país que lhe dava suporte), o Marrocos e a Mauritânia. Assim, a luta pela autodeterminação do Saara transformou-se em objeto de confronto regional, ao contrário do que propunha a Rasd, que visava à criação de uma futura República Islâmica, "magrebina, árabe, terceiro-mundista, nacionalista, progressista e de não-alinhamento restrito". Nesse sentido, pode-se considerar que a questão regional com o Saara teve menos a ver com a atuação da Polisário, do que com o entendimento islâmico regional.

De todo modo, esse quadro geral deve ser completado, ressaltando-se que a regionalização do conflito não só dificultou as relações entre o Marrocos e a Argélia, mas também no interior da Liga Árabe e da OUA, minimizando as possibilidades de uma aproximação árabe-africana. Atualmente, a República Árabe Sarauí Democrática é reconhecida por mais de setenta países e pela Unidade Africana (UA).

Assim, é oportuno destacar que as poucas pesquisas e artigos disponíveis, não deixam claro até que ponto as idéias e escolhas dos ideólogos e líderes políticos foram compartilhadas pelos guerrilheiros e pela população local, que lhes deu toda sorte de apoio. É sabido, no entanto, que as massas constituíram uma cultura comum, na qual prevaleceu a consciência das diferenças. Por fim, um pequeno mas importante adendo acerca das características socioculturais dos sarauís.

Na sua maioria nômades, eles viveram, durante séculos, em estreita comunhão com a natureza. Nos últimos anos da presença espanhola, foram pressionados pelo governo a fixar residência. Depois de 1960, com a instalação da via transportadora de 158 quilômetros, unindo, em 1972, as minas de fosfato ao porto de El Aailin, cortaram-se as rotas migratórias para alguns habitantes e criaram-se postos de trabalho para outros. Essas mudanças não foram nada irrelevantes. Ao contrário, destruíram o mundo estável do povo sarauí como um todo. Simplificando, alteraram-se também os modos e estilos de vida, a dinâmica da vida familiar, as redes de lazer, algumas práticas religiosas, ou seja, as dimensões plurais da vida cotidiana.[77]

---

77. Consultar: HOURANI, Albert Habib. *Uma história dos povos árabes*. 2. ed. São Paulo: Companhia das Letras, 1994; TRIGO, Fernando Ahmed Bukhari (Frente Polisário). "A hostilidade de Portugal". Jornal *África*, ano 1, n. 3, Portugal: 11 de abr. 1984, p. 22; "ONU convida ao diálogo Polisário/Rabat". Jornal *África*, Portugal, 1º de nov. 1989, p. 18; CAFLISH, Lucius. "Essai d'une typologie des frontières". *Relations Internationales*, n. 63, 1990, p. 265-293; GUILHAUDIS, Jean-François. "Remarques à propos des récents conflits territoriaux entre les Etates africains". *Annuaire Français de Droit International*, 1979, p. 223-243.

11.20 - A Frente Polisário foi o movimento que liderou a luta pela independência do Saara Ocidental. Na seqüência, enfrentou a regionalização do conflito, negando-se a integrar uma República Islâmica por meio de uma negociação regional.

[Elaborado pela autora para a devida adequação ao texto - L. L. HERNANDEZ]

Guiné Equatorial

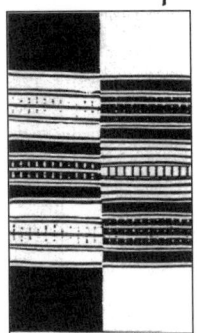

O pequeno enclave é constituído por uma parte continental e outra pelo rio Muni e mais cinco ilhéus, sendo o de Fernando Pó o mais conhecido deles. Em 1472, os portugueses que aportaram naquela região encontraram o povo bubi, que lá estava desde o século XIII. Tempos depois, a população tornou-se maior e mais complexa, com vagas de imigrantes bantos e, no século XIX, com o povo fang. Em 1778, os portugueses deixaram Bioko e cederam seus direitos aos espanhóis, que, no entanto, perderam-no para a Grã-Bretanha, que passou a utilizar a ilha como ponto de aprisionamento de navios antiescravistas. De todo modo, a mão-de-obra era insuficiente e havia a necessidade de recrutar jornaleiros em vários pontos da África Ocidental, sobretudo na Libéria, para o plantio de cacau e café e na exploração da madeira.

Em 12 de outubro de 1968 a Guiné Equatorial obteve a concessão plena da independência sob a liderança de Francisco Macías Niguema, que acabou por se autoproclamar presidente vitalício, sendo deposto apenas em 1979. Pouco conhecida pela sua economia incipiente e por sua instabilidade política, a Guiné Equatorial esteve presente nos órgãos de imprensa mundial pelos maus-tratos aos trabalhadores agrícolas, que, ainda nos anos de 1978 e 1979, assemelhavam-se a escravos. É possível inclusive considerar esse pequeno país, um dos maiores violadores dos direitos humanos na África, incluindo perseguições religiosas, assassinatos políticos e genocídio. Por sua vez, o Estado de exceção quase permanente deu origem a um grande número de refugiados no Gabão, em Camarões e na Espanha. Hoje, a Guiné Equatorial defronta-se com a difícil tarefa de se reconstruir econômica, social e politicamente (veja mapa 11.21).

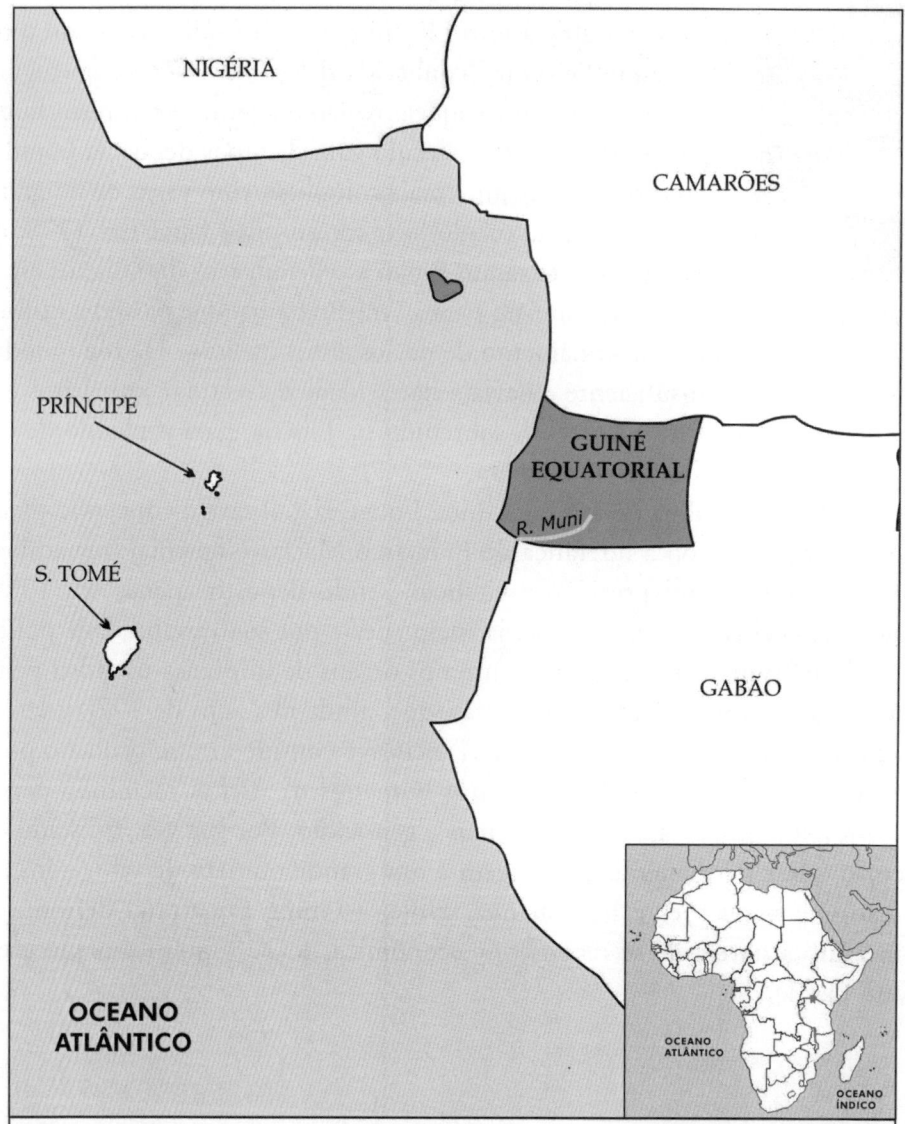

11.21 - A Guiné Equatorial teve a sua independência concedida em 12/10/1968. No entanto, as suas dificuldades econômicas e o poder discricionário de seu presidente vitalício, tornaram-na   conhecida pelo alto grau de violação dos Direitos Humanos.

[Elaborado pela autora para a devida adequação ao texto - L. L. HERNANDEZ]

12

RUMO À
REVOLUÇÃO POSSÍVEL

A falsa reciprocidade e os processos revolucionários: República Democrática do Congo, Camarões, Argélia e Quênia

 O imperialismo colonial justificava suas responsabilidades e até mesmo seus encargos como partes de uma "missão civilizadora" que deveria ser eficiente, eficaz e efetiva, sublinhando a importância do trabalho como meio mais adequado para que os "indígenas" pudessem deixar seu "estado de natureza", ascendendo aos valores e padrões próprios do Ocidente. Essa retórica ideológica revestida de falsa reciprocidade encobria relações de injustiça e desigualdade que tinham no etnocentrismo e no racismo, de forma alternada ou conjunta, um papel ideológico central. Em outras palavras:

No geral, governantes e grupos dominantes falam em termos de reciprocidade (embora possam não usar esta expressão) para enfatizar *sua* contribuição às unidades sociais que dirigem, e para louvar as virtudes e necessidades de relações harmônicas aí. Desta forma, a noção de reciprocidade rapidamente se transforma em mistificação, em um revestimento ideológico da exploração. No entanto, o mero fato de seu uso como retórica ideológica constitui evidência significativa de seu papel central no código universal. Como diz um dito bem conhecido, a hipocrisia é o tributo que o vício paga à virtude. O uso retórico e ideológico do conceito de reciprocidade testemunha seu apelo generalizado, seu possível papel como a idéia fundamental por detrás de concepções populares de justiça e injustiça, igualdade e desigualdade.[1]

1. MOORE JR., B. *Injustiça: as bases sociais da violência e da revolta*. São Paulo: Brasiliense, 1987, p. 685.

Essa mistura de ambigüidade e cinismo que se enraizou no sistema de dominação foi identificada pelas elites culturais africanas, em geral na Europa e nos EUA, passando a ser alvo de constantes críticas contestatórias. Desde 1945 houve, cada vez mais, uma complexa relação entre o sistema colonial e a oposição. Uma das possíveis explicações que permitem entender as primeiras lutas contra a tirania – o que, no caso, significa dizer pela conquista de liberdades – reúne um conjunto de circunstâncias históricas, cabendo sublinhar duas. A primeira diz respeito a uma característica essencial, qual seja, se as colônias eram de "povoamento" ou de "exploração". Nas primeiras, onde o número de colonos brancos era grande, por exemplo, na África do Sul, na Rodésia do Sul, no Congo, na Argélia e no Quênia, os governos recusaram-se a adotar uma política que deixasse nichos de poder para que os africanos pudessem constituir governos sob seu próprio controle. Mais do que isso, utilizaram-se do "terror de Estado", fazendo da população um conjunto de seres humanos dominados pelo medo.

A falsa reciprocidade, acentuando a violência e a opressão dos governantes europeus, retardou os processos de independência.

Contudo, a realidade do Estado, tomando a dianteira da transição, valendo-se da impotência de sociedades fortemente fragmentadas, não predominou em todas as colônias, em particular nas de povoamento. Dito de outra forma, houve aquelas que, percebendo evidentes sinais de inaceitação para lutar nos termos do "inimigo", isto é, dos europeus, escolheram conquistar suas liberdades com operações de tipo guerrilha, acreditando que esse seria o meio de luta mais eficaz. Historicamente, constata-se que muitas vezes, por estratégia, o gradualismo e os processos revolucionários ocorreram de maneira alternada ou simultânea. Contudo, também é preciso registrar a ira que sustentou processos longos, violentos e sangrentos, marcados por características próprias de guerra civil – como no Congo, na Argélia, no Quênia e em Camarões – pela falta de sucesso (ou mesmo pelo fracasso) de outras estratégias próprias de uma descolonização pacífica.

República Democrática do Congo

De grandes dimensões, a atual República Democrática do Congo estende-se por uma superfície que equivale a quatro vezes a da França. Nela, sobressai o rio Zaire (o antigo Congo), que nasce no nordeste, corre para o norte e depois para o sul, desaguando no Oceano Atlântico. Perto de sua foz foi constituído o antigo "reino" do Congo, que teve seu primeiro contato com os europeus por meio de Diogo Cão, em 1484[2]. Essa talvez tenha sido a região da África Central mais cobiçada por franceses, ingleses, portugueses e, em particular, pelo rei Leopoldo II, da Bélgica[3]. Entre 1886 e 1894, foi assinado um tratado de delimitação de fronteiras entre o rei Leopoldo e a Grã-Bretanha, e efetuado um cuidadoso mapeamento do território, sobretudo das zonas mais disputadas, como foi o caso de Catanga (ou Shaba), rica em cobre, anexada por "direito de preferência" pelo rei belga. Nesses 18 anos, o solo, o produto do solo e o monopólio de recrutamento foram entregues a companhias de armazenamento da borracha, como a Compagnie du Catanga, a Société Anversoire e a Compagnie du Lomami, entre outras. Além disso, houve conjuntamente todo um empenho para debelar os focos de possível rebeldia, até cerca de 1900, o que incluiu a destruição de fortalezas árabes ou de "mestiços negros" e suas tropas de combate, formadas por diversos povos negros.

No que se refere à administração colonial, com forte apoio do governo belga, substituindo o "escambo" de origem, reforçou a pilhagem do Congo por meio de grandes companhias, como a Compagnie du Congo pour le Commerce et l'Industrie, criada em 1887. Também deferiu financiamentos para outras empresas de exploração, como a Compagnie du Chemin de Fer du Congo, em 1889, que levou cerca de nove anos para construir a estrada de ferro

2. A maioria dos historiadores não considerou a ciência náutica, que mostrava a rota indireta seguida pelos portugueses no Atlântico Sul, provando que nos últimos anos do século XV já se conhecia o regime de ventos, de tal modo que traçaram a "rota em duplo arco", passando a barlavento, como fazem os veleiros modernos, o que lhes permitiu contornar a Costa Ocidental da África.

3. Esta questão foi tratada no Capítulo 2 deste livro.

de Léopoldville a Matadi, acarretando a morte de 1.932 pessoas, sendo 132 brancos e 1.800 negros. Os números, melhor do que qualquer outro elemento isolado, ajudam a distinguir qual era a população mais atingida por várias formas de miséria, entre as quais a fome, as epidemias e a morte. Todo esse sofrimento derivava do uso generalizado de dinheiro e da necessidade de obtê-lo, também para pagar impostos, o que impulsionava a prática de trabalhos compulsórios introduzidos em 1897, como "cultivo governamental", em particular nos campos de algodão. Foi grande o número de africanos dizimados em nome do marfim e da borracha.

Faz-se necessário chamar a atenção para o fato de que os agentes das companhias eram compostos de toda espécie de aventureiros europeus, para os quais a violência havia se tornado normal; a fome, a exploração e os maus-tratos passaram a integrar o cotidiano dos povos africanos que não cederam. A resistência ocorreu em vários pontos do território, em épocas diferentes. Todavia, a fraude e a força foram elementos fundamentais desse processo, cujos horrores eram justificados como parte da pedagogia colonizadora de cuidar dos subordinados ou mesmo de impor uma divisão de trabalho mais eficaz entre metrópoles e colônias. Assim, a objeção clássica aos excessos cometidos pelos imperialistas foi alvo apenas de uma crítica conservadora que, mesmo ressaltando os excessos, não negava a idéia de "missão colonizadora", que incluía o assimilacionismo em ritmo lento. Ao contrário, esta foi naturalizada e, por um processo de inversão ideológica, considerada fato da história, que, depurado dos grandes interesses econômicos, "guiaria os povos africanos à civilização".

Em 1908, o Congo foi cedido ao governo belga por uma Carta Colonial cujos princípios aproximavam-na do sistema francês. A partir de então, o aparato administrativo-jurídico passou a pôr em prática, agora de forma institucionalizada, o trabalho obrigatório, apresentado como essencial para o "desenvolvimento dos indígenas". De modo complementar, parte da Igreja católica, como A. Castelaim, mostrava-se convicta de que o trabalho forçado derivava de uma lei divina, ou seja, entendia o Direito como extensão da propagação da fé em Deus. Nas palavras do jesuíta: "O povo bárbaro que se furte a essa lei nunca se civilizará. Podemos, portanto, obrigá-lo e, como ele só pode fornecer trabalho em compensação dos serviços que se lhes prestam para melhorar a sua sorte, temos motivo redobrado para impor e exigir esse trabalho" (veja mapa 12.1).[4]

---

4. *Apud* KI-ZERBO, *op. cit.*, v. II, p. 142. Ressalto que a maioria dos dados deste capítulo apoiou-se nessa obra.

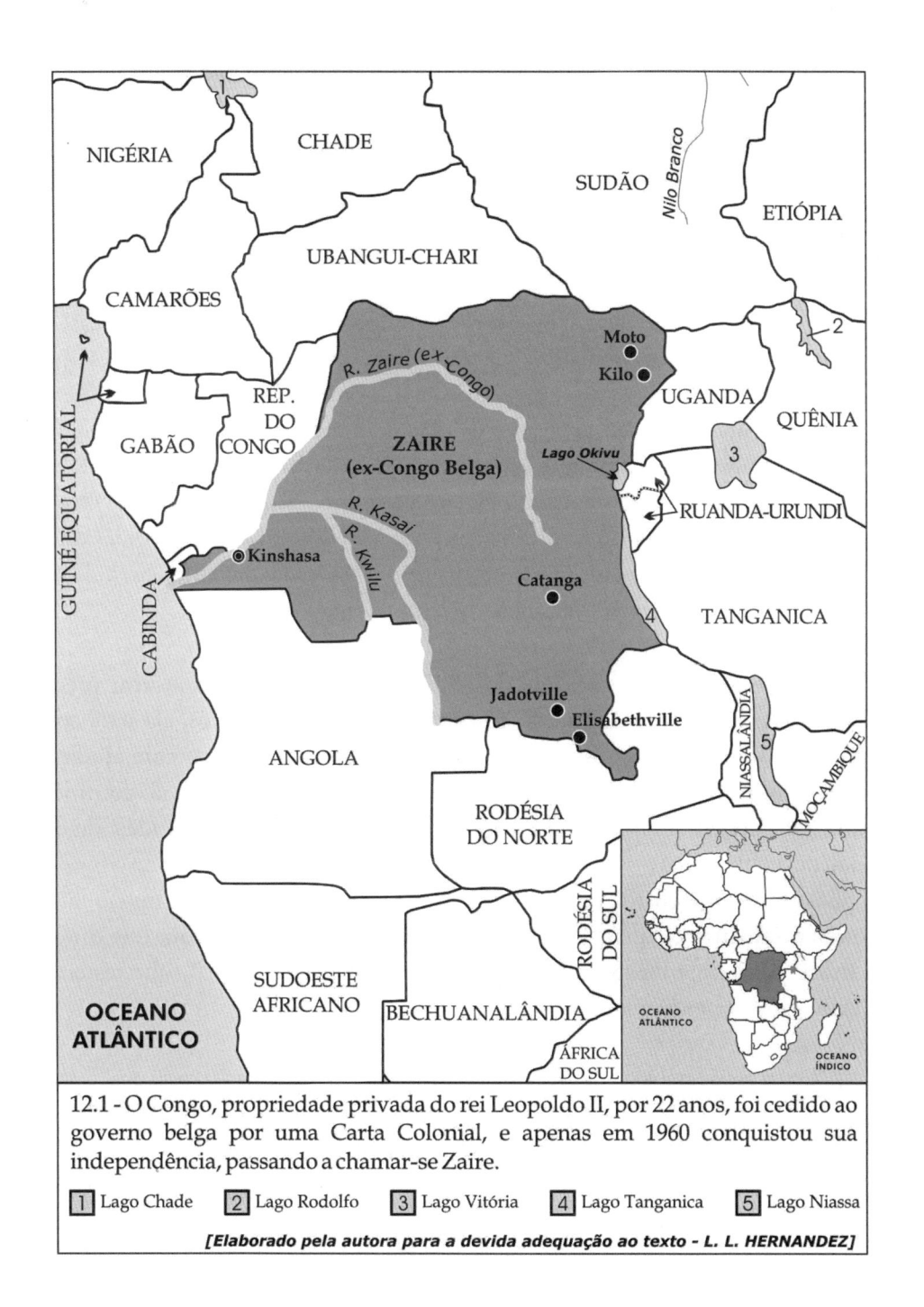

12.1 - O Congo, propriedade privada do rei Leopoldo II, por 22 anos, foi cedido ao governo belga por uma Carta Colonial, e apenas em 1960 conquistou sua independência, passando a chamar-se Zaire.

1 Lago Chade 2 Lago Rodolfo 3 Lago Vitória 4 Lago Tanganica 5 Lago Niassa

[Elaborado pela autora para a devida adequação ao texto - L. L. HERNANDEZ]

É importante apontar que a colonização do Congo Belga teve como particularidade o fato de ter sido uma obra de civis (exploradores, jornalistas, "homens de gabinete" e administradores), os quais controlavam os negócios do rei Leopoldo, motivados pelo espírito de curiosidade, descoberta e pela nobreza de levar civilização para "povos inferiores". Assim, o fato de o Congo ser transferido para o domínio belga em nada mudou o sistema colonial imposto pelo antigo rei, até porque era extremamente lucrativo, sobretudo, por ser baseado nas formas de trabalho compulsório e na cobrança de impostos. Na realidade:

> [...] o sistema imposto pelo antigo rei não seria desmantelado da noite para o dia; [...]. Os mesmos homens que haviam sido comissários distritais e chefes de estação para Leopoldo simplesmente passariam a receber seus ordenados de uma fonte diferente. A Force Public nem sequer se deu ao trabalho de mudar de nome. Um novo ministro belga encarregado das colônias era um antigo funcionário de uma companhia que usara milhares de trabalhadores forçados para construir a ferrovia no Leste do Congo. O presidente da comissão no Senado belga que aprovava os novos orçamentos da colônia – e que *aumentou* os "impostos em espécies" cobrados dos africanos, [...] – era acionista de uma notória companhia concessionária, a ABIR.[5]

Sem mecanismos de controle do emprego da força física, o horror predominava. Mas, enquanto a extração da borracha desse altos lucros, ela seria coletada, ainda que o trabalho fosse realizado a toque de chibatadas e com ajuda do fuzil. Por isso o sistema colonial belga foi um dos mais aterradores do continente africano, perpetuando-se durante longas décadas. Predominava a idéia de que a violência subordinava-se a fins e resultados positivos.

Esse tema crucial foi retratado à luz dos acontecimentos por missionários protestantes, entre os quais William Sheppard e William Morrison, este diretor da missão da Igreja Presbiteriana Sulista no Congo, desde 1897, que testemunharam fatos de extrema gravidade:

> [...] cada aldeia tinha de fornecer uma certa tonelagem de borracha, pela qual o chefe recebia umas peças de pano, ou um punhado de sal por quinda de borracha, ou mesmo apenas um pequeno espelho. O testemunho dos missionários Weeks, Peadfield, Gauman e Harris é esmagador. Para evitar a fuga dos indígenas, cada aldeia era confiada à guarda de um grupo de milicianos (*capita*) e a fuga dos homens ou a insu-

---

5. HOCHSCHILD, Adam. *O fantasma do rei Leopoldo: uma história de cobiça, terror e heroísmo na África colonial*. São Paulo: Companhia das Letras, 1999, p. 281.

ficiência de borracha trazia consigo operações punitivas que elevavam a assassínios públicos dos chefes ou dos seus pelos agentes europeus da Sociedade, a violação ou rapto de mulheres, a mutilação de braços, de pernas, das partes genitais, à empalação de raparigas ou de mulheres, a cenas de canibalismo, ao incesto dado em espectáculo pelos refractários, obrigados a executá-lo em público, etc. [...][6]

A essas razões, Sir Arthur Conan Doyle (criador de Sherlock Holmes), em defesa dos povos do Congo, declarou a jornais britânicos que: "Enquanto em qualquer relatório sobre as reformas houver sentenças como 'Os nativos adultos serão forçados a trabalhar', não será possível haver nenhuma reforma de fato"[7]. Notícias semelhantes a essas, de vários pontos do mundo, criaram um clima político geral de pressão sobre a administração belga que, em 1910, substituiu o trabalho forçado pelo imposto em dinheiro. Mas a legislação não foi aplicada, o que levou à manutenção o trabalho forçado por longas décadas. Entre 1917 e 1919, foi significativamente grande o recrutamento de mão-de-obra para trabalhos forçados na cultura do algodão. Também foi expressiva a presença de mulheres e crianças no conserto de estradas. Esses trabalhadores africanos, quando eram pagos, recebiam quantias ínfimas. Por sua vez, as portarias dos governadores da colônia, entre 1917 e 1919, aumentaram os impostos em 40%, compelindo a mão-de-obra para cargas de trabalho muitas vezes insuportável. A exploração da mão-de-obra ainda era a regra, o que foi descrito por André Gide em seu *Viagem ao Congo*, em 1925. O autor

[...] espantava-se com a grosseria com que os coloniais se dirigiam aos colonizados: ela se explica pela solidariedade de raça e pelo elevado conceito que eles têm de si mesmos, excluindo manter com o outro qualquer relação que possa ser igualitária. O problema é que fincavam suas bandeiras em nome dos direitos humanos, da igualdade, justamente, do *habeas corpus* e da liberdade, sem enxergar que violavam seus princípios de ação.[8]

A aviltante situação do trabalho forçado na África Subsaariana foi objeto de pesquisa de missões cristãs, também em 1929, que a descreveram no relatório Grimshew apresentado ao Bureau Internacional do Trabalho, em Genebra. Denunciavam:

---

6. KI-ZERBO, *op. cit.*, p. 143.
7. HOCHSCHILD, *op. cit.*, p. 281.
8. FERRO, *op. cit.*, p. 104.

Não se tratava de trabalho obrigatório, mas de forçado mesmo, sob ameaça – por exemplo, assumindo a forma de um alistamento militar global para toda uma aldeia, por uma duração que variava de dois a dezoito meses. Na melhor das hipóteses, esse trabalho era pago com uma remuneração ínfima, entregue aos civis requisitados ou ao chefe deles, que repartia ou não o que lhe entregavam. Pelo regulamento, os trabalhadores podiam ser mandados para um local situado até várias centenas de quilômetros de sua moradia, sem indenização em caso de ferimento, de doença, de morte. Segundo os textos das portarias dos governadores das colônias, os trabalhadores podiam ser requisitados para serviços de interesse geral ou local: transporte de carga, obras públicas, manutenção das concessões constituíam as tarefas tradicionais. Podia acontecer de essas exigências se combinarem com a obrigação de plantar certos produtos: algodão, rícino, café, etc.

É muito comum encontrar mulheres e crianças trabalhando no conserto de uma estrada. Mas é bom saber que assim como os homens elas não são convocadas pelo funcionalismo público e sim pelos homens de sua aldeia. Quanto à velocidade com que se passaria da sujeição à igualdade de direitos, para muitos, mesmo entre os mais humanos, era a velocidade zero.[9]

Conseqüentemente, mesmo com o rígido controle da administração colonial e dos regulamentos racistas, somado a fomes e epidemias, o protesto social, ainda que por vezes enfraquecido, não deixou de se manifestar. As formas variavam da fuga pelas matas, onde os cobradores de impostos não chegavam, até as fugas para as regiões fronteiriças do Congo francês e de Angola (que uniam os bakongos de ambos os lados da fronteira), a recusa de cultivo de produtos para exportação ou mesmo a plantação bem inferior ao que era estipulado. De maior repercussão foram as revoltas na região do Cuango, no Baixo Congo, entre 1920 e 1922, nas quais a população local de trabalhadores do campo, francamente hostil à burocracia colonial, se insurgiu contra três de seus principais símbolos de poder: a polícia africana, os coletores de impostos e os chefes legalistas. Por sua vez, as represálias foram bastante duras, espalhando o terror.[10]

Mas nem por isso a articulação de elementos políticos e religiosos deixou de crescer, manifestando-se ao longo dos anos 1920 e início da década de 1930

9. *Ibidem*, p. 160.
10. É preciso ter presente que esses anos terríveis do cotidiano dos povos africanos do Congo não podem ser esquecidos. No entanto, para manter ou mesmo recuperar a memória desses tempos faltam mais pesquisas sobre o tema, que começou a ser estudado de modo mais sistemático só a partir da segunda metade dos anos 1980.

em revoltas de maior intensidade e amplitude. Mesmo considerando a importância do rhakismo e do mpadismo, movimentos sincréticos que contrapunham os valores africanos aos europeus, sem dúvida o mais importante dos movimentos político-religiosos foi o kimbanguismo, liderado pelo bakongo Simon Kimbangu, que passou a se chamar o "Cristo dos negros" e sua aldeia, "a nova Jerusalém". Foi um movimento que conquistou grande número de adeptos, crentes de que Deus havia dado a Kimbangu o dom da cura e de ressuscitar os mortos. Além desses dons ele teria recebido a missão de combater a "feitiçaria" ("a magia e a bruxaria"). Também a ele cabia libertar os africanos da tirania da administração colonial. Sua popularidade cada vez maior acabou levando-o à prisão e à morte, mas seus adeptos não esmoreceram e, sob o lema de "O Congo para os congoleses", enquanto esperavam que o chefe e seus discípulos voltassem à Terra para pôr fim à dominação branca, incentivavam os congoleses a não trabalhar para os europeus, a não pagar os impostos e a não deixar seus filhos freqüentarem escolas de missionários europeus.[11] Com base em valores religiosos protestantes, mas, acima de tudo, nos valores culturais tradicionais e em elementos simbólicos próprios dos bakongos, a coesão do grupo ficou ainda mais reforçada por novas formas de solidariedade e de igualdade.[12]

Outro movimento que não pode ser esquecido foi o Kitawala, surgido em 1923, no sul de Catanga, uma região de grande recrutamento de mão-de-obra e, além disso, vitimada por inúmeras epidemias. Estendeu-se às regiões mineiras de Kasai e Kivu. Os próprios fiéis propagavam os preceitos religiosos de Kitawala nas regiões equatoriais e orientais. A influência do líder Isaac Nyirenda tornou-se cada vez mais ameaçadora para a administração colonial, sobretudo desde o momento em que vários chefes dissidentes passaram a apoiá-la. Em 1926 esse movimento encontrava-se fortemente arraigado no sul de Catanga. Ameaçada, a administração colonial agiu com rapidez, prendendo e executando Nyirenda ainda no ano de 1926.

Entretanto, mesmo nos tempos em que a crise era de baixa intensidade, a administração colonial belga foi incapaz de manter a ordem e a segurança. Um ramo do Kitawala, tendo à frente Mumba Napoléon Jacob, aproximou-se dos

11. Em 24 de dezembro de 1959 o kimbanguismo foi oficializado no Congo e desde 1968 faz parte do Conselho Ecumênico das Igrejas sob o nome de Igreja de Jesus Cristo sobre a Terra pelo profeta Simon Kimbangu (EJCSK).

12. Esses movimentos religiosos demandam pesquisa acerca das circunstâncias históricas e culturais de desenvolvimento de cada povo a que pertencem, já que neles confluem os elementos de sua história. Esta é uma das idéias centrais de um estudo clássico sobre o messianismo bakongo feito por BALANDIER, G. *Anthropologie politique*. Paris: PUF, 1967.

trabalhadores de Elizabethville, dos mineiros da Union Minière, em Jadotville, e dos empregados da estrada de ferro. A partir de então, sucederam-se boicotes, agitações e greves. Durante uma das greves, em Jadotville, um fiel seguidor do Kitawala opôs-se com veemência à discriminação racial. Utilizando-se da Bíblia, bradava: "Este livro mostra claramente que todos os homens são iguais. Deus não criou o homem branco para que domine os negros. Não é justo o homem negro, que faz o trabalho, ficar na pobreza e na miséria e os salários dos brancos serem muito maiores que os dos negros".[13] O Estado esmagou a revolta, mas não acabou com o Kitawala, que mais tarde, em 1941, teve um papel importante na mobilização e na organização dos grevistas de Elizabethville.

Outro importante movimento de contestação teve como marco a rebelião de 1931, que reuniu os trabalhadores agrícolas e os operários pendes, de Kwilu, contra o aumento inescrupuloso de impostos, a redução dos salários dos trabalhadores da Unilever e a redução em 50% dos preços pagos aos agricultores. O elemento de união foi o profeta milenarista Matemu-a-Kenenia, pregando que por revelação divina, os antepassados enviaram uma mensagem na qual ficava determinado que todos os animais e objetos *brancos* deveriam ser destruídos. Essa etapa da rebelião anunciava uma intervenção divina que poria fim à dominação branca, européia. Esse movimento teve um grande apoio por parte da população pende. Porém, a rapidez e a eficiência da repressão fizeram mais de quatrocentos pendes e um europeu mortos.

No que se refere ao movimento grevista, intensificou-se entre 1935 e 1937, com a formação e o desenvolvimento de um operariado industrial no Congo, ocorrido, em particular, com a descoberta e a exploração de diamantes em Kasai, ouro em Kilo Moto e de cobre, estanho e urânio em Catanga. As riquezas minerais atraíram novas sociedades de capitais belgas e anglo-saxônicos, como a Union Minière du Haute Catanga, a Unilever, a Forminère e sobretudo a Société Générale de Belgique e a Compagnie du Congo pour le Commerce et l'Industrie, que implantaram no Congo uma economia capitalista não só das minas (cobre, estanho e diamantes) como também das plantações, para as quais foram expropriadas grandes áreas de terra. O excedente de exportação era grande e uma boa parte dos dividendos foi transferida para a Bélgica. O movimento grevista ganhou fôlego para a grande greve de 1941, que parou por completo as atividades das minas de cobre e de estanho da província de Catanga.

---

13. *Apud* DAVIDSON, Basil A. *et al.* "Política e nacionalismo nas Áfricas central e meridional, 1919-1935". *In*: BOAHEN, *op. cit.*, v. 7, p. 696.

A grande depressão de 1929-1930 trouxe reflexos bastante negativos para a economia, tais como o desemprego, a diminuição dos salários e as péssimas condições de trabalho. Além disso, criou condições para o aumento do número de trabalhadores sazonais empregados nas fazendas agrícolas européias, o que deu ensejo ao surgimento de um operariado agrícola. Como tentativa para sair da grave crise econômica, a administração colonial voltou-se para as culturas obrigatórias, qualificando-as como "educativas". Utilizando-se da coerção, obrigou cerca de um milhão de famílias a plantar algodão, amendoim e dendê.

Também nas minas as condições de vida dos trabalhadores até início dos anos 1930 eram aviltantes: os salários baixíssimos e as condições de trabalho dificílimas, o que gerou um número crescente de desertores. Essa questão tornou-se muito difícil, tanto é que, desde 1914, a Bourse du Travail de Catanga tratou de introduzir dois sistemas, um de passes e outro de impressões digitais, para facilitar a "caça" aos trabalhadores fugitivos. Porém, essas medidas não foram suficientes para sanar o problema. Em 1918, nas minas de cobre de Star e Liksai, aproximadamente 74% dos trabalhadores desertavam. É bem verdade que essa situação teve ligeira queda de 1920 até a depressão de 1929-1930, quando a diminuição da oferta de postos de trabalho arrefeceu a fuga dos trabalhadores. Entretanto, não evitou paralisações do trabalho e agitações, como nas minas da Union Minièrc, em várias províncias do Congo, ganhando força, em particular, em 1931.

O fato é que os africanos, no geral, empobreceram ainda mais, além de não poder contar com serviços sociais como saúde, saneamento básico e educação. A miséria cresceu de tal forma que, em meados de 1930, o número de trabalhadores nas minas de cobre, diamante, estanho e ouro, somados aos que trabalhavam na cultura do algodão, chegaram a cerca de 60 mil homens. Para tentar compreender a ação reivindicatória dos trabalhadores do Congo, em seu conjunto, é preciso ter claro que, enquanto milhares deles fugiam das minas, outros começavam a se mobilizar e a se organizar, ainda que de maneira precária e descontínua, visando lutar pela melhoria de suas condições de trabalho. O potencial radical dos trabalhadores das minas começou a se mostrar. A oposição aos maus-tratos e a falta de alimentação para os funcionários do governo tornaram-se bandeiras de lutas recorrentes. Quanto às agitações, estas deram origem a novas formas de protesto, nas quais, além de voltar-se contra os baixos salários, os trabalhadores reivindicavam o fim da discriminação racial. Os exemplos são numerosos, destacando-se aqueles realizados pelos trabalhadores das minas de estanho de Manon e Mwanza e os que trabalhavam para a estrada de ferro do Grande Lago.

A burocracia colonial utilizou mecanismos efetivos para pressionar os trabalhadores, mas falhou. Certo espírito de militância só fez aumentar, o que se refletiu no pipocar de greves, entre 1935 e 1937, ganhando vários trabalhadores da tecelagem governamental de algodão, em Niemba. Como é evidente, também aqui a história se repetiu: foi grande o número de presos, incluindo os chefes do movimento. No entanto, é necessário sublinhar que o sentimento de revolta continuou, agora acrescido de um maior grau de autoconfiança coletiva, possibilitando a organização da grande greve de 1941. Nela, milhares de trabalhadores africanos, operando como parte de um movimento político de grande amplitude, pararam suas atividades nas minas de cobre e estanho da província de Catanga. A coesão dos trabalhadores provou ser extraordinariamente poderosa. Além das reivindicações puramente econômicas, tornou-se claro o desejo de expulsar os europeus do país e substituir a bandeira da Bélgica pela bandeira negra do Kitawala.

Entretanto, o impacto do conjunto desses movimentos reivindicatórios, na prática, não acelerou o surgimento de associações e partidos políticos. Lentamente, só nos anos 1950, formaram-se organizações nacionalistas como a Associação de Bakongo (Bako). Além destas, outro tipo de associação surgiu nesse período. De caráter fechado, era formado por clubes de dança e uma rede de ajuda mútua para seus membros. Como exemplo, vale lembrar dos mbenis que, mesmo não sendo essencialmente anticolonialistas, utilizavam em seus cantos e danças sátiras e ironias para exprimir seus ressentimentos contra aspectos do domínio belga. Três anos depois, a administração colonial considerou que a radicalização dos mbenis derivava do fato de eles serem "comunistas", colocando a associação sob seu controle direto. Para completar, o governo belga solicitou aos missionários beneditinos que organizassem associações rivais às dos mbenis. Os dois grupos, armados, deram origem a um período de guerra de gangues, tornando claras as rivalidades internas e externas de alguns dos grandes grupos da sociedade congolesa. A conseqüência foi que a influência das associações dos mbenis diminuiu bastante, uma vez que se reduziu, passando a representar uma minoria comparativamente modesta, considerados os grupos etnoculturais importantes.

É preciso reconhecer que uma reconstrução cuidadosa dos movimentos dos anos 1920 a 1930 deve levar em conta vários elementos que integravam um conjunto de práticas de poder inscritas na dinâmica de ressentimentos e descontentamentos próprios das crises econômica e social. Assim, durante a depressão de 1929, o montante de investimentos foi bastante reduzido, sendo mantidos só os relativos à produção primária barata. Além disso, é evidente que o trabalho forçado recrudesceu, sendo que a administração colonial belga não hesitou em usar a coerção para o recrutamento de mão-de-obra. Some-se a isso o fato de os impostos pagos pelos africanos terem sido aumentados.

Outra característica refere-se às elites culturais e políticas em formação que se dedicaram a definir uma identidade nacional e política, em especial no pós-1945. De maneira contraditória, foram os valores, a educação e a escolaridade formal, segundo os padrões europeus, que prepararam as elites (formadas não só por negros, mas também por mestiços e brancos), oferecendo-lhes os elementos necessários para a luta contra o colonialismo e a discriminação racial. A esse respeito, para ficar com as características mais evidentes, é importante enfatizar que os não-brancos (negros e mestiços) tinham de obedecer a regulamentos racistas, sendo impedidos de livre-acesso para preenchimento de funções da administração colonial.

Quanto ao Estado belga, já durante a Segunda Guerra Mundial, teve o seu poder ainda mais concentrado e centralizado, cabendo-lhe a condução da política nos territórios sob seu domínio para tirá-los da periferia, integrando-os ao sistema econômico mundial de produção e distribuição de bens. Esse processo foi dominado pelo "paternalismo belga", o qual só pode ser entendido em suas especificidades quando contextualizado estrutural e conjunturalmente, mesmo que alguns elementos fossem constantes também em outros territórios africanos sob domínio de outras nações européias. Nessa perspectiva, vale assinalar que o referido paternalismo diz respeito ao tratamento entre patrões e empregados, definido pela benevolência, pelo assistencialismo e, ao mesmo tempo, pelo autoritarismo, de forma semelhante ao então empregado na relação entre pais e filhos, em nome de fazê-los crescer e tornarem-se adultos. No caso do Congo, onde a estratificação étnica da sociedade é considerada, por vários pesquisadores, possivelmente a mais complexa da África, esse paternalismo, próximo do antigo despotismo, configurava relações de mando e submissão, favor e clientela que excluíam a participação da sociedade.

Devemos ainda sublinhar que com a Segunda Guerra Mundial, entre 1940 e 1944, em nome do "esforço de guerra" foram vendidas muitas tonelagens de cobre à Grã-Bretanha e de zinco, urânio e cobalto aos Estados Unidos, a fim de alimentarem as indústrias de transformação.[14] Também no que se refere à agricultura, registrou-se um aumento nas exportações de borracha de colheita, óleo de palma e algodão.

14. Vale lembrar que foi com o cobalto do Congo que os Estados Unidos fabricaram a bomba de Hiroshima.

Todo esse dinamismo econômico exigiu um recrutamento maciço de mão-de-obra, repetindo-se os horrores já denunciados no início do século pela Congo Reform Association. Também eram freqüentes os abusos de toda ordem cometidos no leste do país, região das minas de cassiteritas (mineral de estanho). Dessa maneira, o ascenso dos movimentos populares no Congo, surgido no pós-Segunda Guerra Mundial, foi retomado contra uma realidade cuja coerção, repressão e opressão criavam uma verdadeira situação de terror. A violência da repressão deixava à mostra a impotência popular diante de um futuro que parecia praticamente impossível de ser modificado. Foi o momento no qual houve uma considerável expansão do Kitawala, no leste, do mvunguismo e do kimbanguismo, no oeste, com levantamentos populares em vários locais da zona rural.

Também surgiram novas formas de reivindicação durante os anos de guerra, como a greve dos mineiros de Lubumbashi, em 1941, as rebeliões dos estivadores de Matadi e dos operários de Léopoldville, em 1945. Tratava-se, na verdade, de novas práticas políticas de grande amplitude, reunindo uma heterogeneidade de trabalhadores, que incluía os que eram favoráveis às práticas sindicais e às agitações nas fábricas e aqueles que se articulavam com organizações de esquerda para discutir os desafios postos pela conjuntura pós-Segunda Guerra Mundial. A essas manifestações juntaram-se os trabalhadores agrícolas, imigrantes instalados ao redor dos centros urbanos. Portanto, em espaços e tempos diferenciados, os trabalhadores, no seu conjunto, expandiram-se territorialmente, não só partilhando hostilidades comuns como alimentando esperanças em torno de um futuro com justiça e liberdades. Os protestos passaram, portanto, a ganhar outros significados.

Quanto ao governo belga, percebendo a complexidade da situação potencializada pelas diferenças de várias ordens da sociedade congolesa, tomou uma medida de caráter mais amplo. Organizou a primeira eleição popular em alguns centros do Congo, com o objetivo de constituir municípios europeus e africanos, nos quais os "burgomestres" seriam designados pelo governo. Foi como Joseph Kasavubu tornou-se "burgomestre" em Léopoldville.[15] Com relação à organização das elites culturais e políticas, o governo tomou medidas mais rigorosas, tanto que as reformas municipais de 1957 não incluíram a autorização

15. Essa afirmação remete para uma tentativa de definição do fenômeno urbano e do modo como ele se apresenta na África. É um tema controverso, cuja discussão foge dos objetivos deste capítulo. No entanto, é importante assinalar como referência o texto de Catherine Coquery-Vidrovitch, "As cidades pré-coloniais: tentativa de definição e periodização", *Revista Internacional de Estudos Africanos*, n. 4-5, jan.-dez. 1986. Lisboa: Instituto de Estudos Africanos da Universidade Nova de Lisboa e Junta Comercial de Investigação Científica e Tecnologia, p. 265-280.

para que se constituíssem partidos políticos. Como alternativa, formaram-se associações étnicas, como a Associação Étnica dos Bakongos (Abaka), liderada por Kasavubu, em Kinshasa. Esse processo favoreceu o radicalismo entre os povos africanos do Congo, uma vez que a burocracia colonial tratava as diferenças como irredutíveis, alimentando rivalidades internas e levando as associações à fragmentação.

Entretanto, sem sombra de dúvida, foi só no ano de 1958 que o modelo social imperante apresentou fraturas, basicamente em decorrência de três fatores. O primeiro foi a Exposição Universal de Bruxelas, que promoveu o conhecimento dos congoleses entre si, além de lhes proporcionar que tomassem contato com outros africanos e, por fim, com o resto do mundo, reconhecendo problemas comuns próprios da natureza do sistema colonial. Também tornou possível que os congoleses identificassem suas singularidades em relação aos demais grupos. Por sua vez, propiciou aos povos africanos constatar que eram representados pelo imaginário europeu como seres exóticos e inferiores, em contraposição ao progresso da civilização ocidental. Esse contexto propiciou que as elites culturais e políticas, ao lado dos trabalhadores do Congo, reconhecessem os seus cotidianos marcados pelo medo e pela angústia, elegendo dois objetivos comuns: a luta pela igualdade, em particular nas esferas do trabalho e da política e pelo término da discriminação; e a escolha de táticas e estratégias para a conquista da autonomia e de liberdades. O segundo fator de fratura do modelo social, ocorrido em 1958, referia-se à visita feita por De Gaulle a Brazzaville, lugar escolhido para tratar da concessão da independência aos territórios franceses. Seu discurso atravessou o rio Congo e repercutiu muito fortemente nos bairros "indígenas" de Léopoldville, onde os dirigentes políticos congoleses reuniram-se para assinar uma petição reivindicando independência para o Congo.

Também não é possível desconsiderar, como terceiro fator, a Conferência Pan-Africana dos Povos em Acra. Nela, a delegação do Congo era composta de dirigentes do Mouvement National Congolaise (MNC), tendo à frente Patrice Lumumba, que concedeu entrevistas aos jornais locais condenando o racismo e enfatizando a importância da igualdade racial entre os povos africanos e os belgas e o término das separações étnicas no país, que levavam ao "tribalismo". Nessa mesma ocasião, Lumumba manifestou-se enfaticamente contra o imperialismo e o colonialismo. Para completar, no seu regresso ao Congo, reivindicou a independência imediata.

Pouco mais tarde, o rei Baudoim, em discurso de 13 de janeiro de 1959, assinalou que a independência seria uma etapa do processo político em curso, composto de eleições em 1959, reunião do parlamento em 1960, nomeação de africanos para altos postos administrativos e integração racial. Além disso, convocou para 1960, em Bruxelas, uma mesa-redonda belgo-congolesa contando com a presença de todos os dirigentes políticos congoleses. Mesmo Lumumba, preso depois dos tumultos de Satanleyville, participou da mesa-redonda graças ao pedido de numerosos delegados e da aposta dos políticos belgas, que avaliaram que essa concessão seria um fato político positivo para o rei. Nesse momento, destacaram-se as discussões acerca de dois problemas principais: a descolonização e a constituição do Estado independente do Congo. Para espanto geral, os belgas anteciparam a independência, fixando-a para o dia 30 de junho de 1960.

Quanto ao estatuto constitucional referente ao modelo de Estado, opunham-se dois grupos, o dos federalistas como Kasavubu, que defendia uma forma de federação semelhante à da Nigéria, e o liderado por Lumumba, que advogava a tese de um Estado unitário, mantendo a unidade do Congo, o que em essência acabou prevalecendo. Também ficou decidido que o Congo seria uma República parlamentar, com um governo central forte e seis governos provinciais. Enquanto não foi votada a Constituição, uma lei fundamental prevista como estatuto provisório regeria as relações entre os poderes. Para completar, o Banco Central do Congo continuaria sob controle belga e apenas cerca de 15 congoleses com formação universitária ocupariam funções administrativas.

Nas eleições de maio de 1960 ficou confirmada a preponderância nacional do MNC. Lumumba foi nomeado chefe de governo em coligação com Swendé (balubakat) e Iléo (bângala), enquanto Kasavubu foi eleito presidente da República. Contudo, as forças políticas sob o comando de Tchombé (Catanga) e A. Kalondji (Kassai) continuaram a ser muito poderosas. Quanto à proclamação da independência, ocorreu em 30 de junho de 1960 e, em seguida, Lumumba fez um discurso no qual, em um tom entre indignado e agressivo, enumerou todas as humilhações sofridas pelos povos do Congo sob o colonialismo belga. Poucos dias depois da independência, a Força Pública, sofrendo a influência de correntes radicais, revoltou-se contra seus oficiais. A independência foi o marco inicial de um período caracterizado pela guerra civil e pela anarquia.

Por outro lado, mesmo correndo o risco de simplificação excessiva, é possível perceber que os apoios dados a Tchombé contavam tanto com as forças políticas dominantes de Catanga como pelo ministro do Interior, Godfroy Munongo. Tchombé proclamou a República de Catanga em 11 de julho de 1960, privando o Congo da região mais rica em recursos minerais. Essa situação foi agravada com a adesão da província do Kassai, governada pelo "rei" Kalondji. Recomeçaram as lutas entre diferentes grupos étnicos, sobretudo entre os balubas e os luluas.

Esses acontecimentos, que dividiram o Congo e geraram pânico entre a população branca, acarretaram uma difícil questão para a comunidade nacional. A tendência de buscar soluções internacionais foi perceptível, incluindo a ONU, os chefes de governos africanos e os chefes dos governos americano, soviético e belga. Lumumba, em particular, aproximou-se dos países do Leste europeu, sobretudo da União Soviética, que lhe deu apoio armado, fazendo crescer a hostilidade dos países do Ocidente.

As contradições do sistema tornaram-se mais evidentes com a crise política, acentuada com a destituição de Lumumba e a ascensão de Kasavubu e, em seguida, a substituição deste por Lumumba. Na seqüência, um grupo de oficiais que arbitrava as disputas entre Kasavubu e Lumumba levou ao poder o general Mobutu, que mandou prender os dois dirigentes políticos e formou um governo de técnicos, o Colégio dos Altos Comissários, constituído pelos poucos jovens universitários congoleses de que dispunha. Todavia, a província oriental, sob a autoridade de Gizenga, autodefiniu-se lumumbista.

A tendência de buscar soluções que tivessem resultados práticos levou o Exército Nacional a intervir nas lutas sangrentas entre as forças públicas e os lumumbistas nas regiões ricas em minérios, como Catanga, Kassai, Kivu e Kwilu. Foram dias sangrentos, nos quais, mesmo com a intervenção do Exército Nacional Congolês e dos Capacetes Azuis da ONU, o conflito atingiu dimensões incontroláveis a curto prazo. Nessa ocasião Lumumba tentou voltar à sua cidade, ao norte do Congo, mas foi preso em Léopoldville e entregue, com dois de seus companheiros, às autoridades policiais de Catanga, que o assassinaram pouco tempo depois, o que fez dele ao mesmo tempo um ícone e um mártir do Terceiro Mundo. Por sua vez, Gizenga acabou sendo preso em 1962.

Para debelar uma crise social de tais proporções, o chefe de governo, Cyrille Adouba, tentou administrar o caos. Era o ano de 1962 e todo o leste do país atravessava uma verdadeira tormenta cotidiana. Em janeiro de 1963 a ONU interveio militarmente e tomou Elizabethville, com o objetivo de pôr fim à secessão de Catanga. No ano seguinte, Tchombé foi escolhido primeiro-ministro por Kasavubu, conseguindo, com o apoio americano e belga, reduzir o perigo militar criado pela rebelião. Mas não tardaram a eclodir novos pontos de luta sangrenta e, em 1965, Tchombé foi destituído de suas funções.[16] Era véspera de eleições presidenciais e, para arbitrar o conflito entre Kasavubu e Tchombé, o exército interveio, levando Mobutu Sese Seko à presidência da República.

16. É interessante registrar as desventuras de Ernesto Che Guevara no Congo, entre março e novembro de 1965, reunidas em seu livro *Passagens da guerra revolucionária: o Congo*. Rio de Janeiro: Record, 2000.

Esse difícil processo político, acrescido de uma crise de degenerescência social, deu origem ao que Dahrendorf identifica como "áreas de exclusão", isto é, regiões do comportamento sobre as quais o Estado não tem controle.[17]

Apesar dessas circunstâncias, durante todo esse período a produção mineira continuou a crescer no mesmo nível, não obstante uma acentuada falta de investimento, pelo jogo de interesses durante a Guerra Fria; pela estratégia dos Estados Unidos, considerados seus objetivos econômico-políticos na África; e pelos vínculos de dependência econômica, além de certo grau de ingerência política por parte das antigas potências européias, em particular da Bélgica, ciosa de manter o Congo sob sua dependência econômica e cultural.

Como conseqüência, a economia passou a contar com uma inflação provocada pela falta de bens de primeira necessidade, por um intenso contrabando de pedras preciosas e um forte tráfico de divisas. Todos esses elementos, atuando de modo conjunto, provocaram um déficit orçamentário crônico. De outro lado, essa crise agravou o caráter já nitidamente regressivo da distribuição de renda. Esse ponto de esgotamento da vida econômico-social alimentou ainda mais os bolsões de resistência armada, entre outros os formados pelos mulelistas no Baixo Congo e pelos simbas de Kisangani, apoiados pelos mercenários katangueses.

Foi nesse quadro repleto de fraturas, entre 1966 e 1977, que as posições de Mobutu Sese Seko foram consolidadas. O então presidente do Zaire procurou diversificar seus parceiros internacionais, com particular abertura para a França e para a China Popular. Por outro lado, atuou de maneira ativa em uma área de conflitos regionalizados, tornando-se o intermediário da ajuda concedida pelos Estados Unidos e pela China à Frente de Libertação Nacional de Angola (FLNA) e à União Nacional para a Independência Total de Angola (Unita). Além disso, em 1976, Mobutu reconheceu a independência do Movimento pela Libertação de Angola (MPLA) e, em 1978, estabeleceu relações com o regime de Luanda, o que, nas circunstâncias próprias daqueles anos, poderia dar início a uma integração regional, isto é, à criação de novas formas de associação comercial, sobretudo política, permitindo-lhes começar um processo de redefinição quanto às suas posições na economia mundial.

Por fim, vale assinalar que o Zaire foi herdeiro de uma política marcada por fortes traços de autoritarismo. No caso de Mobutu, ele concentrou e centralizou poderes, passando, em 1974, a chefe de Estado, chefe do Conselho Executivo Nacional, presidente do Conselho Legislativo Nacional e chefe do Poder Judiciário e

---

17. DAHRENDORF, Ralf. *A lei e a ordem*. São Paulo: Instituto Tancredo Neves/Fundação Friedrich Naumann, 1987.

das Forças Armadas. Quanto à sua liderança e conseqüente ação discricionária das Forças Armadas, considerava-se que estas eram as verdadeiras organizações eficazes e efetivas no país. A justificativa era de que a "organização civil" apresentava uma "debilidade" que a impossibilitava de atuar politicamente.

Foi no âmbito desse conjunto de circunstâncias, somado a problemas relativos a uma grande dependência externa; à escassez de gêneros alimentícios; e ao grande crescimento da população nas cidades, entre muitos outros problemas, que o Zaire, desde 17 de maio de 1997, tornou-se República Democrática do Congo, um país ao mesmo tempo repleto de riquezas e com a grande maioria da população sofrendo penosas situações de vida. O esgarçamento contínuo do tecido social agravou-se por focos de conflitos (a noroeste, por exemplo) que potencializaram um quadro nítido de contínua guerra de baixa intensidade, entremeada por guerras civis declaradas. Não é demais chamar a atenção para o fato de que a guerra civil no Congo, só no ano 2000, acarretou a morte de cerca de 1,7 milhão de seres humanos, sobretudo, como resultado de interesses estrangeiros e não em decorrência de conflitos "étnicos" ou "religiosos" – como freqüentemente são apresentadas de forma banalizada e naturalizada as guerras civis não só no Congo como em todo o continente africano.

Camarões

Camarões está situado entre as bacias dos rios Níger e Congo e do lago Chade, abrangendo cinco zonas ambientais diferentes, o que se refletiu na sua povoação. Também conta com uma grande diversidade lingüística, com os povos do sul, na sua maioria, falando línguas banto, enquanto no norte são faladas línguas sudanesas e afro-asiáticas. A essa diversidade soma-se a religiosa, constituída ao Norte por islâmicos, como os fulanis (folbés ou peuls), e ao sul por uma grande maioria cristã.

Tal era a situação encontrada no ano de 1869 por missionários afro-americanos ou mesmo africanos que haviam estudado nos Estados Unidos, com a missão evangélica de "elevar os negros". Essa tarefa ganhou, alguns anos depois, em 1896, a adesão da Igreja presbiteriana, que passou a enviar regularmente missionários para Camarões. Entretanto, a investida política para a dominação do território só ocorreu entre fins de 1883 e julho de 1884, quando o diplomata Naetigal estabeleceu o Protetorado Alemão dos Camarões. Por sua vez, o major Hans Dominik enfrentou uma aguerrida resistência dos povos africanos dos "principados" peuls, ao norte, mas os submeteu à força, justificando-a pela idéia de que só a "pacificação" possibilitaria a organização dos povos e a unidade do território.

Contudo, um grave sofrimento não implica necessariamente imobilidade por parte de povos descontentes. Assim, em 1890, os ferroviários da linha Dacar–Saint Louis entraram em greve e, no ano seguinte, também as mulheres daomedanas que trabalhavam em Camarões manifestaram-se contra o sistema colonial, por meio de um movimento grevista. Portanto, o fato óbvio e decisivo dessa primeira fase foi o estabelecimento da burocracia colonial e sua atuação. À imposição, com brutalidade, dos trabalhos forçados somou-se a má alimentação e as péssimas condições sanitárias, acarretando, em 1902, cerca de 20% de mortes entre o total dos trabalhadores. Esse episódio demonstra o uso indiscriminado sobretudo da violência física, além de desconsiderar as necessidades mínimas para a sobrevivência dos povos de Camarões. Quantos africanos rebelaram-se entre 1904 e 1907, tendo sido impiedosamente esmagados! Assim, embora os descontentamentos continuassem endêmicos, a administração colonial alemã manteve a ordem que possibilitou crescimento econômico, em particular, em 1911, quando, tendo como ponto de partida as primeiras plantações de dendezeiros adquiridos no então Congo Belga, o cultivo de oleaginosas estendeu-se para o conjunto da África ocidental, incluindo Camarões.

Porém, pouquíssimo tempo depois, Camarões passou pela experiência da Primeira Guerra Mundial. Em 1914, a campanha nesse território foi longa e contou com uma significativa participação de tropas africanas, que resistiram com bravura por cerca de pouco mais de 15 meses, quando foram vencidas pelos aliados (franceses, britânicos e belgas, que também contavam com africanos em suas fileiras de combates), em grande vantagem numérica. Contudo, como tentativa de reação, Von Selton-Vorbeck, negando render-se, escolheu a guerrilha como estratégia de luta, utilizando-a até o final da guerra. É importante destacar que também nessa fase os africanos tiveram papel decisivo, o que não impediu a derrota alemã para os aliados.

Assim, como efeito da Primeira Guerra Mundial, entre 1914 e 1916, Camarões foi transformado em condomínio britânico-alemão e, nesse último ano, conforme determinação das Nações Unidas, o território foi dividido, com um regime de mandato, cabendo um quinto à Grã-Bretanha e quatro quintos à França. Os britânicos administraram uma concessão composta por apenas duas zonas situadas a oeste, como aditamento do governo colonial da Nigéria. Embora considerado conservador em excesso, o sistema de administração indireta de Lugard, empregado na Nigéria, foi estendido depois da guerra para Camarões, assim como para várias outras possessões britânicas (veja mapa 12.2).

De um modo ou de outro, depois de um período entre guerras, registrou-se um crescimento econômico devido ao significativo aumento das exportações, com a triplicação da tonelagem de madeira e o grande crescimento da produção de cacau e produtos derivados do dendezeiro. Em 1928 formou-se a Unilever, após a fusão da empresa britânica com o truste germano-holandês, acelerando o crescimento da produção da margarina. Além disso, ao mesmo tempo ocorreu a atuação da britânica United Africa Company, além de instalaram-se várias filiais francesas cujo auge de expansão ocorreu durante a Segunda Guerra Mundial.

Todavia, a depressão de 1929 a 1930 levou ao aumento dos impostos, ao lado da manutenção de uma alta carga fiscal, que se somou à queda dos preços das mercadorias exportadas e à diminuição dos salários. Como conseqüência, os africanos foram obrigados a aumentar a produção. Por outro lado, como forma de combater a grave crise econômica, foi instituído o Crédit Agricole. Compensando dificuldades, a instituição concedeu empréstimos não só a Camarões como a outras áreas extensas sob domínio francês. O objetivo de cooperação e da garantia da produção a curto e médio prazos acabou acarretando, como conseqüência, a passagem à propriedade privada. Vale destacar, porém, que por esse crédito só eram beneficiados os trabalhadores agrícolas integrantes da Société de Prévoyance, da Association Agricole e de outras legalmente reconhecidas. Todas elas só registravam as novas propriedades, isto é, aquelas que não fossem heranças de família. Além disso, os empréstimos só foram concedidos no auge da depressão econômica e, portanto, compensaram muito pouco o déficit local, tanto que foi grande o número de trabalhadores agrícolas abandonados.

Nesse interlúdio, as questões do regime de trabalho, da cobrança de impostos e do racismo haviam se tornado fatores significativos na vida social e política de Camarões. Nessas circunstâncias, um setor pequeno, mas politicamente significativo, iniciou uma série de manifestações. Em outras palavras, a prática política de sindicalistas formados por militantes franceses da CGT, a constituição de sindicatos em Camarões e o surgimento de uma organização político-partidária, acrescidos de descontentamentos conjunturais de diferentes ordens, promoveram o início de um processo contestatório que culminou com a independência. Momento significativo desse processo foi o pós-1945, quando as oposições manifestaram a inaceitação de Camarões como território associado, integrado à União Francesa, sem uma prévia consulta dos povos do território. Assim, a primeira reivindicação recaiu em torno da aplicação do artigo 76 da Carta das Nações Unidas, que previa a independência dos territórios sob tutela; a segunda, por sua vez, referia-se à reunificação de Camarões. Por

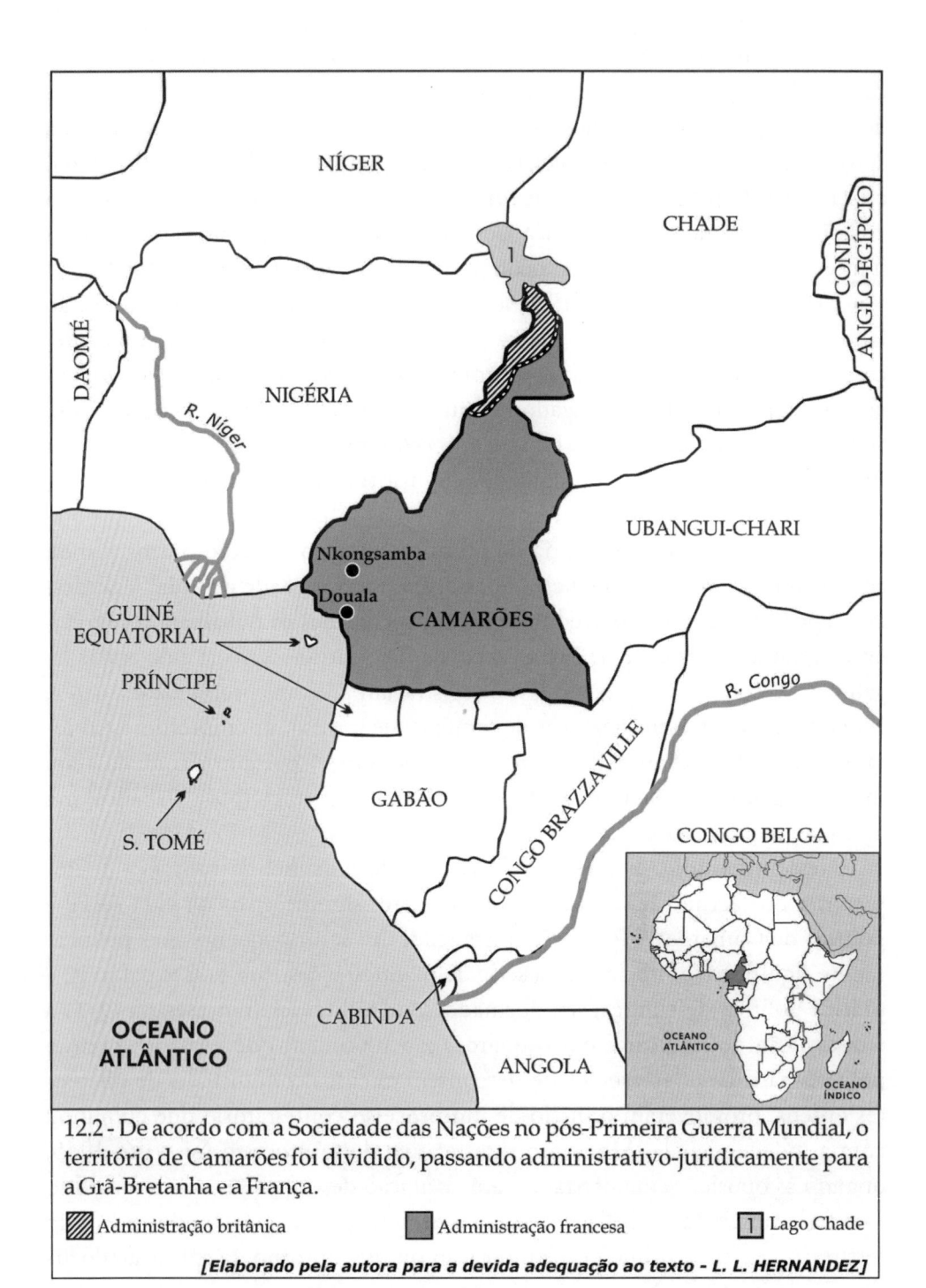

12.2 - De acordo com a Sociedade das Nações no pós-Primeira Guerra Mundial, o território de Camarões foi dividido, passando administrativo-juridicamente para a Grã-Bretanha e a França.

▨ Administração britânica   ◼ Administração francesa   ☐1 Lago Chade

[Elaborado pela autora para a devida adequação ao texto - L. L. HERNANDEZ]

isso, os dois temas foram centrais no manifesto da Union des Populations du Cameron (UPC), partido político fundado por Ruben Um Nyobé, em 10 de abril de 1948.

Como líder sindicalista formado pela Confederação Geral do Trabalho francesa, Nyobé valeu-se do decreto de 7 de agosto de 1944, que estabelecia a liberdade sindical nos territórios integrados à Comunidade francesa, e, em 1947, foi um dos fundadores da Central dos Camarões, ocupando o cargo de primeiro-secretário. Em 1948, decidiu ser um dos líderes do novo partido político, a UPC, que desde o início apresentou-se como uma seção do RDA, recusada em Camarões, ainda que por diferentes razões: no norte, pela própria estrutura social compatível com os interesses do poder colonial, e na região Yaoundé devido ao papel dominante da Igreja católica, inimiga ferrenha dos "comunistas". Restavam à UPC a adesão e a base social de apoio dos territórios de Dowala, Bassa e Bamiléké, no sudoeste de Camarões.

Vale a pena apresentar alguns dados explicativos da adesão à UPC em cada um desses territórios, começando por Dowala, onde entre 1947 e 1957, houve um grande crescimento sendo que a população passou de 51 mil para 124 mil habitantes, criando uma oferta de mão-de-obra muito superior à demanda. Isso acarretou um sensível crescimento do número de desempregados, que era de 5 mil em 1954, e subiu para 12 mil em 1957.[18] Em Bassa, território natal de Um Nyobé, foi grande o número de recrutados para trabalhos forçados – durante a Primeira Guerra Mundial e depois dela – em obras públicas, como a construção da barragem de Edéa, e em plantações de europeus. Por fim, o território Bamiléké sofreu um superpovoamento iniciado nos anos 1930, havendo em 1946 zonas com mais de 325 habitantes por km^2, levando a sucessivas ondas emigratórias, o que acarretou dificuldades de adaptação, sobretudo em regiões onde as estruturas sociais mantiveram-se quase intatas. Esses dados, por territórios, completam-se com o fato de que a região Sul apresentava o maior índice de escolarização, contando com o número mais importante de profissionais com o terceiro grau completo, como médicos, eclesiásticos, professores e juristas, entre outros.

Existiam, é claro, diferenças importantes tanto nas bases sociais como em outros aspectos que distinguiram a UPC das demais "seções territoriais" do RDA. Em 1951, a UPC aderiu à política de colaboração definida um ano antes por Houphoüet-Boigny, o que a tornou vulnerável e até mesmo enfraquecida. Além disso, o partido era contestado pela administração e tinha de enfrentar

18. CORNEVIN, *op. cit.*, p. 155.

uma enorme oposição dos muçulmanos do norte e dos católicos de Yaoundé. Para acentuar ainda mais as dificuldades, a UPC não contou com o apoio parlamentar na França, nem despertou interesse nos Estados Unidos, em particular em Nova York, onde alguns quadros foram buscar apoio. É possível identificar, como resultado dessas oposições à UPC de Camarões, o fato de que nesse território não foi suprimido o duplo colégio, em conformidade com os interesses dos colonos europeus. Só em novembro de 1956 foi dissolvida a Assembléia, que contava com dois franceses e 29 originários de Camarões.

O impacto dessa situação, que atestava a inocuidade de uma luta pela independência no quadro legal, levou a UPC a radicalizar sua prática política a partir de 1953, constituindo um Comitê Executivo Provisório para ser interlocutor do governo francês. Mas o curso dos acontecimentos também apresentou, nos últimos dias de maio de 1955, um ponto de inflexão por parte do partido dirigente do movimento pela independência, radicalizando a prática política. Em 1958, rebentaram revoltas nos territórios Bamileké, Bassa, Douala, Nkon Gsamba e em Yaoundé. Essa "semana sangrenta", prelúdio da guerra de guerrilhas, teve um número muito grande de mortos e feridos, chegando a cerca de duas centenas.

Esses acontecimentos levaram o alto comissário francês de Camarões, Roland Pré, a proibir qualquer reunião política, além de fazer mais de três centenas de presos. Por seu lado, a UPC e suas organizações de massa, tanto de mulheres quanto de jovens, foram proibidas pelo Conselho de Ministros francês e oficialmente excluídas do RDA. Seus dirigentes fugiram para o território de Camarões sob domínio inglês, com exceção de Um Nyobé e Mayi Matip, que conseguiram escapar. Mesmo assim, o ano de 1958 prosseguiu marcado pelo terrorismo, de um lado, e por uma "campanha de pacificação", de outro. Foram meses de terror. Nem mesmo o fato de ter sido fixada a data da independência sustou o crescimento da violência. Na verdade, só a morte de Um Nyobé pôs termo à rebelião bassa, fato que coincidiu, ainda em 1958, com a visita da missão da ONU a Camarões, a qual aprovou a data da independência para 1º de janeiro de 1960, decisão reforçada pela Assembléia Geral das Nações Unidas, que um ano antes, em março de 1959, já havia votado a suspensão da tutela. Tais fatos mobilizaram os partidários da UPC, que organizaram as comemorações da independência.

Entretanto, os sérios problemas econômico-sociais, em especial em Bamileké e em Doula, acentuaram-se, dando origem a um novo ascenso do terrorismo, resultando em grande número de mortos. A repressão levou ao aumento do medo e da insegurança entre povos já bastante sofridos, sobretudo quando M. Ahidjo, líder dos eleitos muçulmanos do norte, solicitou a presença de tropas francesas para restabelecer a ordem. Mas a guerra civil só fez aumentar, tendo sido o cenário da proclamação da independência, a 1º de janeiro de 1960.

Quanto ao território oeste dos Camarões, administrado pelos britânicos, foi realizado um plebiscito, ganhando mais ao norte a proposta de união com a Nigéria. Já ao sul, os povos escolheram tornar-se um Estado ocidental da República Federal dos Camarões, tendo como partido no poder a Union Camerounaise, sob a liderança de M. Ahmadou Ahidjo, primeiro presidente de Camarões. Em 1966, a Union Camerounaise, sob liderança de Ahidjo, predominantemente oriental, uniu-se ao Partido Democrático Nacional dos Camarões (KNDP),[19] ocidental, formando a Union Nationale Camerounaise (UNC). Não obstante certo clima de tensão entre as regiões colonizadas pelos franceses ou pelos britânicos, passou a predominar a estabilidade política e social.

Argélia

A Argélia, o país de maior extensão no Magrebe, ao sul, adentra o Saara. A região setentrional é constituída pelas zonas montanhosas do Atlas e a faixa costeira mediterrânea, onde se localizam a capital, Argel, e as mais importantes cidades do país. É importante lembrar que a Argélia pertenceu à "Sublime Porta", isto é, ao Império Otomano, até o exército francês chegar à costa argelina, que, desde então, passou a ser ponto de parada de mercadores de Marselha, que buscavam conquistar uma sólida posição de comércio, instalando-se em algumas cidades costeiras e em Argel.

Pouco a pouco os franceses foram se expandindo para o interior e perceberam que a aquisição de terras apresentava uma grande perspectiva de ganho. Quanto aos militares, desempenharam uma posição de defesa e proteção do comércio com o interior e o abastecimento de alimentos. Assim, segundo interesses comerciais e políticos, desde 1830, gradativamente, o bei tornou-se mero árbitro das disputas entre as autoridades locais, ávidas de estender o seu poder. Como conseqüência, o sistema tradicional enfraqueceu, contribuindo para a desagregação da administração otomana. Nesse quadro, Abd al-Qadir (1808-1883), autoridade na região ocidental, foi o mais bem-sucedido entre seus pares, passando a ser um elemento catalisador que reuniu em torno de si as forças locais. Pôde, desse modo, governar um "Estado" independente de fato, embora não de direito, que se expandiu do Ocidente para a parte oriental do país, tendo como centro o interior.

---

19. O Partido Democrático Nacional de Camarões era conhecido como KNDP, conservando a grafia alemã do nome do território, no caso Kamerun.

Essa miniatura árabe do século XIII mostra um barco cindindo as águas e levando os muçulmanos à África. Lá eles se expandiram do extremo leste da região magrebina até o Oceano Atlântico, passando pelo Egito, pelo Magrebe e pela faixa sudanesa.

Foi ele, portanto, alvo de conflito com o poder francês, que "roía" o continente africano da costa Mediterrânea à Atlântica. A resposta dos muçulmanos deu origem a grandes levantes nas décadas de 1860 e 1870, e era toda ela baseada nos símbolos tradicionais. Assim, a guerra contra os franceses era definida como *Jihad* ("guerra santa", que não raro assumiu a forma de xenofobia), comandada por uma autoridade escolhida pelos ulamás e exercida sempre de acordo com a *sharia*. Para combatê-la, o domínio francês se estendeu para o sul até chegar à margem do Saara, local onde Bugeaud venceu Qadir, que foi exilado em 1847. A maior parte do território estava conquistada, com exceção das escolas religiosas muçulmanas, das mesquitas e dos bazares de Fez, protegidos, dado que estavam em locais de acesso mais difícil para os europeus. Além disso, os franceses tentaram conquistar os chefes de algumas revoltas concedendo-lhes favores.

Ao mesmo tempo, imigrantes franceses começaram a chegar e a se apossar das terras confiscadas. Em 1840, a administração francesa passou a agir de forma mais agressiva, alienando o que considerava "terra coletiva das aldeias" e entregando-a aos europeus com capital para cultivá-la. O serviço ficou a cargo de trabalhadores agrícolas árabes, além dos imigrantes da Espanha e da Itália. Assim, foi rompida a dinâmica própria do uso secular da terra agrícola, que, embora considerada pertencente ao Estado, podia ser desfrutada de pleno uso pelos aldeões, vendida ou transmitida aos seus herdeiros.

O crescimento da população européia foi notório. Tanto que, em 1860, somava quase 200 mil pessoas – ainda assim, número bem inferior ao da população muçulmana, que era de cerca de 2,5 milhões. Assim sendo, Argel e outras cidades costeiras apresentavam várias características européias. Estabeleceu-se uma rede oficial sobreposta às instituições tradicionais potencialmente rebeldes por meio de uma política, o *senatus consultus* de 1863, que destinava às "tribos" argelinas células territoriais, os *duwari*. O poder econômico passou a ser dominado pelas autoridades políticas; pelos proprietários de terra voltados para a agricultura comercial que registravam títulos, obtinham empréstimos bancários e podiam controlar a produção e o comércio; e pelos negociantes, europeus ou judeus nativos, responsáveis pela troca de mercadorias entre a Argélia e a França. Esse processo econômico tinha características administrativo-jurídicas próprias da dimensão política. Como exemplo é preciso sublinhar que, já em 1901, vigorava na Argélia o regime das delegações financeiras, que conferia certa autonomia política interna aos colonos brancos. Em outros termos, a França dividiu a Argélia em distritos comunais que foram conquistados e fortemente colonizados, o que implicou uma assimilação ao sistema administrativo francês, ao lado do controle da administração francesa local, excetuando-se reduzidas áreas que permaneceram sob domínio militar, uma vez avaliadas como "pouco desenvolvidas", segundo os padrões ocidentais. É evidente que essas circunstâncias iam ao encontro dos interesses dos imigrantes, que almejavam que a Argélia se tornasse um território francês. Esse é o sentido de uma frase popular corrente entre os imigrantes: "não há um povo árabe, há homens que falam uma língua diferente da nossa".[20]

Já quanto à população muçulmana, árabe e berbere ficou, a partir de 1860, à mercê de outra política, que tinha à frente o imperador Napoleão III, para quem a Argélia era "um reino árabe, uma colônia européia e um acampamento francês".[21] Conciliava, portanto, no plano do discurso, diferentes interesses: do Estado francês, dos *colons* e da maioria muçulmana, árabe e berbere. Pragmaticamente, essa idéia norteou o já mencionado *senatus consultus*. O referido decreto, além da política de divisão de terra das aldeias, reconhecia os direitos dos lavradores e reforçava a posição dos chefes locais, com o claro objetivo de cooptá-los para apoiar a autoridade francesa. Mas, sobretudo, abria caminho para que os *colons*, dez anos depois, com a derrota da França na guerra franco-prussiana, tomassem, por algum tempo, o poder em Argel. Em reação à ocupação francesa estourou uma revolta generalizada na

---

20. HOURANI, *op. cit.*, p. 276.
21. *Ibidem*, p. 276-277.

região Leste, por diferentes interesses: entre árabes e berberes, cujos nobres lutavam para resguardar sua posição política e social; dos aldeões que se insurgiam contra o confisco de sua terra, agravado pela extrema pobreza, dadas as más colheitas e as epidemias que grassaram entre a população; ao poder cada vez maior dos *colons*; e um desejo ainda politicamente difuso de independência, mas expresso pela religião sob a liderança de uma das ordens sufitas.

Os resultados desses levantes foram bastante graves para os muçulmanos argelinos, penalizados com multas e com o aumento do confisco das terras coletivas. A longo prazo as conseqüências foram ainda maiores: as lideranças locais foram destruídas, além de terem sido suprimidos os entraves para o aumento das propriedades de terras européias com a utilização de subterfúgios legais. As rebeliões não demoraram a eclodir, sendo a mais importante a "da Kabylia", reunindo cerca de 250 grupos etnoculturais, ou seja, quase um terço da população argelina, que foi duramente reprimida. Quase meio século depois surgiram dois tipos diferentes de colonos: a elite, que podia pertencer social e culturalmente à França; e a massa de *petits blancs*, descendentes de franceses, italianos e espanhóis, na sua maioria nascidos no Magrebe, que se expressavam em francês e consideravam a França a grande protetora de seus interesses, embora estes nem sempre fossem coincidentes com os dela.

Em 1914, os europeus passaram a possuir cerca de um terço da terra cultivada. Por outro lado, os pequenos proprietários argelinos, sem capital e com um pequeno rebanho, foram empurrados para áreas reduzidas, de terra pouco fértil, e acabaram tornando-se meeiros ou trabalhadores assalariados em propriedades européias. Apenas em alguns poucos lugares passou a existir um pequeno grupo de proprietários rurais muçulmanos. Pode-se, portanto, considerar que a experiência argelina foi específica em relação aos demais territórios da África setentrional. Primeiro, pela imigração maciça que fez da Argélia uma colônia de povoamento. Em segundo lugar, porque o confisco de terras tornado legal por um conjunto de argumentos de ordem jurídica e justificado ideologicamente como forma de proteger os interesses dos "nativos" foi por estes vivido como uma grande injustiça.

Em terceiro lugar, o confronto e a interpenetração cultural, mesmo resultando na predominância dos valores civilizatórios europeus, no conjunto, não ameaçaram o apego ao Islã e à civilização árabe. Historicamente não houve um acordo entre esses dois tipos de cultura dentro de uma unidade política maior. O que predominou foi a segregação da civilização ocidental em relação à muçulmana, até porque articulava sociedade e religião de maneira complexa e dinâmica. Por fim, em quarto lugar, havia uma característica que se encontrava embutida na anterior, ou seja, o projeto cultural de assimilação apoiado em dois elementos fundamentais:

o racismo e o etnocentrismo, embora o Oriente integre a civilização e a cultura material européias. O referido projeto tinha como justificativa ideológica considerar os "nativos" inferiores, com uma cultura rígida, incapaz de progredir e, por isso, tendo de ser submetida aos europeus, que os disciplinariam levando-os a "avançar" segundo os padrões ocidentais.

É possível afirmar que entre a França e a Argélia havia um dualismo cultural que implicava uma relação de poder, incluindo uma dominação constituída por uma complexa hegemonia de idéias, valores, regras, percepções, juízos, tradições e costumes ocidentais. Essa perspectiva delimita a apreciação da história da Argélia sob uma estrutura própria do colonialismo de fins do século XIX e início do século XX. Em outras palavras:

> À espreita por toda a parte por trás da pacificação da raça submetida está o poderio imperial, mais efetivo pelo seu refinado entendimento e uso pouco freqüente que pelos seus soldados, seus brutais coletores de impostos e a incontinência da sua força. Em resumo, o Império deve ser sábio; deve temperar a sua cupidez com abnegação e sua impaciência com disciplina flexível.[22]

O fato é que, de maneira geral, todas as obras coletivas feitas pelo governo, de 1871 a 1919, como ferrovias, rodovias, portos, e a exploração da terra e das minas, assim como a construção de hospitais e escolas, foram realizações para beneficiar os colonos europeus. Para os "nativos" da Argélia, cuja população havia duplicado em cinqüenta anos, chegando a cerca de cinco milhões, restavam as migalhas próprias dos indivíduos de "segunda classe", assim como para os judeus que não renegaram a sua cultura, restando-lhes partir para o Marrocos ou para Israel. Quanto ao padrão de vida da maioria da população, alterou-se muito pouco. Tomemos como exemplo a educação dos muçulmanos e constataremos que não passava do primeiro grau, enquanto apenas duas ou três centenas concluíam o segundo grau e umas poucas dezenas atingiam o terceiro grau. Além disso, a evasão era alta, colaborando para acentuar a assimetria entre os "nativos" e os europeus.

> [...] Sobre o fosso entre a idéia que se tem das possibilidades abertas pela escola e as duras realidades da colonização, um adolescente dá seu testemunho:
> "Na escola eu não tinha ninguém para me ajudar. Minha mãe não sabia ler nem escrever em francês. Nas aulas eu não tinha boas notas. Não aprendia. Não tinha

---

22. SAID, Edward W. *O orientalismo...*, *op. cit.*, p. 47.

ninguém para me empurrar, é isso. Aí tive que sair da escola, aos doze anos, e ir trabalhar..." [...] "Quando um árabe procurava ter uma profissão, se virar para arranjar
uma, tentavam eliminá-lo. O coronel havia desaconselhado meu primeiro patrão a
me deixar aprender um ofício. Depois ele vai largar você, disse. [...]"[23]

As posições de controle ficavam com os funcionários franceses, enquanto as
intermediárias e inferiores eram, em grande parte, destinadas aos europeus locais.
Assim, jovens muçulmanos "educados" tinham frustradas suas aspirações de
tornarem-se funcionários públicos. Essa situação gerou um descontentamento
que os levou a integrar os movimentos de oposição ao domínio francês.

Mais uma vez, contextualizando a história da África e destacando sua
importância para a história ocidental, é preciso registrar o fato de os soldados
argelinos terem engrossado as fileiras do exército francês no Magrebe na altura
da Primeira Guerra Mundial. A questão é que esse alinhamento criou uma
expectativa de que os muçulmanos argelinos fossem reconhecidos pelo que
tinham feito, o que não ocorreu. É bem verdade que, no caso da Argélia,
algumas medidas foram tomadas pelo governo francês, como a isonomia no pagamento de impostos dos muçulmanos em relação aos colonos europeus, além
do aumento do número de representantes árabes e berberes nas assembléias locais. De todo modo, não há dúvida de que a população européia constituía
uma força social que não só pressionava, mas tinha direitos sobre o governo
francês. Assim, controlavam a administração local e continham os *petits blancs*.
Além disso, como a autoridade era exercida de maneira instrumental e persuasi-
va, as elites de colonos europeus aceitaram inclusive tomar medidas políticas favoráveis para que a grande maioria da população tivesse maior participação política. Foi nessas circunstâncias que ocorreu a ampliação do colégio eleitoral, em
decorrência da lei de 4 de fevereiro de 1919, ou Lei Jonnart (completada por
dois decretos de aplicação), que concedia aos argelinos que tivessem servido ao
exército, soubessem ler e escrever em francês e fossem proprietários de um imó-
vel rural, o direito de participar da eleição da assembléia do "douar-comunas", e
de alguns cargos municipais, incluindo a escolha do prefeito.

A questão de fundo se refere ao significado prático da lei que, na verdade,
restringia a participação política apenas a meio milhão de muçulmanos, os quais
formariam o eleitorado primário. Como resultado, os muçulmanos eleitos para os
conselhos municipais limitavam-se à minoria de um terço da população. Portanto, a ampliação do colégio eleitoral que assustou os conservadores, em 1923, ape-

23. FERRO, *op. cit.*, p. 168-169.

nas diminuía, e pouco, as desigualdades. Não excluía queixas que se repetiam por toda parte, constituindo uma "opinião pública", que em determinadas conjunturas, tornava-se oposicionista, utilizando atos públicos como estratégia semelhante à do emir Khalid, neto do grande Abd al-Qadir Messali Hajd. Apresentava uma "personalidade muçulmana", ressaltava a honra da Argélia e o seu direito a uma recompensa da França, que havia contado com tantos soldados árabes e berberes. Não tardou a ser fundado um partido político liderado por Khalid que votava nos moderados para o conselho municipal de Argel. Mesmo assim, pareceu perigoso às autoridades, que anularam as eleições. Porém Khalid, persistente, ganhou a segunda e terceira eleições até que foi obrigado a abandonar a Argélia. Na França, retomou suas atividades políticas, cujos objetivos, por vezes, eram muito mais amplos do que os traçados para o quadro franco-magrebino.

Em 1924 os protestos prosseguiram, agora entre os imigrantes, fundadores da Étoile Nord-Africaine, de início patrocinada pelo emir Khalid, tendo como um dos seus fundadores Abd al-Qadir Hajd'Ali, membro do Partido Comunista Francês. A *Étoile* apresentava idéias anticolonialistas mais abertamente nacionalistas, difundindo-se entre os movimentos das elites educadas em francês. Também ganhou um relativo apoio dos operários argelinos na própria Argélia e na França, integrantes da Confederação Geral do Trabalho e da Confederação Geral dos Trabalhadores Unidos.

Em 1927 Messali Hajd esteve presente no Congresso de Bruxelas da Liga contra o Imperialismo, ocasião na qual exigiu a independência da Argélia. De volta à sua terra natal, liderou a formação de um movimento que poucos anos mais tarde, na década de 1930, além de ter um discurso mais nacionalista, também apresentava um claro sentimento islâmico. Esse movimento desembocou na fundação do Partido Popular Argelino, que, embora fosse um agrupamento político reduzido, definiu como temas fundamentais a obediência e o sentimento de pertencer ao Islã e um patriotismo diretamente ligado à terra natal. Essas características foram suficientes para registrar os primeiros anseios de emancipação, inspirando vários artigos escritos de 1922 a 1927 por Ferhat Abbas, reunidos em livro, em 1931, sob o título *O jovem argelino*. Nele, a colonização era definida como "uma força sem pensamento, uma cabeça sem alma".

Os direitos do islão à dignidade ressaltavam com a força da evidência – evidência então bem obliterada. O prefácio, escrito muito depois, em 1930, distinguia judiciosamente entre os dois aspectos do problema: o francês e o argelino. Para os franceses, "a colonização não constituía senão um empreendimento militar e econômico, defendido em seguida por um regime administrativo apropriado". Para os argelinos, ao contrário, é

> uma verdadeira revolução que veio subverter todo um velho mundo de idéias e de crenças, um gênero de existência secular. Ela coloca um povo diante de súbita mudança. E eis aí toda uma população, sem o menor preparativo, obrigada a se adaptar ou perecer. Esta situação conduz necessariamente a um desequilíbrio moral e material, cuja esterilidade não está longe da desintegração total. [...][24]

Significa dizer que o ritmo das modificações na vida dos muçulmanos da Argélia e o número de pessoas afetadas constituíram fatores cruciais para condicionar o surgimento de outros movimentos de resistência, prontamente reprimidos, como o liderado por um descendente de Abd al-Qadir, que reivindicava a representação dos muçulmanos no parlamento francês, mantendo-se as leis islâmicas de *status* pessoal.

Os ressentimentos e até mesmo as causas de ódio por parte dos muçulmanos aumentaram ainda mais a partir da década de 1920. A Argélia teve de empreender uma luta por uma política econômica capaz de fazer frente à grande crise recessiva de 1925, que se somou, poucos anos depois, aos reflexos da crise de 1929, os quais se fizeram sentir em 1932. Grosso modo, essa conjuntura histórica trouxe uma série de problemas: acirrou as relações entre capital e trabalho e registrou uma queda nos preços dos alimentos exportados. Além disso, mesmo com a manutenção do crédito do governo aos proprietários rurais para a mecanização, a garantia de planejamento e a formação de cooperativas e sindicatos, ainda assim, a crise teve reflexos negativos na economia da colônia como um todo, acentuando sobremaneira a dominação dos europeus, embora fossem menos de 10% da população total, isto é, 17 milhões.

Toda essa situação poderia levar a um quadro de degenerescência social na década de 1930, o que não passou despercebido por parte das elites culturais da Argélia, que habilmente formularam um conjunto de reivindicações políticas. Maurice Violette, autor de *A Argélia sobreviverá?*, alertava, em uma perspectiva bastante próxima daquela de Qadir, para a necessidade de ampliar o número de argelinos "evoluídos", com direito de eleger deputados ao parlamento francês, mantendo o seu estatuto pessoal. O surpreendente é que a proposta de manutenção do estatuto pessoal dos "argelinos evoluídos" passou a alimentar uma

---

24. ABBAS, F. *Le jeune Algérien*. Paris: De la Jeune Parque, 1931. p. 9. *Apud* BERQUE, Jacques. "Política e nacionalismo no Maghreb e no Saara, 1919-1935". *In*: BOAHEN, *op. cit.*, v. VII, p. 620.

campanha persistente dos colonos europeus contra a outorga da cidadania francesa. Argumentavam que manter a identidade muçulmana revelava que careciam ser disciplinados para "avançar" nos parâmetros culturais franceses.

Portanto, no que se refere às elites, mostravam-se disponíveis para assumir o assimilacionismo ao pé da letra, convencidas de que este era um meio para chegar à emancipação. Esse tipo de reformismo tomou forma política com a fundação, em 1931, de ulamás argelinos, por Muhammad Ben Badis, que visava restabelecer a supremacia moral do Islã e da língua árabe, como reação a um século de dominação francesa. Mais tarde envolveu-se politicamente e exigiu que os muçulmanos tivessem direitos iguais aos franceses, sem abandonar suas leis próprias de moralidade social. Ainda assim, até as eleições de 1935, venceram candidatos que eram assimilacionistas convictos. De outro lado, nesse mesmo período, foi ganhando força uma tendência heterodoxa com curiosas contradições e ambivalências, articulando a democracia burguesa ao engajamento no socialismo internacional e a reafirmação de uma especificidade histórico-cultural.

Porém, na realidade, o espectro político-ideológico das elites era amplo, abrangendo também idéias que apontavam para uma radicalização progressiva. Nesse sentido, cabe registrar a importância do *Livro da Argélia*, de autoria de Tawfik al-Madani, datado de 1931. Pode-se identificar o conteúdo dessa obra como apresentando certo grau de revolucionarismo espontâneo, salientando o direito de a Argélia pertencer aos argelinos. Propunha uma reforma intelectual e moral, além de salientar a questão da identidade comum à maioria dos árabes e berberes. Por fim, enfatizava o papel da cultura no processo de negação do colonialismo, proclamando a Argélia como pátria, o islamismo como religião e o árabe como língua. Durante esse processo, que se estendeu de 1920 a 1936, foi notória a influência da imprensa oriental, sobretudo da Síria e da Palestina, no debate político-ideológico que condicionou a definição de três pares que podem ser considerados dicotômicos: o campo islâmico e o laico; o ocidental e o pan-árabe; o moderado e o revolucionário.[25] Dessa maneira, faz-se necessário sublinhar que em 1936 a imprensa oriental noticiou os acontecimentos da Argélia, chamando-a "Nação argelina" ou "Islã argelino particular", idéias fundamentais para a gênese do nacionalismo argelino no período entre as duas guerras mundiais.

---

25. A expressão *par dicotômico* é utilizada aqui conforme a definição de Bobbio: "[...] pode-se dizer que os dois termos de uma dicotomia condicionam-se reciprocamente, no sentido de que se reclamam continuamente um ao outro [...]". *In:* BOBBIO, Norberto. *Estado, governo, sociedade: por uma teoria geral da política.* Rio de Janeiro: Paz e Terra, 1987. p. 14.

De outro lado, também influíram para a formação do nacionalismo argelino os artigos da missão sírio-libanesa que atuava na Sociedade das Nações, publicados em Genebra entre 1923 e 1939, na revista mensal *La Nation Arabe*, na qual se tornavam públicas idéias radicalmente contrárias ao governo francês. Este, uma vez mais, reagiu com prontidão e, em agosto de 1939, tomou um conjunto de medidas contra o que considerava oposição "nacionalista" e "comunista", sensível às idéias anticoloniais modernizantes.

Porém, não há como negar que o colonialismo e a dependência tornaram-se cada vez mais inaceitáveis. Em 1940, a Argélia sofreu restrições que agravaram sobremaneira a sua economia já deficitária pela falta de indústrias e, nesse ano, também pela carência alimentar, tanto porque as colheitas foram insatisfatórias como pelo fato de a maior parte dos produtos agrícolas ter sido enviada para a França. É o primeiro de alguns anos de dificuldades econômicas para a população muçulmana rural, que já não tinha com que se alimentar, se vestir e se calçar. Faltava inclusive o chá, produto absolutamente necessário para suas relações sociais. Mais cedo ou mais tarde as populações árabe e berbere iriam reagir, como o fizeram em 17 de março de 1941, sob a liderança de Messali Hajd, libertado em 27 de agosto de 1939, mas detido uma vez mais em outubro, quando foi julgado e condenado por tribunais "populares" a 20 anos de interdição de sua residência e a 16 anos de trabalhos forçados.

Nessa atmosfera, no dia 10 de agosto de 1941, Ferhat Abbas retomou a reivindicação nacionalista de modo bastante moderado, portanto bem diferente do utilizado por Messali Hajd. Todavia, isso não o transformou em reacionário, como insinuaram seus detratores. A carta que Abbas enviou ao marechal Pétain, apontando as conseqüências sociais e econômicas negativas da colonização e acentuando a pressão cada vez mais intolerável acarretada por seis milhões de "mendigos, pendentes e denunciadores", constituiu um forte argumento para o seu pedido de realização de uma reforma agrária. Ele destacou com ênfase a necessidade de atenuar a "feudalidade terratenente dos colonos". Seu desejo de mudança – aliás, comum a outros reformistas argelinos – incluía a possibilidade de os muçulmanos ocuparem postos de responsabilidade; a liberdade do culto muçulmano em relação ao Estado; e a oficialização da língua árabe. No entanto, o governo francês não só substituiu essas reivindicações pela "adaptação" no plano do discurso como nada fez de efetivo em relação a elas.

No ano seguinte, 1942, a Argélia, como parceira da França na Segunda Guerra Mundial, passou a ser um importante ponto de desembarque de anglo-americanos, dando ensejo a uma pronta resposta dos alemães, cujos destaca-

mentos aerotransportados aterrissaram na região magrebina. Diante das derrotas pela perda de força da França, em 8 de novembro de 1942, a reação política
dos aliados começou a se reestruturar, a partir da Argélia, onde os muçulmanos
foram chamados, ao lado dos marroquinos, para combater Hitler. A reação argelina foi quase imediata. Ferhat Abbas enviou uma Mensagem às Autoridades
Responsáveis, isto é, aos representantes políticos e militares ingleses, americanos
e franceses. Nela havia trechos de uma crítica acidamente negativa à soberania
francesa, demonstrando a importância de que fosse constituída uma Assembléia
exclusivamente muçulmana para "elaborar um estatuto político, econômico e
social que dê às massas a consciência dos seus direitos".[26]

Porém, o assassinato do almirante Darlan, no dia 24 de dezembro, impediu a leitura dessas mensagens pelas autoridades francesas. Seus substitutos,
tanto o general Giraud como o novo governador, não responderam a Abbas.
Este, superando novas dificuldades políticas, remeteu ao governo o Manisfes-
to do Povo Argelino, ressaltando as velhas questões. No que se refere ao problema colonial, afirmou: "O problema argelino é essencialmente de ordem racial e religiosa. Os argelinos muçulmanos estão a tal ponto desapontados e
escravizados que parecem no seu próprio país verdadeiros estrangeiros: serviços públicos, exército, administração, comércio, bancos, imprensa, tudo cstá
nas mãos da minoria européia".[27] Desta feita, fez um questionamento das estruturas de dominação como um todo e apresentou uma proposta de transformação ampliada. Pode-se ler no Manifesto:

> O povo argelino pede desde hoje [...] a condenação e a abolição da colonização [...]; a
> aplicação para todos os países do direito dos povos de disporem deles mesmos; a dota-
> ção de uma constituição própria para a Argélia que garanta: 1) a liberdade e a igualdade
> absoluta de todos os seus habitantes sem distinção de raça e de religião, 2) a supressão
> da propriedade feudal por uma grande reforma agrária e o direito ao bem-estar do
> imenso proletariado agrícola, 3) o reconhecimento da língua árabe como língua ofi-
> cial em pé de igualdade com a língua francesa, 4) a liberdade de imprensa e o direito
> de associação, 5) a instrução obrigatória e gratuita para todas as crianças dos dois se-
> xos, 6) a liberdade de culto para todos os habitantes e a aplicação a todas as religiões
> do princípio da separação da Igreja e do Estado.[28]

---

26. CORNEVIN, *op. cit.*, p. 75.
27. *Ibidem*, p. 75.
28. ABBAS, Ferhat. "Manifesto do povo argelino". *Apud* CORNEVIN, *op.cit.*, p. 76.

Quando, no mês de maio, os aliados venceram as tropas germano-italianas, logo em seguida, no dia 26 de maio de 1943, foi entregue ao então governador-geral, Peyrouton, um Projeto de reformas do povo argelino muçulmano em que eram propostas "as regras do jogo"[29], o que, no caso, incluía a participação efetiva dos muçulmanos no governo, na administração da Argélia e nas assembléias eleitas com representação igual dos franceses e dos muçulmanos; serviço militar igual ao dos franceses; e o direito para as unidades constituídas por muçulmanos de terem uma bandeira da Argélia. Por fim, completando as reivindicações por igualdade política, propuseram algumas regras institucionais para a formação de um Estado argelino com Constituição própria e eleições por sufrágio universal incluindo *todos* os habitantes da Argélia.

Entretanto, nas circunstâncias daquele momento, a chegada do presidente De Gaulle a Argel e a substituição do governador Peyrouton por Catroux, que havia prometido a independência aos sírio-libaneses em junho de 1941, não beneficiaram "todos os habitantes da Argélia", posicionando-se Catroux, contrário a tomar medidas mais estruturais durante o período de guerra mundial. Mesmo sensível aos muitos indícios de crise política, limitou-se a promulgar algumas pequenas reformas pontuais. Nesse cenário, as incertezas políticas devassaram a crise da administração colonial e do próprio Estado francês. A convocação, em 1943, pela primeira vez desde 1939, das Delegações Financeiras acabou catalisando a demanda por "igualdade de representação". A resposta reafirmou as políticas inspiradas no antigo receituário de conter a participação política de árabes e berberes, reafirmando o sistema de dominação que, no caso, implicava exclusão. Exercendo seus poderes de maneira ainda mais discricionária, o general Catroux determinou a dissolução das "seções indígenas" e decretou a prisão domiciliar de Ferhat Abbas e de Sayah Ab del-Kader, até 2 de dezembro de 1943.

Tal situação foi atenuada em 12 de dezembro, quando o general De Gaulle anunciou que o Comitê Francês de Libertação Nacional iria conferir a "várias dezenas de milhares de muçulmanos franceses da Argélia" plenos direitos de cidadania sem limitar o estatuto pessoal. Desse modo, foram diminuídas as restrições institucionais sem, no entanto, serem removidos os condicionamentos que tornavam os muçulmanos marginalizados pelas condições sociais, políticas e culturais em que viviam. Por isso, essa medida foi radicalmente condenada por Messali Hajd, em liberdade desde 26 de abril de 1943 (embora ainda em prisão

---

29. BOBBIO, Norberto. *O futuro da democracia; uma defesa das regras do jogo.* Rio de Janeiro: Paz e Terra, 1986.

domiciliar), assim como por Brahim Bachir, presidente da Associação dos Ulamás. Na verdade, com exceção dos comunistas – que, em princípio, aprovaram uma aliança com argelinos como Ferhat Abbas, aceitando a assimilação –, havia um consenso entre os "evoluídos", que a rejeitavam. Mais tarde também os comunistas reviram sua posição inicial, passando a negar a assimilação, considerando-a parte integrante de um colonialismo que desagregava a cultura do povo subjugado, impondo a cultura ocidental. Afinal, como salientou o angolano Mário de Andrade: "Penetrar no essencial do colonialismo significava, ao mesmo tempo, desmontar os mecanismos de exploração do sistema, desvendar as contradições do pensamento burguês na matéria, mas também indicar as vias que permitiam triunfar sobre 'essa vergonha do século XX'".[30] Por sua vez, o negro martinicano Frantz Fanon, testemunha da guerra colonial na Argélia, lembrava que "nesta situação, a reivindicação do intelectual colonizado não é um luxo, mas a exigência de um programa coerente. O intelectual colonizado que situa seu combate no plano da legitimidade, que quer fornecer provas, que aceita desnudar-se para melhor exibir a história de seu corpo, está condenado a esse mergulho nas entranhas de seu povo".[31]

Ora, a crise sofrida pela Argélia fazia parte de um conjunto de acontecimentos que havia abalado a própria estrutura do colonialismo mundial, levando as lutas dos povos dominados à radicalização. Em 11 de janeiro de 1944, ocorreu a declaração de independência do Marrocos pelo Istiqlal. No fim de janeiro realizou-se a Conferência de Brazzaville, que contou com a presença de representantes do governo de Argel e esboçou as grandes linhas de um processo de reformas que marcavam uma nova fase do colonialismo francês. Delas fez parte a supressão do indigenato, que teve o surpreendente efeito de conferir igualdade entre franceses e muçulmanos. Parece claro, porém, que o alargamento dos direitos concedidos aos muçulmanos e as lutas por liberdades não andavam no mesmo compasso. Alguns meses depois, com o respaldo de grande número de adeptos, Abbas lançou o semanário *Egalité*, utilizando-o como veículo para exigir a libertação de Messali Hajd, assim como para mobilizar os muçulmanos a lutar por uma "República autônoma federada à República francesa".

Nesses anos, na Argélia, novos graves problemas somaram-se aos antigos: o governo provisório da República de Argel transferiu-se para Paris; a situação econômica e política agravou-se; grande número de franceses da Argélia, cerca

---

30. ANDRADE, Mário de. "Prefácio". *In*: CÉSAIRE, Aimé. *Discurso sobre o colonialismo*. Lisboa: Sá da Costa, 1978. p. 8.
31. FANON, *op. cit.*, p. 175.

de 176 mil (entre 1942-1945), partiu para a Europa; o alto número de mortos e feridos impôs às empresas agrícolas ou industriais uma rápida reestruturação em virtude da drástica diminuição da mão-de-obra; a insegurança aumentou no seio da comunidade européia; e a seca, entre 1944 e 1945, provocou uma queda na colheita de cereais, na produção de azeite e na redução do rebanho de carneiros. Por sua vez, os Estados Unidos deslocaram seus interesses da África do Norte para a Europa e a Ásia. Esse conjunto de fatores levou à escassez de alimentos, à fome e ao aumento significativo da miséria.

Era difícil, em tais circunstâncias, diminuir o efeito dessas perdas. Portanto, fez sentido ter crescido substancialmente o número de membros da Associação Amigos do Manifesto (fundada em 15 de maio de 1944), assim como a campanha de seus líderes para que os muçulmanos beneficiados com a disposição de 7 de março de 1944 exercessem o direito de inscrever-se no Primeiro Colégio dos cidadãos franceses. De outro lado, a Associação conseguiu licença do governador para organizar um congresso em Argel, de 2 a 4 de março de 1945, espaço onde clamaram pela libertação de Messali Hajd, qualificando-o de "grande líder argelino"; e pela formação de um parlamento e um governo argelinos, com total autonomia política em relação à França. O congresso reforçou suas posições, sobretudo aquelas relativas às liberdades políticas, respaldadas na Carta do Atlântico, firmada por Roosevelt e Churchill em 1941, proclamando a democracia e a liberdade de direito de todos os povos à autodeterminação, temas que tiveram ainda maior ressonância quando incorporados à Carta das Nações Unidas, em 1945.

Dadas as peculiaridades da história argelina e os desdobramentos da crise política naquela conjuntura, seguiu-se uma série de revoltas em Sétif, durante o mês de maio de 1945, animada, entre outras razões, pelas significativas perdas sofridas pela França, vencida pelos japoneses na Indochina e pelos alemães na Tunísia. Aliás, os danos sofridos pela França abriram espaço para que os muçulmanos argelinos expusessem seus descontentamentos. A França recorreu uma vez mais à violência e, como tentativa de acabar abruptamente com as revoltas que se sucediam, providenciou a deportação de Messali Hajd para Brazzaville. Como a violência gera terror, mas também mais violência, o dia 1º de maio na Argélia foi o marco de vários tumultos em Argel e em Oran, com mortos e dezenas de feridos entre os messalistas. No dia 8 de maio, em toda a Argélia, deveria-se celebrar o armistício. Porém, em Sétif, Ferhat Abbas e os muçulmanos que o apoiavam negaram-se a retirar a bandeira verde e branca da "independência argelina". A situação foi agravada com o emprego da violência física por parte da polícia para reprimir os rebeldes. Era dia de mercado e mesmo os trabalhadores agrícolas que não moravam na cidade juntaram-se aos habitantes de Sétif e percorreram as ruas do "bairro europeu", matando e mutilando cerca de vinte franceses até a polícia conseguir restabelecer a ordem. Como rastilho de pólvora a rebelião espalhou-se até Kabylia dos Babors (cidade castigada pelos rigores do inverno e pela fome) e para Guelma, alcançando uma grande parte da província de Constantine. O saldo foi de mais de uma centena de mortos, uma centena e meia de feridos, além de pilhagens, violações e da destruição de pequenos centros de colonização.

A repressão foi redobrada com "tropas de choque", só terminando em Guelma, no fim de maio, e em Sétif, em meados de junho. As tropas de infantaria formadas pela Legião Estrangeira e Senegalesa bombardearam o interior, enquanto as aldeias costeiras foram atacadas pelos canhões dos navios de guerra. O esmagamento da rebelião fez grande número de mortos, dez vezes maior de muçulmanos argelinos do que de franceses. Seguiram-se os julgamentos judiciais de líderes dos Amis du Manifeste, da Association des Oulémas et des Scouts Musulmans. No dia 15 de maio o Partido Popular Argelino, de Messali Hajd, e os Amis du Manifeste, de Ferhat Abbas, puderam sair da clandestinidade, porém Ferhat Abbas permaneceu detido.

Mesmo correndo o risco de simplificação, parece oportuna a tentativa de resumir os elementos condicionadores das rebeliões de maio de 1945 com duas palavras: *apartheid* e ódio entre as comunidades de colonos europeus e as de muçulmanos árabes e berberes, que viviam em conjunto havia mais de um século. Tentando acomodar essa perigosa atmosfera, o general De Gaulle suspendeu o inquérito sob a responsabilidade do general Tubert e solicitou que ele passasse seu posto de governador para Chataigneau, embora ele fosse tido pelos colonos europeus como muito condescendente com os muçulmanos. Em um primeiro momento a estratégia deu certo e as eleições municipais de julho ocorreram sem incidentes, o que animou o governador a planejar reformas para o pós-guerra. Contudo, a resistência já havia impregnado todos os árabes muçulmanos que se abrigavam nos vários espaços onde eram resguardadas a sua identidade e a do Islã, porque, mesmo com a ampliação de alguns direitos, o etnocentrismo europeu e o racismo já haviam criado raízes na Argélia. Em pleno ano de 1950, por exemplo, ainda eram raras as publicações impressas em árabe (inclusive os jornais), uma vez que essa língua era considerada dialeto, tendo o seu uso proibido em uma circular de 1908, com exceção apenas para o Corão e os livros estritamente religiosos. Esse fato manifestava mais uma das facetas do desprezo dos franceses em relação aos árabes e berberes.

Simultaneamente, houve todo um movimento das elites culturais, que, embora na própria língua do colonizador, atuaram contra o colonialismo francês, como a edição da revista *Consciences Augériennes*, que contava com a participação dos árabes Abd al-Qadir Mahad e Abd el-Kader Mimouni e com um *pied-noir* israelita, Jean Cohen. A referida revista se posicionou contra a colonização, contra o racismo e pela Argélia livre e democrática, política e socialmente. Colocava-se, inclusive, de modo distante e mesmo contrário ao Partido Comunista da Argélia e ao Partido Comunista da França que, no seu conjunto, temerosos de que os argelinos nacional-reformistas fossem cooptados pelas idéias do fascismo italiano ou do nazismo, defendiam a união da Argélia à França. Já intelectuais franceses, como Jean-Paul Sartre, apoiavam publicamente as elites engajadas "terceiro-mundistas" que incluíam Aimé Césaire, Frantz Fanon e Albert Memmi, os quais destacavam que

> [...] a *essência* do colonialismo [...] segundo a sua demonstração, se reveste de dois aspectos: o de um "regime de exploração desenfreada de imensas massas humanas que têm a sua origem na violência e só se sustêm pela violência", e o de uma "forma moderna de pilhagem". Sendo o genocídio a lógica normal, o colonialismo é portador de racismo. E é nesta gigantesca *catarsis colectiva* que o colonialismo desciviliza simultaneamente o colonizador e o colonizado.[32]

Salientavam, ainda, o confisco de terras, a exploração, a corrosão cultural como os aspectos primordiais da violência própria da natureza da colonização. Além disso, ressaltavam três necessidades básicas: a educação popular, a emancipação das mulheres e o desenvolvimento dos recursos naturais.

A respeito da oposição ao colonialismo, vale a pena reiterar, uma vez mais, os diferentes setores da população muçulmana que destacavam o aspecto cultural como ponto básico para o processo de independência, abrangendo três idéias interligadas: a Argélia como pátria, o islamismo como religião e o árabe como língua. Todavia, esse conjunto de idéias que se formou em torno do nacionalismo fez parte de uma sociedade em rápido processo de transformação, no qual as cidades cresciam, as populações aumentavam, havia mudanças na estratificação social e os meios de comunicação, como o rádio, o cinema e a televisão, colaboraram com os diferentes tipos de mobilização.

De todo modo, oficialmente, a Argélia era parte da França e não uma colônia, o que implicava uma França una e indivisível. Além disso, os europeus praticamente tinham formado uma nação dentro do território argelino, onde cerca de 80% deles haviam nascido.

---

32. ANDRADE, Mário de. Prefácio. *In*: CÉSAIRE, Aimé. *Discurso sobre o colonialismo, op. cit.*, p. 7.

As tentativas de mudança nas relações entre a Argélia e a França por meio da negociação foram todas frustradas. Já em 1943, um manifesto que pedia que a Argélia se tornasse uma República autônoma ligada à França não foi nem sequer respondido. Entretanto, tentando manter o controle da situação, o governo francês efetuou pequenas mudanças, tornando possível a representação de muçulmanos argelinos no parlamento francês com o mesmo número de membros que os europeus. Mas as eleições para a Assembléia foram fraudadas pelo governo no intuito de garantir uma maioria que lhe fosse favorável, atendendo às expectativas da população européia, que era de aproximadamente um milhão. Em outras palavras, o governo francês manteve o sistema político e social sob seu controle.

Essa característica dos dirigentes franceses de travestir pequenas medidas em reformismo institucional ficava cada vez mais difícil de ser considerada satisfatória pela maioria da população, isto é, cerca de nove milhões de muçulmanos que enfrentavam o desemprego e os padrões de vida muito baixos. Em decorrência, registrou-se um ascenso da migração de trabalhadores do campo para as fazendas européias e para as cidades costeiras, onde crescia o número de pessoas não-qualificadas e subempregadas. Também aumentou significativamente o número daqueles que tentavam ir para a França em busca de melhores condições de vida.

Outro motivo de descontentamento eram as poucas chances da maioria à escolaridade formal. Mesmo considerando que as oportunidades tinham crescido, cerca de 90% da população permanecia analfabeta. Eram poucos os que passavam da escola primária para a secundária, e menor ainda o número dos que concluíam a educação superior (em 1954 havia duas centenas de médicos e farmacêuticos muçulmanos e menor número ainda de engenheiros).[33] Por outro lado, aqueles que foram completar sua escolaridade formal na França, os soldados que integraram o exército francês e os emigrantes, adquiriram conhecimento do que acontecia no mundo, incluindo a independência dos países asiáticos e africanos e as críticas ao domínio imperial.

Na Argélia essas críticas eram reforçadas por um cotidiano de arbitrariedades, injustiça e medo. As agitações de 1945 e os motins de Sétif que antecederam a prisão de Ferhat Abbas sofreram uma repressão forte o bastante para sinalizar que a independência não seria facilmente concedida. Sem dúvida, esse conjunto de razões explica a escolha da violência física por parte da liderança do movimento de independência.

---

33. HAROUNI, R. *Uma história dos povos árabes, op. cit.*, p. 373.

Na tentativa de enfraquecer o número sempre crescente de revoltas, o governo francês tentou uma negociação, oferecendo uma Constituição com direitos e liberdades limitados. Porém, o fez em um momento que, além de a oposição estar mais organizada, aqueles que aceitavam uma transição política negociada, na qual a Argélia teria autonomia, fazendo parte do sistema político francês, estavam enfraquecidos. De outro lado, diversos grupos de muçulmanos argelinos reunidos por um discurso nacionalista comum, em 1947, formaram um grupo revolucionário que contava com homens de escolaridade formal limitada, mas com experiência militar no exército francês. Eles aderiram à Organização Secreta, iniciando uma coleta de armas e de dinheiro. Alguns anos depois, em 1954, contando também com membros das elites culturais e políticas, foi formada a Frente de Libertação Nacional (FLN), que em novembro daquele ano iniciou a guerra de guerrilhas na qual a violência, segundo Frantz Fanon, era uma forma de libertação, inclusive espiritual.[34]

O movimento cresceu também como reação à repressão militar do governo francês, tornando-se um movimento nacional que contava com a simpatia da opinião pública de todo o mundo. Aumentou mais ainda quando um novo governador francês acenou com a possibilidade de fazer concessões e, logo depois, voltou atrás, de acordo com os interesses do exército e dos europeus da Argélia. Esse fato foi fundamental para a queda da IV República Francesa e para a volta de De Gaulle ao poder, reforçando a própria ambivalência da França no trato de seus territórios ultramarinos.

> Na França, a escolha estava entre duas espécies de política: uma política de estilo britânico, que teria aceito a formação de Estados independentes nos territórios do Império Francês ou da União Francesa e uma política que empreendesse reformas no sentido da autonomia, mas mantendo ao mesmo tempo, na medida do possível, a soberania da França. [...] Chegamos assim ao problema actual, urgente e patético, da Argélia onde as duas políticas concebíveis continuam a ser defendidas, com paixão extrema, pelos representantes daqueles que teriam podido, há 12 anos, formular uma outra. Precisamente neste último caso, é mais difícil do que nunca chegar a criar-se uma vontade comum. Aqueles que eram hostis à independência integral dos territórios da União Francesa opunham-se com violência à continuação da política seguida na

---

34. "Contudo, os franceses resistiram tenazmente ao levante pela independência nacional na Argélia (1954-1962) um dos territórios em que, a exemplo da África do Sul e – de certa maneira – Israel, a coexistência de uma população local com um grande grupo de colonos europeus tornava o problema da descolonização particularmente difícil de resolver." *In*: HOBSBAWM, Eric J. *A era dos extremos..., op. cit.*, p. 218.

Tunísia e no Marrocos. Os motivos de tal oposição são compreensíveis: trata-se da última trincheira. Se a Argélia ficar independente como ficaram a Tunísia e o Marrocos, o movimento propagar-se-á irresistivelmente pelo resto da União Francesa; a minoria francesa é demasiadamente importante para se submeter ou integrar livremente uma república argelina. Os defensores desta política não admitem que uma parte da minoria francesa volte para a França ou seja repatriada. Pensam – e têm razão – que o movimento nacionalista da Argélia é mais ardente do que em qualquer outro território da União Francesa porque uma revolução nacionalista combina-se aí com uma revolução social. A maior parte da classe privilegiada da Argélia é composta de franceses. Um movimento nacionalista de que os militantes e os chefes vêm da classe popular é, necessariamente, socialista ao mesmo tempo que nacionalista.[35]

Essa longa mas necessária citação salienta a crise política deflagrada na França por causa da guerra da Argélia e a tentativa de contorná-la pela reforma constitucional. Porém, já não havia como retroceder. A guerra de guerrilhas[36] ganhava terreno, sendo registrada em 1958, uma violenta reação da parte dos colonos europeus em defesa do estatuto da Argélia como colônia francesa que, em 13 de maio de 1958, lideraram o *putsh* de Argel. Ocuparam a sede do governo e formaram o Comitê de Salvação Pública. Essa fase ficou marcada por uma brutalidade ímpar que foi primordial para que se institucionalizasse a tortura nos exércitos, na polícia e na força de segurança de países ditos civilizados, além de popularizar o seu uso.

Mas De Gaulle, ainda que de maneira encoberta, pôs em prática a negociação de um acordo com os argelinos que envolvia a concessão da independência completa. Assim sendo, em 1961, enquanto a Organização do Exército Colonialista efetuava uma série de ataques terroristas, um referendo na França mostrava que a maior parte da população era favorável à autodeterminação da Argélia. Desse modo, foram retomadas as negociações e, mesmo contra a oposição da comunidade européia e os interesses em relação ao petróleo e ao gás natural no Saara, em 3 de julho de 1962, foram assinados acordos em Évian, reconhecendo a independência da Argélia. O novo Estado-Nação passou a ter à sua frente Ahmed Ben Bella, nomeado em 1963, que herdou uma série de problemas econômicos, sociais e mesmo políticos (veja mapa 12.3).

---

35. ARON, Raymond. *Democracia e totalitarismo, op. cit.*, p. 231-232.
36. É importante consultar "O Vietnã e a dinâmica da guerra de guerrilhas". *In*: HOBSBAWM, Eric J. *Revolucionários: ensaios contemporâneos*. Rio de Janeiro: Paz e Terra, 1982. p. 165-177.

12.3 - Após enfrentar uma guerra de guerrilhas de 1954 até 1962, a Argélia conquistou uma independência que incluía um difícil processo de pôr fim ao *apartheid* e ao ódio entre as comunidades de colonos europeus e a de muçulmanos, árabes e berberes.

[Elaborado pela autora para a devida adequação ao texto - L. L. HERNANDEZ]

Referindo-se a esse novo começo compromissado com a utopia de construir uma nação mais justa e livre, Frantz Fanon alertou para as dificuldades da sonhada revolução social. Reconheceu a realidade de uma ordem contraditória e injusta não só dentro da Argélia, mas também quanto à sua posição na ordem internacional. Afirmava:

> Hoje, a independência nacional, a formação nacional nas regiões subdesenvolvidas assumem aspectos totalmente novos. Nessas regiões, excetuadas algumas realizações espetaculares, os diversos países apresentam a mesma ausência de infra-estrutura. As massas lutam contra a mesma miséria, debatem-se com os mesmos gestos e desenham com seus estômagos encolhidos o que se pode chamar de geografia da fome. Mundo subdesenvolvido, mundo de miséria e desumano. Mundo também sem médicos, sem engenheiros, sem administradores. Diante desse mundo, as nações européias espojam-se na opulência mais ostensiva.[37]

Quênia

Até fins do século XIX, registrava-se no território do Quênia certo controle do sultão de Zanzibar, mas apenas sobre as cidades dominadas pelos árabes da costa, não se estendendo sobre os africanos de língua banto da parte interior do continente. O Quênia apresenta aspectos geofísicos que condicionaram fortemente seu desenvolvimento econômico e social. Conta com uma planície costeira estreita e um largo cinturão de savana que ainda hoje é uma zona de caça, comunicando-se ao norte com o semideserto. Ao sul, em relação ao centro do Quênia, atinge cerca de 1.600 metros acima do nível do mar.

É necessário chamar a atenção para o fato de que, enquanto nas outras zonas praticava-se o cultivo de produtos de subsistência, já próximo ao lago Vitória, a oeste, e ao longo da faixa costeira, as chuvas tornam viável a agricultura semi-intensiva. Por isso esta foi uma região onde houve vários movimentos de população e intercâmbios culturais, tornando-se um ponto de ligação não só entre a costa e os grandes lagos, mas também, ainda que de maneira limitada sazonalmente, com todo o interior da África oriental. Como conseqüência, apresentava povos de origens diversas e com diferenças lingüísticas, habitando juntos as áreas de "terras altas". Essas gentes eram um constante fator de transformações

---

37. FANON, Frantz. *Os condenados da terra...*, *op. cit.*, p. 76.

históricas no interior do Quênia.[38] Reuniam-se em pequenas sociedades, em diferentes etapas de organização social, nas quais variavam o grau da hierarquia política e a natureza de suas atividades. Nos anos 1890, por exemplo, os nandis estavam em processo de constituição de uma organização política complexa (que, em geral, por aproximação à terminologia ocidental, é chamada "Estado"). Já os wangas apresentavam um alto grau de centralização política e concentração do poder. Ao lado dessas características é importante registrar que no século XIX havia zonas, em particular as habitadas pelos akambas (mas também pelos bagandas e pelos wangas), que dominavam o comércio de longa distância, estabelecendo contatos com mercadores árabes de escravos e de marfim. Também se destacavam os líderes religiosos e os guerreiros, setores que compuseram as elites dominantes, exercendo uma autoridade de caráter mais geral.

Desde que os britânicos intervieram em Zanzibar, nos portos costeiros e em Uganda, aumentou o seu indisfarçável interesse pelo Quênia. A construção da estrada de ferro de Uganda ligou o interior do Quênia (e de Uganda) ao litoral, chegando, em 1901, à base do lago Vitória. O êxito da empreitada britânica, no entanto, teve de transpor um sério percalço, a oposição organizada e sistemática dos nandis. O fato de constituírem uma sociedade coesa e unida foi um dos fatores fundamentais para os nandis apresentarem certa superioridade militar em relação às demais sociedades africanas do Quênia. Ainda assim, em 1904, a estrada foi prolongada até Kigumi. Quanto à resistência dos nandis, esta só arrefeceu após sete anos de luta, devido à supremacia bélica dos britânicos. Ultrapassada essa dificuldade, a ocupação do interior do Quênia pelos britânicos tornou-se bastante facilitada.

A partir de então, o Alto Comissário inglês passou a encorajar a imigração de colonos brancos, agricultores, comerciantes e empresários, além de artesãos e mercadores indianos que passaram a constituir os elementos de uma das principais características do Quênia colonial, ou seja, as complexas interações entre diferentes povos (incluídos os africanos), todos ambicionando as mesmas terras.[39] Como parte da própria natureza do imperialismo colonial de fins do século XIX e início do XX, prevaleceram os interesses dos britânicos, impedindo que os imigrantes indianos pudessem se transformar em proprietá-

---

38. Para aprofundar o tema é importante consultar: o artigo de AFIGBO, A. E. "Repercussões sociais da dominação colonial: novas estruturas sociais". *In*: NIANE, D. T. (coord.). *História geral da África – A África do século XII ao século XVI*, v. IV, *cit.*, p. 493-510.

39. É importante destacar que em cada lugar do país, cada chefe, grupo ou clã, em geral, respondeu em separado à invasão estrangeira, variando o tipo das reações apresentadas, que incluíam desde alianças até a violência física.

rios. Um dos primeiros instrumentos de dominação, assim como em outros territórios sob os vários domínios europeus, a administração colonial britânica alienou grandes extensões de terras agrícolas que foram convertidas em propriedades de colonos europeus. Dito de outra forma, foram confiscadas as terras dos massais e dos kikuyus, no planalto queniano de clima temperado, onde as precipitações eram de no mínimo 900 a 1.000 mm/ano, possibilitando a prática da agricultura mista, na qual o cultivo de cereais associava-se à pecuária extensiva (veja mapa 12.4).

O confisco de terras era encarado pelos europeus como uma atividade natural, em uma área considerada à disposição. O comissário britânico do protetorado da África oriental, Charles Eliot, observava: "Temos na África Oriental a rara oportunidade de fazer dela *tabula rasa*, país quase virgem e escassamente povoado, onde poderíamos fazer o que quiséssemos, regulamentar a imigração, abrir ou fechar a porta como bem nos aprouvesse".[40]

Portanto, encorajados, os colonos europeus ocuparam a maior parte das "terras altas" do Quênia, começando por Ukamai, no final dos anos 1880. De todos os povos da região, foram os massais que perderam a maior quantidade de terras, sendo removidos primeiro em 1904 para uma reserva em Laikipia, acontecendo o mesmo poucos anos depois, em 1911, com o restante do grupo. Os massais, entretanto, não aceitaram o confisco passivamente, questionando o acordo firmado entre as autoridades britânicas e os seus representantes. Apelaram da sentença que havia sido favorável aos europeus por duas razões: a primeira, por não terem participado da elaboração dos acordos; por sua vez, a segunda deveu-se ao fato de que os acordos propostos pelos tribunais britânicos desconsideravam suas organizações social e política. Em síntese, parece bastante claro que o uso costumeiro da terra em comum, por não ser reconhecido como legal segundo os parâmetros europeus, foi coibido cada vez com maior força e, à medida que o novo sistema econômico começou a vingar nas áreas rurais, quebrava-se a coluna dorsal das culturas dos diversos povos africanos do Quênia.

Considerando o confisco das terras mais produtivas, no seu conjunto, avalia-se que já em 1905 os colonos europeus dominavam o Quênia. Além da estrutura administrativo-jurídica britânica, a recém-formada associação de plantadores e agricultores, em 1902, atuava como massa de pressão, com o fim de apoiar as suas demandas para aumentar o controle das "terras altas". O resultado foi que entre 1902 e 1915 as terras eram atribuídas sob arrendamento por 99 anos.

---

40. *Apud* NIANE, *op. cit.*, v. VII, p. 180.

12.4 - Quênia com a zona do *Rift Valley*, onde mais da metade das terras estava concentrada em mãos de europeus. Como nesta, nas demais zonas férteis do Quênia, as terras foram confiscadas dos povos gikuiu, massai, giriama, meru, embu, luo, ganda, abagussi, luya, kikuyu e akamba, processo que foi alvo de legislação agrária. Neste mapa as terras desses povos estão demarcadas de forma aproximada.

1 Lago Rodolfo   2 Lago Vitória

[Elaborado pela autora para a devida adequação ao texto - L. L. HERNANDEZ]

[...] Em 1915, a administração modificou as condições da concessão de terras, beneficiando os colonos que constituíam na época uma força política efetiva: uma nova legislação agrária, a Crown Lands Ordinance (1915), aumentou o prazo das concessões para 999 anos. O texto também reduzia as rendas e o valor mínimo dos melhoramentos necessários, anteriormente impostos aos colonos nos termos da lei de 1902.[41]

Todavia, é importante destacar que parte das concessões (cerca de 64,8% em 1930) não era utilizada para nenhuma atividade agrícola, servindo para especulação, enquanto faltava terra para os africanos. No que se refere ao montante dos lucros, foi suficientemente alto para constituírem-se empresas de *holding*. A especulação foi maior nas zonas mais férteis do Rift Valley, onde mais da metade das terras de colonização estava concentrada por duas companhias e quatro europeus. Essas terras tiveram alta valorização. Paradoxalmente, a propriedade fundiária não era direito legal da minoria européia. Foi só com a Land Apportionment Act, uma lei agrária aplicada a partir de abril de 1931, que foi consagrada a concentração de terra em mãos dos europeus, em detrimento da grande maioria africana. Essa lei tornava legítima a divisão do solo do Quênia em quatro categorias: as "reservas indígenas" (22,4%), nas quais a ocupação da terra seguia o direito consuetudinário dos povos africanos; a "zona de compra para indígenas" (8,4%), que tornava disponível a aquisição individual de terras pelos africanos, isto é, uma espécie de compensação pelo fato de eles não poderem comprar terras em algumas partes da Rodésia do Sul; a "zona européia" (50,8%), terras já ocupadas pelos europeus às quais ainda se somavam 7.700 hectares, reservados para ser mais tarde explorados ou adquiridos por eles. Só não eram incluídos 18,4% de terras pobres e inóspitas, que poderiam ser distribuídas a qualquer uma das três categorias.[42]

Todo esse processo caracterizado pela forte concentração de renda completou-se em 1930 com o critério de discriminação racial para a divisão de terras, ainda que essa medida não valesse para as partilhas efetuadas entre europeus e povos africanos antes de 1925. É evidente que em todo esse período houve movimentos de contestação, alguns deles marcantes, ocorridos até o período imediatamente anterior à Primeira Guerra Mundial, tanto nas regiões ocidentais como orientais do país. Como exemplo, merece registro a revolta dos giriamas da região costeira que, em 1914, negaram-se a deixar suas terras, dificultando o assentamento dos europeus.

41. *Apud* NIANE, *op. cit.*, v. VII, p. 396.
42. *Ibidem*, p. 396-397.

Enquanto a administração colonial se consolidava e alargava seus direitos com a constituição de um Conselho Executivo, ainda que de forma menos brutal e cruel, isto é, mais camuflada e legal, os indianos empregados na construção da estrada de ferro de Uganda também foram alienados de suas terras e confinados àquelas próximas da linha férrea. Assim, sistematicamente excluídos das "terras altas" por todos os comissários de protetorado e governadores coloniais, de 1905 em diante os indianos, que há muito tinham posições de relevo na agricultura e no comércio, formaram nichos de oposição à máquina formal e aos mecanismos informais da política britânica no Quênia. Constituíram associações como a *East African Indian National Congress*, para pressionar as autoridades a repartir as "terras altas", apresentando, em 1907, um memorial a Winston Churchill, secretário de Estado das Colônias, quando esteve na África oriental. Porém, embora em parte camuflado pela instalação de um Conselho Legislativo, o conflito se alongou e, alimentado por obstáculos culturais e legais na forma de preconceito, não se resolveu antes da década de 1920.

Todos esses fatos indicam por que na Primeira Guerra Mundial as *plantations* já eram monopolizadas pelos colonos europeus, excluindo tanto africanos como indianos. O cotidiano reafirmava a exclusão, aumentando o descontentamento dos indianos. Grande parte de suas reações era canalizada contra um membro do Conselho Legislativo, Lord Delamere, um aristocrata inglês, porta-voz dos colonos europeus conhecido por sua truculência. A banalização da brutalidade e da opressão fez com que os asiáticos (provenientes da Índia e do Paquistão) passassem a reivindicar uma representação no conselho, não só para eles próprios como para os povos africanos. Além disso, no relatório de 1923, o *Livro Branco Devonshire*, foi destacada a necessidade de considerar o interesse dos africanos como preponderante. Mas só vinte anos depois, em 1944, eles conseguiram integrar o Conselho Legislativo, embora com apenas um único representante.

Há aqui algo mais do que o confisco de terras. As principais forças que o criaram também estabeleceram as relações de trabalho compulsório e a cobrança de impostos. Quanto às primeiras, tornaram-se claramente visíveis com a Northey Circular, de 1919, que autorizava a livre entrada dos recrutadores nas reservas, que, em obediência aos administradores, arrebanhavam inclusive mulheres e crianças para as granjas e as plantações do protetorado. Assim, foi muito forte a resistência por parte dos interesses estabelecidos, dificultando a campanha londrina feita pelos missionários a favor dos povos africanos. Ainda assim, foi graças a essa pressão que o governo liberal proibiu as formas de trabalho compulsório, em 1908, coibindo a administração do Quênia, embora deixando livre a decisão dos funcionários locais quanto ao recrutamento e ao trabalho forçado. Estes não deixaram de crescer até os anos 1930, justificados pela escassez de mão-de-obra e pela fuga dos trabalhadores, fato que está relacionado também com a remuneração irrisória a que eram submetidos. Nas palavras de um observador: "Como pode um homem esperar que seus trabalhadores tenham um porte decente, sejam honestos e levem um modo de vida civilizado com 10 xelins ao mês para ele e toda sua família?... Estou convencido de que, se os salários fossem mais razoáveis, o mercado de trabalho não estaria como está".[43]

Em qualquer circunstância, porém, o trabalho forçado, além de ser mantido, foi legalizado em 1920, juntamente com a instituição da "carteira de trabalho" (*kipande*), que continha os principais dados sobre o trabalhador, como seu nome, o trabalho por ele exercido, o salário recebido e o horário de serviço. O *kipande* era a forma legalizada da degradação e da opressão a que a massa do povo estava sujeita. Em outros termos, as relações contratuais entre empregador e empregado eram sancionadas pela lei penal e a interrupção do trabalho por parte do assalariado, identificada como delito. Para completar, a cultura do café foi proibida aos africanos por ser a mais lucrativa do território, observando-se que apenas em 1950 esse monopólio foi rompido pelo movimento dos Mau Mau.[44]

Como conseqüência desse conjunto de medidas, deu-se um processo de proletarização do trabalho agrícola. No Quênia, em 1927, cerca de 50% da massa africana assalariada (entre 83.700 e 117 mil africanos) trabalhava na agricultura de café, milho, trigo e sisal, os principais produtos para a comercialização. Porém, o número de agricultores africanos declinou, enquanto as explorações européias cresceram para cerca de 76%.[45] As minas foram nacionalizadas pela administração colonial e a remuneração dos trabalhadores africanos era muito baixa. Aliás, por função idêntica, os trabalhadores europeus recebiam um salário muitas vezes maior do que o dos africanos, revelando que a discriminação fundada no preconceito de que o negro era inferior constituía um fator de força bastante significativa.

No entanto, é justo afirmar que o controle do trabalho do africano completava-se com a cobrança de impostos, obrigando-os a deixar suas terras e inte-

43. Comentário de um sargento de Fort Jackson, 1891, citado por FARMING, F. Wilson, p. 122. *Apud* COQUERY-VIDROVITCH, C.; MONIOT, A. *África negra de 1800 a nuestros dias, op. cit.*, p. 107.

44. Segundo KI-ZERBO o nome do movimento teria sido dado pelos kikuyus, que como "povo de Deus herdara a força, emitindo sons semelhantes aos rugidos do leão". *In*: KI-ZERBO, *op. cit.*, v. II, p. 250.

45. KANIKI, Martin H. "A economia colonial: as antigas zonas britânicas". *In*: BOAHEN, *op. cit.*, p. 407.

grar-se no mercado de trabalho e na economia monetária. Ambos os mecanismos eram justificados ideologicamente como modos de dar continuidade a algo costumeiro. Porém, é importante lembrar que os "impostos" existiam na África desde antes do século XV, mas de forma coletiva, isto é, cabia a toda a família pagar uma quantia estipulada pelo chefe de aldeia, que tinha como uma de suas principais funções zelar para que a contribuição fosse eqüitativa. Significa dizer que o imposto de capitação, um imposto individual cobrado pelos colonizadores, tornava os africanos ainda mais vulneráveis diante da administração colonial, mesmo quando esta se valia dos chefes locais que, por vezes, tiravam proveito da situação. No caso do Quênia, é significativo o exemplo do chefe de Busaga que, em 1927, recolheu cerca de 500 libras, quantia muito superior ao imposto devido.

Conseqüentemente, manifestaram-se várias formas de resistência, resultando, na década seguinte, na supressão da figura do chefe local. Todavia, o imposto foi mantido, inclusive nos períodos das crises de 1921 e de 1929-1930. Trouxe, entre outras conseqüências, o incentivo da monocultura, mesmo em conjunturas de superprodução, acarretando: a depreciação do produto; o abandono das culturas de produtos para a subsistência; e, por fim, o estabelecimento de um sistema de uso de terras, sem direito legal, em troca de trabalho, o *squatter system*. Este permitia a antigos possuidores de terras e àqueles que abandonaram as reservas por escassez de terras a morar e a utilizar o pasto para o seu gado nas propriedades dos europeus (que em 1930 dominavam 2.740 hectares)[46] em troca de trabalho cuja duração variava de 90 a 180 dias por ano. Entre 1933 e 1945 os kikuyus e, em menor número, os merus e os embus constituíram a grande maioria de *squatter*, em nome do "esforço de guerra".

Considerando de forma específica a estrutura social, é possível constatar que o número dos trabalhadores assalariados, tanto das fazendas como das obras públicas, cresceu. Mesmo sujeitos a restrições repressivas, atingiram, por volta de 1931, um quinto da população masculina em idade de trabalhar, assumindo um papel cada vez de maior relevo no país, embora as condições de trabalho fossem precárias tanto nas fazendas de colonos como em obras públicas.

46. Essa era uma importante extensão de terras aráveis (15% do território), onde se instalaram 75% dos colonos europeus. Os principais povos expropriados foram, entre outros, os kikuyus e os massais.

A historiografia sugere ligações entre as tendências sociais, advindas da opressão imposta pela administração colonial, e os movimentos de resistência. Nos cerca de trinta anos da colonização, cada povo reagiu à sua maneira, exceto quando as ações dos líderes lograram mobilizar e organizar uma área maior, abrangendo vários grupos. Se as primeiras reações dos nandis e dos mazruis visavam proteger sua soberania em face das investidas estrangeiras, em seguida, as reações de comunidades do interior do país almejavam livrar-se da opressão e da dominação coloniais, já apresentando os primeiros sinais da gênese das lutas nacionalistas. Importante forma de oposição foi a religiosa, como entre os luos, no Quênia ocidental, que resultou, em 1910, na criação de uma Igreja independente, sob a direção de John Owalo. Aderindo aos kikuyus, passou a integrar a Sociedade Missionária da Igreja Anglicana, em Masemo, onde Owalo diz ter sido chamado por Deus para criar sua própria religião. Assim, em 1910, ele fundou a Missão Nomia Luo, autoproclamando-se profeta e negando o caráter divino de Cristo. Essa Igreja chegou a contar com cerca de 10 mil adeptos no distrito de Nianza que passaram a poder freqüentar escolas primárias, além de exigir uma escola secundária livre de toda influência "ilegítima" dos missionários europeus.

Outros movimentos surgiram, como o que se formou entre os povos akambas no Quênia oriental, em 1911, liderado por Sistume, uma mulher que dizia incorporar o Espírito Santo, em nome do qual criticava os mecanismos da dominação colonialista. Também relevante foi o culto mumbo, em 1913, que se expandiu do território dos luos para o dos gusiis, utilizando a religião como ideologia. Registre-se também a resistência dos mazruis contra os britânicos, que em 1913 rebelaram-se contra o recrutamento de seus jovens para trabalhar nas fazendas européias. Além desses, outros movimentos marcaram o período anterior à Primeira Guerra Mundial, tanto nas regiões ocidentais como nas orientais do país. Como exemplo deve-se lembrar dos giriamas da região costeira que, em 1914, revoltaram-se contra a administração colonial, negando-se a deixar suas terras para viabilizar o assentamento dos europeus. Além disso, insurgiram-se contra a substituição de seu conselho de anciãos por chefes coloniais. Como era de esperar, os britânicos reagiram com violência, confiscando propriedades e incendiando casas.

O quadro das resistências, porém, só se completa com a atuação das elites culturais e políticas africanas, que se opuseram a vários aspectos do sistema colonial de maneira mais organizada e sistemática, desde o período entre guerras. As elites contavam com ex-alunos formados nas escolas missionárias como as de Maseno, Budo, Thogoto e Zanzibar, onde haviam se tornado professores e catequistas. Reuniram-se para se opor à administração colonial e aos chefes nomeados pelos colonizadores, organizando-se em associações contestatárias, como foi o caso da Kikuyu Central Association, que teve um importante papel, em particular, entre os trabalhadores rurais da província de Nianza. Somaram-se a esta outras associações políticas, como a Kavirondo Taxpayers Welfare Association, que punha no centro das discussões o novo estatuto do território colonial, que de antigo protetorado da África oriental passou, em 1920, a constituir colônia e protetorado do Quênia. Essa mudança deu ensejo para um conjunto de reivindicações como a revogação do estatuto de colônia da Coroa e o retorno ao protetorado; a abolição legal do trabalho forçado; a supressão de vários campos de trabalho; a constituição de um corpo legislativo para a província de Nianza; a eleição de chefes nas regiões central e meridional; a eliminação da cédula de identidade; a redução dos impostos de capitação e da "palhota". O governador relutou em receber o conjunto de reivindicações, marcando uma audiência para 8 de julho de 1922.

No ano seguinte o missionário Owen foi escolhido como intermediário. Apoiando as elites, tornou-se presidente da Associação de Defesa dos Contribuintes Kavirondo, restringindo-se a lutar por alimentação, habitação, educação, higiene e vestuário. Quanto aos anseios políticos, deveriam ser encaminhados às autoridades em memorandos. Além de espelhar seu caráter elitista, a associação tornou-se ineficaz, mesmo para o que se propôs. Acrescente-se outro fato que tornou a associação ainda mais enfraquecida. Foi em 1931, quando houve a cisão entre os luos e os abaluyias. No que se refere aos luos, permaneceram passivos até 1944, tendo sido os elementos considerados mais extremistas cooptados para os postos de comando. Enfim, a Associação de Defesa dos Contribuintes Kavirondo, com o apoio dos abaluyias, comprovando a sua natureza, limitou-se apenas ao objetivo de vigiar os colonos europeus, tentando evitar invasão de terras na região do Monte Elgon.

No entanto, outras associações tiveram objetivos bem mais ampliados. Foi o caso, em particular, da Kikuyu Central Association (KCA), que desde 1924 tornou-se intransigente defensora dos interesses dos trabalhadores rurais e urbanizados kikuyus. Fundada por Joseph Kang'ethe e James Beacuttah, na região de Muranga, colocava em questão os privilégios dos europeus, reivindicando, em primeiro lugar, a restituição das terras confiscadas. Além disso, negava radicalmente a dominação européia, seus mecanismos e instrumentos. Sua prática política era própria de uma militância que exigia mudanças que impedissem, a curto prazo, os excessos da burocracia colonial, do racismo e do etnocentrismo que sustentavam preconceitos e discriminações. Também as demandas políticas faziam parte da luta dos kikuyus, como a libertação de um de seus principais líderes, Henry Thuku, e a nomeação de um chefe com poderes judiciais, competente e eleito pela maioria do povo. Por fim, apontavam a necessidade de reconstruir *cubatas* (palhoças) insalubres e de suspender a proibição de os africanos plantarem café e algodão. Como fica evidente, as reivindicações, direta ou indiretamente, feriam o complexo interligado dos privilégios dos europeus. Assim, eram francamente hostis a regulamentos lesivos de reorganização dos espaços, como a Crown Lands Ordinance, de 1915.

Quanto à administração colonial, embora tenha ignorado o movimento reivindicatório, nem por isso diminuiu a importância da KCA, que cresceu, com a presença em suas reuniões de milhares de africanos, e ganhou mais força quando se aproximou dos políticos da região de Kiambu, passando a ter, de 1928 em diante, Jomo Kenyatta (1889-1978) como secretário-geral. Este liderou um conjunto de ações, concorrendo para que pudessem ser criadas as circunstâncias necessárias para que fossem construídas novas formas de lealdade e solidariedade. Sua prática política orientou-se para uma "renovação cultural", sendo relevantes as matérias do jornal *Mwigwithania*, escrito em língua kikuyu, que exaltava o patrimônio cultural de seu povo. Além de noticiar as atividades diárias da KCA, trazia provérbios, poemas, canções e histórias que tinham por objetivo despertar nos leitores um sentimento de pertença aos kikuyus.[47]

Enquanto a KCA ampliava suas bases sociais de apoio, Kenyatta depôs perante a Hilton Young Commission, em 1928, colaborando para que a alienação das terras se tornasse a questão central dos kikuyus. Sua demanda revelava que, embora tivessem lutado para conseguir do governo títulos de propriedade da terra, continuavam sem saber a quem pertencia: se a eles ou à Coroa. Kenyatta também propôs que fossem discutidos: a segurança fundiária nas "reservas africanas"; a inalienabilidade das terras dos kikuyus; a suspensão do imposto sobre a habitação para as mulheres; e a representação por eleição no Conselho Legislativo.

Em 1931, os africanos foram depor perante a Kenya Land Commission, criada sobretudo para efetuar uma pesquisa sobre a questão agrária africana, central na política

47. Para obter informações mais detalhadas sobre a prática política dos kikuyus até 1930 é importante a leitura do artigo de AMARAL, Ilídio do. "A África e a instalação do sistema colonial (1885-1930)". Lisboa: Centro de Estudos de História e Cartografia Antiga do Instituto de Investigação Científica Tropical, 2000.

kikuyu e de grande importância para a guerra dos Mau Mau que eclodiria no início dos anos 1950, apresentando uma ideologia de regresso a um passado, em grande parte, mítico. Dessa maneira, as reivindicações relativas ao sistema colonial prosseguiram, com a redação continuada de panfletos em inglês e em suaíli, para denunciar os males próprios da estrutura social existente. Contudo, para explicar e avaliar essa ampliação das reivindicações, passando a incluir uma crítica ao sistema colonial, também foram importantes os movimentos grevistas e das associações de empregados que, embora se apresentassem como voltadas para fins sociais, na verdade desenvolviam ações sindicais. Foi o caso da Kenya African Civil Service Association, misto de clube e de sindicato, que surgiu por volta de 1933. Mesmo sendo reformista, preparou um memorando no qual reivindicava a anulação do *kipande*; a instituição de um júri para todos os casos criminais; e a tradução das leis para o suaíli. Também criticava acidamente as leis sobre a vadiagem e os castigos coletivos, além de postular a supressão dos impostos aos desempregados, às viúvas e às pessoas com idade superior a 50 anos. Os mecanismos e instrumentos próprios da burocracia colonial que produziram toda essa variada gama de reivindicações também influíram nas greves nas fazendas, nas oficinas, nas usinas e nos portos. Essas greves, na grande maioria das vezes ainda isoladas e restritas aos locais de trabalho, irradiavam o descontentamento dos trabalhadores do Quênia.

Também de destacada importância política foi a East African Association, de Henry Thuku, fundada oficialmente em julho de 1921, que tinha o objetivo de atuar segundo os interesses de todo o território queniano, não obstante a maioria de seus adeptos fosse kikuyu. Reivindicava a abolição do *kipande*, do trabalho obrigatório, dos impostos, e pedia mais zelo para com a educação. Mesmo tendo de continuar suas atividades de maneira praticamente clandestina, além de ser forçada a restringir-se ao espaço kikuyu, a East African Association atraiu para suas causas dois políticos indianos, A. M. Jevanjee e B. M. Desari, e um grupo de asiáticos, mesmo sob protesto dos colonos europeus. A presença deles significou a inclusão de elementos não-kikuyu na associação, que também passou a contar com os povos akambas de Nairóbi. Porém, nos anos 1930, a associação não formulou um pensamento que pudesse se opor aos pontos de vista tradicionais próprios da dominação européia, nem suas ações locais desdobraram-se na criação de movimentos políticos de maior amplitude territorial. De todo modo, tanto a Kenya African Civil Service Association como a East African Association podem ser consideradas antecessoras dos movimentos de 1947, quando as questões dos povos do Quênia surgiram interligadas à própria natureza do sistema colonial britânico.

De todo modo, é preciso ter clareza de que até 1959 a prática política contestatória ficou interditada na província central onde habitavam os kikuyus, os embus e os merus que, por rebelarem-se, não obtiveram um "certificado de lealdade" outorgado pelo governo. Pouco mais tarde, a interdição se estendeu a todo o território do Quênia. No entanto, já em março de 1959, a desobediência civil manifestou-se também por meio do jornal *Uhuru* (que significa "independência" na língua suaíli), lançado por Tom M'Boya, de circulação proibida. Por sua vez, o Kenya Independence Movement, tendo à frente Oginga e M'Boya, não foi oficialmente aceito. Simultaneamente, o governo britânico reconheceu a oposição africana ao "multirracialismo", como mecanismo político para legitimar a discriminação nos planos econômico, social e político.

De outro lado, suspendeu o estado de emergência e anunciou a realização de uma conferência constitucional em Londres, em janeiro de 1960. Nesse momento, o governo britânico também anunciava que seriam suprimidas as barreiras raciais, em particular quanto ao acesso à escolaridade formal e às *white highlands*. Para que essas transformações pudessem ser executadas pacificamente e pelo alto, a Conferência de Lancaster House resultou em uma nova Constituição que tornava viável a ocupação por africanos eleitos de 33 dos 65 lugares no Conselho Legislativo.

Para fazer face com eficiência às reivindicações dos africanos, foi fundado o Kenya African National Union (Kanu), partido presidido por Jomo Kenyatta (na altura, em prisão domiciliar), tendo James Gichuru como vice-presidente e com Tom M'Boya como secretário-geral. O Kanu reivindicava, entre outras medidas, a ampliação do número de representantes africanos nos Conselhos Legislativo e Executivo; a supressão dos entraves às liberdades democráticas, sobretudo de reunião e de expressão; o maior acesso dos africanos à educação; e a liberdade de ação dos sindicatos. Além disso, voltando-se para a massa de trabalhadores do Quênia, animava-os a acolher e valorizar as tradições dos povos africanos.

Pelo exposto, torna-se evidente que o início de um processo de transição negociada não foi fácil. Ronald Ngala opôs-se a Tom M'Boya, fundando um segundo partido político, o Kenya African Democratic Union (Kadu), que tinha como principal bandeira de luta a defesa das "pequenas tribos" do Quênia. Assim, colocava-se como adversário do Kanu, identificando-o com uma aliança entre os kikuyus, os luos e os akambas.

Não é demais reiterar que uma das questões-chave estava, porém, no fato de que o Quênia era uma colônia de povoamento na qual em 1950 havia cerca de 60 mil europeus, que detinham mais de 43 mil km^2, sendo cerca de 34 mil km^2 de terras aráveis, as já mencionadas *white highlands*. Significa dizer que apenas

1% da população detinha 25% dos solos cultiváveis no país. Algumas observações sobre a situação dos povos africanos completam informações fundamentais sobre a sociedade no Quênia. Os negros sobreviviam em reservas de solo esgotado e deslocavam-se para as cidades, onde todas as atividades econômicas estavam em mãos dos europeus ou dos indianos que, em 1950, eram cerca de 160 mil. Some-se a esses dados o fato de que os africanos, maioria da população, eram minoria no Conselho Legislativo.

Essas circunstâncias explicam porque, desde 1950, houve uma mobilização crescente anticolonialista que se manifestou de duas formas. A primeira, em 1952, quando parte do movimento radicalizou-se, convertendo-se em uma guerra de guerrilhas, uma insurreição popular mais conhecida como movimento Mau Mau, que entrou em franco declínio em 1959. Foi uma guerra instrumental, visando destruir as instituições existentes para alcançar a emancipação social e política das populações africanas do Quênia. Formada, de início, por parte dos kikuyus, tendo como fator fundamental a questão agrária, organizava-se em grupos clandestinos, unidos por juramento e por sacrifícios que lhes conferiam coesão e solidariedade. Não foram raras as vezes que utilizaram punições com sangue contra europeus ou mesmo africanos que trabalhavam para a administração colonial, incluindo criados, chefes locais e africanos cristãos. Kenyatta foi identificado por alguns setores da imprensa mundial como o maior líder dessa insurreição. Por sua vez, uma segunda forma de mobilização crescente foi a prática política de dirigentes mais radicais dos sindicatos de trabalhadores, como o indiano M. Singh e Fred Kubai, que lideraram uma violenta manifestação antieuropéia e anticolonialista.

A Grã-Bretanha nem por isso acelerou o processo de independência do Quênia, mantendo suas atenções voltadas para a África do Sul. De todo modo, os colonos europeus temiam o estado de crise instaurado e pediram reforço e o envio de armas para controlar a situação, combatendo os focos de insurreição. Ao mesmo tempo, tornaram público o manifesto "Estamos para ficar", ressaltando a intenção de permanecerem no Quênia mantendo sua posição social e o mando.

Em 1951, James Griffith, secretário de Estado para as Colônias, afirmou que não haveria modificações no plano constitucional. Na mesma linha de pensamento, o governador Mitchell não considerava a situação alarmante, até porque avaliava que o movimento dos Mau Mau não passava de mais um caso de agitação religiosa que surgia esporadicamente como forma de protesto. De fato, os hinos do Kanu eram bastante semelhantes não só aos cânticos religiosos como às marchas oficiais britânicas, sendo substituída a palavra "rei" pelo nome do líder Kenyatta. No entanto, pragmaticamente, os Mau Mau constituíram um importante e amplo foco de insurgência na guerra colonial do Quênia.

A partir de diferentes focos de conflito, o movimento alcançou dimensões cada vez maiores, concentrando-se, sobretudo, na agressão ao estrangeiro, como ocorreu em outubro de 1952, quando chegou um novo governador, E. Baring. Durante os protestos, Waruhiu, chefe kikuyu, foi assassinado. Esse acontecimento precipitou, além da proclamação do estado de sítio e da prisão de Kenyatta com mais 98 de seus seguidores, o ascenso da guerra de guerrilhas, que passou a ser combatida com a chamada "guerra de repressão". O embate foi marcado por atrocidades cometidas por ambos os lados. O número de mortos foi muito grande, chegando a 7.811 entre os Mau Mau, enquanto do lado da administração colonial, entre militares e civis, morreram 470 africanos e 68 europeus. Além disso, foram presos cerca de cem mil combatentes do movimento dos Mau Mau.[48] Jomo Kenyatta, julgado o maior responsável por essa situação, foi condenado a sete anos de prisão.[49]

De todo modo, o exercício exacerbado da violência física, entremeado de práticas comuns às religiões tradicionais africanas, acabou provocando uma cisão entre os kikuyus, com a saída dos cristãos que consideravam o ascenso da violência um fator que poderia retardar o processo de independência e o desenvolvimento do país.

Há de se reconhecer que esse enfrentamento espalhava o terror por todo o Quênia, chamando a atenção do governo e da opinião pública britânica. Também teve o efeito de forçar os próprios colonos europeus a reconhecer que eram necessárias algumas mudanças. Dessa maneira, o secretário de Estado para as Colônias, Lyttelton, retomou o tema da formação de uma comunidade política multirracial, no âmbito de uma comunidade britânica que previa três ministros no Conselho de Ministros, um africano e dois asiáticos. Foi grande a indignação dos colonos europeus, mas o representante de Rift Valley, M. Blundell, considerava que a política multirracial seria a única opção possível para sustar a guerra civil no Quênia. Contudo, os "ultras" não concordaram e pressionaram o governo até que este afastasse o kikuyu E. Mathu, um político africano moderado, muito reconhecido e respeitado pela maior parte da população.

---

48. KI-ZERBO, *op. cit.*, v. II, p. 249.

49. Não há como identificar a verdadeira responsabilidade de Kenyatta nesse movimento, questão que demanda pesquisas cuidadosas, possíveis pela disponibilidade de documentos anteriormente de acesso proibido.

A resposta dos povos do Quênia não tardou e foi dada pela Federação dos Sindicatos, tendo à frente Tom M'Boya, que reafirmou seu papel político, claramente oposicionista. Em seguida, o novo secretário de Estado, Lennox Boyd, tentou reverter o quadro de insurgência, reconhecendo a legalidade dos partidos, embora restringindo suas atuações políticas no âmbito dos distritos. Além disso, não se pode esquecer que, segundo a Constituição Lyttelton, o voto era um privilégio e não um direito e, portanto, só poderiam votar os kikuyus, embus e marus que tivessem o "certificado de lealdade". Assim, nas eleições venceu o partido dos europeus liderado por Briggs. Contudo, os europeus queriam, além de vencer, afastar o moderado Mathu para dar lugar a um não-kikuyu.

O secretário de Estado Lennox Boyd, porém, abriu a possibilidade de atribuir mais um ministério aos africanos, avaliando que assim a situação de equilíbrio das "forças raciais" no Quênia poderia durar cerca de dez anos. Mas a política britânica tornou-se mais fragilizada pela atuação divergente de dois partidos políticos, um a favor dos europeus, outro dos africanos, o que não permitiu que a Constituição fosse aplicada.

Em síntese, é possível considerar que esse conjunto de acontecimentos acelerou o ritmo das reformas. Em 1959, foi reconhecido aos quenianos de *todas as raças* o direito de propriedade sobre as terras altas. Além disso, no início de 1960, os dirigentes do Quênia reuniram-se em Lancaster House, ocasião na qual os africanos juntaram as delegações de seus dois partidos sob a direção de R. Ngala e de Tom M'Boya, exigindo, na falta de Kenyatta, a presença de Koinange, que àquela altura residia em Gana. Nesse mesmo ano, a guerra de guerrilhas perdeu cada vez mais força, até o seu desaparecimento.[50]

Em 15 de agosto de 1961, Jomo Kenyatta foi autorizado a regressar a Nairóbi. Em janeiro de 1962, libertado, foi eleito para o Conselho Legislativo. Como político sensível e hábil estrategista, tentou unificar os dois partidos africanos. Porém, essas providências não foram suficientes para evitar a fuga maciça de capitais europeus, o que acarretou o agravamento da situação econômica. O ano de 1962 foi marcado por motins, greves e ocupações de empresas européias e indianas. O esgarçamento do tecido social aumentou e levou Kenyatta a acelerar o momento da independência, o que acabou sendo considerado pelos próprios europeus a única saída possível, sobretudo quando a situação agra-

---

50. Segundo Hobsbawm, o fator fundamental para a derrota na guerrilha no Quênia foi o fato de o recrutamento ter sido feito quase que apenas entre os kikuyus, enquanto o restante dos povos que compunham a população queniana ficou à margem do movimento. Vale consultar HOBSBAWM, E. J. *Revolucionários...*, *op. cit.*, p. 168.

vou-se, em outubro, com as ameaças de secessão entre os somalis da província do norte e os árabes da "banda costeira" de Zanzibar.

Assim sendo, desde as eleições de 1963, o processo de independência mostrou-se irreversível. O Kanu tinha obtido 75% dos lugares e, no dia 1º de junho, Kenyatta foi nomeado primeiro-ministro, assumindo todos os poderes, inclusive a Segurança Interna, as Forças Armadas e os Negócios Estrangeiros. Em setembro, foi votada uma Constituição que fixou a independência para 12 de dezembro de 1963, a partir da qual se poderia fundar um Estado-Nação com poder e capacidade de coordenar as forças sociais em torno de uma perspectiva de desenvolvimento, no sentido amplo do termo, o que incluía uma nova ordem pública, além do reconhecimento, de direito e de fato, de liberdades políticas.

13

AS ROTAS PARA A INDEPENDÊNCIA E O FIM DO "ULTRACOLONIALISMO"[1]

O império português e a questão colonial na África

 Não são necessárias extensas leituras sobre Portugal para compreender duas de suas particularidades: a longa duração do seu império ultramarino, com a questão das colônias presente em todos os regimes, movimentos e resoluções políticas fundamentais; e o fato de o país ter um imaginário constituído por um pensamento elaborado com base em mitos estruturais permanentes, contidos no nacionalismo e redefinidos em diferentes conjunturas.

Basta lembrar que o ultramar português formou-se desde o século XV e esteve presente até mais da metade do século XX, abrangendo, portanto, o antigo sistema colonial e o "novo" imperialismo. Também é preciso ter presente que o século XV, com a conquista de Ceuta, em 1415, foi o marco inicial do "tempo africano". Poucos anos depois, em 1419, animados pela cruzada contra os "infiéis" – no caso, os mulçumanos do Marrocos –, os portugueses obtiveram informações sobre as terras do alto Níger e do rio Senegal, região cortada por uma rota transaariana de comércio de povos africanos, cujo principal produto era o ouro.[2]

Contudo, o caráter do processo em si é razoavelmente claro. Eram diversos os sinais que indicavam a crescente importância do comércio e do desejo de

---

1. "Ultracolonialismo" foi um termo usual, sobretudo entre os nacionalistas angolanos. Foi utilizado por Anderson, que o definiu como "[...] modalidade simultaneamente mais extrema e mais primitiva de colonialismo". *In*: ANDERSON, Perry. *Portugal e o fim do ultracolonialismo*. Rio de Janeiro: Civilização Brasileira, 1966, p. 55.

2. O tema das rotas transaarianas é tratado no Capítulo 1 deste livro.

dominção, revestidos por complexos simbólicos próprios de uma nobre missão religiosa. Boxer, em seu clássico *O império marítimo português*, sintetizou esse momento inicial das conquistas lusitanas no continente africano:

> Correndo o risco de uma simplificação exagerada pode-se, talvez, dizer que os quatro motivos principais que inspiraram os dirigentes portugueses (reis, príncipes, nobres ou comerciantes) foram, em ordem cronológica, mas sobrepostos e em diversos graus: (1) o fervor empenhado na cruzada contra os mulçumanos; (2) o desejo de se apoderar do ouro da Guiné; (3) a procura de Preste João; (4) a busca de especiarias orientais.[3]

No entanto, os motivos apontados não são suficientes para explicar o desenvolvimento do expansionismo no decorrer do século XV. Pode-se considerar, em uma primeira proposição, que a consolidação do Estado soberano em Portugal condicionou o processo de acumulação e expansão do capitalismo mercantil. Por sua vez, o conjunto desses aspectos ganhou legitimidade com um imaginário coletivo que contemplou a idéia de uma nação que se inventava como sendo a do "povo de Cristo" e a de um império que unia os vários cantos do universo planetário por uma cruzada messiânica feita em nome da fé.

Também é necessário ressaltar que o imaginário português pressupôs ao longo de cinco séculos as noções de nação e de império, variáveis temporal e espacialmente, dependendo da relação de forças entre Portugal e o ultramar; e uma representação ao mesmo tempo recíproca e contraditória que Portugal e os territórios ultramarinos construíam de si mesmos e um do outro, durante o processo histórico. Este, como qualquer imaginário coletivo, foi marcado por certa debilidade teórica, manipulando dados para melhor exemplificar e justificar a dominação, ao mesmo tempo que apresentava eficácia prática, traduzida por um conjunto de medidas políticas.

Nessa esteira de pensamento é possível considerar que o imaginário transcende a mitologia, que, por sua vez, é anterior à História. Segundo Kant, "a Mitologia sem História é vazia e a História sem Mitologia, cega".[4] A singularidade do imaginário português é ter sido fundado no sentimento de isolamento e fragilidade em relação à Europa, mas também nos mitos do "Eldorado" e da "herança sagrada", com significados simbólicos que sugeriam como os fatos

---

3. BOXER, Charles R. *O império marítmo português: 1415-1825*. São Paulo: Companhia das Letras, 2002, p. 34.
4. *Apud* LOURENÇO, Eduardo. *Mitologia da saudade: seguido de Portugal como destino*. São Paulo: Companhia das Letras, 1999, p. 93.

deveriam ser explicados e transmitidos de acordo com um dinamismo profético. Quanto ao mito do "Eldorado", este apresentava Portugal como: uma nação que incorporava a idéia de império; e um país com vocação para a missão civilizatória, "a ponto de dispersar o seu corpo e sua alma pelo mundo inteiro". Essa mitologia está, até os dias atuais, inscrita na bandeira portuguesa. "Portugal é o único país que colocou no centro da bandeira [...] a representação do universo."[5] Com relação à África, no século XIX, o mito do "Eldorado" era constituído por quatro elementos: a crença inquestionável de que as colônias africanas possuíam riquezas; a idéia de que o projeto colonial na África compensaria a perda do Brasil, sendo fundamental para regenerar a nação portuguesa, permitindo-lhe cumprir o seu destino com o estatuto de grande potência; e a idéia de que, embora fosse uma nação espalhada por vários continentes, manteria sempre sua integridade e sua unidade nacionais.

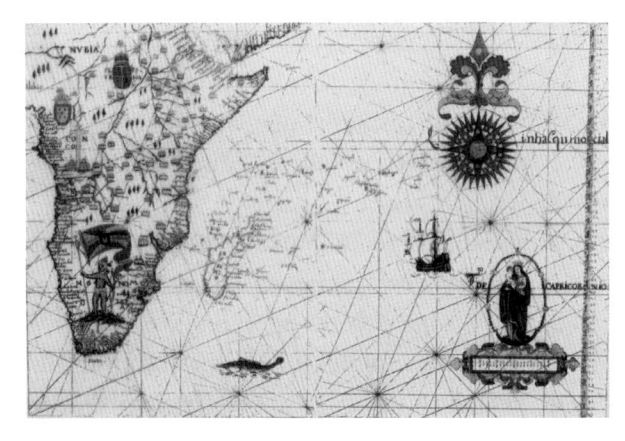

Cartão-postal editado pela Expo'92. Figura representativa dos mitos do "Eldorado" e da "Herança Sagrada".

Quanto ao mito da "herança sagrada", desde o século XV, era constítuido pela crença de que a "Divina Providência" teria feito as nações e os homens desiguais ao criá-los como civilizados ou não, mas que poderiam igualar-se pelo trabalho. Esse mito apresentava como fatores constitutivos as idéias de que Portugal era uma expressão da vontade de Deus; o seu povo tinha uma existência pontuada por milagres, devido a uma predileção divina; a sobrevivência da nação era simbolicamente identificada como uma ilha que dependia da existência do império; o povo português era o *povo de Cristo*, cujo principal papel era o de descobridor e colonizador nas terras da África, do Oriente e do Brasil. Presentes na historiografia e na literatura portuguesas, ao longo dos séculos, os dois mitos articulados deixaram sua marca inconfundível em *Os lusíadas*, de Luís de Camões, mas também nos versos de Fernando Pessoa:

5. LOURENÇO, Eduardo, *op. cit.*, p. 10.

Deus quer, o homem sonha, a obra nasce.
Deus quis que a terra fosse toda uma.

Que o mar unisse, já não separasse.
Sagrou-te, e foste desvendando a espuma,

E a orla branca foi de ilha em continente,
Clareou, correndo, até o fim do mundo,
E viu-se a terra inteira, de repente,
Surgir, redonda, do azul profundo.

Quem te sagrou creou-te portuguez.
Do mar e nós em ti nos deu signal.
Cumpriu-se o Mar, e o Império se desfez.
Senhor, falta cumprir-se Portugal![6]

Fica evidente, entre outras, a imagem de um povo que via a si próprio como "único", "escolhido" por Deus, e que concebia o "outro", diferente, no caso o africano, como bárbaro, desprovido de "religião" e de "civilização", mas com humanidade. Como conseqüência, o antigo sistema colonial, por um processo de inversão ideológica, considerava a compra de escravos na África um "resgate", uma verdadeira ação humanitária, uma vez que salvava os "indígenas" da selvageria ao conduzi-los ao contato benéfico com os valores e costumes próprios da civilização ocidental e, sobretudo, do cristianismo da Igreja Católica em Portugal.

A missão cristã de civilizar como resposta a uma vocação imperial, característica específica do povo português, também se fez presente nos séculos XIX e XX. Com significado mais alargado, abrangia duas tendências que, não raro, na prática, estiveram enlaçadas. A primeira, por meio de um "racismo intrínseco",[7] reduzia os povos africanos a um todo indiferenciado: "pretos" adjetivados como "boçais, indolentes, dados a embriaguez, com sensualidade primitiva e avessos ao trabalho". Daí decorria a crença de que os negros, por suas características inatas, teriam de ser obrigados ao trabalho como meio de serem educados. A segunda tendência, com nítida influência do pensamento iluminista, considerava os africanos atrasados em decorrência de um conjunto

6. PESSOA, Fernando. O Infante, segunda parte do poema "Mensagem". *In: O eu profundo e outros eus*. 6. ed. Rio de Janeiro: Nova Aguilar, 1978, p. 53.
7. Essa expressão, de Kwame Anthony Appiah, é desenvolvida no livro *Na casa de meu pai...*, *op. cit.*, p. 53-76.

de circunstâncias históricas acidentais, mas com capacidade de progredir, podendo vir a integrar a nação portuguesa como cidadãos. Em ambos os discursos, a inferioridade dos negros era um pressuposto comum e inquestionável, alimentando a política assimilacionista, cujo principal objetivo era fazer que todos os povos do império se tornassem igualmente portugueses. Este pensamento integrador do disperso e das diferenças deixava entrever, no âmbito do discurso, uma prática política que oscilava entre o conservadorismo e o reacionarismo. É importante recordar que:

> A produção das representações é uma dimensão da práxis social tanto quanto as ações efetivamente realizadas pelos agentes sociais. Pensar e representar são momentos da práxis tanto quanto agir, este e aqueles exprimindo, dramatizando ou ocultando uns aos outros no movimento pelo qual uma sociedade se efetua como sociedade determinada.[8]

No caso do império português é possível entrever algumas características que lhe são próprias, predominando ora o "racismo intrínseco", ora o etnocentrismo, mas sempre considerando as diferenças como sinônimo de desigualdade. No seu conjunto, impregnada de certo tom "normativo", a ideologia dominante, em diferentes graus de intensidade, apresentava-se conservadora quanto aos costumes; autoritária no plano da justiça; dogmática no domínio das idéias; e intolerante em matéria de crença, como sugere Valentim Alexandre.[9]

Grosso modo, no longo período histórico do império português na África desde o século XIX, é possível identificar seis conjunturas, cada qual com características próprias nos planos econômico, social, político e ideológico.[10] A primeira delas se inicia no ano da assinatura do tratado de reconhecimento da independência do Brasil, em 1825, estendendo-se até 1850, quando, além de o tráfico de escravos tornar-se ilegal, Portugal passou por uma forte contração do comércio externo e pela quebra das relações mercantis com o Oriente.

> [...] o Oitocentos é também o século em que o Reino Unido procura fazer do Atlântico um mar inglês; o século em que se destrói o tráfico triangular entre a Europa, a América e a África e em que se desfazem as ligações bilaterais entre os dois últimos continentes; o século em que as sociedades africanas, até então fora das grandes rotas

8. CHAUI, Marilena; FRANCO, Maria Sylvia Carvalho. *Ideologia e mobilização popular*. Rio de Janeiro: Paz e Terra/Centro de Estudos de Cultura Contemporânea, 1978, p. 9.
9. ALEXANDRE, Valentim. *Velho Brasil/novas Áfricas: Portugal e o Império (1808-1975)*. Porto: Afrontamento, 2000, p. 141-146.
10. GERVAISE, Clarence-Smith. *O terceiro império português (1825-1975)*. Lisboa: Teorema, 1985.

do caravaneiro e do navegador, começam a integrar-se, ainda que de modo imperfeito, nas estruturas políticas mundiais.[11]

Explica-se, assim, que nesse período, mais especificamente em 1833, tenha sido desfeito o Conselho Ultramarino, recriado mais tarde, em 1851. Nessa conjuntura, o ideário produzido apresentava um misto de racismo e etnocentrismo, acentuando a superioridade da raça branca e dos valores próprios da civilização cristã ocidental.

A essa conjuntura seguiu-se a de 1850 até 1880. Foram anos de dificuldades econômicas, mas, sem dúvida, de "arranque" para um novo projeto colonial, ao mesmo tempo expansionista e protecionista. Expansionista, consagrado pelo "mapa cor-de-rosa", representação de uma colônia transcontinental angolo-moçambicana unificando Angola, Moçambique, uma parte do baixo Congo, quase toda a Rodésia do Norte e a Rodésia do Sul, reeditando na África a construção de um novo Brasil.

> [...] Entre 1875 e 1885 triunfa na Europa a ideologia colonial. A maior parte das potências européias adere a estas posições, envia expedições científicas e militares e luta pela partilha da preponderância econômica, cultural e política do mundo extra-europeu. Além da procura de matérias-primas e de novos mercados, os países europeus desejam garantir-se pelo poder político e arvoram-se em executores predestinados da missão civilizadora. [...] Antes mesmo da conquista colonial, as antigas estruturas econômicas e políticas africanas vão sentir o embate da expansão européia.[12]

Era protecionista, na medida em que reiterava a importância do pacto colonial, buscando encontrar uma fonte privilegiada de matérias-primas e produtos para exportação, ao mesmo tempo que propunha criar centros para os produtos portugueses. A idéia dominante, de cariz racista, justificava o trabalho forçado surgido na seqüência da abolição da escravatura, em 1875. Também validava a apropriação da terra pelos colonos, além de encaminhar os africanos para as formas mais elementares de aprendizagem, voltadas exclusivamente para o trabalho manual. Quanto ao imaginário, foi enriquecido pela literatura da Geração de 1870, grupo de artistas e intelectuais composto entre outros por Antero de Quental, Eça de Queiroz e Oliveira Martins. Este foi responsável por reiterar Luís de Camões em *Os lusíadas*, colocando D.

11. SILVA, Alberto Costa e. "O Brasil, a África e o Atlântico no século XIX". *Revista de Estudos Avançados*, n. 21, São Paulo: maio-ago. 1994, p. 21.
12. SANTOS, Maria E. M. "A Comissão de Cartografia e a delimitação de fronteiras". *In: Catálogo da Exposição As Fronteiras da África.* Lisboa, 1997, p. 23.

Sebastião no centro da mitologia portuguesa. Vale frisar que o messianismo daí decorrente reforçou os mitos do "Eldorado" e da "herança sagrada". Encerrava a crença messiânica no regresso de D. Sebastião, morto no embate contra os mouros em Alcácer-Quibir, em 1578, o que fez de Portugal o primeiro reino da Península Ibérica a libertar-se do Islã e, portanto, a constituir-se em uma fronteira da cristandade. O sebastianismo, como salienta Eduardo Lourenço, compôs-se de uma crença em um passado religioso que continha, em particular, a sacralização de suas origens, um presente virtual e um futuro sonhado, que sustentava a afirmação de que Portugal tinha uma existência imortal.

De 1880 até 1910, uma nova fase se descortinou, marcada por duas características básicas. A primeira referia-se à questão colonial, tendo se formado pelo nacionalismo antibritânico, como conseqüência do isolamento português na Conferência de Bruxelas mas, sobretudo, pelo *ultimatum* inglês de 1890, impedindo a realização do projeto do "mapa cor-de-rosa". Esses fatos deixaram os portugueses em uma posição subalterna, que se refletiu fortemente no plano simbólico. O sentimento de desprestígio foi acentuado pelo acordo anglo-alemão de 1898, que previa a partilha de Angola e Moçambique entre os países signatários, embora, no ano seguinte, o Tratado de Windsor tenha garantido a presença portuguesa nessa região. Também exigia que não houvessem mais expedições portuguesas no interior do continente africano. Todos esses problemas passaram a constituir, entre 1890 e 1930, uma "questão nacional". Segundo o pesquisador português Reis Santos, ter-se-ia formado

> [...] dentro da sociedade portuguesa um movimento colectivo, e nela surgiu o esboço de uma consciência nacional; assim se preparou o ambiente para o Portugal moderno poder corrigir as justificadas imperfeições da sua origem, reatar a sua verdadeira e gloriosa tradição, integrar-se no espírito criador da civilização européia, colaborar com ele e tornar-se novamente, por este modo, senhor dos seus destinos.[13]

Por outro lado, a crise gerada pela pressão inglesa provocou em Portugal a emergência de um nacionalismo radical, que marcaria a política portuguesa nas décadas seguintes, transformando o império no símbolo dos valores nacionais.

---

13. SANTOS, Luís Reis. "O movimento republicano e a consciência nacional". *In*: MONTALVOR, Luís de (Ed.). *História do regímen republicano em Portugal*. Lisboa: Ática, 1930-1932. *Apud* RAMOS, Rui (Coord.). *História de Portugal: a segunda fundação* (dir. José Mattoso). v. 6, Lisboa: Estampa, 1994, p. 40. É preciso observar que, na prática, de 1886 a 1891 Angola e Moçambique ganharam contornos semelhantes aos atuais.

Em uma de suas " charges antológicas", publicada em 1900, Rafael Bordalo Pinheiro alude à varredura dos tratados anteriormente assumidos com a Grã-Bretanha, que culminaram com o *ultimatum*. Por outro lado, destaca-se no piano a partitura do "God Save the Queen", aludindo à renovação de aliança entre os dois países.

No que se refere à segunda característica, era decorrência de uma das resoluções da Conferência de Berlim, pela qual Portugal (assim como os demais países europeus) teria de empenhar-se para transformar a conquista formal em efetiva. Essa nova missão compreendia delimitar os territórios africanos por uma série de tratados e ocupar Angola, Moçambique e Guiné, uma vez que Cabo Verde e São Tomé e Príncipe já eram territórios integrados ao ultramar desde o colonialismo do século XV. Essa resolução implicou, de 1891 a 1914, sistemáticas campanhas de "pacificação" ou "domesticação", com o uso da atividade militar para calar os povos africanos e torná-los submissos à burocracia colonial portuguesa. Esse foi um processo que se definiu pelo exercício da violência física, variando em grau e duração, dependendo de cada um dos territórios. O exemplo mais significativo ocorreu em 1895, quando cerca de sete mil portugueses alcançaram uma vitória sobre o reino Ngoni, de Gaza, no sul de Moçambique e, em seguida, prenderam o soberano, Gungunhana, e levaram-no para Lisboa, onde o expuseram nas ruas, criando um clima de verdadeira exaltação do patriotismo. Conforme Eduardo da Costa, o ideólogo do grupo da geração de 1895, a "pacificação" deveria ser seguida por uma concentração de poderes por parte da burocracia colonial, com a utilização de processos militares e a ausência de assembléias deliberativas.

A essa conjuntura seguiu-se a de 1910 a 1926, que se caracterizou pela instauração da República em Portugal, considerada, sobretudo pelos literatos, um acontecimento "sebastianista". Quanto à política colonial na África, significou a fase final da ocupação efetiva, com a transição do sistema de administração militar para o de administração civil, tornando a ocupação contínua e constante, de forma a reforçar a soberania portuguesa, o que pressupunha destruir o poder dos chefes tradicionais, controlar com eficácia as missões religiosas (em particular as estrangeiras) e desenvolver as "missões civilizadoras laicas" de Portugal.[14] Esse processo de afirmação imperial ganhou reforço com a instituição, em 1911, do Ministério das Colônias, reafirmando a doutrina administrativa, que do ponto de vista constitucional, considerava as colônias *parte* da nação, "patrimônio sagrado" da Mãe-Pátria.

Para os apontamentos que aqui seguem, é importante sublinhar que a distinção entre colônia e província não correspondia a diferentes graus de controle autoritário. Nesse sentido, é útil chamar a atenção para o fato de que nos textos oficiais, incluindo a Constituição, as palavras "colônia" e "província" nem sempre foram definidas com clareza. Exemplificando: no texto constitucional aprovado em 1911, nos artigos 20º, 25º, 67º e 76º, só foram utilizados os termos "ultramar" e "províncias ultramarinas". Apenas em 1920, com as alterações constitucionais, foi introduzida a palavra "colônia", nos artigos 67º a 67ºF. Por sua vez, nas demais "leis orgânicas" de 1914, são feitas referências aos territórios africanos ora como "províncias ultramarinas" ora como "colônias". Nesse sentido, os referidos termos podem ser considerados intercambiáveis. Quanto ao termo "colônia", só foi abolido na década de 1950, em pleno Estado Novo.

Do ponto de vista comparativo, a República introduziu importantes mudanças, destacando-se a política de descentralização das províncias ultramarinas, com leis especiais, que propunham ser adequadas ao "estágio de civilização" dos povos de cada uma delas. Ainda no ano de 1914, foi aprovada no Congresso uma proposta de lei que continha as regras básicas de administração ultramarina, denominadas Leis Orgânicas. Três anos depois, passaram a ser chamadas de Cartas Orgânicas, valendo para quase todas as províncias ultramarinas. As referidas Cartas continham os elementos básicos para a descentralização financeira e administrativa das colônias, cuja aplicação deveria ser compatível com o desenvolvimento de cada uma delas. Ao mesmo tempo, delegavam à metrópole a fiscalização desses territórios. Além disso, de 1914 a 1917 foram elaboradas as leis que estabeleceram as regras básicas para o tratamento das populações "indígenas". Em poucas

---

14. Nessa conjuntura ocorreram as campanhas de 1914 a 1918 tanto em Angola como em Moçambique, contando com um enorme número de oficiais e soldados europeus, além de soldados "auxiliares" africanos e do recrutamento de carregadores para o serviço de transportes militares.

palavras, com exceção de Cabo Verde, o Direito Indígena (diferente do Direito Português Metropolitano) deveria ser aplicado conforme o "estágio de civilização" dos povos africanos de Angola, Moçambique e Guiné, tanto para beneficiá-los como para desenvolver os territórios africanos de modo compatível com o discurso que consagrava o nacionalismo wilsoniano proclamado pela comunidade internacional.

À luz dessa exposição geral, cabe perguntar: em que consistia o Direito Indígena? Em essência, compatível com uma visão demiúrgica de Estado, reconhecia como legítimos: o governo como um "protetor nato dos indígenas", o que implicava em tutorá-los; o direito privado (incluindo relações civis e criminais), respeitados os usos e costumes tradicionais dos "autóctones", desde que compatíveis com os "direitos fundamentais da vida e da liberdade humana", sendo as alterações introduzidas de modo gradual; os direitos políticos, restritos às características próprias da "vida tribal". Mesmo assim, a prática diferia do discurso, tanto que em 1925 o relatório do sociólogo americano Edward Ross acusava as autoridades de Angola e Moçambique de tratar os "autóctones" quase como escravos, fragilizando, diante da comunidade internacional, as posições de Portugal na África. Ainda assim a publicação, em 1926, do Estatuto Político, Cível e Criminal dos Indígenas de Angola e Moçambique, estendido no ano seguinte à Guiné e, em 1946, a São Tomé, mantinha a natureza do regime de trabalho em curso. Desse modo, o referido estatuto abrangia um conjunto de princípios estabelecidos e aplicados anteriormente, determinando que fossem codificados os usos e costumes próprios dos povos de cada colônia.

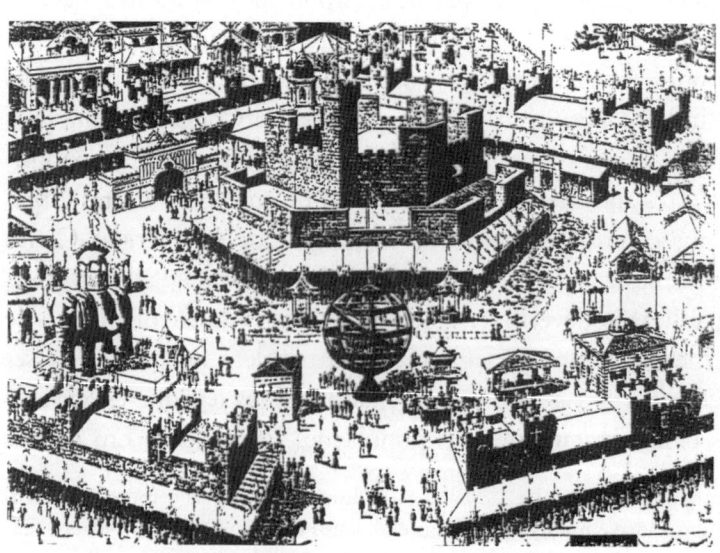

Esta, como as demais feiras universais, aglutinava a população em torno do imaginário português próprio do imperialismo colonial de fins do século XIX até cerca de 1970.

Também é preciso registrar, na conjuntura dos anos de 1926 a 1961, o Ato Colonial de 1930, no qual Salazar, então ministro das Colônias, teve importante papel ao marcar a política da ditadura militar com a reafirmação oficial da vocação colonizadora do país. Corroborando os princípios básicos estabelecidos desde 1926, o referido ato foi uma espécie de Constituição para os territórios ultramarinos, contendo o Estatuto dos Indígenas, incorporado em 1933, como apêndice da Carta Orgânica do Império Colonial Português. Seu conteúdo também esteve presente na Reforma Administrativa Ultramarina, que pode ser definida como um código administrativo específico para o ultramar. Porém, o Ato Colonial, ao mesmo tempo que consagrava o império pela unidade e pela grandeza, limitava a autonomia dos governos coloniais, na medida em que reforçava a fiscalização por parte do governo central e tornava evidente a disposição de obter o apoio da Igreja católica para reforçar o controle ideológico do Estado.[15] Tratava, sobretudo, do regime de trabalho e introduzia alguns elementos próprios do "ultranacionalismo" português, institucionalizando-os em alguns artigos, como o 2º, o 20º e o 22º.

Esta página de rosto do jornal português *Diário de Notícias*, de 22 de outubro de 1922, representa uma das formas de reiterar a mística do império pluricontinental português.

15. A mística imperial foi reforçada nessa conjuntura pela Exposição do Mundo Português, em 1940. Sobre esse tema consultar: THOMAZ, Omar Ribeiro. *Ecos do Atlântico Sul: representações sobre o terceiro império português.* Rio de Janeiro: UFRJ/Fapesp, 2002. Cap. 4, p. 192-271.

O artigo 2º definia que os territórios ultramarinos pertenciam à *essência orgânica da Nação Portuguesa* contendo, portanto, a idéia de que era sua missão histórica "possuir e civilizar" as populações "indígenas". Quanto ao artigo 20º, acentuava uma disposição que já constava dos estatutos de 1926 e 1929. Estabelecia que o Estado tinha o papel de obrigar os "indígenas" a trabalhar em obras públicas de interesse geral, em ocupações cujos resultados lhes pertencessem. Também definia que era função do Estado executar decisões judiciárias, penais ou o cumprimento de obrigações fiscais. Por último, mas não de menor importância, o artigo 22º referia-se aos Estatutos Especiais para os "indígenas" conforme o seu estágio evolutivo, respeitados os seus usos e costumes desde que compatíveis com a "moral" e os "ditames da humanidade".

Não surpreende, portanto, que os oposicionistas do regime salazarista criticassem o Ato Colonial, definindo-o como um mecanismo para legalizar as relações de dominação e subordinação estabelecidas entre a metrópole e as colônias, conferindo à soberania portuguesa um caráter permanente em um momento no qual cresciam as tensões com a Sociedade das Nações, tendo como centro a questão do trabalho "indígena". Note-se, no entanto, que os princípios defendidos eram tradicionais na história de Portugal, reiterando e legalizando a idéia de que os "não-civilizados" careciam de uma transformação gradual nos seus valores morais, sociais e nos seus costumes, para alcançar a civilização européia e ser incluídos na nação portuguesa como cidadãos. Em outras palavras, as culturas locais, as organizações existentes e os direitos consuetudinários deveriam ser mantidos apenas transitoriamente, já que os "indígenas" precisavam "evoluir", ou seja, serem europeizados, como precondição para conquistar os direitos de qualquer cidadão português. Conforme a terminologia dos anos 1930 a 1950, significava dizer que os "indígenas" seriam colocados sob tutela e por meio do sistema educativo viriam a ser reconhecidos como "civilizados" em espaço de tempo indeterminado, que poderia durar várias gerações ou mesmo séculos. Mais uma vez a exceção foi Cabo Verde, cujos habitantes já tinham recebido o estatuto de cidadãos. Podemos concluir lembrando que, tal qual Creonte (personagem de *Antígona*, de Sófocles), a ditadura para manter o uso da força e do poder legalizava constitucionalmente a injustiça, a desigualdade e a hierarquia entre os portugueses e os povos africanos. Além disso, justificava a dominação utilizando-se de uma eficiente propaganda imperial do Estado Novo, que contribuiu inclusive para melhorar, na metrópole, a imagem dos territórios ultramarinos da África.

Ora, cabe perguntar: como eram definidos os "indígenas"? Considerava-se "indígena" todo indivíduo da raça negra ou que dela descendesse, cujos usos e costumes fossem comuns àquela raça e que não tivesse "evoluído" para a categoria de assimilado. Creio tornar-se possível explicitar que a idéia de atraso e de inferioridade pressupunha, como contraponto, um "modelo" ocidental constituído por uma sociedade considerada completamente desenvolvida. Por outro lado, havia um conjunto de condições para que o "indígena" fosse "elevado" à categoria de assimilado, tais como: ser natural das províncias portuguesas; ser maior de idade; e ser *capaz* de ter o pleno uso dos direitos civis e políticos inerentes aos cidadãos portugueses. Esta última condição dependia de os povos negros provarem ter deixado seus usos e costumes, demonstrando conhecimento de outros, próprios da cultura portuguesa. Significa dizer que se tratava da questão dos direitos culturais, colocada no centro da vida social. Envolvia o direito de os indivíduos serem reconhecidos pela sociedade, desde que abandonassem as culturas próprias dos povos africanos e assumissem os elementos da cultura portuguesa, podendo usar plenamente os direitos civis e políticos conferidos aos cidadãos portugueses. Assim sendo, para tornar-se assimilado o africano precisava atender a quatro condições básicas: saber ler e escrever a língua portuguesa; possuir os meios necessários para a sua subsistência e a de sua família; ter bom comportamento, atestado pela autoridade administrativa da área em que residia; diferenciar-se pelos usos e costumes da sua raça e haver cumprido os deveres limitados. Ou então: exercer um cargo público, estar integrado em corporações administrativas, ser comerciante ou industrial, e possuir habilitações literárias mínimas.[16]

Parece absolutamente claro que o respeito ao pluralismo cultural não fazia parte das preocupações do "novo" imperialismo. Além disso, tornava-se evidente que considerar um indivíduo "assimilado" era arbitrário e incontrolável. Por outro lado, mesmo havendo um crescimento do número de "assimilados", nas décadas de 1930 e 1940, cabem três observações. A primeira é que o número de "assimilados" progrediu muito lentamente; a segunda é que milhares de africanos "civilizados" não requeriam esta condição que lhes obrigaria a pagar um montante maior de impostos; e a terceira refere-se ao fato de os "assimilados" serem na maioria das vezes "ex-indígenas", o que fazia que fossem tratados como cidadãos de segunda classe, alvos de preconceito racial, econômico e social.

16. MARQUES, A. H. de Oliveira. *História de Portugal desde os tempos mais antigos até a presidência do senhor General Eanes*. 3. ed. Lisboa: Palas, 1986, p. 524-525.

A representação de Portugal como nação pluricontinental pôde ser observada desde 1558, no mapa elaborado por Diogo Homem.

No que se refere às alterações da política colonial, reavivaram um nacionalismo autoritário que continha a idéia de nação pluricontinental, cujas partes se integravam harmonicamente. No entanto, tudo isso afetou muito pouco o sistema político colonial, tendo sido apenas alterados alguns fundamentos jurídico-institucionais.[17] A revisão constitucional de 1951 trouxe modificações às principais disposições do Ato Colonial. Por uma concepção assimilacionista, as palavras "colônia" e "colonial" desapareceram por completo, cedendo lugar a "província ultramarina" e a "ultramarino". Também a designação "império" foi gradativamente posta em desuso, uma vez que os territórios ultramarinos passaram a ser considerados, junto com a metrópole, uma "nação una". Formou-se, assim, um mapa simbólico de Portugal contemporâneo. Não significa, porém, que tenha havido uma fusão entre os territórios africanos, menos ainda destes com Portugal.

> [...] O que ocorre é justamente o reconhecimento e o registro literário da *confusão* entre império (e mais especificamente durante o salazarismo) e África colonizada. Essa África só parece uma porque é representada sob o ponto de vista de uma cultura específica – a portuguesa – que lidava com o conceito de "África" sob a égide de "colônia", que tornava as diferenças internas dessa "colônia" pouco significantes. [...][18]

De 1961 a 1975, quando dos processos de independência de Angola, Cabo Verde, Guiné, Moçambique e São Tomé e Príncipe, acentuaram-se as questões

17. CASTELO, Cláudia. *"O modo português de estar no mundo": o luso-tropicalismo e a ideologia colonial portuguesa (1933-1961)*. Porto: Afrontamento, 1998, p. 58.
18. SILVA, Marisa Corrêa. *Partes de África: cartografia de uma identidade cultural portuguesa*. Niterói: Editora da UFF, 2002, p. 87.

relativas ao regime de trabalho. Em uma tentativa de neutralizar tanto o ascenso das guerras de guerrilhas como as críticas internacionais, em 1961 o Estatuto Indígena foi abolido, embora, na prática, tenha continuado a vigorar sob o nome de "voluntariado". Desde então, passaram a coexistir duas doutrinas para a administração das colônias: a integracionista e a federalista. Embora a oposição democrática se mostrasse favorável à autodeterminação das colônias, Marcelo Caetano rejeitou a idéia de independência, tentando conciliar integracionistas e partidários da autonomia. Essa via intermediária foi consagrada pela revisão constitucional de 1971, quando o regime flexibilizou a centralização administrativo-jurídica, mantendo a soberania sobre os territórios. Foi assim que ao Estado português, "[...] Prisioneiro dos seus próprios mitos, cego em relação aos nacionalismos africanos, cuja autenticidade nega, resta ao regime a via da resistência militar por tempo indefinido – via que conduz ao colapso de 1974".[19]

O regime de trabalho dos "indígenas"

A periodização considera os anos de 1899, 1911, 1914, 1928, 1930 e 1961 as datas mais significativas para se compreender como foram legalmente tratadas as alterações da política colonial no que se refere ao regime de trabalho. Para tanto, vale recuar para os tempos da monarquia portuguesa, entre 1875 e 1878, quando da sua origem, possibilitando que, em 1899, 23 anos após a abolição da escravatura, surgisse o Código de Trabalho Indígena. Esse código foi adotado quase que na íntegra pelos líderes da Primeira República responsáveis pela elaboração, em 1911, do Regulamento de Trabalho dos Indígenas, documento que lançou os pressupostos básicos para a construção do Regime do Indigenato. Referia-se a todos os "indígenas", conforme o princípio praticamente consensual entre as elites, como aqueles que deveriam ser civilizados pelo governo, por meio do hábito do trabalho, considerado uma "obrigação moral e legal". Também destacava a necessidade de manter o trabalho como obrigatório, com o fim de prover o sustento e melhorar a condição social do "indígena". Ao mesmo tempo, delegava aos patrões o direito de prender e de castigar os "serviçais".

Em 1914 esse regulamento foi revogado, passando a vigorar o Regulamento Geral do Trabalho dos Indígenas das Colônias Portuguesas, visando alargar a estreita margem de manobra política, com maior adequação à ideologia republicana. De todo modo, foi mantida uma série de disposições até 1954 que, na prática, afastava a maioria da população africana da possibilidade de tornar-se assimilada. Desse regulamento vale sublinhar os artigos 1º e 94º. O artigo 1º defi-

19. ALEXANDRE, op. cit., p. 243.

nia que era obrigação moral e legal do indígena prover o seu sustento por meio do trabalho, assim como melhorar gradativamente a sua condição social. Já no que se refere ao artigo 94º, reconhecia como legal a repressão dos que fossem considerados vadios (aqueles que não cumprissem voluntariamente a *obrigação* do trabalho) por parte das autoridades competentes, que dessa maneira estariam exercendo o dever de "educá-los" e "civilizá-los". Caso o "indígena" se recusasse a trabalhar pela persuasão, poderia ser intimado e compelido a fazê-lo tanto por parte de entidades públicas como privadas (parágrafo único do artigo 94º). Quanto às repreensões, deveriam ser aplicadas administrativamente, não cabendo recurso a nenhum tribunal judicial. No que diz respeito ao "trabalho compelido", deveria ser prestado segundo as condições estabelecidas sob contrato, pelo qual os agentes ficavam obrigados a exercer uma ação de tutela sobre os trabalhadores compelidos, do mesmo modo que sobre os trabalhadores livres.

Cabem ainda umas poucas palavras no que se refere ao trabalho correcional, em princípio restrito às obras públicas dos estados ou municípios, tendo os "indígenas" a ele sujeitos direito a alimentação e alojamento. É importante ressaltar que, caso o estado ou município não pudesse empregar os "indígenas", estes poderiam ser obrigados a trabalhar para os particulares que os requisitassem (artigo 109º). Em 1928, o Código de Trabalho dos Indígenas das Colônias Portuguesas na África aboliu legalmente o trabalho "forçado" substituindo-o pelo "contrato". Porém, foi apenas um modo de escamotear a prática prevalecente. Esse código foi completado com um decreto e posto em prática em 1930, estabelecendo que os "indígenas" seriam governados por um Estatuto Especial, respeitados os seus usos e costumes individuais, domésticos e sociais. O funcionamento do referido código abriu possibilidades para que a estrutura política tradicional fosse utilizada de forma legal, permitindo à burocracia colonial portuguesa controlar os "indígenas", recrutando-os para as "atividades produtivas".

É evidente que esse Estatuto Especial diminuiu significativamente o poder efetivo das chefias tradicionais, ao mesmo tempo que manteve o modelo formal da organização política dos africanos. Desse modo as autoridades locais, tradicionais ou designadas, continuaram a ser usadas para o recrutamento de trabalhadores e para a coleta de impostos, desempenhando o papel intermediário entre a população "indígena" e o governo colonial. Cabia-lhes controlar o pagamento dos impostos de sua comunidade e, como recompensa, ficavam isentos desses tributos. Também recebiam comissão pela tarefa de recrutamento de mão-de-obra, aumentando as "migrações forçadas", tanto de Angola para São Tomé como de Moçambique para a República da África do Sul e para a Rodésia do Sul. As condições de trabalho, de extrema precariedade, deram origem a altas taxas de mortalidade. Mesmo com todas essas dificuldades, a quantidade de "contratados" intensificou-se durante os anos 1950, quando às questões econômicas somaram-se as secas, tornando ainda mais difícil o pagamento dos impostos.

Por fim, apenas no âmbito dos movimentos de independência surgidos no pós-1945 o Estatuto do Indígena foi alvo de intensa pressão para ser abolido, o que só ocorreu em 1961, como tentativa do governo português de minimizar as críticas da opinião pública internacional ao seu "ultracolonialismo" e, ao mesmo tempo, de sustar o crescimento das oposições organizadas em movimentos de independência. Contudo, na prática, o sistema continuou a funcionar com o nome de "voluntariado", destinando-se de modo geral aos "nativos" com dificuldades para encontrar trabalho, em decorrência do desequilíbrio entre o crescimento populacional e a disponibilidade de terras. A esses "indígenas" só restava oferecer o seu trabalho às *plantations*, em condições idênticas às anteriores a 1961. Considerando os diversos relatórios de administradores e religiosos, entre outros, nos anos 1960, mesmo com a melhoria de alguns aspectos, como alimentação, habitação e assistência médica, não resta dúvida de que o recrutamento continuava a ser forçado. Os salários mantiveram-se baixos, contribuindo para a competitividade dos produtos exportados por Portugal para o mercado internacional.

Também se mantiveram duas correntes político-ideológicas extremamente acentuadas no período do Estado Novo até o pós-Segunda Guerra Mundial: o darwinismo social e o etnocentrismo reproduzidos nas páginas da imprensa, na literatura colonial e nas exposições coloniais. A primeira referia-se à superioridade da raça branca e à inferioridade da raça negra pela grande dificuldade de os negros "apreenderem os valores próprios da civilização ocidental". Dessa maneira, a "raça negra" teria de viver sob a tutela da "raça branca", para não regredir ao "estado natural de selvageria". A segunda corrente ideológica, o etnocentrismo, que, depois de 1945, ganhou *status* de teoria oficial, voltava-se para a criação de uma mentalidade imperial capaz de mobilizar a população em torno da tarefa de fortalecer Portugal como um grande império. Baseava-se na crença de que os territórios africanos e os seus habitantes teriam de ser domesticados para se transformarem em portugueses. Esta tendência ganhou um forte reforço, na década de 1950, com o luso-tropicalismo que consagrava a missão portuguesa desde o período das grandes navegações, enaltecendo o dom da miscigenação responsável pela democracia racial em todos os cantos do império.

Em contrapartida, as elites culturais e políticas africanas, sobretudo desde o pós-Segunda Guerra Mundial, desnudaram os problemas das desigualdades, das migrações forçadas e da fome, considerando-os decorrentes do sistema colonial e, sobretudo, do regime de trabalho, do projeto assimilacionista e de seus desdobramentos. Romperam, portanto, com o conservadorismo hegemônico do imaginário português, que durante séculos alimentou a ilusão de um universalismo cultural e de uma democracia racial como características básicas da grande e una nação do "povo de Cristo".

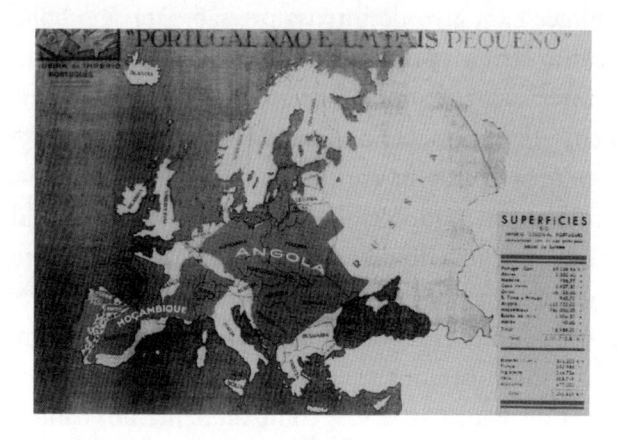

Portugal representado como uma grande nação européia, incluindo Moçambique e Angola.

O sistema colonial em questão: Cabo Verde, Guiné-Bissau, São Tomé e Príncipe, Angola e Moçambique

Em Portugal, na virada do século, as elites africanas urbanizadas ressaltavam a importância das liberdades de expressão, política e religiosa, declaravam amor pela humanidade e defendiam os "indígenas da África". Entretanto, não condenavam os sistemas coloniais, nem o traçado de fronteiras, a conquista e o domínio efetivo dos territórios do continente africano. No período de 1900 a 1914, estudantes são-tomenses começaram a organizar-se formalmente. Em 1911, em Lisboa, foi fundado o jornal *O Negro*, que reivindicava tanto a emancipação dos africanos como a igualdade entre as raças. De duração efêmera, o referido jornal resumiu-se a três números publicados. Também se registra uma atuação da Junta de Defesa dos Direitos d'África (JDDA), criada em 1912 por cabo-verdianos, angolanos e são-tomenses, que foi a primeira organização pan-africana em Lisboa. No seu órgão oficial, *Portugal Novo*, editado em 5 de janeiro de 1915, publicava que devido ao perigo real de a Primeira Guerra Mundial estender-se para os territórios sob dominação portuguesa, como ocorrera ao sul de Angola,

[...] os africanos portugueses estimariam poder combater também ao lado dos portugueses na Europa, nos campos de Flandres e Aisne, tal como os povos da Índia inglesa, do

Canadá, da Nova Zelândia, da Austrália e dos africanos da Argélia e do Senegal faziam "heroicamente, ao lado dos valentes soldados da Inglaterra, da Bélgica e da França".[20]

Além disso, as elites africanas tinham a esperança de que o princípio da autodeterminação fosse posto em prática na África em curto prazo. Nessa mesma esteira de pensamento, ganhava força o brado "A África para os africanos!", proclamado pelo Congresso Pan-Africano de 1919, realizado em Paris.

É importante registrar a atuação da Liga Africana e do Partido Nacional Africano, criados em Lisboa em 1920 e 1921, que utilizavam o "regionalismo africano", evitando falar em "nacionalismo africano". O presidente da Liga Africana declarava na época: "[...] Os regionalistas africanos não proclamam, como alguns, a África para os Africanos! Mas também não podem aceitar a África só para os Europeus! O que eles pretendem é uma cooperação leal entre brancos e nativos numa base eqüitativa, numa palavra – a África também para os africanos".[21]

De igual modo, merecem registro o grupo de intelectuais da Casa da África, que desde os anos 1920 reunia estudantes e trabalhadores africanos, ao qual se uniu no pós-Segunda Guerra Mundial o Clube Marítimo Africano, fundado em 1948 e do qual fizeram parte vários líderes africanos; as associações acadêmicas; e o Centro de Estudos Africanos, criado em 1951. Um dos objetivos centrais de todas essas organizações foi a "reafricanização dos espíritos", o que implicava valorizar as culturas e tradições africanas com base em uma "verdadeira identidade". Mas foi, sem dúvida, a Casa dos Estudantes do Império Português, o centro efetivo de reunião dos estudantes das colônias, dela participando Vasco Cabral, Amílcar Cabral, Agostinho Neto, Luís Motta e Marcelino dos Santos, entre outros. Instituída pelas autoridades salazaristas pouco antes da Segunda Guerra Mundial, paradoxalmente, foi o lugar onde vieram a ser discutidos temas como a independência, a unidade africana, o desenvolvimento e o socialismo, além de pensada a organização da luta por esses ideais. Quanto às propostas, revelavam a influência do embate ideológico travado no plano internacional entre democracia e fascismo.

A crítica ao fascismo constituiu um ponto de articulação entre a Casa e as outras organizações do movimento antifascista em ascensão em Portugal, como o

20. AMARAL, Ilídio do. "Partilhas territoriais tradicionais e coloniais na África ao sul do Saara: jogos políticos africanos no rescaldo da guerra de 1914-1918". III Reunião Internacional de História de África. Lisboa: Instituto de Investigação Científica Tropical, 2000, p. 61, mimeo.

21. MAGALHÃES, José de. "Regionalismo africano. As próximas eleições". *In: Correio de África*, n. 1, 22 maio 1921. *Apud* ANDRADE, Mário Pinto de. *Origens do nacionalismo africano: continuidade e ruptura nos movimentos unitários emergentes da luta contra a dominação colonial portuguesa: 1911-1961*. Lisboa: Dom Quixote, 1997, p. 121.

Movimento Nacional de Unidade Antifascista (MNUA), fundado por iniciativa do Partido Comunista Português (PCP) e considerado ilegal; e, em 1944, o Movimento da Unidade Democrática (MUD), criado com a permissão das autoridades de Lisboa. Em 1945, o MUD entregou ao governo de Salazar um documento assinado por cerca de 200 mil pessoas, exigindo o restabelecimento das liberdades democráticas.[22] Já em 1947, um pequeno grupo de jovens criou uma seção juvenil do Movimento, que no fim do ano passou a ter como um dos seus dirigentes Vasco Cabral, membro do PCP. Uma das seções do MUD juvenil passou a funcionar na Casa dos Estudantes, onde eram debatidos temas como o comunismo e o anticomunismo, a revolução e o gradualismo, além de um conjunto de temas do ideário liberal como os Direitos do Homem, as quatro liberdades fundamentais, contidas na mensagem do presidente Franklin Roosevelt, em 1941, a Carta do Atlântico e as Resoluções do V Congresso Pan-Africano.[23]

A esse conjunto de idéias somaram-se os princípios da Declaração dos Direitos do Homem, publicada em 1948, que ganhou mais força com a declaração do *apartheid*, na África do Sul, e as resoluções firmadas na Conferência de Bandung relativas à soberania externa e à posição político-ideológica de "não-alinhamento". As discussões gravitavam em torno de perguntas como: qual o significado e as implicações da expansão colonial? O que gera essa expansão? O contato entre diversos povos com diferentes graus de desenvolvimento dá direito a que se estabeleça entre eles uma relação de dominação? Como compreender os paradoxos da assimilação? Quanto às respostas, ressaltavam a importância de Lênin, tendo como referência obrigatória o princípio da "libertação dos povos oprimidos", um dos objetivos da estratégia revolucionária de luta contra o imperialismo, o colonialismo e o sistema capitalista.

Cabo Verde[24]

Em 1460, Antonio de Noli chegou ao grupo formado pelas ilhas orientais e meridionais do arquipélago de Cabo Verde. Em 1462, D. Fernando encontrou as ilhas de Santo Antão, São Vicente, Santa Luzia e São Nicolau. Quatro anos mais tarde, por uma Carta

22. Sobre esse tema consultar HERNANDEZ, Leila Leite. *Os filhos da Terra do Sol...*, op. cit., p. 145-157.

23. Esses temas foram tratados no Capítulo 7 deste livro.

24. Uma vez mais, ressalto que as anotações sobre Angola, Cabo Verde, Guiné-Bissau, Moçambique e São Tomé e Príncipe, assim como as relativas aos demais países africanos tratados neste livro, são apenas um esboço preliminar acerca dos temas mencionados, cada um deles merecedor de aprofundamento.

Régia de D. Afonso, o infante D. Fernando recebeu como doação perpétua e irrevogável as ilhas de Santiago, Fogo, Sal, Boa Vista e Maio. O arquipélago era importante por sua posição geográfica, que o tornava ponto nodal de navegação do Atlântico. Nesse sentido, as ilhas eram necessárias não só para que Portugal pudesse dar continuidade aos descobrimentos mais ao sul da costa africana, como também para empreender as expedições às Índias Ocidentais e à América.

Assim sendo, desde 1462, teve início o lento povoamento de Cabo Verde, com um efetivo processo de ocupação portuguesa, em particular na ilha de Santiago. O marco foi sua divisão em duas capitanias: uma ao sul, com sede na Ribeira Grande, doada a Antonio de Noli, e outra ao norte, em Alcatrazes, entregue a Diogo Gomes. Por volta de 1510, havia uma população pequena constituída por portugueses, castelhanos e genoveses, entre outros europeus, concentrados na sua maioria em Santiago e em pequeno número, em fins do século XV, na ilha do Fogo. As demais ilhas, Santo Antão, São Vicente, Santa Luzia, Sal, Boa Vista, Maio e Brava, só receberam imigrantes mais tarde (veja mapa 13.1).

No que se refere aos anos de 1462 a 1647, Santiago constituiu predominantemente um entreposto para o comércio, sobretudo de escravos, um ponto de parada onde era cobrado o pagamento de tributos e dízimos à Fazenda Real. Para atrair moradores, assegurando o povoamento das ilhas, Portugal outorgou, em 1466, a Carta de Privilégios aos Moradores de Santiago, concedendo aos donatários o pleno exercício da jurisdição cível e criminal e a prerrogativa do direito de posse e o uso de terras. Além disso, lhes outorgava a regalia de receber o dízimo das produções agrícolas. Também conferia aos moradores de Santiago o privilégio de tratar e resgatar escravos nas costas da Guiné, exceção feita a Arguim, podendo levar as mercadorias que quisessem, menos armas e ferramentas, navios e munições.

Em síntese, é possível sublinhar que esse conjunto de medidas foi fundamental para que fossem estabelecidas as estruturas básicas a partir das quais se constituiu e desenvolveu o sistema de dominação nas ilhas. Estabeleceu o regime de propriedade da terra, criou as condições legais para o tráfico negreiro e propiciou mão-de-obra escrava para o arquipélago. Essas foram as condições necessárias para formar uma sociedade escravocrata, por um lado, com um reduzido grupo de senhores que, no geral, concentrava a propriedade da terra, o controle da navegação, o comércio e a indústria artesanal e, por outro, a grande maioria de escravos, trabalhando especialmente na produção de gêneros para o abastecimento de navios e de bens utilizados na compra de negros nas costas da Guiné. No entanto, os "homens brancos" de Santiago, alguns degredados por

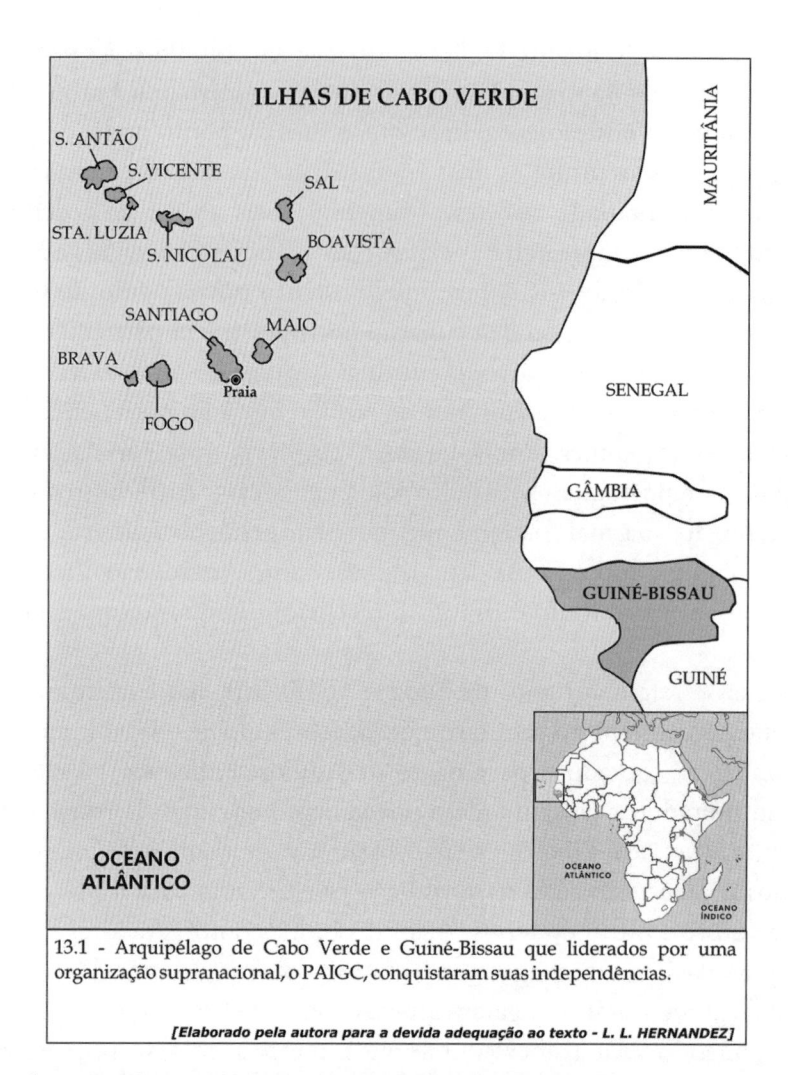

13.1 - Arquipélago de Cabo Verde e Guiné-Bissau que liderados por uma organização supranacional, o PAIGC, conquistaram suas independências.

[Elaborado pela autora para a devida adequação ao texto - L. L. HERNANDEZ]

razões políticas, religiosas e mesmo por crimes comuns, desrespeitando o arrendamento, continuaram a praticar o escambo e o resgate de escravos nas áreas concedidas a Fernão Gomes, dando origem a vários embates. A Coroa interveio, coibindo os abusos e limitando os privilégios dos mercadores pela Carta Régia de 1472.

É preciso registrar que devido à insularidade e, por conseqüência, à dispersão geográfica, foram várias as diferenças que marcaram o desenvolvimento econômico e a composição social de cada ilha. Mas também é preciso reconhecer que as ilhas estavam unidas por relações de complementaridade e, por vezes, de reciprocidade. De todo modo Santiago foi, sem dúvida, o principal eixo econômico, o centro político-administrativo e o espaço de maior concentração populacional de Cabo Verde. Foi também ponto de parada de todos os mercadores que transportavam escravos e outras mercadorias da costa africana à Europa e às Américas para efetuar pagamento de tributos e dízimos à Fazenda Real. Quando a ilha de Santiago perdeu sua função de entreposto de mão-de-obra escrava, e sua capital, a vila de Ribeira Grande, entrou em decadência, a burocracia colonial, conservando os seus poderes, estabeleceu-se na cidade de Praia.

Quanto às demais ilhas, tiveram, no âmbito do sistema colonial, um papel histórico semelhante ao de Santiago. Atendiam à política mercantilista, circunscrevendo suas atividades aos interesses da metrópole, em um primeiro momento limitados à circulação de mercadorias e, com a colonização, voltados também para o controle da produção, resultando na acumulação de capital comercial. Significa dizer que a comercialização dos produtos de exportação, como açúcar, algodão, urzela, purgueira e mesmo o sal, era diretamente controlada pela Coroa ou por comerciantes que adquiriam esse direito mediante a compra de concessões. Em outras palavras, desde 1580, pouco a pouco, passava a ser exercido o *exclusivo colonial*.

Símbolo do Tarrafal (Cidade Velha), o pelourinho lembra que a ilha de Santiago de Cabo Verde foi um porto de trato de escravos africanos.

Não há dúvida de que o processo histórico-estrutural condicionou a formação de uma sociedade escravocrata. A mão-de-obra escrava, ainda que em graus diferenciados, foi um elemento fundamental da vida de Cabo Verde, nela se apoiando as atividades econômicas. Em especial até o final do século XIX, nas ilhas de Sotavento (Santiago, Fogo, Brava e Maio), o escravo era mais do que instrumento de trabalho. Representava a própria materialização da riqueza do morgado.[25] Contudo, aos poucos, a escravidão passou a ter um custo muito alto, pela baixa produtividade da mão-de-obra e por ter de enfrentar formas de

25. Morgado era o proprietário do morgadio, isto é, uma propriedade de terra inalienável e indivisível.

rebeldia como as fugas para o alto dos montes. Ainda assim, no conjunto, predominou uma certa aceitação da escravidão.

Em 1876 foi proclamada a abolição definitiva dos escravos, seguida pela tutela por dois anos, com exceção da ilha de São Vicente, onde a abolição ocorreu por Portaria Régia, em 10 de março de 1857. Porém, os efeitos perversos da escravidão contaminaram as formas de trabalho posteriores, as quais se tornaram mais definidas em fins do século XIX, compreendendo grande número de variações. Rendeiros e parceiros se sujeitavam a prestações obrigatórias nas terras de morgadio, ao mesmo tempo que tinham restrições quanto à moradia. No que se refere aos rendeiros, ficavam à mercê de um contrato que durava entre um e três anos e se comprometiam a pagar ao proprietário da terra que utilizavam uma renda fixa em moeda ou em gêneros. Mas, pelo fato de o acordo ser verbal, tornava o trabalhador vulnerável às alterações impostas pelo proprietário, como trabalhar alguns dias gratuitamente, regar as terras do morgadio e até limpar as *levadas*. Também ficava proibido cortar árvores ou colher para si sementes ou frutos, mesmo que estivessem no terreno arrendado.

Quanto ao parceiro, só trabalhava a terra depois de pagar a "licença de sementeira" com a apresentação de recibo. Além dessa condição, ficava sujeito a uma série de deveres e restrições, por exemplo, pagar três dias de trabalho para cada parcela de terra, durante os quais ficava à disposição do proprietário, sobretudo nos períodos de semear a terra, descascar o feijão ou armazenar o produto. Tinha, entre outras obrigações, entregar a metade de sua produção ao proprietário e transportá-la, para depois poder arrecadar a sua parte.

Esse conjunto de elementos permite afirmar que a sociedade cabo-verdiana era polarizada entre os privilégios de poucos e as carências de quase toda a população, o que transcende as relações econômicas, fazendo parte do processo de socialização que envolvia a incorporação de estereótipos que marcaram a fundo a existência social do cabo-verdiano. Em relação aos preconceitos, é importante sublinhar que a discriminação de cor, que até fins do século XVIII era transparente e até ostensiva, diminuía consideravelmente nos séculos XIX e XX, com o colapso do sistema escravocrata. Ao longo de 200 anos a miscigenação foi intensa, passando a maior parte dos cabo-verdianos a ser constituída por mulatos. Tudo indica que o critério de divisão da sociedade passou a ser predominantemente econômico e não racial.

> A cor sofre uma nítida reificação e é utilizada apenas como critério para identificar três grandes grupos; o da "gente branca", formado por pessoas de nível socioeconômico mais elevado, isto é, por aqueles que moram, alimentam-se e vestem-se bem,

além de terem acesso à escolaridade formal; o da "gente preta", constituído pelos pobres, os mais carentes da população, os esfarrapados subalimentados e, por fim, o
"grupo dos mulatos", composto pelos que, embora desprovidos de tradição, ascen-
dem socialmente, tornando-se, muitas vezes, grandes comerciantes e agricultores,
passando a ser, senão aceitos, tolerados pelos brancos, agora diante de um processo
contínuo de inversão da pirâmide social.[26]

Também é preciso ressaltar que uma das especificidades de Cabo Verde foi
o processo de mestiçagem, como fator básico da formação de sua sociedade,
sendo, por isso, celebrada a idéia de uma "democracia racial e social". Esse
equívoco merece reparos. É importante insistir que a cor da pele não era fator
explicativo da estrutura de classes, menos ainda que a mestiçagem decorria da
democracia racial. Da mesma maneira, a assimilação também não foi um processo igualitário em que as culturas se interpenetravam. Como observa Alphonse Dupront:

> Há encontros que matam. Falaremos igualmente, a propósito deles, com uma espécie
> de humor negro, de trocas de cultura? De resto, os antropólogos responderiam: há as-
> similação. Mas não é esta também uma forma de humor negro? E, como embusteiros
> da vida que somos, agruparemos sob a mesma insígnia verbal os processos de morte e
> os processos de vida?[27]

De todo modo, a extensão da mestiçagem foi grande, o que derivou do fato
de que o homem branco e a escrava negra tiveram filhos reconhecidos como legítimos em relação à herança. É sabido que: "Não só os filhos naturais herdam,
como devem; senão os que são de coito danado, e punível; assim como os sacríle-
gos, adulterinos e incestuosos; todos aqui costumam herdar: ainda quando há
herdeiros legítimos".[28] Essa citação confere maior clareza no que se refere à extensão da mestiçagem e ao seu efeito quanto à ascensão econômica dos mulatos
que, gradativamente, ocuparam posições de destaque na sociedade cabo-verdiana,

26. HERNANDEZ, Leila M. G. Leite. *Os filhos da Terra do Sol: a formação do Estado-nação em Cabo Verde, op. cit.*, p. 69.

27. DUPRONT, Alphonse, *L'acculturazione. Per un nuovo rapporto tra ricerca storica e scienze umane*, 3. ed. Turim: Einaudi, 1979, p. 89. *Apud* BOSI, Alfredo, *Dialética da colonização*. São Paulo: Companhia das Letras, 1992, p. 30-31.

28. CARREIRA, Antonio. *Cabo Verde: classes sociais, estrutura familiar, migrações*. Lisboa: Ulmeiro, n. 9, 1977, p. 23.

enquanto alguns deles passaram inclusive a ser incluídos nas classes dominantes, ainda que com menor prestígio em relação aos primeiros proprietários fundiários.

Ao lado da mestiçagem, outra característica particular de Cabo Verde, refere-se à contribuição da educação formal como meio de mobilidade social ascendente, contribuindo para as migrações internas do campo para a cidade; entre ilhas; e para a própria emigração para países da Europa e das Américas. Da parte do governo português, o investimento em escolaridade formal era bastante incipiente e elitista, sendo o índice de analfabetismo muito alto, mantendo-se superior a 70% da população. Em todo caso, o investimento em escola era um projeto familiar das classes dominantes e dos setores da classe média ascendente. Como conseqüência, formou-se uma mão-de-obra apta e, sobretudo, "confiável ideologicamente", uma vez educada segundo os parâmetros ocidentais. Assim sendo, a metrópole portuguesa passou a utilizar cabo-verdianos como correia de transmissão da administração colonial em Angola, Moçambique e, em particular, na Guiné portuguesa.

Ilha de São Nicolau, cujo povoamento iniciou-se em 1461. Seu crescimento efetivo deu-se no século XX, quando os mestiços trabalhavam predominantemente em pequenas propriedades de terra como foreiros, sesmeiros ou rendeiros.

Além dessas, duas outras considerações tornam-se necessárias. A primeira refere-se ao papel decisivo da relação que se estabelecia entre os jovens estudantes e os homens de imprensa, possibilitando que interesses comuns, assim como algumas reivindicações políticas, fossem registrados em língua impressa. A segunda, por sua vez, diz respeito à busca de escolaridade formal ou mesmo de formação profissional em Portugal, sobretudo em Lisboa e Coimbra, cidades que se constituíam importantes centros de integração de jovens provenientes de diferentes colônias. Como resultado, podiam perceber com clareza suas especificidades histórico-culturais e, em particular, os elementos comuns à dominação colonial portuguesa, como a repressão, a desigualdade, a miséria e a falta de liberdades.

Outro aspecto particular de Cabo Verde era a elevada porcentagem da população que se deslocava de modo "forçado" ou "espontâneo" para outros continentes devido ao alto grau de dificuldades econômicas, à extrema pobreza e à alta taxa de mortalidade, acentuadas nas épocas de secas, pragas e epidemias. Quanto a esse processo, duas observações se fazem necessárias. A primeira é que a diáspora, embora permanente, não cortava os laços entre os emigrantes e sua terra natal. Por sua vez, as "emigrações espontâneas" eram fundamentais, já que dinamizavam a economia, possibilitando a aquisição de terras, a aplicação em investimentos públicos e o equilíbrio da balança de pagamentos. Além dos ganhos econômicos, as emigrações acarretavam desdobramentos nos níveis social, político-ideológico e cultural, como a mudança dos papéis do homem e da mulher. Esta passou a responsabilizar-se pela agricultura, pelo apascentamento do gado e pela decisão do uso do dinheiro e de outros bens. Os emigrantes passaram a lutar por melhores níveis de produção e consumo. O impacto da vida urbana e da "educação moderna" às quais ficavam expostos permitiam-lhes que se transformassem em grupos de pressão, reivindicando mudanças, entre as quais a participação política orientada para a melhoria das condições de vida por meio de um maior empenho administrativo de Portugal.[29]

O conjunto de elementos apresentado fez de Cabo Verde um território diferenciado pela metrópole portuguesa, em virtude do fato de as ilhas terem sido marcadas por processos de assimilação e de transculturação bastante longos e eficazes, em particular nos centros urbanos. Dada a alta porcentagem de mestiços "assimilados", não foi aplicado o Código do Indigenato, o que fez de Cabo Verde uma colônia predominantemente administrativa. Contudo, a manutenção do sistema de organização da produção e da distribuição de renda, potencializado pelos inúmeros períodos de seca, explica a insatisfação social e deu lugar a uma pressão que não deixou de crescer. Significa dizer que a perspectiva de alguns membros das elites culturais, como Eugênio Tavares e Pedro Monteiro Cardoso (este, com tendências socialistas) apoiava a fundação de sindicatos,

---

29. FERREIRA, Ligia Évora. "A diáspora cabo-verdiana". *In*: COSTA, José Pereira da (Org.). *Imigração e emigração nas ilhas*. Coimbra: Centro de Estudos de História do Atlântico, 2001, p. 235-247.

como os agrícolas, nas ilhas de São Nicolau e Maio; a Associação Comercial de Barlavento, em São Vicente; e a Associação de Socorros Mútuos dos Enfermeiros do Quadro de Saúde. Também desempenhou um importante papel na formação de correntes de opinião favoráveis à modernização, à liberalização e à racionalidade do Estado republicano, recém-instaurado em Portugal. Em poucas palavras, é possível afirmar que essas idéias, ainda que limitadas a elites culturais em contextos cosmopolitas, traziam anseios de independência, significando sobretudo uma relativa autonomia político-administrativa, isto é, mantendo a união com Portugal.

Revendo o processo no seu conjunto, porém, ficou evidente que a República realimentou as feições do colonialismo e do Estado português. A esse desapontamento somou-se, em 1926, a ascensão de Salazar, dando início a uma ditadura militarizada, o que veio a refletir-se em Cabo Verde com o aumento da repressão e da censura, combinados com reivindicações desconsideradas e direitos desrespeitados.

Essa nova conjuntura desempenhou um papel significativo no curso dos acontecimentos, condicionando a produção literária dos anos 1920, que preservava o sentimento nacional pela idéia de Pátria guardando uma relação orgânica com a África, isto é, com os africanos como coletividade. Pedro Cardoso publicou no jornal da Liga Africana dois poemas ligados aos valores pan-africanos, com a exaltação de centros míticos como o Magrebe e a Etiópia, destacando heróis como o etíope Menelik II, responsável pela derrota do corpo expedicionário italiano, e o rifenho Abd el-Qadir, pela resistência à dominação européia no Magrebe. Além disso, Pedro Cardoso reforçou os valores populares e valorizou a língua crioula, inclusive fundando em 1924 um jornal que se chamava *Manduco*, vocábulo crioulo que era nome de uma árvore da Guiné e de uma arma utilizada pelos trabalhadores agrícolas na ilha do Fogo. Em 1932 foi feita uma pesquisa etnográfica que resultou no *Folclore Caboverdeano*, uma compilação de músicas e poesias colhidas no Fogo, em Santiago e na ilha Brava. Por sua vez, em 1933, dando prosseguimento à idéia genérica da descoberta da "Terra Mãe", foi apresentado o projeto de criação da revista *Atlante*.

Em março de 1936 surgiu em Mindelo, na ilha de São Vicente, o primeiro número da revista *Claridade*, tornando-se o principal veículo de idéias do grupo integrado por Baltasar Lopes, Manuel Lopes, Jorge Barbosa, Jaime Figueiredo e José Lopes. Na primeira fase da revista, embora algumas idéias fossem próximas da política oficial, ainda assim, era evidente o anseio de renovação, claro pela preocupação explícita em acentuar o vínculo afetivo do cabo-verdiano ao território. Com base na concepção de uma origem mítica de Cabo Verde, as ilhas nada mais seriam do que as Hespérides, o que restava da Atlântida, conforme lenda iniciada com Platão. Em 1947, na segunda fase do movimento, os "claridosos" revelavam que a preocupação literária foi acrescida de implicações políticas. Tornou-se evidente um acentuado sentimento nacional que acabou dando ensejo a uma forte lealdade, influindo na própria gênese de um nacionalismo que deixou o seu legado para as décadas subseqüentes. Em outros termos, os artigos da revista, ao apresentar temas como as secas, a diáspora e as manifestações anticoloniais como a Primeira Manifestação contra a Fome e o Desemprego, em São Vicente, refletiam uma agudização da consciência política. A literatura passou a ser um projeto ideológico, voltando-se para o popular, ao mesmo tempo que colocava o princípio da nacionalidade e o tema da conquista das liberdades no centro de suas reflexões. Em consonância com o V Congresso Pan-Africano, passaram a ocupar o centro dos debates as críticas ao capitalismo e as relações entre as metrópoles e seus territórios subordinados, fundadas nos vínculos de exploração e dominação.

Desde o pós-Segunda Guerra Mundial, as elites culturais cabo-verdianas foram responsáveis por um crescimento substancial dos debates acerca dos problemas sociais e políticos do arquipélago. O desejo de não-opressão passou a ser expresso com maior constância e ênfase. O discurso predominante das elites culturais continha como características principais: a reivindicação dos Direitos do Homem e do Cidadão, nela contido um patriotismo potencial; o princípio da nacionalidade; e a intensificação do debate sobre a questão nacional. Em 1955, a essas idéias somaram-se aquelas relativas à Conferência de Bandung, marco na luta dos países africanos e asiáticos pela independência, no âmbito de uma política de não-alinhamento.

Não é demais ressaltar que a independência era um projeto inquestionável, mas a complexidade das oposições permitia registrar divergências ideológicas em torno da sua relação com outros temas, como a unidade africana em suas diversas concepções; a política externa; as culturas africanas; o socialismo com diferentes significados; e o nacionalismo. Este se desenvolveu de forma desigual entre os distintos grupos sociais e as diferentes ilhas do arquipélago. Os primeiros sujeitos desse processo foram as elites culturais, incluindo os líderes do movimento de independência. Quanto às massas populares, a grande base social de apoio, começaram a desenvolver uma tímida consciência nacional, só depois da criação dos Estados nacionais. Quanto ao movimento de independência de Cabo Verde e da Guiné, foi liderado por um partido supraterritorial, o Partido Africano para a Independência da Guiné e de Cabo Verde (PAIGC).[30] Assim, a liderança político-partidária era a mesma, porém, uma vez desenvolvendo-se em espaços territoriais diversos, a luta apresentava uma série de peculiaridades condicionadas por elementos histórico-culturais decorrentes de diferenças fundamentais próprias do processo de colonização.

Significa dizer que os militantes cabo-verdianos participaram ativamente do movimento para a independência da Guiné e de Cabo Verde. É importante salientar que, desde 1962, depois de uma reunião de cabo-verdianos do PAIGC em Dacar, foram definidas a preparação e a estratégia de luta no arquipélago, dando início a um intenso trabalho de recrutamento, principalmente no exterior. Foi também nesse ano que alguns cabo-verdianos receberam uma preparação militar voltada para a guerra de guerrilhas, conforme a "teoria dos focos", isto é, com ações-relâmpago que deveriam ter lugar nas ilhas de Santiago, São Vicente, Sal e provavelmente em Santo Antão. Mas só depois de 1963 os dirigentes políticos voltaram-se de modo mais específico para o encaminhamento da luta em Cabo Verde, tendo sido ressaltados como fundamentais os processos de organização partidária e a própria mobilização nos centros urbanos e em algumas zonas rurais. O PAIGC estabeleceu fronteiras entre portugueses e cabo-verdianos, empregando as diferenças culturais e raciais como justificativa para desigualdades.

Quanto ao trabalho político, a escolha recaiu sobre pequenas ações de mobilização inspiradas em manifestações culturais particulares em algumas pequenas aldeias, mas que repercutiam em diferentes pontos do arquipélago. Conforme uma das principais idéias do líder do PAIGC, Amílcar Cabral:

> [...] O estudo da história das lutas de libertação demonstra que são em geral precedidas por uma intensificação das manifestações culturais que se concretizam progressivamente por uma tentativa, vitoriosa ou não, da afirmação da personalidade cultural do povo dominado como acto de negação da cultura do opressor. Sejam quais forem as condições de sujeição de um povo ao domínio estrangeiro e a influência dos factores económicos, políticos e sociais na prática desse domínio, é em geral no facto cultural que se situa o germe da contestação, levando à estruturação e ao desenvolvimento do movimento de libertação.[31]

30. O PAIGC foi fundado em 1959, na Praia e, em 1960, no Mindelo.
31. ANDRADE, Mário de (Coord.). *Obras escolhidas de Amílcar Cabral: unidade e luta.* v.1. Lisboa: Seara Nova, 1976, p. 224-225.

As diversas manifestações, em especial das atividades culturais, foram o passo inicial em direção ao processo de conquista de espaços públicos. Eram apresentadas em saraus, nos quais eram valorizados os aspectos culturais, básicos para a formação de identidades comuns, da maior relevância para que o movimento pudesse vir a ser definido em termos nacionais. Para o PAIGC, o trabalho fundado em elementos da cultura dos aldeãos facilitava o apoio destes ao partido, permitindo que este se tornasse porta-voz das necessidades da grande maioria da população. Como já era esperado, o governo português reagiu, reintroduzindo de modo intensivo os aspectos da cultura rural portuguesa, além de proibir o crioulo, língua do cotidiano, unificadora da população das ilhas. Todavia, quadros ligados ao PAIGC aproximaram-se dos *homens grandes*, isto é, com idades entre 32 e 65 anos, em Mato Baxo, na Achada Falcão (no interior da ilha de Santiago), tradicionalmente uma região de revoltas, tornando efetivo o papel político-partidário de promover uma aproximação entre os trabalhadores rurais e o partido. Aos militantes do partido coube fazê-los perceber que a aldeia à qual pertenciam era um espaço de articulação de identidades comuns e de formação de solidariedade. Quanto aos temas, relacionavam-se com os problemas dos trabalhadores, como a fome, as doenças, a falta de trabalho, a prisão e o recrutamento para a "migração forçada" para São Tomé. Desse modo, ainda que de forma lenta e fragmentária, o movimento social ganhou amplitude com uma série de protestos de trabalhadores e revoltas de rendeiros.

Pouco a pouco, com pequenas variações de ênfase, o discurso tornou-se cada vez mais voltado contra Portugal. As diversas carências e a precariedade da vida do cabo-verdiano levavam a uma reivindicação de ruptura política com Portugal, com o objetivo de: erradicar o analfabetismo, reconhecer o direito à liberdade de opinião e expressão, além de promover justiça social e desenvolvimento. Gradativamente, a questão nacional foi posta, abrangendo a questão agrária definida pela desigualdade na distribuição da terra e pelo regime indireto de exploração do trabalho. Foi, sem dúvida, a "pequena burguesia rebelde" que tomou para si com sólidos argumentos a defesa do direito à autodeterminação dos povos. Sublinhava que era particularmente entre

[...] os mais jovens que surgem elementos cujas aspirações revolucionárias se identificam com as das massas populares. Não podemos falar de um proletariado cabo-verdiano, pois não existem infra-estruturas suficientemente desenvolvidas para dar lugar à formação de uma classe operária. Apesar de os trabalhadores assalariados, empregados nas companhias coloniais e pequenas indústrias de transformação venderem a sua força de trabalho [...] não existe um proletariado possuindo consciência de classe. Acrescentem-se as circunstâncias originadas pelo desequilíbrio social e o subemprego permanente. No seio desta camada, não são raros os elementos dinâmicos susceptíveis de integrar a força motriz da luta de libertação.[32]

De outro lado, havia uma perspectiva político-ideológica com nítidas influências da doutrina salazarista divulgada em Cabo Verde, sobretudo pelo jornal *O Arquipélago*, que apresentava uma série de discursos e depoimentos de líderes e filiados da Mocidade Portuguesa nas ilhas, baseados em dois pontos. O primeiro, referente a um patriotismo centralizado em torno do Estado português, como condição necessária para a própria viabilidade econômica e política de Cabo Verde. O segundo voltava-se para uma condenação do PAIGC, identificando-o com "ações terroristas" contra a população "pacífica e trabalhadora". Essas idéias eram contrapostas pelos militantes do PAIGC, que ressaltavam que a pobreza, o atraso e a falta de liberdades só poderiam ser vencidas com a independência. Para alcançá-la, sublinhavam a importância da *unidade* e da *luta*, elementos básicos para construir uma sociedade fundada no progresso e na justiça social.

Simultaneamente, aumentavam as influências da imprensa falada e escrita, estabelecendo um vínculo entre os centros urbanos e destes com o interior das ilhas, em particular de Santiago. É necessário chamar a atenção para o fato de que em Cabo Verde, muitas vezes, a imprensa preencheu algumas lacunas deixadas pelo partido, criando ou reforçando a relação entre representantes e representados, caracterizada pelo afastamento entre os dirigentes e a grande massa do movimento.

Sobre o distanciamento, uma das razões básicas encontra-se nas acentuadas diferenças entre a "vanguarda" do partido e a base social de apoio do movimento de independência. Os dirigentes conhecem a língua escrita, apresentam um discurso "teórico", utilizando uma série de conhecimentos políticos e ideológicos e possuem um projeto socialista definido no I Congresso do Partido. Já a grande massa de apoio, a maioria do movimento, expressa como características a oralidade, uma cultura ágrafa, um modo de pensar e agir calcado no senso comum e ambições bastante modestas, não compreendendo, por vezes, as propostas e as implicações do revolucionarismo. Mas esse que parece ter sido, com freqüência, um dos impasses dos movimentos de libertação em geral não constitui um fator decisivo capaz de levá-los ao fracasso. Na verdade, também em Cabo Verde, seus efeitos aparecem no momento da tomada do po-

32. ANDRADE, *op. cit.*, p. 110.

der em diante, acentuando-se, de sorte a contribuir para que se forme um Estado com forte caráter intervencionista.[33]

A crise econômica de fins dos anos 1960 e início de 1970 foi agravada pela seca e pela ineficácia das medidas paliativas adotadas pelo governo português, como o Regulamento do Arrendamento Rural e as Frentes de Trabalho, permitindo que a escassez e a fome se acentuassem. Em 1969, foram vários os protestos contra a dispensa abusiva de trabalhadores por parte de capatazes e o transporte de cargas pesadas feito por mulheres, além da revolta de rendeiros em Mato Baxo e de trabalhadores, em Santo Antão. Nas cidades, ganhava relevo a reivindicação de uma ruptura com Portugal como precondição para erradicar o analfabetismo, imprimir eficácia a uma nova administração pública, reconhecer o direito à liberdade de opinião e expressão e promover justiça social e desenvolvimento. Aos poucos, a questão nacional ocupou o centro das discussões, abrangendo, como um de seus pontos cruciais, a questão agrária, definida pela desigualdade na distribuição da terra e pelo regime indireto de exploração do trabalho.

Ao mesmo tempo, a arregimentação e a preparação de quadros intensificaram-se nos pequenos centros urbanos, em particular entre os anos de 1968 e 1970, resultando na organização de uma estrutura clandestina da qual participava um pequeno (mas atuante) número de militantes, sobretudo nos anos 1970 a 1972. De todo modo, a ação do PAIGC encontrou algumas dificuldades, como as diferenças do arquipélago, acentuadas historicamente, ao longo de séculos de colonização. Ademais, era grande a precariedade dos meios de comunicação e transportes entre as ilhas, tornando mais difícil a tarefa do partido de expandir o movimento, fundindo os descontentamentos em uma política mais ampla, capaz de tornar-se nacional.

Contudo, com avanços e recuos, em 1973 o PAIGC passou para a fase final da luta, o que coincidiu com os desdobramentos da proclamação unilateral da independência da Guiné, em 24 de setembro de 1973, que passou a chamar-se Guiné-Bissau. Depois de quatro encontros entre junho e agosto de 1974, realizados em Londres e em Argel, envolvendo um processo de negociação, em 26 de agosto, com a assinatura do Acordo de Argel, o governo português reconheceu a independência da Guiné, além de reafirmar o direito do povo das ilhas de Cabo Verde à autodeterminação e à independência. Seguiu-se, em dezembro de 1974, a formação de um governo de transição para a independência de Cabo Verde, composto por cabo-verdianos e portugueses

33. HERNANDEZ, *op. cit.*, p. 194-195.

sob a chefia de um alto comissário. Tomando a liderança do processo, o PAIGC demonstrou a sua força política preparando um grande comício, noticiado pela imprensa, reforçando a simpatia da opinião pública internacional. Em fevereiro de 1975 Aristides Pereira, secretário-geral do PAIGC, chegou às ilhas, começando os preparativos da I reunião da Comissão Nacional do PAIGC de Cabo Verde, na qual se discutiu o possível alargamento da Comissão Nacional do Partido e a preparação das eleições para a formação da Assembléia Nacional Popular (ANP) e do governo de Cabo Verde independente. Cinco meses depois, no dia 4 de julho, a ANP reuniu-se pela primeira vez e, no dia seguinte, 5 de julho, foi proclamada a independência em uma cerimônia oficial com representantes de inúmeros países, incluindo Portugal.

Estava fundado o Estado cabo-verdiano e, ao contrário do que ocorreu na Guiné-Bissau, o aparelho administrativo foi mantido tanto na sua estrutura organizacional como em seu funcionamento. Combinaram-se, assim, a continuidade da administração colonial e a mudança, concebida pelo partido único e conduzida pelo Estado, com ênfase no planejamento econômico, na nacionalização e na socialização dos meios de produção, em uma reforma agrária, no monopólio da informação e no controle das organizações de massa atreladas ao PAIGC.

Vale a pena referir três características da conjuntura constituída pelo momento da "tomada de poder". Nessa perspectiva é importante ter clareza de que após a independência acentuaram-se as divergências entre cabo-verdianos e guineenses que formavam os quadros da direção supranacional, situação agravada durante o III Congresso do PAIGC, em 1977, desembocando no cisma político-partidário de 1980 e na fundação do Partido Africano para a Independência de Cabo Verde (PAICV). Uma segunda característica refere-se ao fato de que o PAIGC abrigava grupos com posições político-ideológicas heterogêneas como "marxistas", "trotskistas convictos" e "trotskizantes". Tal divisão teve conseqüências políticas muito significativas, funcionando como uma das principais explicações para o expurgo, em 1979, dos "trotskistas convictos", justificado pela radicalidade de suas posições. Quanto à terceira característica, aponta para a cena política e as forças de ação da sociedade cabo-verdiana. Embora com pouco prestígio e pequenas bases sociais de apoio, também atuaram dois outros partidos, a União Democrática Cabo-Verdiana (UDC) e a União dos Povos das Ilhas de Cabo Verde (UPICV). Esse conjunto de aspectos carece de pesquisas que tornem possível a compreensão do momento da tomada do poder e dos desdobramentos político-ideológicos da conjuntura pós-independência.

Guiné-Bissau

O século XV marcou o início do processo de "roedura" dos portugueses na costa ocidental africana. De acordo com o cronista Gomes Eanes Zurara, em 1446, Nuno Tristão chegou ao Cabo Branco e a Arguim, pontos de partida para a exploração dos rios da Guiné. Dez anos mais tarde, Diogo Gomes e Cadamosto exploraram o rio Grande. Na segunda viagem de Cadamosto por aquelas paragens, o navegador chegou a Bijagós. Esses lugares faziam parte de um amplo espaço territorial com fronteiras fluidas, a Senegâmbia, caracterizado por movimentos migratórios em várias direções. Abrangia diversas organizações políticas capazes de gerar complementaridade entre as diferentes zonas ecológicas do Saara, da floresta e da savana.

> Esse conjunto ocidental africano se abre, por conseguinte, ao mundo exterior pelo Saara que liga o vale do Níger ao Magrebe e além, ao Mediterrâneo. A embocadura do Níger constituiu assim a armadura desse espaço cujos limites se perderam no oceano Atlântico a oeste, no lago Tchad a leste e no Saara ao norte.[34]

Em particular no território da Guiné "portuguesa", mesmo com o tratado luso-francês de 1886, a parte oriental continuou carecendo de definição mais precisa. Suas fronteiras só foram definidas após a penetração portuguesa, depois de 1902, completando-se no final da década de 1920. Também no interior havia um conjunto de enclaves isolados.

No que diz respeito ao povoamento, ainda que não raras vezes os povos africanos tenham sido descritos pelos administradores coloniais como indiferenciados e culturalmente homogêneos, constituíam-se de quatro diferentes grandes grupos etnoculturais no litoral e dois no interior. Os que habitavam o litoral eram os grupos dos diulas e dos balantas (o mais numeroso); o dos manjacos (incluindo os papéis) e o dos banhus; os beafadas e nalus; e o dos bijagós, cocolis e padjadincas (que habitavam o arquipélago de Bijagós). Esses povos, no seu conjunto, tinham a família como unidade política e econômica, caracterizando, assim, as sociedades como horizontalizadas. Já no interior ficavam os maninkés e os fulas. Os primeiros foram chamados pelos portugueses de mandingas e eram guerreiros, comerciantes e agricultores convertidos ao islamismo desde o século XII. Tinham uma organização política centralizada e uma estratificação social que caracterizava sociedades como verticais.

34. BARRY., *Senegâmbia: o desafio da história regional, cit.*, p. 66.

Desses grupos, os povos que tiveram maior atuação na Guiné "portuguesa" foram os manjacos, os papéis, os balantas e os fulas. Quanto a estes, migraram para o interior do território desde o século XV, adensando-se o seu desloca-mento no século XIX, pressionados pelos fulas do Futa-Djalon. Seus chefes tradicionais foram alvo de cooptação por parte dos colonizadores e, quando recalcitrantes, substituídos por chefes designados.[35]

Embarcação marítima ressalta a ligação entre Guiné e Cabo Verde e a proximidade desses territórios com as ilhas de São Tomé e Príncipe.

No que se refere aos aspectos administrativos, é sabido que até 1879 a Gui-né esteve ligada a Cabo Verde, passando, em 1890, à categoria de província, tendo como seus principais municípios Bolama, Cacheu e Bissau. Quanto à conquista do território, foi pontilhada de guerras de "pacificação" ou "domesti-cação", sobretudo contra os papéis, o que inclusive foi decisivo para a Guiné passar de província a distrito militar autônomo com poderes concentrados em mãos do governador escolhido pela metrópole. Significa dizer que Bissau, Ca-cheu, Geba e Buba tornaram-se "comandos militares", decisão assim justifica-da: "[...] a civilização era apenas incipiente, e hábitos, pode dizer-se, primitivos da grande massa da população indígena requeriam procedimentos normais e simplificados [...]".[36]

O poder militar continuou até o final da década de 1920, quando os co-mandos, então militares, passaram a ser tarefa própria dos administradores das circunscrições civis. Uma segunda característica refere-se às relações entre os

35. Foge aos propósitos deste capítulo aprofundar o tema do povoamento da Guiné, relacionando-o com a história das migrações internas dos povos da Senegâmbia, em particular dos mandingas, que ainda no século XV dominavam o Império do Mali e os fulas de Futa-Djalon, no século XIX.

36. PELISSIER, René. *História da Guiné: portugueses e africanos na Senegâmbia (1841-1936)*. Lisboa: Estampa, 1989, p. 33.

funcionários da burocracia colonial (os "residentes") e os povos africanos, com a manutenção do poder tradicional dos régulos, para os quais era transferida a responsabilidade pela cobrança de impostos e subtraída a aplicação da justiça. Conforme a Carta Orgânica de 1917, tanto os régulos como os chefes de povoação, passaram a ser definidos como "delegados" dos administradores. Quanto ao número de postos militares, variava dependendo da necessidade de cada circunscrição diante das lutas de "pacificação".

É necessário registrar que aos poucos, em obediência à legislação colonial, sobretudo às leis de 1915, à Carta Orgânica de 1917 e aos decretos dos anos 1920, surgiram outras instâncias de poder, como o Conselho Administrativo e a Secretaria dos Negócios Indígenas, que se modificavam, dependendo das alterações governamentais.[37] No que diz respeito aos povos africanos, até 1930 rebelaram-se em vários movimentos de resistência, sobretudo os papéis, aliados aos balantas e aos grumetes; os fulas pretos de Mussa Molo; e os soninquês, com a adesão dos mandingas, biafadas e felupes. Entre todos os grupos e subgrupos, apenas os fulas não se rebelaram contra a perda de sua soberania.

O advento da República, em 1910, propiciou a substituição do chefe do governo local e dos funcionários do primeiro escalão. Também favoreceu a criação, em Bissau, da Liga Guineense, uma associação educativa que tinha o propósito central de criar escolas e trabalhar para o "progresso" e o "desenvolvimento" dos grumetes, isto é, dos "indígenas" convertidos ao catolicismo e integrados na cultura portuguesa. A Liga, contando também com cabo-verdianos, acabou constituindo um grupo de pressão que, embora heterogêneo devido à diversidade da assimilação, fazia reivindicações e incitava revoltas violentas. Também foi contrária à atuação de João Teixeira Pinto, a quem coube conduzir campanhas complexas entre 1913 e 1915, sobretudo quando os papéis, com o apoio dos grumetes, recusaram-se a pagar os impostos e a entregar suas armas. Acerca desse confronto, justificou Teixeira Pinto:

> Os grumetes são papéis baptizados, tendo parentes na ilha e, como pelo seu lado estão ligados com cabo-verdeanos, hão-de opôr uma resistência enorme à ocupação da Ilha – o que é necessário fazer, custe o que custar, pois é deprimente para nós que no primeiro pôsto da província onde vão vapores estrangeiros nós só dominemos dentro dos muros da praça.

37. Esse é um sugestivo tema para pesquisa, qual seja, a organização administrativa da Guiné e suas variações ao longo de fins do século XIX e no século XX. Um importante começo é a leitura de SERRÃO, Joel; MARQUES, A. H. de Oliveira (Dir.). *Nova história da expansão portuguesa*. Lisboa: Estampa, 2001, v. XI, p. 145-200.

Dizem que a ilha de Bissau há-de ser o meu cemitério mas, apesar disso, hei-de tentar a ocupação porque prefiro lá morrer a deixar manter a humilhação porque o govêrno passa todas as vezes que os estrangeiros passam na praça e perguntam porque se não pode ir ao interior da ilha.[38]

Coerente com o seu pensamento, Teixeira Pinto, mais tarde agraciado pelo governo português com o grau de Cavaleiro da Ordem da Torre e Espada, comandou os seus militares, "pacificando" vários pontos da Guiné. Ao lado desse combate direto, o governador, Oliveira Duque, dissolveu a Liga Guineense por sua atuação nos confrontos ao lado dos rebeldes. Em 1917, após o afastamento de Oliveira Duque, o novo governador, Manuel Maria Coelho, tomou à frente uma campanha contra os bijagós. Cinco anos depois, em agosto de 1924, os balantas revoltaram-se contra o recrutamento de trabalhadores e, ainda durante os anos de 1930, registraram-se revoltas dos bijagós e dos balantas.

Analisando o período de 1893 a 1930,

> [...] verifica-se que a cobrança de impostos foi a primeira responsável pelos conflitos (vinte e cinco casos), quer pela sua imposição quer pela forma de cobrança, freqüentemente não isenta de atos de corrupção ou de arbitrariedades. Seguiram-se as pressões administrativas (vinte e três ocorrências) e, a longa distância, a defesa contra a repressão (onze elementos), a pirataria ou pilhagem (sete), a oposição à expansão dos fulas (seis), a hostilidade comercial (cinco), a insatisfação dos grumetes (três) e o combate forçado (um caso).[39]

Em conjunto, todos esses combates foram caracterizados pela extrema violência embutida na ideologia da "pacificação", acentuada com a política do Estado Novo que, pelo Ato Colonial, consolidava a centralização, ligando as colônias à metrópole. Ademais, consagrava a assimilação como

> [...] política indígena da associação, da inteligência do europeu que pensa e do braço do indígena que executa, a qual fornecerá ao europeu os elementos necessários para

---

38. PINTO, João Teixeira. *A ocupação da Guiné*. Lisboa: Agência Geral das Colônias, 1936, p. 171-172. *Apud* SERRÃO; MARQUES, *op. cit.*, p. 163.
39. PÉLISSIER, René. *História da Guiné*. Lisboa: 1989, v. II, p. 270-273. *Apud* SERRÃO; MARQUES, cit., p. 167.

compreender o espírito infantil do indígena e para impor-lhe, pela benevolência, a sua autoridade, não os menosprezando, nem praticando o erro de o identificar a si.[40]

Representante do povo fula, um dos muitos que habitam o território da Guiné-Bissau.

Em 1951, a Lei nº 2.048, conhecida como Ato Colonial, foi revogada, como meio de afastar os "indígenas" de uma "assimilação prematura", nas palavras de Marcelo Caetano, para quem:

> Os pretos em África têm de ser dirigidos e enquadrados por europeus, mas são indispensáveis como auxiliares destes [...]. Pode num caso ou noutro uma família europeia em África prescindir do trabalho dos indígenas: em conjunto, a economia africana não pode passar sem ele. Por outro lado os Africanos não souberam valorizar sozinhos os territórios que habitam há milénios, não se lhes deve nenhuma invenção útil, nenhuma descoberta técnica aproveitável, nenhuma conquista que conte na evolução da Humanidade, nada que se pareça ao esforço desenvolvido nos domínios da Cultura e da Técnica pelos europeus ou mesmo pelos asiáticos.[41]

A ideologia colonial, de clara eficácia política, também ajuda a entender a situação econômica precária da Guiné portuguesa, centrada na exportação de

40. DINIZ, José Ferreira "A política indígena na Guiné Portuguesa". *Boletim Cultural da Guiné Portuguesa*, p. 4. *Apud* LOPES, Carlos. *A transição histórica na Guiné Bissau.* Bissau: Inep, 1987, p. 37.

41. CAETANO, Marcello. *Os nativos na economia africana.* Coimbra: Coimbra Ed., 1954, p. 138-139. *Apud* ALEXANDRE, Valentim. *Velho Brasil/novas Áfricas*, op. cit., p. 226.

produtos como a borracha e o amendoim. Da mesma forma, possibilita entender a falta de empenho por parte da burocracia colonial em relação à infra-estrutura, com a pavimentação bastante limitada de estradas e a construção de apenas um conjunto portuário. Além disso, permite avaliar a resumidíssima assistência sanitária e o número restrito de alfabetizados, portugueses e seus descendentes.

Mas o caráter da exploração dos povos africanos torna-se ainda mais evidente quando se retoma o trabalho de descasque do arroz. Feito tradicionalmente pelos povos africanos, passou a sofrer a concorrência do monopólio de quatro fábricas de descasque. Para enfrentar a resistência dos africanos que continuavam a produzir com os métodos tradicionais, em janeiro de 1953, o governo publicou "um decreto proibindo pura e simplesmente qualquer venda de arroz descascado pelos nativos e começou a fiscalizar de muito perto os africanos, de modo a evitar as 'transgressões à lei'".[42]

Entre os portugueses (funcionários, militares e civis) e os povos africanos existiam camadas mistas com interesses e identidades próprias. Também havia os degredados por razões políticas, tanto de Cabo Verde como da África Austral e de São Tomé. Além disso, havia comerciantes franceses e alemães que atuavam na bordadura do Atlântico, ao lado dos denominados "sírios", que eram os naturais da Ásia e da faixa mediterrânea da África. Destes destacavam-se os libaneses, que comerciavam, sobretudo, em Bafatá e Casamansa.

Concomitantemente à complexificação da composição da sociedade, despontavam em Portugal as elites culturais e políticas em torno das atividades de organizações antifascistas como o MUD juvenil, o Movimento da Paz, o Partido Comunista Português e, em especial, a Casa dos Estudantes do Império, integrando o grupo mais amplo de africanos de Cabo Verde, São Tomé, Angola e Moçambique. Outros acontecimentos vêm somar-se a esses, sendo o mais importante a chegada, em 1953, do agrônomo Amílcar Cabral à Guiné portuguesa, quando passou a reunir-se com integrantes do Movimento da Independência Nacional da Guiné, que tinha, sobretudo, uma dimensão educadora: preparar teoricamente seus integrantes, intelectuais locais e pequeno número de artesãos e operários, companheiros de trabalho de Amílcar Cabral na Estação Agrícola de Pessubé. Esse movimento esteve na base da fundação do Clube Desportivo e Cultural para educar civicamente os jovens, sensibilizando-os para a necessária remoção das injustiças da ordem social imposta pela metrópole.

---

42. CASTRO, Armando. *O sistema colonial português em África (meados do século XX)*. Lisboa: Caminho, [s/d], p. 353. *Apud* LOPES, *op. cit.*, p. 37.

Contudo, como era um clube fechado, não tardou a levantar suspeitas, acentuadas pelo fato de seus freqüentadores serem pessoas de diversas condições sociais, o que não era comum. A importância do clube foi ter desempenhado a função pedagógico-política de conscientizar os seus integrantes da necessidade de uma ampla ação coletiva. Nesse contexto, 1956 foi o ano em que Amílcar Cabral, Aristides Pereira, Luis Cabral, Fernando Fortes, Júlio de Carvalho e Elisée Turpin fundaram o Partido para a Independência – União dos povos da Guiné e Cabo Verde (PAI)[43], tendo como divisa "Unidade e Luta". O partido determinou estatutariamente quatro ações: a conquista da independência nacional; os objetivos de progresso econômico; o desenvolvimento social e cultural; e a democratização da Guiné e de Cabo Verde. Também escolheu como estratégia revolucionária o encaminhamento das lutas internas em Cabo Verde, de acordo com as suas características histórico-culturais. O PAIGC também integrou organizações supraterritoriais articuladoras das "lutas de libertação" como: o Movimento Anti-Colonialista (MAC), organização ilegal desde quando foi fundada, em 1957, que contava com o apoio do Partido Comunista Português; a Frente Revolucionária Africana da Independência Nacional (Frain), fundada em janeiro de 1960, como centro coordenador das lutas nacionais nos territórios africanos sob dominação portuguesa; e a Conferência das Organizações de Libertação das Colônias Portuguesas (CONCP), fundada em 1961, que sucedeu a Frain, para ordenar as "lutas de libertação" das colônias portuguesas contra o imperialismo e o colonialismo.

A CONCP considerava que a "pequena burguesia" e os "assalariados urbanos" eram responsáveis pelo movimento nacionalista. Note-se que uma de suas publicações torna clara a sua análise sobre as "camadas sociais urbanas":

No grupo dos assalariados, comparável ao proletariado europeu, sem lhe ser semelhante, a maioria era sensível à luta, enquanto outros de mentalidade pequeno-burguesa, tentam pelo contrário defender as suas pequenas conquistas no seio da sociedade. Inconscientemente ou não, o grupo dos "sem classe" foi francamente oposto à luta [...]. Por outro lado, o grupo difícil de classificar de todos os jovens que, apesar de conservarem estreitos contactos com o campo, foram obrigados a emigrar

43. Depois da organização do partido, em outubro de 1960, a sigla PAI foi oficialmente mudada para PAIGC.

para cidades, e assim estabelecer um paralelo entre a vida dos Portugueses e os sacrifícios suportados pelos africanos, mostrou-se extremamente dinâmico.[44]

Acrescente-se a controvertida noção de "classe-Nação", desenvolvida por Amílcar Cabral, que, formada pela "pequena burguesia", era capaz de "globalizar a cultura", partilhando uma causa comum. Por isso, foi identificada como o principal grupo da resistência africana em oposição ao "Estado colonial". Dessa forma, as contradições da sociedade africana eram consideradas secundárias em referência à contradição principal entre a "Nação guineense" e o "Estado colonial". Porém, é evidente que uma questão básica tinha de ser respondida: como unir os grupos etnoculturais de modo que marchassem juntos ao mesmo tempo que subordinados à "classe-Nação"? Politicamente, significava compreender que a integração e a consolidação nacionais processavam-se de maneira paradoxal. Ao mesmo tempo que se desenvolvia a consciência nacional, era reforçado o "espírito de pertença" nos respectivos grupos etnoculturais, nos quais predominavam as relações de parentesco. Restava, portanto, o desafio de promover a interação entre diversos grupos, o que implicava abrandar as lealdades há muito estabelecidas, de modo que favorecesse uma interpenetração de culturas como condição básica para superar o restrito "sentimento de pertença", atrelando-o a uma lealdade mais ampla representada pelo movimento de independência, depois pelo partido e, por fim, ao chamado Estado Nacional. A tática utilizada pelo PAIGC teve, portanto, como ponto de partida a realidade cultural.[45]

A direção desse processo político-ideológico ficou em mãos da chamada "pequena burguesia", da qual faziam parte os ideólogos do PAIGC, um grupo heterogêneo constituído por habitantes dos centros urbanos, não raras vezes mestiços designados das mais diferentes formas: "lançados", "grumetes", "cristãos", "brancos da terra" e "filhos cristãos da terra". Essa "pequena burguesia" foi considerada "classe nacional" no quadro do Movimento de Libertação Nacional, a qual, assumindo os objetivos nacionais, apresentava condições efetivas para conduzir um processo de resistência social agregador de um conjunto de grupos étnicos com culturas próprias.

Havia razões históricas para Cabral e os demais integrantes das elites políticas procederem desse modo. As raízes culturais particulares acentuavam a difícil tarefa de constituir um movimento de amplitude nacional, precedendo a for-

---

44. CONCP, *Guinée et Cap Vert*, Alger, CONCP; 1970, p. 98. *Apud* LOPES, Carlos *et al. A construção da nação em África: os exemplos de Cabo Verde, Guiné-Bissau, Moçambique e São Tomé e Príncipe.* Lisboa/Bissau: Inep, 1989. p. 257.
45. CABRAL, Amílcar. *Nacionalismo e cultura.* Santiago de Compostela: Laiovento, 1999.

mação da nação. A tarefa das elites políticas era, portanto, tecer uma unidade a partir de problemas comuns derivados das práticas coloniais, enfatizando as aspirações comuns. Mas também era, desde 1959, desenvolver uma estratégia conjunta formulada pelo PAIGC de acentuar a sua penetração nas pequenas organizações sindicais, levando o partido à conquista da direção do Sindicado Nacional da Indústria e do Comércio.

Pouco a pouco, os quadros do PAIGC foram se dando conta das possibilidades de organizar manifestações de protesto, como a que se realizou no dia 13 de agosto de 1959, próximo ao cais, em Pidjiguiti. A resposta da administração colonial fez-se na forma de violenta repressão, acarretando 150 mortes. Também levou, 17 dias depois, o partido a decidir-se pela luta clandestina contra o governo português, o que incluía a guerra de guerrilhas. Essa decisão implicava a ampliação da força guerrilheira vinculada ao movimento nacional da Guiné que, por sua vez, recebia apoio internacional. Essas forças tiveram de operar como parte de um movimento político nacional, contando com uma base popular, o que levou o partido a discutir mais profundamente a mobilização, a organização do movimento (incluindo a coesão, a disciplina, as técnicas militares e a formação política), a sua própria estrutura e atuação dentro e fora da Guiné.

Como outros mandingas, este apresenta aspectos da cultura tradicional africana entrelaçada com elementos muçulmanos. O balafom é um instrumento versátil, tendo sido usado para a comunicação entre guerrilheiros na luta pela independência.

Quanto a Cabo Verde, a luta foi adiada, de acordo com suas características histórico-estruturais específicas, ou seja, consideradas a organização do trabalho, a estrutura social e as práticas culturais, respeitados os valores, as crenças e as tradições de revoltas legadas do passado. Amílcar Cabral sublinhava que:

Numa análise profunda da estrutura social que qualquer movimento de libertação deve ser capaz de fazer em função dos imperativos da luta, as características culturais de cada categoria têm lugar de primordial importância. Pois, embora a cultura tenha um caráter de massa, não é contudo uniforme, não se desenvolve igualmente em todos os sectores da sociedade. A atitude de cada categoria social perante a luta é ditada pelos seus interesses econômicos, mas também profundamente influenciada pela sua cultura. Podemos mesmo admitir que são as diferenças de níveis de cultura que explicam os diferentes comportamentos dos indivíduos de uma mesma categoria socioeconômica em face do movimento de libertação. E é aí que a cultura atinge todo o seu significado para cada indivíduo: compreensão e integração no seu meio, identificação com os problemas fundamentais e as aspirações da sociedade, aceitação da possibilidade de modificação no sentido do progresso.[46]

Essas idéias explicam por que eram enviados para ocupar um dado território revolucionários do mesmo grupo etnocultural, sendo, portanto, capazes de compreender e respeitar os laços de parentesco, a solidariedade étnica e as tradições locais. Os líderes do PAIGC, em particular Amílcar Cabral, chamavam a atenção para o fato de que era a partir dos interesses imediatos dos trabalhadores rurais que eles poderiam ser cooptados pelo movimento. Em outras palavras, eles seriam mobilizados pela esperança de que a opressão e as injustiças próprias do sistema colonial seriam extintas. Pode-se, em resumo, considerar que os trabalhadores do campo lutavam por melhores condições materiais de vida, pelo direito de viver em paz e para garantir um futuro promissor para seus filhos. Na medida em que o PAIGC foi reconhecido como a expressão dessas reivindicações e anseios, passou a unir e ampliar o movimento de independência, dando rápidas e convincentes respostas às tentativas de cisão, como em 1960, entre guineenses e cabo-verdianos.

Ao mesmo tempo, o PAIGC voltou suas atenções para as relações políticas internacionais e, em outubro de 1961, apresentou um memorando à XVI Assembléia Geral da ONU, solicitando que se fizesse valer a resolução da "outorga da independência aos países e povos coloniais". Ao mesmo tempo, enviou uma Carta Aberta ao Governo Português, propondo negociar politicamente a independência. A resposta, no entanto, foi o recrudescimento da luta, com o governo português dando ordens para o ataque à população civil. Dessa maneira, o PAIGC passou a investir ainda mais no fortalecimento de sua estrutura organiza-

---

46. ANDRADE, Mário de (Coord.). *Obras escolhidas de Amílcar Cabral, unidade e luta*. Lisboa: Seara Nova, 1976. p. 225. *Apud* HERNANDEZ, *op. cit.*, p. 172.

tiva, contando com o apoio da China, de Gana e do Marrocos. O potencial de radicalização do PAIGC foi revelado em agosto de 1961, quando declarou publicamente a passagem da fase da luta política para a insurreição. No mesmo ano o PAIGC voltou-se para a mobilização dos povos do sul, ganhando a confiança dos trabalhadores agrícolas e iniciando o recrutamento sistemático da população local. Fortalecido, o partido, dando provas de ter o sentido do poder, mantinha também as articulações com os movimentos das demais províncias portuguesas e conquistava o apoio efetivo de organizações internacionais.

Como conseqüência, em 1962 o PAIGC promoveu uma Assembléia dos Quadros Dirigentes, propondo discutir a revisão dos estatutos do partido; os recursos técnico-materiais necessários ao processo de mobilização; e a análise da situação cabo-verdiana, destacando-se o preparo de quadros para desencadear a luta no arquipélago. Quanto à Guiné, o movimento espalhou-se por todo o sul, onde derrotou as tropas portuguesas; teve um considerável avanço ao norte; e foi ocupando gradativamente o leste. Em 1964, quase metade do território guineense estava em mãos do movimento de independência. Essa avaliação levou os líderes do PAIGC a organizar, em fevereiro de 1964, o Congresso de Cassacá, cujas decisões e iniciativas seriam válidas para a Guiné e para Cabo Verde.

Entre as resoluções tomadas destacaram-se as tarefas voltadas para elaborar o programa do partido, criar as Forças Armadas Revolucionárias do Povo, incluindo os guerrilheiros, as milícias populares e o exército popular, e discutir questões de ordem disciplinar. No que se refere ao programa do partido, foram definidas como suas principais metas: a independência nacional, com a liquidação da dominação colonialista e imperialista; o regime republicano, democrático, civil, anticolonialista e antiimperialista; a política econômica de estatização e a economia centralmente planificada; o Estado com as funções social, previdenciária e de instrução; o monopólio da informação e da política; e o papel do partido como definidor da política do Estado.

Não é demais reiterar que a heterogeneidade dos povos africanos da Guiné foi uma das mais difíceis tarefas que o partido teve de enfrentar. Era necessário que os setores vinculados à "guerra de libertação" estendessem-na para o âmbito nacional. A unificação ocorreu na medida em que o PAIGC constituiu um sujeito coletivo revolucionário, convencendo os trabalhadores do campo que a opressão, a impotência e a incapacidade de cada um deles eram partilhadas com os demais. Assim, as populações rurais, no seu conjunto, reconheceram que eram iguais diante do trabalho forçado, dos castigos corporais, da cobrança de impostos, da fome, da doença e do analfabetismo. Na raiz dessas carências estava o poder exógeno, isto é, a dominação européia, mais precisamente portuguesa. Desse modo, a "questão nacional" ganhou mais relevância do que a "revolução social", precedendo-a. Foi como se estenderam as bases sociais de apoio. Vinculando a guerra de guerrilhas com o movimento nacional mais amplo, o PAIGC conquistou o apoio daqueles que não participavam diretamente da luta armada, incluindo a população dos principais centros urbanos.

Em 1966, o controle do partido atingia cerca de 60% do território, com aproximadamente metade da população, passando a ser dividido militarmente nas frentes norte, sul e leste. Quanto ao aspecto administrativo, a Guiné foi dividida em regiões, zonas e tabancas com suas organizações de base, tribunais populares e organismos partidários. Ademais, cabia às comunidades locais eleger administradores para distritos, conselhos e outros postos. Outra inovação foi a redistribuição do poder, orientado para a segurança, o controle da população e a mão-de-obra e para as formas alternativas de produção e abastecimento.[47] Além disso, o PAIGC liderou a implementação de novas modalidades de vida social, criando setores de educação e saúde, novo aparato militar e de segurança, e controle dos novos meios de comunicação.

Nos anos 1966 e 1967 o movimento de independência avançou, passando a incluir ataques aos centros urbanos, como ao aeroporto de Bissau. Em 1968, como era esperado, recrudesceu a violência por parte do governo português. Por outro lado, Spínola, governador-geral da Guiné, tinha a incumbência de conquistar a confiança dos guineenses atraindo a população das regiões ocupadas por meio do Programa Para uma Guiné Melhor, que incluía: reformas sociais, para alterar o caráter discriminatório e limitado dos setores de educação e saúde; a construção de estradas; e a formação de fortes na fronteira entre as duas Guinés para impedir a entrada de armas e munições para os revolucionários. Essa nova política contava com interlocutores, isto é, um grupo constituído pelos que eram a favor da "federação com Portugal", resguardada a originalidade do desenvolvimento dos africanos e garantindo-lhes a igualdade de direitos com os portugueses (veja mapa 13.2).

Entretanto, na prática, em 1970 a Guiné foi bombardeada, assim como a sede do PAIGC na Guiné-Conacri, o que enfraqueceu o governo de Sékou Touré. Mas nem por isso o PAIGC recuou. Ao contrário, respondeu em 1971 com a atuação das Brigadas de Ação Política, levando os princípios político-ideológicos e os objetivos do partido à população das zonas libertadas. Essa nova ofensiva sinalizou a irreversibilidade do processo de emancipação, o que

47. HERNANDEZ, *op. cit.*, p. 170-186.

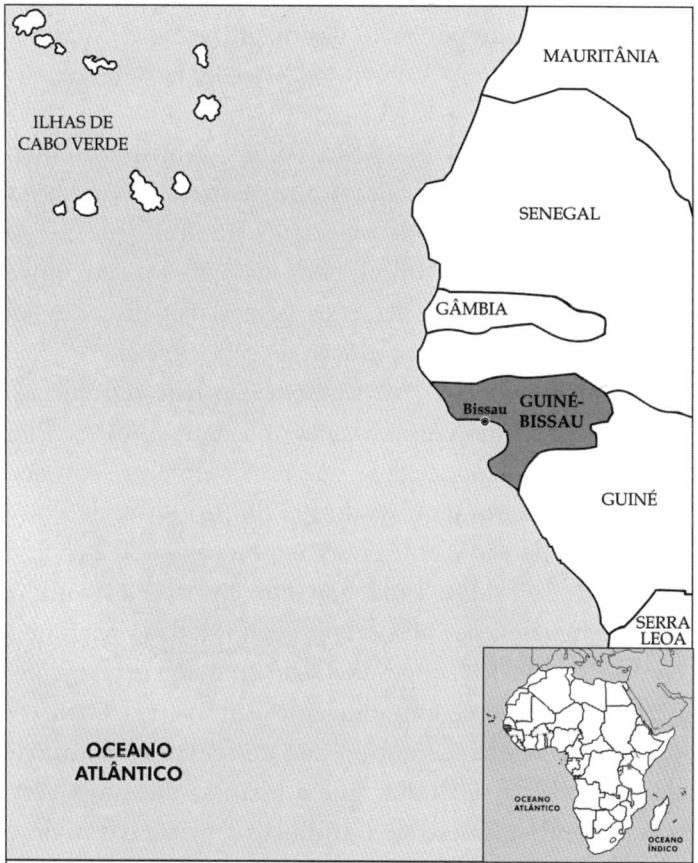

13.2 - Depois de 1968, o governador-geral da Guiné Portuguesa tentou implementar o "Programa para uma Guiné Melhor". Entretanto, a guerra de guerrilhas já tinha atingido pouco mais de 60% do território e a conquista da independência foi um processo irreversível. A Guiné Portuguesa passou a chamar-se Guiné-Bissau, em 24/9/1973.

[Elaborado pela autora para a devida adequação ao texto - L. L. HERNANDEZ]

incluiu a mudança do nome do território para Guiné-Bissau. Daí em diante, os êxitos prevaleceram e, em 1972, os ganhos de território foram relevantes, processo que continuou a se desenvolver mesmo com o assassinato de Amílcar Cabral, em 21 de janeiro de 1973. Assim, em 24 de setembro, reuniu-se pela primeira vez a Assembléia Nacional Popular, que proclamou unilateralmente a independência. De imediato, foi formado o Estado da República da Guiné-Bissau, que adotou a sua primeira Constituição e designou os órgãos do poder executivo. No dia 26 de agosto de 1974, o governo português reconheceu a independência. Abria-se uma nova etapa, na qual foi definida a organização partidária de acordo com as resoluções do I e II Congressos do PAIGC e do Congresso dos Quadros Dirigentes, em Boké. Também o partido foi reconhecido como "vanguarda" que, com "legitimidade histórica", tutelaria o Estado e as manifestações da sociedade por meio das organizações de massa.

São Tomé e Príncipe

São Tomé e Príncipe são ilhas de origem vulcânica, de terreno montanhoso e de grande vegetação tropical, que se estendem do monte dos Camarões ao Atlântico. As planícies e os baixos planaltos são ideais para a produção de café e cacau.

Embora não haja referências dos cronistas portugueses da época, como Gomes Eanes de Zurara e Rui de Pina, acerca de quem esteve primeiro nas ilhas, aceita-se que provavelmente João de Santarém e Pêro Escobar, ambos cavaleiros da Casa do Rei D. Afonso V, de Portugal, teriam aportado na costa norte de São Tomé em dezembro de 1470 e chegado a Príncipe em 17 de janeiro de 1471. Em 1482, São Tomé passou a ser um território estratégico para os portugueses, por possibilitar que fosse dado seguimento aos contatos iniciais com o "reino" do Congo. Por sua vez, a ilha de Príncipe começou a ser colonizada em 1502, tendo como donatário Antonio Carneiro.

Quanto ao fato de as ilhas serem ou não desabitadas, é uma questão ainda pouco esclarecida. Vale sublinhar que a história dos angolares carece ser mais pesquisada. Grande número de estudiosos registra o ano de 1544 como marco da sua entrada em São Tomé e Príncipe, ocasião em que teriam sido salvos cerca de 200 descendentes de escravos do naufrágio de um navio negreiro. Chamados de angolares, apareceram em 1574 no nordeste da ilha, assaltando as roças e raptando mulheres escravas. Teriam sido "pacificados" pelos portugueses apenas em 1693, conforme informações de autores portugueses do século XIX.

As pesquisas efetuadas até o final do século XX destacam que depois de São Tomé ser concedida como capitania por D. João II (1481-1495) ao donatário João de Paiva foi iniciado o cultivo da cana-de-açúcar e, em 1484, começou a ocupação das ilhas. Mas apenas Álvaro de Caminha, o terceiro donatário, fundou uma colônia no nordeste da ilha. Foram levados para São Tomé voluntários, degredados e crianças judias deportadas da Espanha, que haviam chegado a Portugal separadas de seus pais e, em 1492, expulsas pelos Reis Católicos.[48]

48. Sobre essa "questão judaica" ver SARAIVA, José Hermano. *História de Portugal*. Lisboa: Alfa, 1993. p. 136-137 e AGUIAR, Armindo. "Os fundamentos históricos da Nação são-tomense". *In*: SAMIR, *op. cit.*, p. 314-322.

Muito próximas de São Jorge da Mina e do porto de Pinda, as ilhas eram pontos estratégicos na rota para as Índias, além de facilitar o contato com as feitorias da Guiné. Para São Tomé e Príncipe foram levados culturas, técnicas agrícolas, gado e plantas que haviam se mostrado compatíveis nas ilhas da Madeira, Canárias e no arquipélago de Cabo Verde. Também introduziram o sistema de capitanias hereditárias e a cultura intensiva da cana-de-açúcar, com mão-de-obra escrava levada do delta do Níger (Benin), do Gabão, do "reino" do Congo e de Angola. Pelo Regimento de 1500, D. Manuel autorizou o feitor de São Tomé a praticar o comércio de escravos com São Jorge da Mina (Elmina), na Costa do Ouro, estabelecendo "[...] em 1519 – pela primeira vez na história do Ocidente – regras para triagem, embarque, alimento, transporte, marca a ferro em brasa, tratamento e treino africano para o escravismo moderno".[49]

Nos primeiros anos do século XVI, São Tomé tornou-se uma colônia açucareira e, sobretudo, um importante entreposto de comércio de escravos que, em grande número, falavam um idioma com vocábulos luso-africanos, a "língua de São Tomé", e já estavam preparados para a fabricação de açúcar.

> Para o colonato são-tomense, traficar negros torna-se mais interessante do que plantar cana. No início do século XVI a ilha contava com 2 mil escravos fixos, e de 5 mil a 6 mil itinerantes à espera de embarque para outros mercados. Nos anos seguintes, os são-tomenses passam a fazer o trato entre Benin e a Mina ao mesmo tempo que puxam o mercado do Congo para o sistema atlântico.[50]

É importante chamar a atenção para o fato de que foram os traficantes são-tomenses que, em 1530, buscaram negros em Pinda e Angola, embarcando cerca de quatro mil indivíduos por ano, em particular para o Brasil. A disputa no âmbito do poder político local entre senhores brancos de engenho, de um lado, e lavradores com proprietários mulatos, e destes com a Coroa e a Igreja, de outro, deu espaço para vários levantes de escravos, como os de 1517 e 1553. O principal deles ocorreu em 1595, quando o bispo e o governador lutavam pelo poder político. Cerca de quatro mil negros reivindicavam a libertação dos escravos e da terra; a liquidação do poder colonial em suas dimensões econômica, política e religiosa (leia-se católica, como a Irmandade do Rosário dos Negros de São Tomé, criada em 1526 por um alvará-régio); a destruição de fazendas e de aproximadamente setenta engenhos de açúcar; o incêndio de igrejas; e

---

49. ALENCASTRO, *op. cit.*, p. 65.
50. *Ibidem*.

a auto-aclamação de Amador, escravo de um oficial do exército colonial, como rei de São Tomé. Amador foi preso, enforcado e esquartejado em janeiro de 1596. O interessante é que a situação de São Tomé acabou dando ensejo para que fosse reunido em Lisboa um grupo de peritos "[...] para estudar a matéria que dará lugar ao regimento de 1596 sobre os índios, 'o gentio do Brasil'".[51] Por sua vez, historiadores são-tomenses consideram que a derrota sofrida pelo "rei Amador" foi o marco final da primeira fase da colonização.[52] No entanto, as revoltas de escravos continuaram, sendo que, entre os anos de 1673 e 1675, eclodiu a dos "minas" (africanos provenientes de Elmina, feitos escravos). Ao lado das revoltas, também era grande o número de "escravos fujões" para as montanhas de São Tomé.

Como entreposto de escravos, São Tomé (ao lado de outros enclaves africanos) cumpunha com Portugal e o Brasil um importante sistema econômico, passando a fazer parte da "economia-mundo", na consagrada expressão do historiador Fernand Braudel. Essa articulação que se constituiu no "primeiro sistema atlântico"[53] articulava os enclaves africanos às Canárias, à Madeira, a Cabo Verde e a São Tomé. Como já foi destacado, até meados do XVI, a população de São Tomé era constituída, sobretudo, por europeus e crianças judias deportadas e, de outro lado, por grande número de escravos da costa africana, além de africanos livres do continente, importantes como facilitadores para a manutenção das relações entre os portugueses e os comerciantes africanos. Foi um período em que os "naturais" das ilhas, fazendeiros mulatos (frutos das relações entre brancos e escravas negras), foram relegados a segundo plano pelas vantagens concedidas apenas aos europeus, como o acesso ao capital por meio do Banco Nacional Ultramarino. Também nas requisições de serviçais os europeus eram privilegiados pela curadoria (veja mapa 13.3).

As ilhas prosperaram, o que despertou durante a segunda metade do século XVI e por todo o século XVII a cobiça dos franceses, ingleses e holandeses, que atacaram e pilharam a cidade de São Tomé. Faz-se necessário registrar que de 1641 a 1648 a Companhia Holandesa das Índias Ocidentais tomou o porto de São Tomé, passando a controlar o comércio de açúcar e de escravos. Ademais, utilizava a ilha como entreposto entre Pernambuco, na época sob dominação holandesa, Elmina e Luanda.

---

51. ALENCASTRO, *op. cit.,* p. 67.
52. AGUIAR, Armindo. "São Tomé e Príncipe". *In*: SAMIR, *op. cit.*, p. 318.
53. A expressão, de Philip D. Curtin, em seu livro *The Atlantic slave trade – A census (*Madison: Wis, 1969), é utilizada no livro de Alencastro.

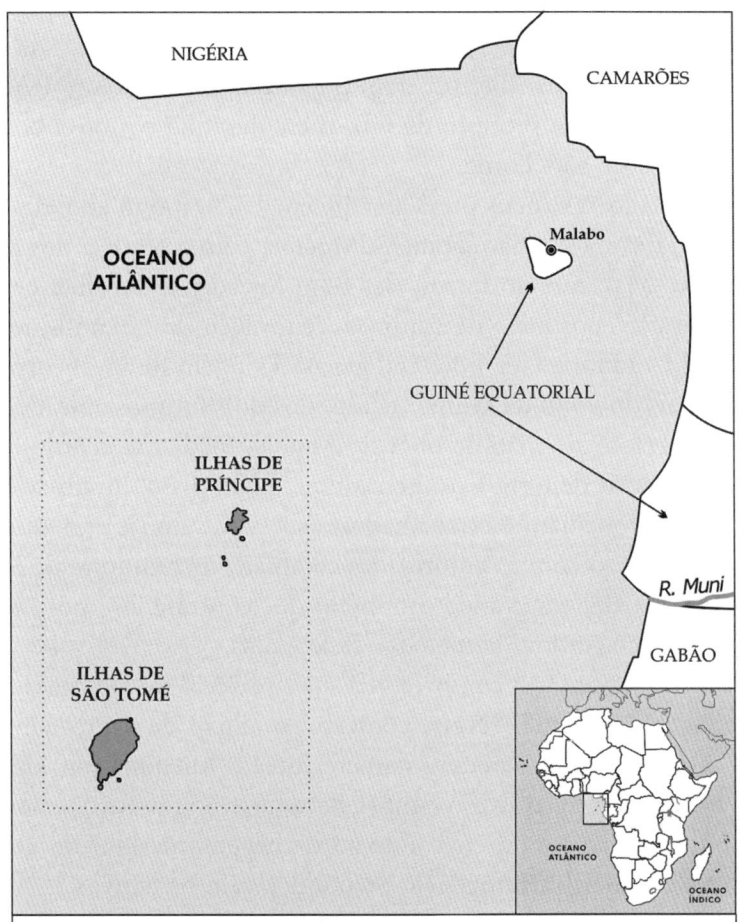

13.3 - São Tomé e Príncipe articularam-se aos enclaves africanos (São Jorge da Mina e Pinda) e também às Canárias, à Madeira e a Cabo Verde, Portugal e ao Brasil, passando a fazer parte da "economia-mundo".

[Elaborado pela autora para a devida adequação ao texto - L. L. HERNANDEZ]

No século XVII, além de a fabricação do açúcar declinar devido à competição do Brasil, houve também a diminuição do comércio de escravos, levando as ilhas de São Tomé e Príncipe a entrar em um período de estagnação reforçado, em 1614, quando a Coroa portuguesa proibiu os moradores de São Tomé de comerciarem com o "reino" do Congo. Esses fatores levaram a uma grande diminuição de colonos brancos e ao crescimento do número de crioulos, possibilitando que fosse estabelecida uma sociedade crioula. Só em 1852, com a transferência da capital de Príncipe para São Tomé, foi iniciado o chamado período de recolonização. A economia de São Tomé e Príncipe retomou o crescimento, atingindo o seu auge em 1860, com a produção de cacau e café, culturas que necessitavam de grande número de braços. Desse modo, em um primeiro momento, a procura por mão-de-obra voltou-se para o continente africano e, em 1870, também passou a incorporar trabalhadores "contratados" de Angola a baixo preço. Estes, embora libertos, eram tratados como escravos, dando ensejo, em 1880, a uma ação de protesto da Grã-Bretanha, que passou a boicotar oficialmente o cacau de São Tomé.

Ainda no século XIX, mais precisamente em 1875, foram abolidas por lei as relações de escravatura em São Tomé e Príncipe, com a alforria dos poucos escravos restantes. Mas, mesmo forros, eles eram forçados a trabalhar em cerca de 200 a 250 "roças"[54] por meio de contratos renováveis de três anos, regulamentados por uma Curadoria Geral dos Indígenas. Também foram incorporados ao trabalho serviçais do golfo da Guiné, sendo, nos dois últimos anos de 1870, retomada a importação de mão-de-obra de Angola, mediante acordos efetuados entre os proprietários de terra e os mercadores. Além disso, foram acionados os mecanismos que impediam os trabalhadores sob contrato de regressarem à sua terra natal. De acordo com as autoridades coloniais, incluindo as de Moçambique e de Cabo Verde, era grande o número de "contratados" por "sua inteira vontade" mediante acordos "livremente" celebrados.

Igualmente, é necessário compreender que até 1875 foi crescente o número de degredados a São Tomé. "Neste contexto, o afluxo de degredados, de permeio com o de outros europeus – comerciantes e funcionários, alguns deles mais tarde tornados roceiros –, revestiu-se de alguma importância, especialmente pelo seu contributo para a consolidação da hegemonia lusa no arquipélago onde, num tecido social heterogéneo, preponderavam os nativos."[55]

Além disso,

> [...] é provável que, em época de retracção da oferta de mão-de-obra em Angola, os curadores se sentissem obrigados a atender aos pedidos dos mais importantes roceiros, representados na Junta de Emigração, no relevante Centro Colonial – cujos estatutos foram aprovados em 1899 e à frente do qual esteve Francisco Monteiro – e, posteriormente, na Sociedade de Emigração para São Tomé e Príncipe.[56]

---

54. Eram chamadas roças as grandes propriedades de terras férteis onde praticavam-se as monoculturas para exportação.

55. NASCIMENTO, Augusto. *Órfãos da raça: europeus entre a fortuna e a desventura no São Tomé e Príncipe colonial.* São Tomé/Ministério dos Negócios Estrangeiros/Instituto Camões (Centro Cultural Português em São Tomé e Príncipe), 2002. p. 15.

56. NASCIMENTO, Augusto. "S. Tomé e Príncipe". *In:* MARQUES, *op. cit.*, p. 206.

Como conseqüência, algumas terras de "naturais" das ilhas (forros), por título ou mesmo por usufruto costumeiro, acabaram por ser incorporadas às roças, cujos últimos acertos de limites ocorreram na virada do século, quando o meio mais utilizado para a transferência de terras aos europeus era a execução judicial que, não poucas vezes, escamoteou o uso da força e da fraude.

Com a transferência da capital de Príncipe para São Tomé foi iniciado o chamado período de recolonização, tendo como centrais as produções de cacau e café.

Na ilha de Príncipe investiram grandes companhias, como a Companhia da Ilha do Príncipe, instalada em 1894, acentuando a posição econômica subalterna dos "ilhéus". Em síntese, é possível afirmar que o confisco e a subdivisão de terras acabou deslocando a propriedade da roça, que em grande parte deixou de ser patrimônio familiar. Mesmo com grande retração de seus rendimentos, alguns "ilhéus" conseguiram assegurar a sua posição econômica, o que lhes permitiu manter a tradição de enviar seus filhos para completar a escolaridade formal, sobretudo em Lisboa. Ademais, a pequena propriedade, ainda que relegada a segundo plano e tendo condições degradadas, continuou a existir. Também a pesca, como atividade dos angolares e de outros "naturais", teve continuidade. Já na cidade, os "ilhéus letrados" candidataram-se aos empregos públicos ou às casas de comércio, não poucas vezes passando por um processo de descenso econômico e social. No seu conjunto, os "ilhéus" recusaram-se a trabalhar nas roças, a não ser em algumas tarefas pontuais.

Diante dessa situação, alguns "ilhéus" que ainda mantinham certo *status* organizaram-se e fundaram a Companhia dos Trabalhadores para atuar no mercado de trabalho. Mas só no período da República portuguesa, em 1913, a Liga dos Interesses Indígenas conseguiu que a companhia fosse regulamentada por portaria oficial. Ainda assim, mesmo com os "ilhéus" oferecendo-se para trabalhar para os roceiros, estes davam preferência aos trabalhadores contratados. Também difícil era a condição socioeconômica dos europeus recém-chegados, não absorvidos no mercado de trabalho, mantendo as condições precárias que tinham em Portugal ou, na maior parte das vezes, ficando reduzidos à miséria. Por isso foi criada a Associação Pró-Pátria, assistencialista, com o objetivo de auxiliar os europeus pobres. Todavia, como o excesso de mão-de-obra era de interesse dos roceiros, essa questão ficou longe de ser solucionada. Assim, os europeus eram quase sempre empregados como "vigilantes dos serviçais", tendo de se submeter aos roceiros e seus administradores, que impunham prolongados horários de trabalho.

De todo modo, mesmo considerando a pobreza de grande parte da população, até 1920, o crescimento de São Tomé foi mantido. "Por exemplo, entre 1911 e 1913, São Tomé proporcionou em receitas de reexportação o dobro de Angola e, não obstante a sua pequenez, importava da metrópole metade dos valores desta última colônia."[57] Esse crescimento foi interrompido nas décadas de 1920 e 1930, quando a "pérola do Atlântico" foi perdendo importância no conjunto da economia do império português.

Levando em conta as principais características econômicas e sociais de São Tomé e Príncipe até cerca de 1910, constata-se que aumentou significativamente o número de contratados, acarretando como conseqüências a diversificação social e o descenso dos "naturais", que perderam sua situação de predominância. Além disso, a entrada maciça dos contratados contribuiu de modo crucial para que a população nativa deixasse de ser majoritária, tendência acentuada principalmente com os contingentes de Angola (cujo recrutamento só foi regulado por decreto graças à pressão da Sociedade Antiescravagista e Protetora dos Indígenas), acrescidos pelos de Cabo Verde (em número crescente), da Guiné e mesmo de Moçambique.

Quanto à presença européia, a partir de 1910 sofreu uma nítida retração. Já no que se refere aos mestiços, numericamente, constituíram o menor grupo nas ilhas. Cumpre, por fim, deixar registrado que as relações de trabalho nas roças foram regidas pelo decreto de 1914, que aprovou o Regulamento Geral do Trabalho Indígena, no qual o "preto" tinha o dever de trabalhar para a sua subsistência e ascensão social; caso contrário, poderia ser preso por vadiagem e submetido ao trabalho "correcional". O referido decreto também regulamentava o recrutamen-

---

57. NASCIMENTO, Augusto. "S. Tomé e Príncipe". *In*: MARQUES, op. cit., p. 212.

to de mão-de-obra, sobretudo a atividade da Sociedade de Emigração para São Tomé e Príncipe, criada em 1912.

Evidenciou-se ainda a importância do número crescente de degredados que, no entanto, por preservar o seu desenraizamento social, formavam um setor flutuante da população, com o permanente sonho de regressar a seu país. Para isso contribuíam diferentes fatores: o pequeno número de mulheres, o desejo de voltar para suas famílias e os altos índices de mortalidade. Esses elementos justificam por que os roceiros hesitavam em contratá-los. Apesar disso, o recurso aos degredados nas décadas da recolonização do arquipélago fez deles parte significativa do contingente de europeus, sendo que, desde 1875, a maioria foi incorporada ao insuficiente efetivo militar ou foi alvo de instrumentalização dos governadores, administradores e feitores das roças, contra os seus adversários. "Apesar do falhanço da política de colonização com recurso a degredados, ao longo de anos eles constituíram parte substancial, quando não a maioria, dos europeus no arquipélago. Coube-lhes um decisivo papel nas décadas cruciais da recolonização do arquipélago, papel indissociável das várias formas de enquadramento penal e, nalguma medida, de inserção social."[58] Àquela altura tornaram-se administradores, feitores das roças, pequenos comerciantes ou ainda desempenharam trabalhos braçais na alfândega, na limpeza da cidade, como serventes do hospital ou sujeitos a trabalhos de "arregimentação de escravos e libertos nas roças".[59]

Resumidamente, é possível considerar o sistema de estratificação social de São Tomé como constituído por categorias sociais divididas segundo o estatuto legal em espaços diferentes; pelo emprego ocupado; e por suas características culturais. Por esses critérios é possível identificar a sociedade de São Tomé como formada pelos proprietários das roças, administradores das roças, funcionários da administração colonial e comerciantes; pelos pequenos proprietários "nativos", funcionários subalternos da administração pública e pequenos comerciantes; pelos trabalhadores urbanos (artífices); pelos trabalhadores rurais, a grande parte da população nativa que possuía o mínimo para sua subsistência; e pelos serviçais, ou seja, os contratados em Angola, Moçambique e Cabo Verde para o trabalho nas roças. Mais numerosos que os forros até os anos 1940, eram recrutados pelos serviços de emigração, que os utilizavam como mão-de-obra também para prevenir contestações e mudanças sociais nas roças.

58. NASCIMENTO, *op. cit.*, p. 18.
59. *Ibidem*, p. 27.

Como se assinalou, nos anos 1920 o cenário político internacional passou a atuar cada vez mais como instrumento de pressão política no que se referia ao regime de trabalho. Assim, políticos e diplomatas portugueses tiveram de negar as várias acusações de escravatura em São Tomé. Esse fato criou dificuldades para os roceiros recrutarem mão-de-obra contratada, tanto em Angola como em Moçambique. Entretanto, aumentou significativamente o número de contratados cabo-verdianos em decorrência das secas, das epidemias e das mortes no arquipélago, declinando em seguida pelo fato de os roceiros alegarem que era alta a sua taxa de mortalidade.

Mas a particularidade de São Tomé é que, embora a roça fosse a principal unidade econômica, e os roceiros, os que detinham mais *status* social e a hegemonia do poder político, ainda assim verificam-se variações que apontam para uma descontinuidade histórica. É oportuno reiterar que a hegemonia dos roceiros foi mantida com o processo de recolonização e com o aparato legislativo próprio do império português que os favorecia, articulando os seus interesses econômicos aos políticos. Todavia, é preciso ter claro que "Sem prejuízo da profunda complexidade do processo e do peso da moldura cultural (nessa medida, também nacional) no desfiar das várias soluções para as relações sociais nas roças, os roceiros agiram menos como 'portugueses' do que como plantadores".[60]

Ainda assim, o poder metropolitano não descuidou de manter a dependência político-ideológica em São Tomé, mesmo apresentando respostas variadas em diferentes conjunturas. Desse modo, é possível considerar que "[...], a escravatura, o trabalho forçado, o racismo ou outras fórmulas de organização e mobilização de recursos humanos prendiam-se mais com a oportunidade histórica e com projectos de hegemonia ou de acção social, do que com traços essencialistas de grupos".[61]

A variável raça ficou, não poucas vezes, um tanto difusa, pela própria heterogeneidade dos grupos de serviçais que não se misturavam uns com os outros. Por suas diferenças culturais, muitas vezes manifestavam-se, no seu conjunto, sob a forma de conformismo, tornando evidentes suas dificuldades para a resistência. De todo modo, não parece abusivo reiterar que a diversificação social valeu também para os estratos praticamente marginalizados, tanto como para a condição de europeus que diferia da "hegemonia plantocrata dos roceiros".[62]

60. NASCIMENTO, Augusto. *Poderes e quotidiano nas roças de S. Tomé e Príncipe de finais de oitocentos a meados de novecentos*. Lousa: Tipografia Lousanense, 2002. p. 594.
61. *Ibidem*, p. 596.
62. A expressão é de Augusto Nascimento, em sua obra *Órfãos da raça, cit.*, p. 73.

Nesse contexto, a difícil situação econômica dos europeus levou-os a um descontentamento político canalizado para o associativismo, por vezes com características sindicalistas, como a Associação de Classe dos Operários de Construção Civil e Artes Anexas, fundada em 1911, a Comissão de Vigilância e Defesa dos Interesses dos Funcionários Civis, criada em 1919 (congregando não apenas europeus), e a Associação dos Empregados do Comércio e Agricultura (Aeca), formada em 1905 e substituída em 1949 pelo Sindicato Nacional dos Empregados do Comércio e Indústria. Em particular, a Aeca aproximou-se, em diversas conjunturas, das autoridades e do ideário racial como forma de alcançar pequenas reivindicações econômicas e sociais.

Acrescente-se que desde os fins do século XIX o mais alto número de estudantes negros de todas as colônias em Portugal era de são-tomenses. A partir de março de 1911 passaram a organizar-se, fundando o jornal *O Negro*. Em 1912, junto com estudantes das demais colônias portuguesas na África, fundaram a Junta de Defesa dos Direitos da África e, em 1919, participaram da criação da Liga Africana, associada à National Association of the Advancement of Coloured People (NAACP), liderada por William Du Bois. Por sua vez, em março de 1921, o são-tomense João Antonio de Magalhães (1868-1959), mais tarde senador de São Tomé no parlamento português, foi presidente da Liga Africana. Já em 1921, os são-tomenses participaram da fundação do Partido Nacional Africano (PNA) ligado à Universal Negro Improvement Association, que tinha à frente Marcus Garvey (1887-1940).[63]

No que se refere ao ano de 1939, é interessante registrar a criação de uma associação cultural e desportiva, o Sporting Clube de São Tomé, que divulgava canções, danças e costumes dos forros. Por sua vez, nos primeiros anos de 1950, a residência da família são-tomense Graça Espírito Santo, foi o local clandestino de reunião para os membros do Centro de Estudos Africanos (1951-1953), os quais se destacaram mais tarde nos movimentos de independência nos territórios sob o domínio português na África. Quanto aos movimentos de contestação do sistema colonial, tornaram-se mais presentes no pós-Segunda Guerra Mundial, constituindo, em 1953, um importante ponto de inflexão que marcou a passagem para a resistência organizada. Esse movimento contestava a obrigação de os crioulos trabalharem nas roças; a proibição da produção e venda do vinho de palma e da aguardente local; e o aumento do imposto individual, o que forçava os forros a se tornar assalariados. Contra esse conjunto de medidas próprias do sistema colonial

63. Consultar o Capítulo 6.

uniram-se trabalhadores agrícolas, funcionários, comerciantes e membros das elites culturais, que não vergaram mesmo diante das armas. Um grande número de são-tomenses morreu, vítima do Massacre de Batepá, que passou a ser um marco no processo de formação da consciência anticolonial e de uma identidade "forra", a qual, por seu turno, formou-se também contra os serviçais, sobretudo cabo-verdianos, que pareciam fadados à dinamização da pequena agricultura. O Massacre de Batepá tornou-se um esteio identitário do nacionalismo são-tomense, além de ser considerado o início de um processo de luta que desembocou na criação, em 1960, do Comitê de Libertação de São Tomé e Príncipe (CLSTP).

Na mesma época, a organização da luta pela independência no interior do país gravitou em torno da "invenção das tradições", "[...] essencialmente um processo de formalização e ritualização, caracterizado por referir-se ao passado, mesmo que apenas pela imposição da repetição".[64] Pouco a pouco foram recriadas manifestações culturais até aquela altura consideradas privilégio dos mais velhos nas roças ou permitidas apenas em regiões afastadas dos centros urbanos. Foram revividas danças populares proibidas, como a do congo, uma dança guerreira que os roceiros e a administração colonial temiam que incitasse o povo para o processo reivindicatório. Também o lundu, prática tradicional que tinha deixado de ser realizada, pela riqueza metafórica dos provérbios cantados, passou a ser ritualizada pelo movimento de independência. Por sua vez, no cotidiano, acrescentaram-se novas canções àquelas decifradas apenas pelos mais velhos, mantendo-se as letras satíricas e proverbiais. Como analisou o angolano Mário de Andrade: "Esta dinâmica, além de integrar valores ancestrais, acentua a preeminência do espírito de luta, 'honrosa tradição' de aspirações à liberdade contra o domínio estrangeiro [...]".[65]

Contudo, se por um lado havia um baixo grau de pluralismo cultural nas ilhas, por outro, sobravam divisões entre os vários segmentos da população, constituindo o difícil paradoxo de articular diferença e unidade. Desse modo, o movimento de independência como "expressão política organizada da cultura de um povo em luta" propôs a adesão a uma nova identidade – a são-tomense – capaz do apagamento da origem dos vários grupos e de uma nova construção social que excluía o grupo colonizador. A esse elemento de identidade foram articulados outros, característicos de uma oposição racial, à luz da qual eram con-

---

64. HOBSBAWM, Eric J. "Introdução: A invenção das tradições". *In*: HOBSBAWM, Eric J.; RANGER, Terence (Orgs.). *A invenção das tradições, op. cit.*, p. 12.
65. ANDRADE, Mário. "Consciência histórica, identidade e ideologia na formação da Nação". *In*: SAMIR, *op. cit.*, p. 70.

siderados são-tomenses todos os não-brancos. A partir daí foi se formando uma identidade na qual as heterogeneidades culturais eram sobredeterminadas pelas diferenças raciais. Ora, a prevalência da afinidade racial encobria as assimetrias sociais e políticas entre os filhos da terra e os de outras origens, além de tornar difusas as tensões na sociedade, sobretudo nas roças, resultantes da distribuição desigual do poder e dos recursos. Em outras palavras, vale sublinhar que o racismo articulado a lemas nacionalistas foi utilizado para criar sentimentos identitários potencializados pelo crioulo como língua comum. O acento na clivagem racial foi utilizado não só para concitar à coesão como também para legitimar lideranças nacionais.

Nos anos seguintes o movimento de independência ampliou sua base social de apoio, cabendo ao Movimento para a Libertação de São Tomé e Príncipe (MLSTP), fundado em 1960 em Gana e com base no Gabão, estabelecer no seu programa de ação:

a) a organização e orientação de todas as forças patrióticas capazes de opor uma resistência activa à dominação colonial; b) denúncia e destruição das barreiras artificiais criadas e mantidas pelos colonialistas portugueses, com o fim de semear a divisão no seio do povo santomense; c) reforço da unidade e da solidariedade entre a população e os autóctones e os seus irmãos angolanos, caboverdeanos e moçambicanos, submetidos ao trabalho forçado nas Roças.[66]

Entre 1960 e 1975 surgiram outros movimentos, como a Frente Popular Livre, constituída por funcionários públicos moderados e pelo clero católico, que lutava por uma Federação com Portugal e por uma autonomia progressiva. Mas, sem dúvida, o MLSTP foi o movimento que conquistou amplitude nacional, incluindo, em agosto de 1974, também a TFLT. Nessa fase o MLSTP atuou simultaneamente em duas frentes: uma interna a São Tomé, tendo como eixo a resistência cultural, escolhida como elemento fundamental de coesão da população; outra referente à articulação de interesses e à organização de solidariedades no plano supraterritorial, representada pela CONCP, somando esforços com Cabo Verde, Guiné-Bissau, Angola e Moçambique para pressionar o governo português a conceder-lhes a independência. Porém, só depois de 25 de abril de

66. Programa de Ação do Comitê de Libertação de S. Tomé e Príncipe. *Apud* AGUIAR, Armindo. "São Tomé e Príncipe". *In*: SAMIR, *op. cit.*, p. 319. É importante chamar a atenção para o fato de que as resoluções desse programa de ação eram bastante semelhantes às do PAIGC.

1974, com a queda da ditadura de Marcelo Caetano, foram iniciadas as negociações com o MLSTP, sendo tomadas as medidas necessárias para uma transição pacífica para a independência, ocorrida no dia 12 de julho de 1975.[67] No período de transição, houve uma série de protestos e agitações que, embora pontuais, caracterizaram uma situação de instabilidade política, levando um grande número de plantadores portugueses a deixar o país, o que dificultou ainda mais a situação econômica de São Tomé e Príncipe e o governo do Estado em formação. De outro lado, quatro anos mais tarde, em abril de 1979, o presidente Manuel Pinto da Costa expurgou os "radicais" do partido, além de tomar medidas que acentuaram a precariedade econômica das ilhas. Além disso, aboliu o cargo de primeiro-ministro, dando ensejo a uma grave cisão no MLSTP, desencadeando uma difícil crise política. Consideradas em conjunto, todas essas questões apontam para a complexidade da construção do novo Estado-nação são-tomense.

Angola

Angola localiza-se em uma zona vasta da África central e seu território é caracterizado por grandes diferenças físicas e ecológicas, apresentando de norte a sul uma vegetação variada: floresta equatorial na bacia central do rio Zaire, savanas com arbustos no centro do território e, ao sul, uma terra desértica, sobretudo na região litorânea ao sul de Luanda. Como em outros territórios da África, a instabilidade das chuvas e as secas são elementos condicionantes da própria história dos povos. Estes adaptaram-se a vários contextos, também marcados por migrações e invasões de povos africanos em movimento. No transcorrer dos séculos suas culturas mantiveram-se, transformaram-se ou foram tão modificadas que quase desapareceram.

Em 1482, quando os portugueses chefiados por Diogo Cão contornaram a costa ocidental africana, procuravam escravos e metais como o cobre e a prata. Também almejavam chegar ao caminho para as Índias e entrar em contato com o reino de Preste João,[68] antigo mito cujas referências européias datam

---

67. Para o 25 de abril consultar FERREIRA, José Medeiros. "Portugal em transe". *In*: MATTOSO, *op. cit.*; e PINTO, Antonio Costa. *O fim do império português. A cena internacional, a guerra colonial e a descolonização. Temas de história de Portugal – 1961-1975.* Lisboa: Horizonte, 2001.

68. Para considerações mais detalhadas sobre os reinos de Preste João ver BOXER, *op. cit.*, p. 31-53.

de 1400 e são relativas à existência de um soberano cristão riquíssimo, cujo amplo domínio incluía o lado das terras muçulmanas da Etiópia.[69]

Chegando ao baixo Zaire e aos planaltos de Angola, essa era uma região que possuía fortes heranças históricas, com uma grande heterogeneidade de organizações políticas e sociais que, mesmo tendo passado por processos de crescimento e decadência, assim como por guerras e paz, apresentavam continuidades. Desse modo, embora os dados etnográficos e orais recolhidos no século XX ainda sejam escassos, é possível identificar "reinos", "impérios" e "Estados" atingidos, em diferentes graus, pelo trato transatlântico, como o "império de Lunda" (entre o rio Loango e as organizações etnopolíticas Pendé, Iaca, Lovar e Cazembeze) e os "Estados" do médio Cuanga (Iaca, Matamba, Holo, Bondo e Cassangue); os "Estados" do planalto central e do sul (Bailundo, Huambo, Bié e Galangue); o "reino" do Congo (que tinha sob seu controle "Estados" autônomos); e os "Estados" da Costa de Luango (Luango, Cacongo e Ngoyo).[70] Destes, destacou-se o "reino" do Congo, que foi alvo de disputas por parte de diversos agentes europeus e brasílicos que exploraram as duas costas do Atlântico até os últimos 15 anos do século XVII, quando foi desagregado, depois da violenta campanha das tropas comandadas pelo brasileiro André Vidal de Negreiros.

A formação do "reino" do Congo data do século XIII e teve como capital Mbanza (cidade) Congo (hoje, São Salvador), limitando-se ao norte pelo rio Ogoue, no Gabão, e ao sul pelo rio Kuanza, ficando entre suas margens e o Atlântico a província de Soyo, que incluía o porto Mpinda, onde Diogo Cão chegou em sua segunda viagem, em 1484. Tinha ainda como limites a leste o rio Kuango e a oeste o oceano Atlântico. Dividia-se em seis províncias (Soyo ou Sonho, Umpemba, Umpange, Umbata, Sundi e Umbamba), administradas pelos manis, que concentravam os poderes militar, administrativo-jurídico e religioso. As províncias eram constituídas por distritos que, por sua vez, subdividiam-se em aldeias organizadas segundo o princípio de linhagem matrilinear, às quais se juntavam linhagens clientes e escravos, em decorrência de crimes praticados ou por terem sido feitos prisioneiros de guerra. O "reino" do Congo tinha "reinos" que lhe pagavam tributos, como Ngoyo e Cacongo ao norte, Ngola (formado no século XIV) e Matamba ao sul.[71]

69. SILVA, op. cit., p. 585-587. Consultar também BARRETO, Luís Filipe e GARCIA, José Manuel (projeto, investigação, organização e texto). *Portugal na abertura do mundo*. Lisboa: Ed. Comissão Nacional para as Comemorações dos Descobrimentos Portugueses, 1990. p. 31.

70. Para uma mais aprofundada compreensão consultar: SILVA, *op. cit.*, p. 477-494; DIAS, Jill. "Angola". *In*: ALEXANDRE; DIAS, *op. cit.*, p. 319-556.

71. SILVA, op. cit., p. 482.

Em 1490 navios portugueses chegaram ao porto de Mpinda com presentes do rei de Portugal ao "rei" do Congo. Levavam também artigos de comércio, um pequeno número de padres franciscanos e pedreiros que construíram uma igreja e o palácio do "rei" Nzinga a Nkuvu, voltando para Portugal com escravos, marfim e tecidos do Congo. Nesse período, freqüentemente denominado afro-português, em fins do século XV, o "rei" do Congo, Nzinga a Nkuvu admirou-se com o poder das armas de fogo dos portugueses. Também entendeu que a religião católica poderia ser um instrumento político importante a seu favor, não tardando em ser batizado, recebendo o nome de D. João I, e a fazer uma aliança com Diogo Cão. O sucessor, seu filho Nzinga Muemba (1506-1543), cujo nome de batismo era D. Afonso I, com o apoio dos fidalgos da corte e dos portugueses, guerreou com as nações vizinhas, aumentando o número de escravos, o que era de inteiro agrado de Portugal. Ao mesmo tempo, tratou de criar uma relação com o papa que foi coroada de êxito, tanto que em 1523 o filho mais novo de D. Afonso I, o bispo de Utica, foi nomeado o primeiro bispo do Congo, sagrado em Roma pelo próprio papa. Com a morte de D. Afonso, em 1543, as disputas em torno do poder acabaram destruindo a economia e enfraquecendo o "reino" do Congo, o que facilitou a invasão dos jagas, em 1568. Com eles, o trato de escravos, a maior razão das relações comerciais, tornou-se crescente até por volta de 1575, quando foi encerrado o "período afro-português".[72]

Em síntese, pode-se considerar que:

> Àquela altura, a política ultramarina se encaixa em dois sistemas. O primeiro, "atlântico" – marcado pelo domínio territorial, o repovoamento e a economia escravista de produção açucareira –, engloba Madeira, Cabo Verde, São Tomé, e os enclaves da América portuguesa. O segundo, de tipo "asiático" – caracterizado pelo domínio indireto, a economia de circulação e o envolvimento mercantil –, toma corpo nas feitorias fincadas nos terminais das zonas de comércio descobertas na Guiné, no Congo, em Angola, Moçambique, na Ásia e, em boa medida, na Amazônia. [...] Mas no Congo a estratégia de domínio indireto, pela via do comércio, perdurou durante um século e meio.[73]

---

72. Consultar Centro de Estudos Angolanos (MPLA), *História de Angola*. Porto: Afrontamento, 1965. p. 50-56.
73. ALENCASTRO, op. cit., p. 73.

Além disso, já no início dos anos 1600 as regiões angolanas de Luanda e Benguela, alimentando um intenso e cruel trato de escravos, tornaram-se decisivas para o domínio de Portugal no Atlântico Sul.

Todavia, se até 1575 predominaram as relações comerciais, daí em diante foi iniciado um período de resistência à ocupação, caracterizado pela guerra entre o exército português e os "Estados" do Ciclo de Kuanza.[74] Num primeiro momento os portugueses abateram facilmente cada um dos "Estados", mas quando foi formada a Coligação de Kuanza os povos africanos da região passaram a vencer a guerra.[75] Em 1512, D. Manuel estabeleceu um porto de trato em Luanda, surgindo o início da colônia de Angola bem mais tarde, em 1575, quando Paulo Dias de Novais lá chegou levando cerca de 400 soldados e cem famílias de colonos para o cultivo de açúcar. Em 1605, Luanda passou a ser considerada cidade, tendo, em 1621, cerca de 400 famílias de portugueses e um número muito maior de africanos. Como grande número de portugueses era de desterrados, as povoações que foram sendo criadas eram chamadas de "presídios".

Na primeira metade do século XVIII os holandeses ocuparam Luanda e, em 1646, os brasílicos enviaram tropas para lutar ao lado dos portugueses com o objetivo de "pacificar" a coligação e expulsar os holandeses, recomeçando o comércio de escravos. No ano de 1648, os brasílicos mandaram uma esquadra com muitos navios e cerca de mil soldados, comandada por Salvador Correia de Sá, que atacou os holandeses, expulsando-os. Com a morte do "rei" Ngola Kamni terminou o período de resistência à ocupação do Ciclo de Kuanza. A cidade e a fortaleza foram retomadas e, em seguida, Correia de Sá apoderou-se da ilha de Luanda.

As atividades de Portugal na região poderiam continuar a desenvolver-se contando com os "pombeiros descalços", que levavam de Luanda óleo de palma, tecidos do artesanato local e produtos de madeira, ferro e cerâmica; e os "pombeiros calçados", que dominavam o comércio de escravos, sobretudo para o Brasil e para Cuba, que se manteve volumoso até finais dos anos 1860, tendo continuidade por parte de negreiros do Rio de Janeiro que operavam entre

---

74. GLASGOW, Roy Arthur. *Nzinga. Resistência africana à investida do colonialismo português em Angola, 1582-1663*. São Paulo: Perspectiva, 1982. p. 15-34.

75. É interessante notar que a colônia de Angola foi anteriormente um "reino", súdito do "rei" do Congo (ao longo do Kuanza, ao sul do Congo e antes de Benguela) e habitado pelos ndongos. Ver ALBUQUERQUE, Luís de (Dir.); DOMINGUES, Francisco Contente (Coord.). *Dicionário de história dos descobrimentos portugueses*. v. I. Lisboa: Caminho, 1944. p. 68-73.

Angola e Cuba. Tanto para o comércio de escravos como para a ocupação do território foi fundamental a informação sobre o interior desconhecido.

> Os exploradores, os comerciantes, os missionários e os militares europeus tiveram de procurar a ajuda de guias africanos, não só porque necessitavam de conhecedores das terras que pretendiam atravessar, mas também de agentes de contacto que fossem capazes de obter os assentimentos dos chefes locais para a travessia dos seus territórios e para o estabelecimento de portos e missões. E muitas vezes aperceberam-se da existência de uma hierarquia de chefias, consoante a forma de organização territorial.[76]

Embora transpassado de eurocentrismo e desconsiderando as organizações políticas africanas, chamando-as genericamente de modo preconceituoso de "tribos", ainda assim o conjunto de informações obtido orientou os portugueses que rasgaram o interior, enfrentando a oposição dos africanos. Foram pouco mais de dois séculos, estendendo-se de 1671 a 1896, destacando-se a guerra dos "Dembos" (isto é, chefes tradicionais, nos anos de 1872-1873).[77] Durante esse longo período, de cerca de 225 anos, ocorreu o processo de partilha e de conquista efetiva da África – que, no caso de Angola, de 1884 a 1888, contou com a notável participação de Henrique Augusto Dias de Carvalho, militar e explorador que, com diplomacia, firmou tratados com vários chefes africanos, pelos quais estes reconheciam a soberania portuguesa em seus territórios. Em 1891, Dias de Carvalho participou da conferência para a delimitação de fronteiras do território de Lunda entre o Estado Independente do Congo e Portugal e, em 1895, quando foi criado o Distrito de Luanda, passou a ser o seu primeiro governador.

Já a delimitação de fronteiras acordada em 1886 entre portugueses e alemães correspondia aos limites atuais. Fora do acordo, as fronteiras ao sul e sudeste, foram delimitadas por uma série de negociações só resolvidas em pleno século XX. Mesmo assim, depois do *ultimatum*, partindo da carta geral das Possessões Portuguesas na África Meridional, elaborada em 1891 pela Comissão de Cartografia, Portugal utilizou politicamente as facetas científico-pedagógicas da cartografia com o objetivo de restabelecer na população o orgulho patriótico do império ultramarino.

76. AMARAL, Ilídio do. "Fronteiras internacionais africanas". *In*: HESPANHA, Antonio Manuel (Comissário geral). *In*: *As fronteiras de África* – Comissão Nacional para os Descobrimentos Portugueses. Lisboa: Cordoaria Nacional, 1997. p. 20.
77. DIAS, Jill. "Angola". *In*: ALEXANDRE; DIAS, *op. cit.*, p. 435-438.

Do controle de grande parte do trato negreiro ao domínio do território de Angola, a passagem foi pontuada por "guerras de pacificação", nas quais os portugueses submeteram os vários e numerosos grupos etnolingüísticos de origem banto, que podem ser reunidos em nove grupos que, ainda hoje, habitam o território angolano: ambós, bakongos, hereros, lunda-tchokues, nganguales, nhanecas-humbes, ovimbundos, quimbundos e xindongas. O maior deles é o formado pelos ovimbundos, composto pelos povos bailundo, bieno, caconda, dombe, ganda, hanha, huambo, lumbo, mbui, quiala, quissanje, pele, sombo, sumbi e xicuma. Falam a língua umbumdo e ocupam, sobretudo, as províncias de Benguela, Bié e Huambo, no planalto central de Angola. Devido à transferência imposta pelo colonizador português para trabalharem nas culturas que exigiam mais mão-de-obra, esses grupos espalharam-se pelo país.

Quanto ao segundo maior grupo de Angola, o quimbundo, ocupava grande parte do território acima do rio Cuanza, estendendo-se do Atlântico até a metade nordeste do país. Compõe-se dos povos ambundo, bambeiro, bangala, bondo, cari, dembo, haco, holo, hungo, libolo, luanda, minungo, ngola, nhando, puna, quibala, quissama, sende, songo, zuango e xinje. No que se refere ao terceiro maior grupo de Angola, é formado pelos bancongos, que ocupam os territórios de Cabinda e as províncias do norte do país, também sendo encontrados no Congo e na República Democrática do Congo.

Já o povo lunda-tchokué habitava os territórios do leste e compunha-se de bandigas, lunda-lua-tchindes, lunda-ndembas, mais e matabas. Por sua vez, o povo nganguela era formado pelo grupo que habitava as províncias de Moxico e Cuando-Cubango, a sudeste, e as províncias de Malange e Bié, ao centro. Compõe-se, entre outros, pelos camaches, luchadis, luenas, lovales e luimbes.

A esses grandes grupos somam-se os nhanecas-humbes do sul do país, no vale do rio Cunene e parte da província de Huíla; os hereros, que vivem no sudoeste angolano e na Namíbia; os ambós, que ficam a leste do rio Cunene; além de pequenos grupos que habitam as proximidades dos rios Cuando e Cubamgo. Por fim, além dos povos bantos, também há outros grupos etnoculturais como os vátuas, que habitam o sudoeste do país, e os koisan, que pertencem ao grupo dos bosquímanos. Em síntese, esse variado mosaico de heterogeneidades constituído por diferentes grupos etnoculturais e o complexo processo pelo qual cada um foi incorporado ao sistema colonial dificultou, e muito, o processo de unificação nacional, tendo à frente os movimentos de independência.

Além das "guerras de pacificação", é preciso assinalar a existência de uma escravatura interna para o fornecimento de mão-de-obra às novas plantações coloniais no distrito de Moçâmedes, que requeria mão-de-obra numerosa e barata, resgatada por comerciantes portugueses mediante acordos com autoridades africanas, em particular em Lunda ou nas terras dos gingas. Como os escravos oferecessem resistência sob a forma de fuga, os portugueses voltaram-se para uma força de trabalho mais dócil, passando a utilizar *moleques* (crianças) e mulheres, estas, sobretudo, nas fazendas européias do norte ao sul de Angola. Quanto à maior parte dos

> [...] escravos que trabalhavam nas plantações coloniais de Angola ou de S. Tomé vinham de toda a parte do interior da África Central. As guerras, quer africanas quer coloniais, constituíam fonte importante dessa escravatura. [...] Por outro lado, os escravos empregues nas empresas coloniais do Sul de Angola ou nas plantações de S. Tomé eram, cada vez mais, as vítimas de guerras e de assaltos africanos internos. [...][78]

As péssimas condições de vida a que eram submetidos e os maus-tratos constantes levavam os escravos a reagir, burlando a vigilância e fugindo, em geral, para as zonas limítrofes de Angola, onde eram recebidos por chefias tradicionais autônomas. Não poucas vezes, sobretudo no sul de Angola, estabeleciam-se em locais isolados, os *quilombos* ou *mutolos*, organizações com autoridade hierárquica.

Em 1878, na seqüência de outros decretos, a escravidão foi definitivamente abolida, mas os ex-escravos eram obrigados a prestar serviços assalariados para seus antigos proprietários. Estavam legalmente instituídas as formas compulsórias de trabalho. Ao mesmo tempo, eram postos em prática dois outros mecanismos fundamentais, próprios do sistema colonial de fins do século XIX, quais sejam, o confisco de terras e a cobrança de impostos como conseqüência do influxo de colonos e comerciantes brancos desde 1860. Em Angola, a busca de terras foi mais intensa e o confisco maior nos distritos de Luanda e Moçâmedes. Contudo, a questão foi muito mais complexa ao norte do Cuanza, onde os europeus exploravam intensamente a cultura do café, utilizando a violência física para o confisco de terras de exploração coletiva. Ambos os mecanismos, as formas de trabalho compulsório e o confisco de terras, alteraram profundamente as estruturas sociais e políticas dos povos africanos, alimentando um conjunto de movimentos de resistência que se estenderam ao século XX. Como exemplo, é possível registrar, entre outras, as revoltas de Bailundo contra o trabalho forçado, em 1902; a revolta de Tulante Butapro Congo, em território angolano, contra a exportação de contratados para

---

78. DIAS, Jill. "Angola". *In*: ALEXANDRE; DIAS, *op. cit.*, p. 458.

São Tomé, de 1913 a 1917; e a revolta do Amboim, em 1917, quando os seles e os bailundos rebelaram-se contra a expropriação de terras e o trabalho forçado sob a forma de contrato.

Também é possível afirmar que entre 1890 e 1926 a resistência "[...] concentrou-se em especial no Bailundo e no Huambo, no Congo e nos Dembos, nos Seles e em Amboim, e no Humbe e Ovambo, regiões que, como se viu, constituíram pontos nevrálgicos para o controlo comercial e político do território, que as autoridades coloniais pretendiam efectivar".[79] Esse ambiente tornou-se ainda mais conflituoso quando Portugal acentuou, em 1915, a tendência do processo secular, iniciado em 1890, de avançar na conquista e na dominação dos povos angolanos, além da faixa de 700 quilômetros a partir da costa. Quanto à demarcação de limites, esteve condicionada ao equilíbrio entre Portugal e as potências européias, em especial a Alemanha, a Grã-Bretanha, a França e a Bélgica. Como parte dessa empreitada, houve um significativo ascenso da população branca, em decorrência do encorajamento da emigração por parte do governo português.

Nas quatro primeiras décadas do século XX a população branca aumentou de nove mil para 44 mil indivíduos. Novos contingentes somaram-se aos da segunda metade do século XIX, formados por grande porcentagem de degredados por delitos comuns ou por razões políticas e de colonos livres que emigravam voluntariamente do Brasil (Pernambuco), da Madeira e dos Açores, a maioria composta de artesãos, caixeiros e guarda-livros que, como não tinham experiência agrícola, preferiam as atividades ligadas ao comércio. A estes se juntaram colonos bôeres do Transvaal que se fixaram, em particular, no sudoeste do planalto, onde as condições climáticas eram satisfatórias para a criação de gado, e, em contrapartida, mesmo irregularmente, integraram o exército colonial, utilizando os seus carros de bois para o transporte de tropas, armas e munições.[80]

Após o período inicial de cooperação dos *boers* com as autoridades portuguesas (1879-1893), participando na vigilância contra as pretensões britânicas no sudoeste de Angola, seguiu-se uma fase de suspeitas e recriminações mútuas, a que não foi alheio o clima de guerra com a Alemanha, até que em 1928 quase todos os colonos *boers* tinham retirado para lá da fronteira Sul, com os seus haveres, desaparecendo

79. FREUDENTHAL, Aida Faria. "Angola". *In*: MARQUES, A. H. de Oliveira. *Nova história da expansão portuguesa.* v. XI. Lisboa: Estampa, 2001. p. 273.

80. *Ibidem*, p. 267-70.

com eles um dos factores de instabilidade dentro da colônia, embora o seu contributo cultural tenha permanecido, através de descendentes, após a sua partida.[81]

Também integraram o colonato missionários portugueses, cujo número decresceu no século XIX. Em 1875, a situação modificou-se, graças à chegada a Angola de religiosos formados no Real Colégio das Missões Ultramarinas e aptos a competir com as missões estrangeiras, inclusive as católicas, como a Congregação do Espírito Santo, a Missão Ambriz, de curta existência, e a Missão de São Tiago, em Lândana, sob a direção do padre francês Charles Duparquer. Tiveram ainda de combater missões protestantes britânicas, os missionários evangélicos norte-americanos e os missionários europeus e norte-americanos da igreja metodista do bispo William Taylor.

É sabido que a mobilidade social foi grande, mas ainda são necessárias pesquisas que explicitem a interação entre os grupos, as redes de influência e o clientelismo. Também é preciso levar em conta que a estratificação social era condicionada por elementos econômicos, mas também pela língua, pela religião e, sobretudo, pela raça.

> [...] Sem dúvida alguma, a barreira da cor condicionou a formação da sociedade de classes em contexto colonial, que em Angola adquiriu nova dimensão a partir dos finais do século passado, ao acentuar-se a tendência maniqueísta para representar uma realidade complexa através de dicotomias redutoras: cristão/gentio; livres/escravos; ladino/boçal; civilizado/indígena; branco/negro; colono/filho do país.[82]

É possível, portanto, considerar a sociedade de Angola plurinacional, multirracial e marcada pelo conflito.

Depois desse quadro geral sobre a população de Angola, de momento, é preciso concentrar-se na presença crioula, consolidada em particular em Luanda, desde o século XVII, ganhando maior visibilidade na segunda metade do XIX. Era uma prática comum da sociedade colonial, desde a década de 1850, a

81. *Ibidem*, p. 389. O tema dos bôeres em Angola carece ser mais pesquisado. Documentação sobre Angola registra que eles chegaram em Moçâmedes em 17 de setembro de 1880 e que no ano seguinte iniciaram um trabalho de irrigação. Consultar: "Boers em Angola", Ofício número 77, do Governador-Geral de Angola, Antonio Eleutério Dantas para o ministro e secretário de Estado dos Negócios da Marinha e Ultramar, relativo à instalação e distribuição de terra aos bôeres, na Humpata, 19 de março de 1881. *In*: OLIVEIRA, Mário Antonio Fernandes. *Documentação sobre Angola I (1783-1883)*. Luanda: Instituto de Investigação de Angola; Lisboa: Centro de Estudos Históricos Ultramarinos, 1968, p. 253-255.
82. FREUDENTHAL, Aida Faria. "Angola". In: MARQUES, *op. cit.*, p. 371.

formação de associações que abrangiam da contestação crioula à ofensiva colonial. Apresentavam um caráter assistencial, recreativo, mutualista e religioso, destacando a Liga Angolana (1912) e o Grêmio Africano (1913), ambos de múltiplas atividades. Um dos mais significativos sinais de diferenciação dessas associações em relação a outras é o fato de agregarem objetivos políticos, ocupando os espaços abertos pelo policiamento contra os "nativistas" e fechando os jornais para os quais elas colaboraram, como *O Ultramar*, de 1882, e *O Futuro d'Angola*, de 1886, que trazia reivindicações como "igualdade de regalias e liberdades entre portugueses e angolanos". Mas trazia também artigos de José de Fontes Pereira intitulados "A indústria d'Angola" de 1886 a 1887, nos quais o projeto colonial português era bastante criticado. Deixava explícito o desejo de independência, ao mesmo tempo que admitia a necessidade de protecionismo. Não foi outra a razão pela qual a Liga Angolana e o Grêmio Angolano foram perseguidos e obrigados a encerrar suas atividades em 1915. Outra observação necessária é que as associações que acolhiam discussões políticas eram marcadas pelo dissenso, sobretudo se for considerada a diversidade de discursos entre os crioulos de Luanda ("civilizados") e os do interior ("indígenas").

Por fim, é necessário destacar que essas organizações africanas acabaram se inserindo em movimentos unitários lisboetas como a Junta de Defesa dos Direitos d'África (JDDA), federação criada na capital portuguesa em 1912. Tinha como objetivos unir as diversas organizações de defesa dos "naturais" das províncias da África "portuguesa", para obter "regalias" econômicas e liberdades políticas; defender a autonomia das colônias depois de uma ação "civilizadora e humanitária" por meio da "educação"; promulgar leis do direito de propriedade dos "indígenas", protegendo-os contra os abusos dos europeus; conquistar o direito de cada província indicar certo número de jovens para estudar na metrópole, ao lado da fundação de escolas em cada uma das províncias; tutelar os estudantes africanos e promover sua repatriação; lutar pelo direito e pela justiça, respeitando as diferenças de nacionalidade, raça e religião.[83]

O instrumento de divulgação desses objetivos da JDDA era *A Voz d'África*, que propunha ser porta-voz das mais diferentes injustiças e dos protestos africanos. Dois outros temas polêmicos que compõem a matriz ideológica da junta são a "questão negra" e os "africanos portugueses". A primeira definia-se em torno da identidade racial que apresentava raça e povo como termos intercam-

---

83. ANDRADE, Mário Pinto de. *Origens do nacionalismo africano: continuidade e ruptura nos movimentos unitários emergentes da luta contra a dominação colonial portuguesa: 1911-1961*. Lisboa: Dom Quixote, 1997, p. 90-91. Consultar também o Capítulo 6 deste livro sobre o tema do pan-africanismo.

biáveis. Conforme o angolano Mário Pinto de Andrade, um dos fundadores da Liga Nacional Africana:

> A projecção na vasta comunidade da raça radica-se simultaneamente nos exemplos históricos encarnados pelos vultos simbólicos do combate libertador tal como Toussaint Louverture, ou da emancipação intelectual como Edward Blyden, Dunbar, Boocker Washington ou William B. Du Bois. É com o mesmo sentimento de orgulho e admiração que se registra e se ilustra na imprensa a presença dos atiradores senegalenses no desfile militar de 14 de julho de 1913, em Paris.[84]

Além disso, também A. F. Nogueira, da Sociedade de Geografia, em Portugal, escreveu *A raça negra sob o ponto de vista da civilização da África*, livro de leitura obrigatória para os protonacionalistas.[85]

Quanto à JDDA, faz-se importante ressaltar que também discutiu e se posicionou contra a escravatura, as formas de trabalho compulsório e a violência usada contra dirigentes das associações. Não obstante, declarou-se publicamente favorável aos aliados, na Primeira Guerra Mundial, enfileirando-se com Portugal contra os alemães. Não tardou a se acentuarem as lutas internas e a junta acabou dividida em duas outras organizações: a Liga Africana e o Partido Nacional Africano. Quanto à Liga Africana, foi criada em 1919 e apresentava um perfil reformista, fazendo oposição ao Partido Nacional Africano. Este foi fundado em 1921 e, ainda que seu perfil fosse conservador, o que garantia a sua inserção nos padrões legais, atuou junto com órgãos da República portuguesa pela concessão de maior autonomia às colônias.

Também é fundamental salientar outro ponto, ligado aos movimentos reivindicatórios de 1930 em diante, observando que o golpe militar de 28 de maio de 1926 acelerou a penetração portuguesa nos territórios africanos. Em Angola, significava implementar a legislação laboral iniciada em fins do século XIX, estabelecendo a distinção oficial da população, dividindo-a de maneira definitiva entre "civilizados" (brancos, mestiços e negros "assimilados"), e os indígenas (os vários grupos etnoculturais do território). Durante o período em apreciação, mais especificamente em 1954, os requisitos para ascender à categoria de "assimilado" ganharam clareza, diminuindo a intervenção de análises pessoais de funcionários coloniais.

---

84. ANDRADE, op. cit., p. 93.
85. NOGUEIRA, A. F. *A raça negra sob o ponto de vista da civilização da África. Usos e costumes de alguns povos gentílicos do interior de Mossamedes e as colônias portuguesas.* Lisboa: Tipografia Nova Minerva, 1880. *In*: ANDRADE, *op. cit.*, p. 94.

A dominação efetiva também contou com uma atuação mais intensa por parte de missionários, a partir do Estatuto Missionário de João Belo, de 1926, que sistematizava as bases da Igreja católica em Angola. Significa dizer que a religião católica formulava uma ética universal, colocando em curso o processo de racionalização que envolvia todas as dimensões da vida social. Daí decorria o argumento central de sua oposição à "magia dos pretos", cuja lógica era considerada instrumental porque era constituída de objetivos imediatos e práticos, definidos por seu recurso a expedientes sobrenaturais.[86]

Desse modo, o fato de as circunstâncias, de modo geral, dificultarem a emergência de oposição aos missionários católicos, elas não desapareceram. Em diferentes áreas do território angolano surgiram formas religiosas de associação que conferiram aos diferentes grupos um importante grau de identidade. Foram bastante significativos os movimentos proféticos e messiânicos cuja reestruturação do simbólico, das crenças e das representações resultou da articulação de elementos tanto do cristianismo como de religiões tradicionais africanas. O cristianismo, difusor dos valores ocidentais, era permeado de meios mágicos de intervenção, uma resposta imediata dos povos africanos, no seu cotidiano, configurando uma forma de resistência. De modo geral, apresentavam temas de protesto e revolta que levavam a algumas ações xenófobas debeladas pela polícia colonial.

Senão o mais significativo, certamente o mais conhecido, foi o movimento surgido em uma conjuntura de crise social, no pós-Primeira Guerra, sob a liderança de Simon Kimbangu, criador de uma Igreja sincrética que se tornou uma verdadeira força de resistência aos mecanismos e instrumentos de dominação da burocracia colonial. Apoiava-se no culto aos antepassados, integrando-o a uma reinterpretação do Antigo Testamento, identificando a saga dos africanos com a do povo judeu. Pregava a vinda de um Cristo negro à Terra para salvar os povos negros da opressão. Preservava o batismo, a confissão e alguns cânticos com temas de protestos inspirados na Bíblia, escrita em quicongo. As ações de protesto e revolta foram reprimidas e Kimbangu preso e deportado para Catanga, em 1921. Afastado com muita violência física, tornou-se um mártir, verdadeiro modelo de resistência anticolonial. Entretanto, parece evidente que o kimbanguismo se alastrou, ao mesmo tempo que cresceu o apelo a uma religião revelada por um Salvador da raça negra, capaz de opor-se ao cristianismo, identificado como "religião do colonizador". De 1920 em diante o kimbanguismo estendeu-se em Angola,

---

86. CHILCOTE, Ronald (Coord.). *Protest and resistence in Angola and Brazil.* Califórnia: University of California Press, 1972.

assim como nos dois Congos (belga e francês), tornando-se uma Igreja autônoma com alto grau contestatório, dando ensejo a um nacionalismo religioso que ganhou mais força depois da Segunda Guerra Mundial.

A literatura sobre os movimentos proféticos e messiânicos destaca o racismo como um de seus importantes elementos – que, em particular desde os anos finais do século XIX, ganhou destaque por parte do poder colonial e do nacionalismo português – para justificar a subordinação dos povos negros. As diferenças raciais passaram a se articular com as étnicas, religiosas e sociais, predominando sobre elas de tal modo que as características físicas dos negros eram consideradas determinantes de suas qualidades intelectuais e morais, assim como do comportamento social. Esse "racialismo intrínseco"[87] foi desenvolvido no princípio do século XX, com o crescimento do número de colonos brancos e, com ele, do confisco de terras e das formas de trabalho compulsório. Como resposta, os africanos "assimilados", davam exemplos de seus bons desempenhos nos cargos que exerciam, além de defenderem com ênfase os direitos dos homens e fazerem uma crítica das medidas discriminatórias.

O governo da colônia reagiu, reiterando as restrições aos africanos para o exercício de cargos públicos, sublinhando a superioridade da "raça branca" e estendendo o preconceito racial aos mestiços. Nessas circunstâncias a distinção entre europeus e "assimilados", consagrada em 1929 com o sistema segregacionista do "indigenato", afastava legalmente os povos africanos dos cargos da administração colonial. A competição entre colonizadores e colonizados se acentuou, desencadeando hostilidades e freqüentes situações de conflito.

Com o golpe militar de 28 de maio de 1926 acabou se estabelecendo, de maneira definitiva, a hierarquia da população, colocando de um lado um pequeno número de brancos, mestiços e negros "assimilados" e, de outro, a maioria da população, composta por "indígenas". Além disso, os impostos aumentaram e a cobrança foi intensificada como forma de pagamento ao Estado português pela "civilização dos angolanos". A essas medidas somaram-se uma política monetária mais rigorosa e uma centralização crescente da administração colonial. Também o cultivo forçado aumentou, orientado para o crescimento da produção de algodão recolhida por empresas concessionárias, que pagavam aos africanos preços baixíssimos pela mercadoria. Para o funcionamento da "economia do algodão" o recrutamento de trabalhadores passou a ser essencial, para o que os portugueses contavam com a participação dos chefes tradicionais locais, os "sobas". Foi contra os abusos cometidos, a ponto de aproximarem o

---

87. A expressão é de Kwame Antony Appiah, em *Na casa de meu pai*, cit., p. 19-76.

trabalho forçado do "escravismo", que, anos mais tarde, em 1947, Henrique Galvão (governador do distrito de Huila, em Angola, entre 4 de fevereiro e 26 de junho de 1929) se insurgiu, na qualidade de representante de Angola na Assembléia Nacional. Indignação semelhante levou o líder nacionalista ganês Kwame Nkrumah a escrever sobre Angola em 1962.[88]

Em Angola foram os crioulos, uma elite cultural surgida no pós-1945, que apresentaram uma capacidade inconteste para mobilizar a grande maioria rural em torno de uma luta capaz de ultrapassar o reformismo. Mais ampla e coesa (integrando crioulos e "novos assimilados"), essa luta foi ganhando uma perspectiva nacional e revolucionária, cujo marco inicial foi em 1947, quando o Grêmio Africano passou a chamar-se Associação dos Naturais de Angola (Anangola).[89] Paradoxalmente, manteve a tradição de arregimentar mestiços "mais claros", o que tornava evidentes as contradições no interior dos grupos crioulos. Embora com muitos e graves problemas de organização, estudantes crioulos e, em menor número, brancos e negros usavam as associações culturais ou recreativas, iniciando um tímido processo de contestação aos aspectos do sistema colonial. A Anangola passou, em 1951, a editar a revista *Mensagem* e, ao lado do Movimento dos Intelectuais de Angola, deu início a um novo período no qual foram ressaltadas reivindicações urbanas que tinham como idéia central a valorização da cultura africana.

Continuando a olhar para a cena política angolana e as forças em ação, é possível destacar o ano de 1948, quando foram criadas três organizações políticas: o Comitê Federal do Partido Comunista Português, Angola Negra e a Comissão de Luta das Juventudes contra o Imperialismo Colonial em Angola, que quatro anos mais tarde, dariam origem ao Conselho de Libertação de Angola. Também havia grupos clandestinos como

> [...] o Exército de Libertação de Angola (ELA), o Movimento para a Independência de Angola (MIA), o Movimento de Independência Nacional de Angola (Mina), o

---

88. NKRUMAH, Kwame. "Angola". *In*: *Presence Africaine* n. 42/43, v. 14/15, Third Quartely, 1962, p. 24. Sobre Henrique Galvão consultar THOMAZ, Omar Ribeiro. *Ecos do Atlântico Sul: representações sobre o terceiro império português*. Rio de Janeiro: Editora da UFRJ/Fapesp, 2002.

89. Compartilhamos da advertência feita pelo pesquisador Woortmann de que "[...] o conceito de 'Angola' era uma ficção colonial. Nas representações coletivas as unidades significativas são freqüentemente as unidades étnicas, e não o território sob dominação colonial, o qual reúne, muitas vezes, nações tradicionalmente rivais. A união contra o dominador comum depende das lideranças que foram removidas da identidade étnica local pela própria ação colonial. No caso de Angola, todavia, tais lideranças não escapam ao faccionalismo, mesmo porque os agentes desculturadores e ressocializadores estão eles mesmos em oposição". WOORTMANN, Klaas. "O colonialismo português em Angola". *In*: *Debate e Crítica*, n. 3. São Paulo: Hucitec, jul. 1974, p. 55.

Movimento de Libertação de Angola (MLA), o Movimento de Libertação Nacional (MLN), o Movimento de Libertação Nacional de Angola (MLNA), o Partido Comunista Angolano (PCA) e o Partido da Luta Unida dos Africanos de Angola (Plua).[90]

Três anos depois, em 1955, o Partido Comunista de Angola se firmou com a participação ativa, entre outros, de Antonio Jacinto, Viriato Cruz, Ilídio Machado e Mário Antonio. Basicamente esse mesmo grupo criou, no ano seguinte, o Partido da Luta Unida dos Africanos de Angola (Plua), considerado uma das principais vertentes na formação do Movimento Pela Libertação de Angola (MPLA), para o qual convergiram os movimentos com permanente atuação política como a Liga Nacional Africana e a Anangola. Além destes, cabe registrar que o Mina tinha como principal tarefa as atividades de propaganda, vindo a se fundir pouco mais tarde com o MPLA.

De acordo com a versão oficial do MPLA, este partido foi fundado em 10 de dezembro de 1956 e resultava da junção do Plua com outros militantes fundadores do PC de Angola. Nesse momento destacaram-se Mário Pinto de Andrade, Agostinho Neto e Viriato Cruz, que professavam a "ideologia marxista". Quanto à base de apoio do MPLA, foi, na sua maior parte, constituída por operários de Luanda e de outras cidades em expansão, mais ao sul, como Benguela e Huambo, contando com um significativo apoio dos quimbundos. Por sua vez, em 1957 a revista *Cultura* passou a ser novamente editada. Seu importante papel foi percebido pelo governo português, que nesse mesmo ano enviou para Angola a Polícia Internacional de Defesa do Estado (Pide), iniciando uma verdadeira escalada da repressão. Em 1959 a Pide prendeu e levou a tribunal 57 pessoas do MPLA e de outros grupos políticos, como de pequenos partidos, movimentos e organizações. Foi o famoso "Processo dos 50", que os estudos mais recentes alertam terem sido, na verdade, três processos relativos a três grupos distintos.[91]

Contudo, nem por isso o MPLA se retraiu, passando a contar de maneira sistemática com o apoio do PAIGC e de outros partidos políticos, de países como Gana e Guiné-Conacri; de organizações supraterritoriais; de países socialistas europeus como URSS e Iugoslávia; e, anos mais tarde, em 1965, de um país americano, Cuba, que enviou cerca de sete mil homens para a frente de combate. Olhando com cuidado para a cena política nacional e as forças em ação, o MPLA, ainda que com todas as suas fraturas internas, destacou-se, man-

---

90. BITTENCOURT, Marcelo *"Estamos juntos": o MPLA e a luta anticolonial (1961-1974)*. Niterói: UFF, 2002. p. 54-55. Tese de doutorado.
91. MESSIANT, Christine. *L'Angola colonial, histoire et societé. Les prémisses du mouvement nationaliste.* Paris: Ecole des Hautes Etudes em Sciences Sociales, 1983. Tese de doutorado (3º ciclo).

tendo suas atividades nas maiores cidades angolanas, em particular em Luanda. Era formado pelos do "interior" (quadros de Angola) e pelos do "exterior", ou seja, aqueles que estavam em Portugal, em outros países europeus ou, ainda que fosse raro, em países africanos. Essa divisão interna acabou dando ensejo a intensos confrontos, agravados pela diferença entre crioulos e "novos assimilados", por uma "classificação de cor", pela ocupação profissional, pela religião e pela localização no espaço urbano. No geral, esse conjunto de elementos condicionou rivalidades que dificultaram a união sob o comando do MPLA.[92]

A forte repressão em Angola acabou fortalecendo o grupo "do exterior", que expunha para a opinião pública internacional a importância do MPLA. Também participavam de organizações supraterritoriais como o Movimento Anticolonialista (MAC) e seus desdobramentos, a Frente Revolucionária Africana para a Independência Nacional das Colônias Portuguesas (Frain) e a Conferência das Organizações Nacionais das Colônias Portuguesas (CONCP). Por sua vez, em outubro de 1961, o MPLA tratou de mudar a sua sede de Conacri para Leopoldville. Praticamente ao mesmo tempo, tentou formar uma frente única com a União das Populações de Angola (UPA), sem sucesso.[93]

No que se refere a UPA, estava ligada aos emigrantes angolanos sediados no então Congo Belga. Eram operários, na sua maior parte, unidos por associações semi-secretas de raiz bakongo. Em 1954 fundaram a União das Populações ao Norte de Angola (UPA), liderada por Holden Roberto e que, mais tarde, passou a chamar-se Frente Nacional de Libertação de Angola (FNLA). É preciso lembrar que este foi um movimento de bakongos que ansiavam por conquistar a autonomia do seu próprio território, projeto reforçado pelas missões religiosas britânicas e norte-americanas com o objetivo de restaurar o "reino" do Congo. Holden Roberto tinha um papel pan-angolano em que se faziam presentes as idéias sobre o emprego da violência, de Frantz Fanon:

> A violência que presidiu ao arranjo do mundo colonial, que ritmou incansavelmente a destruição das formas sociais indígenas, que arrasou completamente os sistemas de referências da economia, os modos da aparência e do vestuário, será reivindicada e assumida pelo colonizado no momento em que, decidindo ser a história em atos, a massa colonizada se engolfar nas cidades interditas. Fazer explodir o mundo colonial é doravante uma imagem de ação muito clara, muito compreensível e que pode ser retomada por cada um dos indivíduos que constituem o povo colonizado. Desmanchar o mundo

92. BITTENCOURT, *op. cit.*, p. 53.
93. O processo de internacionalização dos movimentos de independência foi tratado no Capítulo 7 deste livro.

colonial não significa que depois da abolição das fronteiras se vão abrir vias de passagem entre as duas zonas. Destruir o mundo colonial é, nem mais nem menos, abolir uma zona, enterrá-la profundamente no solo ou expulsá-la do território.[94]

Anos depois, com a cisão da Frente, surgiu, em 1966, a União Nacional para a Independência Total de Angola (Unita), apoiada sobretudo pelos ovimbundos e liderada por Jonas Savimbi, que havia obtido há pouco tempo o seu doutorado em ciência política, em Genebra. Por fim, os movimentos de menor atuação em Angola: os humbe, organizados desde 1950 sob a liderança de um mestiço; os cunhamas, que se uniram a Swapo, organização do sudoeste africano; e o grupo de emigrantes de Cabinda, no Congo Belga, que pretendiam a sua independência fora do quadro angolano. Esses movimentos não se uniram, dadas as divergências ideológicas e os seus projetos políticos conflitantes, o que levou os militantes, por vezes, a lutar mais entre si do que contra o governo português.

Paralelamente, estouravam rebeliões que atingiram uma escala substancial e, em todos os casos, implicavam queixas econômicas dos trabalhadores agrícolas. Destas, a principal foi a de Baixa de Cassanje, de 1960 a 1961, que contestava as condições de trabalho próprias do domínio colonial, desafiando, sobretudo, o cultivo obrigatório do algodão implantado havia mais de trinta anos, além de atacar bens e propriedades de comerciantes brancos e mestiços. Foi qualificada por um funcionário do Ministério do Ultramar como "a primeira acção subversiva em longa escala processada no Ultramar nos últimos quarenta anos".[95] Essa, assim como outras rebeliões, foi da maior importância porque não só se somou às agitações empreendidas pelo MPLA e pela UPA como também levou ao aumento das fileiras de ambos os movimentos, acolhendo grande número de trabalhadores agrícolas que fugiram da ofensiva portuguesa. Por outro lado, as independências na África, em 1960, também sinalizaram aos militantes angolanos a necessidade de radicalização do movimento, uma vez que o governo português mostrava-se invulnerável quanto à negociação para uma transição pacífica, mesmo pressionado pela declaração sobre a concessão da independência aos países e povos coloniais, aprovada em 14 de dezembro de 1960.

---

94. FANON, Frantz. *Os condenados da terra*, op. cit., p. 30. É pertinente lembrar que Fanon era um negro martinicano formado em Paris, que como médico psiquiatra do exército francês, testemunhou na Argélia a violência própria do sistema e da guerra colonial.

95. MORAIS, Martins. "Apontamento número 34. Incidentes da Baixa de Cassanje", p. 32, ANTT, AOS/CO/UL-39, p. 9. *In*: FREUDENTHAL, Aida. "A Baixa de Cassanje: algodão e revolta". *Revista Internacional de Estudos Africanos*, n. 18-22. Lisboa: Jill R. Dias, 1995-1999. p. 250.

Em 1961, um expressivo ataque foi planejado para 4 de fevereiro, contando com o importante apoio do cônego Manuel Mendes das Neves, vigário-geral da arquidiocese de Luanda, ligado à UPA. Foi um movimento em que houve uma sobreposição de grupos que atuaram com muita violência e foram duramente debelados. Essa ação alcançou um grande destaque no noticiário internacional, sensibilizando, pela propaganda, os países dos três continentes contra a política portuguesa em seus "territórios ultramarinos" – aliás, a intransigência do governo português só fez crescer a pressão da opinião pública internacional. Cinco anos depois, em 16 de dezembro de 1966, a ONU, reiterando a declaração de 1968, aprovou o Pacto Sobre os Direitos Econômicos, Sociais e Culturais e o Pacto Sobre os Direitos Civis e Políticos.[96]

O governo português, no entanto, continuou a sublinhar sua missão cristianizadora como fundamental para a formação de uma comunidade espiritual, em concordância com o papado romano. Nessa linha de pensamento, os ideólogos portugueses reiteravam o mito da "herança sagrada". Em outras palavras, os ideólogos portugueses continuavam a evocar a "memória ancestral" de heróicos descobridores que, por um impulso sagrado, levaram às diversas partes do mundo o domínio português e a fé cristã, católica. Assim, a exploração e a conquista faziam parte da missão de um povo escolhido por Deus para partilhar valores espirituais com outros povos, racial e culturalmente diversos, todos partes de um mesmo império luso-tropical.

Nesse contexto, para os três principais movimentos de independência angolanos, a propaganda e a diplomacia passaram a ser tão importantes quanto a luta militar, ou seja, a guerra de guerrilhas. Foi quando o governo fascista português, em setembro de 1961, tentando neutralizar o ascenso dos movimentos com a possível cooptação crescente de várias camadas da população, promulgou a lei que pôs fim ao Código do Indigenato. As atividades do MPLA, por seu turno, não sofreram descontinuidade. Nessa fase da luta o MPLA elaborou um programa que

[...] pleiteava não só a independência imediata e completa, a liquidação de todos os vestígios de relações colonialistas e imperialistas, mas sobretudo explicitava a idéia de frente de luta, com a pretensão de agregar diferentes forças políticas que tivessem como objetivo primeiro a independência angolana. Destaca-se também, até como reforço dessa proposta aglutinadora, a advertência quanto à necessidade de não se fazer distinção étnica, de classe, sexo, idade, tendência política, crença religiosa e convicção

---

96. BOBBIO, op. cit.

filosófica, tanto no que diz respeito à unificação da luta independentista quanto no tocante à soberania do Estado angolano.[97]

O programa completava-se com a escolha de instalar em Angola um regime republicano, democrático, laico e baseado no sufrágio universal. Também propunha um Estado "forte", isto é, centralizador e concentrador de poder, tendo sob sua direção as empresas dos setores básicos da economia. Além disso, tinha o propósito de realizar uma reforma agrária. Faz-se necessário acrescentar que, embora o MPLA fosse, em essência, um movimento de mestiços e com dificuldades para compreender o caráter específico das culturas dos povos africanos em Angola, não conquistou o apoio de vários grupos da população. Em outros termos: ao mesmo tempo que em seus projetos culturais ressaltava o respeito pelas diversas identidades, por diferentes razões, pragmaticamente, sua ação contrariava o discurso corrente.

Por mais difícil que seja vincular a história dos movimentos de independência com a política interna de Portugal, é preciso relacioná-los no contexto histórico-conjuntural dos anos 1970. Nesse sentido fica claro que, em boa parte, o 25 de abril, em Portugal, foi um dos elementos condicionantes para a mudança do curso dos acontecimentos, deixando claro para os movimentos de independência que a autodeterminação estava próxima. Em 11 de maio de 1975 um grupo de militantes do MPLA divulgou o "Apelo a todos os militantes e a todos os quadros do Movimento Popular de Libertação de Angola" com a assinatura de "quadros históricos" como Mário Pinto de Andrade, Hugo de Meneses e Eduardo dos Santos. Propunha, sobretudo, a união do MPLA com os movimentos que quisessem somar esforços na luta pela independência, salientando a relevância de formar uma Frente Unida com *todos* os nacionais, sem distinções relativas ao local de nascimento, origem étnica, raça, religião, sexo ou mesmo nacionalidade dos antepassados. Sugeria, portanto, uma aliança entre mestiços, brancos e negros, condenando "o racismo, o tribalismo e o regionalismo". Também punha em questão o centralismo autoritário do presidente do MPLA, Agostinho dos Santos.

No entanto, esse movimento conhecido como Revolta Ativa acabou por dar ensejo a mais um fraccionamento do MPLA. Menos do que divergências ideológicas, as diferenças "raciais" e de escolaridade eram utilizadas em panfletos anônimos para qualificar negativamente os quadros da direção do MPLA como "intelectuais mestiços".

97. BITTENCOURT, *op. cit.*, p. 104.

Todavia, isso não impediu que o argumento de ordem racial fosse acionado por outras instâncias. Ele estaria explícito, por exemplo, em panfletos anônimos, de militantes que apoiavam a direção e, especialmente, o presidente Agostinho Neto, como o citado por Mabeko Tali [...], no qual se afirma que os revoltosos teriam dito: "Nós os dissidentes, além de sermos MESTIÇOS na nossa maioria, somos muito civilizados".[98]

A Revolta Ativa aumentou a crise, mas não impediu a realização do Congresso de Lusaka, o primeiro congresso do MPLA, no qual Agostinho Neto contou com o empenho e o apoio explícito dos presidentes do Zaire, do Congo-Brazzaville e da Tanzânia. Por sua vez, o congresso, pouco mais tarde chamado de Conferência Inter-Regional de Militantes, reuniu a grande maioria dos quadros, tornando expostas as diversas tendências do MPLA, inclusive a encabeçada pela Organização da Unidade Africana (OUA), que defendia um acordo entre o MPLA e a FLNA para que se concretizasse uma frente comum. A unidade foi uma das questões discutidas, ao lado das atividades relativas à política externa, que necessitava de uma cuidadosa negociação capaz de aparar as arestas não só entre alguns países africanos, como o Zaire, a Zâmbia e o Congo-Brazzaville, como os relativos entre a URSS e a China.[99] Também foi tratado um conjunto de questões acerca da tática e da estratégia políticas para a consecução da independência imediata. O resultado, porém, foi o rompimento do MPLA com as demais correntes político-ideológicas, e na seqüência os seus dirigentes formaram um *bureau* político, "a vanguarda", que passou a conduzir o MPLA.

É importante ressaltar que durante essa conferência foi realizado um "colóquio" entre os quadros da direção do MPLA e representantes das Forças Armadas portuguesas para negociar o acordo de cessar-fogo. Portugal, porém, até julho de 1974 continuou articulando uma saída federativa, o que incluía reconhecer o direito de Angola à independência. As palavras de Spínola a esse respeito foram significativamente esclarecedoras:

---

98. *Apud* BITTENCOURT, *op. cit.*, p. 677.
99. O tema da regionalização africana e da internacionalização da guerra colonial e, em particular, da guerra civil entre o MPLA e a Unita carece ser estudado de forma aprofundada.

Contamo-nos entre o número daqueles que propugnam a essência do Ultramar como requisito da nossa sobrevivência como Nação livre e independente. Sem os territórios africanos, o País ficará reduzido a um canto sem expressão numa Europa que se agiganta, e sem trunfos potenciais para jogar em favor do seu valimento no concerto das Nações, acabando por ter uma existência meramente formal num quadro político em que a sua real independência ficará de todo comprometida.[100]

Ainda assim, os movimentos de independência continuaram a atuar separadamente: o MPLA em Cabinda, a FNLA ao norte de Angola e a Unita a leste. Além disso, cada qual assinou um cessar-fogo com os portugueses: a Unita em 14 de junho de 1974; a FNLA, com o apoio do governo zairense de Mobutu Sesse Seko, em 12 de outubro de 1974, e o MPLA em 21 de outubro de 1974, em Lunhameje, a leste de Angola. Do final de 1974 a novembro de 1975 teve lugar um governo de transição, também chamado de conciliação, segundo o Acordo de Alvor, firmado entre o governo português (que tomou o poder em Portugal com a Revolução dos Cravos), o MPLA, a FNLA e a Unita. Depois do período de transição, em 11 de novembro de 1975 o MPLA, sob a direção de Agostinho Neto, proclamou a independência, reconhecida pelo governo português (veja mapa 13.4).[101]

A primeira guerra de independência estava terminada. Mas a continuidade das divisões internas logo transformou-se em uma segunda guerra civil, disputada entre MPLA e Unita. Esta contou com a participação direta dos EUA e da África do Sul. Quanto ao MPLA, teve apoio logístico e humano da URSS, da China e sobretudo de Cuba. A guerra civil foi entremeada, sem sucesso, por alguns acordos de paz. Apenas no dia 3 de abril de 2002 o parlamento angolano aprovou uma lei em que foram anistiados todos os crimes contra a segurança do Estado, cometidos no contexto do conflito armado angolano. Não é de admirar que a Anistia Internacional, de acordo com os direitos humanos, condenasse a aprovação dessa lei, argumentando que ambos os lados cometeram crimes horríveis pelos quais os seus autores deveriam ser julgados. Mas essa é uma questão especialmente da população angolana, a quem cabe fazer a sua história, dando início a um processo de reconstrução que comece por uma interdependência entre a teoria e a prática da tolerância.

---

100. SPÍNOLA, Antônio de. *Portugal e o futuro: análise da conjuntura nacional*. 4. ed. Rio de Janeiro: Nova Fronteira, 1974, p. 226.
101. HERNANDEZ, Leila M. G. Leite. "Movimentos político-ideológicos". *In: Países africanos de língua oficial portuguesa: reflexões sobre história, desenvolvimento e administração*. São Paulo: Fundap, abr. 1992, p. 59-74.

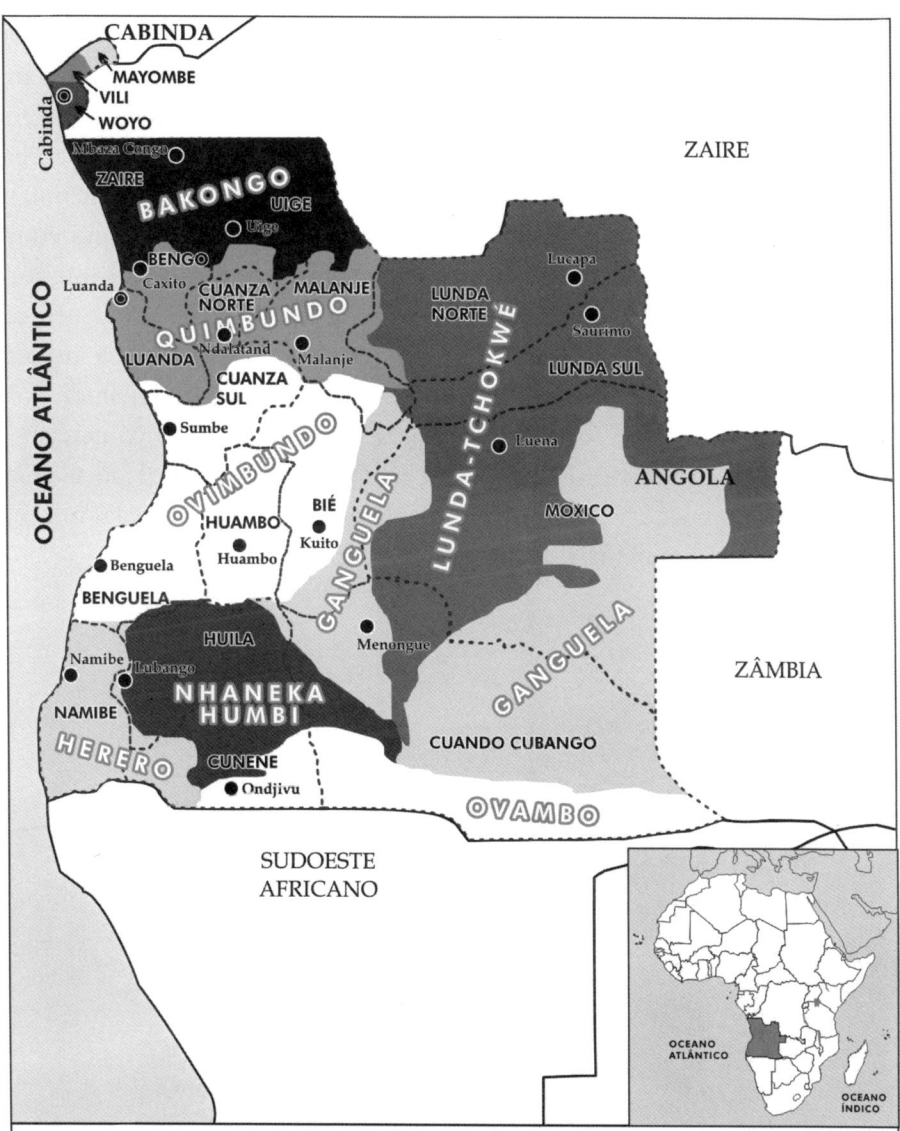

13.4 - Segundo o Acordo de Alvor, firmado entre o governo de Portugal, o MPLA, o FNLA e a UNITA, ficou estabelecido um período de transição que durou cerca de um ano. Em 11 de novembro de 1975, depois de catorze anos de luta, o MPLA proclamou a independência, que foi reconhecida pelo governo português.

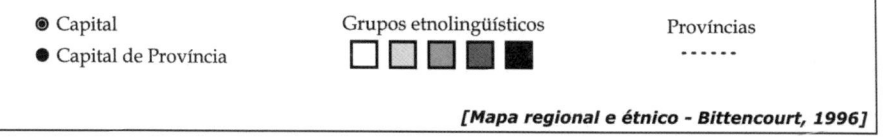

◉ Capital

● Capital de Província

Grupos etnolingüísticos

Províncias

[Mapa regional e étnico - Bittencourt, 1996]

Moçambique

O litoral leste do continente africano começou a ser visitado pelos portugueses entre os anos de 1497 e 1499, na primeira viagem de Vasco da Gama à Índia, dando início a uma ligação marítima regular entre o Ocidente e o Oriente. Nessa viagem, o navegador português, depois de aportar em Inhambane, chegou, em 1498, à ilha de Moçambique. Também passou por Quelimane e Sofala, entrando em contato com a cultura suaíli resultante, no plano etnolingüístico, da população de língua banto acrescida de elementos do interior do continente e do exterior, tais como árabes, persas e indianos, provenientes da costa setentrional do mar da Arábia e do oceano Índico. Foi grande a importância dessa costa marítima, desde o século X, quando Mombaça, Melindi, Kilwa, Inhambe, Moçambique, Quelimane e Sofala eram entrepostos comerciais dominados por mercadores árabes de Omã e indianos islamizados do Guzerate, que, em troca do ouro e do ferro, levavam algodão, porcelanas, seda, miçangas, perfumes e drogas medicinais.[102]

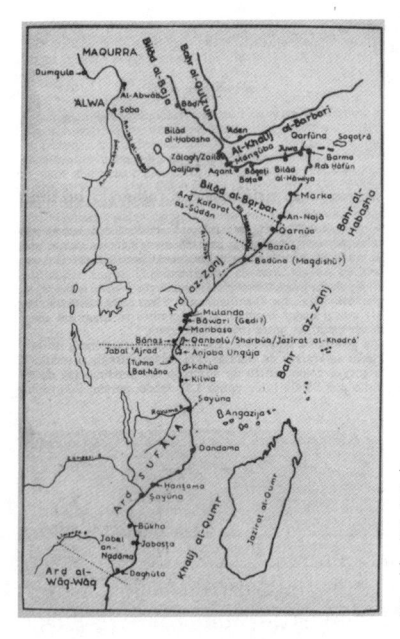

As sociedades do norte de Moçambique integraram a história dos sultanatos e dos xeicados do litoral banhado pelo oceano Índico.

Ainda no início do processo de "roedura" da costa oriental do continente africano, em 1505, os portugueses fundaram uma feitoria-fortaleza em Sofala, onde adquiriam ouro do "império" pré-europeu do Monomotapa (1325-1700),

102. Consultar o Capítulo 1 deste livro.

que abrangia vários "reinos" vassalos, com diferentes organizações políticas, sendo os principais até fins do século XVII: Makaranga, Changamire, Zimba, Chicoa, Macua, Sedanga, Quissanga, Quiteve, Manica, Barué e Maungwe, na província de Tete. Esse "império", que se estendia do Kalaari ao Índico, era constituído pelos chonas sob a autoridade de um chefe do povo rozwi.[103] Desse modo podiam comprar especiarias asiáticas como pimenta, canela e cravo-da-índia. Pouco a pouco, os portugueses foram substituindo os árabes no controle do comércio de ouro, ferro, cobre e marfim. Em troca, uma embaixada do Monomotapa[104] recebia impostos pagos pelos reinóis que, portanto, tornaram-se seus vassalos, situação ímpar em todo o império ultramarino português. A propósito, cabe lembrar que a recusa em pagar o tributo provocou, mais de três séculos depois, uma longa insurreição que durou vinte anos, de 1806 a 1826.

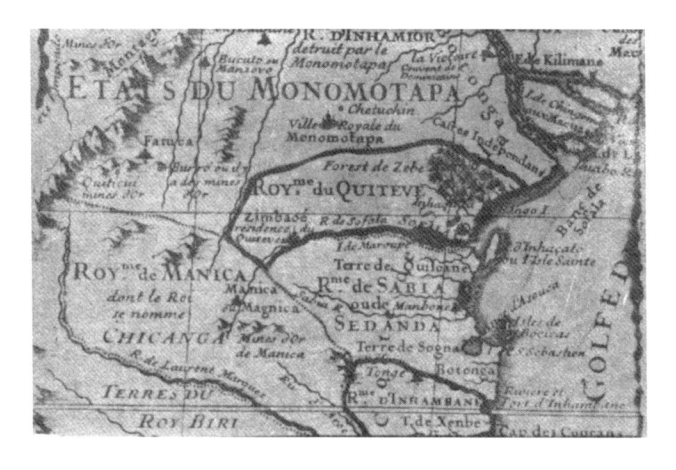

O "Império" do Monomotapa estendia-se do Zambeze ao Limpopo e do Kalaari ao Índico. Contava com vários "Estados" vassalos dominados por parentes da dinastia dos Monomotapas.

Com o objetivo de controlar o próprio processo produtivo, os portugueses avançaram para o interior do território. Fez parte desse processo a construção, em 1507, de uma feitoria-fortaleza em Moçambique, território considerado estratégico por ser ponto de escala na rota da Índia. Além disso, por ser circundado por águas profundas e cortado por oito rios que ali desaguavam, constituiu um ponto de passagem de várias rotas de comércio vindas do interior do continente, com marfim, exportado para a Europa e a Ásia e de ouro para Goa, além de outros produtos trocados com ingleses, franceses, holandeses e com baleeiros norte-americanos. Seguiu-se o ataque dos portugueses a Angoche, novo centro escoador de ouro, onde os suaílis haviam constituído

103. SERRA, Carlos (Org.). *História de Moçambique*. Maputo: Universidade Eduardo Mondlane, Departamento de História e Tempo Editorial, 1982 e 1983.
104. *Monomotapa* significa senhor das minas, termo que foi estendido a todos os "reis" que ocuparam o trono desse império.

um núcleo de resistência. Bloqueando-o, os portugueses passaram a utilizar-se do rio Zambeze, avançando para o interior e chegando, em 1530, ao "Estado" do Zimbábue,[105] em fase de declínio. Em seguida, fundaram Sena e Tete, no Alto Zambeze, pontos a partir dos quais se tornou possível comerciar diretamente com os makarangas, no coração do Monomotapa. Assim, os portugueses, além de controlar as vias de escoamento de ferro, cobre, marfim e ouro, passaram a ter acesso às zonas produtoras, ou seja, às minas de Chidima, Dande, Butua e Manila. Em seguida, dominaram as ilhas de Moçambique, Angoche, Quelimane, Cuama, Chiluane e Mambori, além de se fixar no império do Monomopata. Em 1544, foi fundada a feitoria de Quelimane, reforçando o controle direto das minas, além de se constituir um porto de trato para onde eram levados os escravos que depois seguiam para Índia, Portugal e Brasil. Pouco tempo depois os portugueses chegaram a Lourenço Marques (hoje Maputo) (veja mapa 13.5).

Significa dizer que no curto prazo as relações comerciais foram ampliadas com o fornecimento de escravos do "império" de Monomotapa, capturados nas guerras com os povos vizinhos.[106] Em 1561, o padre Gonçalo da Silveira chegou ao Monomotapa e batizou o "imperador", que passou a chamar-se D. Sebastião. Em 1607, o "imperador" do Monomotapa, Gatsi Lucere, cedeu as minas aos portugueses e, em 1629, foram feitas novas concessões militares, políticas e comerciais pelo Monomotapa Mavura, batizado como D. Felipe II. Essas conversões para o cristianismo – com as quais os monomotapas buscavam uma aliança com os portugueses para vencer linhagens rivais –, permitiram aos reinóis aumentar significativamente a produção de ouro e outros minerais até 1693. A especificidade da atuação portuguesa em Moçambique, somando o comércio de escravos ao de ouro e de marfim, atiçou a cobiça pela propriedade da terra.

Em 1626, os domínios no Vale da Zambézia deixaram de ser possessões hereditárias e foram transformadas, por um aparato jurídico singular, em *prazos da Coroa*, isto é, terras cedidas aos colonos por cerca de três gerações, podendo a concessão ser renovada. Esse processo de ocupação foi o desdobramento da vitória na guerra contra os rozvis, em 1690, quando mercadores e aventureiros portugueses tornaram-se proprietários de terras e chefes de milícias privadas constituídas por

---

105. *Zimbabwe* significa "cidade de pedra".

106. É oportuno lembrar que não só o "império" do Monomotapa, mas as comunidades da África Oriental como um todo, além de manterem uma escravatura doméstica, forneciam escravos para o comércio do Índico.

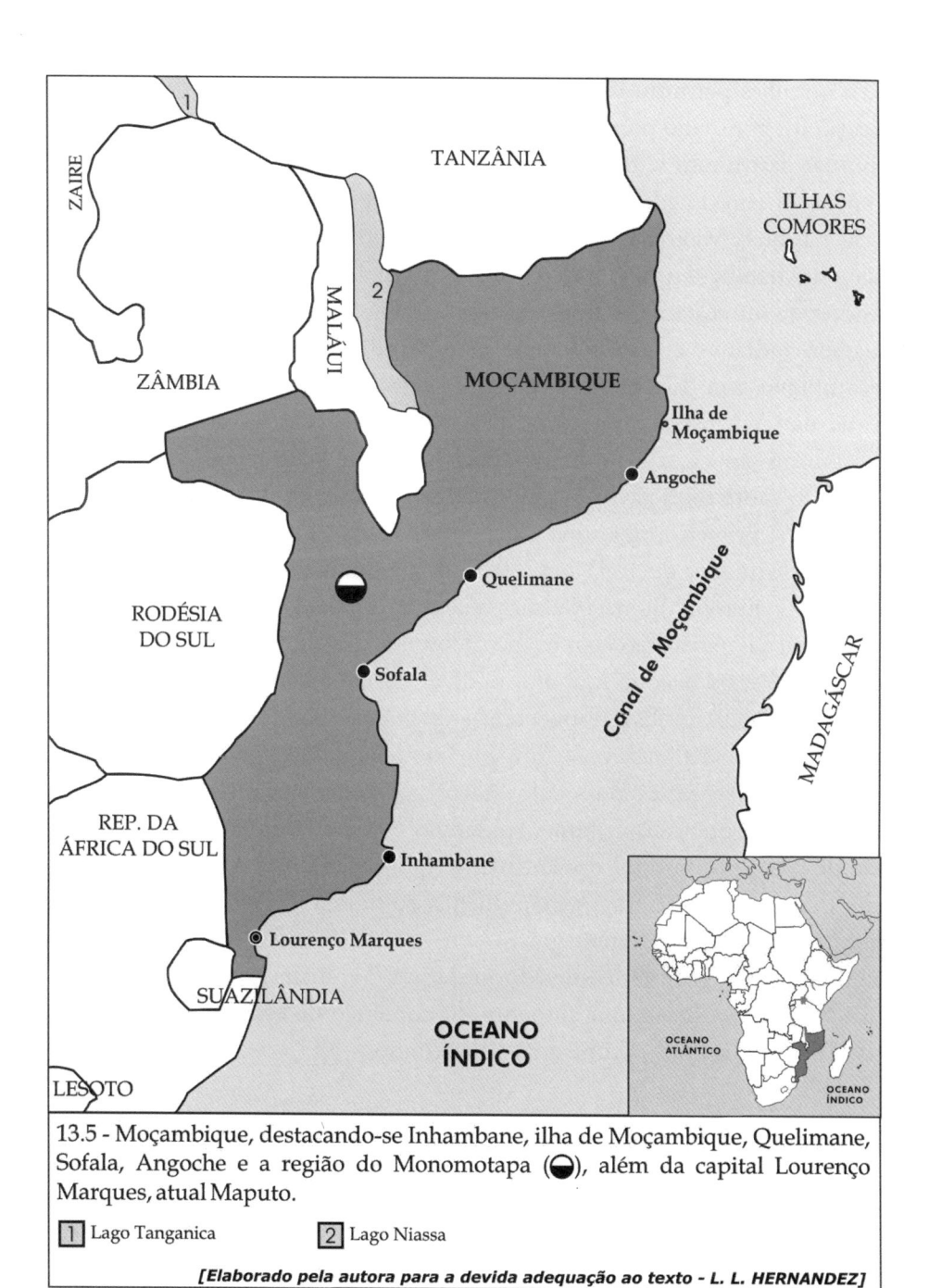

13.5 - Moçambique, destacando-se Inhambane, ilha de Moçambique, Quelimane, Sofala, Angoche e a região do Monomotapa (◖), além da capital Lourenço Marques, atual Maputo.

1 Lago Tanganica   2 Lago Niassa

[Elaborado pela autora para a devida adequação ao texto - L. L. HERNANDEZ]

centenas de a-chicundas, feitos cativos.[107]Além disso, os portugueses conseguiram as terras dos mangos e fumos em troca de mosquetes, tecidos e miçangas, o que lhes permitiu dominar da foz do Zambeze ao forte de Sofala. Esse processo foi pontuado por movimentos de resistência, como o de 1693, quando os butuas destruíram feiras e queimaram igrejas e *prazos*.[108]

Mas foi sem dúvida no decorrer do século XVII, com o cultivo da cana-de-açúcar nas ilhas Maurício, que o número de mercadores de escravos começou a aumentar, dando impulso a um comércio em franca expansão, voltado para abastecer os mercados do Brasil e das Caraíbas, tendo à frente portugueses, franceses, indianos e afro-indianos. O dinamismo do trato negreiro fez que Moçambique, em 1752, deixasse de ser administrada como dependente do vice-rei de Goa, passando a gozar de um governo colonial autônomo.[109] Em 1756 entrou em vigor a primeira tabela aduaneira portuguesa de cobrança de exportação sobre os escravos, portanto, cerca de dois séculos depois de medidas semelhantes, primeiro na Guiné e depois no Congo e em Angola.

De todo modo, de 1693 a 1750 ainda predominou o comércio de marfim para Índia e Europa, numa fase marcada pela disputa do controle do comércio entre os macuas e os ajarias com os mercadores estrangeiros estabelecidos na ilha de Moçambique e na baía de Maputo, onde as chefaturas inhala, tembe, maputo e matola se digladiavam. Essa disputa acarretou grandes perturbações sociais, levando as sociedades que pertenciam ao "império" do Monomotapa ao declínio.

Na primeira metade do século XIX os povos de Moçambique enfrentaram uma grave seca que causou fome, epidemias e grande número de mortos; a invasão de povos do interior do continente (por exemplo, a dos angoches para a região de Moçambique atual); e o aumento do tráfico internacional de escravos. Esses três fatores provocaram graves conseqüências sociais e políticas, redesenhando o espaço geopolítico de Moçambique. Também levaram ao fechamento das feiras de ouro e a um aumento do comércio de escravos, em particular, desde 1815, para Brasil, Cuba e Estados Unidos.

---

107. SILVA, Alberto da Costa e. *A manilha e o libambo: a África e a escravidão, de 1500 a 1700*. Rio de Janeiro: Nova Fronteira: Fundação da Bibl. Nacional, 2002, p. 657-702.
108. É oportuno lembrar que no século XVIII também os mercadores indianos provenientes de Goa adquiriram *prazos*.
109. Até essa data Moçambique era constituída por três capitanias, a de Moçambique, na costa, a de Cabo Delgado até a foz do rio Zambeze, avançando para o interior, e a de Sofala, que incluía toda a zona ao sul da foz do rio Zimbábue. Cada capitania era constituída por feitorias; assim, Tete, Quelimane e Sofala pertenciam à capitania de Moçambique e a feitoria de Manica fazia parte da capitania de Sofala.

Pouco a pouco, na década de 1820, o "império" de Gaza foi se expandindo ao sul, ocupando o Vale do Limpopo, e ao norte de Zambeze a Lourenço Marques. Foi a maior "monarquia" dos angones (incluindo os "reinos" Suázi e Zulu), que entraram em conflito com os portugueses (sobretudo na revolta de 1834) e com outros povos africanos, cujo embate mais importante foi com os tongas, que acabaram por se refugiar no Transvaal. Em conseqüência, aumentou o número de homens capturados, alimentando o trato negreiro em ascensão até fins do século XVIII, em mãos de portugueses, brasileiros, espanhóis de Cuba e norte-americanos. Séries bastante precisas permitem estimar que a venda de escravos cresceu, abalando as antigas redes comerciais e tornando-se mais rentável do que o comércio de ouro e marfim. Milhares de povos africanos de Moçambique foram capturados e exportados para Reunião, Madagáscar, Cuba e Brasil, para o cultivo de café, algodão e açúcar.[110] Em 1762, cerca de 1.100 escravos saíram de Moçambique. Em 1799, esse número subiu para aproximadamente 4.500, e em 1813 era de oito mil, passando, em 1820, a cerca de 19 mil, o que fez de Lourenço Marques um dos principais portos de exportação de escravos da costa oriental africana.[111] Outra conseqüência do comércio de escravos foi ter acarretado a formação de novas unidades políticas, como os "Estados" de Ajaua, junto do lago Niassa, os xeicados suaílis, entre Angoche (o principal porto de trato ilícito nas décadas de 1830 e 1840) e Memba, além dos "Estados" militares incrustados no Vale do Zambeze desde Quelimane ao Zumbo.

Portanto, é possível sublinhar que

[...] O tráfico de escravos não era simplesmente estimulado pela procura das Américas: era também alimentado pelo maior número de escravos disponíveis nos novos portos da costa em conseqüência das perturbações sociais e econômicas do interior num período de secas excepcionalmente graves. [...] Assim, nos primeiros anos do século XIX, a seca e a desarticulação social – mais do que o tráfico de escravos em si – tinham já feito fechar, de facto, as velhas feiras do ouro. Mas a fome, a guerra civil e o banditismo davam origem a contingentes de escravos cada vez maiores; deste modo, o tráfico de escravos cresceu rapidamente para preencher o vácuo comercial criado pelo declínio do comércio do ouro e das outras formas tradicionais de actividade econômica.[112]

---

110. Lembramos que os espanhóis de Cuba só fecharam seus portos em 1866, e os norte-americanos durante a guerra civil, entre 1861 e 1865.

111. NEWITT, Malyn. "Moçambique". *In*: ALEXANDRE; DIAS, *op. cit.*, v. X, p. 569. Vale ressaltar que o Mercado de Zanzibar encerrou suas atividades relativas ao trato negreiro apenas em 1873.

112. *Ibidem*, p. 570.

As conseqüências do comércio de escravos foram sentidas mais no norte do que no sul de Moçambique, dando origem a lutas internas que romperam a coesão das organizações políticas africanas. No que se refere ao sul de Moçambique, quando o "império" de Gaza se fortaleceu durante o século XIX, passou a se expandir para o norte, desde o rio Limpopo, impulsionando o crescimento de escravos nessa área. Além disso, o trato negreiro levou a uma desintegração das estruturas próprias das aldeias; coagiu os povos africanos a adotar outros padrões de moradia; e dispersou as populações por áreas extensas, quase sempre longe das terras férteis.

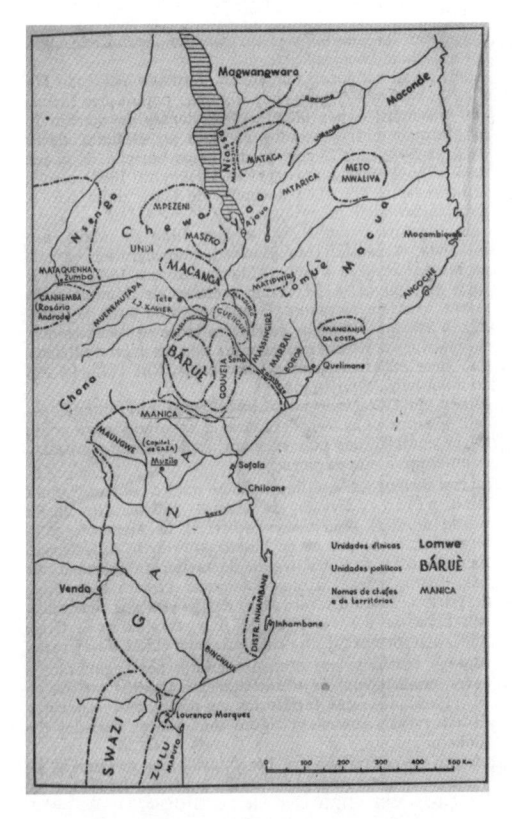

Na década de 1820 o "império" de Gaza foi se expandindo para o sul, tornando-se a maior "monarquia" dos angones (incluindo os "reinos" Suázi e Zulu) e entrando em conflito com os portugueses e com outros povos africanos. Alimentou o trato negreiro, em crescimento até fins do século XVIII, exportando escravos para Reunião, Madagáscar, Cuba e Brasil.

À luz desta exposição geral, parece ser possível sustentar a hipótese de que o espírito comercial, combinado com o conjunto de interesses políticos não poucas vezes contrários, pôs em movimento o processo de construção diferenciada dos espaços constituintes de Moçambique. Procurando destacar as diferenças entre as terras moçambicanas do interior do continente e a ilha de Moçambique até meados do século XIX, é necessário explicitar que depois da invasão holandesa, no início do século XVII, foram construídos na ilha edifícios seculares e religiosos. A cidade abrigava um grande grupo de militares, religiosos (em particular missionários dominicanos) e funcionários portugueses. Mais tarde, em 1850, chegaram indianos, muçulmanos, negros livres e escravos. Também é possível identificar que ao sul ficavam os muçulmanos de Sancul e ao norte as paróquias portuguesas de Cabaceira e Mossuril.

Quanto à "terra firme", era uma estreita faixa que se tornou um ponto de encontro das caravanas de marfim ou de escravos provenientes do interior do continente, com os mercadores indianos ou afro-portugueses. Quanto aos intercâmbios comerciais, ocorriam nos acampamentos ou em feiras temporárias, em um território que ainda não era dominado pelos portugueses, com a forte participação de régulos (chefes tradicionais) macuas que podiam sustar a passagem das caravanas ou mesmo saquear as "quintas portuguesas".[113]

Resta, ainda que de modo resumido, registrar as particularidades do Cabo Delgado, de Inhambane, de Lourenço Marques e do sul da Zambézia. Cabo Delgado, contando com cerca de 12 ilhas ao longo da costa, desde o século XVI estava voltado para o comércio da região, possuindo estabelecimentos que vendiam o "maluane", um tecido manufaturado localmente, e produtos para alimentação. No século XVIII, as ilhas foram doadas a portugueses e a missionários dominicanos, transformando-se em um conjunto de *prazos* que se dividiam em "pacificados" e os ainda "não pacificados". No final do século XVIII, para combater o contrabando de armas de fogo em troca de escravos para os franceses, foram construídos um forte e uma alfândega no Ibo, o que fomentou o crescimento da cidade, apesar das secas e da ação de piratas malgaxes. Ainda assim, o seu crescimento foi significativo, passando de 1850 em diante a formar com Lourenço Marques e Inhambane, cidades mais ao sul, uma área de intrincadas redes de influência não só comercial, mas também política. Nelas, havia se fixado um pequeno número de militares e funcionários da burocracia colonial que representavam o governo. Mas, sem sombra de dúvida, a importância dessas cidades era, sobretudo, econômica. Reuniam casas de comércio abastecidas pelo intercâmbio com os povos do interior dominado por famílias afro-portuguesas e afro-indianas. Já a Zambézia, desde o século XVII tinha o Vale do Zambeze como principal centro da ocupação portuguesa, de início voltado para o comércio de ouro sob o controle dos muçulmanos. No século seguinte, junto com a expansão do domínio português nas regiões auríferas, gradativamente a Coroa concedeu *prazos* a alguns súditos e às ordens religiosas, estendendo-os também para Sofala e para o norte de Quilimane.[114]

---

113. NEWITT, Malyn "Moçambique". *In*: ALEXANDRE; DIAS, *op. cit.*, v. X, p. 583.

114. Os *prazos* apresentavam-se diferenciados tanto por sua extensão como pela população que os ocupava. A respeito consultar NEWITT, Malyn. "Moçambique", *op. cit.*, p. 585-588.

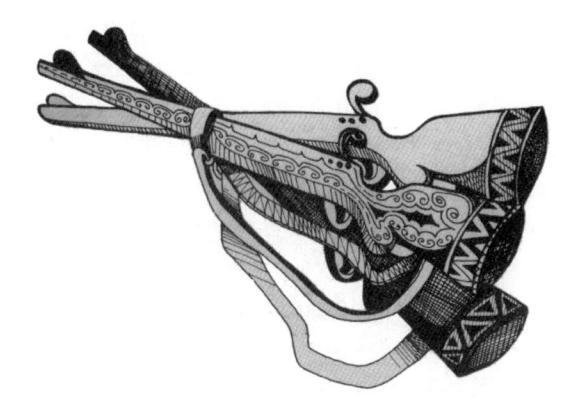

Espingardas carregadas pela boca, utilizadas em Gaza.

Em síntese, é possível considerar que Moçambique condensava a heterogeneidade própria das Áfricas, no geral. Apresentava povos falando línguas diferentes, com tradições religiosas e noções de propriedade distintas, valores diversos e vários modos de hierarquização de suas sociedades, articulando-se e rearticulando-se de acordo com seus próprios interesses, resultando em organizações políticas várias, que ora se uniam, ora entravam em disputa, definindo o ascenso ou o declínio de grandes "impérios" (como o do Monomotapa e do Marave, no atual Maláui), de "reinos" (como o de Gaza) e de "Estados" (como o do Zimbábue no século XIX).[115] Esse foi um tema que passou de geração em geração, fazendo parte das tradições orais de Moçambique e, por vezes, integrando o processo de "invenção de tradições" no pós-independência. De outro lado, também apontamos aspectos principalmente econômicos, mas também políticos, de um modelo imperial de âmbito planetário, incluindo as atividades de árabes, indianos islamizados, portugueses, franceses, norte-americanos, espanhóis de Cuba e brasileiros. Uns e outros, ainda que de modo assimétrico, participaram de um processo global, contendo o expansionismo e as resistências a ele. Os territórios se sobrepunham e as várias histórias se enlaçavam.[116]

A força desses comentários vale para reinterpretarmos Moçambique antes dos portugueses, mas também favorece a compreensão dos expansionismos do século XV e, sobretudo de fins do XIX, alertando para a importância de considerar os tratados firmados pelos países europeus, assim como os processos dinâmicos dos vários povos africanos (veja mapa 13.6).

115. Merece registro o necessário aprofundamento do tema das guerras entre diferentes grupos africanos como a ocorrida entre os angones, que impelidos pela seca, migraram para a região do atual Moçambique, na década de 1820, fato que para a grande maioria dos historiadores africanos marcou o início da história moderna da África central.
116. SAID, Edward. *Cultura e imperialismo*. São Paulo: Companhia das Letras, 1995, p. 33-45.

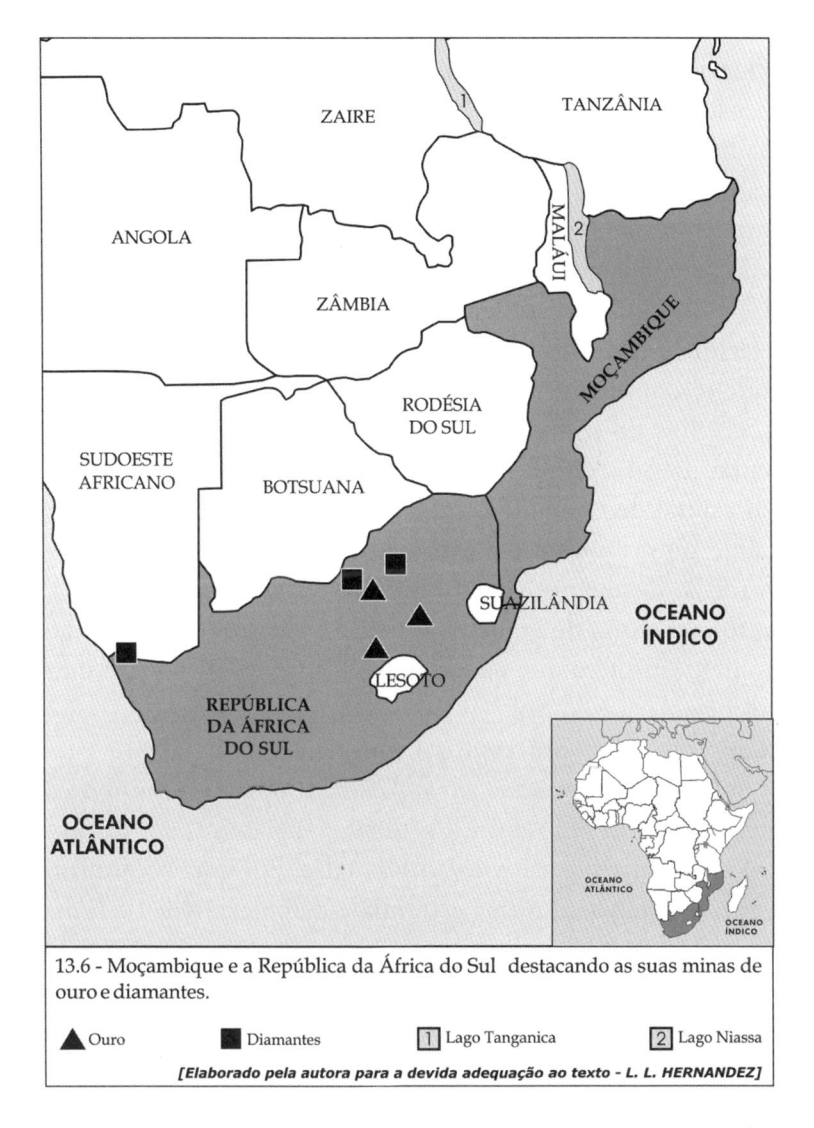

13.6 - Moçambique e a República da África do Sul destacando as suas minas de ouro e diamantes.

▲ Ouro   ■ Diamantes   1 Lago Tanganica   2 Lago Niassa

[Elaborado pela autora para a devida adequação ao texto - L. L. HERNANDEZ]

Acompanhando, em fins do século XIX, o término do trato negreiro, deu-se o deslocamento do eixo econômico do norte para o sul de Moçambique (inclusive com a transferência da capital da ilha de Moçambique para Lourenço Marques), reforçado pela descoberta de ouro em Lydenburg, a leste do Transvaal, e dos diamantes em Kimberley. Em 1875 o processo migratório iniciado na década de 1850 intensificou-se, sendo a exportação de mão-de-obra institucionalizada, conforme o acordo firmado entre o governo português e a Wittwaters Rand Native Labour Association. O número de trabalhadores saídos de Moçambique para a África do Sul e demais países vizinhos para o plantio de algodão e a construção do porto de Duban e das primeiras linhas férreas cresceu significativamente depois de 1885. Para o aumento do fluxo migratório concorreu a intermediação de chefes locais africanos, responsáveis pelo recrutamento de trabalhadores destinados a suprimir a escassez de mão-de-obra na África do Sul, também decorrente da hostilidade dos zulus, do norte de Lugela, em submeter-se ao trabalho forçado. Talvez, por isso, o "rei" Zulu Cetiuaio tenha concordado em que os contingentes de mão-de-obra recrutada em Moçambique atravessassem a Zululândia para chegar ao seu destino. Nesse período foi transferido para as companhias monopolistas um conjunto de direitos, entre os quais o de cobrar impostos facilmente convertidos em formas compulsórias de trabalho. Em síntese, pode-se considerar que a principal atividade econômica do governo português, em fins do século XIX, foi a contínua exportação de mão-de-obra para alimentar grandes empresas, como, em 1891, a Companhia de Moçambique (com capital de Alemanha, Inglaterra e África do Sul), que acabou, em 1892, gerando outras quatro companhias, a Companhia de Luato, a Companhia de Boror, a Société du Madal e a Sena Sugar States. De 1875 a 1910 o recrutamento aumentou de maneira acelerada, chegando, em 1910, a cerca de cem mil homens, número que não se manteve até 1975, por ter sido reduzido para 40 mil pela África do Sul.[117]

Concomitante a esse processo, a Conferência de Berlim, e seu desdobramento em uma série de tratados entre países europeus, culminou com o choque de interesses, sobretudo entre Portugal e Inglaterra, em torno do "mapa cor-de-rosa" e do conseqüente *ultimatum* inglês. Foi uma conjuntura em que, mais uma vez, se estabeleceu uma estranha e complexa rede de linhas fronteiriças, cujos traçados oficiais ignoravam os aspectos culturais que eram um ponto de coesão das três formações etnolingüísticas bantos em movimento, como o cheua, o tsongam e o shona (formados por subgrupos). Ignoravam ainda que do conjunto de diferenças também faziam parte os suaílis, na zona costeira, e outros grupos lingüísticos, como o mwani, na costa de Cabo Delgado, com influência das línguas maconde e macua; o nharra, na ilha de Moçambique; e o koti, em Angoche.[118]

Os dois processos acabaram impondo a Portugal a conquista militar e a ocupação efetiva de Moçambique, processo longo e difícil, que se estendeu até os anos 1920, com a completa dominação do "Estado" de Gaza, no sul do país, a prisão de Gungunhana e sua deportação para os Açores, em 1885. Foi quando a

117. ABRAHAMSSON, Hans; NILSSON, Anders. *Moçambique em transição – um estudo da história de desenvolvimento durante o período 1974-1992*. Maputo: Cegraf, 1994, p. 23.
118. NEVES, Olga Iglesias. "Moçambique". *In*: MARQUES, A. H. de Oliveira. *Nova história da expansão portuguesa*. v. XI. Lisboa: Estampa, 2001, p. 354.

administração colonial portuguesa passou a assumir o controle da maior parte do território, restando apenas algumas resistências locais vencidas por volta de 1915. Não é abusivo reiterar que, de todo modo, nem por isso o domínio português garantiu a exploração econômica, em mãos de grandes empresas estrangeiras, sob contratos que incluíam a administração dos territórios que lhes eram concedidos sobretudo nas regiões norte e central do país. Com o início do regime fascista português, os contratos com as empresas concessionárias não foram renovados em 1928. A política nacionalista de Salazar estava voltada para redirecionar os projetos econômicos de Portugal no ultramar, cabendo a Moçambique produzir algodão para a indústria têxtil metropolitana.

Charge "Portugal e as colônias", de Rafael Bordalo Pinheiro. Nela, para os portugueses, definir e retificar fronteiras não diminuía o evidente interesse das grandes nações européias por suas colônias ultramarinas.

Do ponto de vista econômico, desde a década de 1930 até 1975, quando da sua independência, Moçambique esteve atrelado ao projeto imperial português, o que incluia o seu papel de prestador de serviços na África Austral. A importância econômica da inserção de Moçambique na África Austral, em particular por meio de estradas e portos da Beira e de Lourenço Marques, pode ser avaliada pelo montante obtido com as tarifas pela utilização de estradas de ferro e portos, perfazendo a metade de seus rendimentos externos. A outra quarta parte era obtida pelo trabalho dos emigrantes, em particular, das províncias de Inhambane, Gaza e Lourenço Marques para as minas sul-africanas. Por fim, o restante provinha da exportação de produtos agrícolas, como o

algodão, o chá e o açúcar, além de produtos como madeira, camarões e casta-
nha de caju provenientes da parte central do país.[119]

O projeto de construção desta estrada de ferro justificava-se, uma vez que a
quarta parte dos rendimentos externos obtidos por Moçambique provinha
do trabalho dos emigrantes nas minas sul-africanas.

Já para consumo interno havia uma produção de bens alimentares, além de
pequenos estabelecimentos industriais que produziam para a população urbana,
majoritariamente formada por brancos. Havia também uma agricultura familiar
própria de povos africanos, rudimentar, que sobreviveu ao conjunto de mudanças imposto pelo imperialismo colonial, em particular pelas migrações forçadas,
acarretando uma nova divisão do trabalho entre os homens e as mulheres, as
quais passaram a assumir tarefas tradicionalmente masculinas como a limpeza
do terreno para a semeadura, o que incluía a derrubada de árvores e o desbrava-
mento ou a recuperação de terras já usadas para o plantio. Era, portanto, uma
agricultura de baixa produtividade que, somada à exploração pelo pagamento
inferior para os mesmos produtos oferecidos por colonos portugueses, afastava
os trabalhadores agrícolas africanos do mercado interno.

Esse conjunto de elementos estava fortemente sujeito, de modo direto ou
indireto, às formas compulsórias de trabalho legalizadas pelo governo português
desde 1894, quando, por decreto, a pena de prisão foi substituída pelo "trabalho correcional", que poderia ter a duração de quinze dias a um ano. Para a efetiva aplicação do decreto, "indígenas" eram considerados aqueles que "não se

---

119. Nessas atividades atuavam empresas francesas, britânicas, suíças e norueguesas, além das portuguesas.

distinguissem pela sua instrução e costumes do comum da sua raça".[120] É importante sublinhar que os "não-indígenas" eram os europeus (portugueses, britânicos, italianos, franceses, alemães e gregos), os amarelos (chineses e, em menor número, japoneses) e os indianos (indo-portugueses e indo-britânicos). Além disso, "[...] Havia igualmente na colónia, mas em menor número, albaneses, americanos, austríacos, belgas, brasileiros, checoslovacos, dinamarqueses, egípcios, espanhóis, húngaros, jugoslavos, lituanos, luxemburgueses, noruegueses, polacos, romenos, russos, sírios, suecos, turcos, japoneses e afgãos".[121]

No ano seguinte, António Enes, nomeado comissário-régio de Moçambique, defendeu a descentralização administrativa com regras específicas para os "indígenas" de cada um dos distritos moçambicanos. Afirmava:

> [...] Moçambique precisa de um código administrativo, todo novo e feito de propósito para a província, e até com regras especiais para cada um dos seus distritos. Deixemo-nos de uniformidade e de simetrias! O vício fundamental da nossa legislação ultramarina é ser, em parte, a do Reino, em parte uma imitação, ou uma cópia [...] quando, pelo contrário, devia variar não só do Reino para o Ultramar, senão também de província para província do Ultramar, considerando também as privações naturais de toda a espécie que se dão dentro da mesma província.[122]

Em decorrência, no próprio ano de 1895, Enes pôs em prática a "circunscrição indígena", na qual cabia ao colonizador substituir o poder considerado "despótico" dos chefes tradicionais. Deslocava-se, assim, o poder administrativo-jurídico para a autoridade portuguesa, que passava a responder pelo recrutamento e pela distribuição da mão-de-obra, além de julgar e punir os que não trabalhassem pelo não-cumprimento "moral e legal" de manter a sua subsistência e melhorar a sua condição social.

É importante sublinhar que, enquanto os "indígenas" foram reunidos em "circunscrições" e estas divididas em "regedorias", os colonos foram agrupados por "freguesias", e portanto podemos considerar que foi legalmente instituído um *apartheid* de baixa intensidade, aprimorado em 1907 com a criação da Secretaria dos Negócios Indígenas, pela Reforma Administrativa de Moçambique, processo complementado, em 1910, com a Intendência dos Negócios Indígenas e Emigração, responsável pela distribuição de mão-de-obra para Moçambique e

---

120. *Apud* CARVALHO, Sol (Coord.). *História de Moçambique: agressão imperialista (1886/1930)*. v. 2. Maputo: Depto. de História da Universidade Eduardo Mondlane/Tempo, 1983. p. 89.
121. NEVES, Olga Iglesias. "Moçambique". *In*: MARQUES, *op. cit.*, p. 487.
122. *Apud* CARVALHO, *op. cit.*, v. 2, p. 91.

para outros países da África Austral. Portanto, para os "indígenas", continuaram reservadas as formas compulsórias de trabalho, podendo escolher entre o cultivo de um hectare de algodão, o trabalho em obras públicas três vezes por ano ou o "chibalo", isto é, o trabalho forçado nas grandes plantações. Outras medidas reforçaram ainda mais as assimetrias entre colonos e "indígenas". Como é habitual nesses casos, é fácil discernir os que perderam com a legalização desse tipo de discriminação, que na prática resultava em degradação e sofrimento.

Potencializada pelas secas e pela fome (por exemplo, em 1903, no sul de Moçambique) ou por conjunturas marcadas pela alta da inflação e pela crise econômica, essa política suscitou diferentes formas de resistência, sobretudo de 1917 a 1928. Bastante comuns eram as fugas para áreas nas quais o trabalho rural parecia menos opressivo, como em algumas regiões da Niassalândia, Tanganica, Rodésia do Sul ou da própria África do Sul. Como exemplo, deve-se lembrar que, em 1919, aproximadamente cem mil pessoas deixaram o norte de Moçambique e instalaram-se na Niassalândia, depois de incendiar suas palhoças.[123] Outras, para as quais parecia insuportável cortar os laços com suas famílias, fugiam para locais de difícil acesso, como montanhas escarpadas, no próprio interior de Moçambique, formando verdadeiras comunidades de refugiados. Além destes, outro modo generalizado de protesto dos trabalhadores rurais era esconder parte do que produziam, prática bastante comum nas grandes plantações de algodão.

Por vezes, a resistência foi coletiva e violenta, como entre os anos de 1917 e 1921, no vale do Zambeze. Revoltados com o aumento de impostos, o trabalho forçado, a obrigatoriedade do plantio de algodão e com a circunscrição militar, os trabalhadores rurais dirigidos por chefes religiosos shona e por vassalos da aristocracia barue, lutaram contra a opressão e a violência do sistema colonial e para libertar os seus territórios. Ainda no decorrer da década de 1920 foram registrados levantes rurais em Angoche, Erati e Moguincal, ao norte de Moçambique. Não poucas vezes, a insatisfação era manifestada por símbolos culturais como cantigas de trabalho e provérbios que desafiavam os mecanismos próprios do sistema colonial. A eles se somaram novas formas culturais, como as danças de trabalho, levadas pelos imigrantes que haviam trabalhado na África do Sul. Por sua vez, merece destaque a revolta de Santaca, em 1932, como conseqüência da oposição dos trabalhadores agrícolas ao trabalho forçado do cultivo de algo-

---

123. DAVIDSON, A. B.; ISAACMAN, A. F.; PÉLISSIER, R. "Política e nacionalismo nas Áfricas central e meridional, 1919-1935". In: BOAHEN, op. cit., p. 679-716.

dão. Outros movimentos resultavam do não-pagamento de impostos pelos baixos preços obtidos com a venda do algodão ou mesmo contra o imposto "indígena".

Também os trabalhadores urbanos como ferroviários, estivadores e funcionários da empresa de transportes urbanos rebelaram-se contra o "chibalo", fugindo dos recrutadores, adotando um ritmo de trabalho marcado pela lentidão ou mesmo sabotando matérias-primas e maquinários. Desde a década de 1910 os trabalhadores assalariados das cidades começaram a se organizar em torno de associações (como a Associação Comercial, em 1913), atuando coletivamente por meio de greves, mesmo proibidos de reunirem-se em sindicatos e impedidos, por preconceitos raciais e culturais, de fazer parte do movimento sindical dos trabalhadores brancos. Como em outros territórios coloniais da África, os estivadores eram o setor mais organizado e militante, deflagrando, entre 1918 e 1921, sete grandes greves por aumento salarial. Mesmo com menor freqüência, depois da ascensão do governo salazarista que levou a maior centralização e controle administrativo-jurídico aos territórios ultramarinos, as greves continuaram destacando-se, por sua amplitude e seu radicalismo, a greve dos portuários de Quinhenta, em 1933, contra a redução salarial. Com astúcia, a polícia cercou-os e com violência pôs fim ao conflito, mas não ao estado de indignação e revolta.

Praticamente ao mesmo tempo, como no sul dos Estados Unidos, no sul da África e por todo o continente africano, as elites culturais de Moçambique partilharam com os trabalhadores rurais um sentimento de indignação, que resultou em graus variados de radicalismo, apresentando certa ambivalência, ora pendendo para um discurso reformista, ora para uma negação dos mecanismos fundamentais do sistema colonial, sobretudo o trabalho forçado, a cultura obrigatória, a cobrança de impostos e o funcionamento dos *prazos*. Formavam associações, clubes negros, jornais (desde 1885, com a *Gazeta do Sul* e o *Clamor Africano*), equipes desportivas, cooperativas agrícolas (como a Cooperativa Agrícola de Tsombene), o Grupo Desportivo Africano do Sábie e o Núcleo dos Estudantes Secundários Africanos de Moçambique (Nesam). Tinham como objetivo constituir espaços de "dignidade racial e cultural" onde podiam ser discutidas questões relativas ao preconceito racial, à importância das culturas tradicionais africanas dos povos de Moçambique e ao significado da história de Moçambique, antes e desde a opressão portuguesa. Em 1909, foi criado o Grêmio Africano de Lourenço Marques e, dois anos depois, o jornal *O Africano*, de Lourenço Marques, que se constituiu em porta-voz contra o colonialismo e em defesa dos "indígenas", além de ressaltar as injustiças que também se estendiam sobre os "rebotalhos brancos", isto é, os imigrantes portugueses pobres, chamados "mumadji".

Essa publicação durou até por volta de 1918, quando encerrou suas atividades, dando lugar ao *Brado Africano* (1919), conhecido pelos vários artigos do jornalista João Albassini contra as "leis de assimilação", denunciando o "chibalo" e a precariedade das condições para os "trabalhadores livres africanos", o tratamento preferencial dado aos imigrantes brancos e as poucas oportunidades de educação para os povos africanos. Guiando-se pelo lema "Justiça, Verdade e Igualdade", lutava particularmente para que fossem suprimidas as leis de exceção que conferiam legalidade a um conjunto de obstáculos culturais, reforçando preconceitos e a própria discriminação, evidentes nas práticas cotidianas.

Em 1920, com o apoio da população dos subúrbios de Lourenço Marques, foi fundado o Congresso Nacional Africano de Moçambique, fruto da primeira cisão do Grêmio Africano. Era essencialmente político e mantinha laços com o Congresso Nacional Africano e com a União dos Trabalhadores da Indústria e Comércio Clement Kadalie, o mais importante movimento trabalhista da África do Sul. Seu órgão de divulgação mensal era o jornal bilíngüe (rhonga e português) *Dambu dja Africa*.

Em 1926, a Lei de Imprensa passou a censurar e, portanto, a restringir as atividades dos jornais e textos impressos. Em 1931, *O Brado Africano* publicou um editorial em que acentuava a necessidade de colocar fim às desigualdades, aos abusos e às injustiças próprias do sistema colonial. Um ano depois foi fundado o Instituto Negrófilo por um grupo de negros provenientes da segunda cisão de *O Brado Africano*. Em sua primeira fase, o instituto restringiu-se a atividades recreativas, sendo politicamente passivo em relação ao governo colonial e acabando por se colocar, na prática, subordinado à Direção dos Negócios Indígenas. Mas *O Brado Africano* não se deixou intimidar, continuando a publicar artigos que denunciavam a opressão e a violência do governo colonial. Em 1936 o salazarismo condenou-o ao silêncio.

Contudo, não foram só as elites culturais de Moçambique que mostraram uma consciência crítica em relação à falta de igualdades e de liberdades. Pelo critério de raça, pelo etnocentrismo ou pela articulação de ambos, a população era dividida entre "indígenas" e "não-indígenas", ao mesmo tempo que se fazia uma distinção entre as "comunidades", com ênfase nas diferenças histórico-culturais que condicionavam as experiências dos indivíduos na sua vida cotidiana. Ambos os critérios acentuavam as diferenças e justificavam as desigualdades. Essa é a razão pela qual surgiram também as associações de muçulmanos, lutando, em particular, por igualdade racial e cultural. Desse modo, os protestos passaram a contar, desde 1912, com a Associação de Socorro Mútuo e de Ensino

Islâmico Anjuman Anuaru Isslamo, que fundou uma escola maometana, importante centro em Lourenço Marques, criando, três anos mais tarde, o Grupo Desportivo Mahafil Isslamo.

Em contraste com o peso do sistema colonial sobre a maioria da população de Moçambique, composta por africanos, é mais difícil avaliar a crítica, não raro velada, aos "assimilados", categoria que merece estudos histórico-sociológicos mais específicos. Foi mais corrente do que se pode imaginar a idéia de que os "assimilados" renegavam o passado africano, aderindo a uma "cultura branqueada". Advertiam que o "assimilado ideal" era o que acreditava no multirracialismo e na idéia de uma "missão civilizadora" voltada para o bem dos "indígenas". Como esse discurso era cotidianamente desmentido pela prática colonial, aderir a ele era considerado passar para o lado dos brancos, colaborando com desigualdades de várias ordens. Esses argumentos compunham linhas de clivagem que eram dominantes, mas não excluíam, vez por outra, linhas de cooperação.

Está claro que esse discurso contrário à assimilação e aos "assimilados" colocava-os, no mínimo, em uma situação pouco confortável. Por sua vez, além das precondições, os candidatos a "assimilados" tinham de comprar o "alvará de assimilação", com garantias que eram violadas sempre que colidiam com a ideologia racista. Dessa maneira, sofriam pressões contraditórias, muitas vezes para garantir o acesso à educação de seus filhos. Conforme o depoimento de Honwana, um dos fundadores do Instituto Negrófilo e do Congresso Nacional Africano de Moçambique:

> Ao assimilar, as pessoas não estavam a regenerar automaticamente a sua cultura, a sua raça e as suas convicções. Estavam apenas à procura de uma vida menos insuportável. Era justo. Só que o colonialismo teve grande empenho em controlar os poucos assimilados que existiam, e conseguiu-o certamente. Eu tornei-me oficialmente "assimilado" em 1931. Para nós, naquele tempo, conseguir os documentos de assimilação era também procurar um futuro menos degradante para nossos filhos. Era procurar para eles o acesso aos estudos. Conheço muito poucos moçambicanos do meu tempo que sinceramente aspirassem à assimilação como forma de ficarem iguais ao branco; ou que se sentissem verdadeiramente portugueses. É preciso compreender que uma coisa eram os nossos sentimentos, a nossa personalidade, o orgulho da nossa cultura de africanos – isso mais ou menos todos tínhamos – e outra coisa era a coragem de afirmar os nossos valores abertamente, rejeitando também abertamente os valores do colonialismo. Ao nível individual isto era quase um suicídio. E a maioria das pessoas guiava-se, nesses anos recuados e difíceis, por um apurado instinto de sobrevivência.

Bem sei que houve moçambicanos que infelizmente assimilaram bem a portugalidade com que o colonialismo constantemente nos agredia e oprimia, mas isso não foi conseqüência automática da assimilação. Os régulos, por exemplo, que tão bem serviram o colonialismo, escravizando os seus próprios irmãos, não eram assimilados (nem tinham qualidades para o ser perante a lei colonial).[124]

Sobre as resistências, é preciso destacar ainda a relevância do papel das Igrejas em Moçambique. Como em outras partes da África meridional e central, as Igrejas separatistas ("zionistas" ou "sionistas" e "etiópicas"), desde fins do século XIX até as duas primeiras décadas do século XX, cresceram significativamente, como foi o caso da Primeira Igreja Independente Negra, em Moçambique, no ano de 1918. Combatia a discriminação racial e

[...] a insensibilidade dos missionários europeus em relação aos indígenas. Já em 1918 havia setenta e seis igrejas separatistas agindo em Moçambique. Vinte anos depois, havia mais de trezentas e oitenta, contendo desde um punhado de adeptos até mais de cem mil membros, caso da Missão Cristã Ethiopia, cujos ramos se estendiam por quatro províncias.[125]

A influência dos movimentos sionistas e etíopes da Rodésia do Sul e da África do Sul era clara, podendo ser comprovada pelo fato de grande número de fiéis ser de trabalhadores emigrantes de Moçambique que buscavam acolhimento nessas Igrejas e ao retornarem, descontentes com suas condições de vida, formavam suas próprias Igrejas. As de tipo etíopes eram organizadas mantendo certo grau de autonomia quanto à estrutura organizativa e orçamentária, podendo eleger os seus representantes. Por vezes, tinham bandeiras e formavam grupos paramilitares. A possibilidade de se autogovernarem tornava essas Igrejas atraentes para trabalhadores rurais e urbanos em busca de "dignidade racial e cultural". Já as Igrejas de tipo sionista ganhavam adeptos por revestirem-se de um caráter messianista ou milenarista, crendo em uma destruição da ordem colonial graças a uma intervenção divina.

De todo modo, as Igrejas independentes africanas eram consideradas pelo governo colonial incentivadoras de um racismo contra os brancos, além de abertamente anticolonialistas. Em particular, a Igreja Episcopal Metodista era apontada como subversiva por suas ligações com o Congresso Nacional Afri-

124. HONWANA, Raúl Bernardo. *Memórias*. Rio Tinto: ASA, 1989, p. 82.

125. DAVIDSON, A. B.; ISAACMAN; A. F.; PÉLISSIER, R. "Política e nacionalismo nas Áfricas central e meridional, 1919-1935". *In*: BOAHEN, op. cit., p. 711.

cano (CNA) e como incentivadora do movimento de resistência dos trabalhadores agrícolas de Mambone, em 1952. Mas, ao que tudo indica, essa Igreja foi exceção, já que a maior parte das Igrejas independentes não apresentava programas claramente anticolonialistas. De todo modo, essas Igrejas são reconhecidamente importantes para compreender o desenvolvimento da consciência nacional e do nacionalismo em Moçambique.

Também é necessário registrar as tentativas de formação de movimentos revisionistas islâmicos ao norte de Moçambique, onde, na década de 1920, religiosos islâmicos criticavam com muita ênfase o confisco de terras em Quelimane, o trabalho forçado e os baixos salários. Por fim, vale destacar a relevância do protestantismo no sul de Moçambique desde fins do século XIX, destacando o desempenho dos missionários da Compound Mission, da Igreja Metodista de Londres e dos wesleyanos que desenvolveram seus trabalhos na África do Sul, influenciando trabalhadores emigrados que, no seu retorno, difundiram os principais preceitos de evangelização apreendidos.

> Em 1879 a "Junta Americana", através da sua Missão Zulu no Transvaal, estendeu-se aos territórios de Gaza. A "Igreja Metodista Episcopal" estabeleceu-se no Sul de Moçambique, com sede em Cambine (Inhambane) em 1890, e actividades em Chicuque. O seu reconhecimento oficial só veio no entanto a suceder em 1909. Podemos registrar, em 1893, a presença dos Anglicanos, ligados à Diocese dos Libombos, que fundam uma missão em Chamanculo (Lourenço Marques), uma outra em Maciene (Gaza) e se fixam mais tarde no Lago Niassa (Likoma e Messumba), apenas para referenciar algumas Igrejas que se estabeleceram nesta zona do território moçambicano.[126]

Tudo indica que, entre as Igrejas protestantes, a Missão Suíça teve um papel particularmente atuante desde 1930, tornando-se um verdadeiro contraponto à atuação pedagógica dos missionários católicos portugueses. Opunha-se à escolaridade formal separada para os "indígenas", reforçando a característica de "indivíduos de segunda classe" da maior parte da população. A Missão Suíça, ao contrário, integrou-se ao projeto de africanização das Igrejas e de mobilização dos africanos, voltando-se para desenvolver um pensamento crítico acerca do colonialismo, sobretudo a partir de 1940, quando foram assinadas a Concordata e o Acordo Missionário, e de 1941, ano da publicação do decreto de

126. CRUZ E SILVA, Teresa. *Igrejas protestantes no sul de Moçambique e nacionalismo: o caso da Missão Suíça (1940-1974)*. Maputo: Faculdade de Economia da Univ. Eduardo Mondlane, p. 4 (mimeo).

execução e do Estatuto Missionário, conferindo legalidade à relação institucional entre o Estado português e a Santa Sé. Por esse aparato legislativo limitava-se a ação das Igrejas missionárias protestantes na educação escolar.

Como forma de resistência essas Igrejas uniram-se, revitalizando o papel da Associação Missionária Evangélica de Moçambique, criada em 1928, passando a estender de modo mais efetivo o seu trabalho, começando pela africanização da Igreja com a Bíblia Rhonga, que abriu espaço para interpretar de modo livre os ensinamentos da Bíblia, com ênfase no estudo do Antigo Testamento. Também dava destaque aos aspectos culturais próprios dos povos africanos em Moçambique, ressaltando o papel da liderança nas sociedades "tradicionais", permitindo sua maior penetração entre a juventude moçambicana, o que possibilitou um avanço não só no âmbito da educação escolar, mas também no da saúde e do trabalho. No contexto do pós-Segunda Guerra Mundial, caracterizado pelo questionamento radical do colonialismo e de luta pelas independências africanas, a Missão Suíça, com seu trabalho de reflexão crítica e formação de novos quadros de lideranças foi sempre uma ameaça para o governo português, que não poupou esforços para vigiar e restringir o seu trabalho, assim como o dos protestantes em geral (fossem adventistas, congregacionistas, presbiterianos, pentecostais e wesleyanos), sobretudo a partir da metade da década de 1960, prendendo e torturando missionários. Porém, mesmo com todos os percalços, os religiosos protestantes, em especial os da Missão Suíça, tiveram um reconhecido e importante papel na luta dos africanos de Moçambique por seus direitos e suas liberdades. Assim, alguns dos mais destacados líderes dos movimentos de independência, como Eduardo Chivambo Mondlane, filho de um soba de Gaza, adquiriu sua educação de base nas missões cristãs protestantes. Equivale dizer que a religião sustentou e equilibrou a organização social, assim como foi um dos componentes da ordem ideológica mais ampla.

A esse conjunto diversificado de movimentos contestatórios, nos anos 1950, somou-se a fundação de associações e jornais, além do importante núcleo de discussões que foi a Casa dos Estudantes do Império. No caso de Moçambique, também a influência do *apartheid* da África do Sul constituiu uma importante razão para o crescimento do ódio ao branco em geral e, em particular, à administração portuguesa. Em 1949 foi criado o Núcleo de Estudantes Secundários de Moçambique (Nesam) e, no mesmo ano, foram presos os membros de um grupo acusados de formar uma célula do Partido Comunista Português. Soltos, fundaram o MUD Juvenil de Moçambique, o que acarretou novamente as suas prisões e os exílios para Angola e Guiné. Os fatos subseqüentes marcaram a vida dos africanos: em 1951 ocorreu a revisão constitucional que levou à revogação do Ato Colonial, em 1953 foi publicada a Lei Orgâ-nica do Ultramar Português. Um ano depois do Massacre de Mueda (1960) o governo português finalmente aboliu o Estatuto Indígena. Tomando essas me-didas, Portugal esperava ganhar a dianteira para uma possível transição no âm-bito da própria nação portuguesa – que a essa altura englobava Portugal e o Ultramar –, considerado um "legado histórico".

Além disso, é preciso salientar a grande repercussão, sobretudo entre as eli-tes urbanizadas, das 36 independências proclamadas no território africano entre 1956 e o final de 1962. De outro lado, ao longo dos anos 1950 até 1960, acentuaram-se as ações em busca de alternativas para uma ruptura com o sis-tema colonial e para a construção de movimentos, independentes da política dominante. Em 1952, um grupo de intelectuais e estudantes das províncias africanas sob domínio português esteve presente à V reunião plenária do Comi-tê Central do PCP, que declarou que somente um regime democrático poderia "ajudar as colônias". Em 1956, alguns futuros líderes africanos foram convida-dos para o XX Congresso do PC da URSS e para os I e II Congressos de Escrito-res e Artistas Negros em Paris, realizados em 1957 e 1959. Todos esses encon-tros internacionais reforçaram dois pontos básicos. O primeiro é formado por um conjunto de queixas contra o regime de trabalho nas áreas rurais e pela in-dignação diante do fato de os negros só ocuparem os postos inferiores do apare-lho de Estado. O segundo diz respeito às reivindicações por igualdade respeita-das as diversidades, sobretudo raciais, e a premência de uma luta organizada pela consecução de liberdades, tanto individuais como no plano das nações, com especial destaque para a autodeterminação.

Foi nesse quadro que surgiram algumas manifestações políticas em Mo-çambique, como a greve dos estivadores em Lourenço Marques e, em junho de 1960, o protesto de grande amplitude, em Mueda, contra a imposição de coo-perativas pelo governo colonial. A intensidade da repressão acarretou a morte de trabalhadores, ficando conhecida como Massacre de Mueda. Esse episódio teve uma repercussão extremamente negativa em toda a zona norte de Moçambi-que, aumentando as hostilidades para com a administração colonial e os colonos brancos. Ademais, repercutiu no âmbito do próprio governo português, que, em 1961 (como já foi assinalado), na tentativa de pôr fim aos protestos, aboliu o Có-digo do Indigenato.

Mas a movimentação política estava adiantada e o panorama já havia come-çado a se definir desde 1960, quando três grupos políticos formados por elites urbanizadas e por trabalhadores emigrados para países vizinhos fundaram: a União Democrática Nacional de Moçambique (Udenamo), em 1960, na Rodésia do Sul; a Mozambique African National Union (Manu), em 1961, na Tanganica, com um importante trabalho realizado entre os macondes de Cabo Delgado, abrindo caminho entre as duas margens do Rovuma; e a União Africana de Moçambique Independente (Unami), em 1961, na Niassalândia, também com apoio da província de Cabo Delgado. Os três grupos tinham suas sedes em Dar-es-Salam (capital da Tanganica), o que facilitou a pressão dos nacionalistas Mbio Koinange, do Quênia, e de Nyerere, da Tanganica, pela união dos três grupos. Na seqüência foram efetuados contatos e debates que levaram à decisão de deixar de lado as diferenças político-ideológicas para unirem-se, somando forças voltadas para a consecução da independência de Moçambique. Como resultado, os três grupos fundiram-se, formando a Frente de Libertação de Moçambique (Frelimo). Fundada em 1962, teve à frente do Comitê de Fusão, como presidente, Eduardo Chivambo Mondlane e, como vice-presidente, Uria Simango, dirigente do exército.

A Frelimo contou com uma forte base social de apoio dos macondes do norte de Moçambique e sul da Tanzânia, ao mesmo tempo que teve de enfrentar a hostilidade dos macuas, inimigos tradicionais dos macondes. Em 1964, a Frelimo, a partir das suas bases tanzanianas, iniciou a luta armada contra Portugal. Em fevereiro de 1969 Mondlane foi assassinado, sendo sucedido pelo comandante das forças militares, Samora Moisés Machel, junto com Marcelino dos Santos. Em 1974, perto de 80 mil soldados portugueses atuaram nos três territórios, além de inúmeros soldados negros. Em setembro, pelo Acordo de Lusaka, a independência foi reconhecida e, em 25 de junho de 1975, foi finalmente proclamada.

Quanto à Frelimo, agrupava marxistas-leninistas que se auto-definiam tanto como revolucionários ou como moderados, com o mesmo objetivo de luta contra Portugal por um movimento nacionalista que levasse Moçambique à independência. Essas tendências foram chamadas de "linha revolucionária" e de "linha reacionária", variando o equilíbrio de forças entre ambas ao longo dos tempos, sem que a oposição entre elas fosse resolvida. Desse modo, quando a Frelimo teve de se responsabilizar pela administração das zonas libertadas, surgiram diferentes opiniões sobre a política econômica que deveria ser implementada e acerca do projeto de sociedade a ser construído. Os revolucionários da direção da Frelimo defendiam uma "mudança total" da sociedade, a partir da recuperação do coletivismo da guerrilha. Argumentavam que a produção de bens alimentares além do que os trabalhadores rurais necessitavam para sua sobrevivência deveria ser dividida eqüitativamente. O excedente de produção seria orientado para financiar as necessidades da guerra e ser dividido após uma decisão conjunta. À Frelimo caberia levar os bens de consumo para as zonas libertadas. Já as forças moderadas defendiam a opinião de que deveria haver um sistema comercial privado nas zonas libertadas e que os excedentes da produção dos trabalhadores rurais fossem trocados por bens de consumo.

Quanto à base permanente da Frelimo em Dar-es-Salam, possibilitou que em 1964 fosse realizado ao norte, nas florestas de Moçambique, o I Congresso da Frelimo, com a presença de 150 delegados, o que incluía todos os chefes e comissários militares das três províncias onde a guerra se processava: Cabo Delgado, Niassa e Tete. Contou ainda com delegados políticos de províncias, mesmo as mais longínquas, como Lourenço Marques, Gaza e Inhambane. O congresso durou seis dias, com debates de temas ligados à luta propriamente dita, reforçando a idéia de que, depois de dois anos voltada para a preparação política, havia chegado a hora de passarem à ação militar já no último trimestre de 1964. A guerra de guerrilhas começou nas províncias de Cabo Delgado, Niassa, Tete, Zambézia e Moçambique, embora tivesse falhado nas três últimas. De todo modo, mesmo com as alterações promovidas pelo governo português na cultura do algodão, ainda assim os trabalhadores agrícolas, na prática, estavam presos aos antigos concessionários, o que mantinha um permanente sentimento de revolta.

A Frelimo contou, dentro do próprio continente africano, com o apoio da Argélia e do presidente Ben Bella que, em 1963, quando da criação da OUA, defendeu que uma das resoluções deveria ser a de elaborar um programa de apoio aos movimentos de independência de Angola, Guiné e Moçambique. Também obteve colaboração do Marrocos, de Mohamed V, que ofereceu o primeiro curso de formação militar nos campos Hassan II, Kebdai e Kasbatadla. Por fim, merece registro o apoio da Tunísia, de Habib Bourguiba. Esses três países pertenciam ao Bloco de Casablanca, com tendências progressistas e revolucionárias, opondo-se ao Bloco de Monróvia, com tendências mais direitistas, isto é, mais próximas de modelos capitalistas, mesmo que no plano do discurso, por vezes, tenha se declarado "anticapitalista". A Frelimo também teve apoio da Zâmbia, de Kenneth Kande, menos por solidariedade e muito mais pelo interesse de garantir o acesso ao mar e aos meios de transporte. Além disso, não demorou para que o governo da Zâmbia ficasse do lado do Centro Revolucionário de Moçambique (Coremo), liderado por Uría Simango, contra a Frelimo.[127]

127. Sobre a Frelimo e o Coremo vale consultar CAPELA, José *et al. Colonialismo e lutas de libertação – 7 cadernos sobre a guerra colonial.* Porto: Afrontamento, 1978, p. 207-242.

Assim, em 1964, a Frelimo, a partir de suas bases tanzanianas, iniciou a luta armada contra Portugal. Até 1974 teve de enfrentar problemas que abrangiam desde algumas questões do próprio crescimento da Frente até uma cisão etnocultural em Cabo Delgado. Além disso, tinha de se esquivar de prisões, como o Centro de Recuperação de Terroristas de Machava, próximo de Lourenço Marques, onde os detidos passavam por um forte processo de tortura para serem "recuperados", isto é, para afirmarem que o "melhor" para Moçambique seria continuar fazendo parte da nação portuguesa. Também é importante frisar que os portugueses recorriam cada vez mais a várias formas de intimidação e de terrorismo. Portugal contava com o intenso apoio da África do Sul em troca do uso da barragem de Cabora Bassa, perto da qual desejava instalar um milhão de brancos e desenvolver a região do Vale do Zambeze.

Quanto à Frelimo, mesmo com a violência do governo português, desenvolveu operações militares e depois de libertar territórios passou a implementar o programa de reconstrução, formado por atividades econômicas, de saúde e de ensino. Além disso, a produção de culturas antes obrigatórias como as do sisal e do algodão foram extintas e as terras liberadas, redistribuídas para a cultura de produtos alimentares. Em algumas áreas foram estabelecidas cooperativas de produtos com uma quantidade crescente de grãos e sementes, além de ser incrementado o comércio. Também foi reorganizada a produção de borracha, cobre, ferro, madeira e prata. Além disso, foi dada especial atenção aos programas sanitário e educacional, este, a partir do Instituto Moçambicano, estabelecido desde 1963 em Dar-es-Salam.

Por outro lado, a Frelimo manteve um estreito contato com os movimentos de independência de Angola, Guiné-Bissau e Cabo Verde. Em 1968, teve lugar o II Congresso da Frelimo, no qual triunfou a "linha de Mao Tsé-Tung". De algum modo, Maláui e Zâmbia também se incluíram no conflito. Porém, nada foi capaz de impedir o assassinato de Mondlane. Ocorre que além das pequenas fricções internas, das crises econômica e social e da guerra de guerrilhas, nos três primeiros anos de 1970, somou-se outra crise, entre a Igreja católica e o Estado colonial, culminando com a expulsão de ordens religiosas estrangeiras e de sacerdotes católicos. Entre 1970 e 1974 a Frelimo fugiu do local onde o exército português atacava e, chegando a Manica e Sofala, atravessou o rio Zambeze.

Portugal passou a sofrer uma forte pressão da guerra de guerrilhas e das críticas cada vez mais numerosas da opinião pública ocidental. Além disso, foi alvo de pressões internas que só terminariam com a queda do primeiro governo provisório do pós-25 de abril, presidido pelo professor Palma Carlos, e a formação de um segundo governo provisório, chefiado por um militar, o coronel Vasco Gonçalvez. Mas foi o surgimento do Movimento das Forças Armadas o agente político que se tornou o principal pólo decisório. Deu ensejo, inclusive, para que o MFA de Moçambique enviasse, a 22 de julho de 1974, uma mensagem para a Comissão Coordenadora do Movimento em Lisboa, com uma recomendação para o imediato reconhecimento da Frelimo como legítima representante do povo moçambicano e de seu direito à independência. Seguiu-se uma reunião que teve lugar em Nampula, com a presença das comissões regionais do MFA de Cabo Delgado e de Tete. Nessa ocasião foi anunciado um prazo, até o fim do mês de julho de 1974, para que fosse apresentado um acordo de cessar-fogo com a Frelimo. Caso contrário, as tropas de Cabo Delgado e de Tete, além das que a elas quisessem se unir, imporiam um cessar-fogo unilateral.

O clima era tenso e de 25 de abril até o Acordo de Lusaka, de 7 de setembro, o interior de Moçambique foi palco de violentas lutas, inclusive com o surgimento de vários movimentos que almejavam tirar da Frelimo ao menos o exclusivismo da representatividade política no território. Nessa conjuntura surgiu o Grupo Unido de Moçambique (Gumo), dissolvido em finais de junho de 1974 por sua indubitável proximidade com o governo colonial anterior. Surgiram também o Movimento Federalista de Moçambique, a Frente Independente de Convergência Ocidental (Fico), além do Movimento de Libertação de Moçambique (Molimo). Nos primeiros dias de junho, em Lusaka, foram iniciados encontros exploratórios, dos quais fizeram parte o ministro português dos Negócios Estrangeiros, Mário Soares, e Samora Machel, presidente da Frelimo. O fato de os resultados não terem sido conclusivos levou à reabertura das hostilidades na Zambézia. Pouco tempo depois, o MFA tomou a decisão, pelo lado português, de que as negociações deveriam ser realizadas, alcançando resultados em curto prazo.

O acordo entre o Estado português e a Frelimo foi celebrado em Lusaka, em 7 de setembro de 1974. Seus objetivos foram claramente apresentados. Era um "acordo conducente à independência de Moçambique", embora tenha sido proposta, em primeiro lugar, a transferência progressiva dos poderes do Estado português. A recusa dessa proposta pelos líderes moçambicanos foi decisiva para que se fizesse um acordo de independência completa, a qual deveria ser proclamada no dia do aniversário da fundação da Frelimo, isto é, em 25 de junho de 1975.

Ficou também oficializado o cessar-fogo, o que, aliás, já estava assegurado na prática. Quanto aos órgãos do governo transitório, foram constituídos por um Alto Comissário nomeado pelo presidente da República portuguesa, por um governo de transição nomeado pelo acordo entre a Frelimo e o Estado português, e por uma comissão militar mista também nomeada por um acordo entre representantes dos dois lados. Ao contrário do que era esperado, o Acordo de Lusaka, em 7 de setembro de 1974, para a transferência da soberania, coincidiu com uma insurreição, desta feita encabeçada por forças contrárias ao "processo de descolonização". Os oficiais do MFA puseram fim ao movimento. Esse fato cumpriu o papel de tornar claro que o processo de independência era irreversível, o que levou os colonos portugueses a um grande êxodo. Em 25 de setembro de 1975 tornou-se realidade em Moçambique, tanto quanto poderia ser real a independência dos países africanos.

Frente à independência, o governo da África do Sul incentivava ainda mais o racismo, dando suporte para que os brancos afirmassem que a independência era unilateral. Assim, a luta armada não cessou, agravando cada vez mais as carências: alimentares, na área da saúde, da habitação e do saneamento básico. Porém, foi o grupo revolucionário que saiu vencedor das contendas político-ideológicas. Por sua vez, partes da falange vencida deixaram a Frelimo, retornando a Moçambique ou se auto-exilando em diferentes países da África, Europa ou mesmo nos Estados Unidos. Além dessa divergência político-ideológica, pragmaticamente, a Frelimo também tinha contradições internas de ordem racial e étnico-regionais. Racial, na medida em que era acusada de aumentar o poder político e econômico dos moçambicanos negros, à custa da riqueza produzida pelos brancos. Quanto às contradições etnorregionais, compreendiam três ordens de tensão. A primeira referia-se ao fato de a estrutura dirigente do movimento ser descrita como resultado de uma aliança entre dirigentes intelectuais do sul e a população maconde do norte. Portanto, nesse sentido a Frelimo não era reconhecida como representante de todas as populações africanas de Moçambique e de seus descendentes. A segunda tensão, etnorregional, manifestava-se sobretudo entre os povos maconde e macua. Já o terceiro foco dizia respeito à parte da população do centro do país com educação católica, contrária à formação escolar adquirida nas missões protestantes pelos dirigentes da Frelimo.

Mesmo com todos esses obstáculos, o governo independente de Moçambique pôs em curso um Programa de Transformação Socialista, dirigindo os investimentos para áreas sociais como saúde e educação para todos. Mas também incluía a modernização do campo por meio de aldeias comunais com acesso a infra-estruturas sociais, grandes *farms* estatais, empresas estatais, cooperativização da agricultura e nacionalizações. Em 1977, a Frelimo passou a se constituir um partido com prevalência para traçar as diretrizes de um novo Estado, assim como para canalizar a mobilização da sociedade. A partir daí não só foi acelerado o processo de centralização da economia como o governo aderiu às sanções contra a Rodésia do Sul (Zimbábue, desde 1965 quando declarou unilateralmente sua independência). Em 1977, a Frelimo passou a fazer frente ao Mozambique National Resistence ou Resistência Nacional Moçambicana (MNR/Renamo), que contava com o apoio da Rodésia do Sul, da África do Sul e dos Estados Unidos, o que conferiu uma dimensão internacional ao conflito.

No plano interno, a Renamo ganhou a simpatia das chefias tradicionais e de suas respectivas populações, que se consideravam "simples fantoches" desde as resoluções do II Congresso da Frelimo. Também havia um conjunto de tensões e conflitos regionais e inter-regionais que favoreceram a criação e o desenvolvimento da Renamo.[128] Além disso, parte da população não constatava melhorias em razão do novo governo, em especial as burguesias coloniais rodesianas e portuguesas. Para a Renamo, o que havia era uma rede administrativa hierarquizada, fundada sobre a administração e a política aldeãs. Por sua vez, a aldeia comunal se autopercebia como simples conseqüência de uma política pública traçada pelo Estado no campo, adjetivando-a como intolerável, o que não poucas vezes levou os seus integrantes a procurar refúgio na África do Sul. Conforme depoimento de um chefe tradicional: "[...] A revolução afastou-nos da nossa terra, dos nossos antepassados, da nossa população, da chuva, das nossas cerimônias, de muita outra coisa. É por isso que hoje estamos a sofrer".[129] A Renamo, sensível a esses descontentamentos, organizou-se militarmente. A guerra civil cresceu e se expandiu desde 1984, fazendo-se representante das rupturas sociais e políticas das sociedades rurais moçambicanas. No entanto, a Renamo sequer previa um projeto de sociedade alternativo ao do Estado liderado pela Frelimo, o que limitava o movimento a combater o partido à frente do Estado. Depois de algumas tentativas a favor da paz, apenas em 4 de outubro de 1992 foi decidido o cessar-fogo, em Roma, considerada território neutro. Com a assinatura do Acordo de Paz passou a haver uma busca de "reconciliação nacional pela base", pondo fim à guerra civil que durou 16 anos.

128. Para uma interessante interpretação da Renamo é recomendável ler GEFFRAY, Christian. *A causa das armas: antropologia da guerra contemporânea em Moçambique*. Porto: Afrontamento, 1991.

129. CISCATO, Padre Elia. "A dimensão cosmológica da política". *In*: LUNDIN, Iraê. *Autoridade e poder tradicional*. v. 1. Maputo: Ministério da Administração Estatal/Núcleo de Desenvolvimento Administrativo, 1995-1998, p. 104.

Tecido nas cores azul, vinho, branco e abóbora, comumente amarrado na cintura das mulheres africanas em Maputo.

EPÍLOGO

De início, uma vez mais, convém reiterar algumas idéias centrais apresentadas nessa visita à história contemporânea da África. A primeira refere-se ao reconhecimento da historicidade dos povos africanos, evidente com os intercâmbios, com suas trocas comerciais e simbólicas em todo o continente e não só com países mediterrâneos europeus como também com os da Ásia, de onde imigraram muçulmanos (árabes, chirazes e berberes), em especial, desde o século VIII, dando ensejo a uma primeira "remodelagem" de vários espaços geopolíticos, sobretudo nas regiões ocidental e oriental da África. Também é preciso reiterar a importância da cultura suaíli na faixa litorânea banhada pelo Índico, mais conhecida como Sultanato de Zanzibar que, com o passar do tempo, expandiu-se para o interior do continente. Por fim, vale reiterar que a África foi – e por diferentes razões é ainda – um continente em movimento, como atestam as memórias das grandes migrações internas.

Da mesma maneira, vale reafirmar como falsa e preconceituosa a idéia de que na África, antes da chegada dos portugueses, havia "tribos" ou "etnias", como sinônimos de grupos de indivíduos "primitivos", "incapazes", "indolentes" e, portanto, "inferiores". Essa visão ignora a complexidade das dinâmicas internas do continente, suas organizações políticas, estratificações sociais e a rica variedade de suas culturas. Esses preconceitos, misto de racismo e eurocentrismo, ainda hoje estão presentes no imaginário de várias sociedades, com desdobramentos mais fortemente presentes não só nos diversos países africanos, como também naqueles nos quais ainda hoje permanecem as heranças da escravidão. Nessa mesma esteira de pensamento é necessário lembrar que os preconceitos sobre a África e os africanos são constantemente realimentados, integrando o imaginário de inúmeras nações ocidentais, além de estenderem-se às Ciências Humanas.

Não é demais ressaltar a idéia de que os traçados que dividiam os territórios africanos na Conferência de Berlim sugerem, por um lado, uma rigidez de fronteiras negada, pragmaticamente, pela continuação das rivalidades entre as potências européias e a importância que tiveram as organizações políticas africanas ("impérios", "reinos" e "estados") desde o século VII. Por outro lado, a máquina colonial não deu conta, administrativamente, do espaço circunscrito por suas fronteiras, sendo que, não raro, estas caminharam por conta da própria dinâmica da vida quotidiana dos povos africanos.

Outra idéia que parece útil destacar diz respeito às várias formas de resistência, tanto a partilha e a conquista, como anos depois, a aspectos do colonialismo e, por fim, ao próprio colonialismo, identificado como uma das manifestações do sistema capitalista. A negação do sistema colonial surgiu tanto nas escrituras clássicas de afro-americanos, no V Congresso Pan-Africano, como na ideologia elaborada por estudantes peregrinos e elites culturais em Paris, com claras influências dos partidos Socialista e Comunista Francês.

Esses pensamentos, que tinham como *ethos* incorporador a noção de raça, constituíram os movimentos político-ideológicos do pan-africanismo, cujos desdobramentos fazem-se ainda presentes.

Além desses temas, merecem aprofundamento as mudanças ocorridas no período entre as duas grandes guerras marcadas, em particular, por processos de urbanização que rompem a ortodoxia sociológica que opõe *campo e cidade*, e *tradicional e moderno*. Some-se o fato de, talvez devido ao olhar eurocêntrico, permanecem as lacunas de conhecimento acerca de temas contemporâneos como a participação efetiva dos africanos em fatos históricos apresentados como essencialmente ocidentais (caso da Primeira Guerra Mundial) ou ocidentais e asiáticos (como a Segunda Guerra Mundial). Ou, ainda, quando são desconhecidos a importância e o impacto, na África, do nacionalismo wilsoniano ou mesmo das resoluções da ONU de 1960 e 1966, que estenderam os direitos humanos dos indivíduos para os países subjugados que àquela altura eram, na grande maioria, africanos.

Assim, foram apresentados alguns temas que se completam com o das independências, destacando que a sua compreensão decorre das formas de colonização próprias de cada império europeu, articuladas às particularidades do exercício de dominação no âmbito de cada império, segundo as culturas prevalecentes ao imperialismo colonial do final do século XIX. Significa dizer que a colonização apresentou padrões variados, mas não se constituiu – em nenhum deles – uma forma homogenizadora. Prevaleceram os entrelaçamentos construídos por apropriações tanto por parte dos colonizados quanto dos colonizadores. Sequer foram homogenizadoras as razões de ordem político-ideológica que, por vezes, imprimiram uma direção comum aos movimentos de independência de territórios de um mesmo império. Os processos de negociação, os gradualismos e as guerras de guerrilhas, não encobriram a complexidade histórica, nem mesmo características identitárias particulares. Essas especificidades levaram a *apontar* a possibilidade de construir uma "tipologia" para as independências, reunindo as histórias de espaços geopolíticos colonizados por diferentes metrópoles européias.

O conjunto desses temas polêmicos, embora reconhecidamente tratado neste livro de maneira incompleta, permite considerar que, no âmbito da formação dos "Estados-Nação", os países africanos foram, em grande parte, condicionados por sistemas econômicos, administrativos e políticos, e por um domínio moral e cultural, que alimentou diversas formas de dependência. Esse conjunto de elementos configurou uma verdadeira estrutura geradora do subdesenvolvimento, manifestado pelas fomes maciças (um em cada três africanos morre de fome), por êxodos e guerras civis, fenômenos potencializados pelas catástrofes geoclimáticas, as epidemias e o alto número de mortos no continente africano. Esse quadro de carências quase plena é herança de uma situação de extrema gravidade econômica, de um esgarçamento do tecido social, de um alto grau de instabilidade política e de um equivocado projeto de nação elaborado por Estados de partido único (veja mapa E1).

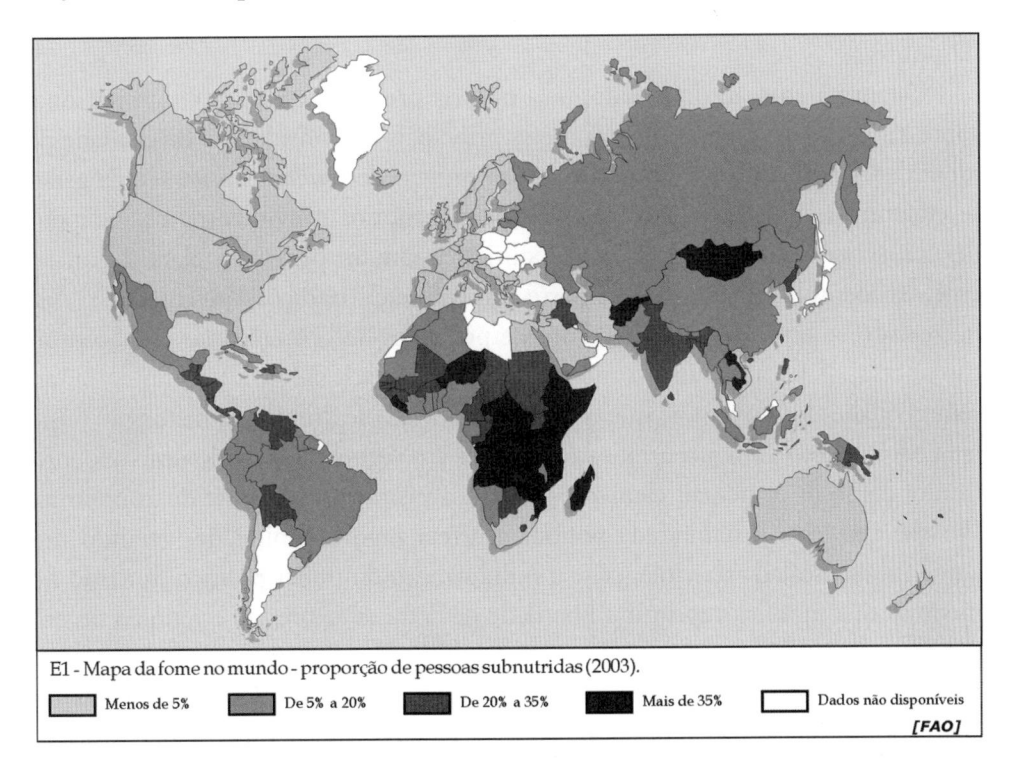

E1 - Mapa da fome no mundo - proporção de pessoas subnutridas (2003).

| Menos de 5% | De 5% a 20% | De 20% a 35% | Mais de 35% | Dados não disponíveis |

[FAO]

A economia dos países africanos caracteriza-se por alto endividamento externo, elevadas taxas de inflação, constante desvalorização da moeda e grande grau de concentração de renda, mantidos pela ausência ou fraqueza dos mecanismos de redistribuição da riqueza e pelo aprofundamento da dependência em relação à ajuda financeira internacional, em uma escala que alguns países não tiveram nem durante o colonialismo do final do século XIX. Esses elementos tornaram-se ainda mais desfavoráveis, sobretudo no final da década de 1980, com a recessão da economia mundial, a baixa contínua dos preços das matérias-primas e os termos de troca progressivamente desvantajosos para a África. Ademais, quando há crescimento, este ocorre com a grande concentração de riquezas e renda em mãos de poucos, acentuando as assimetrias no campo, na cidade e entre ambos. Também apresenta um caráter voluntarista, com prebendas associadas ao poder. O resultado são políticas agrícolas frágeis, incapazes de organizar e de subsidiar a produção para suprir as necessidades essenciais à sobrevivência da população. Além disso, a falta de mudanças no sistema de posse da terra acentua a escassez de produtos de primeira necessidade, levando, quase sempre, ao racionamento. Impõe-se, portanto, formular e implementar uma economia viável voltada para a diminuição da desigualdade social, construindo um padrão mínimo de bem-estar humano capaz de reduzir a extensão e o aprofundamento da pobreza.

Quanto à atuação do Estado, pela própria prevalência da revolução nacional sobre a social, teve como uma das metas principais desconsiderar a diversidade de identidades etnoculturais em nome de um projeto de *unidade nacional* cuja gênese encontra-se nas estratégias adotadas pelos próprios movimentos de independência. Nesse contexto, as questões políticas apontam para uma clara disjunção entre as identidades, em grande parte fundada em "tradições inventadas" e, de outro lado, a autoridade justificadora de processos de centralização e concentração política. A ficção de uma suposta fraternidade nacional gera fraturas na representatividade dos governos, que acabam tendo sua "legitimidade histórica" posta em cheque junto com a centralização política e o regime de partido único, identificados como os principais elementos responsáveis por toda a sorte de assimetrias. Por sua vez, essa instabilidade política acarreta ingovernabilidade, gerando um aumento da escalada da violência e a militarização do poder político fundado no medo, o que significa reprimir a liberdade de crenças, expressão e reunião de povos etnoculturais diversos.

Considere-se ainda o fato de que desde o "fracasso" das experiências do chamado "socialismo real existente" e do acelerado processo de globalização, as desigualdades foram perversamente acentuadas, pondo em cheque o projeto do "Estado-Nação", considerado na África uma inadequada importação de modelos políticos europeus. Dito de outro modo, isso significa que o Estado tem de ser reinventado para representar o pluralismo da sociedade, em um amplo processo capaz de definir qual democracia se quer implementar, permitindo a participação de movimentos sociais populares, pondo limites à influência das forças ainda presentes do estatismo. Não é demais reiterar que as divisões etnoculturais não podem continuar a ser tratadas como institucionalmente "congeladas", tornando o Estado um palco que reflete a falsa harmonia entre diferentes grupos em lugar de um agente político que incorpore a diversidade social. Em outros termos: o Estado tem as difíceis tarefas de promover a paz, transcendendo a multiplicidade histórico-cultural dos povos africanos, e reconhecer espaços nos quais os indivíduos possam ser livres para expressar as próprias crenças, a própria cultura e o senso de que partilham objetivos comuns com o restante da sociedade, permitindo que a nação se reinvente. Esse processo implica a construção real, concreta e sobretudo histórica dos direitos humanos africanos, mas também o exercício de uma soberania externa que limite as intervenções de grandes conglomerados empresariais de países europeus, na maior parte das vezes ex-metrópoles, e dos Estados Unidos, em particular no que se refere à exploração de minérios (veja mapa E2).

Em síntese, apenas mediante pactos fundacionais refeitos na luta por direitos e liberdades serão criadas condições básicas para que se construa, de fato, a paz e o desenvolvimento – no sentido amplo do termo – em uma África que é vária.

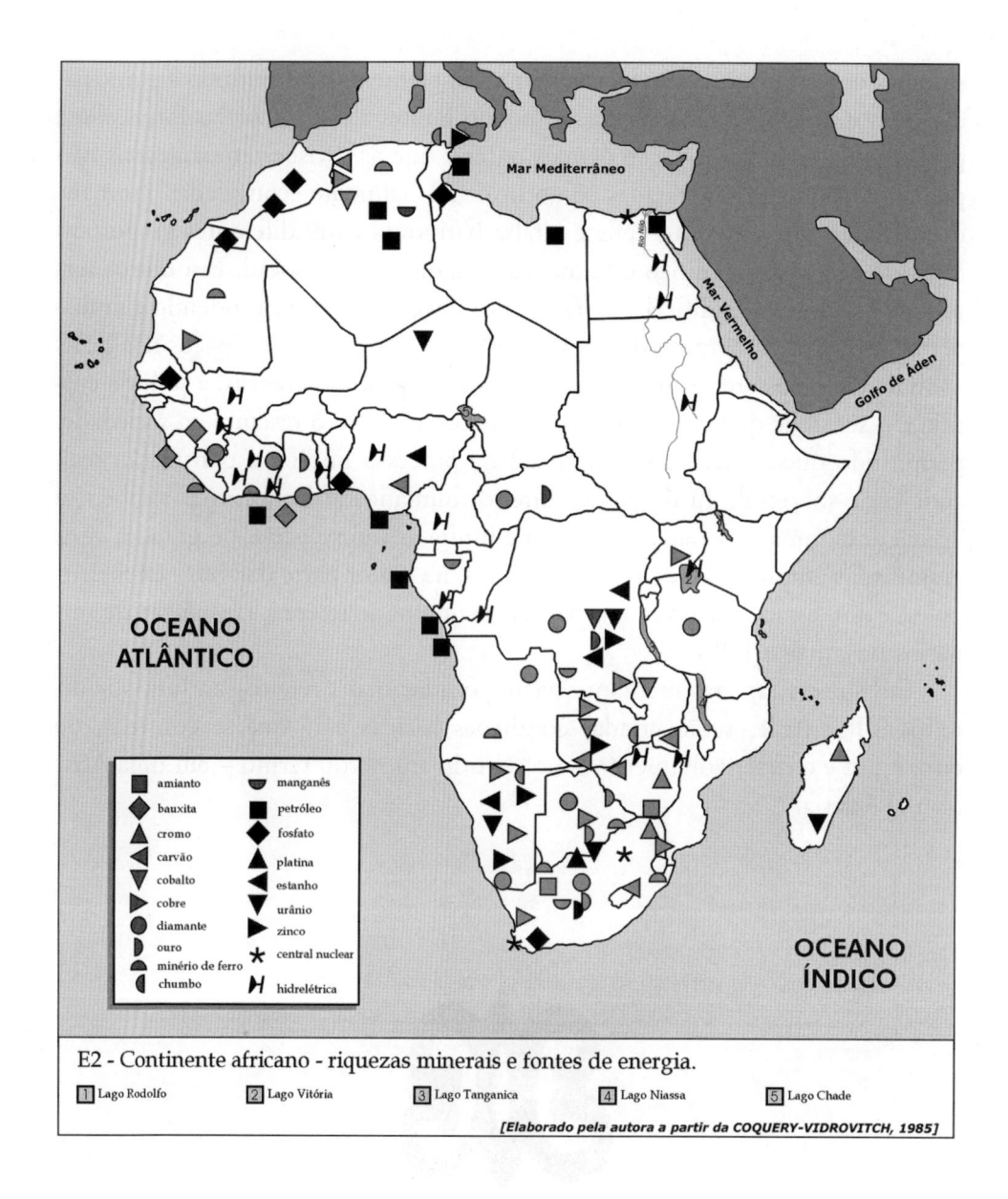

E2 - Continente africano - riquezas minerais e fontes de energia.

Legenda:
- amianto
- bauxita
- cromo
- carvão
- cobalto
- cobre
- diamante
- ouro
- minério de ferro
- chumbo
- manganês
- petróleo
- fosfato
- platina
- estanho
- urânio
- zinco
- central nuclear
- hidrelétrica

1 Lago Rodolfo   2 Lago Vitória   3 Lago Tanganica   4 Lago Niassa   5 Lago Chade

[Elaborado pela autora a partir da COQUERY-VIDROVITCH, 1985]

Apêndice 1

QUADRO GEOPOLÍTICO DO CONTINENTE AFRICANO

DO IMPERIALISMO COLONIAL
DE FINS DO SÉCULO XIX
ATÉ AS INDEPENDÊNCIAS

Nome resumido do país	Nome convencional	Situação no período colonial	Nome do espaço geopolítico sob o imperialismo	Data da independência oficial
África do Sul	República da África do Sul	Incluindo as colônias britânicas do Cabo da Boa Esperança e Natal e as antigas repúblicas Bôeres do Transvaal e o Estado Livre de Orange, em 1910, a então União Sul-Africana passou a chamar-se República da África do Sul.	União sul-africana	31/5/1910
Angola	República de Angola	Colônia portuguesa até 1972, quando passou a província ultramarina portuguesa, tornando-se independente em 1975, com o nome de República Popular de Angola.	Angola	11/11/1975
Argélia	El Djemhouria El Djazairia Demokratia Echaabia ou República Popular da Argélia	Colônia francesa de 1871 a 1962, quando, pelos acordos de Évian, foi concedida sua independência.	Argélia	3/7/1962
Benin	República do Benin	Integrou, como colônia, a África Ocidental Francesa. Com a independência, passou a chamar-se República Popular do Benin.	Daomé	1/8/1960
Botsuana	Botswana	Protetorado britânico de 1885 a 1966.	Bechuanalândia	30/9/1966
Burkina Fasso	Burkina Faso	De 1919 a 1932 foi colônia francesa; entre 1932 e 1947 foi dividida entre a Costa do Marfim, o Sudão e o Níger. De 1947 a 1960 este território foi reunificado chamando-se Alto Noth.	Alto Volta	5/8/1960
Burundi	Republika y'u Burundi ou República do Burundi	De 1890 a 1919 fez parte da África Oriental alemã; entre 1919 e 1962, unido a Ruanda, foi um território administrado pela Bélgica por determinação da Sociedade das Nações.	Urundi	1/7/1962
Cabo Verde (Arquipélago de)	República de Cabo Verde	Província portuguesa de 1460 até a independência.	Ilhas de Cabo Verde	5/7/1975

Nome resumido do país	Nome convencional	Situação no período colonial	Nome do espaço geopolítico sob o imperialismo	Data da independência oficial
Camarões	República Unida do Cameroun	Colônia alemã de 1884 a 1914, com o nome de Kamerun; entre 1914 e 1916 integrou o condomínio britânico-alemão; em seguida esteve sob mandato da Sociedade das Nações, sob a administração fiduciária da França e da Grã-Bretanha.	Camarões, Camarões Franceses	1/1/1960
Canárias (Ilhas)	Ilhas Canárias	Constituíram-se de duas províncias sob domínio espanhol: Santa Cruz de Tenerife e Las Palmas	Canárias (Ilhas)	Após a Segunda Guerra Mundial, optou pela autonomia, ligando-se à Espanha.
Chade	República do Tchad	Integrou a África Equatorial Francesa até sua independência.	Chade	11/8/1960
Comores	República Federal Islâmica de Comores ou União dos Comores	Conquistada pela França em 1841, ficou submetida ao governador geral de Madagáscar entre 1919 e 1946. Em 6 de junho de 1975 tornou-se independente.	Comores	6/7/1975
Costa do Marfim	República da Costa do Marfim	Entre 1893 e 1960 foi colônia da França, como parte da África Ocidental Francesa.	Costa do Marfim	7/8/1960
Djibuti	Jumhuriya Jibuti République de Djibouti ou República do Djibuti	Colônia francesa, teve o nome de Somalilândia até 1967, quando se transformou no Território Francês dos Afars e dos Issa, situação que perdurou até 1977, quando de sua independência.	Somalilândia francesa	27/6/1977

Nome resumido do país	Nome convencional	Situação no período colonial	Nome do espaço geopolítico sob o imperialismo	Data da independência oficial
Egito	Jumhuriyat Misr al-Arabiyah ou República Árabe do Egito	Protetorado britânico desde 1914, foi declarado reino em 1922, como resultado do movimento de resistência de 1919. Mesmo com independência relativa, foi reconhecido como república em 1952. Por acordo em 1954, as tropas britânicas retiraram-se do território.	Egito	Em 15 de março de 1922 teve sua independência oficialmente declarada. Mas apenas em 1937, pela Convenção de Montreux, conquistou uma série de direitos e liberdades em relação à Grã-Bretanha.
Eritréia	Hagre Ertra ou Estado da Eritréia	Entre 1936 e 1941 a Eritréia foi colonizada pelos italianos como território da Etiópia. Em 1952, a Etiópia perdeu a Eritréia para a administração britânica. Nesse mesmo ano passou a ser federada à Etiópia por Resolução da ONU. Em 1960, como província autônoma, não tardou a dar início a uma luta armada, que resultou na sua independência.	Eritréia	24/5/1993
Etiópia	Federalawi Demokrasiyawi Ripeblik Ityop'iya ou República Federativa Democrática da Etiópia	Independente até 1936, quando foi subjugada pela Itália, fazendo parte da África Oriental Italiana até 1941.	Etiópia	1941
Gabão	República Gabonesa	Colônia com o nome de Congo Francês de 1890 a 1903. Entre 1903 e 1910, chamou-se Gabão, nome mantido inclusive com a independência.	Gabão	17/8/1960

Nome resumido do país	Nome convencional	Situação no período colonial	Nome do espaço geopolítico sob o imperialismo	Data da independência oficial
Gâmbia	República da Gâmbia	Colônia da Grã-Bretanha entre 1843 e 1866; de 1866 a 1888 integrou a África Ocidental Britânica; e de 1888 a 1965 teve suas fronteiras delineadas sob o domínio da Grã-Bretanha.	Gâmbia	18/2/1965
Gana	Republica de Ghana	Colônia britânica até a independência.	Costa do Ouro	6/3/1957
Guiné	Republica da Guiné	Colônia francesa até a independência.	Guiné Francesa	2/10/1958
Guiné-Bissau	República da Guiné-Bissau	Colônia portuguesa de 1446 até 1951; província ultramarina portuguesa de 1951 a 1974, quando teve sua independência reconhecida por Portugal	Guiné Portuguesa	26/8/1974
Guiné Equatorial	República da Guiné Equatorial	A colônia da Guiné Espanhola continha os territórios do Golfo da Guiné (incluindo Fernando Pó e Rio Muni) no período de 1900 a 1959. Esses dois territórios transformaram-se em duas províncias espanholas, com o nome de Região Equatorial Espanhola.	Guiné Equatorial	12/10/1968
Lesoto	Muso oa Lesoto ou Reino de Lesoto	Território do Alto Comissariado Británico. Entre 1871 e 1884 foi anexado à Colônia do Cabo. De 1886 a 1966 chamou-se Basutolândia.	Basutolândia	4/10/1966
Libéria	República da Libéria	De início foi uma criação de sociedades filantrópicas norte-americanas, sobretudo da American Colonization Society.	Libéria	26/8/1847
Líbia	Al Jamahiriyah Al Arabiyah Al Libiyah ash Shabiyah Al Ishtirakiyah Al Usema ou Líbia Popular Socialista	Do secúlo XVI até 1911 pertenceu ao império turco; de 1911 a 1942-1943 ficou sob o jugo da Itália; e nos anos 1942-1943 e de 1949 a 1951 foi submetida a uma administração franco-britânica.	Líbia	24/12/1951

Nome resumido do país	Nome convencional	Situação no período colonial	Nome do espaço geopolítico sob o imperialismo	Data da independência oficial
Madagáscar	Repoblica Demokratika Malagasy ou República Democrática de Madagáscar	Colônia francesa de 1896 até 1958, quando se iniciou o governo de transição.	Madagáscar	26/6/1960
Maláui	República do Malawi	Protetorado com os nomes de África Central Britânica (1891 a 1907), Protetorado da Niassalândia (1907 1953) e parte da Federação Africana Central da Rodésia e da Niassalândia até tornar-se independente.	Niassalândia	6/7/1964
Mali	República do Mali	Parte da África Ocidental Francesa, chamada de Sudão Francês. Como Estado-membro da Comunidade Francesa, passou a chamar-se Mali.	Sudão Francês	22/9/1960
Marrocos	Al Mamlakah al Maghribiyah ou Reino de Marrocos	No período de 1912 até a sua independência ficou dividido entre a França, a Espanha e a zona internacional de Tânger.	Marrocos	7/7/1956
Maurício (Ilha)	Mauritius	Colônia holandesa de 1598 a 1710; colônia francesa de 1715 a 1810, chamando-se Île de France. Foi colônia britânica de 1810 a 1968.	Ilha Maurício	12/3/1968
Mauritânia	Al Jumhuriyah Al Islamiyah al Muritaniyah ou República Islâmica da Mauritânia	Até 1903 foi protetorado, integrando a África Ocidental Francesa. Entre 1920 e 1960 foi colônia francesa.	Mauritânia	28/11/1960

Nome resumido do país	Nome convencional	Situação no período colonial	Nome do espaço geopolítico sob o imperialismo	Data da independência oficial
Mayotte (Ilha de) ou Ilha dos Perfumes	Território da Coletividade de Mayotte	Com a anuência do soberano da França e dos sultões em exercício, tornou-se protetorado da França de 1919 a 1946.	Ilha de Mayotte	No decorrer do ano de 1976, assinou um acordo de "autonomia" com a França, tornando-se um Departamento Francês do Ultramar.
Moçambique	República de Moçambique	Colônia portuguesa de 1505 até 1952, quando passou a ser província ultramarina portuguesa. Com a independência, em 1975, passou a chamar-se República Popular de Moçambique.	Moçambique	25/6/1975
Namíbia	República da Namíbia	Colônia alemã de 1884 a 1919. Entre 1919 e 1945 ficou sob a tutela das Nações Unidas, sendo administrada pela África do Sul, situação que se prolongou até ser impugnada. Só com um acordo de paz, em 1990, a Namíbia se tornou independente.	Sudoeste Africano	31/12/1990
Níger	República do Níger	Entre 1904 e 1960 pertenceu à França, integrando a África Ocidental Francesa.	Níger	3/8/1960
Nigéria	República Federativa da Nigéria	No período de 1900 a 1960 foi colônia britânica, sendo que as regiões norte e sul, depois da Primeira Guerra, foram acrescidas pelo norte de Camarões por determinação das Nações Unidas.	Nigéria	1/10/1960
Quênia	Djumhuri Ya Kenya ou República do Quênia	Colônia e protetorado de 1895 a 1920, com o nome de Protetorado Britânico da África Oriental. Em 1920 passou a denominar-se Protetorado da Coroa, situação que durou até 1963, ano de sua independência.	Quênia	12/12/1963

Nome resumido do país	Nome convencional	Situação no período colonial	Nome do espaço geopolítico sob o imperialismo	Data da independência oficial
República Centro-Africana	República Centro-Africana	Um dos territórios da chamada África Equatorial Francesa.	Ubangui-Chari	13/8/1960
República Democrática do Congo	República Democrática do Congo	Estado Livre do Congo sob domínio do rei belga Leopoldo II, de 1884 a 1908, quando passou a ser uma colônia da Bélgica com o nome de Congo Belga. Com a independência, chamou-se Zaire. Em 1997 foi denominada República Democrática do Congo.	Congo Belga	30/6/1960
República do Congo	República do Congo	Integrou a África Equatorial Francesa como Congo Francês (1882 a 1886); Congo (1886 a 1903); Congo Médio (1903 a 1958); República do Congo (1958 a 1960).	Congo/Brazzaville	15/8/1960
Reunião (Ilha)	Departamento de Reunião	Território francês de 1642 a 1946, quando tornou-se Departamento Francês do Ultramar.	Reunião ou Ilha Bourbon	1946
Ruanda	Republika Y'u Rwanda ou República Ruandesa	Entre 1890 e 1919 integrou a África Oriental Alemã. De 1919 a 1962 formou um único território, Ruanda-Urundi, administrado pela Bélgica conforme determinação da Sociedade das Nações.	Ruanda-Urundi	1/7/1962
São Tomé e Príncipe	República Democrática de São Tomé e Príncipe	Colônia portuguesa de 1522 a 1975, mais conhecida como "Ilha do Cacau".	São Tomé e Príncipe ou "Ilha do Cacau"	12/7/1975
Saara Ocidental	República Democrática Árabe Saraui	Província espanhola de 1880 a fevereiro de 1976, quando a Espanha retirou seus contingentes militares. Nesse momento, a Frente Popular de Libertação de Saguia el Hamra e Rio do Ouro (Frente Polisário) entrou em acordo com a Argélia e o Marrocos, proclamando a República Democrática Árabe Saraui. Porém, apenas em 1979 a Mauritânia renunciou às suas pretensões sobre o território.	Rio do Ouro	28/2/1976

Nome resumido do país	Nome convencional	Situação no período colonial	Nome do espaço geopolítico sob o imperialismo	Data da independência oficial
Senegal	República do Senegal	Território sob dominação francesa entre 1659 e 1958, quando passou a pertencer à Comunidade Francesa, até 1960.	Senegal	20/8/1960
Serra Leoa	República de Sierra Leone	Sob dominação britânica de 1787 a 1961, foi colônia (no litoral) e protetorado (no interior).	Serra Leoa	27/4/1961
Seychelles (Ilha)	República de Seychelles	Colônia francesa de 1756 a 1794, tornou-se colônia britânica de 1794 até 1965, dependendo da Ilha Maurício entre os anos de 1814 a 1903. Entre 1965 e 1976 fez parte do Território Britânico do Oceano Índico, até obter a independência.	Seychelles (Ilha)	29/6/1976
Somália	Al-Jumhouriya As-Somaliya Al-Democradia ou República Democrática Somali	Seu território foi dividido entre os impérios britânico e italiano, dando origem as Somalilândias Britânica (desde 1884) e Italiana (desde 1889). As duas partes do território foram reunidas e administradas após a Segunda Guerra Mundial pela Grã-Bretanha com o nome de Protetorado da Somalilândia Britânica. O território "italiano" voltou à administração fiduciária italiana em 1950. Unidos, os somalis conquistaram a independência.	Somalilândia Italiana e Somalilândia Britânica	1/7/1960
Suazilândia	Reino de Suazilândia	De 1894 a 1906 foi administrada pela República Sul Africana; de 1906 a 1908 pelo Transvaal; entre 1908 e 1968 chamou-se Território do Alto Comissariado Britânico.	Alto Comissariado Britânico	6/9/1968
Sudão	Juhriyat ab-Sudan ou República do Sudão	De 1898 a 1955 pertenceu ao Condomínio Anglo-Egípcio.	Condomínio Anglo-Egípcio	1/1/1956
Tanzânia	República Unida da Tanzânia	De 1884 a 1919 integrou a África Oriental Alemã e entre 1919 e 1961 foi administrada pela Grã-Bretanha com o nome de Tanganica até a independência, em 1961. No ano de 1964 incluiu a ilha de Zanzibar, independente desde 1963.	Tanganica	9/12/1961

Nome resumido do país	Nome convencional	Situação no período colonial	Nome do espaço geopolítico sob o imperialismo	Data da independência oficial
Togo	República Togolesa	De 1894 a 1918 foi colônia alemã, chamando-se Togolândia. Até a independência esteve sob mandato da Sociedade das Nações e da ONU, e seu território foi dividido entre a França e a Grã-Bretanha.	Togo	27/4/1960
Tunísia	Al-Jumhuriyah Al Tunsiah ou República Tunisiana	Entre 1883 e 1956 foi um território sob dominação francesa.	Tunísia	20/3/1956
Uganda	República de Uganda	Protetorado britânico no período de 1893 a 1962.	Uganda	9/10/1962
Zâmbia	República de Zâmbia	Colônia da Grã-Bretanha entre 1895 e 1911, quando recebeu os nomes de Rodésia Norte Ocidental e Rodésia Norte Oriental. No entanto, ficou mais conhecida como Rodésia do Norte. Entre 1911 e 1953 passou a chamar-se Rodésia Setentrional, fazendo parte da Federação Africana Central da Rodésia. De 1953 a 1963 integrou a Federação Africana Central da Rodésia e da Niassalândia.	Rodésia do Norte	24/10/1964
Zimbabué	República de Zimbábue	Colônia britânica entre 1890 e 1932. De 1923 a 1953 foi autogovernada pela Rodésia Meridional. No período de 1953 a 1965 integrou a Federação Africana Central da Rodésia e Niassalândia. Em 1965 declarou sua independência unilateralmente. Sem reconhecimento, de 1979 a 18 de março de 1980 a Rodésia foi um domínio britânico.	Rodésia do Sul (ou Meridional)	18/4/1980

Apêndice 2

MAPA GEOPOLÍTICO DO CONTINENTE AFRICANO

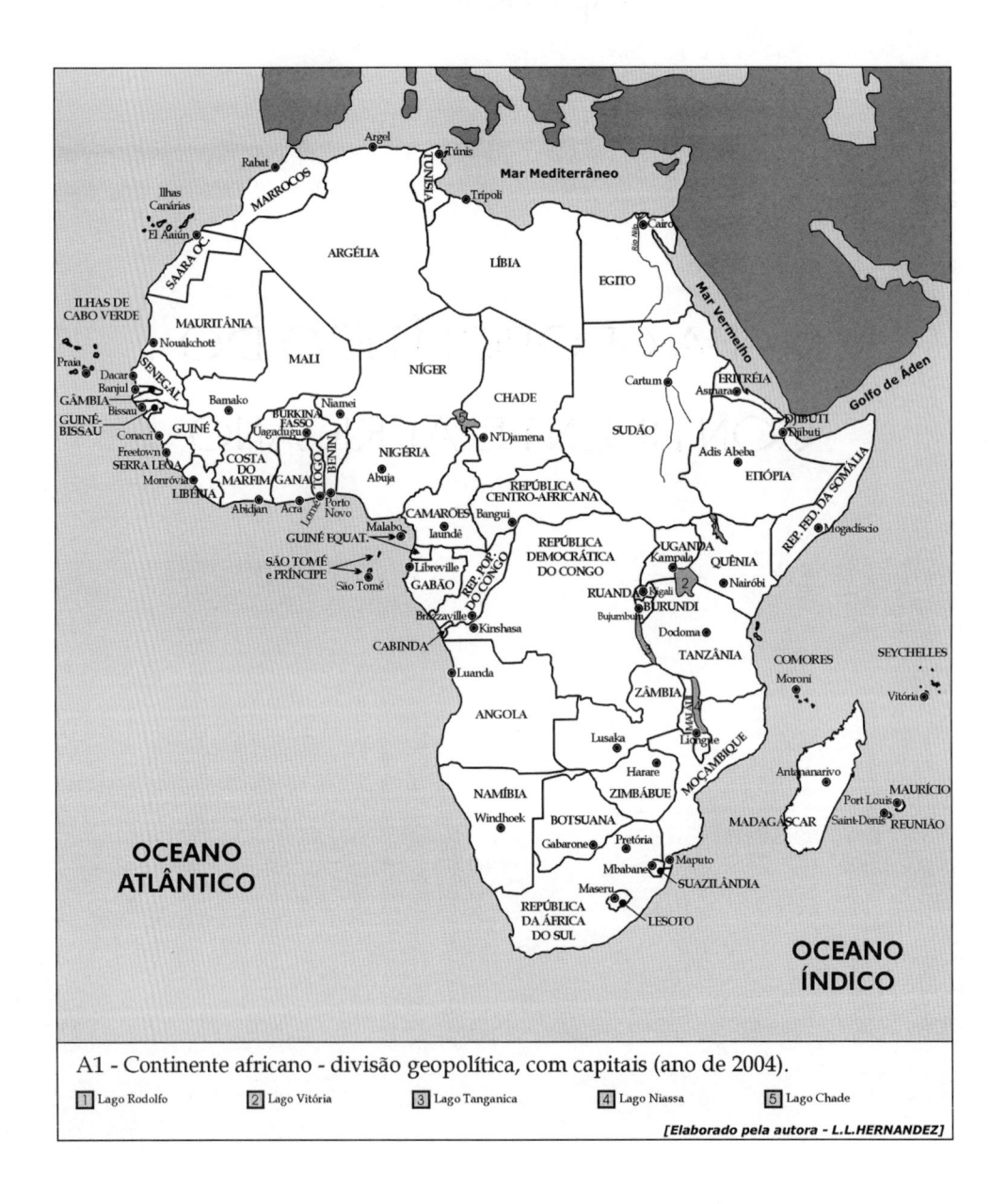

A1 - Continente africano - divisão geopolítica, com capitais (ano de 2004).

| 1 Lago Rodolfo | 2 Lago Vitória | 3 Lago Tanganica | 4 Lago Niassa | 5 Lago Chade |

[Elaborado pela autora - L.L.HERNANDEZ]

CRÉDITOS DAS ILUSTRAÇÕES, DOS MAPAS E DAS VINHETAS E LEGENDAS DAS VINHETAS

Tipo de ilustração	Legenda	Página
	Capítulo 1	
Vinheta	Portugal da Abertura do Mundo (1990), p. 48. Adaptação da Carta das Linhas Costeiras de parte da Europa e África de Sebastião Lopes, 1558. British Library, Londres.	17
Figura	Tranier, Jean-Marc Boutonnet (1993), p. 64.	30
Figura	Carey, Margret (1981), p. 52.	31
	Capítulo 2	
Vinheta	Portugal da Abertura do Mundo (1990), p. 65. Placa de bronze com capitão português e sua "ordenança negra". Arte afro-portuguesa encontrada no Benin, século XVI. Museum of Mankind, Londres.	45
Vinheta	Sieber e Walker (1987), p. 124. Crucifixo (Nkangi ou Nkangi Kidtu), Congo, Zaire e Angola, provavelmente dos séculos XVI-XVII. Coleção de Ernest Anspach.	47
Figura	Hespanha (1999), p. 12.	53
Figura	Portugal da Abertura do Mundo (1990), p. 11.	54
	Capítulo 3	
Vinheta	Laing e Wire (1996), p. 61. Túnica real encontrada na Senegâmbia, com motivos que significam a continuidade da cosmogonia africana.	71
Figura	Comité Française des Expositions. Morel (s/d), manuscrito ilustrado, 477 p.	79
Vinheta	Laing e Wire (1996), p. 55. Símbolo da conexão entre a vida e a morte.	79
Figura	Boahen, Adu A. (1991) – Sobrecapa.	90
	Capítulo 4	
Vinheta	Portugal na Abertura do Mundo (1990), p. 82. Globo terrestre construído em 1623 pelos jesuítas Manuel Dias e Nicolo Langobardi. British Library, Londres.	91
Figura	Hernandez, L. (acervo da autora)	94
Figura	Biblioteca do Museu Paulista – USP.	94

Tipo de ilustração	Legenda	Página
Vinheta	Hochchild, A. (1999) – Encarte de fotos. Punch, 1906. "Nas malhas da borracha". A vinheta é uma representação do aprisionamento do trabalhador africano segundo os interesses econômicos das metrópoles européias.	98
Capítulo 5		
Vinheta	Meyer, J. (1986), p. 44. "Rei" da Guiné, significativo exemplo da dignidade do poder majestático de um dos soberanos dos povos africanos.	109
Vinheta	Laing e Wire (1996), p. 55. Símbolo da paciência e da perseverança entre os povos da Costa do Marfim.	129
Capítulo 6		
Vinheta	Meyer, J. (1986), p. 128. O orgulho de pertencer aos povos de raça negra.	131
Figura	Wincke (1985), p. 24.	133
Figura	Meyer, J. (1986), p. 106.	135
Vinheta	Laing e Wire (1996), p. 67. Escudo pintado no Quênia e desenhado em uma parede na África do Sul, simbolizando a importância da raça negra.	147
Vinheta	Amnistia Internacional (1991), p. 20-21. A carta proclama a igualdade, a liberdade individual e a autodeterminação dos povos.	153
Capítulo 7		
Vinheta	Laing e Wire (1996), p. 55. O "Desejo de Paz" (símbolo encontrado na Senegâmbia).	157
Figura	Amnistia Internacional (1991), p. 26-27.	165
Figura	Hobsbawm, E. J. (1995), p. 203.	170
Figura	Amnistia Internacional (1991), p. 6.	172
Capítulo 8		
Vinheta	Hernandez, L. (acervo da autora). As liberdades são fundamentais para a fundação de uma comunidade política com legitimidade.	175
Figura	Hochchild (1999) – Encarte de fotos. Cartaz de comício: regions byond – Leopoldo e crânios: Stock Montage, Inc.	177
Vinheta	Meyer, J. (1986), p. 130. A resistência à opressão, reposta no período entre as duas Guerras Mundiais.	184
Figura	Araújo, E. (1998), p. 201.	189
Capítulo 9		
Vinheta	Carey, M. (1981), p. 18. A máscara dos povos baúle, da Costa do Marfim, representa a dignidade.	193
Figura	Hobsbawm, E. J. (1995), p. 210, figura 21.	195

Tipo de ilustração	Legenda	Página
Vinheta	Fay, B. (1985), p. 84. O entrelaçamento entre a política, o nacionalismo e a religiosidade.	208
Figura	*Documenti fotografie LVII*. Recolhido em Roma e gentilmente cedido pela pesquisadora Patrícia Teixeira Santos.	211
Vinheta	Silva (1992), p. 321 Arquitetura nacional do Mogadixo (Somália), destacando-se o minarete da grande mesquita construída no século XIII e que passou a ser um dos símbolos da identidade dos somalis.	214
Vinheta	Laing e Wire (1996), p. 67. Tamborete de madeira do Quênia, objeto utilizado nos protestos sociais como instrumento para comunicação entre os rebeldes.	217
Figura	Carey (1981), p. 147.	229
Figura	http://www.worldtrek.org/odyssey/africa/062399/petersonshot_bg.html	255
Figura	SEMANÁRIO DE ACTUALIDADE AFRICANA (1990), p. 24.	256
Figura	COLORS MAGAZINE (1998) – Quarta capa.	261
Figura	Liman, Zyad (1999) p. 16.	268
Capítulo 10		
Figura	Hespanha (1999), p. 65.	269
Figura	Hureaux (2000), p. 80.	280
Vinheta	Laing e Wire (1996), p. 14. Símbolo árabe encontrado especialmente na Tunísia, onde é utilizado com freqüência na decoração das mais variadas manifestações da arquitetura local.	284
Figura	Hureaux (2000), p. 85.	291
Vinheta	Laing e Wire (1996), p. 14. Símbolo árabe encontrado com freqüência na Líbia, fazendo parte da decoração mobiliária, têxtil e arquitetônica.	301
Figura	Niane, D. T. (1988), p. 624.	307
Figura	Sieber e Walker (1987), p. 144.	311
Figura	Sieber e Walker (1987), fig. 17, p. 55.	325
Figura	Portugal na Abertura do Mundo (1990), p. 30.	327
Vinheta	AFRICA WORLD PRESS (1998) – Anexo. A Eritréia, tendo o sol como símbolo da sonhada vitória pela independência.	333
Capítulo 11		
Vinheta	Barbuy, Heloisa (1999), p. 118.	337
Vinheta	Laing e Wire (1996), p. 67. Aro de altar esculpido, encontrado no Daomé, mas presente também, com pequenas variações, na África meridional.	342

Tipo de ilustração	Legenda	Página
Vinheta	Sieber e Walker (1987), p. 53 – Figura 15. Símbolo que representa uma associação secreta masculina que reunia povos como os nalus, os bagas e os landumans, os quais acreditavam em uma especial proteção durante o ritual de iniciação que os integrava à sociedade.	352
Vinheta	Laing e Wire (1996), p. 70. Pelicanos e uma tartaruga compõem o emblema próprio da Federação do Mali.	358
Figura	Sieber e Walker (1987), p. 52 – Figura 14.	359
Vinheta	Hernandez, L. (acervo da autora). Tecido senegalês nas cores amarela, vermelha, verde e preta formando diferentes desenhos.	363
Vinheta	Sieber e Walker (1987), p. 33 – Figura 2. Esta peça representa o ideal de uma unidade social, moral e intelectual, incluindo a reverência aos ancestrais.	371
Vinheta	Laing e Wire (1996), p. 58. Tecido característico da Costa do Marfim.	372
Vinheta	Laing e Wire (1996), p. 62. A trama utilizada nesse tecido é uma particularidade da produção artesanal do Alto Volta.	379
Figura	Sieber e Walker (1987), p. 73 – Figura 30.	385
Figura	Sieber e Walker (1987), p. 33 – Figura 2.	387
Vinheta	Husain (1999), p. 16. O tapete para a oração, o Tasbih e o Corão, chamado pelos fiéis de "o glorioso Corão" ou "o generoso Corão".	391
Vinheta	Husain (1999), p. 37. Este símbolo dos muçulmanos, encontrado também no Chade, representa Uthman, que quando foi califa promoveu a compilação do Corão.	392
Figura	Meyer (1986) – Gravura 52.	401
Vinheta	Sieber e Walker (1987), p. 33 – Figura 40. Figura construída com metal, ráfia, pigmento e resina, elementos próprios do poder mágico apoiado em ervas medicinais.	404
Figura	Laing e Wire (1996), p. 72.	407
Vinheta	Sieber e Walker (1987), p. 140 – Figura 80. Máscara utilizada pelos povos penus, do Gabão, no século XIX.	411
Vinheta	Laing e Wire (1996), p. 65. Pano tecido manualmente encontrado em Gana e, com pequenas alterações, também no Togo.	415
Vinheta	Laing e Wire (1996), p. 66. Esteira com padronagem própria dos tecelões de Ruanda.	419
Figura	Hernandez, L. (acervo da autora).	429
Vinheta	Laing e Wire (1996), p. 195. O leão, representando a força. Ao que tudo indica, é uma imagem que tem origem na Turquia, sendo readaptada localmente, isto é, no Saara ocidental, onde pode ser encontrada.	434
Vinheta	Laing e Wire (1996), p. 64. Tecido típico da Guiné Equatorial.	437

Tipo de ilustração	Legenda	Página
	Capítulo 12	
Vinheta	CATÁLOGO AFRICA WORLD PRESS (1998) – Anexo. A guerra de guerrilhas marcou um ponto de inflexão necessário para que países como Congo, Argélia, Quênia e Camarões lutassem de maneira mais efetiva pela independência.	439
Figura	AMNISTIA INTERNACIONAL, p. II.	440
Vinheta	Sieber e Walker (1987), p. 43 – Figura 12. A representação da maternidade entre os povos luluas do Congo Belga, hoje República Democrática do Congo.	441
Vinheta	Sieber e Walker (1987), p. 40 – Figura 9. Figura de madeira do povo bamileke, dos Camarões. Representa a matrilinearidade como a origem da sucessão dos soberanos.	457
Figura	*História das Civilizações* (1975), p. 55.	464
Vinheta	Fischer e Beckwith (1998). Mãe massai adornando sua afilhada para uma festa que comemora a circuncisão da jovem. É um forte padrão do repertório ritualístico que precede ao casamento.	483
Vinheta	Laing e Wire (1996), p. 72. Figura do Quênia gravada em "calabaza".	490
Vinheta	Sieber e Walker (1987), p. 143 – Figura 83. Estatueta que representa um espírito ancestral do povo mijikend, provavelmente do grupo kambe, do Quênia.	493
	Capítulo 13	
Vinheta	Hernandez, L. (acervo da autora). Selo emitido pelos Correios de Portugal, no valor de 0,50 centavos de escudo. Traz a imagem de um cavaleiro cristão, provavelmente em luta contra os "infiéis".	501
Figura	Hernandez, L. (acervo da autora). Iluminura de autor anônimo, c. 1630.	503
Figura	*História da República* (1960), p. 197. Charge de Rafael Bordalo Pinheiro, "A Renovação da Aliança", publicada na *Paródia* em 1900.	508
Figura	Catálogo das Exposições e Comemorações Centenárias (1940).	510
Figura	*Diário de Notícias* (1992).	511
Figura	*Diário de Notícias* (1992).	514
Figura	Hernandez, L. (acervo da autora). Cópia do catálogo do painel exposto em 1934, na Primeira Exposição Colonial Portuguesa.	518
Vinheta	Hernandez, L. (acervo da autora). Correios de Cabo Verde. A representação cartográfica do arquipélago de Cabo Verde no século XVIII.	520
Figura	Hernandez, L. (acervo da autora). Selo de Cabo Verde – Pelourinho ou Picota, 1520. Ribeira Grande (Cidade Velha). Ilha de Santiago, fundada em 1462.	523
Figura	Hernandez, L. (acervo da autora). Ilha de São Nicolau, Cabo Verde, Tarrafal. Ponto Foto-Irmãos Capuchinhos. Cartão-postal.	526

Tipo de ilustração	Legenda	Página
Figura	Hernandez, L. (acervo da autora). Guiné com as ilhas de São Tomé e Príncipe (Atlas e Mercator, 1610), V centenario del desembarco de Colombo en América. Selo comemorativo.	536
Figura	Hernandez, L. (acervo da autora). Menino do povo fula da Guiné-Bissau. Cartão-postal Karo-Druck, Eppan, Foto E. B.	539
Figura	Hernandez, L. (acervo da autora). Homem do povo mandinga tocando balafom. Guiné-Bissau. Cartão-postal Karo-Druck.	543
Vinheta	Hernandez, L. (acervo da autora). Selo de São Tomé e Príncipe alusivo à Batalha Naval de Galeão Espanhol contra piratas. O segundo selo refere-se à chegada de Colombo à América. Ambos são de 1987. A ocupação das ilhas de São Tomé e Príncipe começou em 1484, com o cultivo da cana-de-açúcar. Muito próximas de São Jorge da Mina e do porto de Pinda, elas facilitavam o contato com as feitorias da Guiné.	548
Figura	Hernandez, L. (acervo da autora). Folheto de São Tomé e Príncipe representando as mulheres no manuseio dos grãos de café.	553
Vinheta	Hernandez, L. (acervo da autora). Selo de São Tomé e Príncipe, 1949, Expedição de Sir Arthur Eddington. O sistema de estratificação social era constituído por várias categorias sob a hegemonia dos "roceiros".	559
Vinheta	Hernandez, L., (acervo da autora). Selo representando Ngoma la Txina, de Angola. Foto de Arlete Marques. Mesmo sob o forte colonialismo português, os vários povos de Angola mantiveram crenças, valores e representações próprias de sua cultura tradicional.	560
Vinheta	Hernandez, L. (acervo da autora). Selo emitido em Angola (1985) no 10º aniversário das assembléias populares provinciais que constituíam a Assembléia do Povo. Este selo representa parte do projeto marxista-leninista angolano que promovia a organização do povo em uma grande assembléia sob a autoridade do Estado e do partido político no poder, o MPLA.	579
Figura	Serra, Carlos e outros (1982), p. 58. Mapa: o oceano Índico, nos séculos VII-XIII, segundo al-Idrizi.	582
Figura	Serra, Carlos e outros (1982), p. 64. Mapa, segundo G. D. L'Isle, onde há "províncias" controladas pelo "Estado" do Monomotapa até o século XVI.	583
Figura	Serra, Carlos e outros (1982), p. 112. Mapa com organizações políticas, destacando-se os "Estados pré-expansionistas" de 1870 a 1880.	588
Figura	Serra, Carlos e outros (1982), p. 116.	590
Figura	Marques, A. H. de Oliveira (1986) – Encarte de imagens, p. 44.	593
Figura	Marques, A. H. de Oliveira (1986) – Encarte de imagens, p. 39.	594
Figura	Hernandez, L. (acervo da autora).	610
Epílogo		
Vinheta	Laing e Wire (1996), p. 55. Símbolo da Costa do Marfim: "Deus como astro do céu".	615

Mapas

Mapa	Fonte	Pág.
1.1	Fage, 1978.	22
1.2	Fage, 1978.	24
1.3	Niane, 1975.	27
1.4	Baseado em Vanchi, 1973.	34
1.5	Baseado em Niane, 1975.	36
1.6	Baseado em Fage, 1978.	39
1.7	Baseado em Fage, 1978.	41
1.8	Baseado em Matveiev, 1988.	43
2.1	Baseado em Barreto e Garcia, 1990.	46
2.2	Alencastro, 2000.	48
2.3	Alencastro, 2000.	50
2.4	Baseado em Fage, 1978.	52
2.5	Baseado em Ki-Zerbo, 1999; e Baião, 1940.	56
2.6	Hespanha, 1997.	58
2.7	Oliver, 1994.	65
2.8	Fage, 1978.	66
2.9	Baseado em Oliver, 1994.	68
3.1	Fage, 1978.	72
5.1	Baseado em Fage, 1978.	114
5.2	Baseado em Fage, 1978.	116
5.3	Baseado em Fage, 1978.	119
5.4	Baseado em Fage, 1978.	120
5.5	Baseado em Fage, 1978.	123
5.6	Baseado em Fage, 1978.	124
5.7	Baseado em Fage, 1978.	126
9.1	Elaborado pela autora para a devida adequação ao texto. Vale observar que os territórios hachurados e suas datas de independência condicionam os nomes dos demais.	194
9.2	Elaborado pela autora para a devida adequação ao texto.	200
9.3	Elaborado pela autora para a devida adequação ao texto.	204
9.4	Elaborado pela autora para a devida adequação ao texto.	210
9.5	Elaborado pela autora para a devida adequação ao texto.	215
9.6	Elaborado pela autora para a devida adequação ao texto.	218
9.7	Elaborado pela autora para a devida adequação ao texto.	220

Mapa	Fonte	Pág.
9.8	Elaborado pela autora para a devida adequação ao texto.	223
9.9	Elaborado pela autora para a devida adequação ao texto.	228
9.10	Elaborado pela autora para a devida adequação ao texto.	231
9.11	Elaborado pela autora para a devida adequação ao texto.	233
9.12	Elaborado pela autora para a devida adequação ao texto.	237
9.13	Elaborado pela autora para a devida adequação ao texto.	248
9.14	Elaborado pela autora para a devida adequação ao texto.	250
10.1	Elaborado pela autora para a devida adequação ao texto.	273
10.2	Elaborado pela autora para a devida adequação ao texto.	285
10.3	Elaborado pela autora para a devida adequação ao texto.	294
10.4	Elaborado pela autora para a devida adequação ao texto.	295
10.5	Elaborado pela autora para a devida adequação ao texto.	303
10.6	Elaborado pela autora para a devida adequação ao texto.	306
10.7	Elaborado pela autora para a devida adequação ao texto.	309
10.8	Elaborado pela autora para a devida adequação ao texto.	316
10.9	Elaborado pela autora para a devida adequação ao texto.	318
10.10	Elaborado pela autora para a devida adequação ao texto.	320
10.11	Elaborado pela autora para a devida adequação ao texto.	322
10.12	Elaborado pela autora para a devida adequação ao texto.	328
10.13	Elaborado pela autora para a devida adequação ao texto.	335
11.1	Elaborado pela autora para a devida adequação ao texto.	339
11.2	Elaborado pela autora para a devida adequação ao texto.	345
11.3	Elaborado pela autora para a devida adequação ao texto.	356
11.4	Elaborado pela autora para a devida adequação ao texto.	361
11.5	Elaborado pela autora para a devida adequação ao texto.	364
11.6	Elaborado pela autora para a devida adequação ao texto.	375
11.7	Elaborado pela autora para a devida adequação ao texto.	380
11.8	Elaborado pela autora para a devida adequação ao texto.	384
11.9	Elaborado pela autora para a devida adequação ao texto.	388
11.10	Elaborado pela autora para a devida adequação ao texto.	393
11.11	Elaborado pela autora para a devida adequação ao texto.	395
11.12	Elaborado pela autora para a devida adequação ao texto.	403
11.13	Elaborado pela autora para a devida adequação ao texto.	405
11.14	Elaborado pela autora para a devida adequação ao texto.	414
11.15	Elaborado pela autora para a devida adequação ao texto.	416

Mapa	Fonte	Pág.
11.16	Elaborado pela autora para a devida adequação ao texto.	423
11.17	Elaborado pela autora para a devida adequação ao texto.	426
11.18	Elaborado pela autora para a devida adequação ao texto.	432
11.19	Elaborado pela autora para a devida adequação ao texto.	433
11.20	Elaborado pela autora para a devida adequação ao texto.	436
11.21	Elaborado pela autora para a devida adequação ao texto.	438
12.1	Elaborado pela autora para a devida adequação ao texto.	443
12.2	Elaborado pela autora para a devida adequação ao texto.	460
12.3	Elaborado pela autora para a devida adequação ao texto.	482
12.4	Elaborado pela autora para a devida adequação ao texto.	486
13.1	Elaborado pela autora para a devida adequação ao texto.	522
13.2	Elaborado pela autora para a devida adequação ao texto.	547
13.3	Elaborado pela autora para a devida adequação ao texto.	551
13.4	Bittencourt, 1996.	581
13.5	Elaborado pela autora para a devida adequação ao texto.	585
13.6	Elaborado pela autora para a devida adequação ao texto.	591
E1	FAO	615
E2	Elaborado pela autora com base em Coquery-Vidrovitch, 1985.	617
A1	Elaborado pela autora.	666

FONTES DAS ILUSTRAÇÕES

Este trabalho contém três modalidades de ilustração: figuras, vinhetas e mapas. Os mapas vêm legendados e dispõem de numeração seqüencial própria. Nessa medida, os créditos correspondentes são relacionados sem referência à página em que se encontram. Quanto às figuras e às vinhetas, por não disporem de numeração, terão suas legendas e créditos segundo a página em que se encontram. As ilustrações tiveram como fontes as seguintes obras:

AFRICA WORLD PRESS, INC. *The Red Sea Press, Inc.* Celebrating 15 years of independent African publishing. 1998.

ALENCASTRO, L. F. de. *O trato dos viventes: formação do Brasil no Atlântico Sul.* São Paulo: Companhia das Letras, 2000.

AMNISTIA INTERNACIONAL. *Guia da carta africana dos direitos humanos e dos povos.* Lisboa: Aguifil, 1991.

ARAÚJO, Emanoel (Dir.). *Antologia da fotografia africana e do oceano Índico: séculos XIX e XX.* Mali: Embamako,1991; Paris/Pinacoteca de São Paulo, 1998.

BAIÃO, Antonio; CIDADE, Antonio e MURIAS, Manuel (Dir.). *História da expansão portuguesa no mundo.* Lisboa: Ática, 1940.

BARBUY, Heloisa. *Exposição de 1889 em Paris.* Série Teses/História Social – USP. São Paulo: Loyola, 1999.

BARRETO, Luis Filipe; GARCIA, José Manuel (Orgs.). *Portugal na abertura do mundo.* Lisboa: Comissão Nacional para as Comemorações dos Descobrimentos Portugueses, maio/1990.

BIBLIOTECA DO MUSEU PAULISTA – Universidade de São Paulo.

BOAHEN, Adu A. (coord.). *A África sob dominação colonial: 1880-1935.* São Paulo: Ática; Paris: Unesco, 1985. (História geral da África, 7).

CATÁLOGO ÁFRICA WORLD PRESS, Inc. & The Red Sea Press, Inc., 1998.

CATÁLOGO DAS EXPOSIÇÕES E COMEMORAÇÕES CENTENÁRIAS. Programa Oficial. Lisboa: 1940.

CATÁLOGO DE EXPOSIÇÃO: *Álbum comemorativo da primeira exposição colonial portuguesa.* Lisboa: 1934.

CAREY, Margret. *Contos e lendas da África.* São Paulo: Melhoramentos, 1981.

COLORS MAGAZINE. *Toys for a brighter future.* New York: Speedimpex, dez.1998 – jan.1999.

COMITÉ FRANÇAISE DES EXPOSITIONS. Paris: Bibliothèque Nationale, Departement d'Estampes, s/d.

COQUERY-VIDROVITCH, C.; MONIOT, H. *Africa Negra de 1800 a nuestros días*. Barcelona: Labor, 1985.

DIÁRIO DE NOTÍCIAS. Salve aviadores portugueses!. Descobrimentos: a era de Vasco da Gama. Comissão Nacional para as Comemorações dos Descobrimentos Portugueses. Lisboa: 1992.

DOCUMENTI FOTOGRAFIE LVII. Acervo da pesquisadora Patrícia Teixeira Santos.

FAGE, J. D. *An atlas of african history*. 2. Ed. Londres: Arnoldo, 1978,

FAO – Food and Agriculture Organization of the United Nations, 2003.

FAY, Biri. *Egyptian museum – Berlim*. Berlim: Ägyptisches museum, 1985.

FISCHER, Angela; BECKWITH, Carol. *Calendar 1999 – Photograf – Women of the African ark*. EUA/Canadá/Austrália, 1998.

HERNANDEZ, Leila M. G. Leite – *Acervo da autora*.

HESPANHA, Antonio Manuel (Org.) *As fronteiras da África*. Lisboa: Cordoaria Nacional, 1997.

_____. (Comissário científico). *O orientalismo em Portugal – [sécs. XVI-XX]*. Porto: Comissão Nacional para as Comemorações dos Descobrimentos Portugueses, Inapa, 1999.

HISTÓRIA DAS CIVILIZAÇÕES. São Paulo: Abril Cultural, 1975.

HISTÓRIA DA REPÚBLICA: Edição comemorativa do cinqüentenário da República. Lisboa: Sociedade Nacional de Tipografia, 1960.

HOBSBAWM, Eric J. *A era dos extremos: o breve século XX: 1914-1991*. – São Paulo: Companhia das Letras, 1995.

HOCHCHILD, Adam. *O fantasma do rei Leopoldo: uma história de cobiça, terror e heroísmo na África colonial*. São Paulo: Companhia das Letras, 1999.

HUREAUX, Alain Daguerre de. *Delacroix voyage au Maroc aquarelles*. Paris: Bibliothèque de L'Image, 2000.

HUSAIN, Shahruka. *O que sabemos sobre o islamismo?* São Paulo: Callis, 1999.

KI-ZERBO, Joseph. *História geral da África negra*. Mira-Sintra: Europa-América, 1999.

LAING, John; WIRE, David. *Enciclopedia de signos y símbolos*. México: GG, 1996.

LIMAN, Zyad. *Jeune Afrique – Hebdomadaire politique et économique international*, jun.1999.

MATIVIEV, Victor V. O desenvolvimento da civilização suaíli. In: NIANE, Djibril T. (Coord.) *A África do século XII ao século XV*. São Paulo: Ática; Paris: Unesco, 1985. (História Geral da África, 4).

MARQUES, A. H. de. *História de Portugal desde os tempos mais antigos até a presidência do senhor general Eanes*. Lisboa: Palas, 1986.

MEYER, Jean. *Esclaves et négries*. Paris: Gallimard, 1986.

NIANE, D. T. *Recherches sur l'empire du Mali au Moyen Âge, seguido de Mise en place des populations de la Haute-Guinée.* Paris: Présence Africaine, 1975.

_____. (Coord.). *História geral da África – IV. A África do século XII ao século XVI.* Unesco/Ática, 1988.

OLIVER, Roland. *A experiência africana: da pré-história aos dias atuais.* Rio de Janeiro: Zahar, 1994.

SEMANÁRIO DE ACTUALIDADE AFRICANA E INTERNACIONAL À DIMENSÃO DA LÍNGUA PORTUGUESA. *África do Sul: ANC suspende luta armada.* Ano V, n. 160, semanário de 8 a 14 de agosto de 1990.

SERRA, Carlos e outros. *História de Moçambique – Primeiras sociedades sedentárias e um pacto dos mercadores (200/300-1886).* v. 1. Maputo: Departamento de História da UMM/Tempo, 1982.

SIEBER, Roy; WALKER, Roslyn Adele. *African art in the cycle of life.* London: Smithsonian Institution, 1987.

SILVA, Alberto da Costa e. *A enxada e a lança: a África antes dos portugueses.* Rio de Janeiro: Nova Fronteira; São Paulo: Edusp, 1992.

TRANIER, Jean-Marc Boutonnet. *L'Afrique fantastique. Explorateurs du XIV sìecle.* Ethiopia: A Ethiopia, 1993.

VANCHE, R. e colaboradores. *Grand atlas du continent africain.* Paris: Jeune Afrique, 1973.

WINCKE, Edouarde. *Geographes et Gaommes d'ailleurs.* Bruxelas: Centre Bruxellois de Recherche et de Documentation Pédagogique, 1985.

BIBLIOGRAFIA

Sem pretensão de exaustividade, os títulos aqui mencionados remetem o leitor para as obras efetivamente consultadas ao longo da pesquisa. Referenciadas de acordo com a Associação Brasileira de Normas Técnicas (ABNT), em sua versão básica, estão distribuídas em cinco categorias:

a) obras gerais, compreendendo estudos que, de diferentes perspectivas (política, econômica, sociológica, antropológica e histórica), serviram de referência teórica para o trabalho;

b) história, que inclui as abordagens de natureza essencialmente retrospectiva sobre as diversas Áfricas;

c) literatura, com as obras de ficção (romances, contos, memórias, poesias e ensaios fotográficos) e o registro, entre colchetes, dos países a que se referem;

d) periódicos, relacionando os títulos e, entre parênteses, as datas-limite das principais coleções de revistas, publicações seriadas e jornais consultados;

e) documentos institucionais (relatórios, discursos, legislação e outras séries), que serviram de fonte primária para a compreensão dos países africanos colonizados por Portugal.

Obras gerais

ALBUQUERQUE, Luís de (Dir.); DOMINGUES, Francisco Contente (Coord.). *Dicionário de história dos descobrimentos portugueses*. Lisboa: Caminho, 1944.

ANDERSON, Benedict. *Nação e consciência nacional*. São Paulo: Ática, 1989.

ANDERSON, Perry. *Portugal e o fim do ultracolonialismo*. Rio de Janeiro: Civilização Brasileira, 1966.

_____. *Considerações sobre o marxismo ocidental*. Porto: Afrontamento, 1976.

ARANTES, Otília B. F.; ARANTES, Paulo Eduardo. *Sentido da formação*. Rio de Janeiro: Paz e Terra, 1997.

ARENDT, Hannah. *Entre o passado e o futuro*. São Paulo: Perspectiva, 1972.

_____. *Origens do totalitarismo*: anti-semitismo, imperialismo, totalitarismo. São Paulo: Companhia das Letras, 1989.

_____. *Sobre a violência*. Rio de Janeiro: Relume-Dumará, 1994.

_____. *A condição humana*. Rio de Janeiro: Forense Universitária, 1997.

ARMSTRONG, Karen. *Em nome de Deus: fundamentalismo no judaismo, no cristianismo e no islamismo.* São Paulo: Companhia das Letras, 2001.

ARON, Raymond. *Democracia e totalitarismo.* 2. ed. Lisboa: Presença, 1966.

ATLAS Universal Aguilar. Compilado, redactado y trazado bajo la dirección de José Aguilar, Elisa García Aráez y Antonio Villarroya. Madri: Aguilar, 1954.

BARAN, Paul A. *A economia política do desenvolvimento econômico.* Rio de Janeiro: Zahar, 1960.

BARBUY, Heloisa. *A exposição universal de 1889 em Paris: visão e representação na sociedade industrial.* São Paulo: Loyola, 1999.

BECET, Jean-Marie; COLARD, Daniel. *Les droits de l'homme: I – dimensions nationales et internationales.* Paris: Economica, 1982.

BENDIX, R. *Construção nacional e cidadania.* São Paulo: Edusp, 1996.

BETTS, Raymond. *Descolonization.* Londres: Taylor and Francis, 1999.

BÍBLIA de Jerusalém. Dir. editorial Tiago Girando, coord. editorial José Bontoline. São Paulo: Sociedade Bíblica Católica Internacional/Paulus, 1985.

BLACKBURN, Robin (Org.). *Depois da queda: o fracasso do comunismo e o futuro do socialismo.* Rio de Janeiro: Paz e Terra, 1992.

BLYDEN, Edward W. *Christianity, Islam and the negro race*, 1887. Edimburgo: Edinburgh University Press, 1967.

BOAS, Franz. *Antropologia cultural.* Rio de Janeiro: Zahar, 2004.

BOBBIO, Norberto. *O futuro da democracia: uma defesa das regras do jogo.* Rio de Janeiro: Paz e Terra, 1986.

_____. *Estado, governo, sociedade: por uma teoria geral da política.* Rio de Janeiro: Paz e Terra, 1987.

_____. *Ensaios escolhidos: história do pensamento político.* São Paulo: Cardim, s/d.

_____. *A era dos direitos.* Rio de Janeiro: Campus, 1992.

_____. *Os intelectuais e o poder: dúvidas e opções dos homens de cultura na sociedade contemporânea.* São Paulo: Editora da Unesp, 1997.

BOBBIO, Norberto; MATTEUCCI, Nicola; PASQUINO, Gianfranco (Orgs.). *Dicionário de política.* 2. ed. Brasília: Editora da UnB, 1986.

BOSI, Alfredo. *Dialética da colonização.* São Paulo: Companhia das Letras, 1992.

BOUCHE, Denise. *Histoire de la colonization française.* Paris: Fayard, 1991. 2 v.

BOURDIEU, Pierre. *Questões de sociologia.* Rio de Janeiro: Marco Zero, 1983.

_____. *Sociologia.* Florestan Fernandes (Coord.). Renato Ortiz (Org.). São Paulo: Ática, 1983.

_____. *O poder simbólico.* 3. ed. Rio de Janeiro: Bertrand Brasil, 2000.

BOXER, Charles R. *O império marítimo português: 1415-1825.* São Paulo: Companhia das Letras, 2002.

BRAUDEL, Fernand. *Civilisation matérielle, économie et capitalisme: XV-XVIII siècles.* Paris: A. Colin, 1979. 3 v.

_____. *Escritos sobre a história.* São Paulo: Perspectiva, 1992.

_____. (Org.) *A Europa.* Lisboa: Terramar, 1996.

BUFFON, G. Louis Leclerc. *De l'homme.* Paris: Maspero, 1971.

BURKE, Peter (Org.). *Sociologia e história.* Porto: Afrontamento, 1980.

_____. *A revolução francesa da historiografia: a Escola dos Annales, 1929-1989*. São Paulo: Editora da Unesp, 1991.

CAMARGO, Aspásia Alcântara de. *O ator, o pesquisador e a História: impasses metodológicos na implantação do CPDOC*. Rio de Janeiro: Centro de Estudos de Cultura Contemporânea, 1978.

CAMÕES, Luís de. *Os lusíadas*. Lisboa: Imprensa Nacional/Casa da Moeda, 1972.

CARDOSO, Miriam Limoeiro. *O mito do método*. Rio de Janeiro: Pontifícia Universidade Católica do Rio de Janeiro, 1968. mimeo.

CARVALHO, A. Farinha (Org.). *Questões coloniais*. Lisboa: Veja, s/d.

CASCUDO, Luís da Câmara. *Made in Africa: pesquisas e notas*. Rio de Janeiro: Civilização Brasileira, 1965.

CHALIAND, Gérard. *Mitos revolucionários*. Rio de Janeiro: Francisco Alves, 1977.

CHARTIER, Roger. *A história cultural: entre práticas e representações*. Lisboa: Difel; Rio de Janeiro: Bertrand Brasil, 1990.

CHAUI, Marilena. *Cultura e democracia: o discurso competente e outras falas*. São Paulo: Moderna, 1982.

CHAUI, Marilena et al. *Política cultural*. Porto Alegre: Mercado Aberto, 1984.

CHAUI, Marilena; FRANCO, Maria Sylvia Carvalho. *Ideologia e mobilização popular*. Rio de Janeiro: Paz e Terra/Centro de Estudos de Cultura Contemporânea, 1978.

CHEVALIER, Jean; GHEERBRANT, Alain. *Dicionário de símbolos: mitos, sonhos, costumes, gestos, formas, figuras, cores, números*. 16. ed. Rio de Janeiro: José Olympio, 2001.

CLASTRES, P. et al. *Guerra, religião e poder*. Lisboa: Edições 70, 1980. (Perspectivas do Homem).

COELHO, Eduardo Prado (Org.). *Estruturalismo: antologia de textos teóricos*. Lisboa: Portugália, 1967.

COUTINHO, Carlos Nelson. *A dualidade de poderes: introdução à teoria marxista de Estado e revolução*. São Paulo: Brasiliense, 1985.

DAHRENDORF, Ralf. *A lei e a ordem*. São Paulo: Instituto Tancredo Neves/Fundação Friederich Naumann, 1987.

DUVERGER, M. *Le concept d'empire*. Paris: PUF, 1980.

ELIAS, Norbert. *O processo civilizador: formação do Estado e civilização*. v. 2. Rio de Janeiro: Zahar, 1993.

ENZENSBERGER, Hans Magnus. *Guerra civil*. São Paulo: Companhia das Letras, 1995.

FERREIRA. Marieta de Morais; AMADO, Janaína (Orgs.). *Usos e abusos da história oral*. Rio de Janeiro: FGV, 1997.

FIGUEIREDO, Antonio de. *Portugal: cinqüenta anos de ditadura*. Rio de Janeiro: Civilização Brasileira, 1976.

FOUCAULT, Michel. *Microfísica do poder*. 4. ed. Rio de Janeiro: Graal, 1984.

_____. *Arqueologia do saber*. Rio de Janeiro: Forense, 1995.

FRANKLIN, John Hope. *Raça e história: ensaios selecionados (1938-1988)*. Rio de Janeiro: Rocco, 1999.

FRYER, Peter; PINHEIRO, Patrícia McGowan. *Le Portugal de Salazar*. Paris: Ruedo Iberico, 1963.

GEERTZ, Clifford. *The interpretation of cultures: selected essays*. Nova York: Basic Books, 1973.

_____. *Nacionalismo e democracia*. Brasília: Editora da UnB, 1981.

GELLNER, Ernest. *Pos-modernismo, razón y religión*. Barcelona: Paidós, 1994.

GINZBURG, Carlo. *Mitos, emblemas e sinais: morfologia e história*. São Paulo: Companhia das Letras, 1989.

_____. *Relações de força: história, retórica, prova*. São Paulo: Companhia das Letras, 2002.

GIRARDET, Raoul. *Mitos e mitologias políticas*. São Paulo: Companhia das Letras, 1987.

GOBINEAU, A. *Essai sur l'inégalité des races humaines*. Paris: Pierre Belfond, 1985.

GOFFMAN, Erving. *Estigma: notas sobre a manipulação da identidade deteriorada*. Rio de Janeiro: Zahar, 1980.

GRAMSCI, Antonio. *Maquiavel, a política e o Estado moderno*. Rio de Janeiro: Civilização Brasileira, 1968.

_____. *A questão meridional*. Rio de Janeiro: Paz e Terra, 1987.

_____. *Os intelectuais e a organização da cultura*. 7. ed. Rio de Janeiro: Civilização Brasileira, 1989.

GRUZINSKI, Serge. *O pensamento mestiço*. São Paulo: Companhia das Letras, 2001.

HALBWACHS, Maurice. *La mémorie soletive*. Paris: PUF, 1968.

HEGEL, G. W. Friedrich. *Filosofia da história*. Brasília: Editora da UnB, 1995.

_____. *Filosofía de la historia universal*. t. 1. Madri: Revista de Occidente, 1928.

HELLER, Agnes; FEHER, Ferenc. *Anatomía de la izquierda occidental*. Barcelona: Península, 1985.

HELLER, Agnes. *Teoría de las necesidades en Marx*. Barcelona: Península, 1986.

HO Chi Minh. *La questión colonial: escritos periodísticos (1922-1926)*. Buenos Aires: Compañero, 1971.

_____. *Resistência do Vietnam: textos políticos: 1922-1967*. Rio de Janeiro: Laemmer, 1968.

HOBSBAWM, Eric J. *Rebeldes primitivos: estudos sobre formas arcaicas de movimentos sociais nos séculos XIX e XX*. Rio de Janeiro: Zahar, 1978.

_____. *Revolucionários: ensaios contemporâneos*. Rio de Janeiro: Paz e Terra, 1982.

_____. *Mundos do trabalho: novos estudos sobre história operária*. Rio de Janeiro: Paz e Terra, 1987.

_____. *A era dos impérios: 1875-1914*. Rio de Janeiro: Paz e Terra, 1988.

_____. *Nações e nacionalismo desde 1780: programa, mito e realidade*. Rio de Janeiro: Paz e Terra, 1990.

_____. *Era dos extremos: o breve século XX: 1914-1991*. São Paulo: Companhia das Letras, 1995.

_____. *Ecos da Marselhesa: dois séculos revêem a Revolução Francesa*. São Paulo: Companhia das Letras, 1996.

_____. *Sobre história*. São Paulo: Companhia das Letras, 1998.

_____. (Org.) *História do Marxismo IV: o marximismo na época da Segunda Internacional*. Rio de Janeiro: Paz e Terra, 1984, p. 210.

HOBSBAWM, Eric J.; RANGER, Terence (Orgs.). *A invenção das tradições*. Rio de Janeiro: Paz e Terra, 1984.

HOBSBAWM, Eric J. *et al*. *História do marxismo*. Rio de Janeiro: Paz e Terra, 1989. 12 v.

HOURANI, Albert Habib. *Uma história dos povos árabes*. 2 ed. São Paulo: Companhia das Letras, 1994.

IONESCU, Ghita; GELLNER, Ernest (Org.). *Populismo: sus significados y características nacionales*. Buenos Aires: Amorrortu, 1969.

KANT, Emmanuel, *Géographie phisique: géographie*. Paris: Aubier, 1999.

KAPUSCINSKI, Ryszard. *Imperium*. São Paulo: Companhia das Letras, 2002.

LAFER, Celso. A reconstrução dos direitos humanos: a contribuição de Hannah Arendt. *Estudos Avançados,* São Paulo, v. 11, n. 30, p. 55-65, 1997.

_____. *A reconstrução dos direitos humanos: um diálogo com o pensar de Hannah Arendt.* São Paulo: Companhia das Letras, 1998.

LE GOFF, Jacques; NORA, Pierre. *História: novas abordagens.* Rio de Janeiro: Francisco Alves, 1988.

_____. *História: novos objetos.* Rio de Janeiro: Francisco Alves, 1988.

_____. *História: novos problemas.* Rio de Janeiro: Francisco Alves, 1988.

LÊNIN, V. I. *El imperialismo, fase superior del capitalismo.* Moscou: Progresso, 1981. (Obras Escogidas.)

_____. *El Estado y la revolución: la doctrina marxista del Estado y las tareas de la revolución.* Buenos Aires: Anteo, 1973.

_____. *Sobre a libertação nacional e social.* Moscou: Progresso, 1988.

LÉVI-STRAUSS, Claude *et al. Raça e ciência.* São Paulo: Perspectiva, 1960.

_____. *Antropologia estrutural.* Rio de Janeiro: Tempo Brasileiro, 1967.

_____. *O pensamento selvagem.* São Paulo: Edusp/Companhia Editora Nacional, 1970.

LINHART, Robert. *Lênin, os camponeses, Taylor.* Rio de Janeiro: Marco Zero, 1983.

LOURENÇO, Eduardo. *O labirinto da saudade.* Lisboa: Dom Quixote, 1982.

_____. *Mitologia da saudade: seguido de Portugal como destino.* São Paulo: Companhia das Letras, 1999.

LOURENÇO, Eduardo; OLIVEIRA, António Braz de (Coords.). *Fernando Pessoa no seu tempo.* Lisboa: Biblioteca Nacional, 1988.

MANNHEIM, Karl. *Ensayos sobre sociología y psicología social.* México/Buenos Aires: Fondo de Cultura Económica, 1963.

_____. *Ideologia e utopia.* Rio de Janeiro: Zahar, 1968.

MARIATEGUI, Juan. *Comentario sobre el Tercero Mundo.* Lima: Minerva, 1978.

MARTINS, José de Souza (Org.). *Introdução crítica à sociologia rural.* 2. ed. São Paulo: Hucitec, 1986.

MARX, Carlos; ENGELS, Federico. *La ideología alemana: crítica de la novísima filosofía alemana en las personas de sus representantes Feuerbach, B. Bauer y Stirner y del socialismo alemán en las de sus diferentes profetas.* 4. ed. Montevidéu: Pueblos Unidos; Barcelona: Grijalbo, 1972.

MARX, Karl. *Formações econômicas pré-capitalistas.* Rio de Janeiro: Paz e Terra, 1975.

MAZOWER, Mark. *Continente sombrio: a Europa no século XIX.* São Paulo: Companhia das Letras, 2002.

MBAYA, Etienne-Richard. Gênese, evolução e universalidade dos direitos humanos frente à diversidade de culturas. *Estudos Avançados,* São Paulo, v. 11, n. 30, p. 17-41, 1997.

MEILLASSOUX, C. *Antropologia da escravidão: o ventre de ferro e dinheiro.* Rio de Janeiro: Zahar, 1995.

MEMMI, Albert. *Retrato do colonizado precedido pelo retrato do colonizador.* Rio de Janeiro: Paz e Terra, 1967.

MEYER, Jean. *Esclaves et négriers.* Paris: Gallimard, s/d.

MOORE JR., Barrington; WOLFF, Robert Paul; MARCUSE, Herbert. *Crítica da tolerância pura.* Rio de Janeiro: Zahar, 1970.

MOORE JR., Barrington. *As origens sociais da ditadura e da democracia: senhores e camponeses na construção do mundo moderno.* São Paulo: Martins Fontes, 1983.

_____. *Injustiça: as bases sociais da violência e da revolta.* São Paulo: Brasiliense, 1987.

NATIONS UNIES. *Les Nations Unies et la décolonisation: aperçu des travaux du Comité Special des Vingt-quatre.* Nova York: Publication du Service de l'Information des Nations Unies, s/d.

NICHOLSON, Michael. *Rationality and the analysis of international conflict.* Cambridge: University Press, 1992.

NOVAES, Adauto (Org.). *A descoberta do homem e do mundo.* São Paulo: Companhia das Letras, 1998.

PAZ, Octávio. *O labirinto da solidão e post scriptum.* Rio de Janeiro: Paz e Terra, 1984.

PINHEIRO, Paulo Sérgio; MESQUITA NETO, Paulo de. Programa Nacional de Direitos Humanos: avaliação do primeiro ano e perspectivas. *Estudos Avançados,* São Paulo, v. 11, n. 30, p. 117-134. 1997.

PINSKY, Jaime (Org.). *Questão nacional e marxismo.* São Paulo: Brasiliense, 1980.

PRATT, Mary Louise. *Os olhos do império: relatos de viagem e transculturação.* Bauru/São Paulo: Edusc, 1999.

PRINZ, Manfred. Tradition et oralité dans "Maïmouna" d'Abdoulaye Sadji. *Éthiopiques,* Paris, nouvelle série, v. 4, n. 3-4, p. 65-101, 1987.

RÉMOND, R. (Org.) *Por uma história política.* Rio de Janeiro: Editora da FGV, 1996.

RODINSON, Máxime *et al. El marxismo y la cuestión nacional.* Barcelona: Anagrama, 1977.

ROUSSEAU, Jean-Jacques. *O contrato social e outros escritos.* São Paulo: Cultrix, 1971.

SADER, Emir (Org.). *O mundo depois da queda.* Rio de Janeiro: Paz e Terra, 1995.

SAID, Edward W. *Cultura e imperialismo.* São Paulo: Companhia das Letras, 1995.

_____. *Cultura e política.* Emir Sader (Org.). São Paulo: Boitempo, 2003.

_____. *Orientalismo: o Oriente como invenção do Ocidente.* São Paulo: Companhia das Letras, 1990.

SALINAS, Samuel Sérgio. *A América e o capital.* São Paulo: Mar Aberto, 2001.

SANTIAGO, Theo (Org.). *Descolonização.* Rio de Janeiro: Francisco Alves, 1977.

SANTOS, Boaventura de Sousa. *Pela mão de Alice: o social e o político na pós-modernidade.* 2. ed. São Paulo: Cortez, 1996.

_____. Modernidade, identidade e a cultura de fronteira. *Tempo Social,* São Paulo, v. 5, n. 1-2, nov. 1994, p. 31-52.

SANTOS, Milton *et al. O preconceito.* São Paulo: Júlio Lerner/Imprensa Oficial do Estado, 1997.

SARTRE, Jean-Paul. *Reflexões sobre o racismo.* São Paulo: Difusão Européia do Livro, 1960.

SCHWARCZ, Lilia Moritz. *O espetáculo das raças: cientistas, instituições e questão racial no Brasil: 1870-1930.* São Paulo: Companhia das Letras, 1993.

SCHWARZ, Roberto. *O pai de família e outros estudos.* Rio de Janeiro: Paz e Terra, 1978.

SKINNER, Quentin. *As fundações do pensamento político moderno.* São Paulo: Companhia das Letras, 1996.

SMITH, Anthony. *Nationalism and modernism.* Londres: Taylor and Francis Book, 1999.

SOURDEL, Dominic et Janine. *Dictionaire Historique de l'Islam.* Paris: PUF, 1996.

STALIN, J. *O marxismo e o problema nacional e colonial.* São Paulo: Ciências Humanas, 1979.

THOMPSON, Paul. *La voz del pasado: la historia oral.* Valência: Alfons el Magnànim/Institución Valenciana d'Estudes y Investigación, 1988.

TORRES-RIVA, Edelberto. Centro America: guerra, transición y democracía. *Revista Leviatan*, n. 26, 1986.

VERGER, Pierre. *Orixás: deuses iorubás na África e no Novo Mundo*. Salvador: Corrupio, 1981.

XAVIER, Ismail. *Alegoria, modernidade, nacionalismo: doze questões sobre cultura e arte*. São Paulo: Funarte, 1984. (Seminários.)

WAIZBORT, Leopoldo (Org.). *Dossiê Norbert Elias*. São Paulo: Edusp, 1999.

WEBER, Max. *História geral da economia*. São Paulo: Mestre Jou, 1968.

_____. *Economía y sociedad: esboço de sociología comprensiva*. México: Fondo de Cultura Económica, s/d. 2 v.

WEFFORT, Francisco (Org.). *Os clássicos da política*. 3. ed. São Paulo: Ática, 1991. 2 v.

WEFFORT, Francisco. *Por que democracia?* São Paulo: Brasiliense, 1984.

WEST, Cornel. *A questão da raça*. São Paulo: Companhia das Letras, 1994.

WHITTAKER, David J. *United nations in the contemporary world*. Londres: Taylor and Francis, 1999.

WOLF, Eric R. *Sociedades camponesas*. Rio de Janeiro: Zahar, 1970.

ZAIDAN, Abdul Karim. *O indivíduo e o estado no Islam*. São Paulo: Centro de Divulgação do Islam para a América Latina, 1990.

História

ABDALLAH, Omanii. *Fontana dictionary of Africa since 1960*. Londres: Fontana, 1991.

ABRAHAMSSON, Hans; NILSSON, Anders. *Moçambique em transição: um estudo da história de desenvolvimento durante o período 1974-1992*. Maputo: Cegraf, 1994.

ÁFRICA France Press. "Argélia: a face oculta do feminismo islâmico". ÁFRICA – SEMINÁRIO DE ACTUALIDADE AFRICANA E INTERNACIONAL, 1989-1990. *Anais ...* Lisboa: Vozes da Tribo, 1989.

AGASSO, Domenico. *Daniel Comboni: uma vida pela África*. São Paulo: Ave Maria, 1981.

AGUIAR, Dimas Lopes de. *África: destino europeu: palestra proferida na Escola do Exército durante a Semana das Colónias*. Lisboa: Augusto Duarte, 1943.

AHMED, Ali Jimale. *The invention of Somalia*. Nova Jersey: The Africa World Press, 1998.

ALENCASTRO, Luiz Felipe de. *O trato dos viventes: formação do Brasil no Atlântico Sul, séculos XVI e XVII*. São Paulo: Companhia das Letras, 2000.

ALEXANDRE, Valentim. *Origens do colonialismo português moderno*. Lisboa: Sá da Costa, 1979.

_____. O liberalismo português e as colónias de África (1820-1839). *Análise Social*, Lisboa, 2ª série, v. 16, p. 61-62, 1980.

_____. "Portugal em África (1825-1974): uma visão geral". JORNADAS DE ESTUDIOS LUSO-ESPAÑOLAS, 4, 1992. *Actas ...* Mérida: Universidad Nacional de Educación a Distancia, 1992.

_____. *Os sentidos do império: questão nacional e questão colonial na crise do antigo regime português*. Porto: Afrontamento, 1993.

_____. *Velho Brasil/novas Áfricas: Portugal e o Império (1808-1975)*. Porto: Afrontamento, 2000.

ALEXANDRE, Valentim; DIAS, Jill (Coords.). *O império africano: 1825-1890*. Lisboa: Estampa, 1998. (Nova História da Expansão Portuguesa, dir. de Joel Serrão e A. H. de Oliveira Marques, 10).

ALFANE, Rufino. "Educação cívica na sociedade tradicional". In: *Autoridade Tradicional em Moçambique*. v. 3. Maputo: Ministério da Administração Estatal/Núcleo de Desenvolvimento Administrativo, 1996.

ALMEIDA, Pedro Ramos de. *História do colonialismo português em África: cronologia: século XIX*. v. 1. Lisboa: Estampa, 1979.

_____. *História do colonialismo português em África: cronologia: século XX*. v. 2. Lisboa: Estampa, 1979.

ALMEIDA, Solano de. Zimbabwe: os caminhos do monopartidarismo. *África Jornal,* Lisboa: 8 mar. 1984.

ALVES, Vitor. "Colonialismo e descolonização". *Revista Crítica de Ciências Sociais,* Lisboa, maio 1985.

AMADI, Elechi. *Ethics in Nigerian culture*. Ibadan: Heinemann Educational Books, 1982.

AMARAL, Ilídio do. "Subsídios para o estudo da evolução da população de Luanda". *Revista da Junta das Missões Geográficas e Investigações do Ultramar,* Lisboa, v. 7, n. 2, 1959.

_____. *Aspectos do povoamento branco de Angola*. Lisboa: Junta de Investigações do Ultramar, 1960. (Estudos, Ensaios e Documentos, 74.)

_____. "Descrição da Luanda oitocentista vista através de uma planta do ano de 1755". *Revista da Junta das Missões Geográficas e Investigações do Ultramar,* Lisboa, v. 9, n. 3, 1961.

_____. *Ensaio de um estudo geográfico da rede urbana de Angola*. Lisboa: Junta de Investigações do Ultramar, 1962. (Estudos, Ensaios e Documentos, 97)

_____. "Partilhas territoriais tradicionais e coloniais na África ao sul do Saara: jogos políticos africanos no rescaldo da Guerra de 1914-1918". *Reunião Internacional de História de África*, 3, 2000. Anais ... Lisboa: Instituto de Investigação Científica Tropical/Centro de Estudos de História e Cartografia Antiga, 2000. p. 46-70.

_____. *A África e a instalação do sistema colonial (1885-1930)*. Lisboa: Centro de Estudos de História e Cartografia Antiga do Instituto de Investigação Científica Tropical, 2000.

AMIN, Samir. *L'Afrique de L'Ouest Bloquée: l'économie politique de la colonisation: 1880-1970*. Paris: Minuit, 1971.

_____. "Développement et transformations structurelles: l'expérience de l'Afrique (1950-1970)". *Tiers Monde,* Paris, v. 13, n. 51, jul.-set. 1972.

AMSELLE, Jean-Loup; M'BOKOLO, Elikia (Orgs.). *Au coeur de l'ethnie: ethnies, tribalisme et état en Afrique*. Paris: La Découverte, 1985.

ANDERSON, Perry. *Portugal e o fim do ultracolonialismo*. Rio de Janeiro: Civilização Brasileira, 1996.

ANDRADE, Mário Pinto de. *Antologia temática de poesia africana*. v. 1. Lisboa: Sá da Costa, 1975.

_____. (Coord.). *Obras escolhidas de Amílcar Cabral: unidade e luta*. Lisboa: Seara Nova, 1976. 2 v.

_____. *Amílcar Cabral: essai de biographie politique*. Paris: Maspero, 1980.

_____. *Origens do nacionalismo africano: continuidade e ruptura nos movimentos unitários emergentes da luta contra a dominação colonial portuguesa: 1911-1961*. Lisboa: Dom Quixote, 1997. (Caminhos da Memória).

ANDRADE, Mário Pinto de; REIS, Maria do Céu C. Dimension culturelle du développement en Afrique. *In*: FORUM DU TIERS MONDE, 1986, Dacar. *Annales* ... Dacar: Université des Nations, 1986.

ANJOS, José Carlos Gomes dos. *Intelectuais, literatura e poder em Cabo Verde: lutas de definição da identidade nacional*. Porto Alegre: UFRGS/IFCH; Praia, Cabo Verde: INPC, 2002.

APPIAH, Kwame Anthony. *Na casa de meu pai: a África na filosofia da cultura*. Trad. Vera Ribeiro. Rio de Janeiro: Contraponto, 1997.

_____. "Patriotas cosmopolitas". *Revista Brasileira de Ciências Sociais*, São Paulo, v. 13, n. 36, fev. 1998.

ARMSTRONG, A. Urban planning in developing countries: an assessment of master plans for Dar es Salaam, Tanzania. *Singapore Journal of Tropical Geography*, n. 7, 1986.

ARNALDZ, R. *Le Coran, religion et culture*. Paris: Desclée, 1983.

ARROIO, Guilherme. "O Brasil, a África Austral e Moçambique". *In*: SEMINÁRIO SOBRE MOÇAMBIQUE. São Paulo: Fundap, 1988.

ASSOCIAÇÃO Universitária para a Cooperação de Estudos dos Direitos Africanos. *Constituição política de Angola, Cabo Verde, Guiné-Bissau, Moçambique, São Tomé e Príncipe*. Lisboa: Auceda, 1983.

AZARIA, Victor; CHAZAN, Naomi. "Disengagement from the state in Africa: reflections on the experience of Ghana and Guinea". *Comparative studies in society and history*, n. 29, 1987.

AZEVEDO, J. Lúcio de. *Épocas de Portugal econômico*. 4. ed. Lisboa: Livraria Clássica, 1978.

AZEVEDO, Licínio de; RODRIGUES, Maria da Paz. *Diário da libertação: a Guiné-Bissau da nova África*. São Paulo: Versus, 1977.

AZEVEDO, Mário J. "O chade pós-colonial: a política de desintegração social" *Revista Internacional de Estudos Africanos*. n. 4 e 5. Lisboa: IEA da Universidade Nova Lisboa, jan.-dez. 1986, p. 237-261.

BAHBA, Homi (org.) *Nation and narration*. Londres/Nova York: Routledge, 1990.

_____. *O Local da cultura*. Belo Horizonte: Editora da UFMG, 1998.

BALANDIER, Georges. Anthropologie politique. Paris: PUF, 1967.

_____. "Les mythes politiques de la colonisation et décolonisation en Afrique". *Cahiers Internationaux de Sociologie*, Paris, 1962.

_____. *Sociologie actuelle de l'Afrique noire*. Paris: PUF, 1963.

_____. "A noção de situação colonial". *Cadernos de Campo: revista dos alunos da pós-graduação em Antropologia da Universidade de São Paulo*, São Paulo, n. 3, 1993.

BALOGUN, Ola *et al*. *Introdução à cultura africana*. Lisboa: Edições 70, 1977.

BALTAZAR, Rui. "Diagnóstico institucional e organizacional do aparelho estatal em Moçambique". *In*: WORKSHOP DEMOCRACIA E FORTALECIMENTO INSTITUCIONAL, Maputo, 1993. *Anais* ... Maputo: Autoridade Sueca para o Desenvolvimento Internacional – ASDI, 1993.

BANDEIRA, Leston. "Etiópia, Somália, Sudão: as armas contra o diálogo". *África: semanário de actualidade africana e internacional*, Lisboa, 27 dez. 1989.

_____. "Burkina Faso: de conjura em conjura". *África: semanário de actualidade africana e internacional,* Lisboa, 27 dez. 1989-2 jan. 1990.

_____. "Ceaucescu e as monoculturas: Zaire, Zimbabwe, Moçambique, Burundi, República Centro-Africana, Gabão e Libéria". *África: semanário de actualidade africana e internacional,* Lisboa, 3-9 jan. 1990.

_____. "Quênia: o fim do paraíso". *África: semanário de actualidade africana e internacional,* Lisboa, 18-24 jul. 1990.

_____. "Corno de África: estranhas alianças, guerra sem fim". *África: semanário de actualidade africana e internacional.* Lisboa: 17-23 jan. 1990.

BANQUE Internationale pour la Reconstruction et le Développement (Groupe d'Étude de Stratégie pour l'Afrique). *Le développement accéléré en Afrique au sud du Sahara.* Paris: Bureau Européen du Banque Modiale, 1981.

BARRETO, Luís Filipe; GARCIA, José Manuel (Orgs.). *Portugal na abertura do mundo.* Lisboa: Comissão Nacional para as Comemorações dos Descobrimentos Portugueses, 1990.

BARRY, Boubacar. *Senegâmbia: o desafio da história regional.* Rio de Janeiro: Centro de Estudos Afro-Asiáticos, 2000.

BATES, Robert H. *Markets and states in tropical Africa: the political basis of agricultural policies.* Berkeley: University of California Press, 1981.

BAYART, Jean-François. *L'état au Cameroun.* Paris: Fondation Nationale des Sciences Politiques, 1979.

_____. *L'état en Afrique.* Paris: Fayard, 1989.

_____. "Les sociétés africaines face à l'état". *Pouvoirs,* Paris, n. 25, 1983.

BEAUDET, Pierre. "A África do Sul depois do *apartheid*". *Teoria e Debate: revista trimestral da Fundação Perseu Abramo,* São Paulo, v. 11, n. 37, fev.-abr. 1998.

BECKMAN, Bjoern. "The post-colonial state (in Africa): crisis and reconstruction". *In*: AFRICAN FUTURES CONFERENCE, Edimburgo, 1987. Edimburgo: University of Edinburgh, 1987.

BEDIAKO, K. *Christianity in Africa.* Edimburgo: Edinburgh University Press, 1995.

BEINART, William; DUBOIS, Saul. *Segregation and apartheid in twentieth-century South Africa.* Londres: Taylor and Francis, 1999.

BELOTTEAU, Jacques. *Situation économique du Congo.* Paris: La Documentation Française, 1984. Mimeo.

BENDER, Gerald. *Angola sob o domínio português.* Lisboa: Sá da Costa, 1980.

BENOIST, Joseph-Roger. *Eglise et pouvoir colonial au Soudon Français.* Paris: Karthala, 1987.

BENOT, Yves. *Ideologias das independências africanas.* Lisboa: Sá da Costa, 1981. 2 v.

BERNARDO, Manuel. A. *Marcello e Spínola: a ruptura: as forças armadas e a imprensa na queda do Estado Novo, 1973-1974.* Lisboa: Estampa, 1996.

BERNSTEIN, Henry; CAMPBELL, Bonnie K. (Orgs.). *Contradictions of acumulation in Africa: studies in economy and state.* Beverly Hills: Sage, 1985.

BERQUE, J. *Les Maghreb entre deux guerres.* Paris: Du Seuil, 1970. v. 2.

BERTAUX, Pierre. *África desde la préhistoria hasta los Estados actuales.* México: Siglo Veintiuno, 1978.

BETHENCOURT, F.; RAMADA, Curto D. *A memória da nação.* Lisboa: Sá da Costa, 1991.

BIFANI, Patricia (Org.). *África internacional: La mujer en el Africa Subsahariana.* Madri: Iepala, 1995.

BIRMINGHAN, David. *A África central até 1870.* Angola: Endipu/UEE, 1992.

————. *The descolonization of Africa*. Londres: Taylor and Francis, 1999.

BITTENCOURT, Marcelo. *Dos jornais às armas: trajectórias da contestação angolana*. Lisboa: Veja, 1999.

————. *"Estamos Juntos": o MPLA e a luta anticolonial (1961-1974)*. Niterói, 2002. Tese (Doutorado em História) – Universidade Federal Fluminense. 2 v.

BOAHEN, Adu A. (Coord.) *História geral da África. A África sob dominação colonial: 1880-1935*. São Paulo: Ática; Paris: Unesco, 1985. (História Geral da África, v. 7.)

BOND, Patrick. *Univen Zimbabwe: a study of finance, development and underdevelopment*. Nova Jersey: The Africa World Press, 1998.

BOURENAME, N. *Pouvoir d'état et societé civile en Algérie*. *In*: CONFERÊNCIA GERAL DO CODESRIA, 6, Dacar, dez. 1988. *Anais ...* Dacar, 1988.

BOURGI, Albert; WEIS, Pierre. *États de la Ligue Arabe*. Dacar: Nouvelles Éditions Africaines, 1979.

BOUTROS, Ghali *et al. Le mouvement afro-asiatique*. Paris: Presses Universitaires de France, 1969.

BOXER, Charles R. *O império marítimo português: 1415-1825*. São Paulo: Companhia das Letras, 2002.

BRAECKMAN, Colette. *Le Dinosaure: le Zaire de Mobutu*. Paris: Fayard, 1992.

————. *Rwanda: histoire d'un génocide*. Paris: Fayard, 1994.

————. *Terreur africaine*. Paris: Fayard, 1996.

BRAGUINSKI, Moisséi. *Libération de l'Afrique*. Moscou: Éditions du Progrès, s/d.

BRAUDEL, Fernand. *La Mediterranée et le monde méditerranéen à l'époque de Philippe II*. 9. ed. Paris, 1990. 3 v.

BRETON, Jean-Marie. *Le contrôle d'état sur le continent africain*. Paris: Librairie Générale de Droit et de Jurisprudence/Nouvelles Éditions Africaines, 1978.

BROOKSFIELD, H. *Interdependent development*. Londres: Methuen, 1975.

BROWN, Richard. "Riqueza global vai crescer nos anos 90: África e América do Sul continuarão ameaçadas pela estagnação econômica". *Folha de S.Paulo,* São Paulo, 21 dez. 1990. Caderno especial, *A nova desordem mundial 3*.

BRUNSCHWIG, Henri. *A partilha da África negra: 1880-1914*. São Paulo: Perspectiva, 1974.

BURKE, John G. "The wild man's pedigree". *In*: DUDLEY, Edward e NOVAK, Maximilian. *The wild man within*. Pittsburgh: Pittsburgh University Press, 1972.

BUSH, Barbara. *Imperialism, race and resistance: Africa and Britain, 1919-1945*. Londres: Taylor and Francis, 1999.

CABRAL, Amílcar. *Unité et lutte*. Paris: Maspero, 1980.

————. *Nacionalismo y cultura*. Santiago de Compostela: Laiovento, 1999.

CABRAL, Iva *et al.* (Orgs.) *Amílcar Cabral: sou um simples africano: catálogo do projecto dos documentos Amílcar Cabral*. 2. ed. Portugal: Grafispaço, 2001.

CABRAL, Luís. *Crônica da libertação*. Lisboa: O Jornal, 1984.

CAFLISH, Lucius. "Essai d'ure typologia des frontieres". *Relations Internationales,* n. 63, 1999.

CAHEN, Michel. *Mozambique: la révolution implosé*. Paris: L'Harmattan, 1987.

CALLAGHY, Thomas M. *The state-society struggle: Zaire in comparative perspective*. Nova York: Columbia University Press, 1984.

CAMPBEL, Bonnie. *Libération nationale et construction du socialisme en Afrique (Angola, Guiné-Bissau, Mozambique)*. Montreal: s.n., 1978.

CAMPANINI, Massimo. *Islam e politica*. Bologna: Il Mulino, 1999.

CAMPOS, Orlanda. *Contribuição para o estudo jurídico da Organização da Unidade Africana.* São Paulo: Fapesp, 1970.

CAPELA, José *et al. Colonialismo e lutas de libertação: 7 cadernos sobre a guerra colonial.* Porto: Afrontamento, 1978.

CAPELA, José. *A república militar da Maganja da Costa (1862-1898).* Maputo: Arquivo Histórico de Moçambique/Núcleo Editorial da Universidade Eduardo Mondlane, 1988. (Estudos, 3.)

CAPITÃO, J. Pedro. *O problema colonial (notas para uma tomada de posição).* Lisboa: Assírio & Alvim, 1974.

CARDOSO, Renato. *Estado e desenvolvimento em África.* Cabo Verde: s.n., 1987. Mimeo.

_____. *Cabo Verde: opção por uma política de paz.* Cabo Verde: Instituto Caboverdiano do Livro, 1986.

CARREIRA, Antonio. *Cabo Verde: classes sociais, estrutura familiar, migrações.* Lisboa: Ulmeiro, 1977.

_____. *Cabo Verde: formação e extinção de uma sociedade escravocrata (1460-1878).* Cabo Verde: Comunidade Econômica Européia/Instituto Caboverdiano do Livro, 1983.

_____. *Cabo Verde (aspectos sociais, secas e fomes do século XX).* Lisboa/Cabo Verde: Ulmeiro, 1984.

_____. *O crioulo de Cabo Verde: surto e expansão.* Lisboa/Cabo Verde: Instituto Caboverdiano do Livro, 1983.

_____. *Os portugueses nos rios de Guiné (1500-1900).* Lisboa: Tejo, 1984.

CARVALHO, Ruy Duarte de. *Vou lá visitar pastores: exploração epistolar de um percurso angolano em território Kuvale (1992-1997).* Rio de Janeiro: Gryphus, 2000.

CARVALHO, Sol (Coord.). *História de Moçambique: agressão imperialista (1886/1930).* v. 2. Maputo: Departamento de História da Universidade Eduardo Mondlane/Tempo, 1983.

CASCUDO, Luís da Câmara. *Made in Africa: pesquisas e notas.* Rio de Janeiro: Civilização Brasileira, 1965.

CASTELO, Cláudia. *"O modo português de estar no mundo": o luso-tropicalismo e a ideologia colonial portuguesa (1933-1961).* Porto: Afrontamento, 1998.

CEDERGREN, Jan; ODÉN, Bertil. *In the wake of crisis: changes in development assistance to the poorest african nations.* Estocolmo: Press Art, 1991.

CENTRO de Estudos Africanos da Universidade Eduardo Mondlane. *Zimbabwe: a questão rodesiana.* Maputo: Instituto Nacional do Livro e do Disco, 1979.

CENTRO de Estudos Angolanos do MPLA. *História de Angola.* Porto: Afrontamento, 1965.

CENTRO de Estudos da Dependência. *A descolonização e a neo-colonização.* Lisboa: Iniciativas Editoriais, 1976.

CÉSAIRE, Aimé. *Discurso sobre o colonialismo.* Lisboa: Sá da Costa, 1978.

CHABAL, Patrick (Org.). *Political domination in Africa: reflections on the limits of power.* Cambridge: Cambridge University Press, 1986.

CHALIAND, Gérard. *Guinée "portugaise" et Cap Vert.* Paris: Maspero, 1966.

_____. *Lute armée en Afrique.* Paris: Maspero, 1969.

_____. *Mitos revolucionários do Terceiro Mundo.* Rio de Janeiro: Francisco Alves, 1977.

_____. *A luta pela África: estratégias das potências.* São Paulo: Brasiliense, 1982.

CHAMPAUD, Jacques. *Villes et campagnes du Cameroun de l'ouest.* Paris: Orston, 1983.

CHAREF, Abed. "Seminário sobre o pensamento islâmico: obscurantismo, fanatismo e chauvinismo em causa". *África: semanário de actualidade africana e internacional,* Lisboa, 14-20 set. 1988.

CHARNEY, Craig. "Political power and social class in the neo-colonial African state". *Review of African Political Economy,* n. 38, 1987.

CHILCOTE, Ronald (Coord.). *Protest and resistence in Angola and Brazil.* Califórnia: University of California Press, 1972.

CISSE, Moussa *et al. Mali: le paysan et l'état.* Paris: L'Harmattan, 1981.

CLARENCE-SMITH, Gervese. *O terceiro império português (1825-1975).* Lisboa: Teorema, 1985.

CORNEVIN, M. *História da África contemporânea: da Segunda Guerra Mundial aos nossos dias.* Lisboa: Edições Sociais, 1979.

COPANS, Jean. *La longue marche de la modernité africaine: savoirs, intellectuels, démocratie.* Paris: Karthala, 1990.

COQUERY-VIDROVITCH, C.; MONIOT, H. *África negra de 1800 a nuestros días.* 2. ed. Barcelona: Labor, 1985.

COQUERY- VIDROVITCH, Catherine. "La mise en dépendance de l'Afrique noire: essai de périodisation, 1800-1970". *Cahiers d'Études Africaines,* Paris, v. 61-62, n. 16, p. 1-2, 1974.

_____. "The political economy of the African peasantry and modes production". *In*: GUTKIND, Peter C. *The political economy of contemporary Africa.* Beverly Hills: Sage Publications, 1976.

_____. *A descoberta de África.* Lisboa: Edições 70, 1981.

_____. "As cidades pré-coloniais: tentativa de definição e periodização". *Revista Internacional de Estudos Africanos,* Lisboa, n. 4-5, jan.-dez. 1986.

CORNEVIN, M. *História da África contemporânea: da Segunda Guerra Mundial aos nossos dias.* v. 1. Lisboa: Edições Sociais, 1979.

CORTES, José Luis. *La organización para la Unidad Africana.* Madri: Cidaf, 1982.

COSTA, José Pereira da (Org.). *Imigração e emigração nas ilhas.* Coimbra: Centro de Estudos de História do Atlântico, 2001.

COUTO, Mia. "É preciso aceitar uma certa morte e renascer um bocado". *África: semanário de actualidade africana e internacional,* Lisboa, 18-24 jul. 1990.

COULON, C. *Les musulmans et le pouvoir en Afrique noire.* Paris: Karthala, 1983.

CRANENBURGH, Oda van. "The African state in crisis: recovery through political development". *In*: EUROPEAN CONSORTIUM FOR POLITICAL RESEARCH, Paris, 1989.

CRESPO, Mário. "Namíbia: a terra de quase ninguém". *África Jornal,* Lisboa, fev. 1984.

CRUZ E SILVA, Tereza. *Igrejas protestantes no Sul de Moçambique e Nacionalismo: o caso da Missão Suíça (1940-1974).* Maputo: Faculdade de Economia da Univ. Eduardo Mandlane.

CUEHELA, Ambrósio. "Autoridade tradicional". *In: Autoridade tradicional em Moçambique.* Maputo: Ministério da Administração Estatal/Núcleo de Desenvolvimento Administrativo, 1996. v. 1.

CUNHA, Manuela Carneiro da. *Negros, estrangeiros: os escravos libertos e sua volta à África.* São Paulo: Brasiliense, 1985.

CUNHA, Marianno Carneiro da. *Da senzala ao sobrado: arquitetura brasileira na Nigéria e na República do Benin.* São Paulo: Nobel/Edusp, 1985.

D'ADESKY, Jacques. "Estado-nação e pluralidade étnica na África negra". *Estudos Afro-Asiáticos*, Rio de Janeiro, n. 13, jan.-mar. 1987.

DANGEARD, Alain-Louis; PAPON, André. *Les perspectives de l'industrie minière de l'Afrique en développement*. Paris: La Documentacion Française, 1984. Mimeo.

DARBON, D. *L'administration et le paysan en Casamance: essai d'anthropologie administrative*. Paris: Pedone, 1988.

DAVIDSON, Basil. *Os africanos: uma introdução à sua história cultural*. Lisboa: Edições 70, 1969.

_____. *A libertação da Guiné: aspectos de uma revolução africana*. Lisboa: Sá da Costa, 1975.

_____. *Os camponeses africanos e a revolução*. Lisboa: Sá da Costa, 1977.

_____. *A descoberta do passado de África*. Lisboa: Sá da Costa, 1981.

_____. *As ilhas afortunadas*. Cabo Verde: Instituto Caboverdiano do Livro, 1988.

_____. *African civilization revisited: from Antiquity to modern times*. Trenton, Nova Jersey: Africa World Press, 1991.

_____. *O fardo do homem negro: os efeitos do Estado-nação em África*. Porto: Campo das Letras, 2000.

DELACROIX, Eugène. *Souvenirs d'un voyage dans le Maroc*. Paris: Gallimard, 1999.

DELAFOSSE, M. *Le haut Sénégal-Niger*. Paris: Maisonneuve et Larose, 1972. 3 v.

DELANCEY, Mark. *Historical dictionary of international organizations in Sub-Saharan Africa*. Metuchen, Nova Jersey: Scarecrow, 1994.

DIAMOND, Larry. "Class formation in the swollen African state". *Journal of Modern African Studies*, n. 25. 1987.

DIAS, Jill. "A administração portuguesa ultramarina entre os séculos XV e XX". In: Instituto português de arquivos. *Guia de fontes para a História da África*. LISBOA: *Comissão Nacional para as Comemorações dos Descobrimentos Portugueses*; FUNDAÇÃO ORIENTE; IMPRENSA NACIONAL – CASA DA MOEDA, 1991.

DIOP, A. Cheikh. *L'unité culturelle de L'Afrique noire*. Paris: Présence Africaine, 1959.

_____. *Les fondements économiques et culturels d'un état fédéral d'Afrique noire*. Paris: Présence Africaine, 1964.

_____. *Nations nègres et cultures*. Paris: Présence Africaine, 1979.

_____. *Civilisation ou barbarie*. Paris: Présence Africaine, 1981.

DOORNBOS, Martin et al. *Beyound conflict in the horn: the prospects of peace, recovery & development in Ethiopia, Somalia, Eritrea and Sudan*. Nova Jersey: The Africa World Press, 1998.

DOPCKE, Wolfgang. "Civilized labour policy em Zimbábue colonial: a lei de conciliação industrial e a discriminação do trabalhador africano, 1931-1960". S.n.t. Mimeo.

DOUMOU, Abdelali. "L'état africain à l'épreuve des contraintes extérieures". *In*: CONFERÊNCIA Geral do Codesria, 6, Dacar, dez. 1988. *Anais ...* Dacar, 1988.

DU BOIS, W. E. B. "Races: the crisis". *In*: MILWOOD, Herbert A. (Org.). *Writings in periodicals edited by W.E.B. Du Bois: 1 (1911-1925)*. Nova York: Kraus-Thomson, 1983.

DUARTE, Ricardo Teixeira; GRAÇA, João Manuel Ferraz Machado da. *Máscaras*. Portugal: Comissário-geral de Moçambique na Exposição Universal de Sevilha, 1992.

DUNNE, John (Org.). *West african states: failure and promise*. Londres: Cambridge University Press, 1978.

DUTKIEWICZ, P.; SHENTON, R. "Crisis in Africa: increasing role of the state". *Review of African Political Economy*, n. 37, 1986.

EDWARDS, Paul (Ed.). *Equiano's travels: his autobiography narrative of the life of Olaudah Equiano or Gustavus Vassa the African.* Nova York: Frederick A. Praeger, 1967.

EGYPTIAN Museum Berlin. *Der Staatlichen Museen Preussischer Kulturbesitz.* Berlim, 1985.

ELSENHANS, Hartmut. "Suggestions pour une analyse comparative de l'état en Afrique noire à partir du concept d'un mode de production spécifique, appelé société bureaucratique de développement, dominé par des classes-état". 1988. Manuscrito.

ENNES, António. *A guerra d'Africa em 1895.* Lisboa: O Dia, 1898.

A ERA de Vasco da Gama. Lisboa: Diário de Notícias, 1992.

ERGAS, Zaki (Org.). *The African state in transation.* Nova York: St. Martin, 1988.

ESBOÇO histórico das ilhas de São Tomé e Príncipe. São Tomé: Imprensa Nacional, 1975.

FAGE, John D. *An atlas of African history.* Londres: E. Arnold, 1970.

_____. *An atlas of African history.* Londres: E. Arnold, 1978.

FANON, Frantz. *Peau noire.* Paris: Masques Blanes/Seuil, 1971.

_____. *Os condenados da terra.* 2. ed. Rio de Janeiro: Civilização Brasileira, 1979.

_____. *Black skin, white masks.* Londres: Pluto, 1986.

FARIA, Carlos. João de Pina Cabral: recusa do racismo é acto moral. *África: semanário de actualidade africana e internacional,* Lisboa, 28 set.-5 out. 1988.

FATTON JR. Robert. "Bringing the ruling class back in: class, state and hegemony in Africa". *Comparative Politics,* n. 20, 1988.

FAURÉ, Yves A.; MÉDARD, Jean-Françoise (Orgs.). *État et bourgeoisie em Côte d'Ivoire.* Paris: Karthala, 1982.

FEIJÓ, João da Silva. *Ensaio e memórias econômicas sobre as ilhas de Cabo Verde.* Praia: Instituto Caboverdiano do Livro, 1986.

_____. *Ensaios e memórias sobre as ilhas de Cabo Verde: século XVIII.* Praia: Instituto Caboverdiano do Livro, 1986.

FELLER, Bernard. *Les états d'Afrique noire de l'indépendance à 1980: essai de typologie.* Paris: Peter Lang, 1987.

FERNANDES, Ari Cândido. *Eritréia: uma esquecida guerra de libertação africana.* São Paulo: Edicon, 1986.

FERNANDO, Domingos. "A organização social na sociedade tradicional". *In: Autoridade Tradicional em Moçambique.* Maputo: Ministério da Administração Estatal/Núcleo de Desenvolvimento Administrativo, 1996. v. 2.

FERREIRA, Eduardo de Souza. *O fim de uma era: o colonialismo português moderno.* Lisboa: Sá da Costa, 1977.

FERREIRA, José Medeiros (Coord.). *História de Portugal.* Lisboa: Estampa, 1994. v. 8.

FERREIRA, Manuel (Org.). *Claridade.* Portugal: ALAC, 1986.

_____. *A aventura crioula.* Lisboa: Plátano, s/d.

FERREIRA, Oliveiros S. "Ordem pública e liberdades políticas na África Negra". *Estudos Sociais e Políticos,* Belo Horizonte, Ed. da Revista Brasileira de Estudos Políticos, n. 20, 1961.

FERRINHO, Homero. *Desenvolvimento rural.* Praia: Instituto Caboverdiano do Livro. 1987.

FERRO, Marc. *História das colonizações: das conquistas às independências, séculos XIII a XX.* São Paulo: Companhia das Letras, 1996.

FERRONHA, Antonio Luís Alves (Org.). *As cartas do "rei" do Congo, D. Afonso*. Lisboa: Grupo de Trabalho do Ministério da Educação para as Comemorações dos Descobrimentos Portugueses. Elo-Publicidade, Artes Gráficas, s/d.

FIGUEIREDO, Antonio de. *Portugal: cinqüenta anos de ditadura*. Rio de Janeiro: Civilização Brasileira, 1976.

FLORENTINO, Manolo. *Em costas negras: uma história do tráfico de escravos entre a África e o Rio de Janeiro: séculos XVIII e XIX*. São Paulo: Companhia das Letras, 1997.

FONSECA, António. *Sobre os kikongos de Angola*. Portugal: ASA, 1989.

FORREST, Joshua. "The contemporary African state: a 'ruling class'?" *Review of African Political Economy*, n. 38, 1987.

————. *State, peasantry and national power struggle in post-independence Guinea-Bissau*. Minnesota: University of Wisconsin, 1987.

————. "The quest for state 'hardeness' in Africa". *Comparative Politics*, n. 20, 1988.

FORTES, M.; EVANS-PRITCHARD, E. E. *Sistemas políticos africanos*. Lisboa: Fundação Calouste Gulbenkian, 1981.

FOY, Colm. *Cape-Verde: politics, economics and society*. Londres: Frances Pinter, 1988.

FREIRE, Paulo. *Cartas à Guiné-Bissau*. Guiné-Bissau: Dedild, 1978.

FREUDENTHAL, Aida. "A Baixa de Cassanje: algodão e revolta". *Revista Internacional de Estudos Africanos*, Lisboa, n. 18-22, 1995-1999.

FREYHOLD, Michaela von. "The post-colonial state and its Tanzanian version". *Review of African Political Economy*, n. 8, 1977.

FRIEDLAND, Willian H.; ROSBERG JR., Carl G. *African socialim*. Stanford: Stanford University Press, 1978.

FRY, Peter (Org.). *Moçambique: ensaios*. Rio de Janeiro: Editora da UFRJ, 2001.

FRYER, Peter; PINHEIRO, Patrícia McGowan. *Le Portugal de Salazar*. Paris: Ruedo Iberico, 1963.

FYLE, C. Magbaily. *The history of Sierra Leone: a concise introduction*. S.l.: Evans Brothers, 1981.

GALLI, Rosemary E.; JONES, Jocelyn. *Guinea-Bissau: politics, economics and society*. Londres: Frances Pinter, 1987.

GALVÃO, Henrique. *Império ultramarino português*. Lisboa: Empresa Nacional de Publicidade, 1950. 4 v.

GARNIER, Christine von. *Le Mozambique et l'accord de Nkomati*. Paris: La Documentation Française, 1984. Mimeo.

————. "La Namibie aux enchères". Paris: La Documentation Française, 1984. Mimeo.

GEFFRAY, Christian. *A causa das armas: antropologia da guerra contemporânea em Moçambique*. Porto: Afrontamento, 1991.

GEISS, Imanuel. *The Pan-African movement: a history of Pan-africanism in America, Europe, and Africa*. Nova York: Africana, 1974.

GERDES, Paulus. *Women and geometry in southern Africa*. Nova Jersey: The Africa World Press, 1998.

GERVAISE, Clarence-Smith. *O terceiro império português (1825-1975)*. Lisboa: Teorema, 1985.

GIFFORD, Prosser; ROGER, Louis W. *Decolonization and African independence: the transfer of power, 1960-1980*. New Haven: Yale University Press, 1988.

GILLI, Aldo. *História do Instituto Missionário Camboniano: da morte do fundador à transformação em congregação religiosa.* Portugal: Além-Mar, 2001.

GIRARDET, Raoul. *L'idée coloniale en France, de 1871 a 1960.* Paris: La Table Ronde, 1972.

GLASGOW, Roy Arthur. *Nzinga: resistência africana à investida do colonialismo português em Angola, 1582-1663.* São Paulo: Perspectiva, 1982.

GODINHO, Vitorino Magalhães. *Os descobrimentos e a economia mundial.* Lisboa: Presença, 1963-1971. 4 v.

GONÇALVES, José. *Angola a fogo intenso.* Lisboa: Cotovia, 1991.

GONIDEC, P.F. *L'état africain.* Paris: Librairie Générale de Droit et de Jurisprudence, 1985.

GOUREVITCH, Philip. *Gostaríamos de informá-lo de que amanhã seremos mortos com nossas famílias: histórias de Ruanda.* São Paulo: Companhia das Letras, 2000.

GRAÇA, Jorge. "Moçambique: sociedade e cultura". *In: Seminário sobre Moçambique.* São Paulo: Fundap, 1988.

GRIFFITHS, Ieuan. *The atlas of African affairs.* Londres/Nova York: Witwatersrand University Press, 1994.

GUERRA, Henrique. *Angola: estrutura económica e classes sociais.* Rio Tinto, Portugal: ASA, 1988.

GUEVARA, Ernesto "Che". *Passagens da guerra revolucionária: Congo.* Rio de Janeiro: Record, 2000.

GUILHAUDIS, Jean-François. "Remarques à propós des récents conflits territoriaux entre las Etates Africanos". *Annuaire Français de Droit International*, 1979.

GU-KONU, Emmanuel. "Entité étatique et développement en Afrique tropicale". *Cahiers d'Études Africaines,* Paris, n. 26, 1984.

GURAN, Milton. *Agudás: os "brasileiros" do Benin.* Rio de Janeiro: Nova Fronteira, 2000.

HAMIDA, Essma Ben. "Tunísia: direitos da mulher ameaçados". *África: semanário de actualidade africana e internacional,* Lisboa, 27 dez. 1989.

HAMPÂTÉ BÂ, Amadou. *Amkoullel, o menino fula.* São Paulo: Palas Athena/Casa das Áfricas, 2003.

HANDEM, Diana Lima. *Nature et fonctionnement du pouvoir chez les Balanta Brassa.* Bissau, Guiné-Bissau: Inep, 1986.

HARRINSON, Paul; PALMES, Robin. *News out of Africa: Biafra to band aid.* Londres: Hillary Shipman, 1986.

HAZOUMÉ, Paul. *Le pacte de sangau Dhomey.* Paris: Institut d'Ethnologie, 1937.

HERMET, G. *Totalitarismes.* Paris: Economica, 1984.

HERNANDEZ FILHO, Adão. "Consultoria organizacional no setor público". *In*: HERNANDEZ FILHO, Adão; GERVAISEAU, Maria Benigna Arraes de Alencar (Orgs.). *Países africanos de língua oficial portuguesa: reflexões sobre história, desenvolvimento e administração.* São Paulo: Fundap, 1992.

HERNANDEZ FILHO, Adão; HERNANDEZ, Leila M. G. Leite. *Relatório do Colóquio e Encontro Ministerial dos Cinco PALOPs sobre Estado e Administração para o Desenvolvimento.* Praia, Cabo Verde: jul. 1989. 2 v.

HERNANDEZ, Leila M. G. Leite. "Sociedade, estado e partido político na República de Cabo Verde". *Revista de Ciência Política,* Rio de Janeiro, v. 31, n. 3, jul.-set. 1988.

_____. "Anotações acerca do desenvolvimento na África". São Paulo: Fundap, 1988. Mimeo.

_____. "Administração para o desenvolvimento na África". São Paulo: Fundap, 1988. Mimeo.

_____. "Administração pública nos PALOPs: um novo paradigma?" São Paulo: Fundap, 1988. Mimeo.

_____. "Socialismo como via possível para o desenvolvimento". São Paulo: Fundap, 1988. Mimeo.

_____. "Notas sobre o III Congresso do PAICV e o programa de governo" (1986-1990). São Paulo: Fundap, 1989. Mimeo.

_____. "Anotações preliminares sobre a sociedade caboverdeana". Magma, Ilha do Fogo, Cabo Verde, v. 3, n. 5-6, maio 1990.

_____. "Movimentos político-ideológicos". In: HERNANDEZ FILHO, Adão; GERVAISEAU, Maria Benigna Arraes de Alencar (Orgs.). Países africanos de língua oficial portuguesa: reflexões sobre história, desenvolvimento e administração. São Paulo: Fundap, 1992.

_____. "A questão do desenvolvimento nos PALOPs". In: Manual do formador: Projeto Formação de Formadores. São Paulo: Fundap, 1993.

_____. "Sociedade nos PALOPs". In: Manual do formador: Projeto Formação de Formadores. São Paulo: Fundap, 1993.

_____. "As formas de Estado e as formas de governo". In: Manual do formador: Projeto Formação de Formadores. São Paulo: Fundap, 1993.

_____. "A questão do desenvolvimento nos PALOPs". In: Manual do formador: Projeto Formação de Formadores. São Paulo: Fundap, 1993.

_____. "O Estado e a administração pública nos PALOPs". In: Manual do formador: Projeto Formação de Formadores. São Paulo: Fundap, 1993.

_____. "Administração pública para o desenvolvimento nos PALOPs". In: Manual do formador: Projeto Formação de Formadores. São Paulo: Fundap, 1993.

_____. "Movimentos de resistência na África". Revista de História, São Paulo, n. 141, 2º semestre, 1999.

_____. Os filhos da Terra do Sol: a formação do Estado-nação em Cabo Verde. São Paulo: Summus, 2002.

HESPANHA, António Manuel (Org.). As fronteiras da África. Lisboa: Cordoaria Nacional, 1997.

HOLM, Han-Henrik. The danish image of Africa. Dinamarca: Institute of Political Science/University of Aarhus, 1987.

HONWANA, Raúl Bernardo. Memórias. Rio Tinto: ASA, 1989.

HUGON, Anne. L'Afrique des explorateurs vers les sources du nil. Paris: Gallimard, 1991.

HOCHSCHILD, Adam. O fantasma do rei Leopoldo: uma história de cobiça, terror e heroísmo na África colonial. São Paulo: Companhia das Letras, 1999.

HOMEM, Eduardo; CORRÊA, Sônia. Moçambique: primeiras machambas. Rio de Janeiro: Margem, 1977.

IDAF (Fundo Internacional de Defesa e Auxílio para a África Austral). Nelson Mandela: a luta é a minha vida. São Paulo: Globo, 1989.

IGNÁTIEV, O. Amílcar Cabral. Moscou: Progresso, 1984.

ILIFFE, John. Os africanos: história dum continente. Lisboa: Terra Mar, 1999.

INOCÊNCIO, Eugenio; FERREIRA, Manuel A. Ennes Ferreira. CEDEAO: uma experiência de integração económica em África. Lisboa: Editora da Universidade Técnica de Lisboa/Centros de Estudos sobre África, s/d. (Documentos de Trabalho, 1.)

ISAACMAN, Allen F.; ISAACMAN, Bárbara. A tradição de resistência em Moçambique: o vale do Zambeze, 1850-1921. Porto: Afrontamento, 1979.

ISICHEI, Elizabeth. A history of christianity in Africa. Nova Jersey: The Africa World Press, 1998.

JACKSON, Robert H.; ROSBERG, Carl G. "Sovereignty and underdevelopment: juridical statehood in the African crisis". *Journal of Modern African Studies*, n. 24, 1986.

JACQUEMOT, Pierre. "La désétatization en Afrique subsaharienne". *Tiers Monde*, Paris, n. 29, 1988.

JOLY, Hubert. "L'Afrique et le Conseil International de la Langue Française". Paris: La Documentation Française, 1984. Mimeo.

JOUVE, Edmond. "La protection des droits de l'homme et des peuples en Afrique". Paris: La Documentation Française, 1984. Mimeo.

JOSEPH, R. A. *Democracy and prebendal politics in Nigeria*. Cambridge: Cambridge University Press, 1987.

KANTÉ, Mory. "O destino de um griot na Europa: entrevista". *África: semanário de actualidade africana e internacional*, Lisboa, 14-20 set. 1988.

KANTO, Maurice. *État et pouvoir en Afrique*. Paris: Librairie Générale de Droit et de Jurisprudence, 1979.

KASFIR, Nelson. "State, magendo and class formation in Uganda". *Journal of Commonwealth and Comparative Studies*, n. 21, 1983.

KASFIR, Nelson (Org.). *State and class in Africa*. Londres/Totowa: Frankcass, 1984.

KEBBEDE, Girma. "State, capitalism and development: the case of Ethiopia". *Journal of Developing Areas*, n. 22, 1987.

KELLER, Edmund J.; ROTCHILD, Donald (Orgs.). *Afromarxist regimes*. Boulder/Londres: Lyonne Rienner, 1987.

KENNEDY, Paul. "Class formation and state power". *African capitalism: the struggle for ascendency*. Cambridge: Cambridge University Press, 1988.

KI-ZERBO, J. (Coord.) *História geral da África: I – metodologia e pré-história da África*. São Paulo: Ática; Paris: Unesco, 1982.

KI-ZERBO, Joseph. *História geral da África negra*. Mira-Sintra: Europa-América, 1999. 2 v.

KLEIN, Herbert S. "Recent trends in the study of Atlantic slave trade". *Historia y Sociedad*, Porto Rico, v. 1, n. 1, 1988.

KODJO, Edem (Org.). *Rapport final du Colloque sur les perspectives du développement de l'Afrique à l'horizon 2000*. Lausanne: Institute International d'Études Sociales, 1980.

KODJO, Edem. "O partido único reascendeu o tribalismo: entrevista". *África: semanário de actualidade africana e internacional*, Lisboa, 8-14 ago. 1990.

_____. *Et demain l'Afrique*. Paris: Stock, 1985.

KONINGS, P. *The state and rural class formation in Ghana*. Londres: Kegan Paul, 1986.

KWAMENA-POH, M. *et al. African history in maps*. Londres: Longman, 1982.

LANGDON, S. "The state and capitalism in Kenya". *Review of African Political Economy*, n. 8, 1977.

LANGLEY, J. Ayo. *Ideologie of liberation in black Africa: 1856-1970*. Londres: Rex Collings, 1979.

LARA, Lúcio *et al.* "Agostinho Neto". *Encontros com a Civilização Brasileira*, Rio de Janeiro, n. 17, nov. 1979.

LAZITCH, Branko. *A África e as lições da experiência comunista*. Lisboa: Centro das Actividades Económicas de Angola, 1962.

LEITE, Corrêa José. "As grandes mudanças na África". *Teoria e Debate: revista trimestral da Fundação Perseu Abramo*, São Paulo, v. 10, n. 35, jul.-set. 1997.

LEMARCHAND, René. "Fim da guerra fria reabre lutas étnicas: questões regionais e locais substituem blocos mundiais na relação entre países". *Folha de S.Paulo*, São Paulo, 21 dez. 1990. Caderno especial, *A nova desordem mundial 3*.

LEVEY, Lisbeth A.; ROSENBERG, Gene. *Confronting the demand for scientific and scholarly literature in portuguese: an assessment of African needs and how to meet them*. Washington: Ford Foundation, 1992.

LÉVI-STRAUSS, Claude. "A crise moderna da antropologia". *Revista de Antropologia*, São Paulo, v. 10, n. 1-2, 1962.

LEWIS, I. M. *Saints and somalis: popular Islam in a clan-based society*. Nova Jersey: The Red Sea, 1998.

LEYS, Colin. "The 'overdeveloped' post-colonial state: a re-evaluation". *Review of African Political Economy*, n. 5, 1976.

LERER, David. "O vermelho e o negro". *Revista USP*, São Paulo, n. 18, jun.-ago. 1993.

LIMA, David Martins. *A campanha dos cuamatos*. Lisboa: Ferreira, 1908.

LINHARES, Maria Yedda. *As relações anglo-egípcias do Sudão*. Rio de Janeiro: Universidade do Brasil, 1953.

LONDSDALE, John. "State and social processes in Africa". *African Studies Review*, n. 24, 1981.

LOPES, Carlos. *Etnia, Estado e relações de poder na Guiné-Bissau*. Lisboa: Edições 70, 1982.

_____. *A transição histórica na Guiné-Bissau*. Bissau: Inep, 1987.

LOPES, Carlos (Org.). *A construção da nação em África*. Lisboa/Bissau: Inep, 1989.

_____. *Para uma leitura sociológica da Guiné Bissau*. Lisboa/Bissau: Inep, 1988.

LOPES, Milú. "Namíbia: militares e direitos humanos: calcanhar de Aquiles de Pretória e da Swapo". *África: semanário de actualidade africana e internacional*, Lisboa, 22-28 nov. 1989.

LOUREIRO, Francisco Sales. *D. Sebastião e Alcácer-Quibir*. Lisboa: Alfa, 1989.

LOVEJOY, Paul E. *A escravidão na África: uma história de suas transformações*. Rio de Janeiro: Civilização Brasileira, 2002.

LOVEJOY, Paul E. "Identidade e a miragem de etnicidade". *Revista do Centro de Estudos Afro-Orientais*, Salvador, Bahia, 2002.

LUCAS, Philippe. *Sociología de la descolanización*. Buenos Aires: Nueva Visión, 1973.

LUNDIN, Iraê; MACHAVA, Francisco. *Autoridade e poder tradicional*. Maputo: Ministério da Administração Estatal/Núcleo de Desenvolvimento Administrativo, 1995-1998. 2 v.

M'BALI, Faustino. *L'état et les paysans face aux contraintes du développement rural em Guinée-Bissau: confrontation de deux logiques*. Bordeaux: Université de Bordeaux II, 1988.

MACGAFFEY, Wyatt. *Dialogue of the deaf Europeans on the Atlantic coast of Africa*. Cambridge: University of Cambridge Press, 1994.

MBAYA, Etienne-Richard. "Gênese, evolução e universalidade dos direitos humanos frente à diversidade de culturas". *Estudos Avançados*, São Paulo, v. 11, maio-ago. 1997.

MCEVEDY, Colin. *The Penguin atlas of African history*. England: Penguin, 1995.

MACAGNO, Lorenzo. *Os paradoxos do assimilacionismo: "usos e costumes" do colonialismo português em Moçambique*. Rio de Janeiro, 1996. Dissertação (Mestrado em Ciências Sociais) – Instituto de Sociologia e Ciências Sociais, Universidade Federal do Rio de Janeiro.

MACGAFFEY, Wyatt. *Dialogue of the deaf Europeans on the Atlantic Coast of Africa*. Cambridge: Universitity of Cambridge Press, 1994.

MACHADO, Victor Sá. "África Austral: a via do diálogo". *África Jornal,* Lisboa, 8 mar. 1984.

MAGALHÃES, Romero Joaquim *et al.* (coords.). *Catálogo da exposição As Fronteiras da África: cordoaria*. Lisboa, 1997.

MAINASSARA, Ibrahim Baré. *Mon ambition pour le Niger*. Paris: Jeune Afrique, 1997.

MANDANI, Mahmood. "State and civil society in contemporary Africa: reconceptualizing the birth of state nationalism and the defeat of popular movements". *In*: CONFERÊNCIA GERAL DO CODESRIA, 6, Dacar, dez. 1988. *Anais ...* Caboverdiano, 1988.

_____ *et al. Dacar.* "Dacar: Conselho para o Desenvolvimento da Investigação Econômica e Social em África" (CODESRIA), 1992.

MANNING, Patrick. "Escravidão e mudança social na África". *Novos Estudos Cebrap*, São Paulo, n. 21, jul. 1988.

MARIANO, Gabriel. "Do funco ao sobrado: ou o 'mundo' que o mulato criou". *Revista de Estudos de Ciências Políticas e Sociais,* Lisboa, s.d.

MARGARIDO, Alfredo. "Mudanças a leste; conseqüências em África". *África: semanário de actualidade africana e internacional,* Lisboa, 29 nov.-5 dez. 1988.

MARGUERAT, Yves. *Lomé: une brève histoire de la capitale du Togo*. Lomé: Halo; Paris: Karthala, 1992.

MARQUES, A. H. de Oliveira. *História de Portugal desde os tempos mais antigos até a presidência do senhor General Eanes*. 3. ed. Lisboa: Palas, 1986. v. 3.

_____. *Ensaios de história da I República portuguesa*. Lisboa: Horizonte, 1988.

MARQUES, A. H. de Oliveira (Coord.). *O império africano: 1890-1930*. Lisboa: Estampa, 2001. (Nova História da Expansão Portuguesa, dir. de Joel Serrão e A. H. de Oliveira Marques, 11.)

MARTINS, Luciano. "Ordem internacional, interdependência assimétrica e recursos do poder". *Política Externa*, São Paulo, v. 1, n. 3, dez. 1992.

MARTINS, Ovidio. *Independência*. Praia: Instituto Caboverdiano do Livro, 1983.

MATEUS, Dalila Cabrita. *A luta pela independência: a formação das elites fundadoras da Frelimo, MPLA E PAIGC*. Lisboa: Inquérito, 1999.

MATORY, J. Lorand. "Jeje: repensando nações e transnacionalismo". *Mana: estudos de antropologia social*, Rio de Janeiro, v. 5, n. 1, abr. 1999.

MAZULA, Brazão *et al.* (Coord.) *Eleições, democracia e desenvolvimento*. Maputo: B. Maluds/Embaixada do Reino dos Países Baixos, 1995.

MAZRUI, Ali A. *As reações africanas à Comunidade Econômica Européia*. Londres: Royal Institute of International Affairs, s/d. Mimeo.

MÉDARD, Jean-François (Dir.). *États d'Afrique Noire: formation, mécanismes et crise*. Paris: Karthala, s/d.

MEDINA, João (Org.). *História de Portugal: o Estado Novo II: oposição e resistência*. Portugal: Ediclube, 1993. v. 13.

MEILLASSOUX, Claude. *Antropologia da escravidão: o ventre de ferro e dinheiro*. Rio de Janeiro: Zahar, 1995.

MENDES, João. *La révolution en Afrique: problèmes et perspectives*. Boulogne: Société TEFAG, 1971.

MENDY, Peter Karibe. *Colonialismo português em África: a tradição de resistência na Guiné-Bissau (1879-1959)*. Lisboa: Imprensa Nacional – Casa da Moeda; Bissau: Inep, 1994.

MERCIER, Paul. *Civilisation du Benin*. Paris: s.n., 1962.

MESQUITA, Morbey. "Direitos humanos: a lista negra da anistia internacional". *África: semanário de actualidade africana e internacional,* Lisboa, 18-24 jul. 1990.

MESSIANT, Christine. *L'Angola colonial, histoire et societé: les prémisses du mouvement nationaliste*. Paris: École des Hautes Études en Sciences Sociales, 1983.

MICHALON, Thierry. *Quel état pour l'Afrique*. Paris: L'Harmattan, 1984.

MIEDER, Wolfgang. *African proverb scholarship: an annotated bibliography*. Colorado: African Proverbs Project, 1994.

MOITA, Luís. *Os congressos da Frelimo, do PAIGC e do MPLA*. Lisboa: Ulmeiro, 1979.

MOKHTAR, G. (Coord.) *A África antiga*. São Paulo: Ática; Paris: Unesco, 1983. (História Geral da África, 2.)

MONTEIRO, José Oscar. "Moçambique e a África austral". *In*: SEMINÁRIO SOBRE MOÇAMBIQUE. São Paulo: Fundap, 1988.

MOREIRA, Neiva; BISSIO, Beatriz. *Os cubanos na África*. São Paulo: Global, s/d.

MOROSINI, Giuseppe. *Il Mozambico indipendente: stato, partito, ideologia*. Turim: Franco Angeli, 1984.

MOURÃO, Fernando Augusto Albuquerque. "África: fatores internos e externos da crise". *Revista USP,* São Paulo, n. 18, jun.-ago. 1993.

MUCUSSETE, Hamido. "Terra e meio ambiente". *In: Autoridade tradicional Moçambique*. Maputo: Ministério da Administração Estatal/Núcleo de Desenvolvimento Administrativo, 1996. v. 4.

MUKHERJEE, Ramkrisna. *Uganda: a historical accident? Class, nation, state formation*. Nova Jersey: The Africa World Press, 1998.

MUNANGA, Kabengele. "Quadro atual das religiões africanas e perspectivas de mudanças". *África,* São Paulo, 1985.

_____. *Negritude: usos e sentidos*. São Paulo: Ática, 1986.

_____. "África: trinta anos de processo de independência". *Revista USP*, São Paulo, n. 18, jun.-ago. 1993.

MUNGAZI, Dickson A. *To honor the sacred trust of civilization: history, politics and education in Southern Africa*. Cambridge/Massachussets: Schenkman, 1983.

MURTEIRA, Mário. *Os estados de língua portuguesa na economia mundial: ideologias e práticas do desenvolvimento*. Lisboa: Presença, 1988.

NKRUMAH, Kwame. *Neocolonialismo: último estágio do imperialismo*. Rio de Janeiro: Civilização Brasileira, 1967.

NA'ALLAH, Abdul-Rasheed (Ed.). *Ogoni's agonies: Ken Saro-Wiwa and the crisis in Nigeria*. Nova Jersey: The Africa World Press, 1998.

NABAA, Mouna. "Líbia/Tunísia: petróleo já não causa desentendimentos". *África: semanário de actualidade africana e internacional,* Lisboa, 14-20, set. 1988.

NASCIMENTO, Augusto. *Órfãos da raça: europeus entre a fortuna e a desventura no São Tomé e Príncipe colonial*. São Tomé: Ministério dos Negócios Estrangeiros/Instituto Camões, 2002.

_____. *Poderes e quotidiano nas raças de S. Tomé e Príncipe de finais de oitocentos a meados de novecentos*. Lousa: Tipografia Lousanense, 2002.

NATIONS Unies. *Les pays les moins avancés rapport 1996*. Nova York/Genève, 1996.

NEME, Mário. *Difícil África negra*. São Paulo: Coliseu, 1966.

NHANCALE, Orlando. "Normas, regras e justiça tradicional: como evitar e resolver conflitos?" *In*: *Autoridade tradicional Moçambique*. Maputo: Ministério da Administração Estatal/Núcleo de Desenvolvimento Administrativo, 1996. v. 5.

NIANE, Djibril T. (Coord.). *História geral da África. A África do século XII ao século XVI*. São Paulo: Ática; Paris: Unesco, 1985. (História Geral da África, 4.)

NKRUMAH, Kwame. "Angola". In: *Presence Africaine* n. 42/43, v. 14/15, Third Quartery, 1962.

NYONG'O, Peter Anyang (Org.). *The struggle for democracy in Africa: the state and popular alliances*. Londres: Zed, 1986.

NZONGOLA-NTALAJA, Georges; LEE, Margaret C. *The state and democracy in Africa*. Nova Jersey: The Africa World Press, 1998.

OGOT, Betwell A. *War at society in Africa*. Londres: Frank Cass, 1974.

OLIVEIRA, Ana Maria de. *Elementos simbólicos do kimbanguismo*. Portugal: Missão de Cooperação Francesa Cultural, 1994.

OLIVEIRA, António Pita de. "Viver em Cabo Delgado". *Grande Reportagem*, Lisboa, n. 81, dez. 1997.

OLIVEIRA, Waldir Freitas. "Leopold Sedar Senghor e a negritude". *Afro-Ásia*, Salvador, n. 25-26, 2001.

OLIVER, Roland; FAGE, J. D. *Breve história de África*. Lisboa: Sá da Costa, 1980.

_____. *History of Africa*. Cambridge: Cambridge University Press, 1975-1986. 8 v.

OLIVER, Roland; ATMORE, Anthony. *Africa since 1800*. Cambridge: Cambridge University Press, 1994.

OLIVER, Roland. *A experiência africana: da pré-história aos dias atuais*. Rio de Janeiro: Zahar, 1994.

OLUKOSHI, Adebayo O.; LAAKSO, Liisa (Orgs.). *Challenges to the nation-state in Africa*. Helsinque: The Institute of Development Studies/University of Helsink,1996.

OSÓRIO, Oswaldo. *Cantigas de trabalho: tradições orais de Cabo Verde*. Praia: Plátano, 1980.

PANTOJA, Selma Alves. *Encontro nas terras de além-mar: os espaços urbanos do Rio de Janeiro, Luanda e ilha de Moçambique na era da ilustração*. São Paulo, 1994. Tese (doutorado) – Faculdade de Filosofia, Letras e Ciências Humanas, Universidade de São Paulo.

PELISSIER, René. *História das campanhas de Angola: resistências e revoltas (1845-1941)*. 2. ed. Lisboa: Estampa, 1997. 2 v.

_____. *História de Moçambique: formação e oposição (1854-1918)*. Lisboa: Estampa, 1984. 2 v.

_____. *História da Guiné: portugueses e africanos na Senegâmbia (1841-1936)*. Lisboa: Estampa, 1987.

PEREIRA, André Gonçalves. *Sobre os nacionalismos africanos*. Lisboa: Paulino Ferreira, 1956.

PEREIRA, José Maria Nunes. "Colonialismo, racismo, descolonização". *Estudos Afro-Asiáticos*, n. 2 Rio de Janeiro, p. 16-29, maio-ago. 1978.

PERROT, Claude Hélène *et al*. *Le passé de l'Afrique par l'oralité*. Paris: Ministère de la Coopération et du Développement, 1993.

PINTO, Antônio Costa. *O fim do império português. A cena internacional, a guerra colonial e a descolonização. Temas de história de Portugal – 1961-1975*. Lisboa: Horizonte, 2001.

PIRES, Olívio *et al.* (Orgs.). "Continuar Cabral". *In*: SIMPÓSIO INTERNACIONAL AMÍLCAR CABRAL, Cabo Verde, jan. 1983. *Anais* ... Lisboa: Grafedito/Estampa, 1984.

POLLERA, Alberto. *The native peoples of Eritrea.* Nova Jersey: The Red Sea,1998.

PRINZ, Manfred. "Tradition et oralité dans 'Maimouna' d'Abdoulaye Sadji". *Ethiopiques,* Wouville Setie, v. 4, n. 3-4, 1987.

RALPH A. Austen. *The uncommon market: essays in the economic history of the Atlantic slave trade.* Nova York: Henry A. Gemery & Jan Hogendorn, 1979.

RAMOS, Rui (Coord.). *História de Portugal: a segunda fundação.* Lisboa: Estampa, 1994. (dir. de José Mattoso, 6.)

RAMPAZZO, Lino. *La famille au Burundi.* Bologna: Missionaria Italiana, 1981.

RANGER, Terence O. "Connexions between primary resistance movements and modern mass nationalism". *Journal of African History,* v. 9, n. 3-4, 1968.

RANGER, Terence O.; KIMAMBO, Isoria (Eds.). *The historical studies of African religion: with special references to East and Central Africa.* Londres: Hanemann, 1972.

REGO, Miguel. "Argélia: um país no centro do Magrebe". *África: semanário de actualidade africana e internacional,* Lisboa, 28 set.-5 out. 1988.

REIS Filho, Daniel Aarão; GORENDER, Jacob; ARBIX, Glauco. "Caminhos e descaminhos do socialismo real". *Teoria e Debate,* São Paulo, n. 8, out.-dez. 1989.

REIS, João José. "Notas sobre a escravidão na África pré-colonial". *Estudos Afro-Asiáticos,* Rio de Janeiro, n. 14, 1987.

RIBEIRO, Fernando Rosa. "The duch diaspora: boers, apartheid and passion". *Itinerario: European journal of overseas history,* v. 22, 1998.

ROBINSON, W.; DOUGALL, Gay J. Mc. *Reorganizing apartheid.* Wasghinton: Lawyers Committee for Civil Rights Under Law, 1984.

RODDI, Michael. "Guiné equatorial: órgãos africanos de pais europeus". *África: semanário de actualidade africana e internacional,* Lisboa, 27 dez. 1989.

RODRIGUES, Maria Guadalupe Moog. "As relações Estados Unidos-Angola: estudo do processo decisório na crise angolana". *Estudos Afro-Asiáticos,* Rio de Janeiro, n. 11, 1985.

ROSAS, Fernando (Coord.). *O Estado Novo.* Lisboa: Estampa, 1998. (História de Portugal, dir. de José Mattoso, 7.)

ROSSINI, Carlo Conti. *The history of Ethiopia from ancient times to the medieval ages.* Nova Jersey: The Red Sea, 1998.

ROTHCHILD, Donald; ORORUNSOLA, Victor A. (Orgs.). *State versus ethnic claims: African policy dilemmas.* Boulder: Westview, 1983.

ROTHCHILD, Donald; CHAZAN, Naomi (Orgs.). *The precarious balance: state and society in Africa.* Boulder/Londres: Westview, 1988.

SAINT LÉON, Pascal Martin *et al. Antologia Revue Noire da fotografia africana e do oceano Índico.* Paris: Revue Noire, 1998.

SAMAKE, Souleymane. *L'enseignement des sciences humaines aux futurs gestionnaires africains: ouverture et enracinement.* Caboverdiano: s.n., s/d. Mimeo.

SANTOS, Maria Emília Madeira. "A Comissão de Cartografia e a delimitação de fronteiras". *Catálogos da Exposição as Fronteiras da África.* Lisboa: 1997.

SANTOS, Maria Emília Madeira. *Viagens de exploração terrestre dos portugueses em África*. Lisboa: Centro de Estudos de Cartografia Antiga do Instituto de Investigação Científica Tropical, 1978.

SANTOS, Patrícia Teixeira. *Dom Comboni: profeta da África e santo no Brasil*. Rio de Janeiro: Mauad, 2000.

SARAIVA, José Hermano. *História de Portugal*. Lisboa: Alfa, 1993.

SAVATER, Fernando. "Ética no tempo de chagas e cruzadas: as tensões no campo moral se agravam com as cruzadas contra as drogas e Aids". *Folha de S.Paulo*, São Paulo, 21 dez. 1990. Caderno especial, *A nova desordem mundial 3*.

SAVONNET-GUYOT, Claudette. *État et sociétés au Burkina*. Paris: Karthala, 1986.

SAUL, John. *The state and revolution in eastern Africa*. Nova York: Monthly Review, 1978.

SEIBERT, Gerhard. *Camaradas, clientes e compadres: colonialismo, socialismo e democratização em São Tomé e Príncipe*. Lisboa: Veja, 2001.

SEMPORÉ, S. *Cristianismo e colonialismo: o futuro das Igrejas na África*. Petrópolis: Concilium, 1977.

SEMEDO, Manuel Brito. *O mulato de portagem: análise literária*. Maputo: Instituto Superior Pedagógico da República de Moçambique, 1992.

SERET-CANALE. *French colonialism in tropical Africa: 1900-1945*. Londres: C. Hurst, 1971.

SERRA, Carlos (Org.). *História de Moçambique*. Maputo: Universidade Eduardo Mondlane/Tempo, 1982-1983. 2 v.

SERRANO, Carlos. *Angola: nasce uma nação: um estudo sobre a construção da identidade nacional*. São Paulo, 1988. Tese (doutorado) – Faculdade de Filosofia, Letras e Ciências Humanas, Universidade de São Paulo.

SERRÃO, Joel (Org.). *Dicionário da história de Portugal*. Lisboa: Iniciativas Editoriais, 1971. 4 v.

SHIMONI, Gideon. *Jews and zionism: the south African experience (1910-1967)*. Oxford: Oxford University Press, 1980.

SHIVJI, Issa G. *Law, State and the working class in Tanzania*. Londres: James Currey, 1986.

SILVA, Alberto da Costa e. *O vício da África e outros vícios*. Lisboa: Sá da Costa, 1989.

_____. *A enxada e a lança: a África antes dos portugueses*. Rio de Janeiro: Nova Fronteira; São Paulo: Edusp, 1992.

_____. "O Brasil, a África e o Atlântico no século XIX". *Revista de Estudos Avançados*, São Paulo, n. 21, maio-ago. 1994.

_____. *A manilha e o libambo: a África e a escravidão, de 1500 a 1700*. Rio de Janeiro: Nova Fronteira/Fundação Biblioteca Nacional, 2002.

_____. *Um rio chamado Atlântico: a África no Brasil e o Brasil na África*. Rio de Janeiro: Nova Fronteira/Editora da UFRJ, 2003.

SILVA, Marisa Corrêa. *Partes de África: cartografia de uma identidade cultural portuguesa*. Niterói: Editora da UFF, 2002.

SILVA, Teresa Cruz e. *Igrejas protestantes no sul de Moçambique e nacionalismo: o caso da "Missão Suíça" (1940-1974)*. Maputo: Faculdade de Economia da Universidade Eduardo Mondlane, s/d. Mimeo.

SIMON, D. "Third world colonial cities in context: conceptual an theoretical approaches with particular reference to Africa". *Progress in Human Geography*, Londres, n. 8, 1984.

SLOVO, Joe. *África do Sul: um só caminho*. Lisboa: Caminho, 1978.

SMITH, Anthony D. *State and nation in the third world: the western state and African nationalism.* Brighton: Wheatsheaf, 1983.

SOARES, Mário. *Caminho difícil: do salazarismo ao caetanismo.* Rio de Janeiro: Lidador, 1973.

SOMEVILLE, Keith. *Angola, politics, economics and society.* Londres: Frances, 1986.

SOUMONNI, Elisée. *Daomé e o mundo atlântico.* Rio de Janeiro: Centro de Estudos Afro-Asiáticos, 2001.

SOUTHALL, A. "The impact of imperialism on urban development in Africa". *In*: TURNER, V. *Colonialism in Africa: 1870-1960.* Cambridge: Cambridge University Press, s/d. v. 3.

SOW, Alpha I. *et al. Introduction à la culture africaine: aspects généraux.* Paris: Unesco, 1977.

SPÍNOLA, Antônio de. *Portugal e o futuro: análise da conjuntura nacional.* 4. ed. Rio de Janeiro: Nova Fronteira, 1974.

STEWART, John. *African states and rulers: an encyclopedia of native, colonial, and independent states and rulers past and present.* Jefferson: McFarland, 1989.

STIFTUNG, Friedrich Ebert. *Sistema e processos eleitorais: funções, implicações e experiências.* Luanda: Universidade Católica de Angola/Fundação Friedrich Ebert, 2002.

STRANDBERG, Peter. "A maldição de Cabinda". *Grande Reportagem*, Lisboa, n. 81, dez. 1997.

SUNKULI, Leteipa Ole. *A dictionary of oral literature.* Nairóbi: Heinemann Kenay, 1990.

TCHIVOUNDA, Guilleaume Pambou. *Essai sur l'etat africain post-colonial.* Paris: Librairie Générale de Droit et Jurisprudence, 1982.

TENGARRINHA, José (Org.) *História de Portugal.* 2. ed. Bauru: Edusc; São Paulo: Editora da Unesp, 2000.

TERRAY, Emmanuel (Org.). *L'état contemporain en Afrique.* Paris: Logiques Sociales/L'Harmattan, 1987.

THOMAZ, Omar Ribeiro. *Ecos do Atlântico Sul: representações sobre o terceiro império português.* Rio de Janeiro: Editora da UFRJ, 2002.

THORNTON, John K. "A ressurrection for the Jager". *Cabriers d'etudes africanes*, XVIII (1-2), 69-70, 1978, p. 223-228.

_____. *Africa and africans in the making of the atlantic world, 1400-1680.* Cambridge: Cambridge University Press, 1992.

_____. "The state in African historiography: a reassessment". *Ufahamu*, n. 4, Los Angeles, 1973, p. 113-126.

_____. *Warfare in atlantic Africa: 1500-1800.* Londres: Taylor and Francis, 1999.

TOMASEVSKI, Katarina. "Leis sobre a Aids incriminam doente: em vez de prover os meios para a cura do mal, a legislação marginaliza os pacientes". *Folha de S.Paulo*, São Paulo, 21 dez. 1990. Caderno especial, *A nova desordem mundial 3.*

TORGAL, Luís Reis; ROQUE, João (Coord.). *O liberalismo: 1807-1890.* Lisboa: Estampa, 1993. (História de Portugal, dir. de José Mattoso, 5.)

TORRES, Adelino. *Império português entre o real e o imaginário.* Lisboa: Escher, 1991.

TOURÉ, Sékoum *et al. Problemas da África negra.* São Paulo: Felman-Rêgo, 1963.

TRIGO, Fernando. "A hostilidade de Portugal". *Jornal África.* Lisboa, 11 abr. 1984.

_____. "Corno de África: mudanças no horizonte". *Jornal África* Lisboa: 8 mar. 1984.

TUTASHINDA, N. *As mistificações da "autenticidade" africana.* Lisboa: Ulmeiro, 1978.

UNESCO. *Population, langues, education.* Caboverdiano, 1971.

_____. *Le racisme et l'apartheid en Afrique Australe, Afrique du Sud et Namibie.* Paris, 1975.

_____. *O tráfico de escravos negros: séculos XV-XIX*. Lisboa: Edições 70, 1979.

_____. *Relations historiques à travers l'ocean Indien*. Paris, 1980.

_____. *L'affirmation de l'identité culturelle et la formation de la conscience nationale dans l'Afrique contemporaine*. Paris, 1981.

VANDER BERGHE, Pierre L. (Ed.). *Africa: social problems of charge and conflict*. San Francisco: Chandler, 1951.

VANDERVORT, Bruce. *Wars of imperial conquest in Africa: 1830-1914*. Londres: Taylor and Francis, 1999.

VANSINA, J. "A tradição oral e sua metodologia". *In*: KI-ZERBO, J. (Coord.) *História geral da África: I – metodologia e pré-história da África*. São Paulo: Ática; Paris: Unesco, 1982.

VANSINA, Jan. *Art history in Africa: an introduction to method*. Londres: Longman, 1984.

_____. *Oral tradition as history*. Madison, Wisconsin.: University of Wisconsin Press, 1985.

VENÂNCIO, José Carlos. *Literatura e poder na África lusófona*. Lisboa: Ministério da Educação/Instituto de Cultura e Língua Portuguesa, 1992.

VERGER, Pierre. *Fluxo e refluxo*. São Paulo: Corrupio, 1977.

VIEIRA, Sergio; MARTIN, William G.; WALLERSTEIN, Immanuel. *How fast the wind? Southern Africa: 1975-2000*. Nova Jersey: Africa World Press, 1992.

VINCENT, Thomas L.; LUNEAU, René. *La terre africaine et ses religions*. Paris: Larousse, 1975.

VON GARNIER, Christine. *La Naníbie vue de l'intérieur*. Paris: Berger-Levrault, 1984.

WATT, Montgomery. *Historia de la España islámica*. Madri: Cambio 92, 1992.

WEFFORT, Francisco C. "Dilemas da legitimidade política". *Lua Nova,* São Paulo, n. 15, out. 1988.

WESSELING, H. L. *Dividir para dominar: a partilha da África: 1880-1990*. Rio de Janeiro: Revan/Editora da UFRJ, 1998.

WONDJI, Christophe. *Le prophète Harris*. Caboverdiano: Nouvelles Éditions Africanines, 1983.

WOODWARD, Calvin A. *Understanding revolution in South Africa*. Cabo: Jutta, 1983.

WOORTMANN, Klaas. "O colonialismo português em Angola". *In*: *Debate e Crítica*, São Paulo, n. 3, jul. 1974.

YOUNG, Crawford; TURNER, T. *The rise and decline of the Zairian state*. Madison: University of Wisconsin Press, 1985.

YOUSSEF, Sitamon Mubaraka (Ed.). *Marcus Garvey: the F.B.I. investigation files*. Nova Jersey: The Africa World Press, 1998.

ZAMPARONI, Valdemir. "Terras negras, donos brancos: o processo de expropriação na região de Lourenço Marques: 1896/1930". REUNIÃO INTERNACIONAL DE HISTÓRIA DA ÁFRICA, 2, 1996, Rio de Janeiro. *Anais ...* Rio de Janeiro, 1996. Mimeo.

ZOLBERG, Aristide R. *Creating political order: the party-state of west Africa*. Chicago: Rand MacNally, 1966.

Literatura

ABDALA JR., Benjamin. *De vôos e ilhas: literatura e comunitarismos*. São Paulo: Ateliê, 2003. [Coletânea de ensaios e artigos sobre as literaturas de língua portuguesa, em especial de Angola e de Cabo Verde.]

ABRANCHES, Henrique. *O clã de novembrino: os primeiros passos*. Porto: União dos Escritores Angolanos/ASA, 1980. [Angola]

_____. *O clã de novembrino: o passo dos omakissi*. Porto: União dos Escritores Angolanos/ASA, 1980. [Angola]

_____. *O clã de novembrino: o passo final*. Porto: União dos Escritores Angolanos/ASA, 1989. [Angola]

_____. *Kissoko de guerra*. Porto: União dos Escritores Angolanos/ASA, 1989. [Angola]

ACHEBE, Chinua. *O mundo se despedaça*. São Paulo: Ática, 1983. [Nigéria]

AGUALUSA, José Eduardo. *Nação crioula: a correspondência secreta de Fradique Mendes*. Rio de Janeiro: Gryphus, 1998. [Angola]

_____. *Estação das chuvas*. Rio de Janeiro: Gryphus, 2000. [Angola]

ALBA, Sebastião. *O ritmo do presságio*. Maputo: Instituto Nacional do Livro e do Disco, 1981. [Moçambique]

ALBUQUERQUE, Orlando de; EVARISTO, Vitor. *Poesia em Moçambique; duas palavras dos organizadores*. Lisboa: Casa dos Estudantes do Império, 1951. Mimeo. [Moçambique]

ALMEIDA, A. Chaves de. *A terra do ossobó*. Lisboa: Agência Geral das Colónias, 1941. [São Tomé e Príncipe]

ANDRADE, Costa. *O país de Bissalanka*. Lisboa: Sá da Costa, 1980. [Angola]

ANDRADE, Mário de. *Prefácio à poesia com armas, de Costa Andrade*. Lisboa: Sá da Costa, 1975. [Moçambique]

_____. *Antologia temática de poesia africana: 1- Na noite grávida de punhais*. 3. ed. Praia: Instituto Caboverdiano do Livro, 1980. [Cabo Verde, São Tomé e Príncipe, Guiné, Angola e Moçambique]

_____. *Antologia temática de poesia africana: 2- O canto armado*. 2. ed. Praia: Instituto Caboverdiano do Livro, 1980. [Cabo Verde, São Tomé e Príncipe, Guiné, Angola e Moçambique]

ANDRADE, Costa. *Estórias de contratados*. Lisboa: Edições 70/União dos Escritores Angolanos, 1980. [Angola]

_____. *No velho ninguém toca: poema dramático com Jika*. 2. ed. Angola: União dos Escritores Angolanos, 1985. [Angola]

_____. *Os sentidos da pedra*. Porto: ASA/União dos Escritores Angolanos, 1989. [Angola]

ANTOLOGIA poética da Guiné-Bissau. Lisboa: Inquérito, 1990. [Guiné-Bissau]

ANTUNES, António Lobo. *As naus*. Lisboa: Dom Quixote/Círculo de Leitores, 1988. [Espaços geopolíticos de colonização portuguesa]

_____. *O esplendor de Portugal*. Lisboa: Dom Quixote, 1997. [A Nação, incluindo o Ultramar]

BARBOSA, Jorge. *Poesias*. Praia: Instituto Caboverdiano do Livro e do Disco, 1989. [Cabo Verde]

BETI, Mongo. *A cidade cruel*. Lisboa: Edições 70, 1979. [Camarões]

_____. *O pobre Cristo de Bombal*. Lisboa: Edições 70, 1979. [Camarões]

CABO Verde visto pelas crianças: álbum integrado às comemorações do V aniversário da Independência de Cabo Verde. Cabo Verde: Plátano, 1980. [Cabo Verde]

CAMUS, Albert. *O estrangeiro*. 2. ed. São Paulo: Abril Cultural, 1972. [Argélia]

CANETTI, Elias. *As vozes de Marraquexe: notas de uma viagem*. Lisboa: Dom Quixote, 1991. [Marrocos]

CARDOSO, Pedro. *Folclore caboverdiano*. Lisboa: Solidariedade Caboverdiana, 1983. [Cabo Verde]

CAREY, Margret. *Contos e lendas da África*. São Paulo: Melhoramentos, 1981. [Histórias de tradição oral, contos dos ashantis, Gana, África ocidental, Nigéria, haussás, nilóticos, África oriental, África central, sudoeste da África e suaílis]

CARVALHO, Ruy Duarte de. *Ondula, savana branca*. Rio Tinto: União dos Escritores Angolanos, 1989. [Angola]

CENDRARS, Blaise. *Pequenos contos negros também para crianças brancas*. Porto Alegre: L&PM, 1989. [Contos infantis africanos]

CHATWIN, Bruce. *O vice-rei de Uidá*. São Paulo: Companhia das Letras, 1987. [Benin]

CHAVES, Rita; MACÊDO, Tânia (Orgs.). *Literaturas em movimento: hibridismo cultural e exercício crítico*. São Paulo: Arte e Ciência, 2003. [Literatura comparada afro-luso-brasileira]

CHERINDA, Marcos. *Nas terras do rei Khupula*. Maputo: INLD, 1983. [Moçambique]

COETZEE, J. M. *No coração do país*. São Paulo: Best Seller, 1997. [África do Sul]

_____. *Cenas de uma vida*. São Paulo: Best Seller, 1998. [África do Sul]

_____. *Desonra*. São Paulo: Companhia das Letras, 2000. [África do Sul]

_____. *Vida e época de Michael K.* São Paulo: Companhia das Letras, 2003. [África do Sul]

CONRAD, Joseph. *O coração das trevas*. Belo Horizonte: Itatiaia, 1984. [Congo "Belga"]

CONTOS moçambicanos. Maputo: Instituto Nacional do Livro e do Disco, s/d. [Contos tradicionais moçambicanos]

COUTO, Mia. *Vozes anoitecidas*. Lisboa: Caminho, 1986.

_____. *Cronicando*. Lisboa: Caminho, 1993. [Moçambique]

_____. *Histórias abesonhadas: contos*. Lisboa: Caminho, 1994. [Moçambique]

_____. *Terra sonâmbula*. Maputo: Nadjira, 1996a. [Moçambique]

_____. *A varanda do frangipani*. Lisboa: Caminho, 1996b. [Moçambique]

_____. *Cada homem é uma raça*. Rio de Janeiro: Nova Fronteira, 1998a. [Moçambique]

_____. *Mar me quer*. Maputo: Parque Expo 98/Nadjira, 1998b. [Moçambique]

DADIE, Bernard. *Climbiê*. São Paulo: Ática, 1982. [Costa do Marfim]

DINESEN, Isak. *A fazenda africana*. Rio de Janeiro: Civilização Brasileira, 1986. [Quênia, os somalis e os suaílis]

DIOP, Birago. *Os contos de Amadou Koumba*. Lisboa: Edições 70, 1979. [Senegal]

_____. *Os novos contos de Amadou Koumba*. Lisboa: Edições 70, 1980. [Senegal]

DOCUMENTOS da VI Conferência dos Escritores Afro-Asiáticos. Lisboa: Edições 70/União dos Escritores Angolanos, 1981. v. 1. [Angola]

EKWENSI, Cyprian. *Gente da cidade*. São Paulo: Ática, 1983. [Nigéria]

ERVEDOSA, Carlos. *Era no tempo das acácias floridas*. Angola: Vária, 1990. [Angola]

ÉVANO, Brigitte. *Contos e lendas do Egito antigo*. São Paulo: Companhia das Letras, 2000. [Egito]

FARAH, Nuruddin. *De uma costela torta*. São Paulo: Ática, 1982. [Somália]

FERNANDES, Amável. (Comp.). *Enterrem meu coração no Ramelau*. Angola: União dos Escritores Angolanos, s/d. [Angola, Timor Leste]

FERREIRA, Eugénio Monteiro. *As idéias de Kimamuenho: um intelectual rural no período 1918-1922*. Angola: União dos Escritores Angolanos, 1989. [Angola]

FERREIRA, Manuel. *Hora Di Bai*. Coimbra: Vértice, 1962. [Cabo Verde]

FERREIRA, Manuel (Dir.). *Claridade: revista de arte e letras: colecção para a história das literaturas africanas de expressão portuguesa*. 2. ed. Linda-a-Velha, Portugal: ALAC, 1986. [Cabo Verde]

FIGUEIRA, Tchalé. *Todos os naufrágios do mundo*. Cabo Verde: Ponto e Vírgula, 1992. [Cabo Verde]

FONSECA, António. *Sobre os Kikongos de Angola*. 2. ed. Angola: União dos Escritores Angolanos, 1989. [Angola]

FORD, Clyde W. *O herói com rosto africano: mitos da África*. São Paulo: Summus, 1999. [Principais famílias lingüísticas africanas e seus mitos]

FORTES, Corsino. *Pão & fonema*. Lisboa: Sá da Costa, 1980. [Cabo Verde]

_____. *Árvore & tambor*. Lisboa: Instituto Caboverdiano do Livro/Dom Quixote, 1986. [Cabo Verde]

FREUDENTHAL, A. *et al*. *Antologia de poesia da Casa dos Estudantes do Império (1951-1963)*. v. 1. Lisboa: Associação Casa dos Estudantes do Império, 1991.

GIUSTI, M. Emilio (Org.). *Contes créoles de Guinée Bissau*. Paris: Conseil International de la Langue Française, 1981. [Guiné-Bissau]

GONÇALVES, António Aurélio. *Noite de vento*. Mem Martins: Instituto Caboverdiano do Livro, 1985. [Cabo Verde]

_____. *Recaída*. Lisboa: s.n., 1993. [Cabo Verde]

GORDIMER, Nadime. *A arma da casa*. São Paulo: Companhia das Letras, 2000. [África do Sul]

_____. *Ninguém para me acompanhar*. São Paulo: Companhia das Letras, 2002. [África do Sul]

GREAVES, Nick. *When lion could fly: and other tales from Africa*. África do Sul: Southern, 1993. [Animais da África]

GUERRA, Sérgio. *Duas ou três coisas que eu vi em Angola*. Salvador: Maianga, 2000. [Angola]

_____. *Álbum de família*. Salvador: Nigata, 1999. [Angola]

HAFNER, Dorinda. *Sabores da África: receitas deliciosas e histórias apimentadas da minha vida*. São Paulo: Summus, 2000. [Mostra o vínculo entre as culturas dos povos negros reunindo culinária, provérbios, cantigas e lendas do repertório africano]

HAMADI. *História dos homens livres: contos berberes*. São Paulo: Martins Fontes, 2001. [Marrocos]

HAMILTON, Russell G. *Literatura africana, literatura necessária: II – Moçambique, Cabo Verde, Guiné-Bissau, São Tomé e Príncipe*. Lisboa: Ministério da Educação/Instituto de Cultura e Língua Portuguesa, 1992. [Cabo Verde, Guiné-Bissau, Moçambique, São Tomé e Príncipe]

JOSÉ, Maria. *Quem é quem*. Praia: Instituto Caboverdiano do Livro, 1988. [Cabo Verde]

KADARÉ, Ismail. *A pirâmide*. São Paulo: Companhia das Letras, 2002. [Egito]

KANE, Cheikh Hamidou. *Aventura ambígua*. São Paulo: Ática, 1984. [Senegal]

KAPUSCINSKI, Ryszard. *Ébano: minha vida na África*. São Paulo: Companhia das Letras, 2000. [Gana, Zanzibar, Eritréia e Ruanda]

KHAN, Gulamo (Comp.). *Moçambicanto*. Maputo: Associação dos Escritores Moçambicanos, 1989. [Moçambique]

KHOSA, Ungulani Ba Ka. *Orgia dos loucos*. Moçambique: Associação dos Escritores Moçambicanos, 1990. [Moçambique]

KOUROUMA, Ahmadou. *O sol das independências*. Rio de Janeiro: Nova Fronteira, 1970. [Costa do Marfim]

LARANJEIRA, Pires. David mestre, nas barbas do bando: Eros, poesia e política angolana. *Jornal de Letras, Artes e Idéias*, Lisboa, 4 jan. 1994. [Angola]

LE CLÉZIO, J. M. G. *Peixe dourado.* São Paulo: Companhia das Letras, 2002. [Saara Ocidental, Marrocos]

LESSING, Doris. *Debaixo da minha pele: primeiro volume da minha autobiografia.* São Paulo: Companhia das Letras, 1997. [África do Sul]

LHONGO, Lindo. *Os noivos ou conferência dramática sobre o lobolo.* Lourenço Marques: Caliban, 1972. [Moçambique]

LOPES, Baltazar. *Chiquinho.* Lisboa: África, 1984. [Cabo Verde]

LOPES, Henri. *Tribalices.* Lisboa: Edições 70, s/d. [Congo]

LOPES, Manuel. *Chuva braba.* Lisboa: Edições 70, 1982. [Cabo Verde]

LUZ, António. *Flôres do pântano.* São Tomé: Imprensa Nacional, 1931. [São Tomé]

MACEDO, Helder. *Partes de África.* Lisboa: Presença, 1991. [Angola, Cabo Verde, Guiné-Bissau, Moçambique, São Tomé e Príncipe]

MAHFOUZ, Naguib. *Em busca.* Lisboa: Caminho; Luanda: Instituto Nacional do Livro e do Disco, 1989. [Egito]

MAILER, Normam. *A luta.* São Paulo: Companhia das Letras, 1998. [Zaire]

MARTINS, Ovídio. *Tchutchinha.* Praia: Grafedito, s/d. [Cabo Verde]

MARTINS, Vasco. *Navegam os olhares com o vôo do pássaro.* Cabo Verde: Companhia dos Tabacos de Cabo Verde, 1989. [Cabo Verde]

MENDES, Orlando. *Sobre literatura moçambicana: palestra proferida na Organização Nacional dos Jornalistas.* Moçambique, 1980. Manuscrito. [Moçambique]

MERNISSI, Fátima. *Sonhos de transgressão.* São Paulo: Companhia das Letras, 1996. [Marrocos]

MOORE, Brian. *A mulher do mágico.* São Paulo: Companhia das Letras, 2002. [Argélia]

MORRISON, Toni. *Paraíso.* São Paulo: Companhia das Letras, 2002. [Intolerância racial]

MOUTINHO, Viale (Org.). *Contos populares de Angola: folclore quimbundo.* 3. ed. São Paulo: Landy, 2000. [Angola]

MUDIMBE, V. Y. *O belo imundo.* São Paulo: Ática, 1981. [Zaire]

MUSSALE, Abdul César *et al. Amorçambique.* Rio de Janeiro: Conjunto Universitário Cândido Mendes/Centro de Estudos Afro-Asiáticos, 1995. [Moçambique]

NADIR, Chems. *O astrolábio do mar: contos.* São Paulo: Ática, 1983. [Tunísia]

_____. *O livro das cento e uma noites: histórias árabes da Tunísia.* São Paulo: Hedra, 2001. [Tunísia]

NAIPAUL, V. S. *Guerrilheiros.* São Paulo: Companhia das Letras, 2002. [África do Sul]

NETO, Agostinho. *Ainda o meu sonho...: discursos sobre a cultura nacional.* 2. ed. Angola: União dos Escritores Angolanos, 1985. [Angola]

NIANE, Djibril Tamsir. *Sundjata ou a Epopéia mandinga.* São Paulo: Ática, 1982. [Senegal]

NIZAN, Paul. *Aden, Arábia.* Rio de Janeiro: Marco Zero, 1987. [Colonialismo francês]

OCELOT, Michel. *Kirikou et la Sorcière.* Paris: Milan ed., 2005. [Senegal]

OLIVEIRA, Mário António F. Desde os idos de 50, um poeta em Angola: David Mestre. *In: Reler África.* Coimbra: Universidade de Coimbra/Instituto de Antropologia, 1990. [Angola]

ORTIZ, Airton. *Aventura no topo da África: trekking no Kilimanjaro.* Rio de Janeiro: Record, 1999. [Quênia]

OSORIO, Oswaldo. *Emergência da poesia em Amílcar Cabral.* Praia: s.n., s/d. (Dragoeiro). [Cabo Verde]

_____. *Cantigas de trabalho: tradições orais de Cabo Verde*. Cabo Verde: Comissão Nacional para as Comemorações do 5º Aniversário da Independência de Cabo Verde/Plátano, s/d. [Cabo Verde]

PEPETELA. *A revolta da casa dos ídolos: peça em 3 atos*. Lisboa: Edições 70, 1980. [Angola]

_____. *Yaka*. Lisboa: Dom Quixote; Luanda: UEA, 1985. [Angola]

_____, *Lueji*. Porto: ASA/União dos Escritores Angolanos, 1989. [Angola]

_____, *Mayombe*. Angola: União/Endiama, 1989. [Angola]

PESSOA, Fernando. O Infante: segunda parte do poema "Mensagem". *In: O eu profundo e outros eus*. 6. ed. Rio de Janeiro: Nova Aguilar, 1978. [Portugal]

POLONAH, Luís. Poetas moçambicanos. Lisboa: Casa dos Estudantes do Império, 1960. Mimeo. [Moçambique]

REIS, Fernando. *Povô flogá: "O povo brinca": folclore de São Tomé e Príncipe*. Lisboa: Bertrand/Câmara Municipal de São Tomé e Príncipe, 1969. [São Tomé e Príncipe]

RIBAS, Tomaz. *O Tchiloli ou as tragédias de São Tomé e Príncipe*. Lisboa: Espiral, 1965. [São Tomé e Príncipe]

RICE, Edward. *Sir Richard Frances Burton: o agente secreto que fez a peregrinação a Meca, descobriu o kama sutra e trouxe as mil e uma noites para o ocidente*. São Paulo: Companhia das Letras, 2002. [Aventura em quatro continentes]

ROCHA, Ilídio. "Sobre as origens de uma literatura moçambicana de expressão portuguesa: raízes e consciencialização". *In: Les Litteratures Africaines de Langue Portugaise*, Paris, 1984. *Actes ...* Paris: Fondation Calouste Goulbenkian, 1985. [Moçambique]

RODRIGUES, Hugo *et al. Aulil: contos e poemas*. Ilha de São Vicente: Município do Sal, 1987. [Cabo Verde]

RODRIGUES, João. *O jardim dos rubros cardeais*. São Vicente: Mindelo, 1986. [Cabo Verde]

ROMANO, Luis. *Famintos*. Lisboa: Ulmeiro, 1983. [Cabo Verde]

RUI, Manuel. *Crónica de um mujimbo*. Porto: ASA/União dos Escritores Angolanos, 1989. [Angola]

RUSHDIE, Salman. *Oriente, ocidente*. São Paulo: Companhia das Letras, 2002. [Tradições islâmicas, cristãs e hindus]

SAINT LÉON, Pascal Martin *et al. Antologia da fotografia africana e do oceano Índico*. Paris: Revue Noire, 1998. [Fotografias e textos sobre um conjunto de países da África]

SALGADO, Sebastião. *Êxodos*. São Paulo: Companhia das Letras, 2000. [Fotos de uma "tragédia africana", p. 153-247]

_____. *Retratos de crianças do êxodo*. São Paulo: Companhia das Letras, 2000. [Mopéia, Moçambique e campo de refugiados hutus, em Goma, Zaire]

SAMPSON, Anthony. *O negro e o ouro: magnatas, revolucionários e o apartheid*. São Paulo: Companhia das Letras, 2002. [África do Sul]

SANTOS, Arnaldo. *Na mbanza do Miranda*. Luanda: Instituto Nacional do Livro e do Disco, 1984. [Angola]

SANTOS, Elsa Rodrigues dos. *As máscaras poéticas de Jorge Barbosa e a mundividência Caboverdiana*. Lisboa: Caminho, 1989. [Cabo Verde]

SARAMAGO, José. *História do cerco de Lisboa*. São Paulo: Companhia das Letras, 2002. [A tomada de Lisboa aos mouros no ano de 1147]

_____. *A jangada de pedra*. São Paulo: Companhia das Letras, 2002. [Parábola sobre o isolamento dos povos ibéricos]

SEMBÈNE, Ousmane. *Xala*. Lisboa: Edições 70, 1979. [Senegal]

_____. *A ordem de pagamento e Branca gênese*. São Paulo: Ática, 1984. [Senegal]

SEMEDO, Manuel Brito. *Caboverdianamente ensaiando*. v. 1. São Vicente: Ilhéu, 1995. [Cabo Verde]

SIGA, Félix. *Arqueólogo da calçada*. Guiné-Bissau: Kebur, 1996. [Guiné-Bissau]

SILVA, António Leão C. e. *Histórias de um sahel insular*. Praia: Inac, 1995. [Cabo Verde]

SILVA, Calane. *Dos meninos da Malanga*. Moçambique: Cadernos Tempo, 1982. [Moçambique]

SILVA, Fernando Correia da (Comp.). *Contos africanos*. Rio de Janeiro: Tecnoprint, s/d. [Contos africanos e tradição oral dos povos akam-ashanti, zulu, hauçá e dos povos africanos da Rodésia do Norte e do sul da Nigéria]

SOUSA, Teixeira. *Ilhéu de contenda*. Mem Martins: Europa América, s/d. [Cabo Verde]

_____. *Capitão de mar e terra*. Mem Martins: Europa América, 1984. [Cabo Verde]

SOUSA, Teixeira. *Xaguate*. Mem Martins: Europa-América, 1988. [Cabo Verde]

THIONG'O, Ngugi Wa. *Não chores, menino*. Lisboa: Caminho, 1979. (Uma Terra sem Amos) [Quênia]

TOLENTINO, Luis. *Terra gritante*. Praia: Grafedito, s/d. [Cabo Verde]

TUTUOLA, Amos. *O bebedor de vinho de Palmeira e seu vinhateiro morto na cidade dos mortos*. Rio de Janeiro: Nova Fronteira, 1982. [Nigéria]

VIEGAS, Jorge, *O núcleo tenaz*. Maputo: Instituto Nacional do Livro e do Disco, 1981. [Moçambique]

VIEIRA, Arménio. *O eleito do sol*. Praia: Gradedito, s/d. [Egito]

VIEIRA, José Luandino. *A vida verdadeira de Domingos Xavier*. São Paulo: Ática, 1980. [Angola]

_____, *Nós, os do Makulusu*. 3. ed. Angola: União dos Escritores Angolanos, 1989. [Angola]

_____. *Macandumba*. Lisboa: União dos Escritores Angolanos, 1989. [Angola]

_____. *Velhas estórias*. Luanda: União dos Escritores Angolanos, 1980. [Angola]

XITU, Uanhenga (Mendes de Carvalho). *O ministro*. Luanda: União dos Escritores Angolanos, 1990. [Angola]

ZIEGLER, Jean. *O ouro de Maniéma*. Rio de Janeiro: Record, 2000. [Congo]

Periódicos

ACTUALITÉS – PAICG (1969-1973).

ÁFRICA: Semanário de Actualidade Africana e Internacional. Portugal (1988-1991).

ÁFRICA-BRASIL: Revista da Fundação João Pinheiro. Belo Horizonte (1984).

ÁFRICA HOJE. Portugal (1987).

ÁFRICA JORNAL. Portugal (1984).

L'AUTRE AFRIQUE. Paris (1999).

ANNUAIRE FRANÇAIS DE DROIT INTERNATIONAL. Paris (1979).

BOLETIM DA ESCOLA SUPERIOR COLONIAL. Lisboa (1930-1955).

BOLETIM GERAL DO ULTRAMAR. Lisboa (1955-1961).

CABO VERDE. Cabo Verde (1954).

CADERNOS DO TERCEIRO MUNDO. Rio de Janeiro (1987-1988).

ECO MAGAZINE, Paris (1990).

ELO: Revista da Associação Portuguesa para o Desenvolvimento Econômico e a Cooperação. Lisboa (1992).

ESTUDOS AFRO-ASIÁTICOS. Rio de Janeiro (1985).

ESTUDOS DE CIÊNCIAS POLÍTICAS E SOCIAIS: Centro de Estudos Políticos e Sociais da Junta de Investigações do Ultramar. Lisboa (1960).

ESTUDOS MOÇAMBICANOS. Maputo (1980-1991).

JEUNE AFRIQUE: Hebdomadaire Politique et Économique International. Paris (1999).

JEUNE AFRIQUE ÉCONOMIE. Paris (1999).

MAGMA. Ilha do Fogo, Cabo Verde (1990).

O MUNDO EM PORTUGUÊS: Revista Mensal de Assuntos Internacionais. Lisboa (2003).

OFFICIAL ORGAN OF THE MOZAMBIQUE LIBERATION FRONT (FRELIMO). Dar es Salaam, Tanzânia (1971-1975).

PARTISANS. Paris (1962-1968).

PAZ E TERRA. Rio de Janeiro (1969).

RAÍZES. Praia, Cabo Verde (1980-1984).

RELATIONS INTERNATIONALES. Paris (1990).

REVISTA DE HISTÓRIA ECONÔMICA E SOCIAL. Lisboa (1987).

REVISTA INTERNACIONAL DE ESTUDOS AFRICANOS. Lisboa (1983-1989).

SORONDA: Revista de Estudos Guineenses. Bissau (1990).

TERCEIRO MUNDO. Rio de Janeiro (1986).

TIME. Nova York (2001).

UNIDADE E LUTA: Órgão do Conselho Nacional do PAICV. Praia, Cabo Verde (1983).

Documentos institucionais

AGÊNCIA de Informação de Moçambique. *Documents from a meeting in Maputo between the Mozambican Party and state leadership and representatives of religious organizations in Mozambique*. Maputo: dez. 1982.

ARQUIVO Histórico de São Tomé e Príncipe. *Textos sobre São Tomé e Príncipe entre 1975 e 1977*. São Tomé: 1978.

CONFERÊNCIA de Cúpula dos Estados Africanos Independentes. *Documentos*. Adis-Abeba. Etiópia: maio 1963. Mimeo.

CONSTITUIÇÃO *da República Popular de Moçambique de 20 de junho de 1975, com as alterações de 13 de agosto de 1978*. Maputo: 1978.

CONSTITUIÇÃO *da República de Cabo Verde, de 13 de outubro de 1980*. Cabo Verde: 1980.

CONSTITUIÇÃO *da República Democrática de São Tomé e Príncipe de 5 de novembro de 1975*. São Tomé: 1975.

CONSTITUIÇÃO *de 22 de novembro de 1976*. Argélia: 1976.

COSTA, Manuel Pinto da. *Discursos: 1976-1977*. São Tomé: Arquivo Histórico de São Tomé e Príncipe, 1979.

CRESPO, Vítor Manuel Trigueiros; CHISSANO, Joaquim Alberto. *Moçambique marcha para a independência: discursos proferidos na tomada de posse do Governo de Transição de Moçambique efetuada em 20 de setembro de 1974*. Lourenço Marques: Imprensa Nacional de Moçambique, 1974.

CIMEIRA da Organização de Unidade Africana, 21. *Declaração final.* Adis-Abeba: 1990.

DISCURSOS *do camarada presidente Antonio Agostinho Neto (10/4/1979 a 22/8/1979).* Luanda: UEE, 1979.

DISCURSOS *do camarada presidente José Eduardo dos Santos (abril a setembro de 1982).* Maputo: Departamento de Informação e Propaganda do Comitê Central, 1982.

DISCURSOS *do presidente da República de Cabo Verde Aristides Pereira (1973-1980).* Cabo Verde: Gabinete da Presidência da República, 1988.

DISCURSOS *do presidente de São Tomé e Príncipe (2 de fevereiro de 1976 a 31 de dezembro de 1977).* São Tomé e Príncipe: Arquivo Histórico de São Tomé e Príncipe, 1979.

DISCURSOS *proferidos na Assembléia Nacional Popular da República de Cabo Verde: 22 de maio de 1985 a 25 de maio de 1985.* Praia: Imprensa Nacional, 1985.

DISCURSOS *proferidos na tomada de posse do Governo de Transição de Moçambique efectuada em 20 de setembro de 1974: mensagem do presidente da Frelimo.* Lourenço Marques: Imprensa Nacional de Moçambique, 1974.

DOCUMENTOS *da 8ª sessão do Comité Central, de 11 a 27 de fevereiro de 1976, Depto. de Informação e Propaganda da Frelimo.* Maputo: 1976.

DOCUMENTO: *Movimento para a Democracia – MPD.* Praia: jun. 1990.

ESTATUTO *político-administrativo da Província de Cabo Verde.* Lisboa: Agência Geral do Ultramar, 1968.

ESTATUTO *político-administrativo da Província de Cabo Verde: Decreto nº 541/72, de 22 de julho.* Lisboa: Agência Geral do Ultramar, 1972.

GUIA *da Carta Africana dos Direitos Humanos e dos Povos.* Lisboa: Anistia Internacional, dez. 1991.

INSTITUTO Português de Arquivos. *Guia de fontes portuguesas para a história de África.* Lisboa: Comissão Nacional para as Comemorações dos Descobrimentos Portugueses/Fundação Oriente, 1991-1993. 2 v.

JUNTA de Investigações do Ultramar. *Colóquios sobre o II Plano Fomento.* Lisboa: 1959.

_____. *Colóquios de Política Internacional.* Lisboa: 1960.

_____. *Colóquios sobre Problemas de Povoamento.* Lisboa: 1960.

_____. *Subversão e Contrasubversão.* Lisboa: 1963.

LEI *de imprensa (Lei nº 10/III/86, de 31 de dezembro de 1986); Regulamento do registo de imprensa e respectivo serviço (Decreto nº 52/87, de 13 de junho de 1987).* Praia: 1987.

MACHEL, Samora Moisés. *Textos e documentos do Partido Frelimo sobre a luta contra o subdesenvolvimento.* Maputo: Frelimo, 1983.

MENSAGEM *do presidente da Frelimo Samora Moisés Machel à XXIV Sessão do Comité de Libertação da Organização da Unidade Africana.* Dar-es-Salaam: 1975.

NETO, António Agostinho. *Discurso (1979).* Luanda: UEE, 1980.

NEVES, Carlos Agostinho das (Coord.). *Seleção de textos sobre São Tomé e Príncipe: período pós-independência: 1975-1977.* São Tomé e Príncipe: Arquivo Histórico de São Tomé e Príncipe, 1978.

NORMAS *de trabalho e disciplina no aparelho de Estado (Decreto nº 26/78, aprovado em Conselho de Ministros e referendado pelo presidente da República, Samora Moisés Machel).* Maputo: 1978.

OLIVEIRA, Mário Antonio Fernandes. *Documentação sobre Angola I (1783-1883)*. Luanda: Instituto de Investigação de Angola; Lisboa: Centro de Estudos Históricos Ultramarinos, 1968.

PAIGC. *Sobre a situação em Cabo Verde*. Lisboa: Sá da Costa, 1974.

PEREIRA, Aristides. *Relatório do CSL apresentado ao III Congresso do PAIGC*. Mindelo, s.n., s.d.

_____. Discursos (1973-1980). Cabo Verde: Gabinete da Presidência da República, 1988.

PIRES, Pedro. *Sobre a democracia nacional revolucionária: discurso pronunciado no encerramento da VIII Sessão Legislativa, pelo primeiro vice-presidente da ANT, primeiro comandante Olívio Pires, membro do CEL e secretário do CNCV do PAIGC*. S.n.t. (Superação Político-Ideológica, 3).

PIRES, Pedro. *Programa de governo*. S.l.: s.n., 1981.

PROGRAMA e estatutos do PAICV: aprovados no 2º Congresso do Partido, de 21 a 27/6/1983. Praia, 1983.

RELATÓRIO do Comité Central ao 1º Congresso do MPLA. Luanda: 1979.

RELATÓRIO do Conselho Nacional apresentado pelo secretário-geral, camarada Aristides Pereira, ao 2º Congresso do PAICV (21 a 27 de junho de 1983). Praia: 1983.

RELATÓRIO sobre o Seminário de Praia (7 a 13 de dezembro de 1984): o papel das instituições rurais nas transformações agrárias nos países africanos de língua portuguesa. Praia: 1984.

RELATÓRIO da Mesa Redonda dos Parceiros de Desenvolvimento. Praia: Ministério das Finanças e do Planejamento, nov. 1992.

RELATÓRIO sobre a preparação do IV Congresso. Maputo: Frelimo, 1983.

RESOLUÇÕES do I Congresso Extraordinário do MPLA – Partido do Trabalho: orientações fundamentais para o desenvolvimento económico-social da República Popular de Angola (1981-1985). Luanda: 1985.

SANTARÉM. *Noticias dos manuscriptos pertencentes ao Direito publico externo diplomatico de Portugal: bibliotecas e arquivos da França*. Lisboa: 1864.

SYMPOSIUM in Support of Namibia, Costa Rica, 1983. *Proceedings*. S.n.t. Mimeo.

www.gruposummus.com.br

IMPRESSO NA

GRÁFICA
sumago

sumago gráfica editorial ltda
rua itauna, 789   vila maria
02111-031   são paulo   sp
tel e fax 11 **2955 5636**
sumago@sumago.com.br